国家重点档案专项资金资助项目

山东省档案馆 编

鲁中抗日根据地档案汇编

1

抗日战争档案汇编

清華大學出版社

图书在版编目（CIP）数据
鲁中抗日根据地档案汇编 / 山东省档案馆编 . -- 北京 : 清华大学出版社 , 2025. 2.
（抗日战争档案汇编）. -- ISBN 978-7-302-67710-9
Ⅰ. K269.506
中国国家版本馆 CIP 数据核字第 2025UW1353 号

责任编辑：刘 晶
封面设计：禾风雅艺
责任校对：王荣静
责任印制：丛怀宇

出版发行：清华大学出版社
网　　址：https://www.tup.com.cn，https://www.wqxuetang.com
地　　址：北京清华大学学研大厦A座　　**邮　　编**：100084
社 总 机：010-83470000　　**邮　　购**：010-62786544
投稿与读者服务：010-62776969，c-service@tup.tsinghua.edu.cn
质量反馈：010-62772015，zhiliang@tup.tsinghua.edu.cn
印 装 者：天津艺嘉印刷科技有限公司
经　　销：全国新华书店
开　　本：210mm × 285mm　　**印　张**：56.5
版　　次：2025年2月第1版　　**印　次**：2025年2月第1次印刷
定　　价：800.00元（全二册）

产品编号：104611-01

抗日战争档案汇编编纂出版工作组织机构

编纂出版工作领导小组

组　长　陆国强

副组长　王绍忠　付　华　魏洪涛　刘鲤生

编纂委员会

主　任　陆国强

副主任　王绍忠

顾　问　杨冬权　李明华

成　员（按姓氏笔画为序排列）

于学蕴　于晓南　于晶霞　马忠魁　马俊凡　马振犊　王　放
王文铸　王建军　卢琼华　田洪文　田富祥　史晨鸣　代年云
白明标　白晓军　吉洪武　刘　钊　刘玉峰　刘灿河　刘忠平
刘新华　汤俊峰　孙　敏　苏东亮　杜　梅　李宁波　李宗春
吴卫东　何素君　张　军　张明决　陈念芜　陈艳霞　卓兆水
岳文莉　郑惠姿　赵有宁　查全洁　施亚雄　祝　云　徐春阳
郭树峰　唐仁勇　唐润明　黄凤平　黄远良　黄菊艳　梅　佳
龚建海　常建宏　韩　林　程潜龙　焦东华　童　鹿　蔡纪万
谭荣鹏　黎富文

编纂出版工作领导小组办公室

主　任　常建宏

副主任　孙秋浦　石　勇

成　员（按姓氏笔画为序排列）

李　宁　沈　岚　贾　坤

《鲁中抗日根据地档案汇编》编委会

总 序

为深入贯彻落实习近平总书记“让历史说话，用史实发言，深入开展中国人民抗日战争研究”的重要指示精神，国家档案局根据《全国档案事业发展“十三五”规划纲要》和《“十三五”时期国家重点档案保护与开发工作总体规划》的有关安排，决定全面系统地整理全国各级综合档案馆馆藏抗战档案，编纂出版《抗日战争档案汇编》（以下简称《汇编》）。

中国人民抗日战争是近代以来中国反抗外敌入侵第一次取得完全胜利的民族解放战争，开辟了中华民族伟大复兴的光明前景。这一伟大胜利，也是中国人民为世界反法西斯战争胜利、维护世界和平作出的重大贡献。加强中国人民抗日战争研究，具有重要的历史意义和现实意义。

全国各级档案馆保存的抗战档案，数量众多，内容丰富，全面记录了中国人民抗日战争的艰辛历程，是研究抗战历史的珍贵史料。一直以来，全国各级档案馆十分重视抗战档案的开发利用，陆续出版公布了一大批抗战档案，对揭露日本帝国主义侵华罪行，讴歌中华儿女勠力同心、不屈不挠抗击侵略的伟大壮举，弘扬伟大的抗战精神，引导正确的历史认知，发挥了积极作用。特别是国家档案局组织有关方面共同努力和积极推动，“南京大屠杀档案”被联合国教科文组织评选为“世界记忆遗产”，列入《世界记忆名录》，捍卫了历史真相，在国际上产生了广泛而深远的影响。

全国各级档案馆馆藏抗战档案开发利用工作虽然取得了一定的成果，但是，在档案信息资源开发的系统性和深入性方面仍显不足。正如习近平总书记所指出的：“同中国人民抗日战争的历史地位和历史意义相比，同这场战争对中华民族和世界的影响相比，我们的抗战研究还远远不够，要继续进行深入系统的研究。”“抗战研究要深入，就要更多通过档案、资料、事实、当事人证词等各种人证、物证来说话。要加强资料收集和整理这一基础性工作，全面整理我国各地抗战档案、照片、资料、实物等……”

国家档案局组织编纂《汇编》，对全国各级档案馆馆藏抗战档案进行深入系统地开发，是档案部门贯彻落实习近平总书记重要指示精神，推动深入开展中国人民抗日战争研究的一项重要举措。本书的编纂力图准确把握中国人民抗日战争的历史进程、主流和本质，用详实的档案全面反映一九三一年九一八事变后十四年抗战的全过程，反映中国共产党在抗日战争中的中流砥柱作用以及中国人民抗日战争在世界反法西斯战争中的重要地位，反映国共两党“兄弟阋于墙，外御其侮”进行合作抗战、共同捍卫民族尊严的历史，反映各民族、各阶层及海外华侨共同参与抗战的壮举，展现中国人民抗日战争的伟大意义，以历史档案揭露日本侵华暴行，揭示日本军国主义反人类、反和平的实质。

编纂《汇编》是一项浩繁而艰巨的系统工程。为保证这项工作的有序推进，国家档案局制订了总体规划和详细的实施方案，明确了指导思想、工作步骤和编纂要求。为保证编纂成果的科学性、准确性和严肃性，国家档案局组织专家对选题进行全面论证，对编纂成果进行严格审核。

各级档案馆高度重视并积极参与到《汇编》工作之中，通过全面清理馆藏抗战档案，将政治、军事、外交、经济、文化、宣传、教育等多个领域涉及抗战的内容列入选材范围。入选档案包括公文、电报、传单、文告、日记、照片、图表等多种类型。在编纂过程中，坚持实事求是的原则和科学严谨的态度，对所收录的每一件档案都仔细鉴定、甄别与考证，维护档案文献的真实性，彰显档案文献的权威性。同时，以《汇编》编纂工作为契机，以项目谋发展，用实干育人才，带动国家重点档案保护与开发，夯实档案馆基础业务，提高档案人员的业务水平，促进档案馆各项事业的发展。

守护历史，传承文明，是档案部门的重要责任。我们相信，编纂出版《汇编》，对于记录抗战历史，弘扬抗战精神，发挥档案留史存鉴、资政育人的作用，更好地服务于新时代中国特色社会主义文化建设，都具有极其重要的意义。

抗日战争档案汇编编纂委员会

编辑说明

抗日战争时期，山东抗日根据地是全国唯一以省为主体的抗日根据地，其中鲁中抗日根据地包括胶济铁路以南、兖临公路以北、津浦铁路以东、沭河以西的广大地区，境内泰山、沂山、蒙山等山脉层峦叠嶂，地势险要。抗战初期，中国共产党在津浦路以东、胶济路以南、陇海路以北的广大地区先后建立了淄博特委、鲁东南特委、泰山特委、鲁南特委和尼山特委等领导机构。为了统一该地区的领导工作，一九三九年七月，山东分局第一区党委（亦称大鲁南区党委）成立，十月选举产生了领导机构。一九四〇年春，日军对山东抗日根据地不断地进行“扫荡”，大鲁南区被割裂为蒙山南北两大片。同年冬，山东分局决定成立中共鲁中区委员会（简称鲁中区党委)，亦称山东分局第七区党委，直属山东分局领导，负责贯彻执行党的路线、方针和政策，领导鲁中地区人民的革命斗争。

山东省档案馆组织整理、甄选馆藏鲁中抗日根据地相关档案，编纂出版《鲁中抗日根据地档案汇编》，主要收录了鲁中抗日根据地党政军组织于一九四〇年至一九四五年间形成的文件材料，内容包括政治、军事、经济、文化等方面。全书共二册，按照“组织机构—时间”体例编排，“组织机构”按照“党—政—军”相关机构顺序排列。各机构所选档案按时间顺序排列，一般有年无月的，排在该年最后；有年、月无日的，排在该月最后。

书中选用档案均据本馆馆藏原件全文影印，未做删节，如有缺页，为档案自身不全。档案中原标题完整或基本符合要求的使用原标题；对原标题有明显缺陷的进行了修改或重拟；无标题的加拟了标题；汇编类文件有目录与内文不同的，遵照内文标题。标题中机构名称使用机构全称或规范简称，历史地名沿用当时地名。档案所载时间不完整或不准确的，作了补充或订正。

本书使用规范的简化字。对标题中人名、历史地名、机构名称中出现的繁体字、错别字、不规范异体字、异形字等，予以径改。

在排版过程中注重保持档案原貌，只对部分档案进行了适当缩放。为保护个人隐私，对涉及个人负面信息的个别姓名作了虚化处理。

由于时间紧，档案公布量大，编者水平有限，在编辑过程中可能存在疏漏之处，欢迎斧正。

编　者

2024年2月

目 录

鲁中区行政联合办事处

第二册

鲁中区行政联合办事处

其他

中共鲁中区党委

中共鲁中区五地委组织部关于巩固党的决定总结报告

（1941年10月1日）

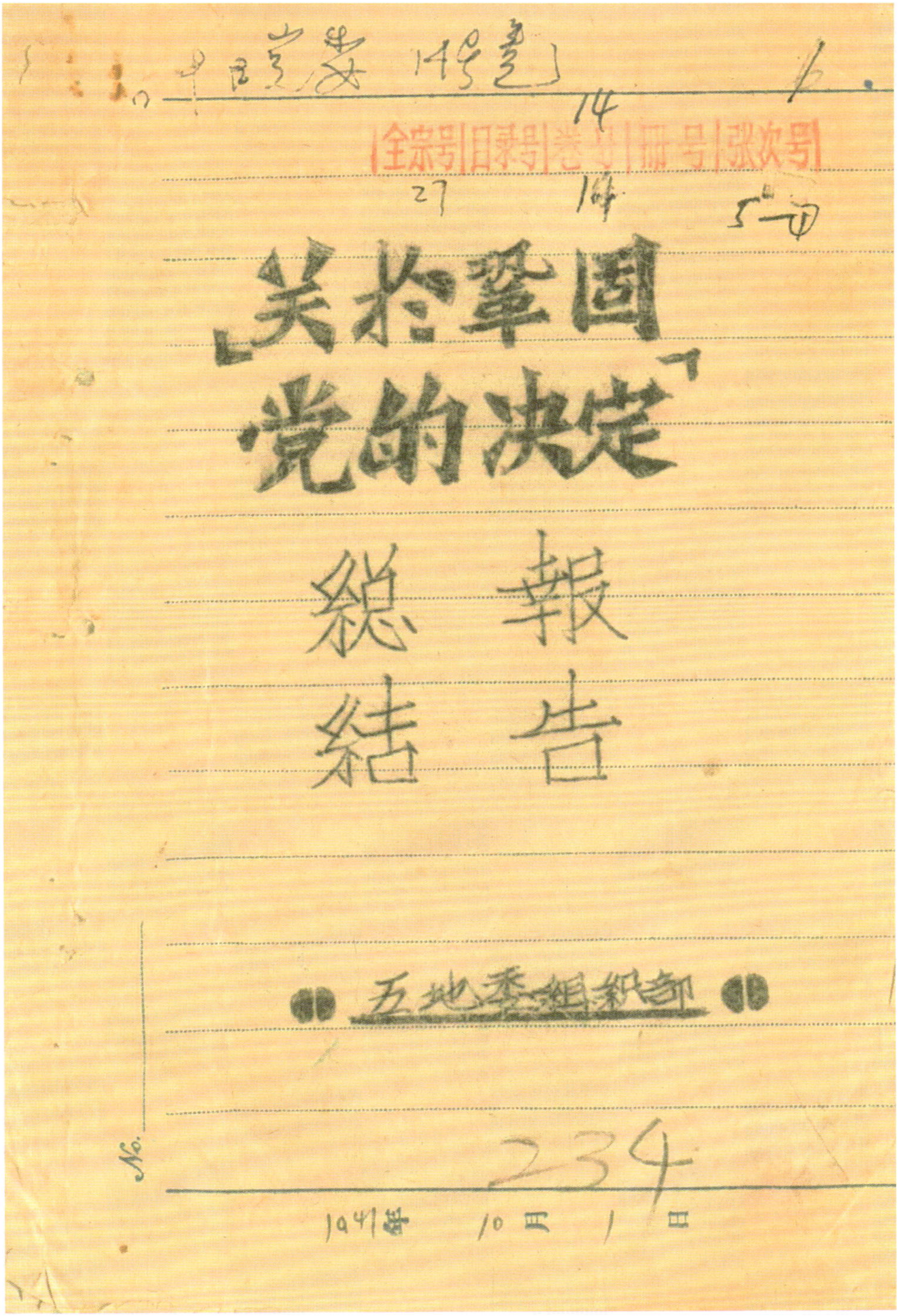

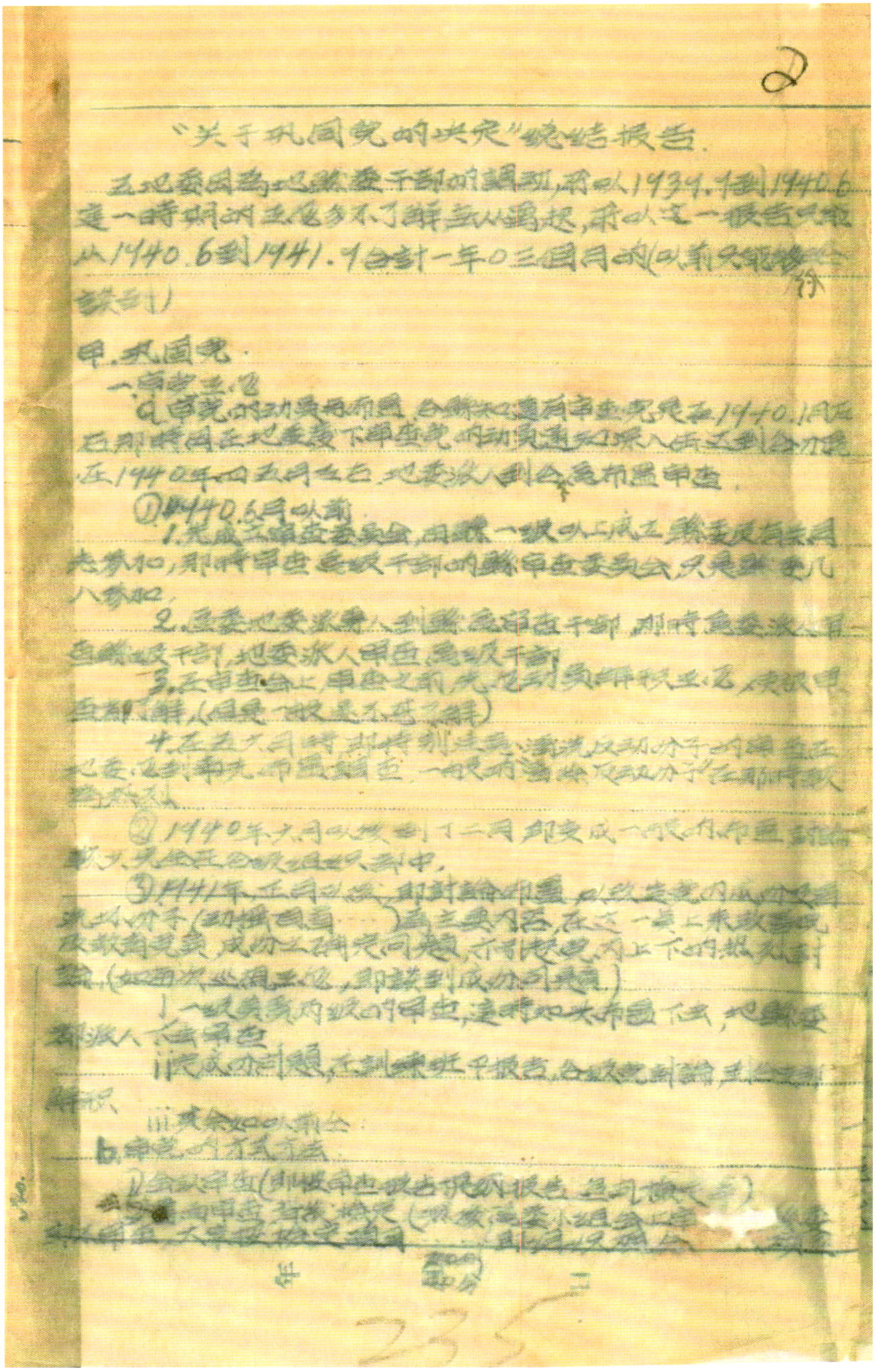
“关于巩固党的决定”總结报告

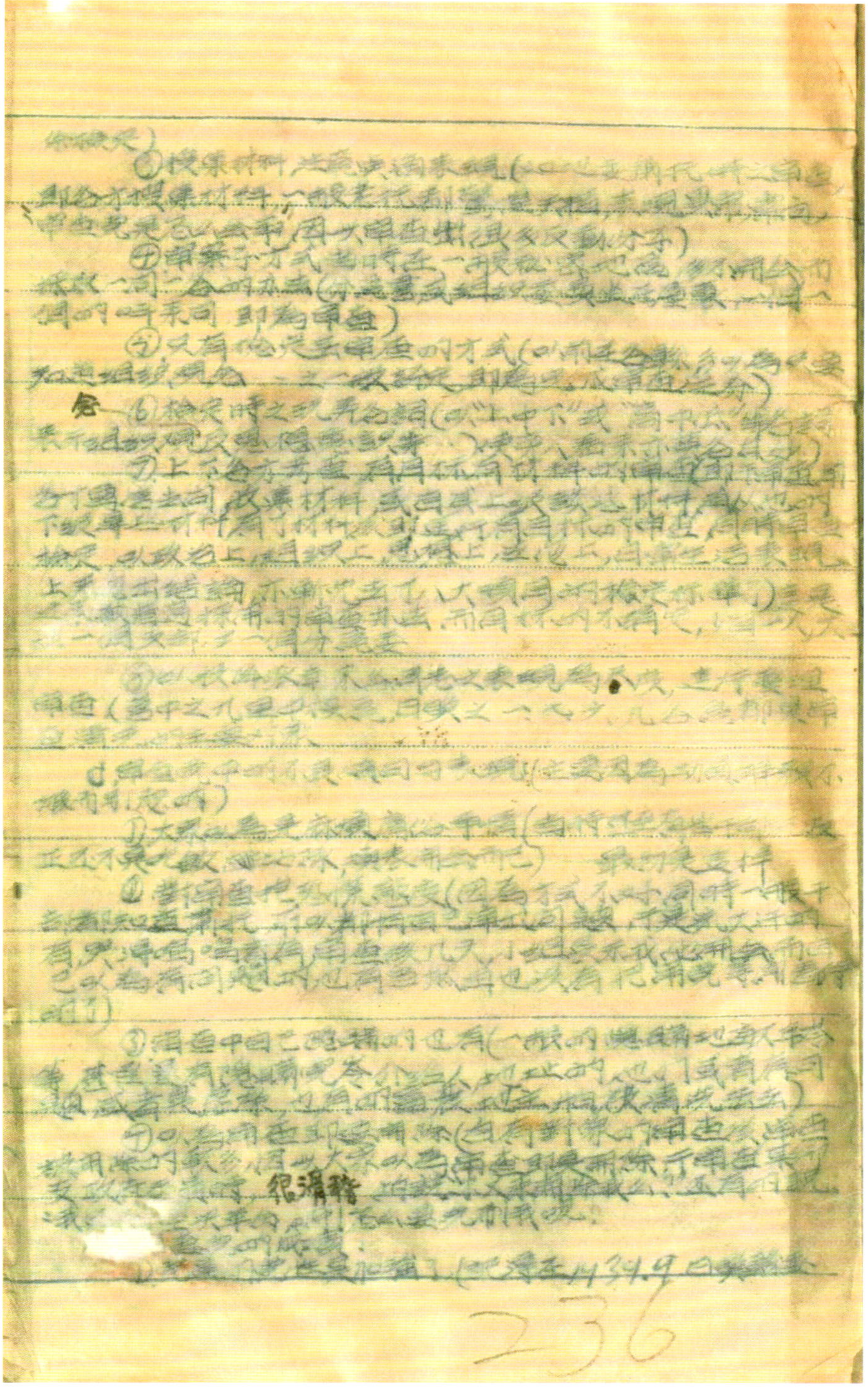

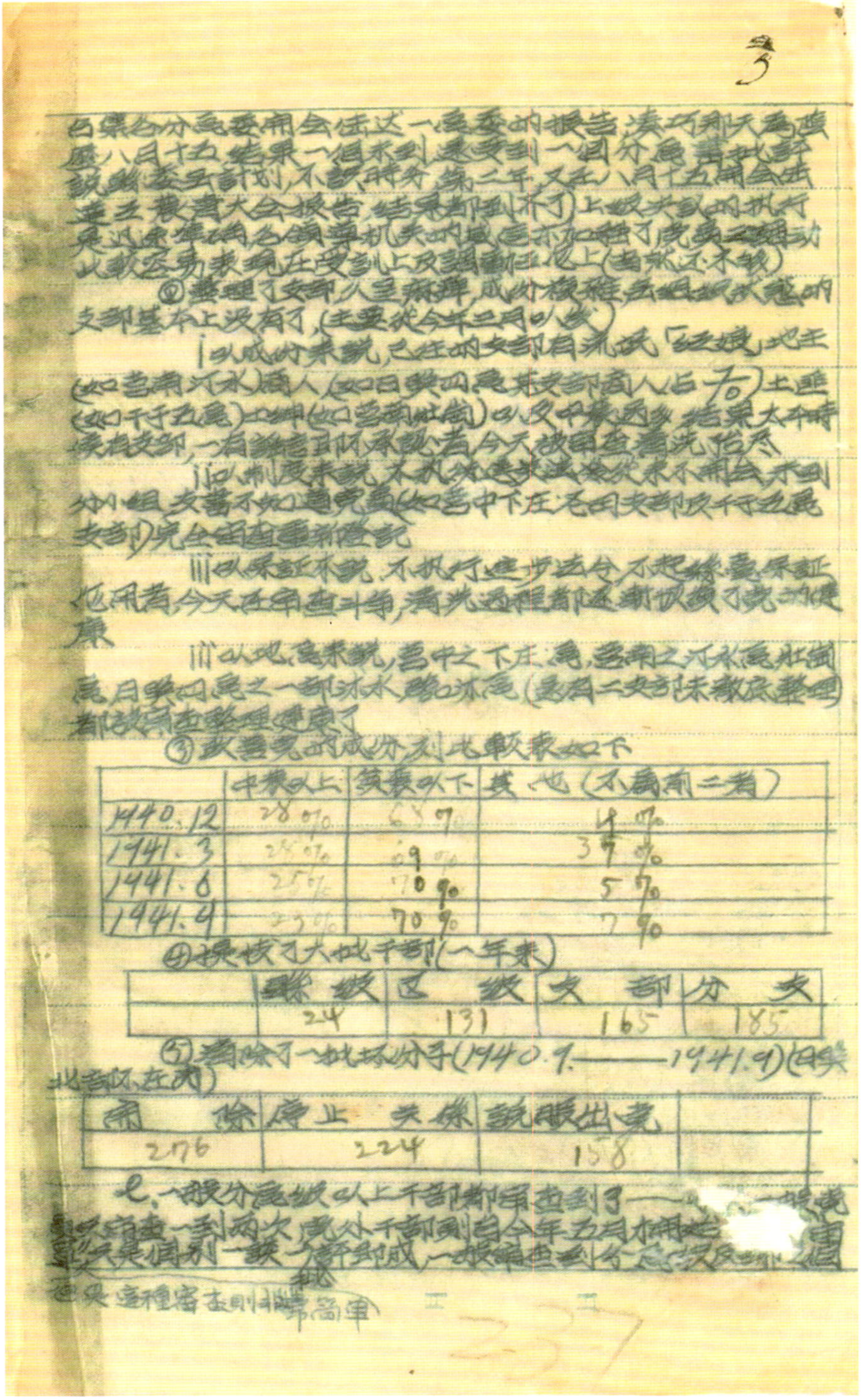

3

召集各分区委开会传达一区委的报告，凑巧那天为农历八月十五，结果一个也不到，还受到一个分区书记的批评……计划不够，……第二年又在八月十五开会传达……青大会报告，结果都到不了。上级决议的执行是迅速的，各领导机关的威信……加强了，党员之……以积极劳动表现在……上（当然还不够）

②整理了支部，以呈麻痹成份不纯、无组织状态的支部基本上没有了（主要从今年三月以后）

i以成份来说，已往的支部有流氓、「红娘」、地主（如邑南兴水）、商人（如日照四区某支部商人占70）、土匪（如于于五区）、二流子（如邑南壮岗）以及中农过多，结果大部分时候有支部，一有错误即承认，着今天执行查清洗尽

ii以制度来说，不执行支部生活，来不开会，不到分小组，支书不知道党员（如邑中下庄之几支部及千……支部）完全在重新建立

iii以保证来说，不执行进步法令，不起模范保证作风，着今天在审查斗争，清洗过程都逐渐恢复了党的健康

iiii以地区来说，邑中之下庄区，邑南之兴水区、壮岗区，日照四区之一部，沂水、临沂区（区内二支部除散底整理）都很快的整理健康了

③改善党的成份对比较表如下

	中农以上	贫农以下	其他（不属前二者）
1940.12	28%	68%	4%
1941.3	28%	69%	3%
1941.6	25%	70%	5%
1941.9	23%	70%	7%

④提拔了大批干部（一年来）

	县级	区级	支部	分支
	24	131	165	185

⑤清除了一批坏分子（1940.9.——1941.9）（日照北部除在内）

开除	停止关系	劝服出党	
276	224	158	

e、一般分区级以上干部都审查到了——[illegible]一般党员审查一到两次，虽然干部则自今年五月才开始[illegible]只是个别一类，大部分完成一般审查到合[illegible]

也是这种审查则带有简单

237

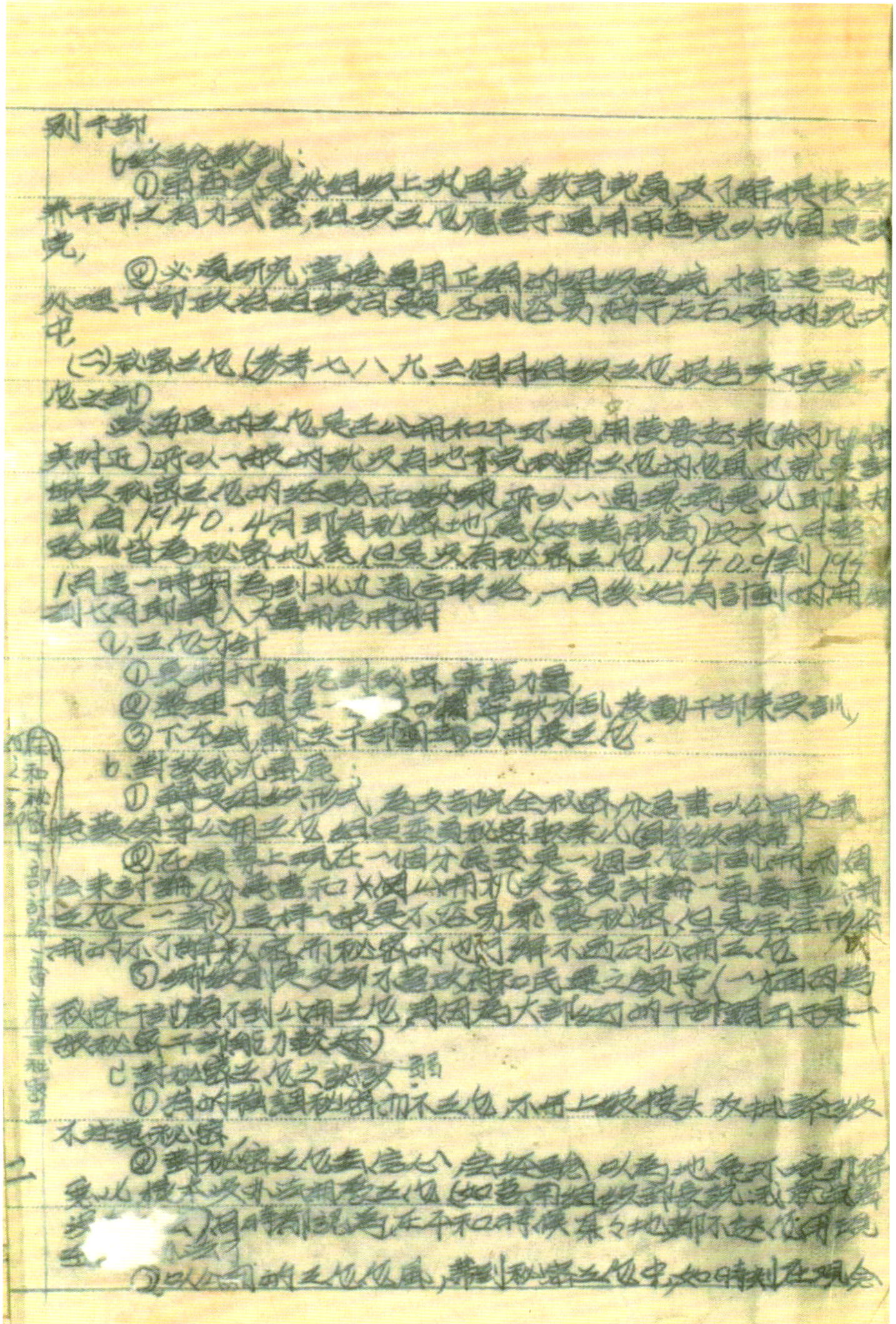

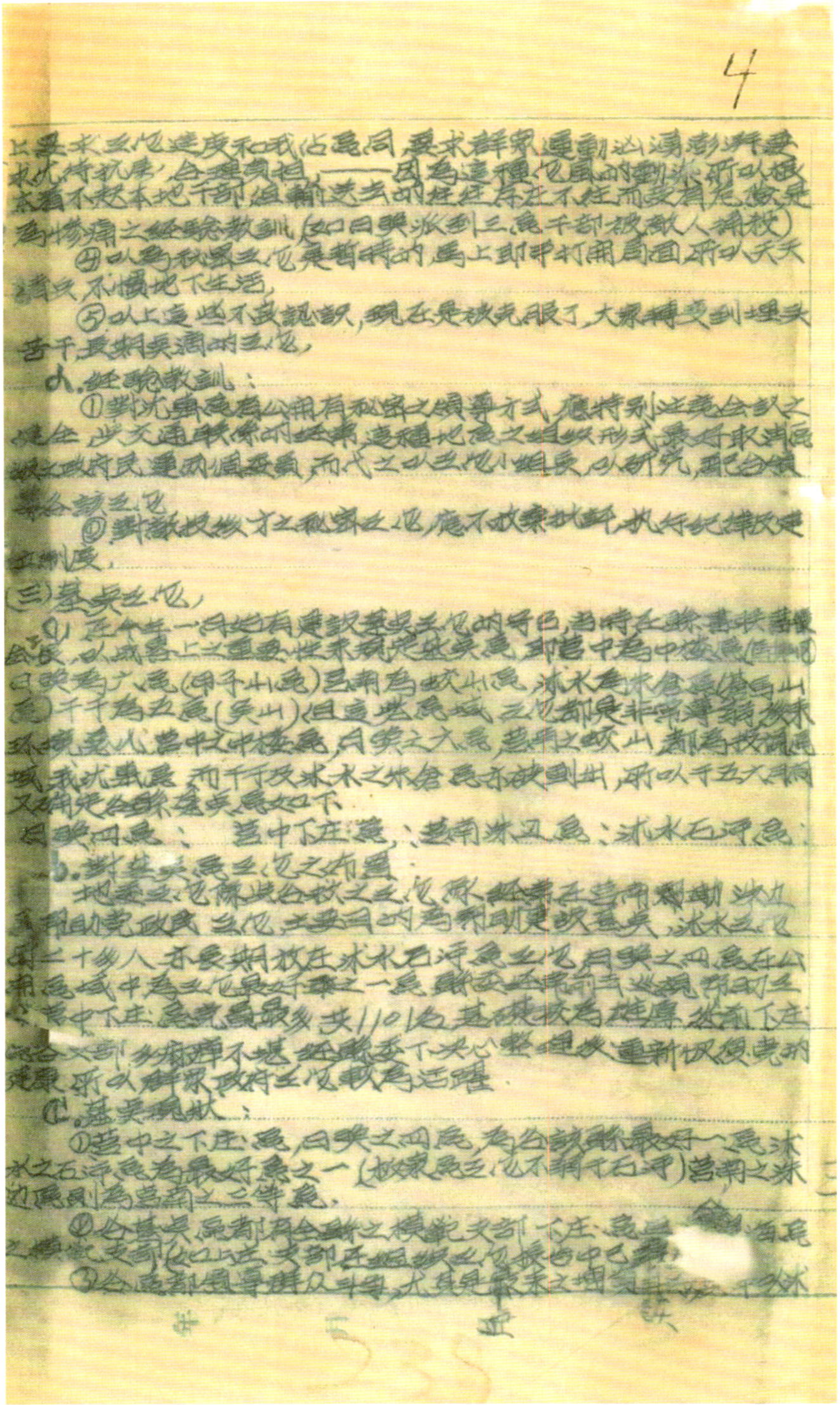

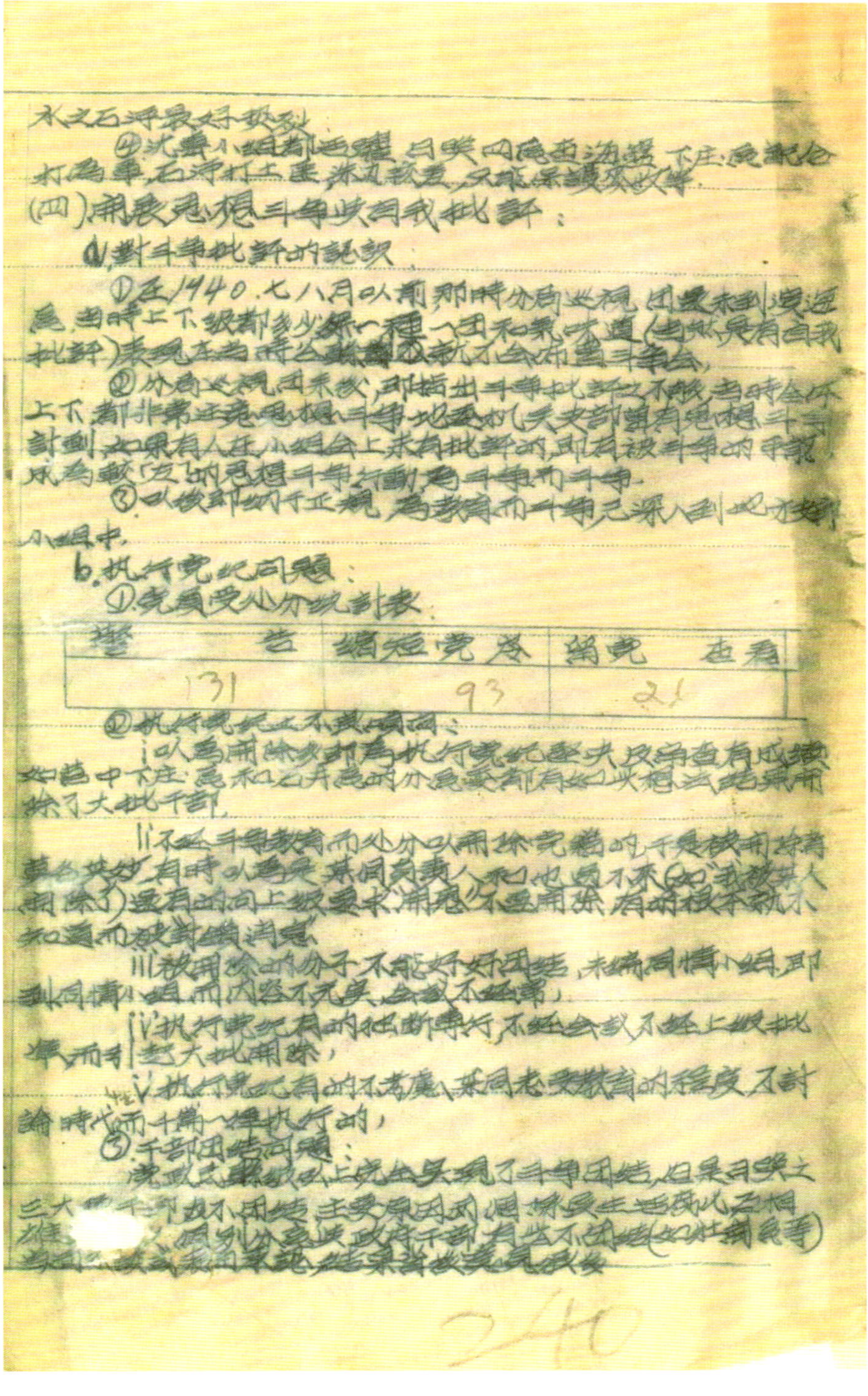

水文石坪最好[illegible]

④沈村小組[illegible]下庄[illegible]

(四)開展思想斗爭與自我批評：

a.對斗爭批評的認識

①在1940.七八月以前那時分局巡視團還未到[illegible]，當時上下級都多少抱一種“一團和氣”味道（当然是有自我批評）表現在当時[illegible]就不会開展斗爭会，

②分局巡視團来後，即指出斗爭批評之不够，当时全体上下都非常注意思想斗爭，地委机关支部曾有思想斗爭計劃，如果有人在小組会上未有批評的，即有被斗爭的可能，成為較「左」的思想斗爭，行動為斗爭而斗爭。

③以後即[illegible]纠正，現為教育而斗爭已深入到地方支部小組中。

b.执行党紀問題：

①党員受处分統計表：

警告	縮短党齡	留党查看
131	93	21

②执行党紀上不良偏向：

i 以為開除多就是执行党紀坚决及為查有成績，如在中下庄區和石井區的分區委都有如此想法，結果開除了大批干部。

ii 不經斗爭教育而处分以開除党籍的干部被開除者莫名其妙，有時以為是某同志負責人和他過不去（如“我被某人開除了”）還有的向上級要求開恩（不要開除）有的根本就不知道而被開除消息。

iii 被開除的分子不能好好團結，未編同情小組，即編同情小組而内容不充实，会議不經常；

iv 执行党紀有的独斷專行，不經会議不經上級批准，而擅自起大批開除；

v 执行党紀有的不考慮某同志受教育的程度，不討論時代性而千篇一律执行的；

③干部團結問題：

党政民[illegible]以上完全是表現了斗爭團結，但是目前之三大[illegible]干部的不團結，主要原因[illegible]

[illegible]个別分區與政府干部有些不團結（如[illegible]等）[illegible]

240

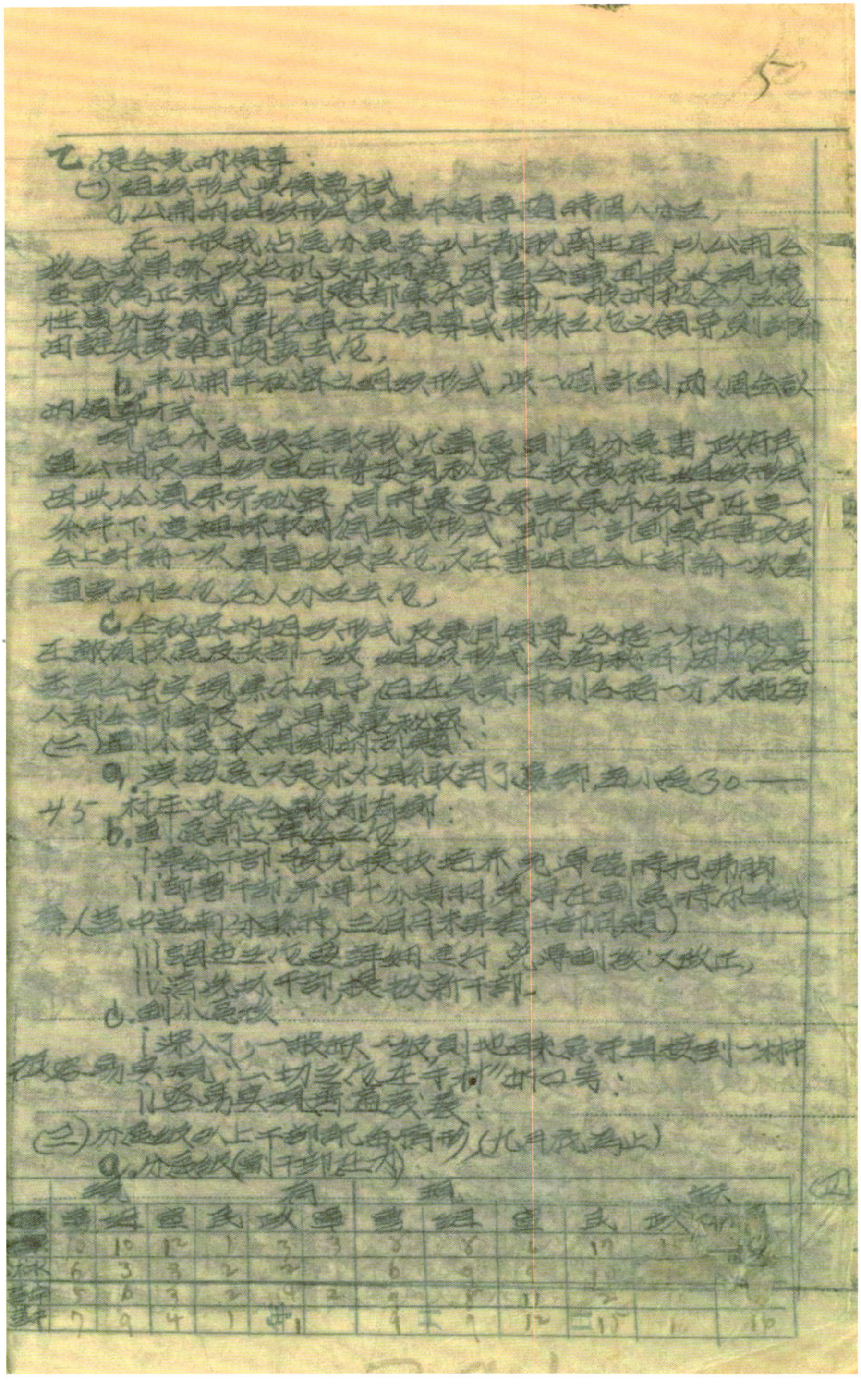

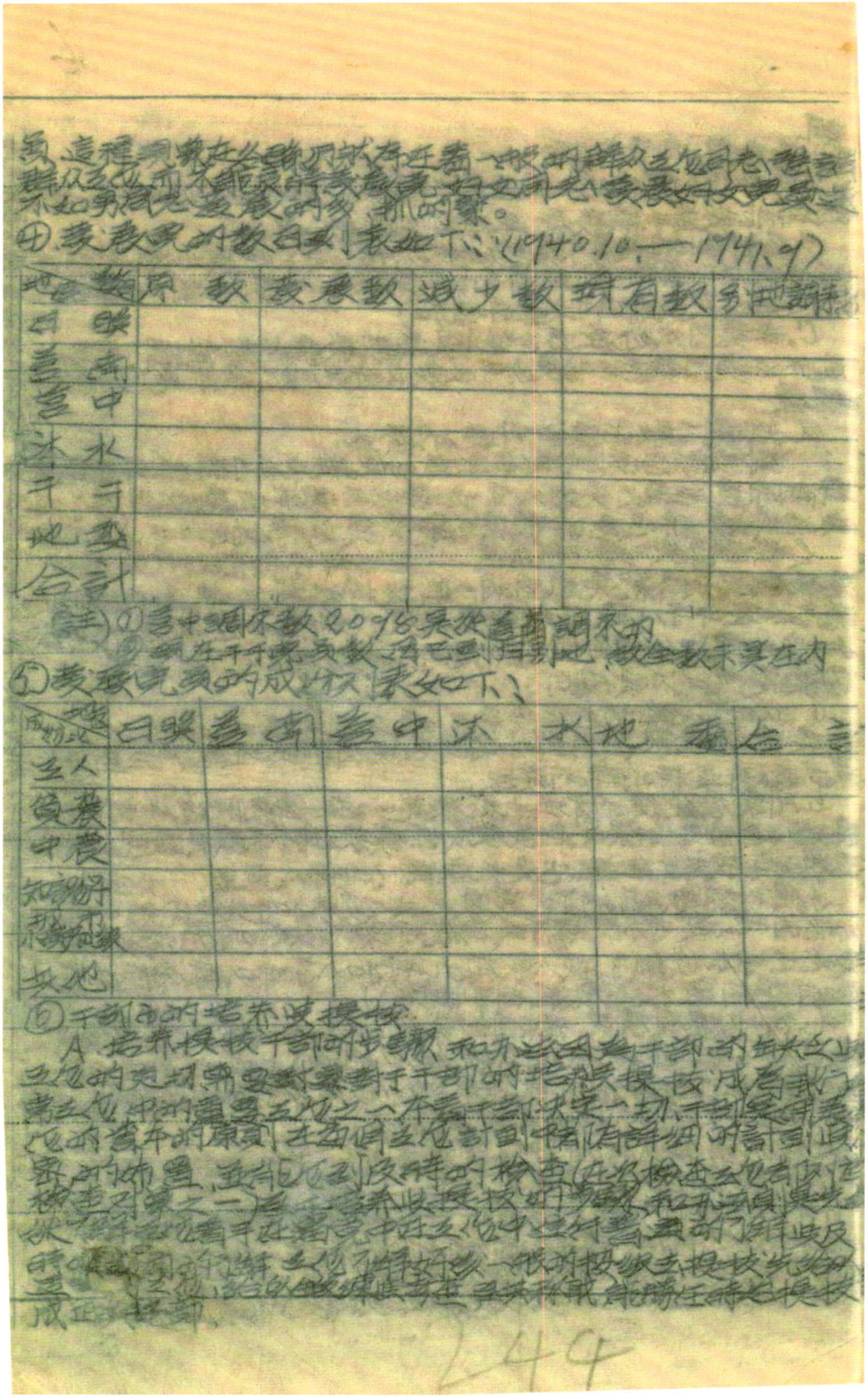

[illegible]

㈣ 黨員的數目表如下：（1940.10.—1941.9）

地區＼數目	原數	發展數	減少數	現有數	[illegible]
日照					
莒南					
莒中					
沭水					
[illegible]					
地委					
合計					

（註）① [illegible]

② [illegible]

㈤ 黨員的成分表如下：

成分＼地區	日照	莒南	莒中	沭水	地委	合計
工人						
貧農						
中農						
知識分子						
[illegible]						
其他						

㈥ 幹部的培養與提拔

A. 培養提拔幹部的步驟 [illegible]

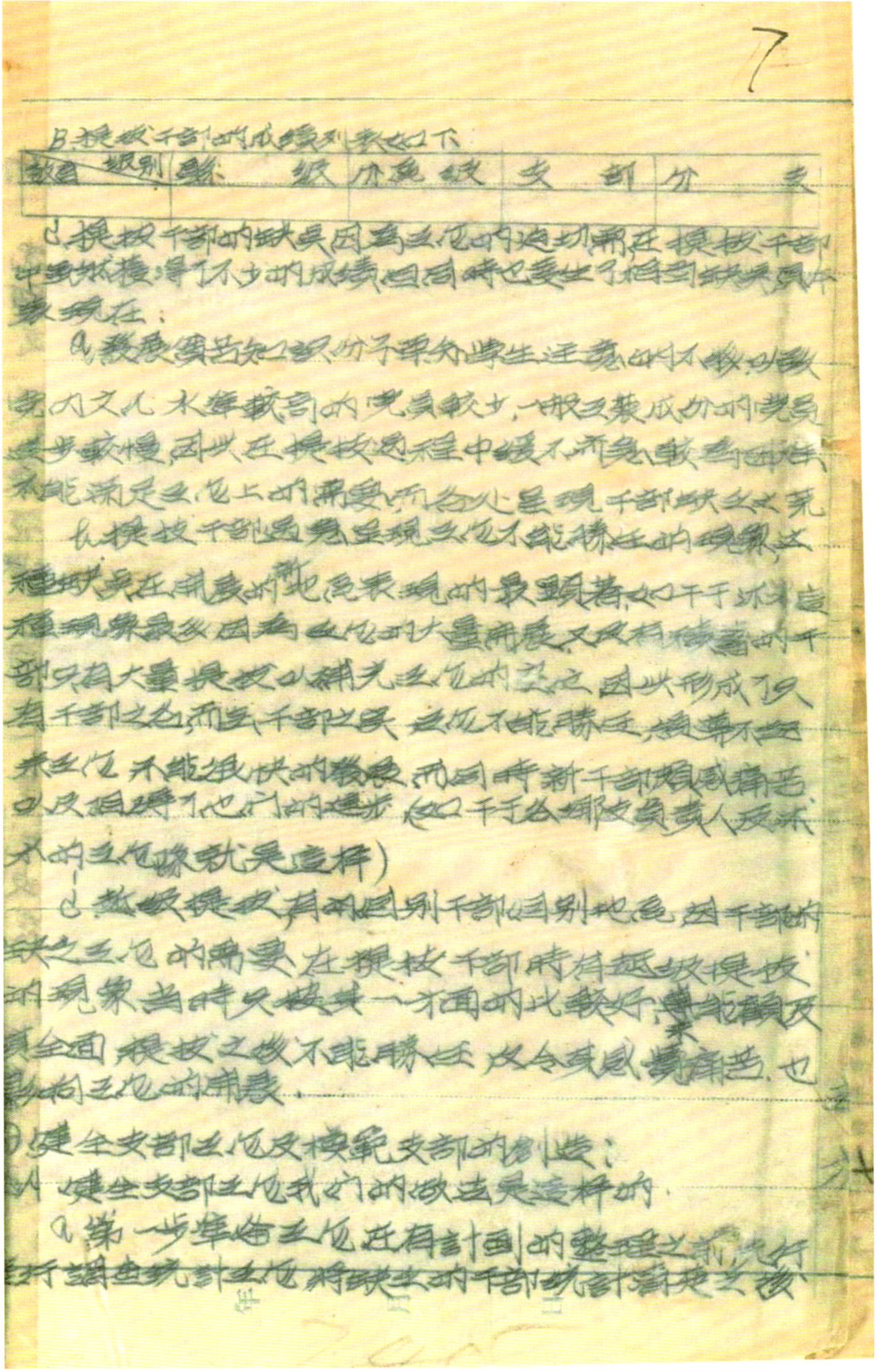
7

B.提拔干部的成绩列表如下：

数目 \ 级别	县级	分区级	支部	分支

C.提拔干部的缺点：因为工作的迫切需要，在提拔干部中虽然获得了不少的成绩，但同时也发生了相当的缺点，表现在：

a.当时知识分子党外学生注意的不够，以致党内文化水平较高的党员较少，一般工农成份的党员进步较慢，因此在提拔过程中缓不济急，较为困难，不能满足工作上的需要，而各处呈现干部缺乏之现象。

b.提拔干部过急，呈现工作不能胜任的现象，这种缺点在开展的新地区表现的最显著，如千子等地这种现象最多，因为工作的大量开展，又没有储蓄的干部，只有大量提拔以补充工作的空乏，因此形成了只有干部之名而无干部之实，工作不能胜任，领导不到，工作不能很快的发展，而同时新干部颇感痛苦，以及阻碍了他们的进步（如千子各乡支部负责人及从前的工作队就是这样）

c.越级提拔，有个别区别干部个别地区因干部的缺乏之工作的需要，在提拔干部时有越级提拔的现象，当时只顾其一方面的比较好，未能顾及其全面，提拔之后不能胜任，反令其感觉痛苦，也影响到工作的开展。

(3)健全支部工作及模范支部的创造：

(1)健全支部工作我们的做法是这样的：

a.第一步在各工作在有计划的整理之前先行进行调查统计工作，将缺乏的干部统计清楚之后

再去提拔所缺之各種干部，分別去有計划的培养與提拔，以充補干部之用，

b.第二步了解審查工作，將所有黨員干部先行了解審查，在了解審查之中將坏的黨員及干部進行洗刷，將好的進行培养與提拔，以保持成份之純潔，

c.第三步，一健全机構，充實干部，使支部領導机关之健全，加強其領導才能使工作改進與開展

d.建立與健全各種制度，只有健全的制度才能按級的檢查工作，推動工作，才能使支部工作健全與進步、

B.模範支部的創造，創造模範支部並不是短時間內所能办到的，必須有計划的按級的去創造，才能為功，即是有計划的按級的，由坏的培养成較好的，由較好的再培养成最好的，使之成為一個健全支部之後，各方面再去努力與鞏固，才能創造成模範的支部，也就是說，模範支部必須建立在健全支部基礎之上，根據這種方法創造的模範支部，節錄內容以為例如下：

（接下）

246

八、苍中上庄分支：

(一)、全分支五十七个党员，(包括三个村子)七个小组，有[illegible]、政争民青妇八个委员，支委会十天一次，每天都有支委参加小组会。

(二)、小组会五天一次，其中有一个小组会情形如下：

①、切实遵守上级之决定，一点一滴的讨论并报告出来。对于斗争工作讨论对象[illegible]斗争，遇有困难[illegible]小组长负责解决。

②、对党员之基本知识[illegible]了解就此，当天讨论一个问题，党员必须具备些什么条件，党员都说出了四个条件。

(三)、全支部有一个党员到地委受训，回来后即将学习所得报告给支部同志，因此该支部同志都[illegible]

(四)、全体党员都参加民兵夜晚打游击，有支书[illegible]领导(因为[illegible]太小支书的眼都红肿了)有一次支书领导十六个民兵小组配合[illegible]打敌探子，[illegible]别人说[illegible]有了些枪[illegible]敌探子[illegible]每个党员的人都有勇气有信心，青年工作更是活跃，唱歌、扭秧歌、学习，和一切[illegible]青年运动的工作，[illegible]青年团长及支部之领导[illegible]团体之[illegible]都能自动去做。

(五)、执行政府法令，马上实行政府所要求的合理负担。

(六)、支部对斗争先有计划的领导，三月中共进行了两次，都是支部先讨论了交给群众团体讨论执行。一次是村妇救会长[illegible]斗争，另一次是[illegible]打破[illegible]的斗争，都得到胜利。

(七)、进行教育，除党员参加小学外，青年党员参加夜校，每个青年至少识200字，一个[illegible]青年也有能[illegible]一个已经学会40个字，[illegible]非常感激支部同志，[illegible]全党员对基本[illegible](如开小组会时讨论[illegible])。

(八)、斗争工作先由支委会讨论具体办法，讨论对象，分配任务，五天内动员一个党员参军(十八岁青年)

九、[illegible]支部：

(一)、这一分支[illegible]成立的，经过敌人之打击(敌人[illegible])，除[illegible]外，还[illegible]，同时[illegible]，现在[illegible]全分支党员[illegible]人，[illegible]

(二)、当前一支要斗争的斗争：

①、[illegible]救济：

年 月 日

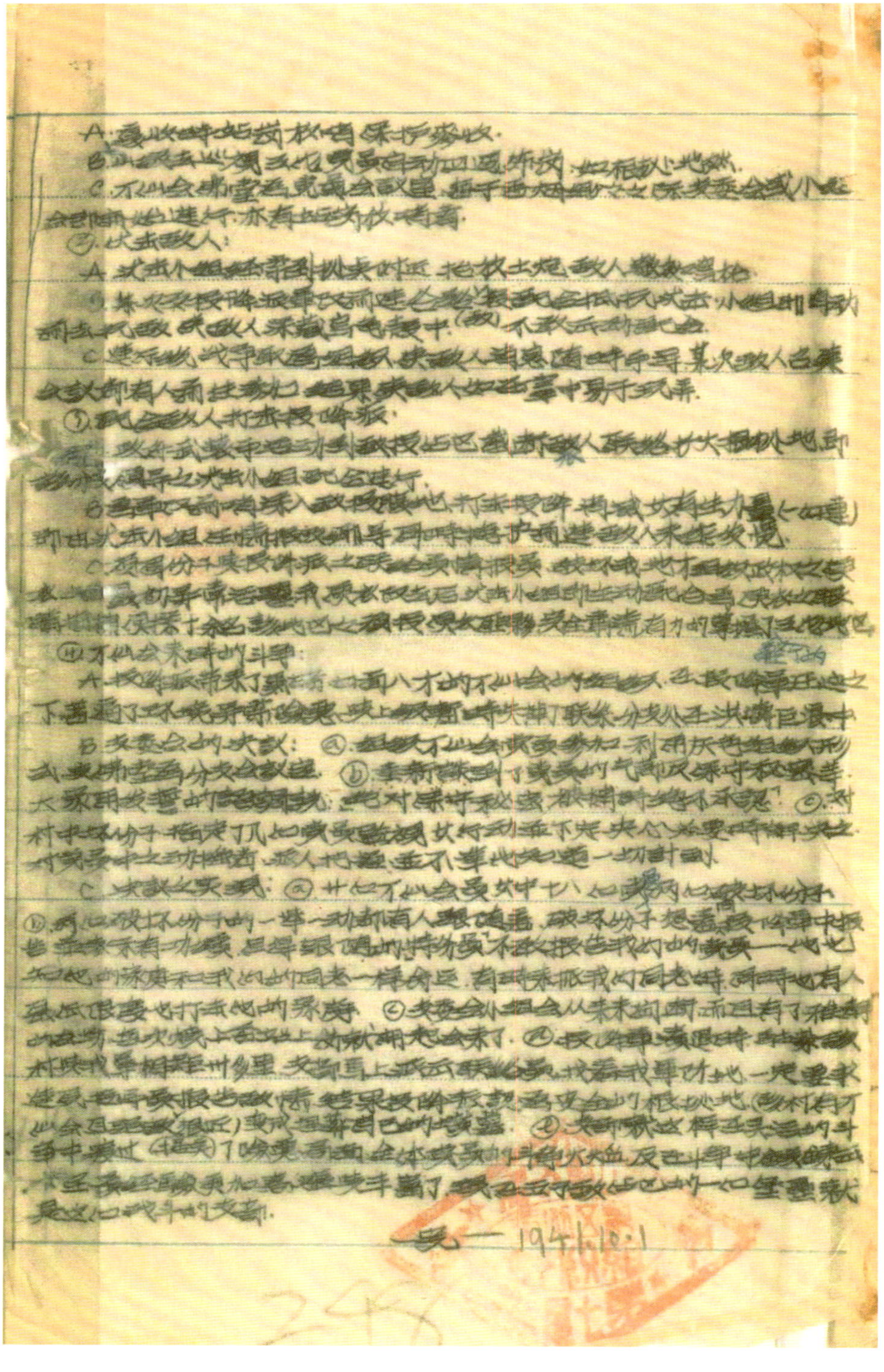

鲁中五年工作的基本总结（1942年12月）

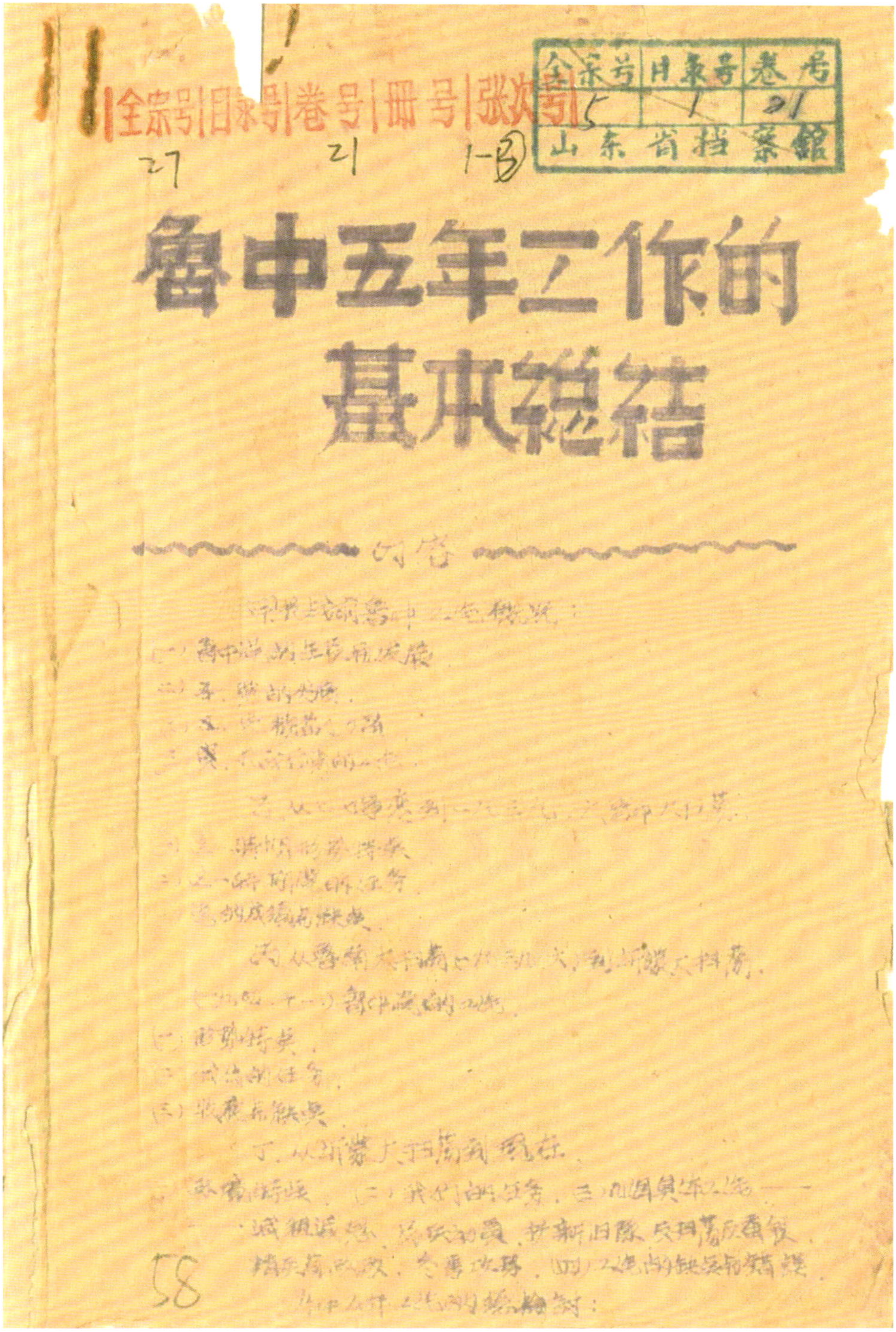
全宗号 | 目录号 | 卷号 | 册号 | 张次号
山东省档案馆
鲁中五年工作的
基本總結

鲁中五年工作的基本总结

甲.抗战前鲁中党的工作概况：

(一) 鲁中党的产生与发展；

1. 在大革命时代就有党的活动，但只限于点滴的宣传工作。党的产生是由济南青岛上海等城市的学生入党后回来建立的。(如1925年以前沂北李杜舟在青岛求学加入社会主义青年团，介绍李泮藻刘瑞山回沂北开展工作，有经过跨党做法将国民党的积极份子左婴介绍入党，如邹宝亭，莱芜刘践玉在韩的[illegible]建立了党组织，并介绍孙赦明单指南等入党，他们在自己的乡村开始发展党组织，刘伯元在莱芜师范读书时，发展十余个党员。党在鲁中各地点滴的发展和活动着。1926年太安省立[illegible]王今宋明石(已叛党)鲁守五燕遇明鲁宝[illegible]等，1931新太董[illegible]李[illegible]等回去沂蒙[illegible]等均先后进行党的工作。其他如淄川益都昌乐等地也都先后有党的工作。

国民党背叛革命后党即转成地下秘密工作，由于反革命的积极的破坏政策，使党的组织不断遭受破坏并与上级党失掉联系。(如廿四年莱芜县委刘伯元等叛党，莱芜党遭到严重损失(被捕党员七人，被通缉卅余人，并与上级失掉了联系，莱芜党先后被破坏四次)当时党的成分大部是城市小资产阶级知识分子与教员，缺少注意到工农成分的发展，活动地区多以城市学校为中心，缺少注意工厂与乡村发展。

在斗争中虽不断遭受破坏，并未停止了党的活动与斗争，相反的扩大了党的影响，密切了党与群众的联系。又由于上级经常

59

失掉联系与党的组织无经验，因此在领导斗争上常发生过"左"过右的偏向。但由于党的坚持积极，党在领导斗争中锻炼了自己。当时有名的斗争如：

1. 新泰谯赞岗的群众暴动——共有六十余人，十余枝短枪，共十多枝步枪。由任法泉同志（新泰中学生）领导群众反县党部，结果几个同志被捕。

2. 一九二九年沂水一区农民暴动（会门）主要反对政府统治，减轻重负担，是属于农民的自发斗争，我们参加了领导，因敌人武力大失败了。

3. 莱芜党曾领导过反公务人员的贪污斗争，当时县府二科长贪污有数着十八万元，这个斗争取得了胜利，贪污者被押监狱，得到了全县人民的拥护。

4. 参加改造土匪部队——沂水县委领导过沂山的土匪部队，太安朱玉平同志在民国十八九年间打入了土匪武装有六七十人，但因土匪基本上是脱离群众的，不好改造，结果瓦解。

这些斗争在路线上是犯着左的偏向，盲动暴露，缺乏长远打算、积蓄力量，因此使党遭受破坏与损失，另方面亦扩大了党的影响，提高了群众阶级觉悟，锻炼了党。

另外，党也领导了群众组织，如沂水县委领导了互济社，莱芜党领导了农民协会。

（二）四、党积蓄了力量：

抗战前党虽然不断遭受破坏，数量不大，但也是抗战后急中党大量发展的有力基础。当时党的分布和活动：

太山区莱芜党在最盛时期发展至百余人，活动区域一区二区鹤山楼一带三区的临朐一带。

沂蒙区活动区域沂水沂山一带，临朐的莘峪一带，七区张马庄、沂源一带有自己的组织，发展党员七百余人。1934——35党失掉了领导（因当时组织内有不大好的坏分子），剩了20多个党员，于一九三四由孔茂伯等自省委成立了区委，共保存了30余个党员。

太南、新太党因省委被破坏，紧张等形势，因为被捕后之叛，受到影响，1932年鲁北不满20人，太南在十年斗争中共保存了220多个党员。

保存的干部太南有刘子华、徐玉田、鲁泰，沂蒙王涛、李逸尘、徐子厚、孔茂伯，太山区刘莱夫、徐子泉、刘子正等。

以上说明党在抗战前的基础是薄弱的，原是小的，但在质量上是坚强的，他们经过了艰苦斗争的锻炼。

(三)鲁.抗战后鲁中党执行了党中央给省委的"动员组织人民，建立统一战线，反对投降，争取抗日"的指示，"党员脱下长衫参加游击队去"的号召，"发动山东游击战争，坚持敌后抗战之战略任务。" 鲁中党的基础成为以后各时期党发展的主要推动力量，党不惜以自己的英勇牺牲的精神粉碎了一切悲观失望、退却逃跑的亡国情绪，并教育人民从实际斗争中体验到"逃跑是死路，抗战是生路"，不但深入了人民，教育了人民，领导了人民，并且还正确运用了统一战线，用武装斗争的策略，以一切形式（人民抗日救国军、八路军、人民抗日游击队等）武装了自己，使广大人民团结了多种多样的抗日部队（如杂土匪……），争取了各阶层的抗日人士（不分国民党、地主、士绅、会门、青年学生、男女……），壮立了统一战线的基础，在我的影响下鲁中的游击战争，继而发展鲁南地发动群众。

乙、从七七事变到一九三九、六、鲁中大扫荡。

（这是鲁中党由秘密进入发展壮大的时期。由秘密活动到半公开、公开活动的时期，是发动游击战争并团结鲁中各阶层人民共同抗战的时期。[illegible]

（一）、这一时期形势的特点是：

1．敌我斗争的主要形势是在正面作战，所谓敌后，敌人单占领点线（主要是控制几大城镇和铁路线）集中兵力向正面进攻，我山东广大地区虽告失陷，但因敌占地区广大，兵力不足，广大农村尚为抗日军掌握，可以大量发展游击战争（当时在鲁中尚有莱芜、蒙阴、沂水、莒县、费县等城市）敌人在敌后尚采保守势，但在三八年冬季后，敌人已实行进攻游击队扩展占领区，巩固点线（如1938.10，敌人进占莱芜、费县及蒙阴后，但兵少，蒙阴被迫撤出）

2．鲁中党在省委直接领导下，发动并建立了（游击像，主动的打击了敌人（如一九三八年冬的胶济津浦两铁路的大破袭战，南[illegible]游击战。我党英勇积极的行动及良好的群众纪律获得了广大群众的拥护和爱戴，扩大了党的影响，并取得了合法与半合法的活动地位，扩大了统一战线（最初主要以秦启荣石友三为主，石走后即以沈鸿烈秦北[illegible]为主，相当保持了友好关系，并与张里元及赵[illegible]王保团……各游击队取得了友好关系，

3．韩复榘军队溃退，各地政府瓦解，敌人控制点线及周围的广大农村，失掉正常秩序，各种游击队漫游发展，更有一部

62

4

纷组织派系为了乘机发财，以抗日为名，到处收枪进行土匪活动。游击队的到处收缴枪械，捕人要给养抗粮等行为引起了广大农民普遍的恐慌与不安，因此会门在"保家保产抗日"的口号下便大量发展起来。如太柴的硬肚道，是在反粮口号下日益扩大的。博山的红天道、黄沙道、天门会等会门都为抵制与罪暴等如锺李与望等坏的游击队而组织扩大起来的。莱芜的红枪会是抗敌时国民党部的指挥逐渐发展的。

这时统战中的斗争局面已经开始由政治斗争进入了部分的武装斗争，主要是与秦启荣，如莱芜的反秦斗争太和事件……等。

（二）这一时期党的任务

1. 开展广泛的游击战争，大量发展与掌握改造游击队，积极主动的打击敌人，进行深入普遍的宣传动员工作，启发人民抗日的思想，提高人民参战情绪，坚持鲁中抗战。

2. 广泛的组织群众发动群众抗战，以党的英勇奋斗精神来鼓舞人民抗日的信心，进行适当的改善人民生活，教育群众使群众依靠我们。

3. 建立发展党（但以发展为主），建立党的各级领导机关，并注意大城市与铁路矿区的长期秘密的工作。

4. 积极进行统战工作，适当的运用斗争与团结的策略，主要的是发展巩固我党我军力量，团结友军孤立打击个别争取顽固反共派，团结各阶层人民共同抗战。

5. 组织团结群众，安定社会秩序，建立民主政权及根据地。

（三）党的状况与缺点：

63

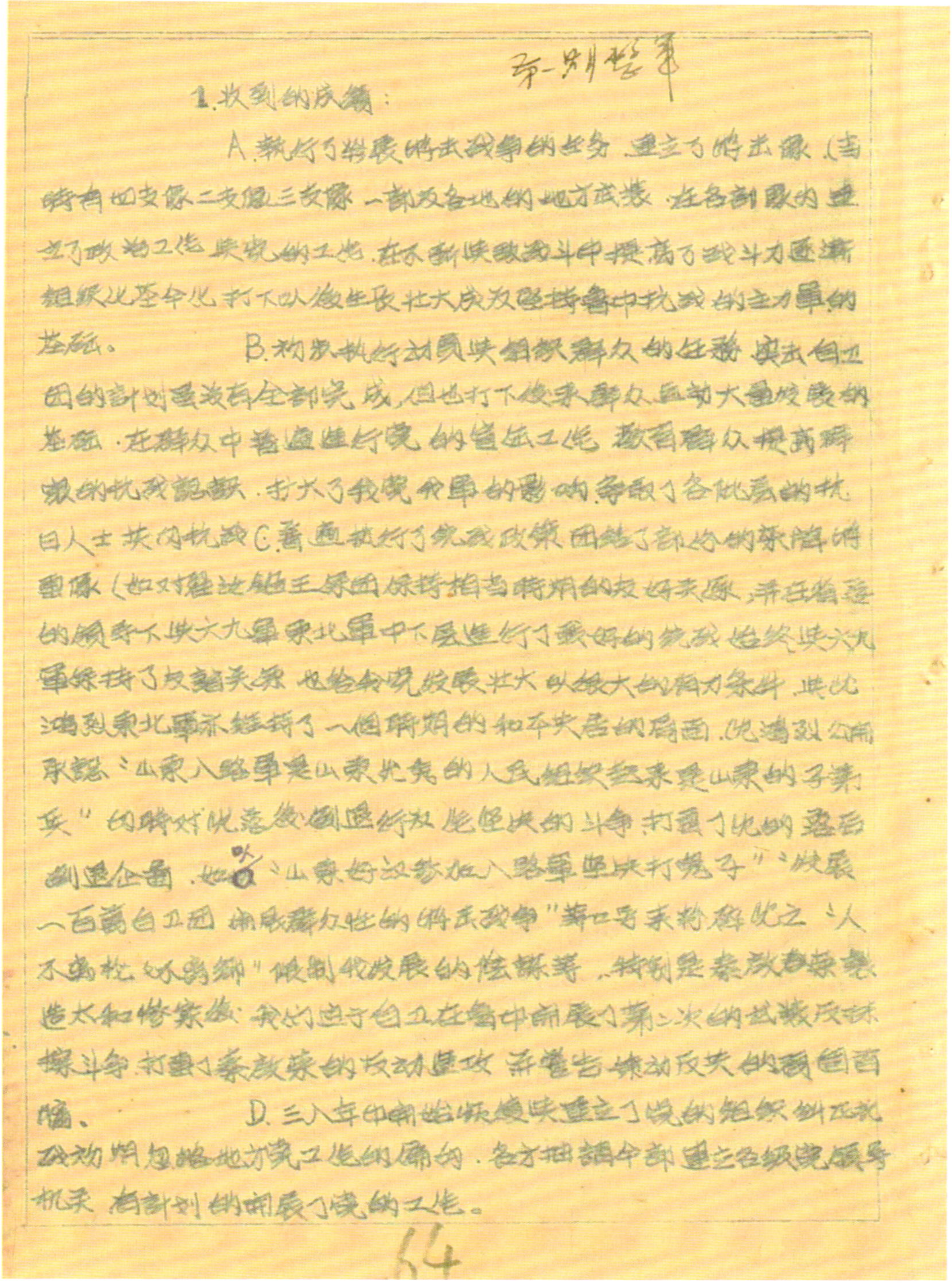

第一期整军

1.收到的成绩：

A.执行了发展游击战争的任务，建立了游击队（当时有四支队二支队三支队一部及各地的地方武装，在各部队内建立了政治工作、党的工作，在不断与敌战斗中提高了战斗力，逐渐组织化正规化，打下以后生长壮大成为坚持鲁中抗战的主力军的基础。

B.初步执行动员与组织群众的任务，实在自卫团的计划虽没有全部完成，但也打下后来群众运动大量发展的基础，在群众中普遍进行党的宣传工作，教育群众提高群众的抗战认识，扩大了我党我军的影响，争取了各阶层的抗日人士共同抗战。C.普遍执行了统战政策，团结了部份的友军的军队（如对秦启荣王洪九保持相当时期的友好关系，并在党的领导下与六九军东北军中下层进行了良好的统战，始终与六九军保持了友谊关系，也给我们发展壮大以很大的有利条件，与沈鸿烈东北军亦维持了一个时期的和平共居的局面，沈鸿烈公开承认"山东八路军是山东抗战的人民组织起来是山东的子弟兵"的时候，对他意图倒退进行了坚决的斗争，打击了他的恶毒倒退企图，如以"山东好汉参加八路军坚决打鬼子""发展一百万自卫团、开展群众性的游击战争"等口号来粉碎他之"人不离村、妇不离乡"限制我发展的阴谋等，特别是秦启荣制造太和惨案后，我们进行自卫，在鲁中开展了第二次的武装反摩擦斗争，打击了秦启荣的反动进攻，并警告、镇动反共的顽固头脑。

D.三八年开始陆续建立了党的组织，创建了政权，地方党工作的开始，各方抽调干部建立各级党领导机关，有计划的开展了党的工作。

64

E.执行掌握政权创造根据地中只限于少个别分部参加旧政权工作机关（当时各地还没有民主政权的建立）的时候到地方有动员委员会及办事处的组织，某些地方忽了旧政权的性质，政权基本上是旧力量所掌握。在建立根据地上的作用只注意到边缘的地区。

和指示了党的活动发展

2. 但我们还存在着许多严重的缺点与错误。

A. 在执行发展游击战争的任务缺乏明确的发展方针，因此在发展武装上只注意自己建立武装，忽视利用一切可能机会争取收改地方部队武装及分散的队伍，有些自发现象使许多自发的抗日武装很久没有得到正确的领导，使我们丧失了有利的发展机会，并有不少的为敌人顽固所利用。对自卫团的工作尚不够重视，虽然在实际工作中完成了相当的数字，但多满足于形式登名册的工作，成绩没有能够进一步的教育训练组织，尤其未能将自卫团的任务因此在对敌斗争中大部没有起其应有的作用。开展游击战争（与群众的切身利益联系起来）的区域尚不够广大、普遍，满足于部分地区的工作基础，尚有许多地区根本没有我党我军的活动与影响。

B. 导致统一战线原则不稳，不注"前后"，前期主要是右倾，后期主要是"左"，斗争与联合表现了政治上的宗派主义（现），因强调了联合忽视原则的让步及执策决心不够，故未能在有力有理的条件下（须不敢斗争）给顽固反共及八路反民主反进步的罪行中以严重的打击，使我发展受到部分的限制。对社会统战注意很差，对地主、地方实力派等的团结注意不够，有时过分危害他们的利益，打击太多，造成某些对我的误解。在大扫荡后沂蒙区出现了许多地主武装（如下里庄、朱位、五当区之）公开与我对立，主要是我的社会统战不够所造成的．当然他们本质的反动性是决定作用，对自卫队等群众的争取与团结不抓的不够紧，以致后来关系逐渐恶化而反我，如赵汝镇王绿田等部。

C．忽视了地方党的恢复与建立　在三八年五月前地方党的组织停顿，这就使我们武装的发展与活动失掉依托与群众的紧密的团结．

更没有注意到大城市铁路线的长期秘密工作．

D．忽视了建立与掌握政权与根据地的任务　我们作战打了县城也不敢收遣伪乡村长　就反党支部收归乡村长　旧政权垮台后也不知建立民主的新的政权，旧的存在着合法观点正统观念　不敢改变旧的统治　墨守成规　工作中严重的存在着保守现象　缺乏进攻与创造精神．且对抗战的长期性认识不够　明确建立根据地的观念不强，因此各种措施缺乏长期打算，抓一把的现象极为严重　造成许多不良的影响　多树立了敌人。更没有注意到大城市铁路线城市长期秘密工作

3 为什么会产生以上缺点与错误呢？

① 首先在领导上：缺乏马列主义的战略眼光，与实际斗争经验，缺乏外力帮助，在斗争中缺乏理论指导，对坚持敌后游击战争中的基本战略诸问题认识不够明确．如在武装斗争中没有掌握住游击战争发展的规律，对党的统一战线政策掌握不稳，独立自主坚持敌后抗战与建立根据地的战略方针缺乏切实的贯彻执行，这是产生这一时期各种缺点的主要根源。

第二　缺乏群众观点　忽视地方党的工作　不了解

66

没有广大群众的共同斗争，游击战争就不能开展，没有坚强的地方党的领导，群众就无法发动与团结，游击战争就无长期坚持斗争的保证，把发展游击战争孤立起来，使游击战争脱离了党的领导及群众依托。

第三、对建立根据地的方针不明确，缺乏独立自主坚持游击战争过大顾虑，缺乏对政权的领导经验，忽注意于游击队抓一把的问题，不懂得坚持的独立自主的抗战必须有民主政权的支持与根据地的依托。

第四、统一的领导不够，还不能适应工作发展的要求，还不能在战略上与工作上给各地以指导和帮助，各级组织机构不健全，上下缺乏联系，各自为政，对各种斗争缺乏明确方针与政策，尤其对地主富农商人等征收政策上"左"，使我多树了敌人，成为以后的工作的严重障碍。

第五、忽视介绍与接受先进地区的经验（如华北晋察冀等），[illegible]工作限制在老一套的方式上，未能创造与学习别地经验来改造自己的工作，干部绝大多数是知识分子，工作形式教条、主观自满……

丙、从鲁南大扫荡（1939.6）——沂蒙大扫荡（1941.11.）鲁中党的工作。

一、这一时期是鲁中根据地建立与建设时期，也是敌顽向我加紧进攻形成严重的三角斗争局面，这一时期的特点是：

①敌人注意开展敌后，巩固后方，加强扫荡敌后根据地，对我斗争的主要形式是扫荡与反扫荡，由季节短期的扫荡到经常的长期的扫荡，并到处安据点修公

路强调治安强化运动，初步开展了军事政治经济文化各方面的总力战。表现在：1.军事上对太山区不断的奇袭扫荡，增设据点，使太山区之我得不到一个较长时间的休息与整理，经常处在扫荡与反扫荡的斗争中。在沂蒙亦进行了几次较大规模的扫荡，企图消灭我主力，消灭沂蒙根据地。

2.在政治上积极建立伪政权，支持投降顽固分子的存在，积极安设据点，强化治安，对人民采取威胁利诱，以达我孤立，进一步毁灭我抗日根据地。

3.在经济上封锁抗日根据地的必需物品，破坏经济建设，大量收买对敌有用的东西，进行抢牛抢粮活动，破坏生产，发展[illegible]。

4.在文化上利用各种方式广泛宣传，摧毁我们的文化建设与文化事业，施行奴化教育。

②投降与反投降、摩擦与反摩擦的斗争日益激化，反共反八路气焰日益高涨，摩擦事件继续发生，顽固派逐渐变为投降派，特别在皖南事变后，投降顽固派在各地展开对我进攻，因而抗战力量剧烈变化，特别是中间力量实力派如东北军某些部队逐渐变为公开的反共反八路的力量，形成敌顽伪军与我短兵相接的形势，形成两军互相在曲折数百里的地带对峙的局面，在各地不断的向我进攻。

在政治上借山东的支持者用一切方法摧毁民主，破坏抗日民主政权，施行一切有利于敌与顽固派之政策。

由于我们政策过左，抓一把的财经政策，劳动政策，乱罚乱捕现象等，造成了部分地主与地方实力派武装反我，与各地的会门关系日益恶化，如太山区的[illegible]在敌积极支持下成为太山区的心腹大患。

68

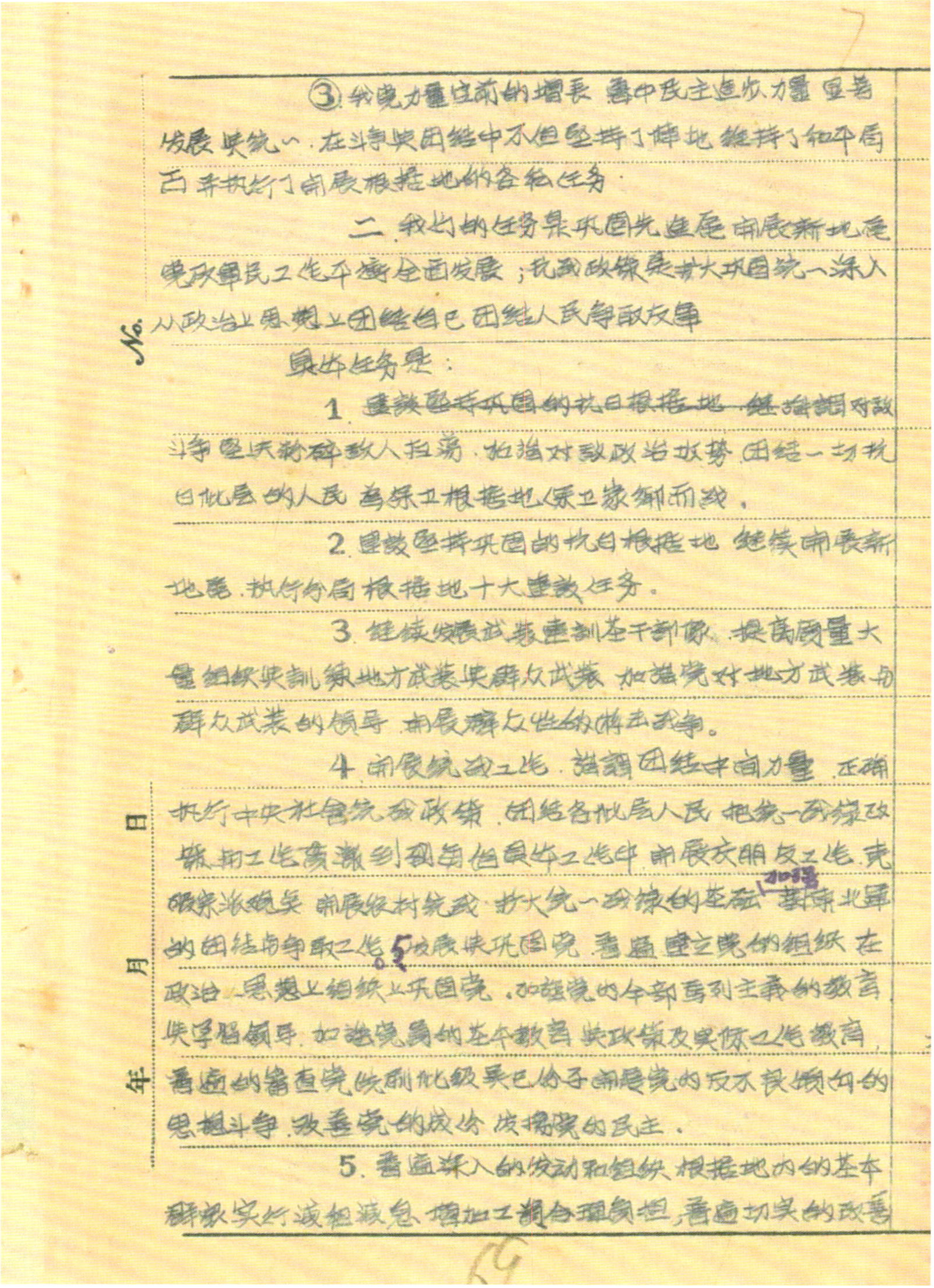

③我党力量空前的增长，鲁中民主进步力量日益发展与统一。在斗争与团结中不但坚持了阵地，维持了和平局面，并执行了开展根据地的各种任务。

二、我们的任务是巩固老区，开展新地区，党政军民工作平衡全面发展；抗战政策是扩大巩固统一战线，从政治上思想上团结自己，团结人民争取友军。

具体任务是：

1. ~~建设坚持巩固的抗日根据地，继~~强调对敌斗争坚决粉碎敌人扫荡，加强对敌政治攻势，团结一切抗日阶层的人民，为保卫根据地保卫家乡而战。

2. 建设坚持巩固的抗日根据地，继续开展新地区，执行分局根据地十大建设任务。

3. 继续发展武装，整训基干部队，提高质量，大量组织与训练地方武装与群众武装，加强党对地方武装与群众武装的领导，开展群众性的游击战争。

4. 开展统战工作，强调团结中间力量，正确执行中央社会统战政策，团结各阶层人民，把统一战线政策的工作贯彻到每个具体工作中，开展交朋友工作，克服宗派观点，开展农村统战，扩大统一战线的基础，加强与东北军的团结与争取工作。5 发展与巩固党，普遍建立党的组织，在政治上思想上组织上巩固党，加强党的全部马列主义的教育与学习领导，加强党员的基本教育与政策及实际工作教育，普遍的审查党，洗刷阶级异己分子，开展党内反不良倾向的思想斗争，改善党的成份，发扬党的民主。

5. 普遍深入的发动和组织根据地内的基本群众，实行减租减息，增加工资，合理负担，普遍切实的改善群众生活，建立真正广大的群众团体.

三、收获与缺点：

1 我们的成绩：

A. 党加强了对政权的领导，初步转变了一般同志对政权忽视的观点，认识了政权工作是建设根据地不可分离的重要工作，建立了三個专署、廿個县政权（包括沦陷区在内）以及不少的区乡政权，扩大了民主区域，开展了廉洁政治，执行了法制，注意了政权三三制的配备，团结了部份地主、中间力量及广大的小资产阶级知识份子参加政权与根据地的各种各建设，注意了区乡村政权的整理与改造。正确执行了善政，特别是改善人民生活（如合理负担、减租减息、尚未能实现等）进行了政权的各种建设，相当作了一些财政经济的建设工作，大部份支持了区党的武装和地方人员的工作和生活。

B. 党重视了武装斗争，建立了相当大的党所领导的抗日武装（一旅、二旅、四旅及各单位区部队与各县独立营区委武装），开展了晋中的游击战争，坚持了晋中抗战，严重的打击了敌伪，吸引与牵制了相当数量的敌军与伪军，防止与打击了少数投降派反共反八路及分裂投降的阴谋，大量发动了群众武装，并积极袭扰了敌人（当时太山区及新太线的游击小组都是非常活跃的）不断的粉碎了敌人的扫荡与封锁，成为坚持晋中抗战的最坚强支柱，保卫与坚持了根据地。

C. 初步形式的组织了群众（以农会、群众组织与自卫团），部份的改善了民生（如初步的减租减息的执行，合理负担的实施，救济灾荒与贫困等），建立了群众领导机关及各级组织机构，建立了党团直到支部，都注意与讨论群众工作，提高了群众参政参战热情。 D. 建立与发展了晋中的党（最多时有五万党员），训练了一批党的干部，在与敌顽不断的斗争中锻炼与改造了成万的党

70

5

员并在思想上政治上组织上巩固党了，加强了党的教育，提高了干部与党员的质量。洗刷了党内不良分子与叛变分子，改善了党的成份，加强了支部的领导。部分的改造与整理了支部，初步的创造与领导了各种抗战事业。党领导了非党组织，保证了党各种任务的实现。

5. 部分的开展了敌伪军工作，初步打破了过去对敌伪军工作无信心的观点，开始纠正把敌区当殖民地的现象，坚定了掌握敌区工作政策特别是[illegible]政策，获得了很大的成效。部分的零星的建立了敌伪关系，初步建立了敌伪工作机构。

2. 这时期的工作的缺点有以下几点：

A. 我党我军和抗战民主力量的发展还不够强大，我们基本上还是处于劣势（在数量上，在物质供给上，在作战有利的地形上），我们在武装上的发展尚不够强大，有利地形丰富资源区域均为敌顽所控制（如沂鲁山区的边区，太山区几个较大的平原均为敌所占据，没有及时开展外围区，使我们死守山区，使财经上自今未能做到自力更生，造成我财经物质的严重困难。

B. 根据地不但不巩固，有些地方则极不巩固，且还渐在缩小（如当时的淄河及太山区），根据地的各种建设还正在开始或者有些地区还未动手。各种政策的执行不右就左，掌握不稳，如执行政策的乱杀乱罚现象未能及时有效的纠正。合理负担的过"左"等。根据地的新气象新民主主义的秩序还未很好建立，已建立的亦多限于形式或不巩固，尤其经不起敌残酷扫荡的锻炼。财经建设尚未有基础，有些亦是极其[illegible]的，不能自力更生，仍及外援。

C. 政权尚未确成为拥有广大群众基础的民主

No. 年 月 日

71

的统一战线的政权，在成分上仍多是清一色的党员。（或极少数其他上层人士参加的政权）三三制还未真正执行或在开始执行。上层是在包办，下层不少政权还掌握在地主阶级手中。乡村政权大部尚未（还）掌握在地主阶级手中，乡村政权大部尚未能确实掌握在我党领导下。在运用民主方式与尊重民意上还未认真去做或者过于勉强。县区、村政权及民意机关三分之一以上或三分之二还不是民选的，就是经过民主方式选出之政权也还不是真正经群众自愿自觉选举的，还不是真正群众所需要而拥护。在政权机关和人员里像以党代政的现象，在工作上着重单纯命令及用政权的方式压抑着群众的积极性，束缚着群众的自动性，形成与群众脱离，群众未能感觉到自己是主人、是执政者，对民主政权也就表现部分冷淡。因此民主政权也就显得无力，缺乏群众的支持。一般的经不起战斗，基础薄弱，在困难中部分地区的不能坚持。区县政权未能形成团结各阶层抗战的核心，更未有形成群众的依托。政权干部中个别本位主义的作风，摆出英雄官僚头，生活腐化，工作漂浮脱离群众，相当保存了旧政权衙门的作风，大大削弱了对群众的团结。

D. 党的组织不健全，工作形式不深入，领导不民主，缺少有系统的经常的教育工作，日常工作也未能很好建立，干部调动过大，支部堡垒作用极差，未变成团结群众的核心。党员的作用不高，党的主要工作未转在日常的事务工作和个别的机关工作，一般忽视政策的掌握，忽视政府民众全面工作的领导，尤其忽视对敌斗争，对地方武装和及群众性的游击战争的领导，未成为敌后人民的领导核心。一小部分的个别党员对长期艰苦斗争发生厌倦，表现动摇。

E. 基本群众还没有普遍深入发动起来，曾经一度

72

基本发展起来的群众运动也未能予以巩固，群众团体的作用不大，组织起来的群众数量也不够多，组织与发动群众参加抗战与参加民主政权建设尚不够广大，在群众运动中经常发生"左"右倾的错误，或是关门主义将发展群众组织与发展党混同起来，採取发展党的方式发展群众，或仍保持了形式主义上名册的发展，而尚不能在实际斗争中去发展群众，不能从群众基本利益上来发动群众斗争，没有把抗日斗争与经济斗争联系起来，没有很好的提高农业生产，将经济斗争与改造政治斗争的生活。没有群众运动的领袖，积极分子亦不多。对群众生活的改善一般的被忽视，没有认真的进行减租减息改善雇工待遇减轻群众负担，被认为是一般的工作，没有当成我党政军民的中心任务，且改善群众生活的工作多偏重于消极的救济优抗……等，所做的实际的问题，而且也未能做到普遍彻底，因此形成鲁中我党政军与民主政府与群众的关系是不密切的，不巩固的，因为根据地的各种政策亦未能很好照顾基本群众的利益，尤其地区因政策过"左"的损害着地主及中间阶层的人权财权地权政权，结果便造成一部分地主士绅反对我们，甚至离开我们的地区，或则对我观望消极怀疑，中间阶层或感觉我们的景况与办法并不开明，不肯决然与我合作，即是基本群众也因我们工作未做好政策有错误，局面不巩固，所以也未能以十分信任的态度真心的团结在我们周围，还表现不去积极性与坚持的信念。因此群众运动是我鲁中根据地各种工作最薄弱的一环，使我党我军在坚持敌后抗战中陷于相当严重的孤立与困难。

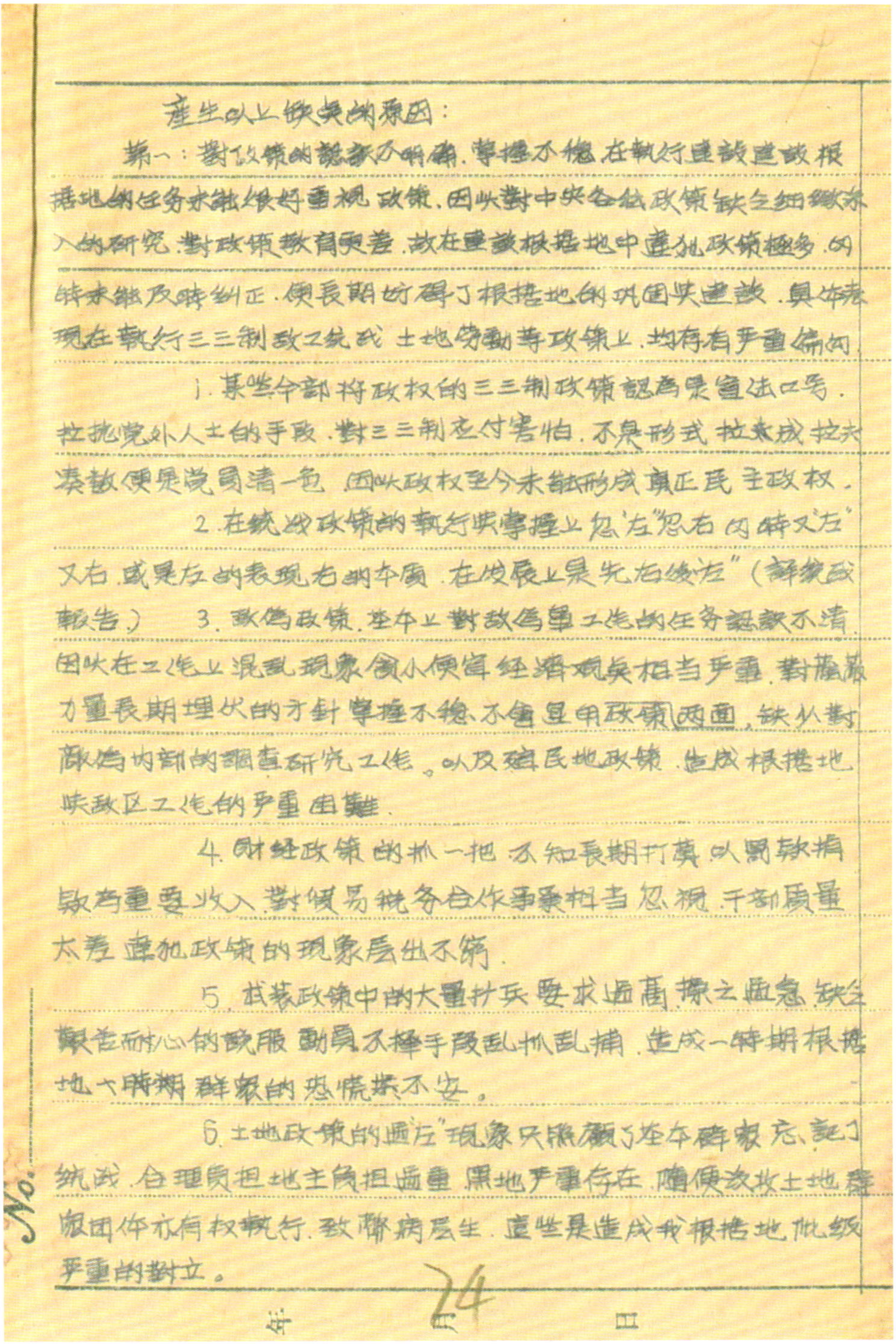

产生以上缺点的原因：

第一：对政策的认识不明确，掌握不稳，在执行建设建政根据地的任务未能很好重视政策，因此对中央各种政策缺乏细致深入的研究，对政策教育更差，故在建设根据地中违犯政策极多，的时未能及时纠正，便长期妨碍了根据地的巩固与建设。具体表现在执行三三制政权、统战、土地、劳动等政策上，均存有严重偏向。

1. 某些干部将政权的三三制政策认为是宣传口号，拉拢党外人士的手段，对三三制应付害怕，不是形式拉来成拉大凑数，便是党员清一色，因此政权至今未能形成真正民主政权。

2. 在统战政策的执行与掌握上忽"左"忽右，同时又"左"又右，或是左的表现右的本质，在发展上是先右后左"（郭镇政报告）

3. 敌伪政策，基本上对敌伪军工作的任务认识不清，因此在工作上混乱现象贪小便宜经济观点相当严重，对隐蔽力量长期埋伏的方针掌握不稳，不会运用政策两面，缺少对敌伪内部的调查研究工作。以及殖民地政策，造成根据地与敌区工作的严重困难。

4. 财经政策的抓一把，不知长期打算，以罚款捐款为重要收入，对贸易税务合作事业相当忽视，干部质量太差，违犯政策的现象层出不穷。

5. 武装政策中的大量扩兵要求过高，操之过急，缺乏艰苦耐心的说服动员，不择手段乱抓乱捕，造成一时期根据地一个时期群众的恐慌与不安。

6. 土地政策的过"左"现象，只照顾了基本群众，忘记了统战，合理负担地主负担过重，黑地严重存在，随便没收土地，群众团体亦有权执行，致弊病层生，这些是造成我根据地阶级严重的对立。

No.

24

年 月 日

第二：党在领导上，严重的存在着主观主义宗派主义党八股清谈主义官僚主义事务主义不正确的倾向表现在：

1. 忽视对问题的调查研究，对工作与情况满足于大概一般的了解，无根据的决定与处理问题，机械的执行上级指示，要求过高，中心多缺乏具体，不具体估计下级困难及合乎主观的力量，夸大成绩与优点，相信无反映，就是主观主义的明显表现。

2. 宗派主义表现在党政军民学间尚不够团结，过分尚存某些意见。某些干部中的严重自由主义，当面不谈背后乱谈，开会不谈会后意见纷纷，强调系统强调各自的部门工作，忽略全盘工作的照顾，不主动的配合与联系，独立主义使决定问题上下级隔离不融洽。

3. 好高务远，脱离眼前的具体迫切问题（支部不谈支部的事情而谈外面的大道理），铺张表面形式无内容的报告，不看对象的宣传品，说的多做的少，缺乏实际工作等，都是党八股作风的例证。

4. 党内存在着等级观念，脱离群众，对群众要求不够关心，不接近下级及不倾听下级的意见，坐机关靠报告解决问题，迟缓不能　　与计划，证明官僚主义的作风严重存在。

5. 事务主义无明确分工或分工过于机械，书记包办一切（特别是分局最为剧烈），抓不住中心，事务琐碎，在小问题上打圈子，放弃政治原则的领导，不信任干部，不通过组织推动等。

第三：对巩固党与依靠基本群众是建设与巩固根据地的基本工作认识不足，因此对中央巩固根据地的基本工作认识不足，因此对中央巩固党的决定未能认真的实际执行，普遍党加强党的教育工作，而存在许多缺点与错误，对支部的整理与改造抓的不紧，有些地方只去发展不会巩固，肃清观念薄弱，对发动中

75

10

织组基本群众如尚不够重视，對群众生活的改善相当忽视，尤其未能将群众的经济要求与政治斗争结合起来，在各个工作中均存在着脱离群众的现象，因此更极不巩固，群众组织不够巩固与有力，使我根据地建设与对敌斗争缺乏支援与依托。

第四．對形势发展的严重性缺乏明确的認識与足够估計到将来形势的日益恶化，但没有确定的进行各方面工作的应有准备，特別是思想上组织上的准备，以致形势转变时慌应付，使我工作遭受重大损失。對党员的教育虽一再强調調，但转变极为缓慢，尚未了解为是我们的政治任务与艰苦的思想斗争，因此大发展的一套粗枝大叶铺张表面的方式未能很好转变，不会进行具体细致的踏实地的建设巩固工作，因此工作不深入，形式表面的现象严重存在。

76

年 月 日

丁、從沂蒙大掃蕩到現在：

一、环境特点

1.国际国内形势激烈变化，国际反法西斯统一战线日益巩固扩大，太平洋战争爆发，国际条件更加对我有利，但敌後的斗争更加困难残酷。敌人为确保华北兵站基地，更进一步的加强对敌後的统治，在三分军事七分政治的政策下，加强对敌後的统治掠夺分割和蚕食，加强治安强化，巩固占领扩大敌占区，用政治的破坏分化、经济的封锁统治、文化的欺骗宣传等与运用军事的疯狂扫荡及逐步蚕食配合，集中兵力分区扫荡，实行三光政策，毁灭我根据地的基础经济，大批的捕捉壮丁，开展特务活动，严密清乡，把扫荡与强化治安运动和清乡运动配合起来，实行所谓政治经济一元化的总力战，强化堡垒和交通封锁，逐步紧缩蚕食分割我根据地，使我完全丧失机动余地，处于分散的狭小包围圈内，以便利于他的奇袭合击清剿，以达消灭我主力，完全占领我鲁中的目的。

2.与友顽斗争与摩擦不断上升或下降，斗争转入大规模的军事与政治的对抗，转入持久的形势，使我不能集中一切力量对敌斗争，而被牵制分散抵消了我鲁中人民的抗战力量。

三角斗争形势是这一时期鲁中抗战形势的基本特点，亦是三角斗争形势空前严重与尖锐的时期。

3.我根据地各种工作发展而深入，实际质量提高，群众初步的动员起来。

二、我们的任务是：

争时间蓄力量，咬紧牙关，坚决坚持长期抗战，完全巩固根据地，恢复游击区，积极反敌蚕食，加紧争取伪军，对敌伪工作深入

77

敌伪区工作。

具体任务是：

1.加紧对敌政治攻势反扫荡反蚕食 开展全面的对敌斗争 深入开展敌区工作。

2.坚持长期的分散的地方性的游击战争大量发展地方武装和不脱离生产的人民武装 主力适当的集中整训 加强教育提高质量 部分的分散配合地方军与民兵开展游击战争

3.加紧流通工作 调查放我手续 团结各阶层共同抗战。

4.照顾的改善群众生活 普遍的组织动员基本群众 真正的依靠群众 反对脱离群众的一切官僚主义的领导。

5.改造政权 照顾的实行三三制 开展民主运动 加强根据地的财经建设。

6.加强思想与意识建设 巩固自己 彻底整顿三区 认真改造支部 彻底改变组织形式 培养干部 建设健全的党。

三、几个具体工作：

1.减租减息、

2.民兵动员

3.扩新旧队

4.反扫荡反蚕食

5.精兵简政

6.冬季攻势

(四)工作的缺点和错误

1.在敌顽不断的进攻下 使冀中形势起了很大的变化 在坚持抗战中增加了若干困难表现在：

78

A.根据地普遍的缩小了（比大扫荡前减少2000以上的村庄、七十万左右的人口，据点增多了（只今年一年增加敌据点46处据点九個（1942.1—12）据点防御力大为增强，交通公路加强，敌占区游击区扩大，对太山太南的封锁分割已大体完成，将我大块根据地变为许多互不相联的小块游击区，并完成对沂蒙根据地的包围与封锁，使我上下联系更加困难。

B.主力空前的减弱，战斗的损伤非战斗的减员，部队数量至少减少了三分之一以上，地方武装亦日渐减少（质量较前提高）根据地的被分割环境加剧，兵工生产弹药补充遭到严重困难。　C.地方的组织支部破坏了××個，党员叛变自首在×千以上，若干干部的牺牲。

D.财经收入的更加减少，粮食的不能自给，群众的生活水平日渐降低，饿苦不能维生者日渐增多。

2 造成以上困难的主要原因，一方面客观上敌人力量强大，占绝对优势，我则绝对劣势，反共军的摩擦及投敌方针不断向我进攻，使我处于两面作战，但主要是我主观上存在严重的缺点和错误：

A.对形势发展未能及时掌握，缺乏政治远见，特别在思想上缺乏准备，对敌斗争缺乏能力，如鲁山、莲花山、蒙北等地之区的损失即是明证。在领导上未能掌握一切服从战争的原则，相当时期忽视战争的领导，对敌后新形势认识不足，对分散灵活的游击战争执行太差，特别是群众性的游击战争未能高度的发挥其作用。

B.积极配合开展政治攻势，进一步的深入敌占区之不够，致对敌斗争的基础的组织部。（去年太山区大批伪军反正皆未接我，就是明显的例证）在对敌斗争中严重的存在着右的恐怖观点，不敢对敌斗争，敌后殖民地的观点尚未能彻底纠正，对敌斗争只偏

79

12

于军事的或简单的宣传工作，结合党、政、军、民对敌开展经济文化军事政治一元化的全面斗争做得不够，尚未把对敌斗争工作作为我党政军民经常的中心的工作。

C. 党的基本组织——支部未能及时的整理，使敌占下层组织质量太弱，不会领导群众、依靠群众坚持对敌斗争，在敌各种残迫下不能坚持，甚至叛变投敌。

D. 缺乏对统一战线工作的领导，对敌伪军主动争取少、被迫反击多，在党内及群众中缺乏统战教育，对农村各阶级的关系的调查注意不够，在统一战线中包括着复杂中的“左”行动，乱翻了村，忽视了拉拢某些地主士绅对我抱有成见甚至脱离我们（如沂蒙华前庄刘家店子等地主离开根据地）

E. 重视学习未能达到普遍的开展，领导上不够深入的贯彻，形成自流发展，特别在各级领导机关和个别中更作不够，因此在执行党中央领导一元化的决定中尚有许多偏向，本位宗派主义的思想还存在。

F. 对武工队失败的经验未能及时的总结教育全党全军，并缺乏具体布置，如铜陵山头溪川的失败，各地的大批自首叛变，使蒙山蒙北工作的被破坏，重新组织沂山溪川工作的困难及动摇工作的困难等。

No.

年　月　日

80

鲁中五年工作的总检讨：

五年工作的主要成绩：

1. 坚持了鲁中五年抗战，奠定了今后坚持敌对斗争的基础，保存了近有50余万人口　　　　平方里的根据地，并进行了巩固根据地的各种建设事业，正确执行了各种统战政策，团结了各阶层人士共同抗战。

2. 建立与保存了党所领导的武装部队（现有主力×××，地方武装×××及不脱离生产的人民武装×××）继续坚持鲁中游击战争，吸引和牵制敌伪24676人，粉碎顽军投降派对我数次进攻，打破其反八路及分裂抗战的阴谋。

3. 党团结了广大群众，由于改善了群众生活（减租减息、增资借粮救济……等）基本上发动并组织了基本群众，并进行了较长时期抗战与民主的教育，在敌不断扫荡中锻炼了群众，转变了干部中对群众工作不正确的观点，更加增加了依靠群众的观念，密切了党和群众的联系，普遍发展了群众性的自卫武装（自卫团和民兵），开展了群众性的游击战争。

4. 在政治上思想上组织上巩固了党，提高了党的质量，加强支部堡垒作用（如沂蒙区的几个中心任务多是由支部保证完成的）培养了一批优秀的干部，锻炼了成万的党员，创造与积累了丰富的坚持敌后游击战争的宝贵经验。

5. 财经税收锄奸教育各种工作中均有收获。

获得成绩的主要原因：是由分局直接的领导与帮助，主力的配合及鲁中全党及一切抗战人民正确执行我党中央路线和分局指示的结果，是鲁中党不断的进步（1940.6分局组织会议，1941.6统一区党委扩大会及1942.分局四年总结

81

的作战等）不断的提高与巩固自己不断巩固纠正工作中的弱点缺点和错误得来的。

但工作上的缺点和错误仍是严重的存在着主要的表现在：

（一）根据地不够巩固，不断被敌蚕食和分割逐渐缩小没有保存过去原来根据地的局面，而且目前仍在缩小中，而我党我军和抗日民主政权力量的发展还不够强大。根据地的民主工作仍极不够，数量尚不够大。地方武装质量数量均差。群众武装发动的尚不普遍，训练极为差，没有展开群众性的游击战争。这个缺点是我们今后坚持的一切困难的根源。

（二）对敌斗争坚强不够，敌占区工作还处于被动状态的，点线不巩固的现象。还未造成绝大多数的巩固的关系，还只限于某些地区尚未能普遍开展，展开了的多属不巩固的少，主要的还停留在对敌斗争部门或对敌斗争中部分少数人的工作。党的领导才开始注意，要求形成群众性的对敌斗争运动，结合各方面力量（党政军民，财经贸……）进行全面的对敌斗争尚不够。

（三）抗战民主力量尚未发扬起来。人民生活尚未认真普遍改善，因此群众还没有普遍发动起来，还未成为我们巩固依靠的力量，依靠群众的观念仍不够强，参加抗战与参加民主民生及根据地的建设诸事业尚不够广大，在群众运动中仍经常发生"左"右倾的错误，不是过于侵害地主富农的利益，就是放弃基本群众失掉立场。在各级工作中尚未完全照顾到基本群众的利益，因此基本群众尚未完全巩固确实的团结在我们的周围。地方的地主士绅某些尚对我怀疑而采取观望态度。由于社会统战政策的“左”“右”，农村各阶级关系尚未十分调整，尚不能团结一致，民主的发扬尤为不够，政权的民主生活极差，三三制政策在某些地方上完全没有执行。政权还没有成为所有各抗日阶层联合的统一战线政权，某些地主士绅仍保持敬而远之的态度，未能积极的参加政权及根据地的各种建设事业。对友军友党的团结沟通工作尚不够认真积极主动，关门主义的观念在某些干部中仍然存在，尤其是在下级干部中为甚，所以长期的未能打开与友军的关系。

（四）在党的组织工作上，尚存在许多缺点和错误。党的组织仍极不巩固，在敌人威胁利诱下叛变投敌不断发生。多数的党员政治文化水平很低，缺乏系统的经常的教育工作。忽视支部的现象在各级党委党的干部中仍极不注意，对支部工作的包办代替仍然严重存在。党在掌握政策上仍不能很坚定，政军民全面工作的领导的经验尚不够丰富，对敌斗争在党委领导上仍不能强调，对地方武装民兵自卫武装的领导仍缺乏具体办法。领导方式不深入，不民主，而未能有效的完全发挥。

（五）建设财政经济一贯的被忽视，经济建设除今年在纺织上收到较大成绩外，还未有显著成绩，生产节约尚未成为广泛群众性的运动，而自下而上贪污浪费的现象相当严重。党政军民及群众生活均普遍降低，尤其在太山区某些地区更为严重，最大的缺点是财经问题不能自力更生，需仰给外援。

（六）分散的武装斗争未能认真执行，群众性的游击战争未能普遍广泛的开展，武装斗争在反蚕食中未能起其最低

83

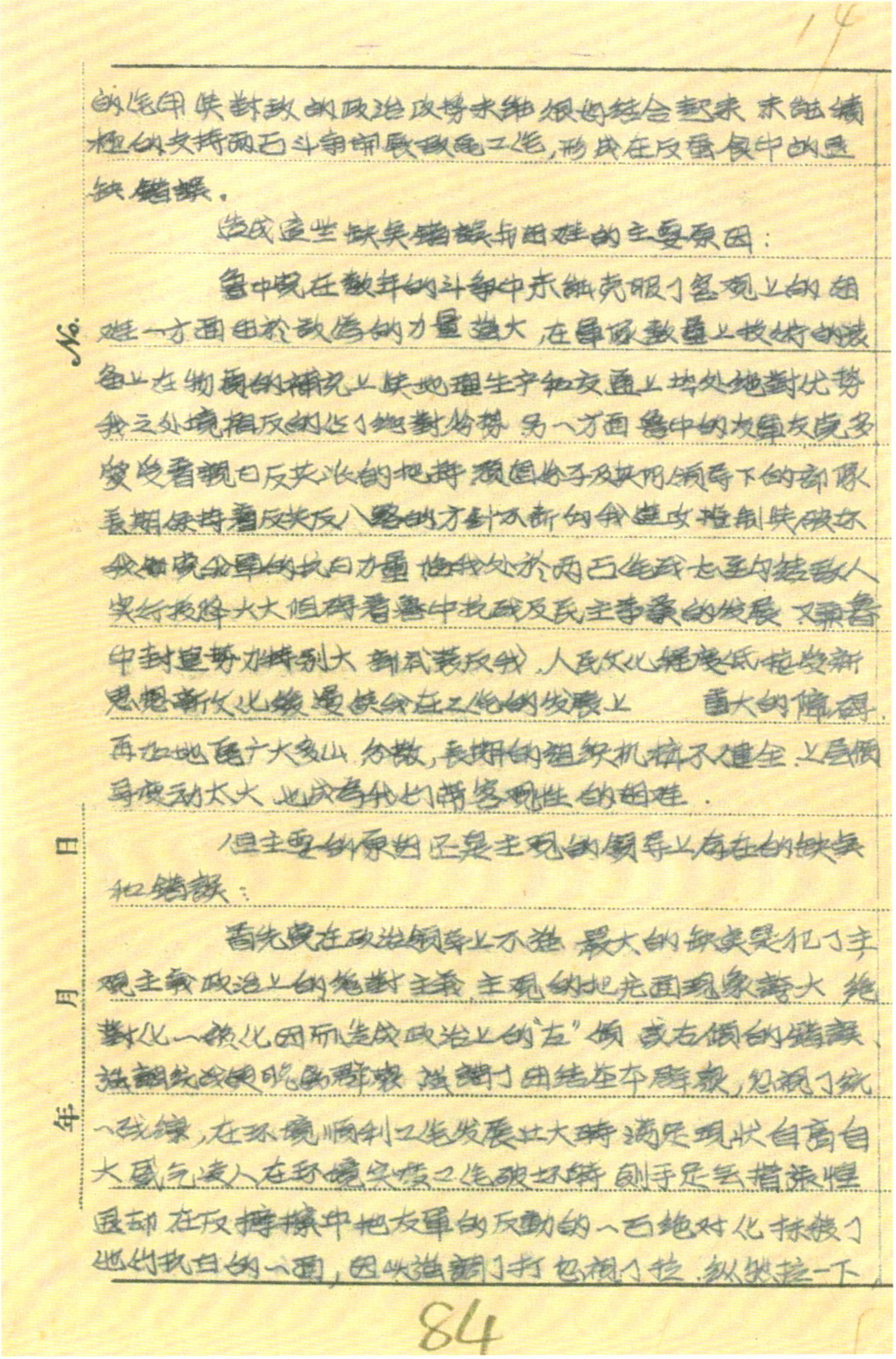

的作用与对敌的政治攻势未能很好结合起来，未能積極的支持两个斗争前线敌后工作，形成在反蚕食中的[illegible]缺點錯誤。

造成这些缺点错误与困难的主要原因：

鲁中虽在数年的斗争中亦能克服了客观上的困难，一方面由於敌伪的力量强大，在军队数量上技术的装备上，在物资的补充上，与地理生产和交通上均处绝对优势，我之处境相反的处於绝对劣势。另一方面鲁中的友军友党多处於着顽固反共派的把持，顽固分子及其所领导下的部队長期保持着反共反八路的方针，不断的向我进攻，推翻与破坏我们党和全军的抗日力量，使我处於两面作战，尤其勾结敌人实行投降，大大阻碍着鲁中抗战及民主事業的发展。又兼鲁中封建势力特别大，封建武装众多，人民文化程度低，对接受新思想新文化缺乏，是缺乏工作的发展上重大的障碍。再加地区广大多山，分散，長期的组织机构不健全，上层領导变动太大，也成为我们带客观性的困难。

但主要的原因还是主观的領导上存在的缺点和错误：

首先是在政治领导上不强，最大的缺点是犯了主观主义政治上的绝对主义，主观的把片面现象夸大，绝对化一般化，因而造成政治上的"左"倾或右倾的错误，强调统战忽略群众，强调了团结基本群众，忽视了统一战线，在环境顺利工作发展壮大时满足现状自高自大盛气凌人，在环境突变工作破坏时则手足无措张惶退却。在反摩擦中把友军的反动的一面绝对化，抹杀了他的抗日的一面，因此强调了打，忽视了拉，纵然拉一下也是在对顽固对友军统一团结的基本政策在认识上模糊的。在扩大武装上最初忽视对外围军的争取改造求得大量发展，丧失了发展的有利时机，但在集编主力时又过份抽编地方武装~~这样抽拔~~，忽略了地方武装的继续发展与扩大。偏重了一般的工作执行，未能掌握斗争领导，注意了根据地工作便忽视对敌斗争，顾了我党我军的发展便不顾群众的生活问题等。

缺乏精确及时的调查研究，上下级联系不密切，下面情况不能及时反映，保持了严重的保守满足主义的作风，对成功与失败的教训及时总结详细教育全党，因此工作进步迟缓，不断重复错误，更不能及时正确掌握形势，陷于被动落在形势后面，未能针对形势的发展变化及时的采取对策转变工作。

对形势发展严重性认识不够，特别对敌后游击战争新形势了解不深刻，缺乏政治上思想上的应有准备，麻木太平，满足现状，因此对转变组织形式隐蔽力量思想的准备，如莱芜反扫荡斗争的失败及太山区[illegible]部队屡次遭致袭击的教训，就是明显的证明。

对上级指示决议不够重视，对政策的研究讨论不够深刻与细心，普遍的进行政策教育不够，因此政策的掌握不稳，不"左"则右，影响对根据地巩固与建设及对各阶层的团结。

在组织领导上，对中心任务的执行缺乏贯彻精神，缺乏具体完成的步骤及经常的检查与帮助；在掌握与使用力量上不够灵活，不善于结合党政军民的共同力量步伐一致，运用组织推动尤其不够，忽视党团工作与政军民的领导，缺乏中心，使未形成领导的核心，造成领导分散力量分散的严重偏向，[illegible]

85

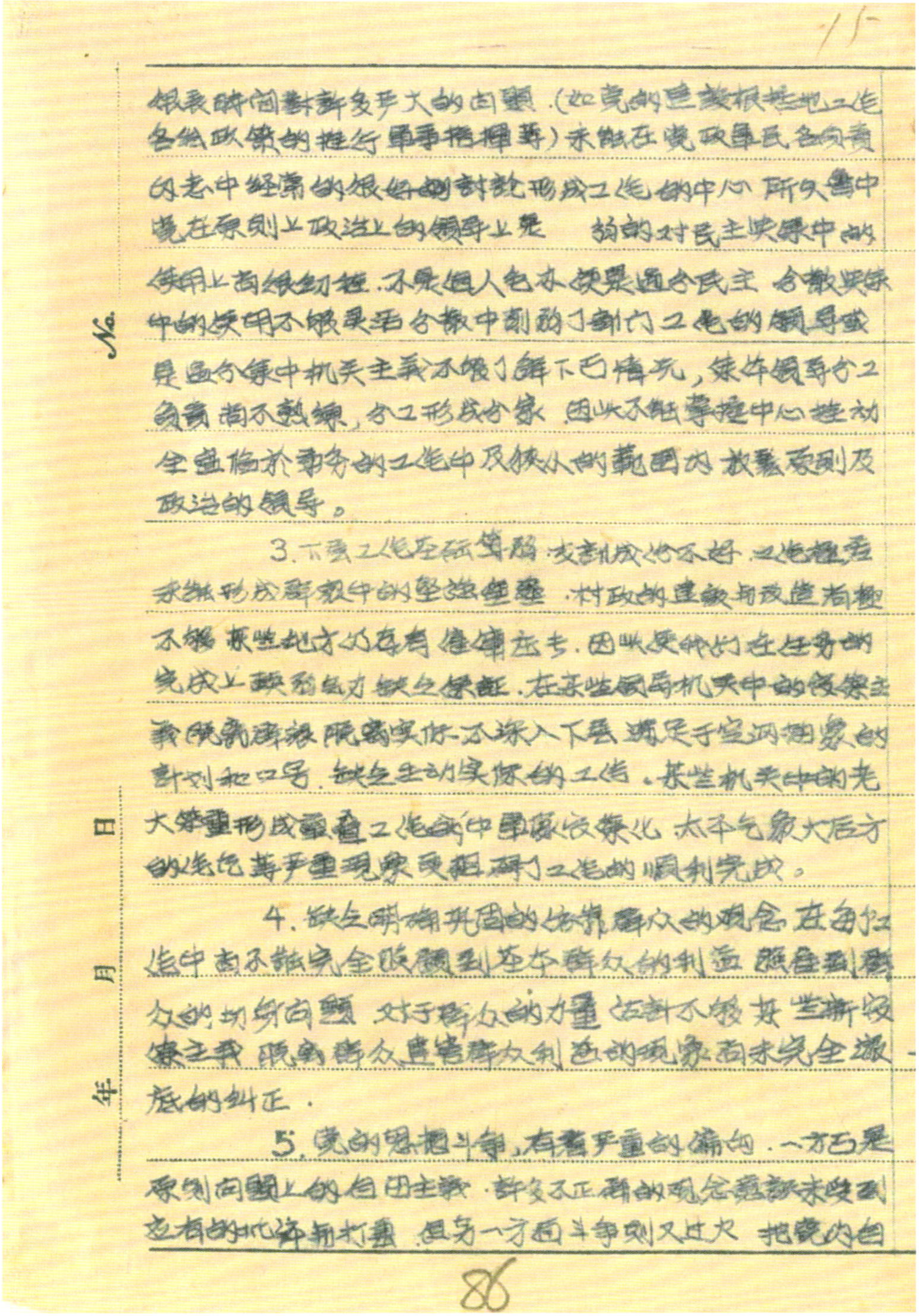

很长时间對許多重大的问题（如党的建設根据地工作各級政策的推行軍事指揮等）未能在党政軍民各負責同志中經常的很好的討論形成工作的中心，所以集中党在原則上政治上的領导上是　弱的，对民主與集中的使用上尚很幼稚，不是個人包办便是過分民主，分散與集中的使用不能灵活，分散中削弱了對內工作的領导或是過分集中机关主義不能了解下面情况，集体領导分工負責尚不熟練，分工形成分家，因此不能掌握中心推动全盘，偏於事务的工作中及狭小的範围内，放鬆原則及政治的領导。

3. 下层工作基础薄弱，支部成份不好，工作程度未能形成群众中的坚强堡垒，村政的建設与改造尚极不够，某些地方仍存有[illegible]左专，因此使我们在任务的完成上缺乏力量缺乏保証。在某些領导机关中的官僚主義脱离群众脱离实际，不深入下层，满足于空洞抽象的計划和口号，缺乏生动实际的工作。某些机关中的[illegible]大笨重形成頭重工作的中層膨脹機關化，太平气象大后方的作风等严重现象妨碍了工作的顺利完成。

4. 缺乏明确巩固的依靠群众的观念，在各工作中尚不能完全照顾到基本群众的利益，照顾到群众的切身问题，对于群众的力量估計不够，某些新的官僚主義脱离群众侵害群众利益的现象尚未完全澈底的纠正。

5. 党的思想斗争，有着严重的偏向，一方面是原則问题上的自由主義，許多不正确的观念意識未受到应有的批評和打击，但另一方面斗争则又过火，把党内的

86

我机部有思想斗争完全变成了疯狂的无原则的自由主义的互相打击或是吹毛求疵致部分造成党内不团结干部情绪不安定 组织涣散工作受到损失。

87

中共鲁中区党委关于莱东反自首斗争的初步总结（1943年2月25日）

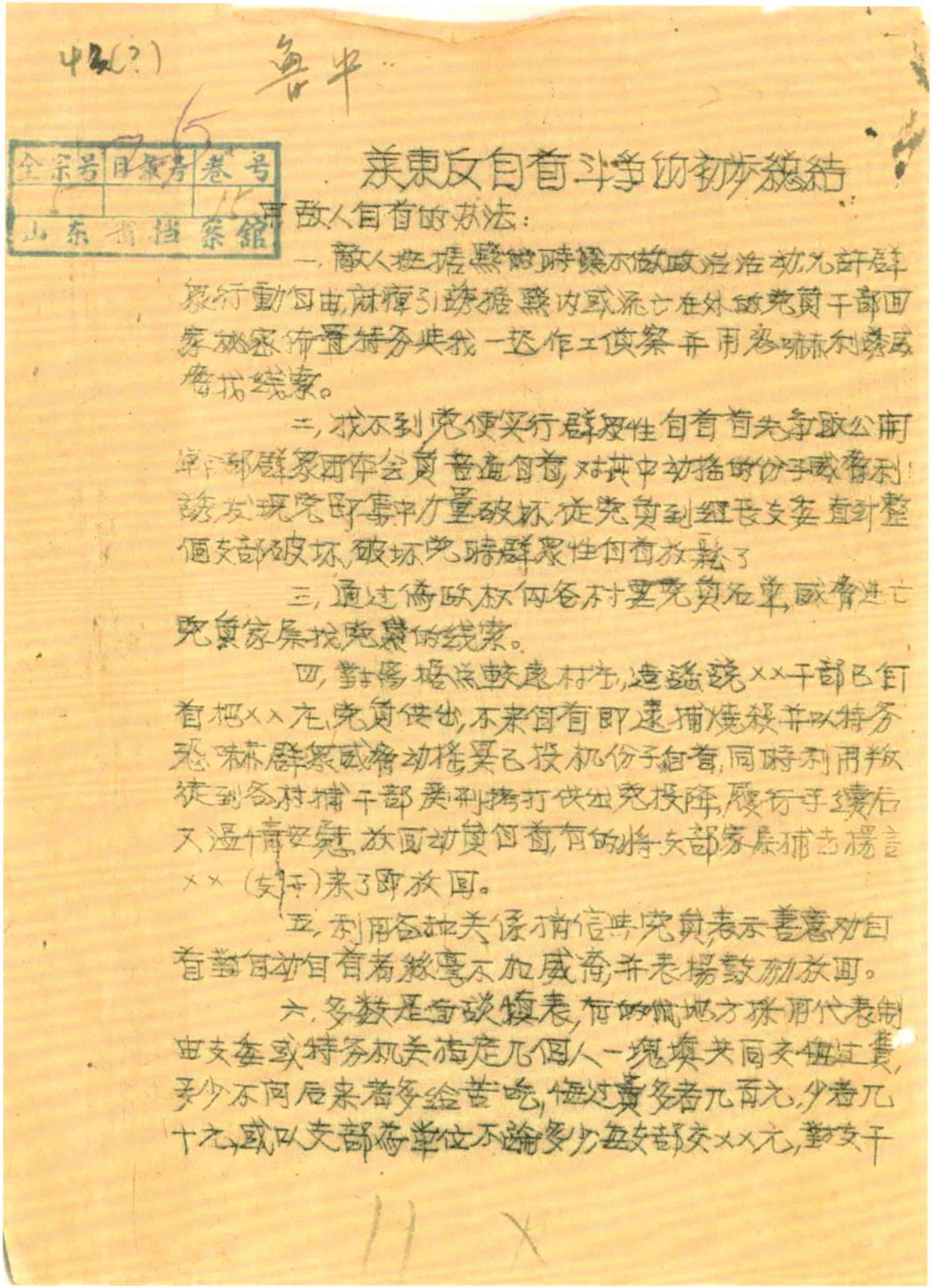

中取（?）　鲁中

全宗号	目录号	卷号
5	16	15

莱東反自首斗争的初步總結

再敌人自首的办法：

一、敌人在据點的時候不做政治活动允許群眾行動自由，麻痹引誘據點内或流亡在外的党員干部回家欺骗布置特务與我一起作工偵察并用恐嚇利誘威脅找线索。

二、找不到党便实行群眾性自首首先拿政公開干部群眾团体会員普遍自首，对其中动摇的份子威脅利誘发现党即集中力量破坏，從党員到组長支委直到整個支部破坏，破坏党時群眾性自首放鬆了

三、通过伪政权向各村要党員名单，威脅逃亡党員家属找党員的线索。

四、對據点較远村庄，造謡說××干部已自首把××庄党員供出，不来自首即逮捕燒殺并以特务恐嚇群眾威脅动摇與已投机份子自首，同時利用叛徒到各村捕干部严刑拷打供出党投降，履行手續后又温情安慰，放回动員自首，有的将支部家属捕去揚言××（支书）来了即放回。

五、利用各种关係捎信與党員表示善意劝自首對自动自首者絲毫不加威脅并表揚鼓励放回。

六、多数是當談填表，有的地方採用代表制由支委或特务机关指定几個人一塊填表同交悔过書，多少不同后来者多給苦吃，悔过費多者几百元，少者几十元，或以支部為单位不論多少每支部交××元，對支干

11×

快枪交伪过来，亲现去交并加教育，背后留下受训。

反自首斗争办法：

一、在敌人未蚕食前即要准备应付敌人办法，将公开党员及干部设法尽量动员出来，加强教育，适当的安置，参军参加工作或参加生产，特别贫苦的可贷款贸易。未被动员出来的党员未很好的安置和教育，流落在外，以致散漫情绪低落，坚持回家自首。其原动摇而坚决不愿离家者，教育应付敌人办法，与之接头地点，交给任务，很好的隐蔽，或打入伪组织，进行工作，严束他们用此一办法收效。

二、已被叛徒告密敌人持名威胁自首，难逃出来，通过各种关系伪政权或社会上层用钱收买特务分子，交伪过全在部内，通过伪政府要村级公开工作干部回首，企图由公开干部牵线破坏组织，能够通过伪政权一说党员跑了，另外收买特务造一假名单，将开除分子或将坏党员造上，由村里交钱来应付，但对开除分子要很好的团结。

三、在敌人威胁附近村庄党员自首，除进行动员公开党员离家外，另外对动摇分子即公开要求去自首，若硬制止则发生组织自首，可酝酿组织一假支部（有动摇分子和不够条件的党员）并教育他们只承认自己是，不许株连别人，以假支部掩护支部破坏。

四、打击主要的最坏的特务分子，并威胁特务，如对叛徒特务××打杀，自首危机降低，威胁叛徒××即刻停止自首活动，已破坏了的支部对自首分子要争取团结，以他们掩护未自首党员。

五、在与敌人进行反自首斗争，干部要帮助党员想办法，指示应付敌人办法，分区集中部队保持密切联系，同时党政军民一致配合政治上揭穿敌人自首阴谋，宣传群众暴露敌人这种卑鄙行为，使群众痛恨反对自首；同时党对被威胁家属干部解释说服敌人不会如何，并设法营救其家属，特别注意家属被捕干部行动，有的则可动员离开。

这部份材料可供参考

七尾党委 二月廿五

组织部

中共鲁中区党委、鲁中军区关于武装保卫春耕、加紧备战的紧急指示（1943年2月26日）

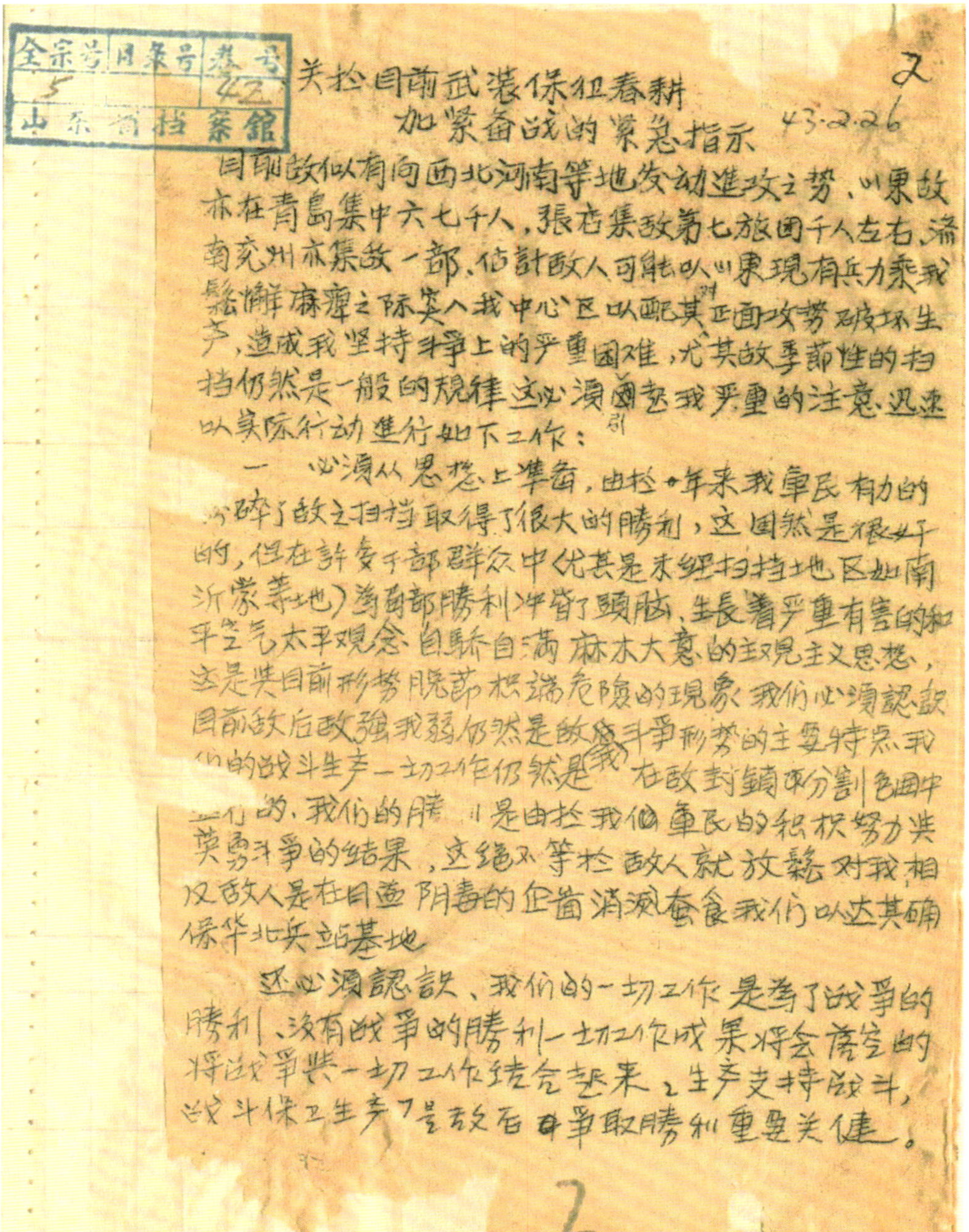

2

关于目前武装保卫春耕
加紧备战的紧急指示　43.2.26

目前敌似有向西北河南等地发动进攻之势，以东敌亦在青岛集中六七千人，张店集敌第七旅团千人左右，济南兖州亦集敌一部，估计敌人可能以以东现有兵力乘我松懈麻痹之际突入我中心区以配合其对正面攻势破坏生产，造成我坚持斗争上的严重困难，尤其敌季节性的扫荡仍然是一般的规律，这必须引起我严重的注意，迅速以实际行动进行如下工作：

一　必须从思想上准备，由于今年来我军民有力的粉碎了敌之扫荡取得了很大的胜利，这固然是很好的，但在许多干部群众中（尤其是未经扫荡地区如南沂蒙等地）为局部胜利冲昏了头脑，生长着严重有害的和平空气太平观念、自骄自满、麻木大意的主观主义思想，这是与目前形势脱节极端危险的现象，我们必须认识目前敌后敌强我弱仍然是敌我斗争形势的主要特点，我们的战斗生产一切工作仍然是在敌封锁分割包围中进行的，我们的胜利是由于我们军民的积极努力与英勇斗争的结果，这绝不等于敌人就放松对我，相反敌人是在自造阴毒的企图消灭蚕食我们以达其确保华北兵站基地。

还必须认识、我们的一切工作是为了战争的胜利，没有战争的胜利一切工作成果将会落空的，将战争与一切工作结合起来，生产支持战斗，战斗保卫生产，是敌后斗争取胜利重要关键。

2

上述形势应在干部群众中进行深刻的说服教育，加强战争观念，随时随地准备投入战斗，战争与生产结合是目前中心任务。

二 在生产运动中应进行备战的具体工作：

① 号召速耕速种，提前完成春耕任务，发挥劳动互助的作用，认真实行坚壁清野，埋藏物资等

② 主力地方武装民兵配合有计划的坚持边沿封锁据点，认真实行侦察戒严盘查，武力与劳力结合

③ 后勤部门机关部队立刻进行备战动员，迅速完成备战准备工作，分散部队及干部除自己进行生产外，应动员组织群众生产备战，留在机关干部以战斗姿态进行工作

④ 分散地方帮助群众突击生产，干部特别掌握这一备战与生产工作，当敌情变化时，应就近指挥民兵坚持斗争

三 在领导上应紧紧掌握情况发展，掌握战争与生产及一般工作的结合，尤其备战应严格的进行三番五次的督促检查纠正偏向，在情况尚未到来，积极完成备战动员，加紧生产突击春耕，防止等待恐慌，一旦敌情到来应迅速转变中心领导群众投入反扫荡斗争，争取反扫荡胜利

鲁中 区党委
军区

2.26

3

中共鲁中区党委关于一九四三年麦季征收工作的指示

（1943年6月2日）

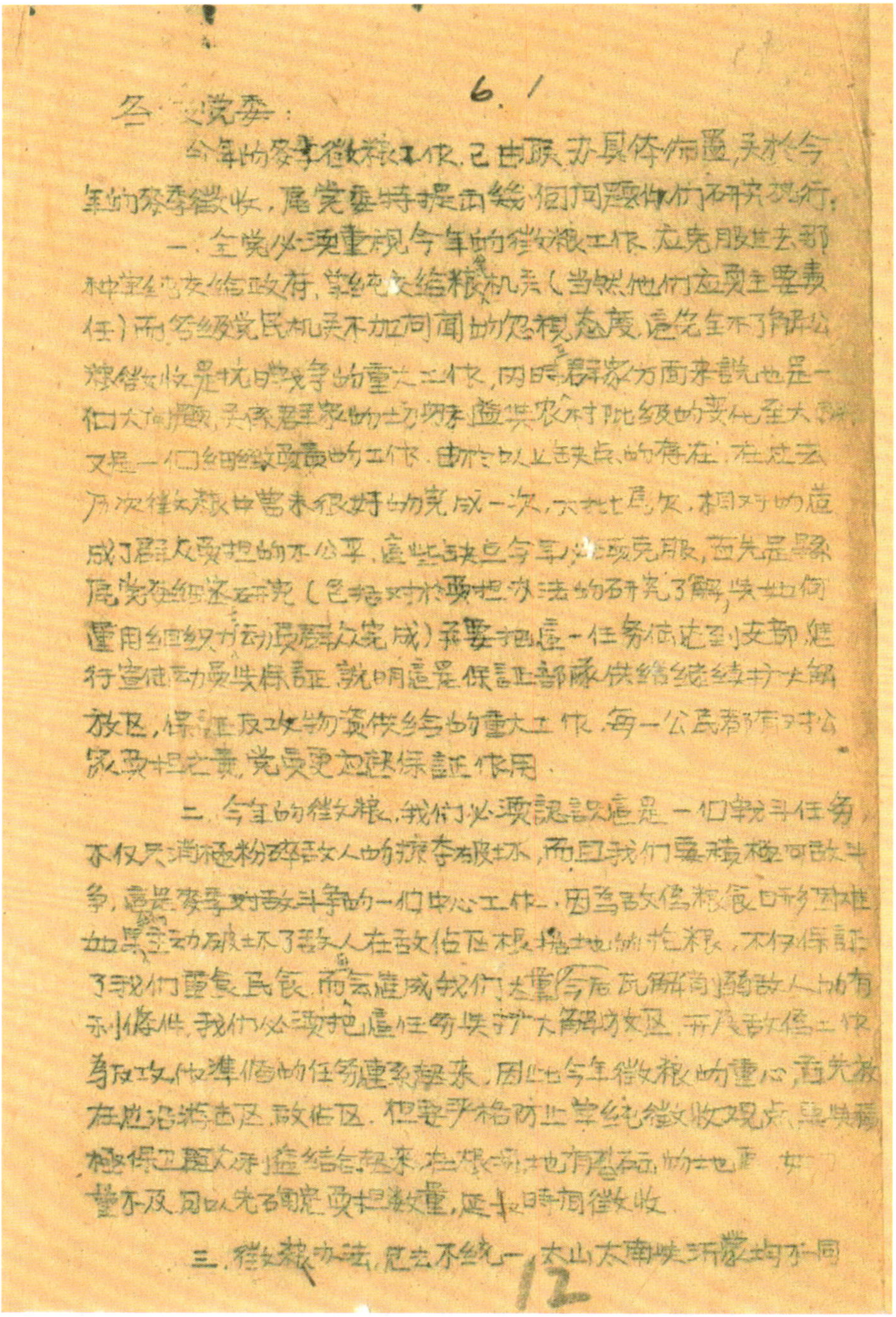

6.1

各□党委：

今年的麦季征粮工作，已由联办具体布置，关于今年的麦季征收，区党委特提出几个问题供你们研究执行：

一、全党必须重视今年的征粮工作，应克服过去那种单纯交给政府，单纯交给粮食机关（当然他们应负主要责任）而各级党民机关不加闻问的忽视态度，应知道了解公粮征收是抗日战争的重大工作，同时从群众方面来说也是一个大问题，关系群众的切身利益与农村阶级的变化至大，又是一个细致复杂的工作，由于以上缺点的存在，在过去历次征粮中尚未很好的完成一次，不[illegible]，相对的造成了群众负担的不公平，这些缺点今年必须克服，首先是县区党委细密研究（包括对于负担办法的研究了解，与如何运用组织力动员群众完成）并要把这一任务传达到支部，进行宣传动员与保证，说明这是保证部队供给继续扩大解放区，保证反攻物资供给的重大工作，每一公民都有对公家负担之责，党员更应起保证作用。

二、今年的征粮，我们必须认识这是一个战斗任务，不仅只消极粉碎敌人的掠夺破坏，而且我们要积极向敌斗争，这是麦季对敌斗争的一个中心工作，因为敌伪粮食日形困难，如果主动破坏了敌人在敌占区根据地的抢粮，不仅保证了我们军食民食，而且造成我们大量争取瓦解伪顽敌人的有利条件，我们必须把这任务与扩大解放区，开展敌伪工作，与反攻准备的任务连系起来，因此今年征粮的重心，首先放在边沿游击区、敌占区，但要严格防止单纯征收观点，与积极保卫麦收斗争结合起来，在粮源地有困难的地区，如力量不及，则以先确定负担数量，延长时间征收。

三、征粮办法，过去不统一，太山太南与沂蒙均不同

12

结果形成负担不平衡，今年除了因天灾人祸而酌量减征外，应调整一律按照新办法执行，数游(?)后，亦必须按数游(?)及征收统一标准执行。

四、关于佃户负担问题，经区党委讨论研究，佃户负担重仅是个别的问题（生活上升负担级数提高），在减租有效的地区一般是公平合理的，特别由于减租后(?)土地的分散也非常显著，因此负担就必然向普遍化(?)发展(?)，如果不认识这一点，公粮收入减少就不能保证(?)供给(?)，故今年征粮办法，除了某些修正外，仍按去年办法执行(?)。我各级党政军民干部必须首先在思想上认识征粮(?)办法的确定，只能按收入多少累进负担才算合理，佃户生活上升而负担稍有增加也是合理的，并须确定公粮是每一个公民的义务，必须将对地主交租与公粮负担二者分开，对地主交租是一种剥削，对公粮负担是每一个抗日公民的义务，减租是长期的利益，是解放自己减轻地主对自己的封建剥削，而负担则不同，在我财经地位改善状况下可以减轻，将来在战后还可大大减轻，政府对农民(?)的负担是非常关心的。这些认识必须干部贯彻到群众中去。

当然征粮办法的确定，现在也不是至善至美的，希各级党委在具体执行中加以研究，并提出改善办法（照顾保证供给与减轻负担两方面）以作秋征之参考。

此致

布礼

13

粤中区党委(?)

六月廿三(?)

此句须考(?)研究

中共鲁中区党委二地委组织部：沂蒙地区县级以上机关来自部队者干部登记表（1943年6月23日）

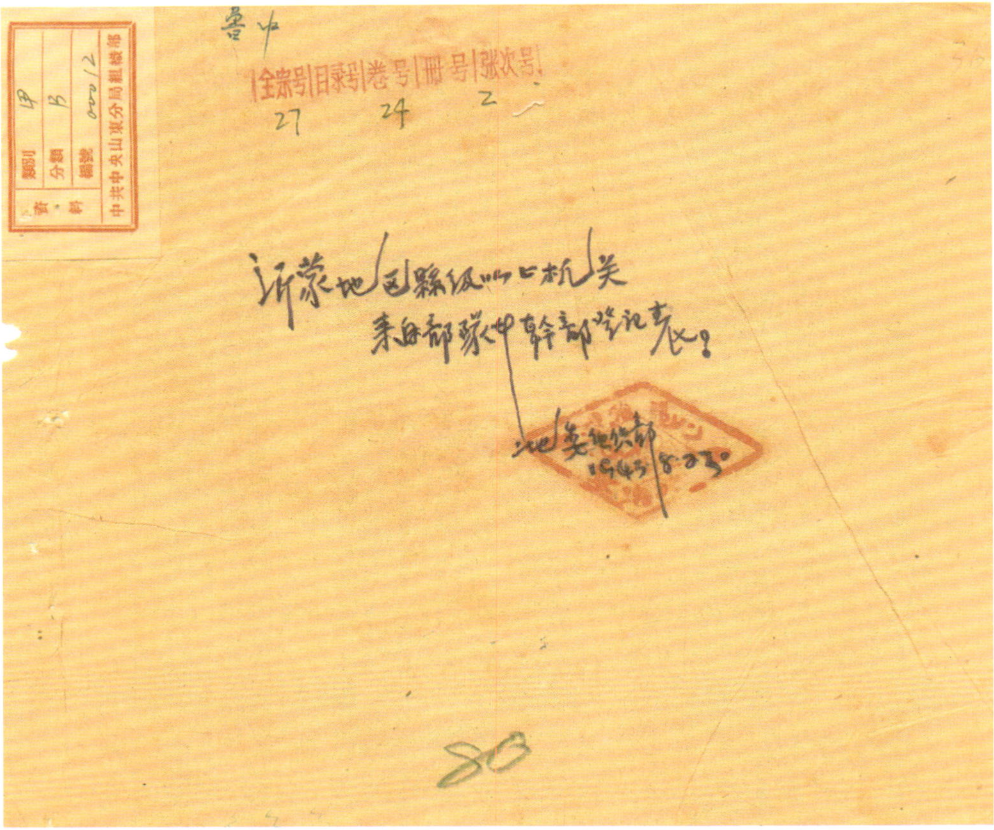
鲁中

全宗号	目录号	卷号	册号	张次号
27		24	2	

沂蒙地区县级以上机关来自部队中干部登记表。

二地委组织部 1943.6.23

80

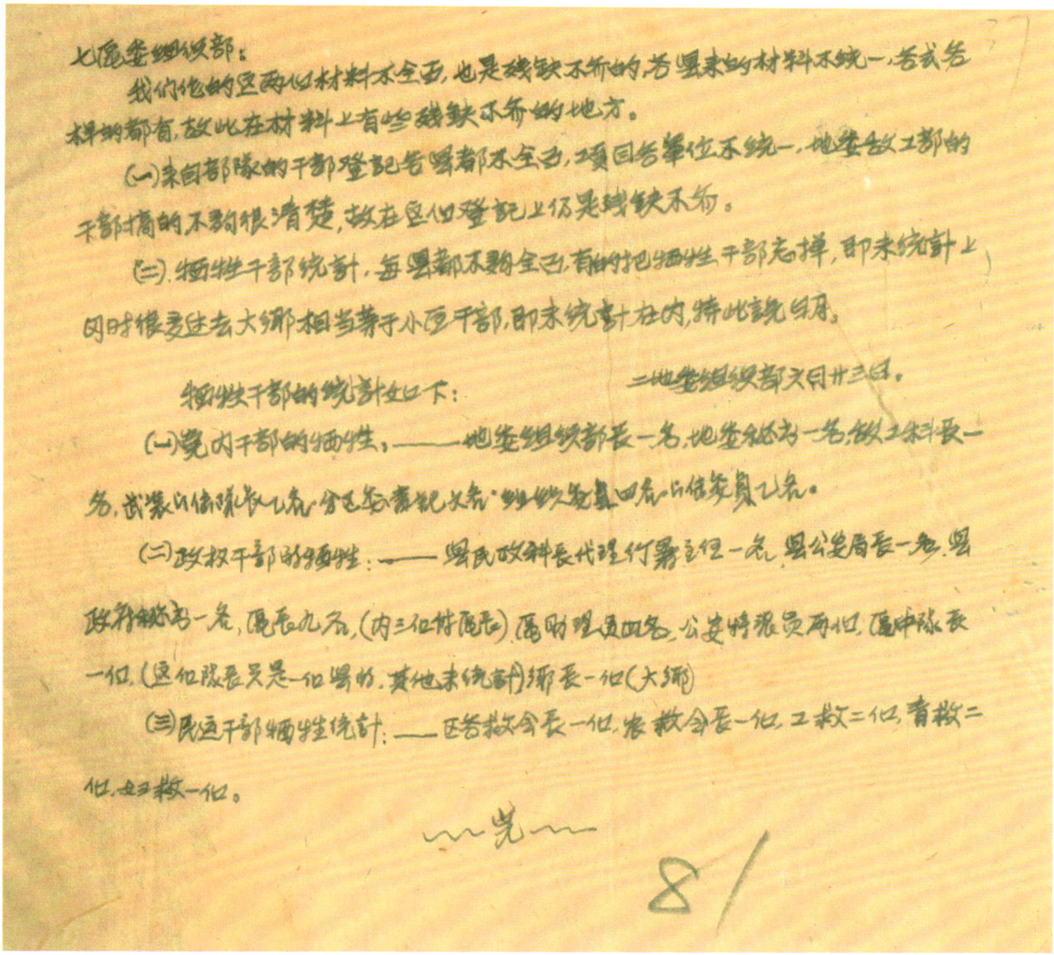

七区党组织部：

我们这的区两个材料不全面，也是残缺不齐的，各县来的材料不统一，各式各样的都有，故此在材料上有些残缺不齐的地方。

（一）来自部队的干部登记各县都不全面，项目各单位不统一，地委敌工部的干部搞的不够很清楚，故在这个登记上仍是残缺不齐。

（二）牺牲干部统计，每县都不够全面，有的把牺牲干部忘掉，即未统计上，同时很多过去大乡相当于小区干部，即未统计在内，特此说明。

二地委组织部六月廿三日。

牺牲干部的统计如下：

（一）党内干部的牺牲，——地委组织部长一名，地委秘书一名，敌工科长一名，武装小队队长一名，分区委书记六名，组织委员四名，宣传委员一名。

（二）政权干部的牺牲：——县民政科长代理行署主任一名，县公安局长一名，县政府秘书一名，区长九名，（内三个付区长）区助理员四名，公安特派员两个，区中队长一个，（这个队长只是一个县的，其他未统计）乡长一个（大乡）

（三）民运干部牺牲统计：——区各救会长一个，农救会长一个，工救二个，青救二个，妇救一个。

——完——

81

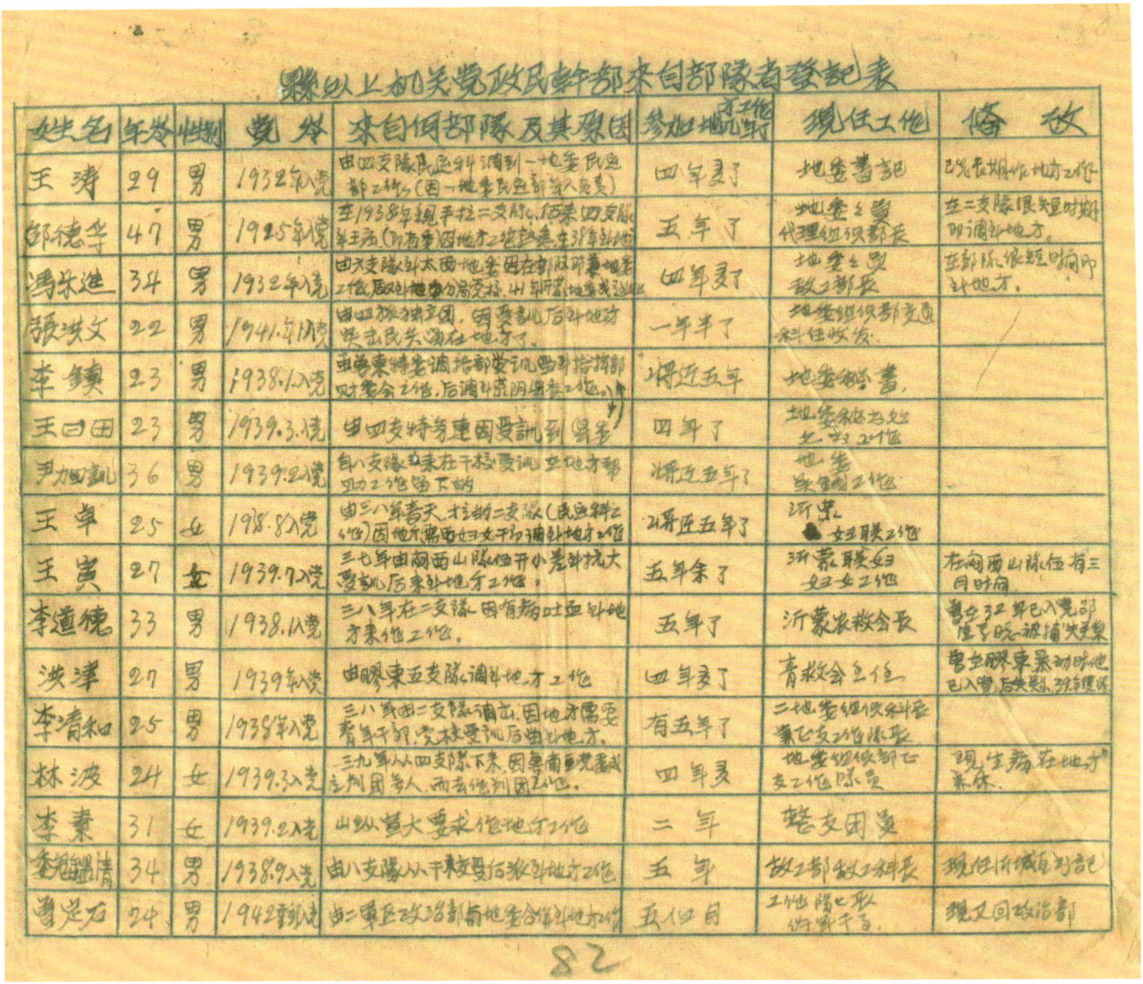

县以上机关党政民干部来自部队者登记表

姓名	年龄	性别	党龄	来自何部队及其原因	参加地方工作时间	现任工作	备考
王涛	29	男	1932年入党	由四支队民运科调到一地委民运部工作（因一地委民运部无人负责）	四年多了	地委书记	已经长期作地方工作
郑德华	47	男	1925年入党	在1938年亲手拉二支队，后来四支队参主任（政治部）因地方工作需要，在38年到地方	五年了	地委委员 代理组织部长	在二支队很短时期即调到地方。
冯乐进	34	男	1932年入党	由六支队到太西地委，因在部队时兼地委工作，后到地委分局党校，41年沂蒙地委成立	四年多了	地委委员 敌工部长	在部队很短时间即到地方。
张洪文	22	男	1941年入党	由四旅独立团，因受训后到地方，受民主民先派在地方了。	一年半了	地委组织部交通科主任收发	
李镇	23	男	1938.1入党	由鲁东特委调指部受训，毕业后指挥部财委会工作，后调到沂阴县委工作。	将近五年	地委秘书	
王四田	23	男	1939.3.入党	由四支特务连因受训到县委	四年了	地委妇女委员 做妇女工作	
尹加凯	36	男	1939.2入党	自八支队出来在干校受训，在地方帮助工作留下的	将近五年了	地委 [illegible]工作	
王卓	25	女	1938.8入党	由三八年春天，在第二支队（民运科工作）因地方需要妇女干部调到地方工作	将近五年了	沂蒙 妇联工作	
王寅	27	女	1939.7入党	三七年由南西山队伍开小差到抗大受训后来到地方工作。	五年余了	沂蒙联妇 妇女工作	在南西山队伍有三月时间。
李道德	33	男	1938.1入党	三八年在二支队，因有病吐血到地方来作工作。	五年了	沂蒙农救会长	曾在32年已入党，部[illegible]被捕失关系
洪洋	27	男	1939年入党	由胶东五支队调到地方工作	四年多了	青救会主任	曾在胶东暴动时他已入党，后失关系，39年复党
李清和	25	男	1938年入党	三八年由二支队调出，因地方需要青年干部，党校受训后留到地方。	有五年了	二地委组织科长 兼[illegible]工作队队长	
林波	24	女	1939.3入党	三九年从四支队下来，因鲁南区党委成立剧团缺人，而去作剧团工作。	四年多	地委组织部[illegible] 工作队队员	现生病在地方休养。
李素	31	女	1939.2入党	山纵首长要求作地方工作	二年	整支团员	
李[illegible]清	34	男	1938.9入党	由八支队从干校受训后派到地方工作	五年	敌工部敌工科长	现任沂城区书记
曾足石	24	男	1942年入党	由二军区政治部到地委会作到地方工作	五个月	工作队队长 作宣传干事	现又回政治部

82

13

縣以上机关党政民干部来自部隊者登記表

姓名	年岁	性别	党籍	来自何部隊及其原因	参加地方工作時間	現任工作	備考
徐唯実	24	男	1940.3入党	由二軍分區政治部前地委敌工部合併到地方工作。	五個月	敌軍干事	兼对敌斗争委员会秘书
宋丁	24	男	1939.4.入党	教一旅一支代归地方	1942.10.到地方工作。	武装部付隊長兼支书记。	现又前政治部合併
李之禎	27	男	1939.1.入党	仝上	1943.1.到地方	武装隊員	仝
葛汞禎	22	男	193[illegible]8.入党	仝上	二年余	仝上	原来四团
洪雲	22	男	1939.3入党	仝上	1943年4月到地方	仝上	
周英	21	男	1939入党	仝上	1942秋到地方	仝上	到在委要部队来自四团。
馬太	24	男	1939.12入党	仝上	1942年10到地方	仝上	原在师政他是失掉关系现恢復关
胡道仁	29	男	非党员	仝上	1942年到地方	仝上	
戴曉章	29	男	非党员	由十支隊受伤后到地方养病。	將近三年了	敌工部武装隊長工作	他的关系前是请示局解决，他亦当党员
楊文忠	26	男	1939年入党	从山東纵隊敌工部調到地区委工作。	六個月了	敌工部	
刘子敬	23	男	1939.7入党	从軍區政治部敌工股調到二地委敌工部	六個月了	武装隊員	現敌工部前政治部又合併。
徐守寬	24	男	1938.入党	二軍區政治部前二地敌工部合併到地方。	十個月了	武装隊付	
孫德芝	23	男	1940年入党	仝上	十個月了	武装隊員	
杜杰三	22	男	非党员	仝上	十個月了	仝上	
華統一	21	男	1943.4入党	仝上	五個月	仝上	
蕭法元	25	男	非党员	由一旅因有病回家养病，即到地	一月余	仝上	

83

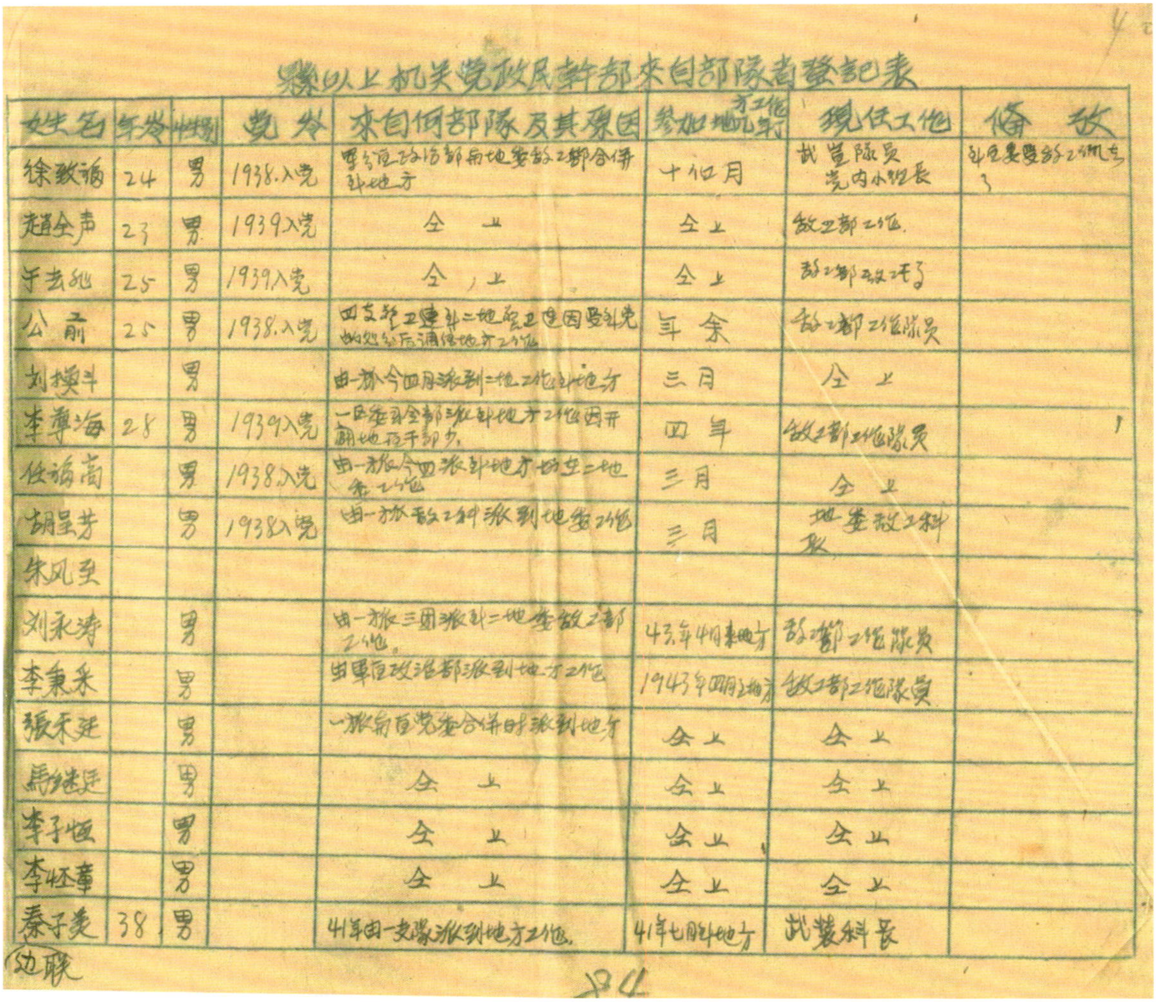

縣以上机关党政民幹部来自部隊者登記表

姓名	年岁	性别	党籍	来自何部隊及其原因	参加地方工作時間	現任工作	備攷
徐致禎	24	男	1938入党	军区直政治部與地委敌工部合併到地方	十四月	武岗隊員 党内小組長	[illegible]
趙全声	23	男	1939入党	仝上	仝上	敌工部工作	
于去兆	25	男	1939入党	仝上	仝上	敌工部敌工干事	
公亓前	25	男	1938入党	四支队政工連到二地委工作因受到党的处分后调往地方工作	年余	敌工部工作隊員	
刘换斗		男		由一旅今四月派到二地委工作到地方	三月	仝上	
李尊海	28	男	1939入党	一区委員会全部派到地方工作因开辟地区干部少	四年	敌工部工作隊員	
佟禎尚		男	1938入党	由一旅今四月派到地方协助二地委工作	三月	仝上	
胡呈芳		男	1938入党	由一旅敌工科派到地委工作	三月	地委敌工科長	
朱凤至							
刘永涛		男		由一旅三团派到二地委敌工部工作。	43年4月来地方	敌工部工作隊員	
李秉禾		男		由军區政治部派到地方工作	1943年四月到地方	敌工部工作隊員	
張禾廷		男		一旅與直党委合併时派到地方	仝上	仝上	
馬继廷		男		仝上	仝上	仝上	
李子恒		男		仝上	仝上	仝上	
李怀章		男		仝上	仝上	仝上	
秦子羡	38	男		41年由一支隊派到地方工作。	41年七月到地方	武装科長	

边联

县级以上机关党政民干部来自部队者登记表

姓名	年龄	性别	党龄	来自何部队及其原因	参加地方工作年月	现任工作	备考
李冠智	25	男		42年由军分区派到地方工作	42年2月到地方	县大队长	
石大魁	29	男		43年3月由二军分区派到地方工作	43年4月到地方	大队副	
李久盛	28	男		由二军分区派到地方的	42年10月到地方	大队政指	
羽嘉	24	男		由军区派来	有月余	粮食科长	
张学忠		男		来自一支二团	二年了	分区当教工作	沂东的[illegible]
赵任远	26	男	39年入党	由军分区调到地方	43年4月到地方	县武装副科科长	沂南的
孙绍勋	31	男	1939年入党	从一支队调到抗大受训后派到沂南	刚来到 40年1月到地方	县武装科长	
刘法堂		男		从山纵来地方	刚来到	县武装科长	费东的
卞卜		男	非党员	从十支队来地方	五个月	现任秘书	
刘玉生		男		从独立支队来地方	一年	公安局副局长	
潘[illegible]祥		男	1938年入党	从十支队来地方	一年	武装科副科长	
李贯一	37	男	1938年5入党	自沂蒙游击大队来地方	40年到现在	县长	沂中
王永周	38	男	1943年重新入党	从山纵政治部到地方	40年到现在	县府秘书	
韩净斋	36	男		从沂蒙支队三营来地方	40年到现在	秘书处文书	
武子服	37	男	1938年入党	从独立团来	42年8月到现在	民政科长	
韩子晏	25	男	1939年入党	自一支一团二营	41年4月到现在	一科科员	

85

42

[illegible]以上机关党政民学部来自部队登记表

姓名	年龄	性别	党籍	来自何部队及其原因	参加地方工作	现任工作	[illegible]
李梅赓		男		从山纵被服厂来	1942.9.至今	经建科长	沂中的
赵俊一				自五军来	1943.5.至今	科员	
刘丁封				自山纵来	43年4至今	武装科副科长	
刘涟清				从二军分区来	43年4.至今	科员	
刘邑州			非党员	从一支二团二营来	42年至今	贸易局长	
杨次员				从二军分区来	43年4至今	县农会工作	
康玉生				来自一支医院	42年12月至今	县农会干事	
余辉	35	男	1938.入党	从四旅独立团上级调到地方的	42年8月至今	行署主任	沂北的
李指南	30	男	1938年入党	从二军分区一团上级调来的	43年1月至今	行署付主任	
李怀德	25	男	1938年入党	从二军区上级调来的,	42年8月至今	武装科长	
刘毅超		男	非党员	从二军区旅来	43年1月来此	税收主任	
丁企深	22	男	1938年入党	从鲁中军区野战医院来	43年1月来此	莱山区付书记	

56

中共鲁中区党委、鲁中军区政治部关于总结学风开展党风学习的指示

（1943年6月25日）

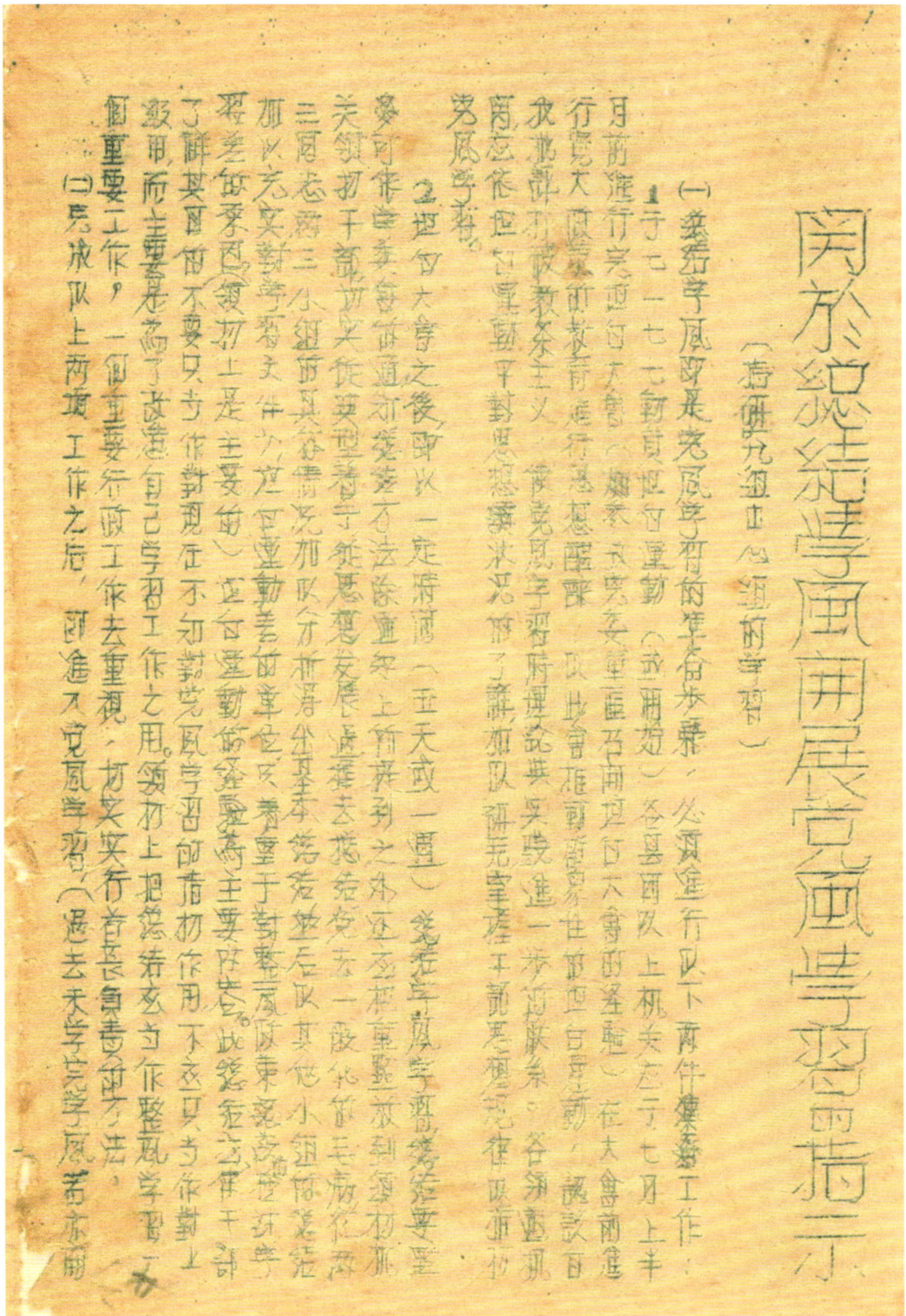

関於総結学風開展党風学習的指示

好克风学习）基本要求是从文件学习与反省改造中，求得打通群众观念克服严重干部（改军）阀主义倾向（军队中为重此点）反官僚主义（一般须切机关当中重此点）反右倾情绪太平麻痹享乐观念贪污腐化倾向（在经济事务部门，本地干部尤重此点但一般干部仍不能忽视）。不得空喊重点每一上下级官兵的团结还须要因时因地灵活执行斗争。根据此（各部有）重点各单位还必须自己兼顾内部的不同干部不同部门，根据具体思想状况有重点的进行。

㈢整风学习的次序：

1 拟定文件（一）与主席二一报告反宗派主义部分，参政会报告，清算刘少奇同志论人的阶级性，参考共产主义与中国共产党，中国各阶级分析问题，（一）（反对党八股中的发下）学习此文件是认识反宗派主义的基本精神学习阶级分析（八、二讲）的方法认识自己，并寻找今天思想上残留的非无产阶级观念，阶级观念，从本质上分别小资产阶级与无产阶级的立场，学习时间可约廿日小时至廿小时。

2 军队中学习古田会议中反对单纯军事观点部分，讨论同志及部队中存在领导、党与军队的关系问题（单纯军事观点、军阀主义倾向（在战士月刊第五八九期参考刘少奇同志论官僚主义（丽清））与民主精神）学习此文件是认识各种表现，分析产生军阀主义、官僚主义残害和纠正方法并改正自己思想和行动表现及存在的弱点。此文件学习时间约廿小时至四十小时。

地方党政军一般机关学习刘少奇同志论官僚主义和民主精神斯大林同志论领导与检查，讨论同志关于军队政治工作问题等三部分。学习这文件是认识官僚主义之本质观念，发生官僚主义的根源，寻找纠正方法并认

2

自己的思想和过去工作来进行反省。　学习时间廿小时至四十小时。

3.学习党的政策，参阅组织干部条例和学习反省提纲。结合自己阶级分析来进行检讨前行动来分析自己在军队中可能产生的无纪律、上下级干部关系、军民关系、地方党政及军队中须打破孤立关系，以克服官僚主义、本位主义、山头主义，提高群众观念（阶级立场）。（军队中反省干部在八一前后，以为与纪念八一并在部队干部中提倡反省运动）反省时间可一至三星期左右。

4.学习刘少奇同志论党员的修养，尼恩...第二章第三节第五节（可参阅陈云同志论党员不应该有封建残余的思想和个人主义）、古田会议决议中关于纠正党内错误思想（反对极端民主化、绝对平均主义等文件可列入一并学习）以上，反省自己阶级立场与群众观念，去认识分析反省，求得进一步认识[illegible]群众观念、小资产阶级思想意识与无产阶级思想的界限，以及改造思想的方法。此文件学习时间约一百四十小时到一百八十小时。

5.学习李卓然同志论干部政策部份，学习此文件是认识干部审查标准来检查反省自己。学习时间约十六小时到廿小时。

6.学习机会主义性决定与毛主席二十七年反宗派主义部份（精读），学习此文件是综合认识党内文件的历史发展与宗派主义、教条主义、经验主义、个人英雄主义，对党的危害和认识根源和纠正方法。学习时间约廿四小时到卅小时。（可参阅国际[illegible]等）

7.集体反省。时间依情况而定。

以上文件内容和次序确定出不能千篇一律各单位依此精神和单位的自身去具体执行其分别重点定出自己的计划。文件和时间亦可伸缩（但不能与原则的抵触或歪曲）学习中重要现实的参考材料亦可列入但不能造成影响基本文件的学习。所规定之文件一般都是精读只二三篇宗派主义部份有粗读与精读之分执行此计划按半日学习则一般应于十一月底完成。

（四）学习中的领导方法：

1各级坚决按条件的执行中央领导方法决定切实实行首长负责亲自动手首到别指导（亲自看手）领导与群众相结合的方法。并在一段学习后须检讨领导干部应经常检查自己对领导和执行必须认真从学习过程中就是解决观念的实际的过程。

2避免有些干部只看文件其反省过自己的空洞会。纠正只看文件不反省联系自己的教条主义倾向。学习要注意联系实际看自己为主但亦不能忽视文件的学习。

3为使展开实际检查行动干部领导机关必须在学习中实行真正的自我思想领导，充分发扬民主原则大胆批评，提出意见，敢于反省，研究干部（自己在内）思想状况和思想规律，更要有对某一章有关主要思想和工作问题实行解决。还有些文件解决问题，有问题由学习来深刻体会文件的实质。因之领导学习必须与了解干部发现人材检查干部的工作和思想相结合。坚决打破教条主义。（供当前执行的任务去）

4在较集中或在机关或流动不大的情况下学习中可采用阅读讨论大会讨论及个人自修在次序的进行分开考核每天半日学习在过分散流动人数少的情况下更要加强领导，可采用一定时间轮流回答工作，在流动工作中学

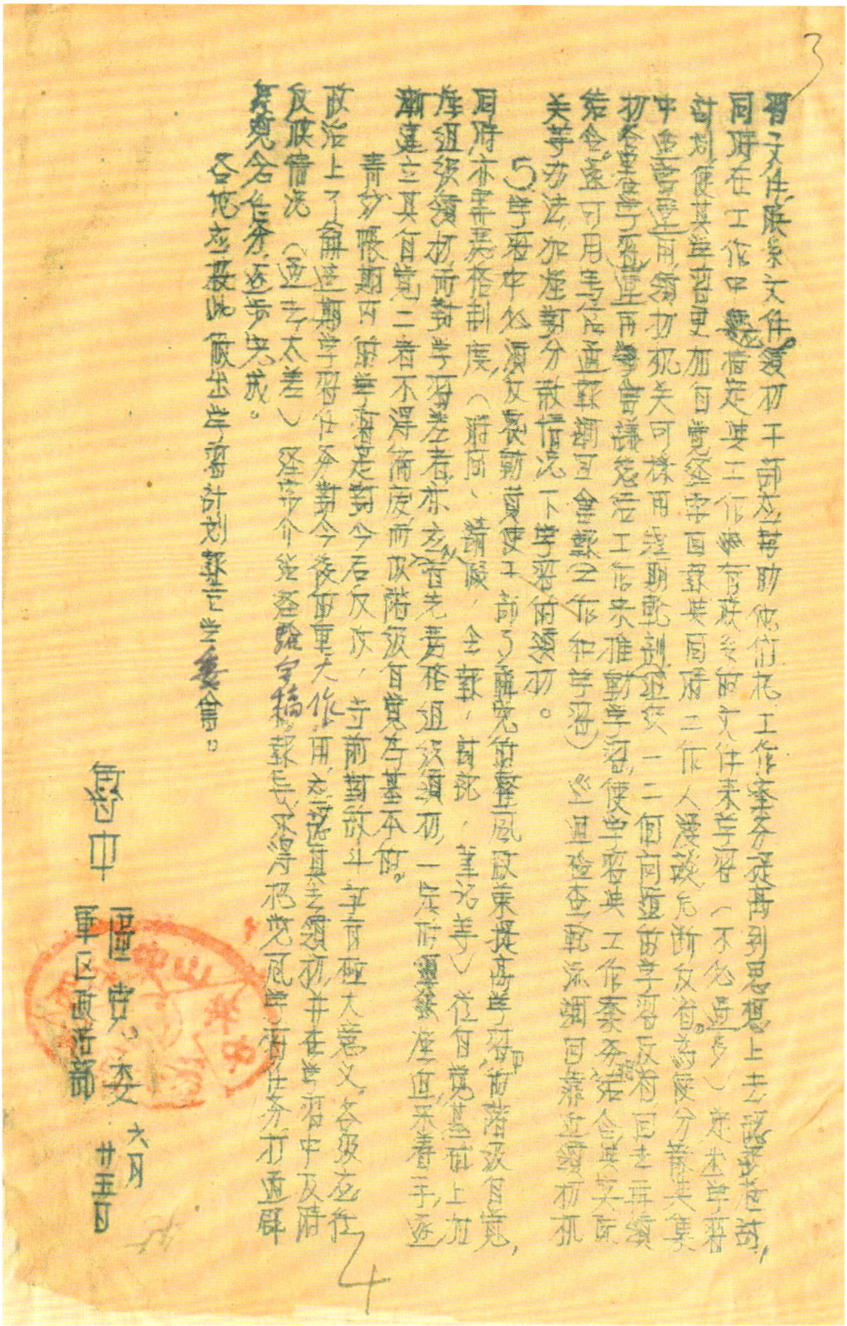

習文件，聯系文件，領初干部應幫助他們把工作實際與思想上去聯系起來，同時在工作中要指定與工作有關的文件來學習（不必過多），定出學習計劃，使其學習更加自覺，經常回顧與同時工作人員談話，不斷反省，各級分散集中負責的同志應具體幫助分散學習的幹部，可採用短期輪訓（五天，一二個問題）的學習，反省回去再繼續學習，運用會議總結工作來推動學習，使學習與工作密切結合，並可用專從通訊網通報（工作和學習），經過檢查幹部深刻回顧整頓機關等辦法，加強對分散情況下學習的領導。

5.學習中必須反對輕視勤務幹部，了解究竟整風政策提高學習的階級自覺，同時亦需要尊重制度（時間、講義、會議、討論、筆記等），在自覺基礎上加強組織領導，而對學習落後者亦應首先提高組織領導，一定要鞏固逐漸建立其自覺，二者不得偏廢，而以階級自覺為基本的。

青分限期內學習要按今后反攻，目前對敵斗爭有極大意義，各級應在政治上了解這期學習任務對今後有重大作用，應認真領導，并在學習中及時反映情況（過去太差），經常介紹經驗，學習稿報告不得把整風與學習任務對立，通過其完全任務，逐步完成。

各地應根據做出學習計劃報告學委會。

晉中區黨委
軍區政治部
六月廿五日

中共鲁中区党委、鲁中军区关于有计划地补充主力加强地方武装的决定（1943年12月6日）

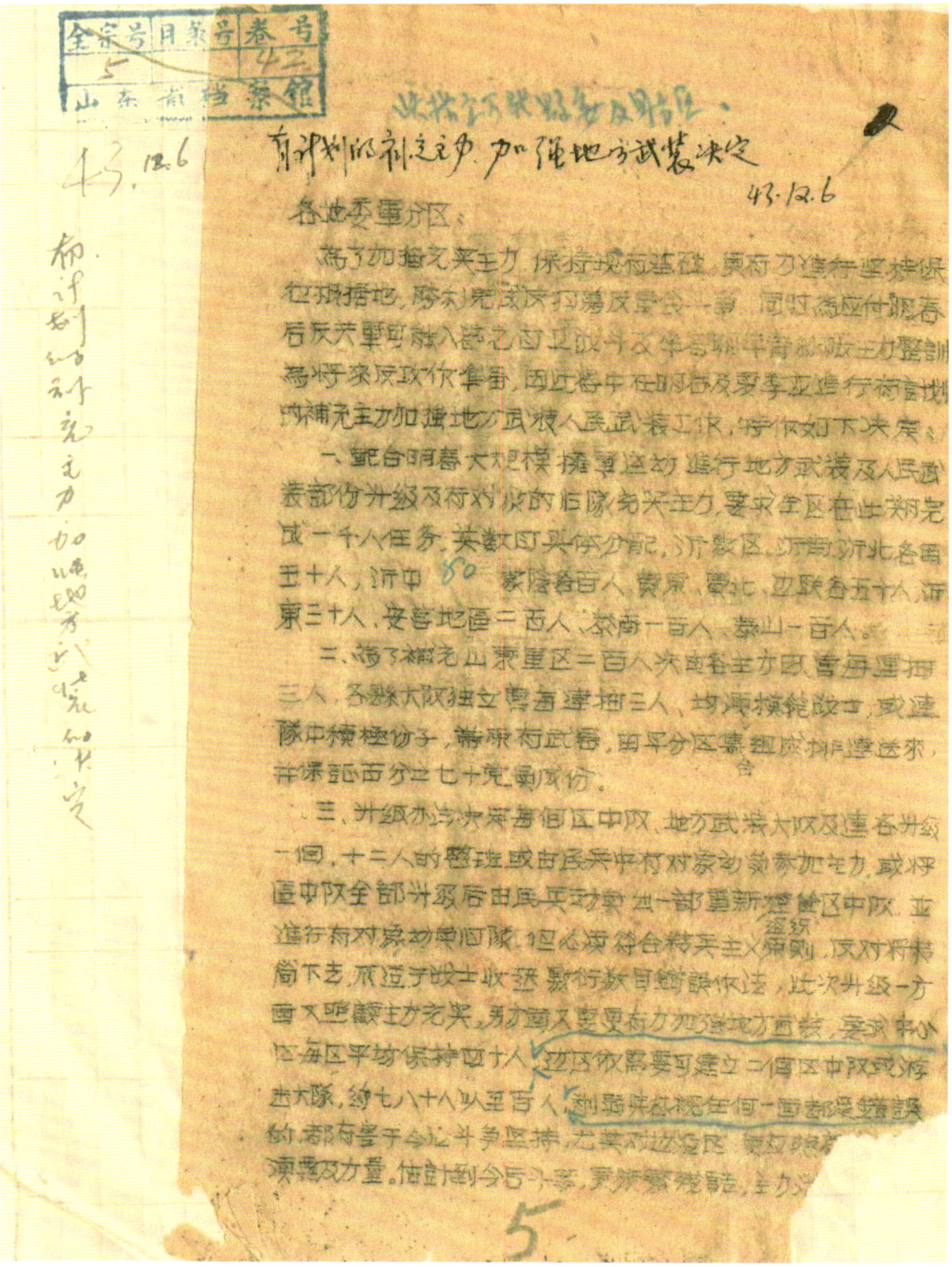

各地委军分区：

为了加强充实主力，保持现有基础，更有力进行坚持根据地，胜利完成反扫荡反蚕食斗争；同时为应付明春后反共军可能入鲁之斗争及准备将来争取主力整训，为将来反攻作准备，因此各级在明春及冬季应进行有计划的补充主力加强地方武装人民武装工作，特作如下决定：

一、配合明春大规模拥军运动，进行地方武装及人民武装部份升级及有计划的归队，充实主力。要求全区在此期完成一千人任务，其数目具体分配：沂蒙区、沂南、沂北各五十人，沂中 80 蒙阴各百人，费东、费北、边联各五十人，沂东三十人，安营地区二百人，泰南一百人、泰山一百人。

二、为了补充山东军区二百人，决由各主力团营每连抽三人，各县大队独立营每连抽三人，均须挑选战士或连队中积极份子，带原有武器，由军分区汇（合）组成批护送来，并保证百分之七十党员成份。

三、升级办法：决定每个区中队、地方武装大队及连各升级一个十二人的整班，或由民兵中有对象的动员参加主力，或将区中队全部升级后由民兵动员一部重新（组织）区中队，并进行有对象的归队。但必须符合群众自愿原则，反对将[illegible]下去，不适于战士收[illegible]的错误作法。此次升级一方面又要[illegible]主力充实，另方面又要更有力加强地方武装，要求中心区每区平均保持四十人，边区依需要可建立二个区中队或游击大队，约七八十人以至百人，[illegible]任何一面都是错误的，都有害于今后斗争坚持，尤其对边沿区[illegible]大量。估计到今后斗争，[illegible]主力[illegible]
5

免，無論如何我們必須保持現有主力充實鞏固，也是成為我黨在全黨今后堅持抗戰斗爭中極其重要任务。

最后為了勝利完成升級，各級党政軍干部，應在地方武裝民兵中進行擁軍教育，實際就是主力教育及立功加主力堅持斗爭為光榮，也是每個人應先負及每個黨員以至每個抗日公民神聖的不可推委的責任與义務，更具体的對預計升級的的武裝及民兵進行特別教育，作長時期思想準备，主力應更加與地方武裝及民兵联系，耐心的細心的帮助教育，使其在實際斗爭中、生活中去體驗到參加主力之光榮與偉大，同時主力應準备如何鞏固新战士与動员参加与地方联系，造成补充的更有利条件，地方党政民應坚决每个補量收效之效，納要擁軍運動成為一個群众運動，保証补充主力任务百分之百的完成。

三、本指示各級党委分区應詳細討論佈置，限于一九四四年一月十六日報告。

魯中區黨委
軍區 十二月六日

6

中共鲁中区党委关于一九四四年一、二月份中心工作的指示

（1943年12月28日）

一、二月份的中心工作指示

(一)根据中央十月一日决定，分局十十指示及反黎玉同志"目前究竟应该做什么"一文，提的精神是贯彻减租减息工作发动群众争取我之绝对优势，作为今后坚持斗争争取胜利的依靠，是任何地区所不能忽视的斗争任务。

检查鲁中的群众工作在去年减租工作中未能广泛的发动起群众来，虽然在基本地区曾发动了些斗争，但大多是些零碎的斗争，而且也不普遍，恩赐观点包办代替的现象还严重存在，又加减租之后未能抓紧巩固教育工作，因此明减暗不减现象到处发生，未能有力的达到削弱封建势力发动群众组织群众的目的，在某些边沿区由于我们干部存在着右的倾向缺乏充分深入的工作精神，减租工作根本未能很好进行，新地区亦未能抓紧时机及时与主群众工作，使据 我占所掌二分之一以上的新区群众仍停留在无组织状态，至于敌区群众工作问题更缺乏研究与指导，这是半年来群众工作的主要缺点。

根据以上客观环境要求与中央分局指示，决定一、二月份仍以贯彻查租减租为中心工作，是完全必要的。

(二)工作进行：

甲、根据地去年减租之后，对此工作则一般陷于忽视，今年虽提出贯彻减租减息查租的口号，但又无具体领导亦未引起重视，因此必须再次深入动员，把分局查租减租指示，普遍传达下去，并必须使全党认识鲁中群众工作还是一个严重问题，应

62

滚查减工作是发动群众的关键，没有群众就没有胜利，必须打破干部自以为是满足现状，主观認識為差不多了的观点。也必须認識在目前着中有利的形势之下抓紧时机发动群众是完全正确，否则今后会增加更多困难，我们更必须记得谁再忽视这点就是脱离中央与分局领导，这要受党内的严重批评与处分！

此外各地应将所有查减材料编写教材进行教育，并利用党报文字将我党查减政策传达到群众中去启发群众自觉斗争，并已达到代替过去命令的简单作风。

乙.把查减工作与其他民主运动生产运动拥军运动等任务密切结合起来。凡未做过查减工作地区均以查减为中心配合进行民主教育审查民选，以及搞生产教育帮助群众订立发家计划等工作，在保障农民既得利益的口号下又可与拥军运动结合起来。有些地区如已做过查减工作则以民主生产运动为中心，目的是在发动群众，反对教条及机械的领导搞运动的工作作风。至于救灾工作目前主要是增产以及解决失业雇工的失业问题。

丙.组织领导与力量配备问题方面，在查减工作中以农救会为主要力量，在统一利害下结合工青妇共同进行工作，但各级党必须加强领导与扶持农救进行工作防止推给农会就不管了的现象。

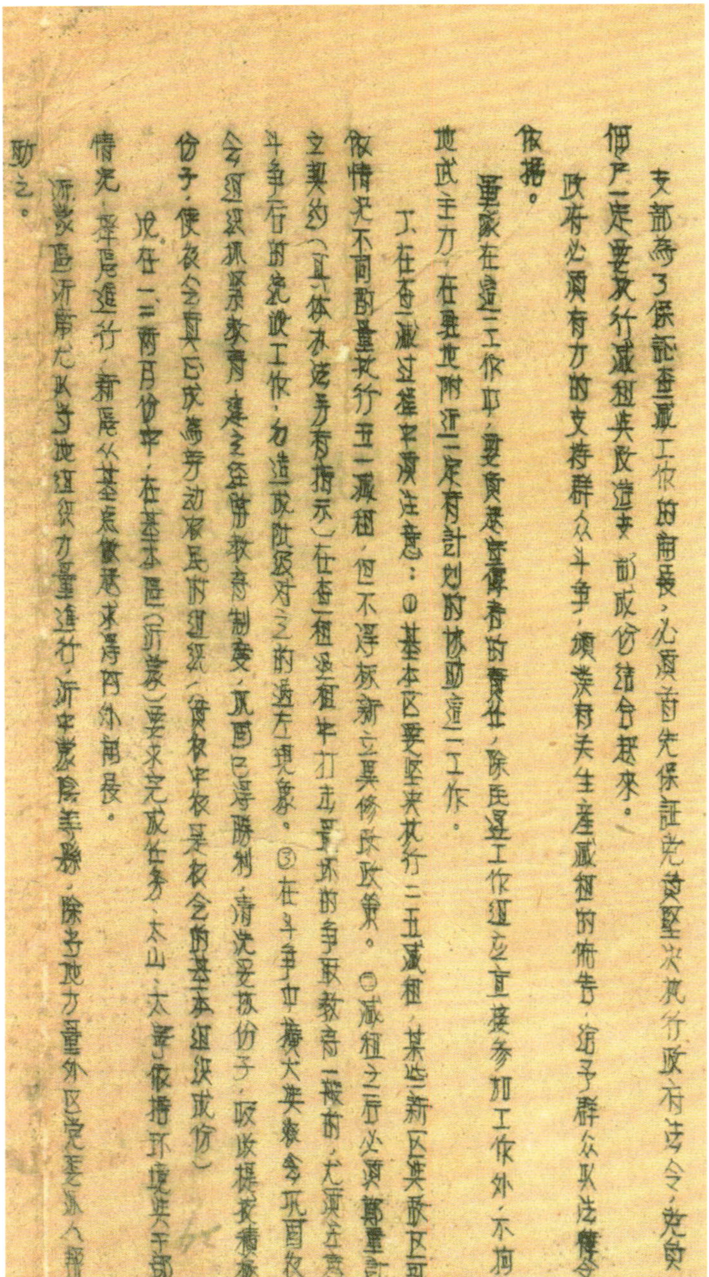
支部为了保证查减工作的开展，必须首先保证党员坚决执行政府法令，党员佃户一定要执行减租与改造，要与成份结合起来。

政府必须有力的支持群众斗争，须发布关于生产减租的布告，给予群众以法律依据。

军队在这一工作中，要负起宣传者的责任，除民运工作组应直接参加工作外，不拘地武主力，在驻地附近一定有计划的协助这一工作。

丁、在查减过程中须注意：㈠基本区要坚决执行二五减租，某些新区与敌区可依情况不同酌量执行五一减租，但不得放弃新立其修正政策。㈡减租之后必须酌量订立契约（具体办法另有指示）在查租退租中打击要求的争取教育一般者，尤须注意斗争后的建设工作，防止发生反对之的过左现象。㈢在斗争中扩大与巩固农会组织，抓紧教育建立经常教育制度，巩固已得胜利，清洗坏份子，吸收提拔积极份子，使农会真正成为劳动农民的组织（贫雇农中农是农会的基本组织成份）

戊、在一二两月份中，在基本区（沂蒙）要求完成任务，太山、太南依据环境与干部情况，择点进行，新区以基点带动求得内外开展。

沂蒙区沂南尤以寻找组织力量进行，沂中蒙阴等县，除寻找地方力量外，区党委派人帮助之。

三、加强各级党委对群众工作的领导：

甲、县委党委对群众工作领导缺乏深入的调研工作，任务的提出，多是依据工作发展总结报告以及主观愿望等，很少根据群众当前的迫切要求，不明白依据工作报告仅是一方面，还须依据群众之要求所提出的工作计划，才是完全正确的。今后必须要有调研工作，然后提出任务，任务提出后又必须派人下去深入一点，考察计划的是否正确，一面创造经验指导全盘。

乙、地委县委对群众工作一般的忽视抓不紧，缺乏经常领导制度，采取不理睬态度，这是群众观念薄弱，也是党性问题，倘继续下去，不但群众工作不能完成任务，整个工作亦会受到严重损失，因此责成各级党委纠正藐视群众工作，转变忽视群众工作的观念，否则是忽视区党委这一指示，也是离开中央分局领导的具体表现，各地接此指示后应立即讨论布置执行，不得藉口特殊再有任何忽视的现象，如何布置即报区党委。

区党委

十二月二十六日

3

中共鲁中区党委典型材料之一：桃花坪支部工作调查材料（1943年）

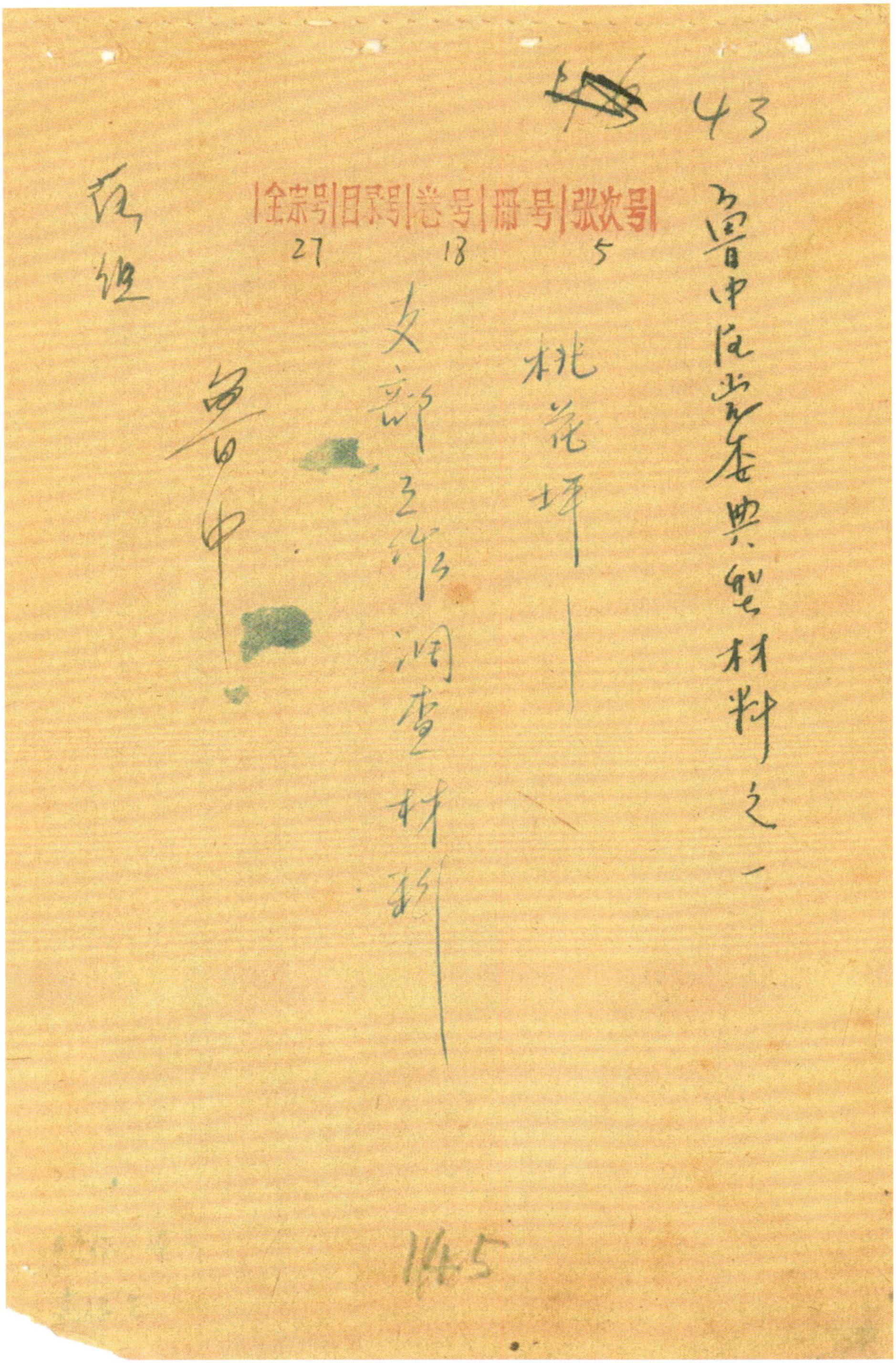

43

全宗号	目录号	卷号	册号	张次号
27	13	5		

鲁中区党委典型材料之一

桃花坪——

支部工作调查材料

鲁中

145

（一）、支部的發展史：

桃花坪在沂中是边緣區抗戰開始以後有我們的工作不久敵人在朱位據設據点配合武成步統治朱位一帶地區從此該村處於游击地區成為严重的三角斗争的局面群众的負担比較重但是群众的斗争情緒高漲我党我軍的威信牢固的樹立在大多数群众的脑海中

當1940年武成步被趕走後，環境較為平靜村中抗日工作也以春笋似的發展起来這時本村小学教員脫離武成步部而逃居桃花坪接着發动他去縣府受教师訓練在受訓後由張学為同志（現任更蔚區分區書）介紹入党

張備九在該村工作時慎重的發展了三個党員成立特别小組直屬分區委領导這是該村有党的工作的開始那時他們主要的工作在群众中廣泛宣傳扩大我党我軍的政治影响恢復建立和健全村中各种工作在進行各种工作中發現培养教育積极分子成為發展的对象

1941年的春天發展了八個党員都举行了入党儀式同年秋天成立支部由上级党指定三個支委領导支部工作

是年支部領导發动了借粮运动救济了灾民；敌人大扫蕩時支部領导了对敌斗争工作掌握了民兵維持村中秩序党員起了積极作用与模範作用同時作了掩護幹部和埋藏公粮工作党員与群众的联系很密切脫離群众的現

146　　88

②

1942年發展了五個党員都是从群众斗爭中挑選的优秀的積極份子同年划分了行政村（下峪同該村是一個行政村）支部以行政村为单位而组成分会是下峪的一個小组归該支部領導（共四人1939年入党的兩個1940年入党的兩個）

去年各种群众团体（工农青妇民兵等）都已健全（但不正规）發揮了力量起了推行各种工作的保証作用支部領導了減租斗爭和二次春荒借粮组织了代耕队給抗屬張寡和個別忙的村干部進行了義務幫助

這時支部提出調强了党員团结群众的工作號召每個党員团结三個到五個群众着重提出每個党員对家庭教育成为一個主要工作同時進行了培养干部与提拔干部的工作

另外敌人控制時作了埋藏公粮和掩護干部的工作

1943年發展了六個党員並健全了支委会一補充政府武装委員會干部又領導了三次春荒借粮救济了貧民敌人扫蕩北沂蒙時支部領導了備戰工作组织了戰委会明确具体的分工分头領導

除此以外支部组织和領導了今冬的生產工作与明年大規模生產的思想動員与具体的準備工作组织了全村生產与家庭生產

並且今年还帮助黄连官庄建立了党的工作（因黄连官庄与該村毗连是較落後的村庄今年各种工作開始發展起来）暂歸該支部領

147

③

等編為一個小組 还有几個是個別發生关係的 待培养教育一個時期成立了支部.(有三個後補党员).

今年開除了兩個妇女党员 因落後 不起作用 不積極工作 不过组织生活 成為"掛名党员" 曾經數次教育無效 支部討論後 经縣委地委批准 召開小组会 宣佈開除党籍 並教育全组党员.

(二).支部的特点:

1. 該村絕大多數是貧农 阶级关係較单純 所以党的成份是纯潔的 阶级利益是一致的 阶级意識比較明確 因而容易接受党的教育和坚决服从党的領导及執行党的指示決定是徹底的. 正因為如此 形成党内外是很团结的. 像鉄一般的团结着.

同時該村过去是处於三角斗争的地区 飽嘗敌寇汉奸的蹂躪压迫的滋味 這样提高了群众的民族觉悟 增强了民族仇恨心 激發了群众对敌斗争的情绪 奠定了支部领导和进行該村一切工作的牢固基础.

2. 該村建立党的工作時正是党中央提出巩固党的時候 開始在思想上政治上与组织上建設党的時候 因此該村党的建立和發展是慎重的 穩固的 在發展党的方面沒有"关门主义"和"拉夫主义"的傾向. 是發展一個巩固一個" 並且吸收入党的都是從群众斗争中挑选的.

④

積極優秀份子因而全支黨員沒有一個不起作用的(當然因覺悟程度的不同起作用也是不同的)

3. 黨與群眾的關係是密切的黨員的群眾觀念比較強能了解群眾的疾苦關心群眾的生活解決群眾的困難站在群眾當中與群眾在一起給群眾設法解決困難而沒有站在群眾的頭上發號施令使自己"老爺化"因此絕大多數的群眾牢固的團結在黨的周圍党[illegible]军民主政府的威信在群眾中是很高的.

這些特點便形成了支部領導該村工作的物質基礎和開展一切工作的有利條件.

(三)、支部建設中的幾個問題:

1. 發展手續和發展方式:

a 手續:①.在小組會上討論確定對象,指定專人負責進行教育(有的經過半年教育的時間有的經過將近一年的教育過程)

②.談話的經過次數、教育的程度和成熟時期經過小組討論後,提交支委會討論

③.支委會通過後,填寫入黨志願表送交分區委縣委批准.

④.上級黨批准後,支部個別發生關係加強教育分配一定工作去做,待夠三人再編組過組織生活,為不發生橫的關係.

149 72

b.方式：①.有系统的进行個別談話着重（以）他的（發展对象）随切需要的问题談起启發他的民族觉悟和阶级觉悟然后再談党的问题.

②.从側面了解看群众有什么反映（从家庭親戚等）.

③.从群众运动中斗争中村中一切抗日活动中观察他的表现与行动.

④.了解到一定的程度给他分配一定的工作看完成任务的程度怎样再進行教育.

c.偏向①.在發展上不够多大胆些有些党外的積極分子不敢吸收到党内来培养教育起更大的作用.（现在如此）

②.只着重在發展男党员而忽視了發展妇女党员（支部只有三個妇女党員）

③.個別的党员在發展方式上直线化简单化如"你看共產党好不好咱們一塊参加去"這樣使群众懷疑不敢接近我們

④.还有個別的党员在發展方面談話的真实性不够多帶有欺骗的手段如"八路軍好暗八路好还承認你参加暗八路好不好"這樣模糊群众对我党的認識.

⑤.有的談話了解的过程太長.

150 77

⑥

2.组织生活：

a.小组会的時间各小组七天開一次党员过小组生活很经常从該支部成立到現在小组生活没有一次间断过在1940—1941，武戚生横行朱位一带時特别小组為防止村中個别不良份子的破坏往往在山溝裡以賭博為名而開小组会几次敌人扫荡转入反扫荡的環境中也没有间断过僅是時间的延長或缩短。

b.小组会的内容：

①.傳達討論支委会的决定具体討論執行的步驟与办法。

②.彙報檢討一週内的工作反映群众中所發生的问題此外及時發現问題及時反映

③.自我批評与互相批評

④.討論党課联系小组与党员的实际生活。

c.方式：

①.平時由小组長通知一定的時间和地点開小组会並通知小组会的内容。

②.戰時因党员所担負的任务不同故不易集合一塊開小组会則由小组長召集能開小组会者以外不能参加的以个别傳達

D.制度：

15b 74

(9)

①.党员及時發現問題、及時彙報外，一般的在小組會上檢討後，不另給小組長進行彙報。同樣的因各小組開會支委輪流參加了解小組的情況和處理小組所發生的問題，所以小組長也不給支委彙報。

②.各支委在開支委會時（十天一次）向支書彙報，交換意見解決問題。

③.党员外出或有特殊事故事時（走親戚、養病等）均能向支部請假。

E.缺点：

①.小組生活板滯，不活躍，發言不普遍，主要的是由於討論党员的切身實際問題較少的緣故，每個党员所發生的問題不能在小組內展開討論求得解決的辦法，形成小組會公式化、一般化，使党员默守陳規，機械，不能發揮党员的創造性。

②.部份的小組或者說個別的小組，自我批評和思想斗爭的精神很差，互相討好，一團和氣，抱着各人自掃門前雪，莫管他人瓦上霜的態度。這一方面因為還未完全打破封建意識（叔伯兄姪），另方面怕得罪人，記成見，不便於工作。

③.支委除參加小組會以外，自己不編在固定的小組內過組織生活，因而使支委不能真正與党员打成一片，不能取得党员的批評與

152

⑧

意见改造自己改变工作

3.党的教育：

a.当1940特别小组活动时主要教育内容是怎样发展党？怎样找对象？入党的条件是什么？和发展的手续等等一面讲课一面集体讨论执行的具体办法这时因发展党是主要工作所以教育与发展党的工作密切的联系起来

b.1941年除了讲上述课程外讲什么是共产党？团结群众与群众密血肉般的联系起来 气节教育.模范作用等等

c.1942—1943年的教育情形：

①.教育的次数：

1).县委讲了十四次课八个小组共讲二百卅四次课农忙时每月两次农闲时每月三—四次最多的每组讲过卅五次最少的上过廿三次两个新组每组上了五次平均每组上卅次课

2).分区委宣传干部及县委二地委来的同志给妇部讲了九次课给小组讲了十八次课平均讲了六次

3).分局帮助工作的同志给支部讲了六次课给小组讲了一次课.

②教育内容：

1)课本教材一至长文的支部党怎样团结群众？怎样接近

153

工作？怎样作宣傳工作

2). 党的基本知識教育——鐵的紀律，民主集中制，党员的八個條件，自我批評與思想斗爭，模範党员、氣節教育等問題進行比較教育與思想教育（自覺檢討）

3) 政策教育——擁軍擁政、生產教育、民主文化運動

4.) 時事教育——反攻的戰報、報紙上的消息。

5) 也要党员多的進行些環境教育，惟進行党员的前途教育較少。

③. 教育的方式：

1). 先給支委講，由支委集体討論後，然後給小組傳達

2) 支書、宣委、村教員輪流上課，徵求意見

3). 講完時接着討論，熱烈發言，並聯系到本村本身的實際情形及自己的優缺点，進行檢討，討論今後克服的办法。

④. 教育的收穫：

1). 村級幹部初步認识了民主的重要性和民主作風與工作的关係，部份克服了不民主的現象（包办代替、事務主义、個人代替組织等）。

2). 能够深入的作了調查研究工作，了解群众的痛苦與需要，團結群众有办法，進一步與群众聯系起来了，得到群众的擁護（如在村民大会發言群众熱烈贊成救濟二次春荒等等）。

15427

⑩

3）党员和部分群众了解国民党发动内战的阴谋及我们反对内战的办法，老百姓对中央军李仙洲部的行动有了认识，对我党我军的信仰益高。

4）对拥军拥政有了进一步的认识（带路、送信、号房、招待干部伤病员等）保证行政任务的完成。

5）党员了解了铁的纪律是我们胜利的保证，也了解了自首就是叛变的根苗，党员在各项工作中能起模范作用与模范行动（救荒先借粮先交公粮先送运等）。

6）一切党员都能够团结非党员，能参加各种会议与活动，并能教育落后的大众。

7）党员了解了把党的决议变为群众的行动，对每个中心任务按组织系统讨论时，每个党员都能提出适当的意见，并以内容变为公开形式进行宣传鼓动，并用个人的关系向群众解释，使群众了解我们的主张。

4.支委会领导：

1）思想领导——党员发生缺点时，支委抓紧时间进行个别谈话批评教育克服缺点，如果比较严重的缺点，经支委会讨论后指定专人解决教育。

除此以外，召集扩大干部会议进行思想检讨，首由自己检讨

155 78

(11).

再由大家提意見

另外要求党员要学习冬学上政治课时党员要一律参加.

2).组织与领导——首先支委会讨论那一部门工作由那一部门负责同志参加，把支部讨论的工作任务传达到該组织群众当中去就是說把党的决议变为群众的行动.

其次把支部的决議通过各群众团体中的党员宣传动员解釋使群众了解保証党的决議在群众当中完全实現.

再次抓紧组织進行工作檢查督促(支委小组長党员)的去執行支委会的集体領导个人分工的原則作的較好經常民主作風是不够的.

3).缺点——对个性强的同志不敢批評既批評了但是也是輕描淡寫的說一頓這样縱容了个别党员的缺点目無组织崇拜偶像有的因感情較好不敢大胆批評糾正错誤

在進行组织領导方面在某些方面事务包办党政民不分工作关係弄不清工作一来便大家憑着情緒去幹而没有具体明確的分工去進行工作

在幹部的調剂方面不能使党员在公开工作中适当的使用幹部能按工作的强弱調剂一些幹部去推动各团体的工作支委担任公开工作太多忙於事務工作而忽视了主要工作的進行.

156

⑫.

5.几個統計：

a.党员成份统计：（全支共有党员34人）

①.贫农27人

②.中农4人

③.富农2人

④.地主1人

b.党员的年令統計：

①.18歲以上者2人

②.20歲以上者11人

③.30歲以上者14人

④.40歲以上者6人

⑤.60歲者1人

c.党员职别统计：

①.担任政权工作者5人

②.担任农救工作者4人（内有会员）

③.担任妇救工作者3人

④.担任民运工作者17人（内有青抗先基干自卫团游击组）

⑤.担任职工工作者3人

⑥.担任特务系统任务的一人（管钦范明桓）和小学教员一人

157 50

⑬

D.党员文化程度的统計：

①文盲14人.

②粗通文字的16人

③識60個字者1人，識100個字者[illegible]人

④初小畢業的2人

E.党员受訓的统计：

①受过民兵訓的5人

②受过教师訓的1人

③受过农救訓的3人

④受过青訓的2人

⑤受过职工訓的2人.

F.党员抗戰时间统計：

①1938.参加抗戰者3人.

②1939.参加抗戰者3人

③1940.参加抗戰者13人

④1941.参加抗戰者8人

⑤1942.参加抗戰者4人

⑥1943.参加抗戰者3人

G.党员的党令统計：

158

(14)

①1939.参加党的2人

②1940.参加党的5人

③1941.参加党的8人

④1942参加党的5人

⑤1943参加党的14人

六.党员入党动机的统計:

①为抗战为革命为解放参加党的16人

1).为抗战的8人.

2).为抗战为解放者2人

3).为了革命的1人

4).为了革命为了解放的1人

5).为了解放的3人

6).为了解放打倒压迫者1人

②为了反对压迫反对剥削参加党的5人

1).反对压迫者3人

2).反对剥削者2人

③不受压迫为求解放参加党的2人

④为私人问题打算参加党的5人

1).帮助抗戰解決困难的1人.

15982

(45).

2) 为抗战为个人前途者1人

3). 打倒压迫为个人生活问题者1人

4). 为解放有困难能解决者1人

5). 反对压迫有困难能解决者1人

⑤. 为入党比老百姓高明些的1人

⑥. 投机者5人

1). 为某些地方不吃亏者1人

2). 参加党一些事不受打击者1人

3). 为避免打击减轻负担的1人

4). 有些是在负担方面减轻些的1人

5). 怕受打击的1人

2. 全支党员的表现:

①. 在扫荡中的表现（平时表现也有）积极的12人:

1). 工作负责任心强但斗争不够大胆的一人

2). 工作积极不怕牺牲的一人.

3). 工作积极负责的一人

4). 工作积极执行任务坚决的一人

5). 工作积极但自高自大包办代替

6). 沉着冷静工作不够大胆的一人

160 83

⑯.

7).工作积极工作办法少的一人

8).工作经常性好意志坚决的一人.

9).工作积极的一人

10).工作责任心好但不自动的一人

11).工作积极很坚定的一人

12).服从决議好但而经常工作脱節的一人

②.平時表現积极的或一般的15人:

1).表現积极工作上自高自大的一人

2).表現波浪式的一人

3)积极負责的二人.

4).工作負责完成任务好的一人

5).執行決議坚决的一人.

6).工作积极自私自利观点浓厚的一人.

7).工作积极而群众联系不够的一人.

8).工作积极立场把握不穩的一人

9).工作积极個人利益服从党的利益的一人.

10).工作积极思想上有毛病的一人

11).工作积极责任强的一人.

12).工作生硬幹性急的一人.

161 54

13). 服从决议好但自高自大的一人.

14). 工作责任心强沉着的一人.

③. 战时平时表现一般化的5人.

④. 平时有风头战时怕环境险恶的一人.

⑤. 进行工作双方讨好有两面派态度的一人.

(四) 支部工作的优缺点:

1. 优点:

a. 支部保证了村中战时(一夜挖十五个掩护洞子,站岗放哨作好守护任务,关心掩护干部,埋藏公粮,维持村中治安等)与平时(优待抗属,扩新工作上级定九人他们完成三人,两天内全村公粮总收完毕,救济灾民,冬学设学校等)一切工作任务的完成,同时支部作了改造"二流子"的工作,现全村没有一个"懒汉"了.

b. 注意了调查研究工作,经常了解群众的疾苦,群众的反映,给群众解决了切身切需要的问题(解决了没春荒,领导生产,有的群众因出疾病了钱,支部发动富裕党员募捐及劳动帮助等),因而党在群众中的威信很高.

c. 党的教育及时,经常实际与工作思想及反不良倾向的斗争密切的结合起来,并且教与做合结合起来了,就是教育过的马上使党员去做,脱离实际的教育是很少的.

162 85

⑱

a. 幹部積極負責熱情很高，工作情緒很高（經常整夜開會研究工作，有的幹部帶瘧疾已經躺在床上寫情報，全體幹部參加冬學，動員婦女參加識字班等）幹部較團結，鬧成見等現象較少，同時個人利益能服從黨的利益（救濟春荒，有的幹部自己食糧不夠，但能賣了羊羔買了糧食救濟貧民，有的幹部在大掃蕩時傷病員工作人員和部隊找不到飯吃，自動拿出400斤糧食供給這些同志吃，掃蕩後公家還了一部分，亦無怨言。

b. 黨員以身作則的模範作用和在一切工作中的保證作用很好（納公糧、偵查敵情、捕捉漢奸等）不論什麼工作，支部一號召，黨員積極響應，同心協力的去幹，部分黨員保守黨的秘密比較好，沒發生本黨的關係的是沒有的。

2. 缺點：

a. 因支部領導該村的工作較堅強，經常受到區縣的表揚，使部分幹部自高自大，目中無人，即上級檢查工作的幹部他們也瞧不起，工作方式生硬簡單，不是發揚民主的討論，而是采取"組織上組織路線"的命令主義，濃厚的包辦代替和事務主義，存在着濃厚的個人主義英雄主義與出風頭虛榮心的色彩。

b. 部分領導工作的同志，平等思想與民主作風是不夠的，等級觀念很濃厚，被領導的幹部和黨員發生錯誤時不能

163 86

(19).

使他全错误的同志把所有的意见説出来 並將使党员群众的反映和意见討論出适当解决的办法 使他们心悦诚服 发扬他们的积极性 而是以"服从家即是服从组织"的大帽子来威胁 這样使幹部党员的积极性不高 成为"推一动"不推不动"的反常现象。

另外使道保守 不能大胆的使用幹部 不能从群众中提拔与培养群众幹部 也没有培养付幹部 群众团体政权半老是那几個幹部"跳舞" 如有工作上的变动 工作马上受到影响。

C. 领导上不全面 部份工作不够深入（除民兵治安外 对农救、职工等团村政工作不注意很沈寂）事情发生後 支部还不知道（如萧、抢枪事件）同時不按系统 不经过组织乱配备幹部 如配备支委与群众团体幹部（随便改选）不经过分区委与区的各领导机关。

另外工作不正规 有浓厚的游击習氣 工作有计划有佈置 而没有督促检查与總结工作的制度 会議会报没有规定一定時间 以兴趣来决定

D. 农村统战工作作的不够 对个别上层比较坏的份子不能通过各种形式争取教育使他转变 而是一味的打击

184 87

⑳.

威脅使人家不敢說話甚至作出違犯政策的事情來如今夏支部宣委佈置領導黨員民兵進行搶麥子的事件（詳見材料）

E.忽視了發展婦女黨員的工作（但現支部只有三個婦女黨員）這是個現實問題.

165 88

中共鲁中区党委关于加强人民武装建设保证完成整训计划的指示

（1944年1月7日）

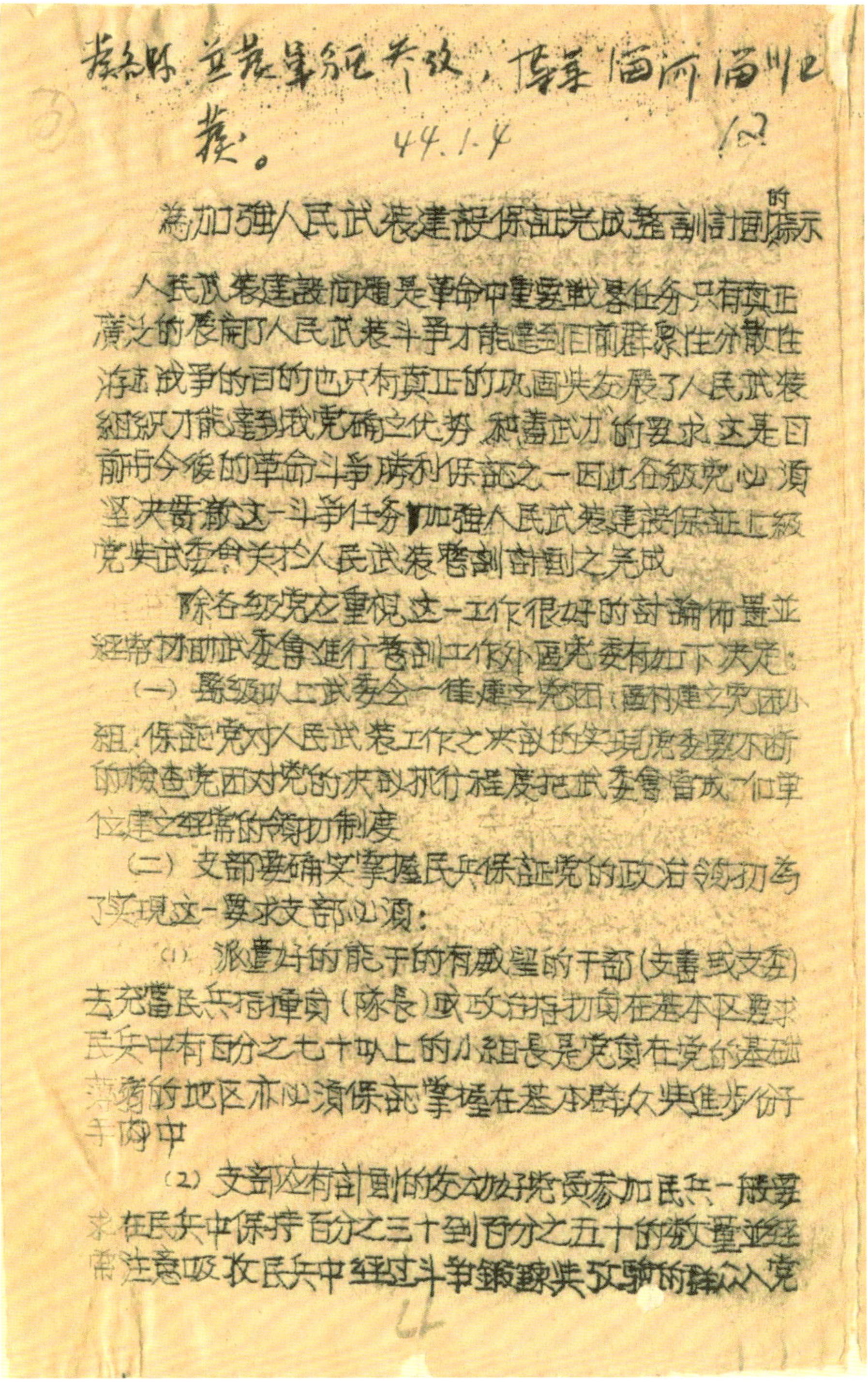

为加强人民武装建设保证完成整训计划的指示

人民武装建设问题是革命中重要战略任务，只有真正广泛的展开了人民武装斗争才能达到目前群众性分散性游击战争的目的，也只有真正的巩固与发展了人民武装组织才能达到我党确立优势"积蓄武力"的要求，这是目前与今后的革命斗争胜利保证之一，因此各级党必须坚决贯彻这一斗争任务，加强人民武装建设，保证上级党与武委会关于人民武装整训计划之完成。

除各级党应重视这一工作很好的讨论布置并经常协助武委会进行整训工作外，区党委有如下决定：

（一）县级以上武委会一律建立党团，区村建立党团小组，保证党对人民武装工作之决议的实现，党委要不断的检查党团对党的决议执行程度，把武委会当成一个单位建立经常的领导制度。

（二）支部要确实掌握民兵，保证党的政治领导，为了实现这一要求，支部必须：

（1）派遣好的能干的有威望的干部（支书或支委）去充当民兵指挥员（队长）或政治指导员，在基本区要求民兵中有百分之七十以上的小组长是党员，在党的基础薄弱的地区亦必须保证掌握在基本群众与进步份子手内中。

（2）支部应有计划的发动好党员参加民兵，一般要求在民兵中保持百分之三十到百分之五十的数量，并经常注意吸收民兵中经过斗争锻炼与考验的群众入党

(3) 支部要经常討論上级党與武委會关于民兵工作的指示，经过民兵會議实現之，並随时檢查民兵的工作活动纪律，执行政策，製定計劃，研究斗争方法。县分區委亦必須在一定時间專门檢查與討論民兵工作向上級党委會報。

(三) 在目前查租減租工作中民兵应成为执行政府法令的模範，發動減租斗争，並在斗争勝利后抓紧扩大巩固民兵組織工作，在生产运动中提倡民兵集体劳动互相帮助变工，增产成为推动骨干。

(四) 为了補助[illegible]經費之不足，今后民兵在战斗中所获勝利品除重武器彈藥公受獎外，凡是無人認領之一切什物一律由武委會变價处理，作为民兵武器建設之用。

(五) 县区武委会必須充实干部，各级党委根据武委會编制進行補充提拔及訓練。

(六) 在整训中所需财粮經費由各县武委會預算报政府解决，政府亦必須負責認真的解决人民武装整训中之一切问题。武委会干部規定各县区列入县委預算开支。政府不再預算

以上希各級党布置执行報告。

區党委

一月[illegible]

5

中共鲁中区党委关于对群众工作组织领导的决定（1944年1月14日）

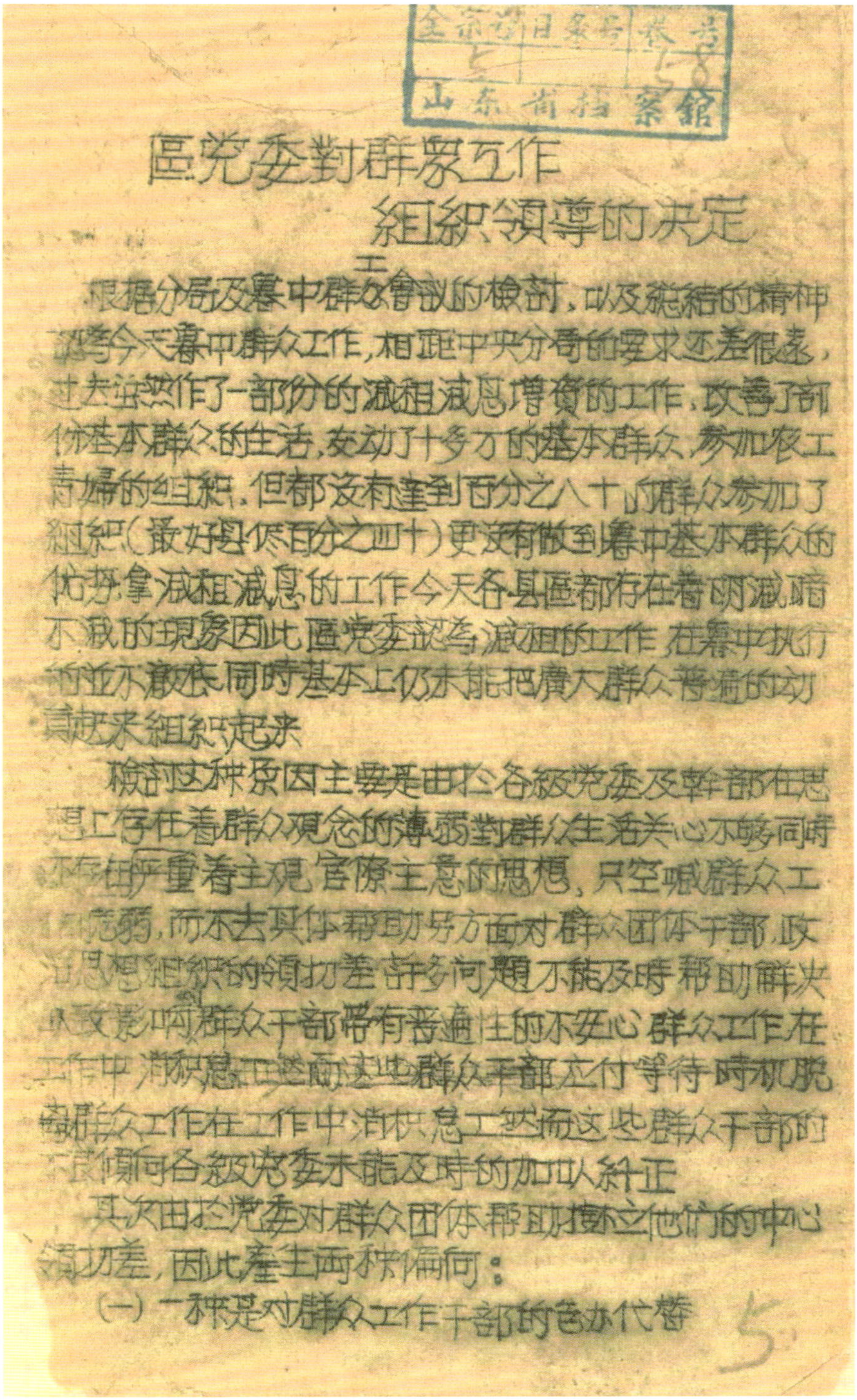

區党委對群众工作
組織領導的決定

根據分局及鲁中群众工作會議的檢討，以及總結的精神認為今天鲁中群众工作，相距中央分局的要求还差很遠，过去雖然作了一部分的減租減息增資的工作，改善了部份基本群众的生活，发动了十多万的基本群众，参加农工青婦的組織，但都沒有達到百分之八十的群众参加了組織（最好县僅百分之四十）更沒有做到鲁中基本群众的优势拿減租減息的工作今天各县區都存在着明減暗不減的現象因此區党委認為減租的工作在鲁中执行的並不徹底同時基本上仍未能把廣大群众普遍的动員起来組織起来

檢討这种原因主要是由於各級党委及幹部在思想上存在着群众观念的薄弱對群众生活关心不够同時还存在严重着主观官僚主義的思想，只空喊群众工作重要，而不去具体帮助与方面对群众团体干部，政治思想組織的領導差許多问題不能及時帮助解决以致影响群众干部带有普遍性的不安心群众工作在工作中消极怠工然而这些群众干部应付等待時机脫離群众工作在工作中消极怠工然而这些群众干部的不良傾向各級党委未能及時的加以糾正

其次由於党委对群众团体帮助树立他们的中心領導差，因此產生两种偏向：

（一）一种是对群众工作干部的包办代替

5

（二）第二種偏向是放任，对群众工作及干部管理差，藉口工作忙長期不开會討論工作，群委會形成虛設，未能形成研究及討論群众工作的机关，再加群众干部政治弱，因此使群众工作未能形成一個有系統有力量的領导。

總之过去對群众工作不論[在]党委與群众[团体]工作本身在观点上对群众工作的不重視，為了糾正过去缺点，認真加強群众工作，因此區党委对今后群众工作的組織領导特作如下的決定。

甲　目前魯中形势，是極有利於群众工作，不論在敌占區、新地區、根據地，群众对我的認識上是更進了一步，尤其是敌占區的群众普遍的傾向我党我軍及抗日民主政权，即部份上層人士对我態度上也有改变，因此今後群众工作基本方針是：

（一）根據地是巩固的發展，把群众普遍的動员[发]起来，組織起来，達到75%的群众自願參加組織，確立群众的优势。

（二）在敌游區主要的方針是：組織群众，克服过去輕視組織群众的观点，对敌人組织的新民會、安清道義會等一切反动組织，不是消極的应付，而是採取積極的破坏、瓦解或專派人打進组织進行其群众工作，应纠正以在敌人有組織我们打入敌人組織，我亦不組織群众的錯誤观点。

（三）新地區（莒沂边、安邱、臨朐）应是有中心的发动群众，建立基点，逐渐求得普遍发动[发组织群众]

乙 今後根据边區群众团体組织形式，建立統一領导，組织各界抗日救国联合會（簡称抗联）由村至主任公署一級都成立抗联（專署級設主任區办事处）在村級設主任組宣工农青妇各委員，分區級設主任組宣一人工农青妇各一共六人脱离生产，县級十三人正付主任各一人宣傳委員一人工农青妇各二人秘書一人組织委員一人必要時县可設五人至八人小型的工作团，專署級工农青妇主任共五人組成办事处，县以下組織在四月底五月半以前完成抗联成立的任务

敌游區群众团体的組织，主要是加强党委的領导，县和分區設民运委員負責，酌量情况設干事若干人，其干部应係另設法配備，否則党委同志中一人兼任，地委群委會可通过同級党委領导該县區的民运工作

丙 党委应該特别注意，对群运系统的領导培养尊重群众团体，樹立他们的威信，尤其是培养中心領导干部和群众有联系的群众領袖，这一点我们过去作的特别差，今後应該注意，但同样应严格糾正一些党員群众团体干部向党闹独立性的不良偏向

丁 党对群众团体的領导，是党委的任务，党是無产阶級最高的組织形式，群众团体的党員必須服从党委的領导因此：

（一）健全县以上的群委會，加强对群众工作的研

党团討論

（二）建立區村級的党团小組，县以上設党团、

（三）群委會和党团开會党委必須派人参加指導工作

（四）给各級党委部门发的文件应发給群众部门

（五）党委一般工作會議应吸收群委負責人（党团書記）出席，群委負責到下級帮助工作，下級党委的一般工作會議应吸收其参加，把群众工作放在議事日程定期討論群众檢查工作

（六）群众团体对各方面工作配合联系不能解决的問題党委应該負責調整和解决

（七）今后群众工作的好坏是测驗党委領導和工作的標準之一。

戊 关于今后群众工作在魯中群工會議具体佈置各級党委应根据傳達具体佈置执行，不另指示

各級党委接此决定，应根据分局及魯中群工會議的總結報告，具体分時期的領導督促执行，把执行的情况随时報告區党委

六月十四日

6

中共鲁中区党委关于春耕贷款的决定（1944年1月15日）

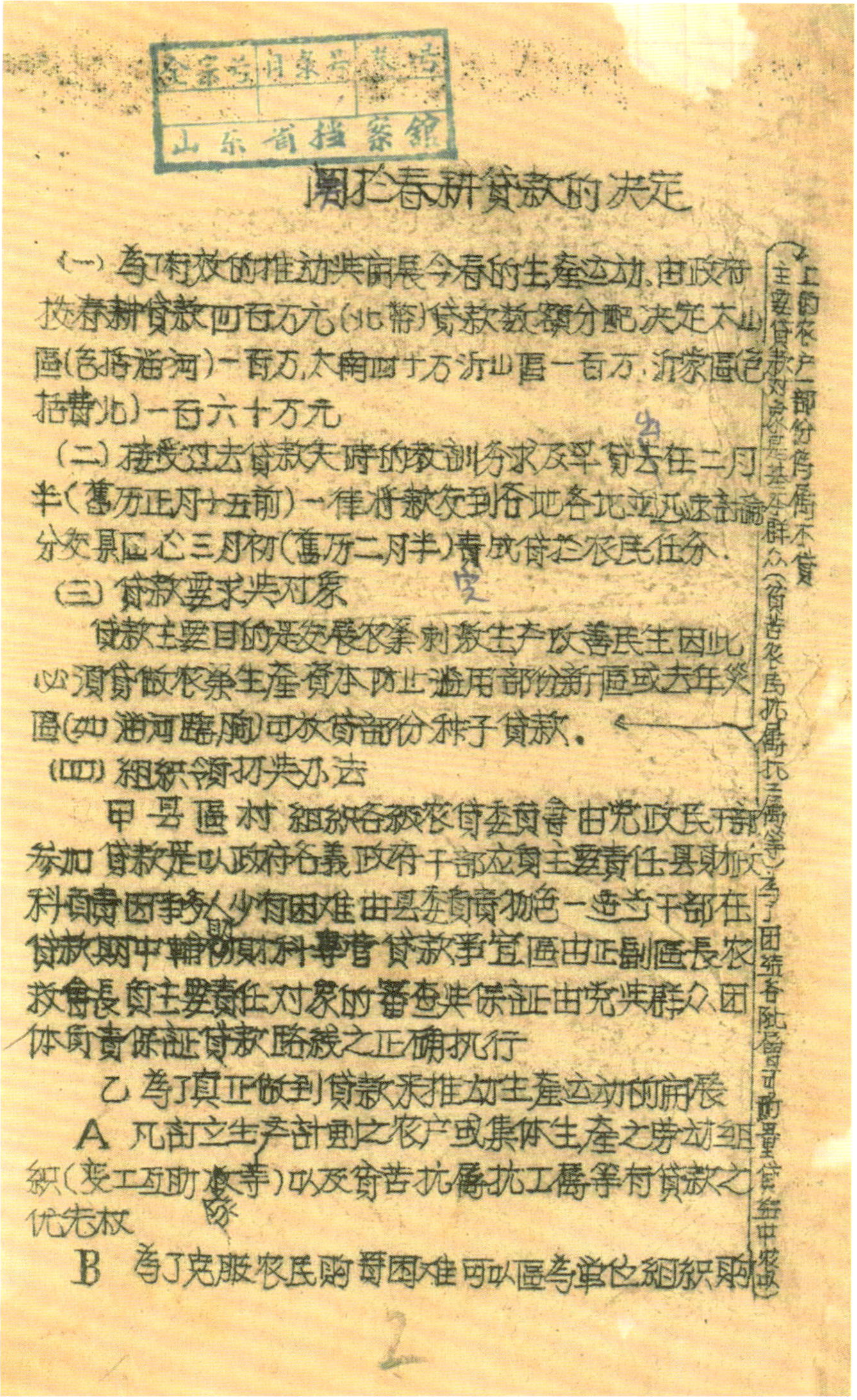

全宗号 目录号 卷号
山东省档案馆

關於春耕貸款的决定

（一）為了有效的推动与開展今春的生產运动，由政府拨春耕貸款四百万元（北幣），貸款数額分配决定：太山區（包括淄河）一百万，太南四十万，沂山區一百万，沂蒙區（包括費北）一百六十万元。

（二）接受过去貸款失時的教訓，务求及早貸出，在二月半（舊历正月十五前）一律將款发到各地，各地并迅速討論分发，県區必三月初（舊历二月半）完成貸於农民任务。

（三）貸款要求与对象

貸款主要目的是发展农業，刺激生产，改善民生，因此必須貸做农業生產資本，防止濫用。部份新區或去年災區（如淄河、臨朐）可放貸部份种子貸款。

（上面农户一部分属不貸，主要貸款对象是基本群众（貧苦农民、抗屬、抗工屬等），為了团结各阶層可酌量貸给中农。）

（四）組織領導与办法

甲 县區村組織各級农貸委員會，由党政民干部参加，貸款是以政府名義，政府干部应負主要責任，县財政科負責，因事多人少有困难，由县委負責物色一适当干部在貸款期中輔助財政科專管貸款事宜，區由正副區長、农救會長負主要責任，对象的審查与保証由党与群众团体負責，保証貸款路綫之正確执行。

乙 為了真正做到貸款來推动生產运动的開展：

A 凡訂立生产計劃之农户或集体生產之勞动組織（变工互助队等）以及貧苦抗屬、抗工屬等有貸款之优先权。

B 為了克服农民購買困难，可以區為单位組織購買肥料、牛、农具等貸給农民。

貸款分配要適当集中以求实效勿平均降底作用

C 貸款利息一般貧苦抗属抗工属以及新區被災區（治河臨朐）貧苦农民可以無利貸給，貧农五厘中农以上取息

乙 除公家貸款外可提倡奖励私人貸款发揚互助友爱

丙 貸款手續由政府負責印製貸款条据写清貸款用途與利息规定取消用土地房产作抵押的办法但須有一定团体人员保証以免混乱不清貸出無下落的現象

把款貸出后 各貸委員會負責検查如有貸款不合目的與規定者須隨時纠正並統計貸款人成份比例報告上级党政机关政府群众团体必須加意保存賬根以便秋后收款如有工作调动必須交代清楚以免混亂損失

(五) 為達到貸款之目的 ① 必須在干部中以整风精神検討與纠正过去貸款中的錯误反对不相信基本群众（忘本）必須有财产抵押的富农路线反对把貸款當作救济不动員还本还息傾向。② 在群众团体应教育會員了解貸款政治意义，同时由支部保証将貸款用来发展生产並於秋后还本还息。

(六) 各地區須很好研究各县数额分配一般应着重荒歉疾苦地區县區接到指示后应即傳達討論研究貸款对象等，将执行情形報告區党委

區党委

一月十五日

中共鲁中区党委对目前形势与任务的紧急指示（1944年3月16日）

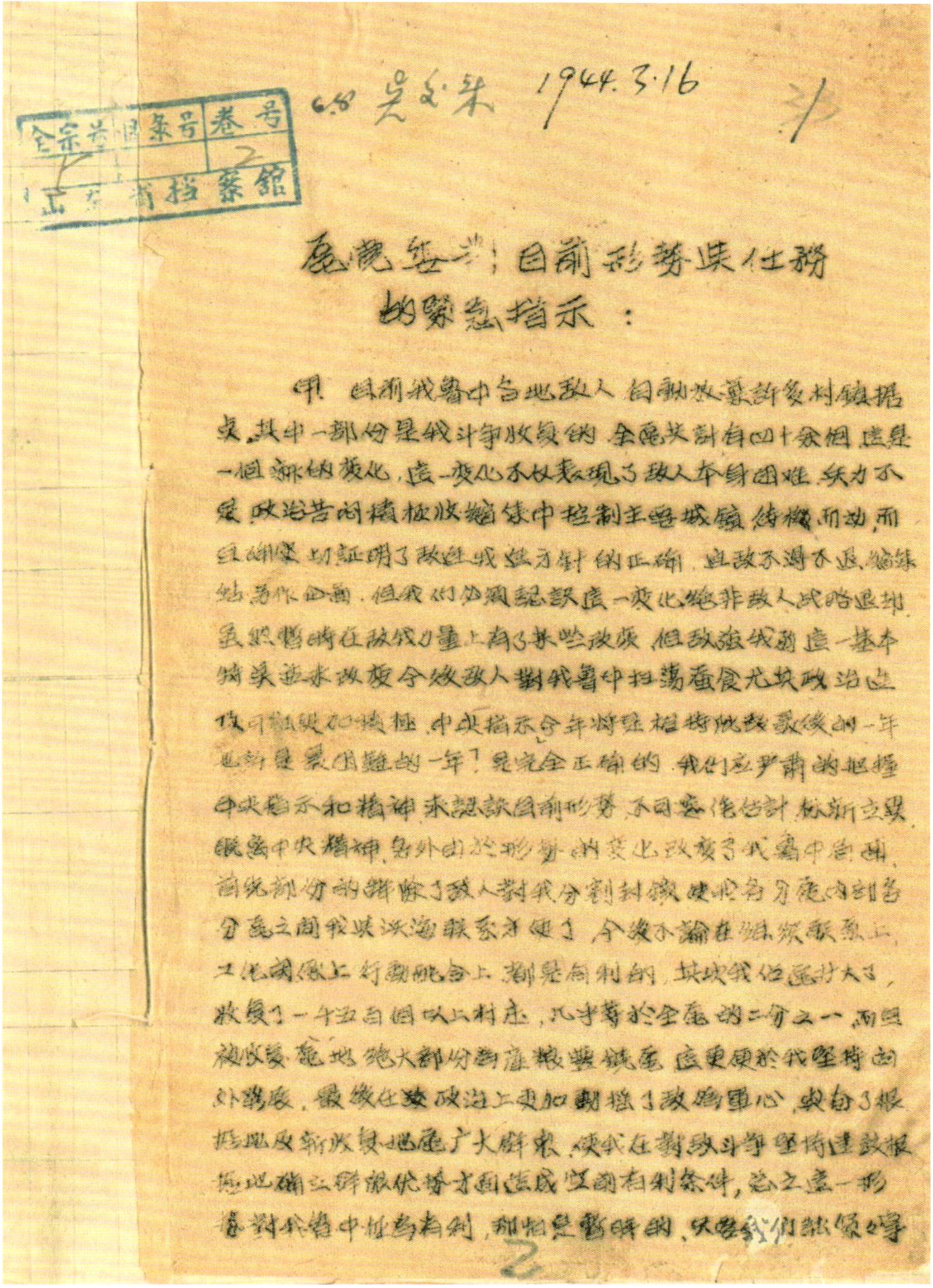

68 吴文朱 1944.3.16

全宗号 目录号 卷号

山东省档案馆

魯區黨委對目前形勢與任務
的緊急指示：

甲. 目前我魯中各地敵人自動放棄許多村鎮據
點，其中一部份是我斗爭收復的，全區共計有四十餘個，這是
一個新的變化，這一變化不但表現了敵人本身困難，兵力不
足，政治上的積極收縮集中控制主要城鎮待機而動，而
且[illegible]証明了我們對敵方針的正確，與敵不退不退，縮集
結另作[illegible]，但我們必須認識這一變化絕非敵人戰略退卻，
至於暫時在敵我力量上有了某些改變，但敵強我弱這一基本
特點並未改變，今後敵人對我魯中掃蕩蠶食尤其政治進
攻可能更加積極，中央指示今年將是相持階段最後的一年
也許是最困難的一年，是完全正確的，我們應嚴肅的把握
中央指示和精神來認識目前形勢，不可盲目估計，樹立與
貫徹中央精神，另外由於形勢的變化改變了我魯中各地
區就部分的解除了敵人對我分割封鎖，使我各分區內部及
分區之間我與濱海聯系方便了，今後不論在經濟聯系上，
文化關係上，行動配合上，都是有利的，其次我們還擴大了，
收復了一千五百個以上村莊，几乎等於全區的二分之一，而且
被收復地區地絕大部分為產糧要鎮區，這更便於我堅持的
外翻展，最後在政治上更加動搖了敵偽軍心，興奮了根
據地及新收復地區廣大群衆，使我在對敵斗爭堅持建設根
據地與擴大群衆优勢方面造成空前有利條件，總之這一形
勢對我魯中極為有利，那怕是暫時的，只要我們能領導

2

握住这一新形势新局面，不失时机的积极地开展我们工作，一面加强对敌政治工作攻势，一面及时开展巩固新收复地区工作，我们一定能做出优异成绩，争取更大的更全面的胜利，望我全党同志努力。

乙　目前我们的任务，基本上有两个，一个是对敌政治攻势，一个是开展新收复地区工作，至于今后我们一般工作特别是根据地经常性的任务，另有指示发出。

一、对敌政治攻势（由于敌人部份兵力被牵制调出，而敌伪内部恐慌动摇程度更加深化，一面被我围攻的敌伪就惊惶不安，不知何去何从，另一方面留守据点敌伪更加恐慌失措，其中有一部份动摇向我们的），因此目前我对敌政治攻势极其有利，不但要在原有基础上巩固战绩，而且要面向城市中心镇据点，加强城市据点工作，这样有以下几个具体工作：

⑴首先要加强日军工作，过去认为这一工作是不对的，我们要寻找敌人各方面弱点、生活痛苦、情绪低落、精神颓丧、厌战反战的事实，开展攻势，利用伪军伪政权、搜集内部奴隶进行工作，不难宣传而且组织反战，利用反战同盟去进行这一工作，要耐心的研究、总结经验、作出成绩，各级党政军工部门都重视，认为对日军攻势是今后对敌伪政治攻势主要方向，过去重视伪军轻视日军方面是错误的、

（排干部反击）

⑵伪军工作重点，深入[illegible]头工作，

3

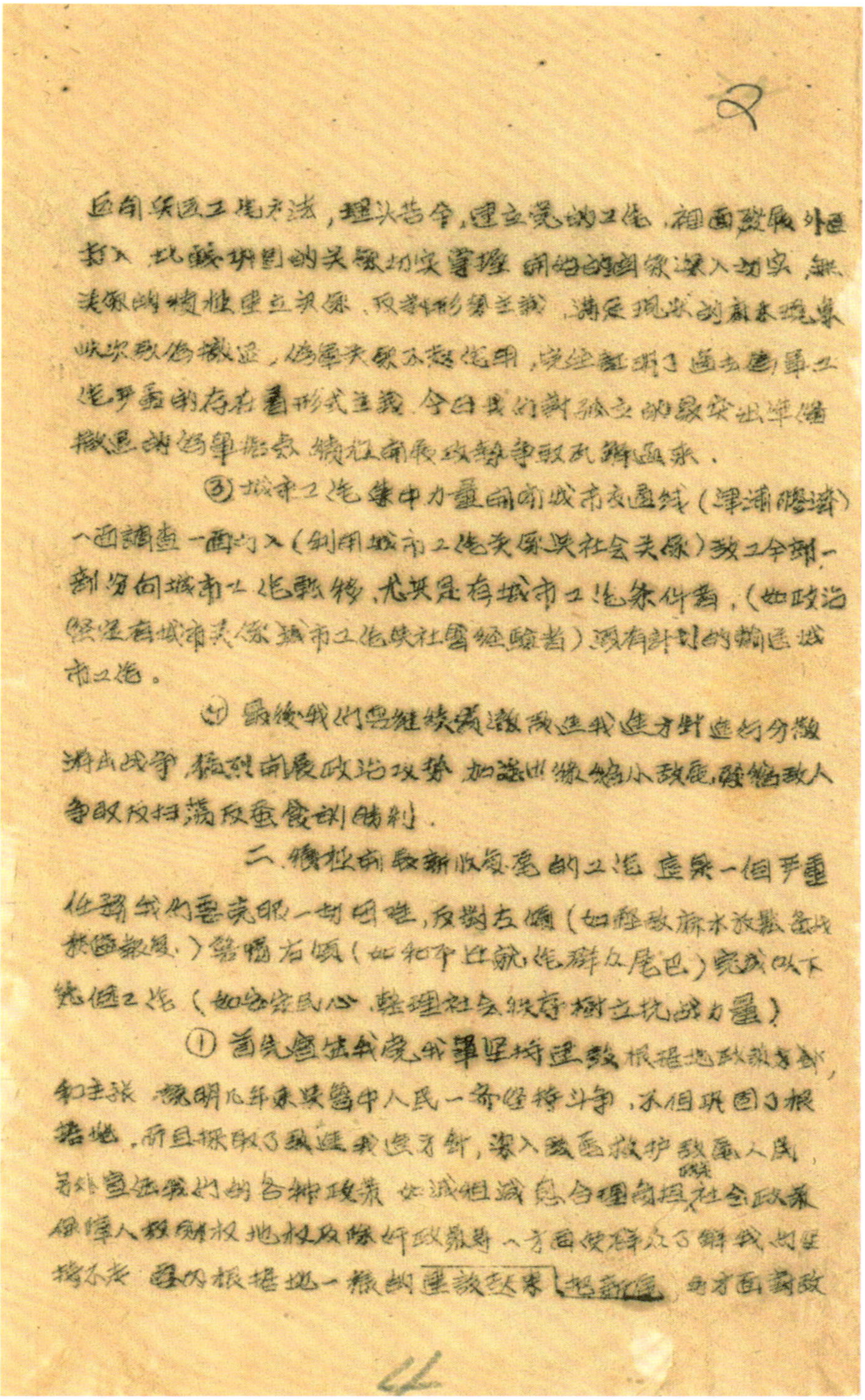

2

运用灵活工作方法，埋头苦干，建立党的工作，相当发展外区打入，比较巩固的关系切实掌握，开始的关系深入切实，然关系的精神建立组织，反对形式主义，满足现状的麻木现象，以求取得成绩，但单关系不起作用，完全证明了过去单工作严重的存在着形式主义。今后我们对于该区的发展突出准备撤退的伪军据点，积极开展政势争取瓦解过来。

③ 城市工作集中力量开辟城市交通线（津浦胶济）一面调查一面打入（利用城市工作关系与社会关系）致工作部一部分向城市工作转移，尤其是有城市工作条件者，（如政治经济有城市关系城市工作及社会经验者）须有计划的输送城市工作。

④ 最后我们要继续开展敌我边沿对边沿的分散游击战争，积极开展政治攻势，加强小部队小战斗，破坏敌人争取反扫荡反蚕食的胜利。

二、积极开辟新收复区的工作 这是一个严重任务我们要克服一切困难，反对左倾（如乱杀乱打乱抓各地报复叛变）与右倾（如和平观念做群众尾巴）完成以下几个工作（如安定民心、整理社会秩序树立抗战力量）

① 首先宣传我党我军坚持建设根据地政策方针和主张，说明几年来与鲁中人民一齐坚持斗争，不但巩固了根据地，而且采取了敌进我进方针，深入敌区救护敌区人民，另外宣传我们的各种政策，如减租减息合理负担社会政策保障人权财权地权及除奸政策等，一方面使群众了解我们坚持不久，区内根据地一样的建设政策和新区，另方面对敌

44

人团特务份子长期的反宣传及汞团制社会混乱，统中造谣破坏无线可乘，使群众了解我们拥护我们，欢迎我们，在方式上政府出安民布告并号召群众团体干部深入农村不遗暴时进行分散宣传，尤其要注意地方党组织支部深入工作

②群众工作，根据目前群众主要是春耕工作（应根据一四月生产工作指示对新区是适合的）惟政府民众团体对剥削的减租减息及纠纷消极的帮助群众困难，公粮可以减轻一部，在春耕工作中扩大我们的政治影响，造成组织群众有利条件，开始可以从好的能保家保乡的工作建立自卫团和民兵，并进行农村组织成立互助合作社后实行减租大量发动群众，组织农会与各种群众团体。

③政权工作，建立抗日民主政权组织，取消伪政权建立区公所，逐步改造村政、成立村政委员会，淘汰坏份子，开展社会统战，如统战好工作，争取团结开明士绅，混入对好坏份子态度原则上除罪大恶极者外，对一般应宽大争取，予以自新之路，抓紧有利时机发展自卫武装，建立新的政权，但必须注意成份纯洁，防止坏份子混入。

④恢复整理党的工作，原则上要精密细致，但须谨慎警觉，对有关系的党员与支部进行教育防止偏向暴露突出，对失掉关系的支部和党员进行调查研究，慎重考察个别解决，对自首党员和一般不立宣誓党员对自首份子政策，欢迎参加抗战工作，动员他们出来参加群众政权工作，但须注意自首叛徒利用他们，党的组织力量在这块中心支部可适合目前工作需要采取组织形式执行党的工作，另外积极建

5

3

纠粉碎党的工作，在群众运动中发展积极的贫雇农及工人成份党员，严格入党手续，防止投机坏份子混入。

丙、以上任务执行，必须组织力量，调剂干部，从轮回县分区委工作团或采取一个布置的到指导的领导方式，建立检查照顾一元，开办党内外各级训练班，培养训练干部，健全组织机构，完成新的任务并从基本区委中抽调一部剩余武干部去新区工作。

最后各地可根据区委指示，具体解决本区实际问题（如太山太南注意自首份子与会门问题，沂山区注意及国特斗争问题）并将布置执行情形报告区委。

区党委
五月十六日

6

中共鲁中区党委、鲁中军区政治部关于新情况下政治攻势的补充指示

（1944年3月23日）

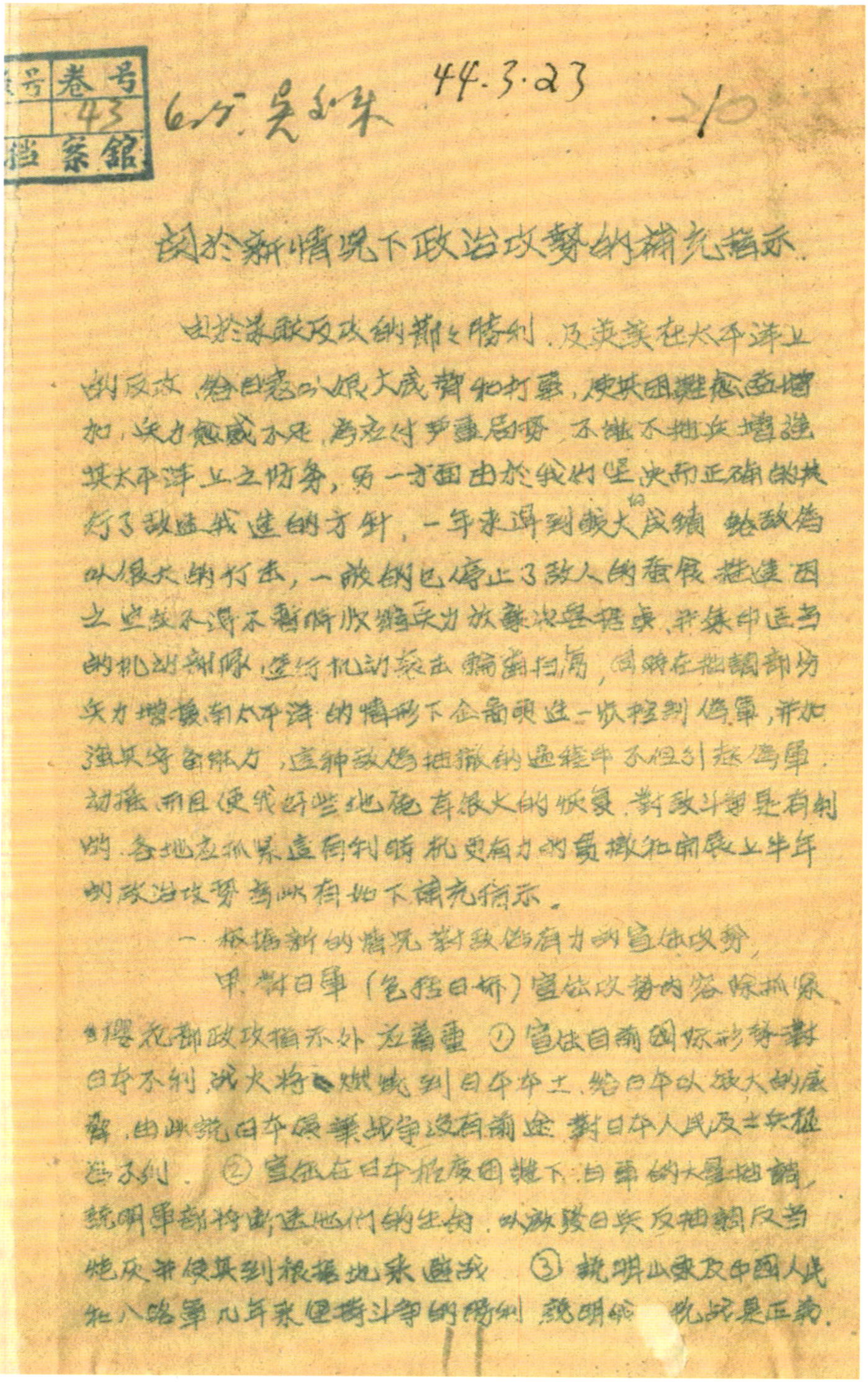

44.3.23

210

關於新情況下政治攻勢的補充指示

由於蘇联反攻的節節勝利，及英美在太平洋上的反攻，給日寇以很大威脅和打擊，使其困難愈益增加，兵力愈感不足，為应付严重局勢，不能不抽兵增強其太平洋上之防务，另一方面由於我們堅決而正確的執行了敌進我進的方針，一年來得到較大的成績，給敌偽以很大的打击，一般的已停止了敌人的蚕食推進，因之敌不得不暂时收缩兵力放棄次要据点，并集中适当的机动部队進行机动袭击，輪番扫蕩，同时在抽調部分兵力增援南太平洋的情形下企图更進一步控制偽軍，并加強其守备能力，這种敌偽抽撤的過程中不但引起偽軍動搖，而且使我好些地區有很大的恢复，對敌斗争是有利的。各地应抓紧這有利時机更有力的貫撤和開展上半年的政治攻势，為此特如下補充指示。

一、根据新的情况對敌偽有力的宣傳攻勢，

甲、對日軍（包括日僑）宣傳攻势内容除抓緊□樱花部政攻指示外应着重①宣傳目前國际形勢對日本不利，戰火將□燃燒到日本本土，給日本以很大的威脅，由此說明日本侵略战争没有前途，對日本人民及士兵極為不利。②宣傳在日本极度困難下，日軍的大量抽調，說明軍部将断送他們的生命，以激發日兵反抽調反当炮灰并使其到根据地來避戰　③說明山東及中國人民和八路軍几年來堅持斗爭的勝利，說明我□抗戰是正義。

的不但是解放中華民族的旗帜，而且是解放日本人民和士兵的旗帜，指出日本士兵及人民解放的道路，只有打倒日本軍部。战争越延长对日兵愈不利，战争愈缩短则愈利於解放其本身。

乙、對偽軍偽組织宣傳内容之着重：①从敌人之败绩以及我之軍事政治胜利下説明日軍之不可靠，求得進一步动摇偽軍，以便大量瓦解和争取。②敌為補充其兵力不足，企圖大量抽調偽軍（如特由冀偽抽4500人到南洋去），并企圖在控制偽軍中進一步抽調，促成偽軍進行反抽調斗争并使其更加依靠我們。③扩大我軍胜利影响，几年来坚持斗争之功劳，不但是今天坚持敌后唯一主力，而且是建國的支柱，并宣传國民党的腐败黑暗以教育正确观念。

二、在敌偽組织工作上，目前应整理敌偽关係，健全、发展关係，進一步審查巩固关係，尤应特别加强城市及大股偽軍工作。

甲、日軍工作方面：①必須克服當前困难，長期忍耐以致放弃日軍工作之错误观点，必須重新認識日軍工作的好坏是决定坚持抗战、准备反攻的重要关键，因而应該用很大力量來整理日軍工作。②日軍工作的方式可着重以下几点：a. 通过我軍两面政权及群众拜乾娘等方式進行之。b. 通过地方組織以及包围日出现，由交朋友感情拉拢达到政治团结。c. 利用日軍華人杂务人員做联络方式進行之。d. 利用翻譯官偽軍关係進行之

12

2

③為了更好開展偽軍工作，各地應專門設立敵工站，配備專門干部建好之

乙、偽軍工作方面：①從這次的實際考驗中可以看出敵偽軍工作仍然存在形式主義，工作不確實，滿足現狀，折衷，苟安；當策略上沒有一個是自動要求反正過來的，考察其原因不外 a.關係不成熟不可靠，敵之基本力量不能掌握，不能起決定作用，不能獨立自主的處理問題 b.本身缺乏檢理審查，存在相當嚴重的主觀主義，這是極端有害而又危險的。c.也有些部份是兩面派或為國特把持，為暫時苟安保持其實力，而與我拉關係者。因此需要各地各級黨委及敵工部門重新審查關係，從思想上檢討做出結論，作出總結經驗，作為新的努力方向。

②整理現有關係：a.除了通過各種辦法迅速取得連繫外，並了解關係內部，認識其真實面目，是否有政治立場，分別其可靠與否，並確定各種不同的對待辦法。

b.利用各種時機，通過各種方式認真執行打入工作，對可靠關係應派一批基本幹部打入掌握。c.深入發展組織，打下基礎，新的力量擴展的基礎才有保證。d.建立新的通訊制度，繼續加強教育，政治上不斷提高其覺悟，使之更加依靠我們。e.對兩面派（國特掌握者）之態度要積極，不要發生麻痺，要揭露其面目和罪惡，以及圍逼敵人武裝，對其上層份子要智取主動，以麻痺對麻痺，從其上頭拉攏，在不妨礙中多做其下層工作。

③突出弱点，更進一步通過各種方式發展新的關係

13

同时要防止國将以敌工反敌工的陰謀，并進行大量瓦解和削弱（進行偽軍家屬的座談会，揭露当漢奸可耻，宣传敌人将大批抽調偽軍，使其更加动搖，便於建立关係和大量瓦解）

三、組織專门工作隊，進行恢复地區以前的工作，并继续加強敌佔區工作，尤在加強城市城郊工作。

① 貫徹敌進我進的方針，更進一步孤立敌人，破坏其統治
② 创造革命两面政权，及包括秘武装，隐蔽游击根据地
③ 建立城郊附近之堡垒，并加強统战工作及偽属工作，作為開向城市敌偽工作之依托。

（四）、組織領导和掌握政策：

① 正確認識形势的变化，抓紧有利時机以突出姿态，貫澈對敌斗争工作，思想上防止忽略對敌斗争的傾向，明確樹立以政治攻势為主的方針、基本

② 根据形势的变化，即敌人收縮控制城市及主要交通綫（点），因而對敌斗争方向应轉到城市及主要交通線，应重新配备和使用力量，敌工干部不允許随便調动，并防止其工作不安心以致麻木大意等不良現象。為此：a. 以地委為單位，重新計划配备干部 b. 工作重心放在突出較大的偽軍上 c. 配备一部份干部打入城市開展工作。d. 抽調部份全部实行短訓 e. 重新整理敌工站網。

③ 長期埋伏、隐蔽政策仍為敌偽工作的基本方針，反對連根拔，必須在一定条件下（配合任务和需

14

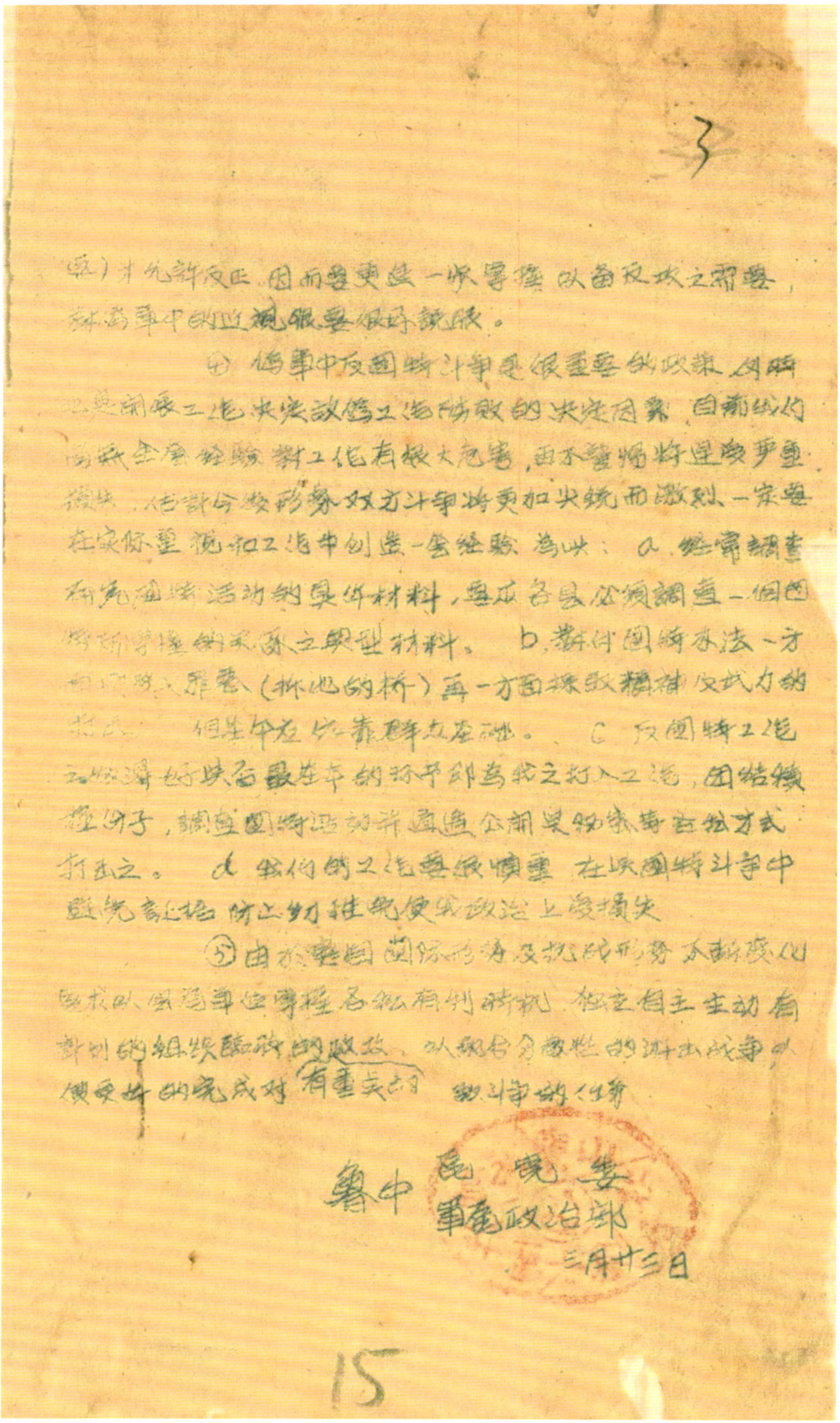

3

的）才允许反正，因而要更进一步掌握以备反攻之需要，[illegible]华中的政权很要很好认识。

④伪军中反国特斗争是很重要的政策，因为这是开展工作决定该项工作胜败的决定因素，目前我们对敌伪全会经验对工作有极大危害，由于警惕将是更加重要损失，估计今后形势双方斗争将更加尖锐而激烈，一定要在实际重视加工作中创造一套经验，为此：a.经常调查研究国特活动的具体材料，要求各县必须调查一个国特活动掌握的系统之典型材料。b.对付国特办法一方面[illegible]（拆他的桥）再一方面揉散精神及武力的[illegible]，但是中在必靠群众基础。c.反国特工作[illegible]最基本的[illegible]为我之打入工作，团结积极分子，调查国特活动并通过公开或秘密方式打击之。d.我们的工作要很慎重，在反国特斗争中避免急躁，防止动摇使我政治上受损失

⑤由于[illegible]国际[illegible]及抗战形势不断发展[illegible]各级有利时机，[illegible]自主主动有计划的组织[illegible]的瓦解，以积极[illegible]的斗争，使更好的完成对（有重要的）[illegible]斗争的任务

鲁中区党委
军区政治部
三月廿三日

15

中共鲁中区党委、鲁中区行政联合办事处关于目前鲁中各地工商管理工作的指示（1944年3月25日）

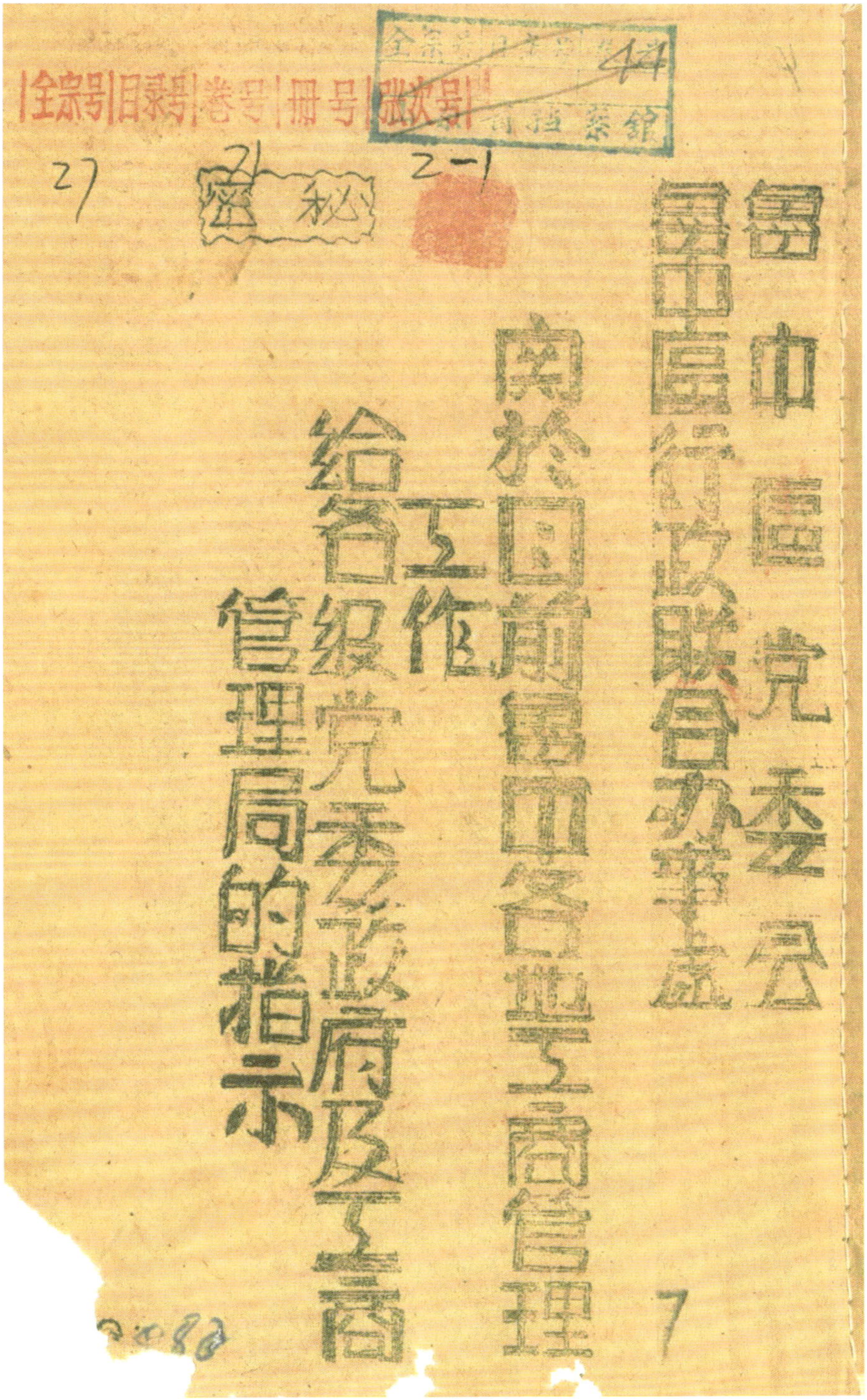
全宗号 目录号 卷号 册号 张次号

27 21 2-1

密秘

魯中區党委

魯中區行政联合办事處

關於目前魯中各地工商管理工作

給各級党委政府及工商管理局的指示

7

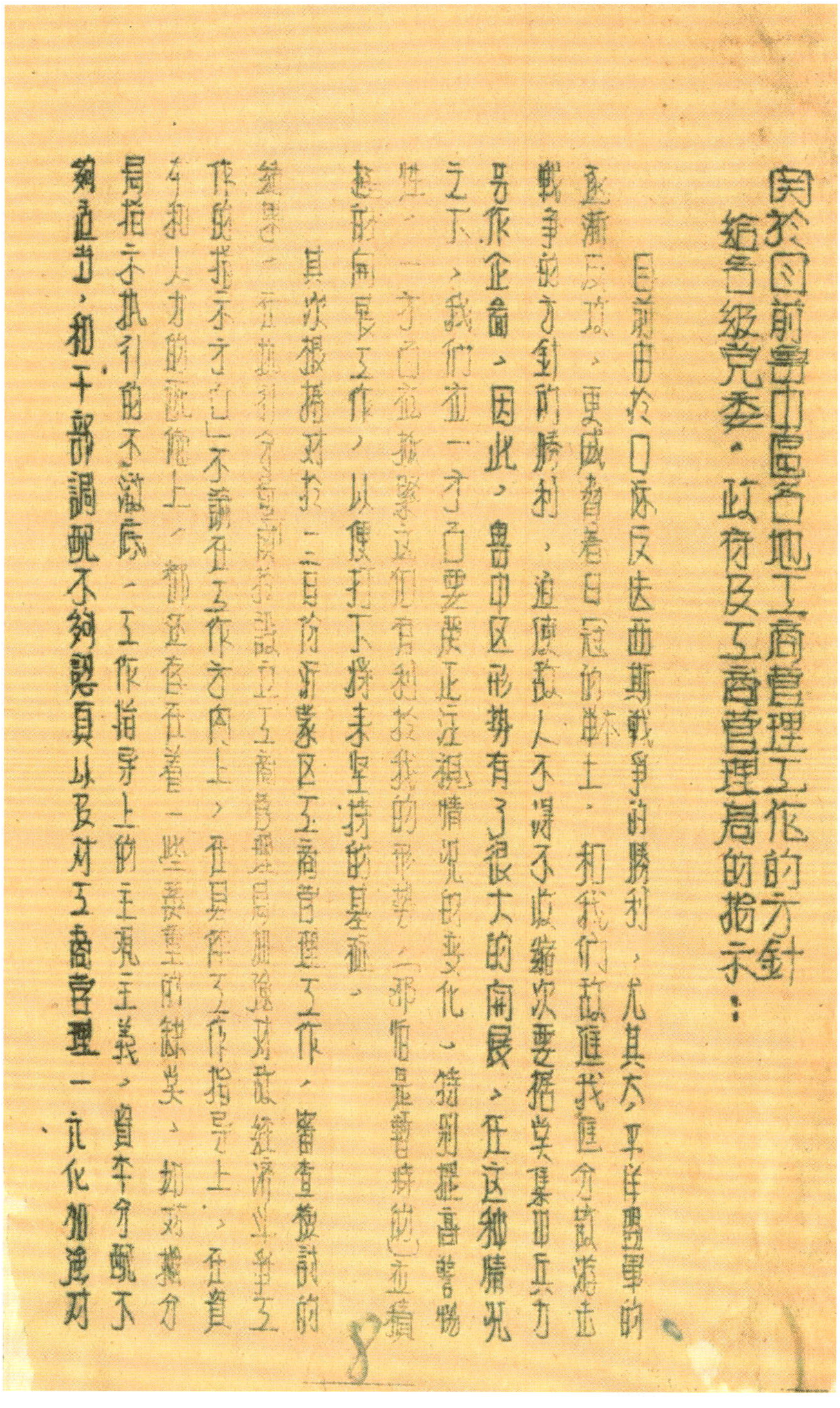

關於目前魯中區各地工商管理工作的方針
給各級党委、政府及工商管理局的指示：

目前由於国际反法西斯戰爭的勝利，尤其太平洋盟軍的逐渐反攻，更威脅着日寇的本土，和我們敌進我進分散游击戰爭的方針的勝利，迫使敌人不得不收縮次要据点集中兵力另作企圖，因此，魯中区形势有了很大的開展，在这种情况之下，我們並一方面要严正注視情况的变化，特别提高警惕性，一方面並抓紧这個有利於我的形势（那怕是暫時的）並積極的開展工作，以便打下將来坚持的基礎。

其次根据对於一二月份新蒙区工商管理工作，審查檢討的結果，一在執行分局意見和設立工商管理局，加強对敌經濟斗争工作的指示方面，不論在工作方向上，在具体工作指导上，在負責和人力的配備上，都還存在着一些嚴重的缺点，如若干分局指示执行的不徹底，工作指导上的主观主义，資本分配不夠適當，和干部調配不夠認真以及对工商管理一元化加強对经济斗争与建设的不够严重的阻碍着经济建设工作的开展，因此对各地工商管理局工作需有如下的新的布置指示：

第一，关于资金问题除由工商管理总局有计划的配备以外，各地区并将以前贸易局部分部队贸易基金一律结清拨归工商管理局统一经营，各地支行存款亦应结清拨入，以上拨款，并整理清楚，如系货物并按现价折合，如系补欠并由各该负责部门整理清楚，均由总局审账，其收不回之呆账及其不销的存货，均须详列清单说明原因，呈报各该直属机关销账，不得遗漏；工商管理局，在合并时，如遇有贪污舞弊，损公利己等情形，应即追究处理，彻底清查，不得稍事含混。

第二，关于建立组织配备干部问题，各地区应彻底执行分局「关于设立工商管理局加强对经济斗争工作的指示」，并必须一定数量的坚强干部参加这一工作，以前各机关部队之生产贸易组织干部并尽量调到工商管理局分配工作，今后除单一生产及单需制造仍归部队自行经营外，一切营利性之生产贸易（农业生产除外）均须归并于工商管理局，干部随同归并，不得藉故扣留，党委及政权并应尽可能抽调干部，但并应注意干部质量，纠正过去

……重視經濟斗爭之需要，並着重實際情況分
別據其直接分配幹部，必須把握中心，集中力量，完成其定之任
務，并須尽量吸收地方知識青年及商人參加工作，使其進步以減
少幹部缺乏之困難、

第三，關於工作方針及各有關問題，根據沂蒙區一二月份工
商管理工作的檢查結果，对於敌后經濟斗爭的特點貨幣斗爭貿
易管制和生產建設的相互為用，要有進一步的認識，提出各地对
工商工作的具体原則和掌握政策，都要根據以下三點從實際出發
研究討論與作执行：

一、貨幣斗爭貿易管制和生產建設三大中心工作要緊密的結
合起來，在領導工作和分配工作力量的時候，要注意這三者在对敌
經濟斗爭和經濟建設過程中，是怎樣結合起來，怎樣相互
為用的先后比重要具體確定，貨幣斗爭是經濟斗爭的前卫戰，
但需要雄厚的基础（生產建設和掌握重要物資）得到有效保衛（管
理外匯和管理物資），貨幣斗爭又是經濟建設的先決條件，因此，
貨幣斗爭和貿易管制以生產建設為其最后目的，如果貨幣斗爭

10

和貿易管制妨碍了生产發展，則將成為弊多利少的投机行為。

二要認識敌占區敌强我弱的形势，因此，在对敌经济斗争和经济建設上要适合這一基本形势，否則將会使工作遭到損失和失败，如忽於急性压低伪鈔和法幣（当然目前法幣又有和过去不同）如过於压低我们區物價的企圖，如生产建設过於抬高工資，势必増加生产品的成本，如把公營企業變成不生产的救济机関和生产建設的幻想等此認不清主要方向，……等等偏向，都使我们受了些損失，因此，進行貨幣斗爭要照顧到貿易輸出，更要照顧到生产者的再生产和扩大再生产。貿易輸出要照顧到生產品的調剂，提高劳动價格要照顧到生產品的成本和銷路，生产建設要確定主要对象，要照顧到我们的物質條件和技術条件，別忘了鄉村对城市的斗争的特点，這样集中人力資力，首先举办一种或两种生产事業使其成功，但又要顧到以發展农業生产為主。

三在魯中區開展对敌经济斗争和加强经济建設，应以巩固沂蒙區的既得收獲消滅別回空白區（沂東）為基礎，並利用貿易管制物資掌握，限售本幣和運用外滙力量，在可能条件下進行通滙，以支持沂山、太山和太南。在以上三地區逐次建立組织，收買主要物資發出本幣，掌握敌地區主要物資与外滙市场，财政收入本幣，扩大需要提高本幣比值，並主要利用排挤办法，這样促成以上三地區的完全停用法幣，统一幣制使幣值與沂蒙區的完全一致，以免商人投機——銀行要緊々配合這一工作，在六月底以前在沂山、太山、太南三地區使本幣佔領市場，因此，銀行在三月份到六月度行到三千万，才能完成這個任务。

第四 關於魯中區各地區的具体工作任务

因為各地區在此新形势下，具体条件不同，分别提出任务如下：

一、關於沂蒙區的——根據沂蒙區一、二月份工作的檢查，在貨幣斗爭上，稅收管理上，外滙管理上，掌握物資貿易上和合作生产上都有收穫，当然还有些缺点和錯誤，如掌握外滙不够灵活，登記外滙掌握物資不够嚴格，在生产合作勞力合作的進行上沒有很好的配備力量和組織方面沒有抓住中心問題予以适当的解决，尤其關於食鹽專賣斗爭調查研究不够是重要的犯了主觀主义，在目前形势之下，沂蒙區工作除仍之一般繼續貫徹先之四項工作計劃進行工作外，重新提示如下任务：

(1)应該在有利形势，在沂東、費東地區進行排擠法幣，吸收主要物資，掌握外滙，使本幣佔領市場打下經济斗争的基礎，並在四月一日以后，逐漸推行生产尤其紡織生产和稅收工作。

(2)打開食鹽銷路，扩大運輸，如以物換鹽，和運用外滙力量，減少出口貨，扩大我們可能扩大的食鹽市場。

③認識沂蒙區在經濟地理上的位置，克服主觀主義，重新分配力量加強經營工作，組織物資交流，以貫徹物資力量——尤其南沂蒙北沂蒙兩專局要掌握資本，總局成立清真委員會，予以具體幫助。

④在貨幣斗爭既得勝利之下，並有計劃的發展公私營日用品工業，展開合作事業和生產運動合作社，並明確研究規定合理工資。

⑤更活掌握外匯，要掌握全部外匯和報蓋抗戰需要的物資。

⑥掌握物資以穩定金融，調劑物資以支持沂山太山大區的貨幣斗爭。

⑦研究公營工商業經營管理方式方法，實現新型正規化，並培養干部準備工作開展之需要。

二、關於沂山區的——沂山區是新開闢的地區，群眾條件比較差，各種組織機構部比較不夠健全，但這個地區掌握着北邊的貿易要道，並包括着嚴重災荒的臨朐，因此提出以下几個主要任務：

①目前首要任務，由總局供給足夠的本位幣，適常吸收主要物資回來幣和排擠法幣的辦法停用法幣，解除群眾痛苦，在四月十日以前要準備完畢。

②調劑食糧貨物配合完成春耕，並支持淄河地區經濟斗爭。

③普遍組織商店掌握物資和外匯，尤其掌握吸收敵區食鹽，支持貨幣斗爭。

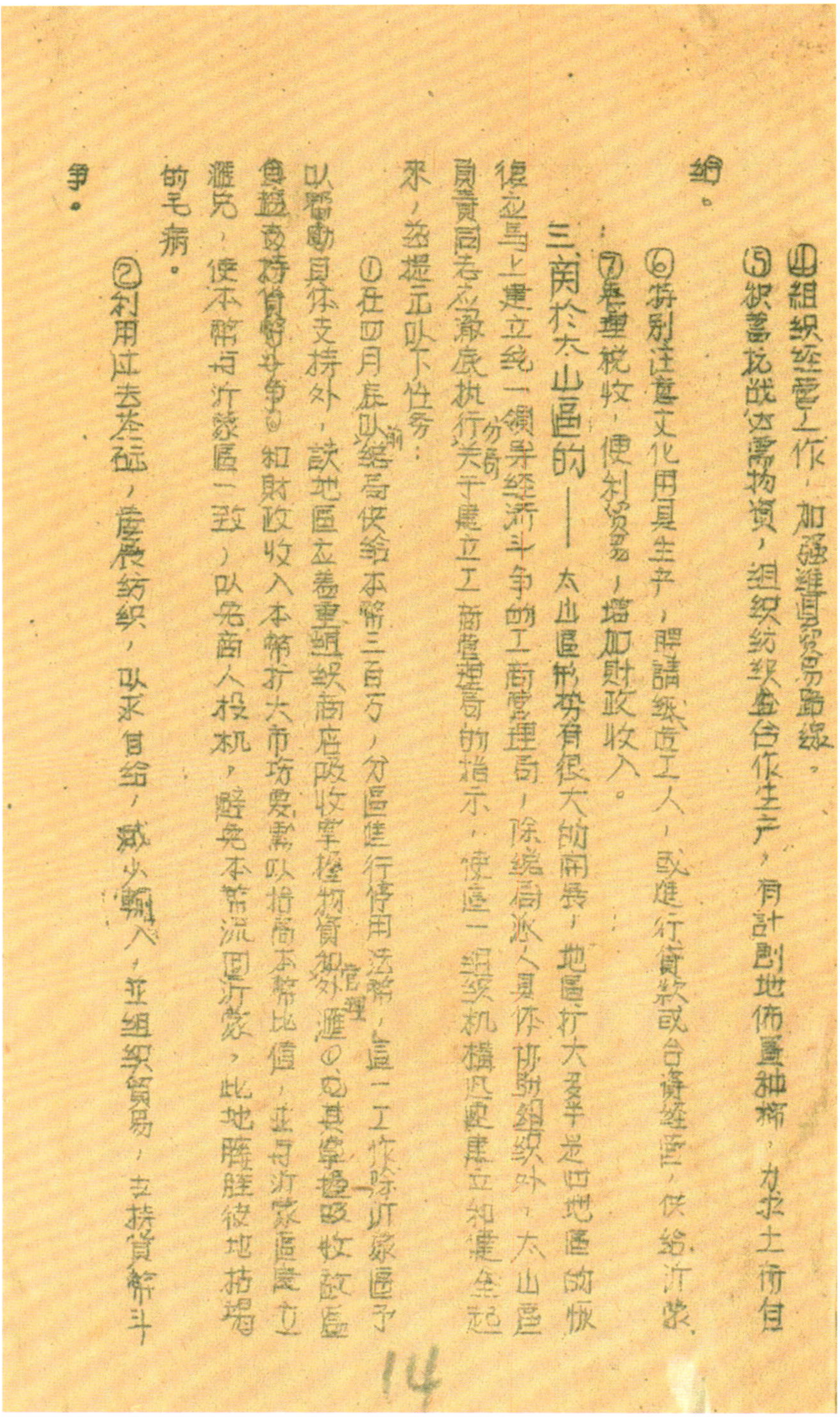

(四)组织经营工作，加强进出口贸易路线。

(5)积蓄抗战必需物资，组织纺织合作生产，有计划地佈置种棉，力求土布自给。

(6)特别注意文化用具生产，聘请纸造工人，或进行贷款或合资经营，供给沂蒙。

(7)整理税收，便利贸易，增加财政收入。

三、关于太山区的——太山区形势有很大的开展，地区扩大至是四地区的恢復，应马上建立统一领导经济斗争的工商管理分局，除总局派人员协助组织外，太山区负责同志应负责执行关于建立工商管理局的指示，使区一级机構迅速建立和健全起来，兹提示以下任务：

①在四月底以前总局供给本币三百万，分区进行停用法币，这一工作除沂蒙区予以帮助具体支持外，该地区应着重组织商店吸收掌握物资和管理外汇，其掌握吸收敌区食盐支持货币斗争和财政收入，本币扩大市场需要以抬高本币比值，并与沂蒙区建立汇兑，使本币与沂蒙区一致，以免商人投机，避免本币流回沂蒙，此地膨胀彼地枯竭的毛病。

②利用过去基础，发展纺织，以求自给，减少输入，并组织贸易，支持货币斗争。

14

③加强通济南的贸易路线，组织抢购必需物资。

④掌握主要物资——粮食，组织运输，支持货币斗争。

⑤整理税收，便利贸易，增加财政收入。

四、关于太南的——太南与沂蒙区经济连系比较太山沂山都差，应加强贵北经济斗争工作，与沂蒙区加强连系，其任务如下：

①目前在可能范围内进行停用法币，六月底以前完全实现停用法币，使本币能占领市场，解除群众痛苦。

②管理统制沿海边区盐区路线，分别进行食盐管理（组织交易所）和[illegible]食盐支持货币斗争。

③改善重组织商店，吸收掌握主要物资——食盐、粮食，与滨海区互用食盐灌兑，与沂蒙区建立商业，以便增加经济力量，防止本币外流，和提高本币比值。

④加强纺织生产，组织合作生产和运输工作。

⑤加强管理土产贸易路线——土布、豆饼和食盐，并整理税收，争取物资通过我地区，增加群众收入和财政收入。

为完成上述任务，首先党政领导机关，对于这个工作的重要应有正确的认识，再全力来保证这个工作的顺利开展，其次是工商管理局全体同志必须经常研究业务，如边

15

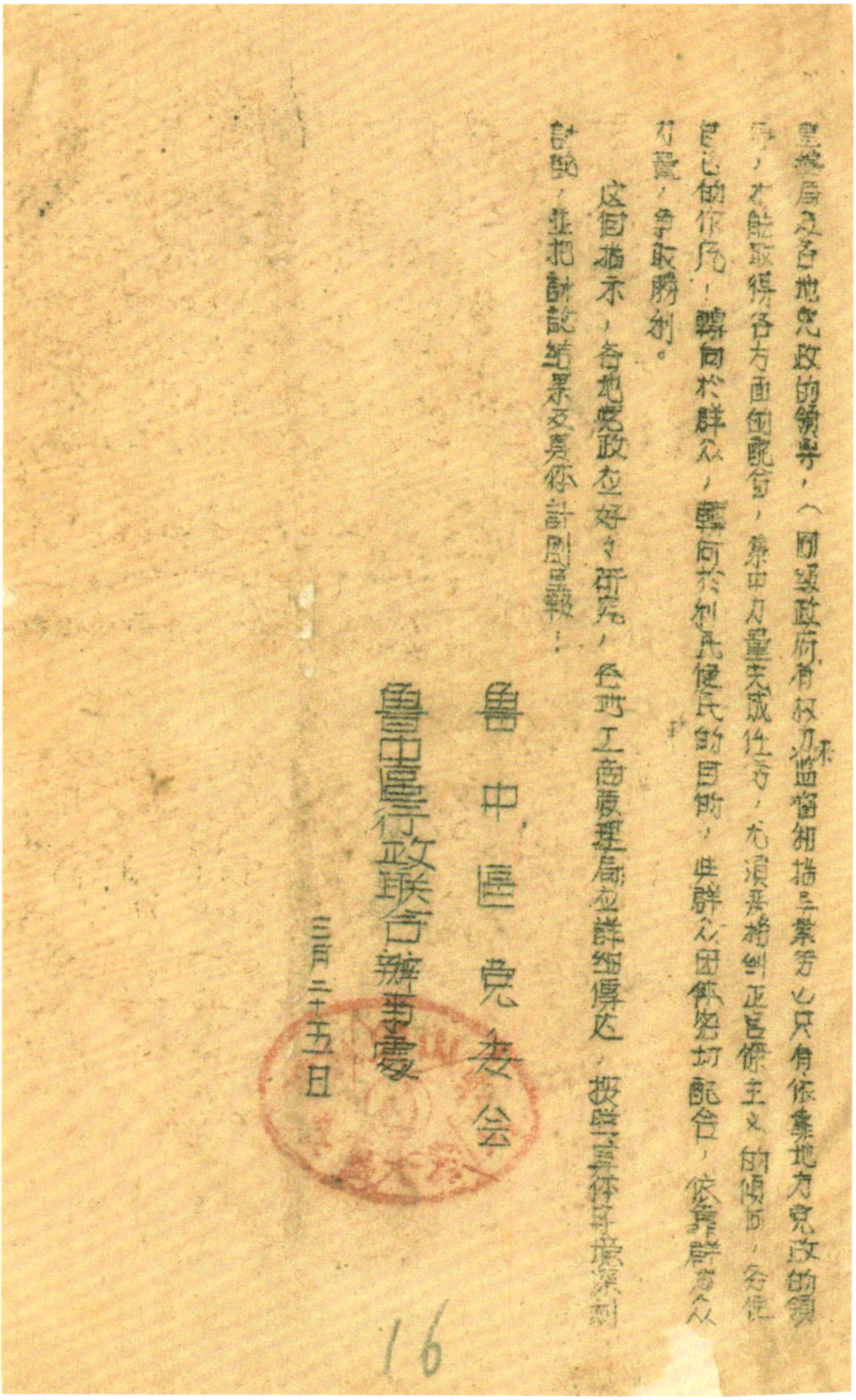
基層及各地党政的領導，（同級政府有权力来监督和指导业务）只有依靠地方党政的领
导，才能取得各方面的配合，集中力量完成任务，尤须再纠正官僚主义的倾向，务使
自己的作风，转向於群众，转向於利民便民的目的，与群众团体密切配合，依靠群众
力量，争取胜利。
这个指示，各地党政应好好研究，各地工商管理局应详细传达，按照具体环境深刻
讨论，并把讨论结果及具体计划呈报！
鲁中區党委会
鲁中區行政联合辦事處
三月二十五日
16

中共鲁中区党委一年来的组织工作总结及今后工作方针与任务

（1944年4月）

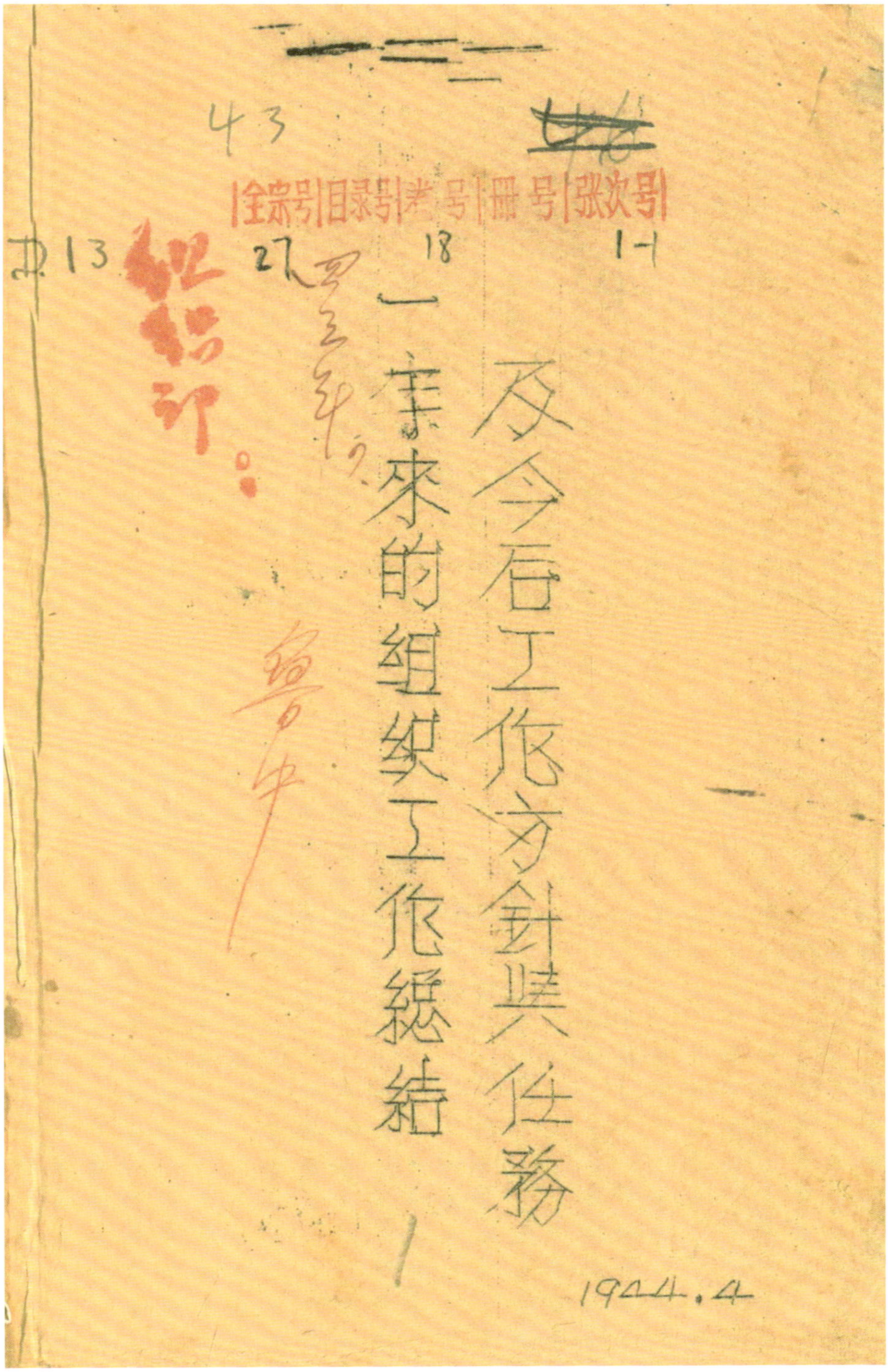
全宗号	目录号	卷号	册号	张次号
	27	18		1-1

一年來的組織工作總結及今後工作方針與任務

魯中

1944.4

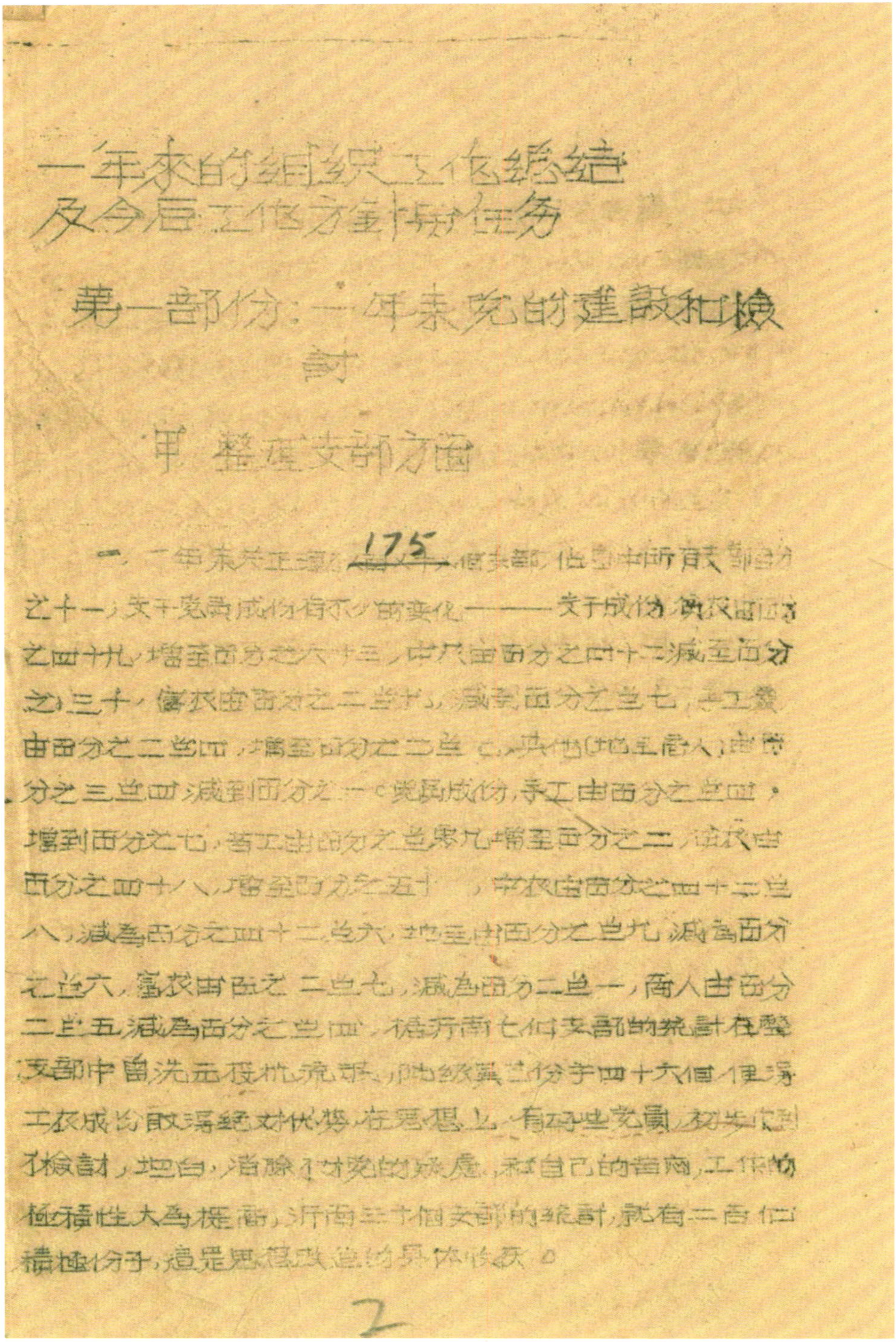

一年来的組織工作總結及今后工作方針與任务

第一部份：一年来党的建設和檢討

甲 整頓支部方面

一、一年来共正式175个支部，佔全县中所有支部百分之十一，支干党員成份有不少的變化——支干成份：貧农由百分之四十九，增至百分之六十三，中农由百分之四十二減至百分之三十，富农由百分之二点十几，減至百分之点七，手工業由百分之二点四，增至百分之二点七，其他（地主商人）由百分之三点四減到百分之一。党員成份，手工由百分之点四，增到百分之七，苦工由百分之点零九增至百分之二，貧农由百分之四十八，增至百分之五十一，中农由百分之四十二点八，減為百分之四十二点六，地主由百分之点九減為百分之点六，富农由百之二点七，減為百分二点一，商人由百分二点五減為百分之点四，據沂南七個支部的統計在整支部中自洗去投机流氓，階級異己份子四十六個，使得工农成份取得絕对优勢，在思想上，有些党員，初步的作了檢討，坦白，消除了对党的疑慮，和自己的苦悶，工作的積極性大為提高，沂南三十個支部的統計，就有二百個積極份子，這是思想改造的具体收获。

2

二、整支后支部的生活开始经常，起着的不起作用的部分被克服，有的还能够发展了，支部的教育生活与组织生活的一致结合，群众运动中的口号和策略，群众工作中的方式和经验，以及偏向，都能提为教育的教材，这是教育和实际的结合，也是党的生活与群众生活的结合，因此转变了党员和群众的关系，提高了党员对党和党的政策观念，支部能保证党中心任务的完成，隆尧西王支部曾在半月的时间内，组织了十个换工组，组织了全村劳力和土地的百分之八十以上。

三、取消了特殊组织，建立起比较正规的支部基础部份的建立起改造民的干部小组，实行了党的精干隐蔽政策，改变了脱离群众的生活方式，坚持了对敌斗争，保存了支部，并开展了自己，

乙、恢复与发展党的方面

一、一年来恢复与发展七千七百个党员，其中恢复的三千七百三十六，占党员总数的百分之十五，发展的三千九百八十三，占总数的百分之十六，在恢复中，改造和建立起组织，洗刷了坏份子，在发展上要注意与革命工作的密切配合，三千九百个党员中，有三百四十八个工人，二千四百四十四个贫农，联系了失掉关系的党员，团结自首份子三千多，并成立了同情小组，伪军伪组织中，也建立了党的关系，因此支持了敌后区的困难局面（如相傍嵩花山等）而且开展了自己，取得不少胜利。

丙、干部工作方面：

一、一年来培养和提拔脱离生产的干部，二百三十九，不脱离生产的村级干部一千三百九十四人，其中脱离生产的群众干部九十九人，不脱离生产的村支书二百余人，工农干部占百分之六十以上，在充实机构上，新地区補充了一百七十五人

二、由于对干部的审查了解，在使用上，有了一定的根据，纠正了组织，进行了一元化的领导，调剂了干部，加强了对敌斗争，在政治上提高了干部的工作积极性，和胜利的信心，在思想上纠正了一元化的偏差，和老大的表现，在解决干部的困难上，曾营救三十八个被捕的干部，保健的八十八个，解决婚姻的八十四个，这说明在管理干部已向全面发展。

丁 组织建设方面

二 一年来建立了一个地委单位，五个县委单位（铁路、矿区、城市），二十九个区委单位，特支十三，分支八十一，更建立了新的交通干线和机构，打通了鲁西与清河的交通，在交通人员的管理上，也比较严格，未受过大的损失。

戊、我们成绩的来源

一、党的成份和党员思想的改造。首先在敌我斗争的困难局面，在群众的实际斗争中，投机份子和阶级异己份子，或则妥协，或被清洗，在我们主观上，由于对贫雇农积极份子开展的注意，和与群众运动密切结合的教育方法的改变，使党员在思想上获得了一些改造，更由于支部和群众的开始联系，支部与群众联系的开展，支部生活，使

4

逐渐巩固。

二，我们依靠支部完成任务的观念的加强，整支工作团组织的成立，领导同志的直接参加领导，不仅整理××个支部，而且推动了一般支部的进步，并在改造成份上，都获得了不少的成绩。

三，在了解与审理干部上，进行了干部登记，按两级审理制，作了些个别谈话，检查了经常工作，对非党组织干部通过党团和支部的保证进行了了解，根据政治形势与以往的经验，使干部能上有了进步，在使用调剂与管理上逐渐全面。

己、缺点与错误：

一、在成份的改造上，我们还存在麻木的现象，对异己份子，还怀着保守的幻想，对基本群众存着薄弱的观念，因此党员成份也没未大改造（如被整理支部的中农，由百分之四十二点八减为百分之四二点六，高为百分之五二。）地主富农成份尚存在许多，例如党被整理的支部中还有地主十五，富农五十三，商人十一）同时支部和群众斗争未密切结合，表现了和平，因此支部生活，还不能和群众生活密切结合，不能根据群众生活的要求，具体实现党的任务，工作还只限于党务工作的圈子里，同时由于和平麻痹整支，也就产生了对支部改造不够深入，不够广泛的进行，陷于单纯的组织方法改造。

二、对整支工作，缺乏建党的观念，组织改造和思想改造没有密切的联系，在对支组织形式中，犯着消极的右倾偏向，为了隐蔽则退缩不动，取消了群众工作，不了解组织形式和政治路线的互相适应，不了解隐蔽是为了进攻，

5

根据地还有一个村建立两个支部的不应有的现象。

三，在整支的本身方面，依靠支部的观念还很薄弱，许多中心任务还不会通过支部执行，不了解整支是党的长期建设，不少的同志，忽借不稳自己的岗位，把发动群众、思想改造、组织建设，孤立的进行，于是包办代替，不肯埋头苦干，不是和分区支部结合，而是站在分区支部干部头上整支。

四，在恢复党的中间表现我们缺乏计划，对象不明确，把消极动摇的自首份子，当作主要对象，把失掉关系比较纯洁的同志，摆在次要地位，处理党籍不采拾，不承属有的同志恢复，又被逮捕或又开除，有的还成立自首份子的同情支部，在开展党上还有提的路线——社会关系，是和群众运动脱节的路线，在手续上尚存在着草率和简单化。

五，在干部问题上，把党的淌精政策，和党的干部政策，形成了对立，所以提拔的又少又慢，陷入停止状态，在使用上犯了单纯的使用观点，培养和提拔不是互相结合，培养提拔，提拔培养更没有统一管理的明确观念，党的干部和非党干部，中心干部和一般干部，都采取不应有的不同态度，在解决干部问题上，还有在依傍和单纯的经济观点，被难的干部不被关心营救，对干部不良倾向的斗争，不能和整风结合，原则性差，团体官僚主义与英雄主义自由主义的不正之风，在干部的对待组织上，在干部的领导上，在干部的处理问题上都还是浓厚的存在着。

六，我们在组织建设上，首先在健全组织机构上，也不及时，赶不上客观政治形势开展的需要，甚至有的竟取消了群众机

6

上制度上是混乱的，各自强调系统，对邮局银行交通三方面的结合，党委尤其不够关心对交通人员的管理与教育上也不好，对统计工作与干部不够重视，轻视工作制度，不了解统计工作是最机要最秘密的工作。总之，我们是缺乏政治远见，没有把组织工作提高到服从政治任务的高度，部门观念的浓厚，是和我们思想上的毛病，使我们今天部门工作不能完成政治任务，妨害了政治任务的实现。

第二部份 今后工作方针与任务

总的方面继续贯彻整支，调整组织充实机构，建立健全部门经常工作，保证十大政策的组织执行，今后一年组织工作的总方针

甲、继续贯彻整支，

一、改造支部确定从团结群众教育党员组织改造三者的联结行动的结合方针，而基本环节是发动群众，组织群众，团结群众，从群众运动中来考验支部，考验党员，并从群运中改造支部与改造党员，使改造支部与改造社会结合，达到建设支部，确立群众优势，巩固支部的目的。

二、改造支部的要求

1. 全年要求根据地每一分区整理三个至五个支部，敌占区整理一个至两个，地委要求成立十人，县委应成立三人以上的整支工作团组，协助区分进行有领导性的整支。

2. 团结群众，每个党员要团结三个至五个群众，支部的任务立刻变成群众的行动（如生产民生、战争

教育等工作，支部要切实保证）组织群众要达到百分之七十五，民兵百分之五，在生产运动中执行区党委要求中心区组织劳动力的百分之十五至百分之二十，一般地区组织劳动力的百分之十至百分之十五，并建立民校使群众适当的受到教育，改造政权实行"三三制"教育党员要实行学做统一的阶级教育与四大守则（团结群众、讲公道、天天有工作做、守制度）的教育，使党员了解党的初步知识，要争取支部的积极份子达到三分之一，要达到全支自动的集会，普遍的参加社会活动，改造成份，工人、贫农、雇农，达到百分之七十，中农与其他成份不超百分之三十，坚决洗刷地主富农及流氓成份（地主富农子弟可看情况保留和清洗）组织建设上，建立支部，进行登记，支部会的机构，在根据地应是书记、组织、宣传、武装委员，政府、民运等委员，游击区可设书记、宣传、武装委员，在中心区政府机构实行公民代表制，村代表主任，群众团体建立抗联，要纠正协议组织代替基本组织的不正常现象。

3. 党对政军民的领导：设政、军、民干部党的小组，小组长由支委政军民等委员兼任，支部要定期讨论政、军、民等工作，一面抓紧领导，一面要避免干涉，在提拔干部上，支部设副支书，政府设副村长村[illegible]，设付团长，抗联设付主任，要不断利用开展组织培养干部，对付干部实施工作制与明确工作关系，支委会十天一次，党外制度应服从党内制度，各种中心工作应以支部为核心并确定每一中心工作的主持部门的中心任务。

4、整支方面法上应根据不同地区，采取不同方法，一般必须掌握在群众运动中进行整支的办法使群众思想与组织改造三者结合，根据地一定与中心任务结合，根据地游击区一定与对敌斗争反资敌反蚕食反贪污等结合，整支同志深入支部与支部一同去整，在游击区与敌强区改造支干，注意保守秘密。

乙、有目标的开展和恢复党的工作：

一、开展党应有目标的进行，根据地应注意消灭空隙应在整支中在调整成份上进行开展，新的地区应配合某些工作在群众运动中有中心有计划的进行发展，发展的对象应注意工人，贫雇农，贫佃农，贫苦劳动妇女，与贫苦的知识份子

二、恢复党要细致慎重中心是放在被破坏区与新地区主要是联系失掉关系的党员，个别的恢复不要一下恢复组织，对内奸份子要进行团结争取抗战，比较进步的可以成立同情小组，由县委直接领导，分区可代管，动摇的自首变节、逃跑份子可个别重新入党。

丙、充实机关调整组织

一、根据当中情况应以充实机关为主，分区以上干部尚缺一千余名，因此地委除充实机关还要抽调一部干部调剂外区，一、三地委要着重充实自己新地区按照情况补充，培养提拔干部应以群众干部为主，要有计划的培养工农干部以调剂成份，分区级应调剂三分之一，县级要一个到两个，并注意培养中心干部（书记），以加强一元化的领导，注意培养与提拔结合使干部工作胜任与工作愉快。

二、审查干部和整风结合，发扬高度的民主，开展坦白

9

运动着重思想领导，今年要将分区以上干部审查完毕，特别注意机关、行动，以及工作薄弱的文化经济部门，调剂干部应提拔干部，要注意干与群众的结合，注意工农分子与知识分子的调剂，并注意非党组织、三三制的调剂，并要撤换消极怠工，玩弄是非的落后分子。

丁 建立部门工作

一、党委对各部门的领导，要原则与具体的结合，部门工作范围与权限应明确规定，各委员所担任的有关专门性的部门工作意见与部门对上级的报告或请示须经党委常委审阅发出。

二、各部门要根据党委统一的方针，细详研究具体计划，深入传达布置，按期的检查总结报告。

三、各部门的联系中心应是秘书，以后组织部。

四、各部应建立中心系统工作，使经常与中心工作结合，加强干部的业务教育，调剂干部的偏缺。

五、目前组织部门的工作要点与一般工作

1、组织部的工作要首先是继续贯彻执行，围绕中心工作，保证十大政策的继续开展，特别注意目前生产运动和党的精简政策结合起来，改造一切不必要的协议组织和协议会议，撤消徒挂虚名的干部，和不起作用的集会，要节省干部的时间，集中力量研究和保证三月二十日（山东分局关于开展春耕生产运动的指示）在鲁中具体的实现，各地应根据分局这个指示根据自己情况，具体的作出自己斗争方向和口号，组织一切力量推动生产任务的完成。

2、经常管理的几个工作

—11—

A 干部管理工作：执行两级干部管理制，干部调动按两级调动经党委同意组织部执行，次要干部组织部批准，但调动干部须征得部门同志意见，非党工作的党员干部须通过党团以便用公開名义执行。干部政治待遇的确定，要根据干部政治条件与职务，党委委员应享受有委员会权利，党委工作会议应吸收各群众团体主要负责人与科长一级干部参加，上级工农青妇与科长一级干部其系下级委员者，到下级去组织介绍可参加下级委员会，关于文件传阅应由党委确定，发给委员会的文件不关组织性质的文件可交工农青妇主要负责人科长一级传阅，部门文件一定交部门传阅，党刊发给各个部门党团支部，并注意对文件的保存。干部保健，应以干部身体的强弱工作的繁简为准则，要关心干部的疾病，尤其是妇女干部系以上以致医生适当的解决医药。干部婚姻问题要适当的解决，但要强调一夫一妻制（有夫之妇有妇之夫不得不离而重婚，结婚双方自愿）注意双方条件和前途（对革命有利互相帮助）坚决反对未结而成婚的不良现象。关心被俘的干部，要协同政府照顾关心他们的工作与政治生活。

B 配备统计干部，建立统计制，执行分局所交发的三位一体的决定，加强统计和交通干部的政治和业务教育，

C 健全工作制度，地委向区党委每三月一次汇报，区党委一年，地委半年组织召集组联会一次，部务会一月一次，系组织与宣传可联合开

区党委

中共鲁中区党委关于如何执行分局生产节约任务的指示

（1944年5月20日）

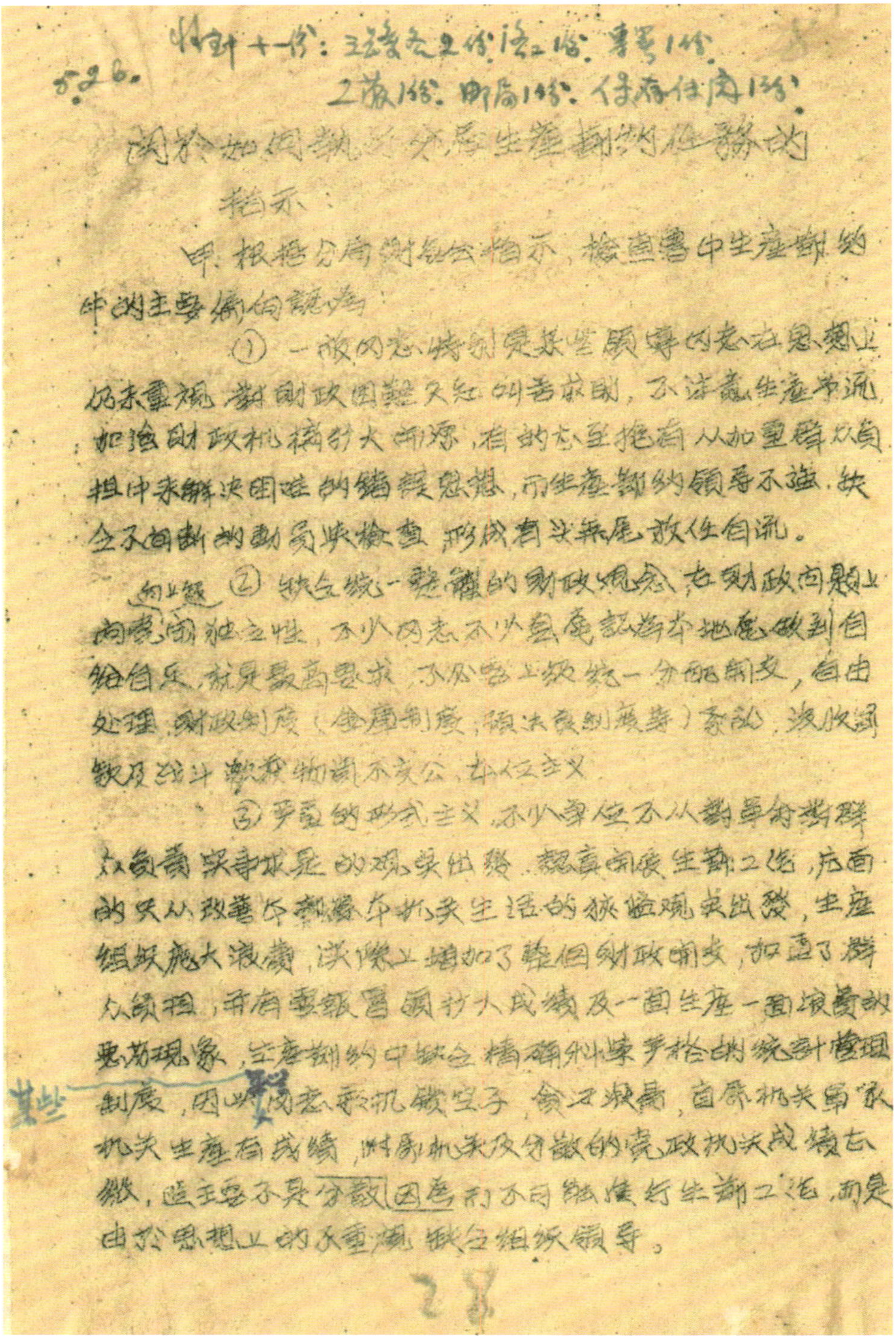

关于如何执行分局生产节约任务的指示

甲、根据分局财经会指示，检查鲁中生产节约中的主要偏向和缺点：

①一般同志特别是某些领导同志在思想上仍未重视，对财政困难欠缺认识，不注意生产节流，加强财政机构扩大开源，有的甚至想着从加重群众负担中来解决困难的错误思想，而生产节约领导不强，缺乏不间断的动员与检查，形成有头无尾放任自流。

②缺乏统一整体的财政观念，在财政问题上闹独立性，不少同志不少某些部门地区做到自给自足就是最高要求，不经上级统一分配开支，自由处理，财政制度（金库制度、预决算制度等）紊乱，没收罚款及战斗缴获物资不交公，本位主义。

③严重的形式主义，不少单位不从领导与群众实事求是的观点出发，认真開展生产工作，而只从改善个别部门机关生活的狭隘观点出发，生产组织庞大浪费，实际上增加了整个财政开支，加重了群众负担，有些单位扩大成绩及一面生产一面浪费的恶劣现象，生产节约中缺乏精确细密严格的统计管理制度，因此某些同志认为机关直属机关与党政机关生产有成绩，对于机关及分散的党政机关成绩太微，这主要不是分散困难而不能进行生产工作，而是由于思想上的不重视缺乏组织领导。

(十)生產計劃仍未形成群众運動，缺乏群众观念，排毙的实施主义的思想一般化要求，单是政治動員政治保証，忽略毛主席先公後私、公私兼顧的生产方针，因此使生產情緒不能始終高漲。

以上偏向其主要原因在於許多同志檢查的接受生產任务，對於親自動手克服困难支持斗争体会不深刻，對於建設根據地的革命大家劳动認識模糊，缺乏坚強的群众观念，还不認識無產階級的先鋒隊，無產階級就是以自己的双手，创造了历史，创造了世界人类的幸福，共產党员任何時候是不能拒绝劳動的神聖任务推诿他人的，必須在整风中對上述偏向作為实际材料，从領导上分到到每一党员進行反省糾正。

為了完成今年大生產計劃，必須努力完成以前部隊總經費的50%至60%，各級党政民机关完成20%至30%為度，最低必須完成生產總經費十(部隊)二十(党政民机关)，並將該生產数目实行转……在預算核准数內扣除，以免浪費或中途自流，這才算為真正生產中实事求是获得的成績。對於要報局领不按計劃度规定而無報成績者实行檢查批評令或必会制裁"為達到這一要求必須：①每一机关以伙食單位負责同志為单位進行首长領導親自動手進行計劃，經常不断的思想動員，將生產計劃造成群众性的運動，依据每一机关每一人员之具体情况訂出切合实际的具体計劃，除完成應該負担的生產任务外每五人開荒一畝，机关十人一畝。(前完成者应继续完成，

26

不能的，或者以其他生產折合）計劃外，大大提倡業余生產。

業余生產超過計劃單位，以超過收获量20%作為該單位的獎勵，將其成績列入由該伙食單位適當獎勵。完成條件生產任务后而进行業余生產者以70%歸私，30%歸公，未完成條件生產任務者以剩三分之二歸公三分之一歸私。

公營工廠其在未完成生產任務增加勞動時間因~~而不可能进行業余生產者~~加工資实行獎勵。

②鼓勵存款储蓄，提倡存入公营银行，银行則設储蓄部，利息可高於一般贷款，公營合作社不得以任何借口拒絕入股。

③地方机关如因過分分散不能單独計劃者，可分別参加其他机关生產，按劳計工分酬，該机关亦应絕對負責執行到期分紅，將各個分散人員之勞動集中計算，亦即作為原机关之成績。

如因节约或其他原因不能参加农業勞動者，应以其他生產（如手工業等）代替，实行变工制。

④各机关部队为自做自食之磨坊，可試行改組為公私兼顧的合作社，或將牲口、人員轉入運輸，以从实际效果出發，真正做到节省开支改善生活，減輕群众負担目的。⑤獎勵节约：

根據對於每一节约一件物運動，如原來供給标准节约的物品，除前存20%作为獎勵，為個人所得，同時即將节约数目填在供給証上，防止鑽空子。

撙節部份：首先重新審定機關之供給標準，在
標準款目內節約者以20%獎勵炊事員、財務長或勤務、總機人員。

⑥在實行公私兼顧生產方針中必須反對把合理的積蓄認為是發財觀念金錢主義的偏向，同時亦要反對投機取巧損人利己不正當的牟利、貪污腐化等墮落思想行動，因為這二者都是大生產中的障礙。

各機關部隊在實行公私兼顧生產方針中應將毛主席的報告、李富春同志的報告、康總生產方案中有關文件聯系實際情況，深入討論，由各供給單位、伙食單位訂出更具體的條例方案。

丙、在目前自衛戰爭形勢下各地必須加強財經工作領導，認真開源節流，建立統一集中的財政觀念，打破某些只依賴上級的思想，不僅努力完成自給自足並進一步供給上級，反對任何本位自私，以完成冀中於上半年注解分局二百萬元之任務（各地具体分配數目由財委統一調劑分配）。為此必須首先健全財政制度（金庫制度、預決算制度），加強財經部門全部充實領導，以更有力的推動財經生產工作。各地接此指示後立即討論佈置。

冀中區黨委

五.廿.

31

中共鲁中区党委关于保卫夏收的紧急指示（1944年5月25日）

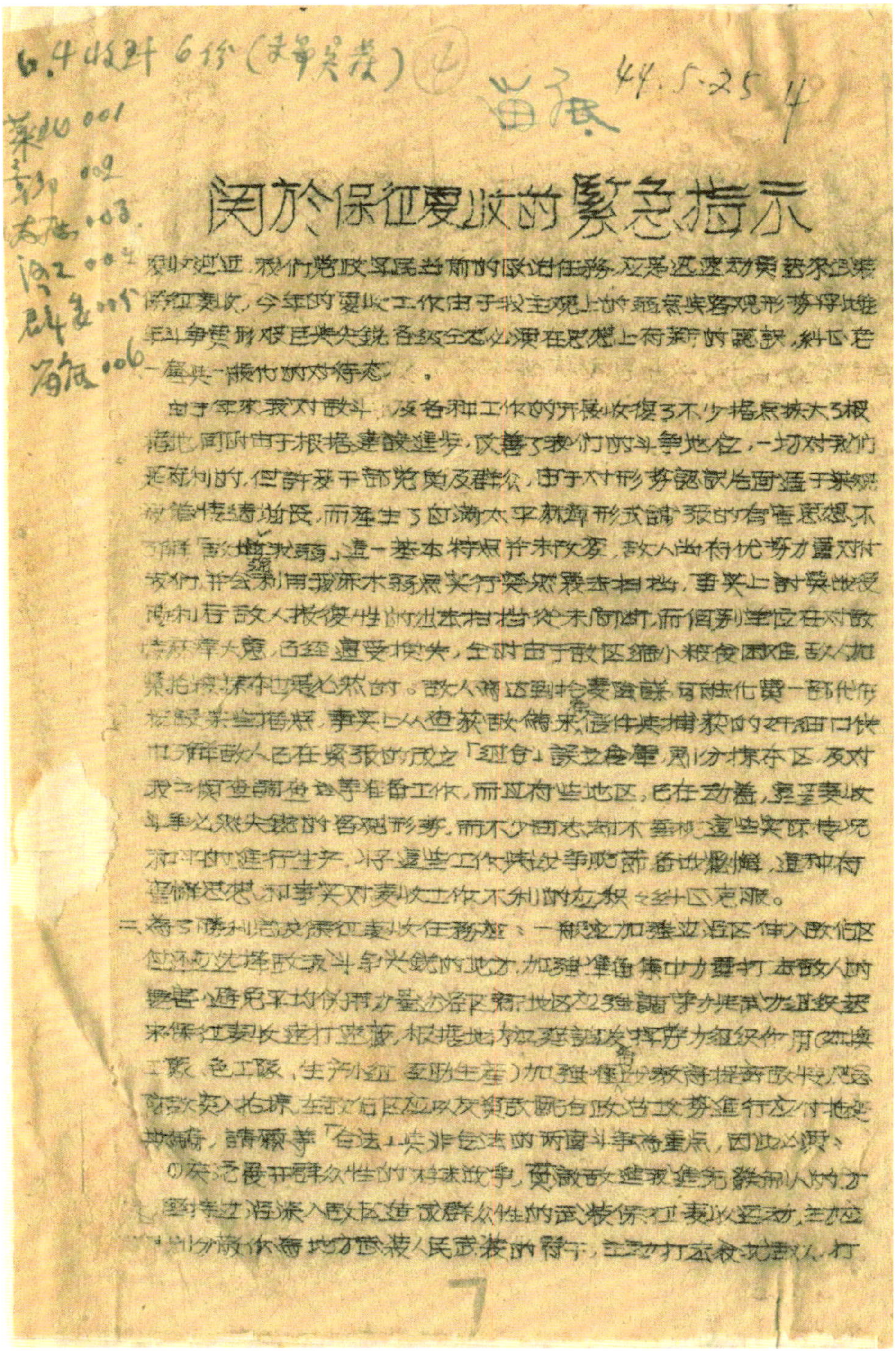

6.4收到 6份（[illegible]）④

苗展 44.5.25 4

莱北 001
章历 002
太磁 003
泗卫 004
新泰 005
苗展 006

关於保衛夏收的紧急指示

[illegible]，我们党政军民当前的政治任务，必须迅速动员起来保卫夏收。今年的夏收工作由于我主观上的弱点与客观形势，[illegible]斗争费时，夏收失败，各级全党必须在思想上有新的认识，纠正老一套与一般化的对待态度。

由于年来我对敌斗争及各种工作的开展，收复了不少据点，扩大了根据地，同时由于根据地建设进步，改善了我们的斗争地位，一切对我们是有利的。但许多干部党员及群众，由于对形势认识片面，过于乐观，放松情绪增长，而产生了自满太平麻痹形式铺张的有害思想，不了解「敌强我弱」这一基本特点并未改变，敌人尚有优势力量对付我们，并会利用我麻木弱点实行突然袭击扫荡。事实上[illegible]有计划有敌人报复性的[illegible]扫荡从未间断，而个别单位在对敌情麻痹大意，已经遭受损失。今年由于敌区缩小，粮食困难，敌人加紧抢粮掠夺也是必然的。敌人将达到抢麦阴谋，可能化装一部[illegible]，事实上从[illegible]敌伪来信件与捕获的奸细口供中了解敌人已在紧张的成立「征粮」[illegible]，[illegible]及对我[illegible]等准备工作，而且有些地区已在动摇，甚至麦收斗争必然失败的恶劣形势。而不少同志对于这些实际情况[illegible]进行生产，将这些工作与战争脱节[illegible]，这种有害思想和事实对夏收工作不利的应[illegible]纠正克服。

二、为了胜利完成保卫夏收任务起见：一般应加强边沿区伸入敌占区[illegible]选择敌我斗争关键的地方，加强准备集中力量打击敌人的[illegible]，避免平均使用力量[illegible]地区[illegible]来保卫夏收[illegible]，根据地[illegible]组织作用（如换工队、包工队、生产小组、互助生产）加强[illegible]教育[illegible]敌人抢掠，在敌占区应以反对敌[illegible]政治攻势进行[illegible]，[illegible]「合法」与非合法的两面斗争为重点，因此必须：

（1）广泛展开群众性的[illegible]战争，[illegible]方[illegible]坚持边沿深入敌区造成群众性的武装保卫夏收运动，主[illegible]分散依靠地方武装人民武装的[illegible]，主动打击[illegible]敌人，打

7

击敌人一切抢粮准备，某些突出据点要经过细密的组织计划实行包围抢收，在力量不足时亦应实行骚扰、袭击，实行变工分散，充分发挥地雷地道麻雀战的作用，④深入敌区坚持边沿区的部队民兵武装，必须更加注意提高警惕性，加强侦察并加强组织防敌突然袭击；根据地实行戒严，严密清查坏细特务，坏分子，防敌之突入。

② 抢收是生产运动中重要的一部分工作，是在对敌斗争中已经成熟的生产果实，因此应大大发挥劳动组织作用，不仅从不误农时着眼，而且应从争取时间快收快藏，加强备战着眼，在秋收实际行动中应建立组织劳动的正规，扩大教育，不适当合理组织，贯彻自愿互利政策，根据指示组织群众大变工，已完成村在可组织各工队，但仍应按照自愿原则，实行劳武组织领导的结合，反对形式主义，已有的变工队，应成为抢收中的核心，批判速割速打速藏经验，组织抢收群众性的竞赛，以推动保证秋收任务的迅速完成，目前各变工队即应订战斗计划。

③ 劳武结合加强教育，动员一部民兵投入边沿斗争，及组织抢割队帮助边沿群众进行收割，不仅依靠群众自动，而且亦应从公私利益兼顾的方针下，帮助边沿群众之收割，并应将抢收的果实给以一定报酬，或按抢收数量提出（由群众自愿）一定比例以提高抢收积极性，刺激更多的群众，卷入抢收运动中。

④ 几个必须结合的工作：

A 在深入敌区坚持边沿斗争的武装活动必须紧密的与政治攻势结合，目前敌伪力量由于国际形势变化及我军连续胜利，敌心理动摇之下，他们的动摇是空前的增长，尤其敌伪行动人员被限制收入锐减，生活无保障，而又被迫抢粮征粮，不断发生反正事件，这是我们开展政治攻势很有利的形势，如果我区敌伪工作搞好这一斗争，将会获得比军事斗争更大的收获，但必须使军事斗争结合打击敌伪某些坏分子才能奏效，公布他们的抢夺破坏行为，揭发其罪恶，使其陷于黑暗中瓦解，转化其为敌服务的意志，此外在保证秋收中应利用敌伪人员执行一定任务，如应付麻痹敌人保证群众利益，支持群众的「合法斗争」，以此考验其是否能为抗战服务

8

还要做到不让敌人破坏我的两面派。

⑵与当前拥军教育结合，在部队中应反复教育，使全体战士了解保证麦收是一个具体的拥爱行动，保证麦收的成绩好坏就是拥爱及群众观念的实际测验，保证麦收要与抢收夺麦与其他战斗任务一样的坚决执行，反对单纯认为这是群众的事或政权的事，应说明保证麦收的胜利与否将影响巩固根据地的坚持与巩固，无战斗任务之部队机关及一切能参加生产的人员应科学的组织计划，争取更多的帮助群众麦收，并进行普遍的拥军教育。

在群众中应加强战争观念教育，克服太平观念思想，从根据地的坚持巩固与自己生活改善的认识中强调加强拥军教育，打下大量征粮行动的思想基础。

⑶与征粮任务结合，加强边沿区的征收工作，为此各部队机关应抽出一定人员参加征收队，应争取到达工作地区，参加保证麦收之动员工作，抢收在先，完收即迅速征粮，运用组织机构的推动与征粮新办法之具体解释，新地区由于机构不健全应从他区组织力量协助，并在该地区活动部队之供给机关、生产机关，甚至抽调某些在区的次要干部参加这一工作，以期迅速完成征粮任务。

三、完成任务的保证：

①保证麦收是一个极复杂尖锐紧张的斗争，因此要求各级发挥党的一元化领导的作用，军队与地方各组织之间应更亲密团结，密切结合，集中一切力量对敌斗争始能取得胜利。

在根据地区边沿区可以县为单位，党政军民主要干部组织保证麦收委员会（或指挥部）具体分工负责（如作战指挥，群众动员等），指挥部应面向敌人，加强斗争尖锐地区的领导，负责同志亲身参加边沿区村的领导，创造经验指挥斗争。

敌占区及敌伪优势之游击区，由于分割封锁的局面，可以区为单位组织之，要再选择重点加强领导。

②在政治上提高群众抢收情绪，除进行一般战争教育，加强自卫号召速收速打速藏外，还必须根据具体情况及群

众特别提出有力的文化鼓动口号，并以奖惩办法，提出抢收竞赛，在保卫征麦收中创造更多的战斗英雄，劳动英雄，他们之中有特著成绩者，除给以精神上的鼓励表扬外，还应给以一定物质的奖励。

⑤ 目前应将大生产任务转变为武装保征麦收为全部工作的中心，以紧急动员起来武装保卫生产。

鲁中区党委

五月二十五日

中共鲁中区党委关于加强对敌斗争保卫夏收的通知（1944年5月30日）

附：边联××敌占区反资敌斗争小结（1943年7月）

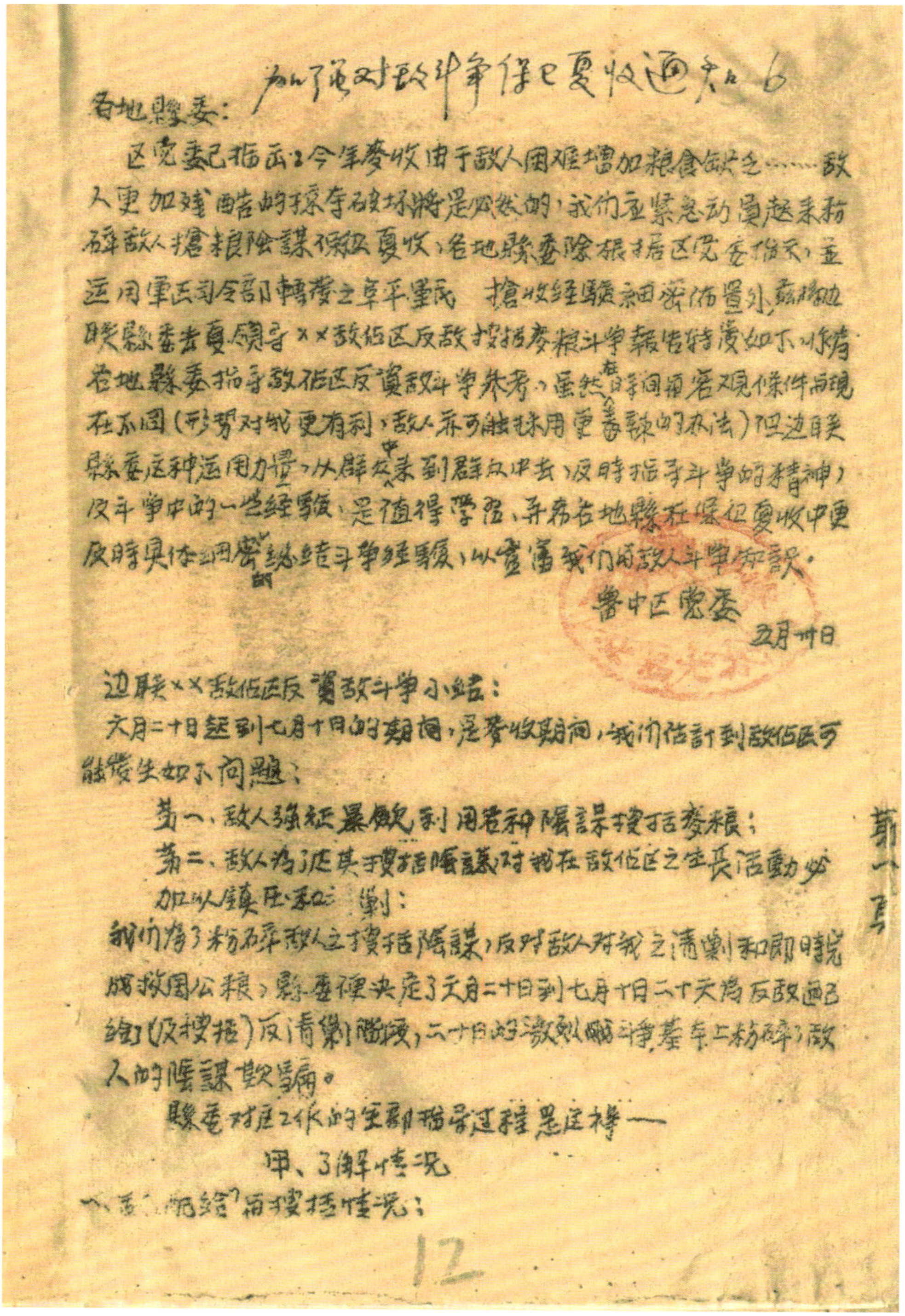

加强对敌斗争保卫夏收通知 6

各地县委：

区党委已指示：今年麦收由于敌人困难增加粮食缺乏……敌人更加残酷的掠夺破坏将是必然的，我们应紧急动员起来粉碎敌人抢粮阴谋保卫夏收，各地县委除根据区党委指示，並运用军区司令部转发之章平军民抢收经验细密布置外，兹将边联县委去夏领导××敌占区反敌搜括麦粮斗争报告转发如下，以备各地县委指导敌占区反资敌斗争参考，虽然在时间与客观条件与现在不同（形势对我更有利，敌人亦可能採用更毒辣的办法）但边联县委这种运用力量，从群众中来到群众中去，及时指导斗争的精神，及斗争中的一些经验，是值得学习，并希各地县在保卫夏收中更及时具体的研究总结斗争经验，以丰富我们的对敌斗争知识。

鲁中区党委

五月卅日

边联××敌占区反资敌斗争小结：

六月二十日起到七月十日的期间，是麦收期间，我们估计到敌占区可能发生如下问题：

第一、敌人强征暴敛利用各种阴谋搜括麦粮；

第二、敌人为达其搜括阴谋对我在敌占区之生长活动必加以镇压和清剿；

我们为了粉碎敌人之搜括阴谋，反对敌人对我之清剿和即时号召抢救公粮，县委便决定了六月二十日到七月十日二十天为反敌配给（反搜括）反清剿阶段，二十日的激烈的斗争基本上粉碎了敌人的阴谋欺骗。

县委对这工作的全部指导过程是这样——

甲、了解情况

一、[illegible]配给与搜括情况：

第一页

12

a、伪乡公所伪公队征一斤麦粮，伪区中队伪区公所征半斤，伪县政府征大斤，再加上半斤，总计每亩人共八斤。
b、伪警备队每亩统筹二十七斤，由统筹时办理；
c、敌人对老百姓提出防共产党八路军抢粮之欺骗，每亩人留十斤存粮存在据点，待明年再发老百姓。（我们当面揭破配给制的阴谋）
d、麦收时，敌人将商人洋火没收，按每亩十元封发（三角五分一合）（老百姓说是配给洋火了）
e、春荒时期，敌人大批贷款，麦子下来交麦子，三十五元一升，但麦子下来时只十元一升。
三、清剿情况
a、××敌人警察所召集班长会议内容是：
1. 每班每天到××报告情况，要确实查全无断；
2. 每班限期将各地商副交警察所（山水×、湖洞磨子……）查全无断
b、敌人采取奖励包围老庄办法进行清剿，如：奖励将某庄为敌之模范村，同从来只下敌人东西）包围抢去东西值十万元以上；
c、捕去群众强迫同商承认是共产党员，放后又抓来大名日报所载并报，以便时报如何××去宽捕去即是匪得感理的；
d、在保甲中发展「三个小组」（特务之地下组织），举报告我之活动点（情形）；
e、伪村务会镇××，敌增到六百，伪增三百，宪兵队××三十余人，每日分散路出发。
（四）从敌人上情况了解敌人确保巩固他的「配给」「搜括」之实现，采取了首先清剿我们，镇压群众，以达××麦粮在当是明显的了。
乙、我们的对策（探索）
（一）反「配给」「搜括」之具体对策
a、进行普遍宣传动员，揭发敌人「配给」「搜括」阴谋本质

13

7

1、宣传内容说明敌人征去粮食，吃饱了来还是打咱们，我们不要交纳，不得已时尽量少交，这是一。将公粮交与八路军吃饱了肚子打敌人，共产党八路军是群众最可靠的恩人，这是二。敌人要了八斤不算，还要存十斤，（去年借的四斤没有给）这是骗人的，（群众最仇恨这点）我们死也不交，这是三。交与了敌，就是没有了粮，只是狗不看门，只是鸡不下蛋，那有养着敌人打自己的道理。

2、宣传口号

1.猴子洞里倒不出枣来了

2.肉包子打狗，有去路，没来路了

3.老虎嘴里拉不出肉来了

（以上口号主要是打击他存的十斤）

4.秋来延拖不去，适接明年胜利了

b.教育联系（伪政伪军）不要其为敌人积极催交，特别是存的十斤不要催，通过有力量之上层（同伪政伪军有关系的）说服伪军伪职人员要照顾老百姓，照顾老百姓就是照顾自己（留后路）

c.动员广大群众仇视敌人这次征粮，特别抓紧十斤是借给他的，这是群众最怀疑，最反对、最仇恨的一点，也是敌人最讲不出道理的地方，

d.打击最好的办法，民主政府应开设收粮机构，实为救济的麦子

e、如有粮主已答应给敌人缴麦子若干，可动员交钱不交麦子，或拖延日期，特别抓紧（如契约是五月初交，但拖到六月，就误了期交了）（以上这条是群众在斗争中创造的很适用）

二、反清乡之具体对策：

1）迅速将敌人清乡阴谋在群众中进行动员，要群众认清只有让敌人越接近死亡越蠢动，麻木即是政治上的自杀——

14

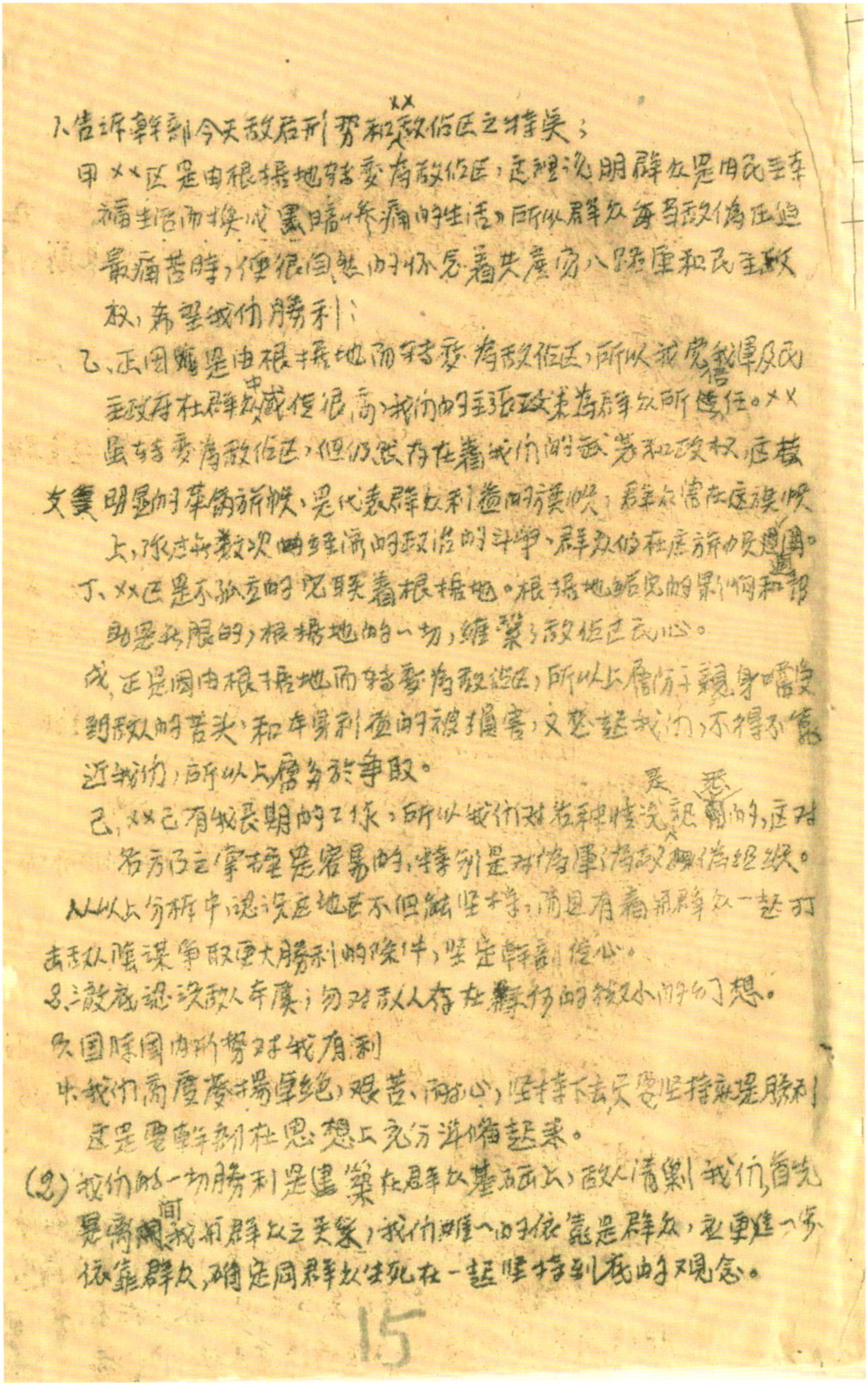

1、告诉干部今天敌后形势和XX敌伪区之特点：

甲、XX区是由根据地转变为敌伪区，这说明群众是由民主幸福生活而换成黑暗、痛苦的生活，所以群众每当敌伪压迫最痛苦时，便很自然的怀念着共产党八路军和民主政权，希望我们胜利；

乙、正因为是由根据地而转变为敌伪区，所以我党、八路军及民主政府在群众中威信很高，我们的主张政策为群众所信任。XX区虽转变为敌伪区，但仍然存在着我们的武装和政权，这表明显的革命旗帜、是代表群众利益的旗帜，群众常在这旗帜上，进行无数次的经济的政治的斗争，群众仍在这旗帜的周围。

丁、XX区是不孤立的，它联系着根据地。根据地给它的影响和帮助是无限的，根据地的一切，维系了敌伪区民心。

戊、正是因由根据地而转变为敌伪区，所以上层份子亲身尝受到敌人的苦头，和本身利益的被损害，又想起我们，不得不靠近我们，所以上层易于争取。

己、XX已有较长期的工作，所以我们对各种情况是熟悉的，这对各方面之掌握是容易的，特别是对伪军、伪政权、伪组织。

从以上分析中，认识这地区不但能坚持，而且有着和群众一起打击敌人阴谋争取更大胜利的条件，坚定干部信心。

2、彻底认识敌人本质，勿对敌人存在麻痹的较小的幻想。

3、国际国内形势对我有利

4、我们前途虽然艰苦、困难，坚持下去只要坚持就是胜利。这是要干部在思想上充分准备起来。

(2) 我们的一切胜利是建筑在群众基础上，敌人清剿我们，首先是离间我们群众之关系，我们唯一的依靠是群众，要更进一步依靠群众，确定同群众生死在一起坚持到底的观念。

15

8

1、教育群众对敌斗争（反配给反搜括）减轻群众负担；

2、加强民族教育、提高同仇心，展开政治攻势说明前途，提高胜利信心；

3、再等在支部党员穷一把力，用自己的劳动团结群众和阶层；

(3)在敌人清剿中有真正为敌人服务，趁机危害我党、危害群众应镇压之，但要慎重。

(四)几个具体问题：

1、敌人发展各村以后网门应要我们特别警惕，发现了即教育，主要造成群众性的制裁这些人。群众性的反对个别抓紧教育。

2、敌人要各村送情报，我们应掌握情报员，统一情报员应付敌人（这是群众所最乐意，而收效最大）

3、划假地图，上面乱七八糟，就说庄户人不会划。

4、改造村的现状，将村中墙的墙、通的通，曲曲折折不易通行，今天墙明天扒，便利我之活动。

总之积极向敌展开政治攻势，宣传为中心。

(三)利用弱点使用力量：

以上这些对策，在这次反清乡反配给、搜括中，起了作用，完成了预定的任务。但很重要的一环是抓紧了敌人的弱点，使用了各种力量。

a 抓紧那些弱点呢？

1、敌人集中兵力于××声言扫荡河西，但因我们部署而无法实现，伪匪曾说了一句："扫不动河西，扫河东不成问题。"（正是敌要清剿）我们便广泛宣传说："敌人扫不动河西扫河东不成问题！"马上造成河东群众之警惕。

16

2、敌人突然将李家林包围，抢去十余宗东西之物件，这是人所共知，也是敌人最大弱点和事实。我们抓紧了这弱点和事实，进行了广泛宣传，并附加上"河西不成，扫河东"，于是家家藏粮藏东西，敌伪一动老百姓即逃避一空（隐蔽高粱棵中），敌人见势头不佳，停止了清剿；

3、老百姓最仇视的，最恨的，就是敌人要实行"配给"。恰巧敌人在集上没收洋火，又按三家两盒，或一家一盒发，又要十斤麦子存。我们就抓紧了群众恐怖心理，和敌人这弱点和事实，扩大宣传"发洋火偏是偏的，这是引着老百姓大头，明白些，别上当"。"去年借的四斤没还，今年又给存十斤，这是不怀好心，要俩有俩，要麦子没有"。

4、老百姓常说"河东敌人无办法治咱，是因为区部领导和同志们在这里"。正敌人要又清剿乡又要实行配给，这点正合着了老百姓的心情，所以这些清乡中，老百姓对工作同志是尽了高度的爱护。

（我们便对老百姓宣传清剿八路军"实行配给"）

5、老百姓说："你他娘，要着吃不算，还要十斤存？"老百姓对存十斤最不满意，我们抓紧了这点，教育群众："吃的七斤半，还应付着，七斤半交不完，十斤就无法维持。十斤无道理，下决心不给他。"

6、我们正打掉了×××据点，伪军很恐慌，他们谣说："×××扣八路军给养，打掉咱。"所以我们在征收中，伪军没有丝毫阻止。如××伪军向天壑上送给养时问："你们是盐吧？"老百姓答：

第三页

（接第四页）

答：「给八路送给养。」伪军说：「不这样说不行。」伪军过到送给养的问：「做什么去？」老百姓答：「给八路送给养。」「送不送？快说？」」伪军跑去向队长队兵说：「八路军不好惹。」我们这谣传起来了作用。（这谣传是利用了伪军内部自己这样说过）

7、老百姓怕敌人回到丢掉东西、抓壮丁，敌人又要情报又要地图，我们抓紧这点：「要了情报知道没八路，要了地图又不准，然后再抓壮丁」，老百姓很相信。

8、麦子要下来，伪军吓唬老百姓：「今年八路每亩要五十斤。」各村群众都问我们：「今年到底征多少？」最后公布了每亩五斤，根据附近四斤[illegible]二斤，各村群众都满意舒适，都说：「什么都是人家[illegible]我们都按大量[illegible]，『敌人说的话，没有一句好的。』」

9、春荒时老百姓当该卖[illegible]三十五元一升，卖了欠麦子，但麦子下来了[illegible]一升[illegible]，老百姓[illegible]，不愿交面麦子。我们知道老百姓的情绪是：「不见兔子不撒鹰。」[illegible]麦子就不愿交了，我们便即时提出「交钱不交麦」，引起群众对敌人之激[illegible]。

以上这些问题，都是我们揭穿了敌人的谣言，而进行的宣传攻势，揭穿了敌人阴谋，教育了群众一致对敌斗争。

乙、怎样运用的各种力量呢？

1、[illegible]组织有[illegible]，我们都要他到[illegible]内[illegible]，老百姓实在[illegible]，[illegible]（[illegible]）……」这样教育[illegible]伪乡长到伪[illegible]要求，伪[illegible]长到伪县长要求，起了[illegible]作用。

2、下[illegible]回[illegible]××乡的回家二十多家，他们都是[illegible]「[illegible]」[illegible]，我们很好的利用了这自然力量，他们[illegible]说：「[illegible]给一[illegible]，[illegible]八路军还好些，[illegible]了命。」老百姓很[illegible]。

3.利用了文化人（我们召开了一次敌占区文化人座谈会）他们给群众解释了国大强（因群众曾说共产党百战百胜，怎么还没到呢？）国际国内形势、国共合作，青年们入党等等问题，联系到敌我的斗争，因为文化人所受的痛苦大，内有一个是打游击回来，一个是在刑下承认了自己是共产党，另一个曾被敌追急跑下井，一个曾给小学生上课时，小学生问："老师我们怎么不唱歌了？""老师你们怎样不作游戏了？"他说："我当时听到小学生的话真是心如刀割。"

4.宣传工作抓收获，发动了抗灾斗争，进行了"藏""拖""快"，群众力量发动起来了，外八路公的人向我们开玩笑说："这一发动不要紧，完了俺了！许许多多群众都藏了粮食。"

5.这次我们运用斗争坚强支部领导了群众，有支部的各村做的好些。

以上这都是我们怎样抓紧敌人弱点，和利用各种力量，这点在对敌斗争中很重要，对敌斗争之策略就是必须将宣传工作与组织工作的紧密联系，"反资敌""反清剿"是成为一个任务。

斗争缺点：

a.不到廿天我们规定的二十五万公粮完成了。但敌人的征收（每亩要的七斤半有的十斤，每亩二十七斤）就只是七斤半，各村才缴多的交了三分之一，大部分不十分之一。这原因说明群众反敌征收和热心多交自家公粮情形。

b.群众普遍的进行了藏粮藏债，敌伪来了就跑起一空，有的公的座位，这点给了敌伪很大问题，因为这是敌人所常宣扬的"治安区"

c.区政府干部较远各村，向伪军伪政权说："俺那经常住军队，实在这样搞，搞子这样区，路上全部都有，就是不让给你好送给养，俺老百姓怎么办啊？"伪军伪政也无法，他们就这样躲下去。有几天还发表说："费了九牛二虎之力才送到这点。"

19

d.统一情报是这次斗争中很重要的问题，办法如下——

1.××、××二组的我们同志是提示"掌情报"的办法，各村一二百元不等奏钱

10

给老乡们讲会，這样敌人就不每天送情报了。

2、××××二乡离据点近，他们惯，我们统一应付，则除地区，则除路线，他们每天报一样的东西。他们不但报平安，还报忠信，有一次他们会村长问窝："有十三個八路便衣各带長短枪，向××而去。"敌人認為這情报很可靠了。

3、××庄長对付敌人採取了"直问直答"的办法如：

敌问："八路军来过吗？多少人？" 答："来过，一来就是一個連。"

问："一連多少？" 答："八路军的連無数。"

问："给养送给八路军了没有？" 答："都送了一斤没欠。"

问："为什么？" 答："你们问问你東邊那個庄不送。"

问："有报纸没有？" 答："有，怕他们憲兵队查看，未送八路给我就烧了，后来八路生了气，不给了。"

這样直接了当的答法，敌人也無可奈何。

4、×××等村是用了"装不懂"的办法如：

问庄長："区部——指八路区部——在那裡？" 答："在××据点。"敌人生了气打了两耳光；"妈那屄，我不知道在××。"

在另一村问村長："八路军在那裡？" 答："在河西。"

敌人又生气了打一顿："妈那屄，八路在河西還用问你。"

5、在反清剿中我们为防止对我们偵察，我们佈置了各村一個簡單口号："一问三不知，神仙治不了。"要求儿童去的家家口嚼口講這句話。一天伪军四五十在××村住下，正是晚上我们住在這莊。伪军找了個十二三岁的小孩问："你莊有八路？"答："不知道。""可不是昨天晚上来的嗎？"答："不知道。"以後宾全叫人"不知道"，若顿了伪军，小孩子找空子跑了。

6、二十天斗争中，我们彙集了各种村的反映——

1、群众关於我们对付敌人的法子：

20

「你看人家八路天生要的不多。」「人家大公無私敵佔區老百姓，知道咱孫户人的味。不和這俩（指汗奸）是個飛揚撥燥糟塌人。」

「你看人家八路要的公粮就和沒有要一樣，人家都是有他吃的，有咱吃的。你看這個家伙（指汗奸）想這條路就是不讓咱走要咱命。」

「我他娘這個窮怎麼不能把粮食善便給了他，（指汗奸）咬着牙和他靠。」「能靠就靠，不能靠少交点，這會还表面上顧，咱就換他。」

「咦，又跟倒東學着我们不用浮夫，粮食送一份（給我们）吃一份藏一份就是不給他（指汗奸）要時，就說存在肚子裡去了。」

2.這次完全為我們掌握，还是兩面政府的區子：

「前几天叫二喝三，說不上要多少？还吓唬人，（指汗奸造謠，我每畝要五十斤）這不是才五斤，我們就心快实送，趁河水还不大，早送去就省事了。」

「心中沒想到八路軍要的這様少，要是先這些（还怕不夠是否还要？）不會叫人口之力，就是汗奸這些熊人。」（地主反映）

3.靠近敵人之地區，統治着群众，村政权还未改造的村子（這些村子係向口民党中央軍有国民党組织）群众对我們似信非信，如××据点打下後，国特即在群众中說中央打的，群众知道了是八路軍打的口頭又說：「还是用火藥炸開的。」

「像别看着八路不要用咱這地方洪了一，先（指我們鎮壓了這些壳子裡一個最坏的像伙）。」

「八路办法不吞就是叫下边弄坏了，（一九四一年××探軍罰款捕人的影响）。」

「八路軍政策不錯，就是閑會站崗放哨一盘把五户人弄破了心。」

我們从以上這些反映裡就了解了各种村裡群众的心情，使我們工作的順利了。

「敵人到各村要小車到河西拉粮（我們的在敵佔區們豐正夫要說老有口袋要破車子要坏，）所以各庄正夫前都講了話：「所以咱就路暇

21

14

回好事，豆付豆付就算了，不要血臭的，鸡都叫小组去了气臭打。」我们又提出「鸡肉小事你们丢不了。」这样之下群众敌心自动散了，结果子很快的瓦散，我们最後又将车子交给了敌伪屁股。

3. 敌伪的浮欠借公的回来都卖给了小贩，又在续了天封（共欠洋二十元）实际亦每封二十元，开价赚了百多元，群众很满意。

4. 欠交了群众一致不交，到后来对商只好卖钱，有的村会摊契约摊粮连钱不交（契约定五月五日交到了天就敌交了）老百姓说「这些钱我良心也不给」据这几个例子，就了解这二十天斗争是多的敏锐和高级而深刻的，这证明了我们的对策是对的，也说明了敌人据点政策的失败，对敌伪屁股的更利害，但相反群众之仇恨反抗也随之增高，这对我们坚持是有利的。

丁 检讨

我们胜利完成预定任务的原因就了解了敌情，确定了对策，抓紧了敌人弱点，运用了各种力量，展开了政治攻势，造成了群众运动，加强敌之仇恨对我之靠近，对敌之恐怖，我以加强对敌之抱抗，对敌之公粮，完成，造成了完全对我有利。

我们的缺点，某些同志乖僻，某些存在不相信群众，对策表现到是有不合实际主观主义之处，（如利用保长与土匪勾结，对商粮食问题，群众不愿意来执行，还有对敌人掌握与坚堡垒突击不够，（如XX某村）就不给我们敌人的都交了。 某员

完

22

中共鲁中区党委关于七、八、九月份中心工作——贯彻查减指示（1944年6月18日）

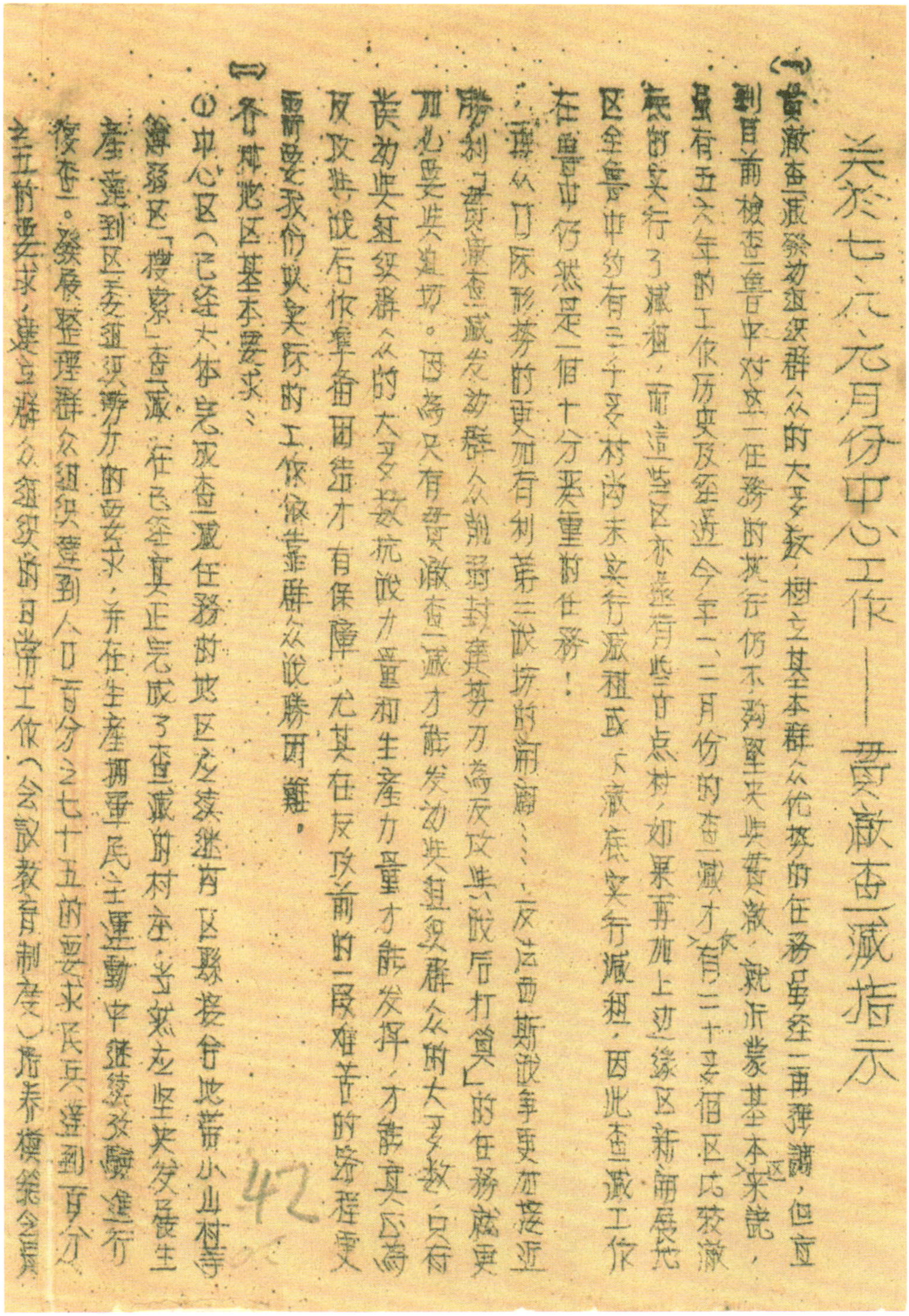

关於七、八、九月份中心工作——贯彻查减指示

(一)贯彻查减发动组织群众的大多数，树立其基本群众优势的任务虽经一再强调，但直到目前检查鲁中对这一任务的执行仍不够坚决与贯彻，就沂蒙基本区来说，虽有五六年的工作历史及经过今年一、二月份的查减才有二十多个区比较彻底的实行了减租，而这些区亦还有些古点村，如果再加上边缘区新开展地区全鲁中约有三千多村尚未实行减租或大彻底实行减租，因此查减工作在鲁中仍然是一个十分严重的任务！

……随从国际形势的更加有利第三战场的开辟……反法西斯战争更加接近胜利了，贯彻查减发动群众削弱封建势力为反攻与战后打击"复辟"的任务亦更加必要与迫切。因为只有贯彻查减才能发动与组织群众的大多数，只有发动与组织群众的大多数抗战力量和生产力量才能发挥，才能真正为反攻与战后依靠团结才有保障；尤其在反攻前的一段艰苦的路程更需要我们以实际的工作依靠群众战胜困难。

(二)各种地区基本要求：

①中心区(已经大体完成查减任务的地区)应该继续区联合地带小山村等薄弱区"复查"查减，在已经真正完成了查减的村庄，当然应坚决发展生产，达到区要组织劳力的要求，并在生产拥军民主运动中继续考验进行复查。发展整理群众组织达到人口百分之七十五的要求，民兵达到百分之五的要求，建立群众组织的日常工作(会议教育制度)培养模范会员

发挥党员在各种工作中的积极作用，民主的选举领导机关，吸收在斗争中经过考验、为群众所信仰的群众领袖到领导机关，做到青年妇女组织领导机关的三三制，工会农会组要的三三制。

②新地区应坚决实行减租减息增加工资，发动群众，对敌前对减租成绩还不大或刚在开展的地区，应接受过去经验，少走弯路，大胆的集中全力发动群众，求得在我们基本区群众的普遍发动，并在减租减息增资斗争中紧紧的与建立与发展群众组织（主要为农会）、建立群众武装（民兵自卫团）、改造村政权结合。但领导上还必须根据具体情况群众的迫切要求（使群众分别急缓进行，如在刚开展地区群众对我党我军尚有某些疑虑，生产遭到敌伪严重破坏，应及时进行宣传安抚救济恢复生产工作，如果过去为我伪区或经过初步工作地区，群众对我有相当的认识，应积极进行减租减息增加工资，大量发动群众，同时要求注意群众迫切要求，反贪污、改造政权、武装自卫、解决土地纠纷、整理负担等，亦应毫不犹豫的领导群众斗争。必须在各种斗争中贯彻发动群众的目的，并把群众斗争逐步提高，提高群众的政治觉悟，树立群众的阶级优势。

③在亚沿海老区亦应坚决发动组织群众，更加强对敌斗争，更争取开明士绅，并不是不可能进行，相反由于群众的发动，对敌斗争更为有力，但应注意到

方式，如先从群众的反资敌武装保卫家乡的迫切要求入手，进一步进行少於二五的减租。在某些敌人可能重行返的地区，应注意到将来的坚持不要过分暴露，布置秘密坚持的点线。

(三)为巨夜执行今夏减租减息发动（群）众的任务，少走弯路，必须要在正确意思接受过去的经验教训：

①必须在干部中进行深刻的动员教育，认识了查减是之前须（并）建势力树立基本群众优势为反攻反敌行依全命的基本环节上的政治意义。同时也应了解这一政策，一面为扶助农民抗战力量，削弱数千年来地主对农民残酷的封建剥削，提高农民与生产的积极性。一面为争取团结地主抗战的统战政策，必须两面都照顾到。对於群众斗争中产生的偏向不是大惊小怪或打击的态度，而应是团结积极分子引导群众走向正确的方面。

在领导群众斗争中强调对群众的说服教育工作，用讲道理、实践方式使其了解减租不仅是合（理）法的斗争而且是合理的斗争，以启发其觉悟，使得知此才能发挥群众斗争的观念斗志的依据，增加斗力的信心，要将纠正恩赐包办代替与只凭群众於单纯斗争会而不对农民进行艰苦发动组织的教育的机会主义思想。须要某些有意义的斗争会是必要的。

②应将减租减息的经济斗争紧紧的与政治斗争（结合）武装斗争结合，事实三者也都是群众的第一要求而且应为依用的。应在减租中首先将群众基本组织（农会）建立起来并而发动政权，建立人民武装发挥群众组织及反面

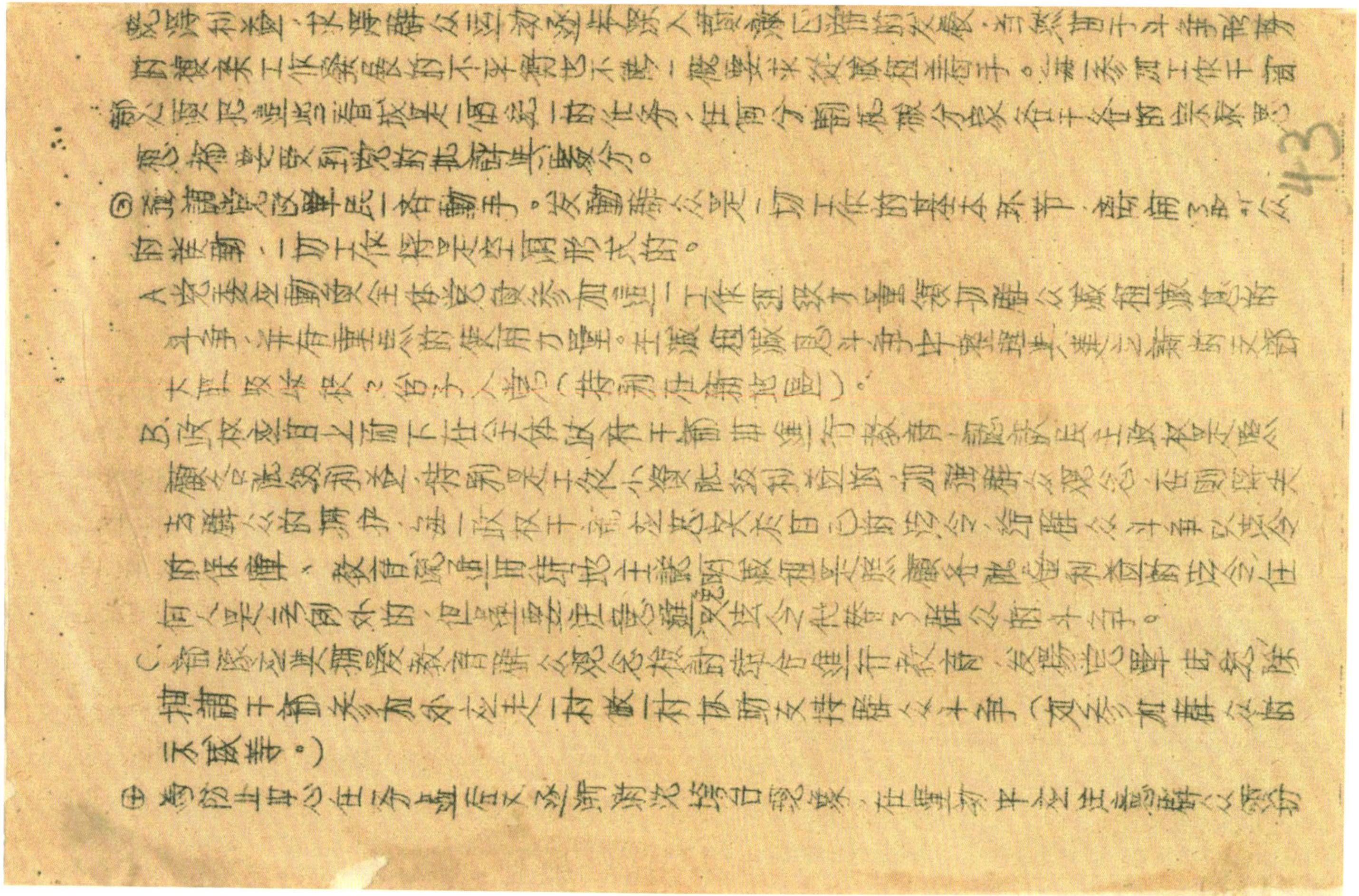

觉得利益，求得群众运动逐步深入普遍的发展。当然由于斗争形势的複杂，工作發展的不平衡也不能一概要求從減租着手。每一参加工作干部都必須把這些看成是一個党的任务，任何分割而被分散各干各的宗派思想，都要受到党的批评與處分。

(四)通過党政軍民一齐動手。发動群众是一切工作的基本环节，离开了群众的发動，一切工作将是空洞形式的。

A党委要動员全体党员参加這一工作，組织力量领導群众減租減息的斗争，并存重要的使用力量。在減租減息斗爭中整理建立新的支部大批吸收积极份子入党（特别在新地區）。

B.政权要自上而下在全体政府干部中進行教育，認識民主政权是照顾各阶级利益，特别是工農小資阶级利益的，加强群众观念，否則將失去群众的拥护。每一政权干部要忠实於自己的法令，给群众斗爭以法令的保障。教育党通所有地主認明減租是照顾各阶级利益的法令，任何人是不例外的，但是要注意避免以法令代替了群众的斗爭。

C.部队要與拥爱教育群众观念很好结合進行教育，发揚党、軍、政民除抽调干部参加外要走一村做一村協助支持群众斗爭（如参加群众的示威等。）

(五)為防止单心任务或逐渐游沈培育现象，在运动中要注意群众的切

机关的建设，提拔新积极分子到各级机关。党委要能够及时对干部以教

之锻炼及适当的经常教育。

形势的发展，工作的发展，要求我们更加发挥华侨人民负责的积极性，

必须要警惕有些干部在新形势下生长着的和平自满与享乐忘本的思想存在倾

情绪，不要着深入巩固及发展胜利。这是非常危险的。在工作中之发挥

四二年艰苦斗争的精神。党委对待这工作的态度，更是党委之一方具党性

的具体测验。

各级党委应在此这一指示基本上，向全分区党委及前历次有关各项指示及大众报社论，

结合具体情况研究讨论。并将讨论意见与这半年的经验及时回报，以便

我们对你们具体介绍各地参考。

华区党委

六月十八日

44

中共鲁中区党委关于变动地区划分的通知（1944年7月12日）

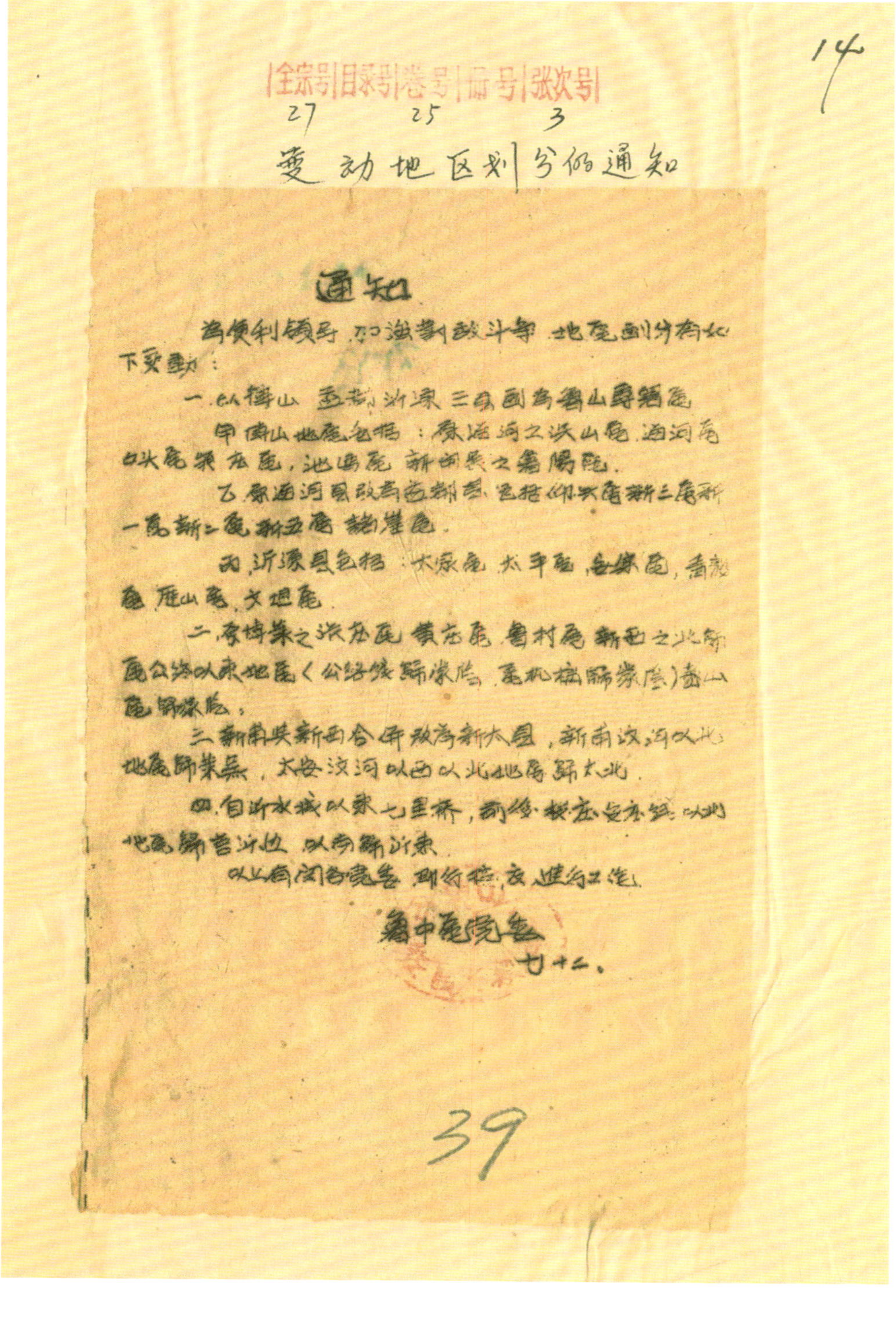

14

全宗号 | 目录号 | 卷号 | 件号 | 张次号

27 25 3

变动地区划分的通知

通知

为便利领导，加强对敌斗争，地区划分有如下变动：

一、以博山、莱芜、沂源三县划为鲁山专署区

甲、博山地区包括：原淄河之淄山区、淄河区以北区、莱东区，池西区，新甫县之鲁阳区。

乙、原淄河县改为益都县，包括淄川区、新三区、新一区、新二区、新五区、锦崖区。

丙、沂源县包括：大泉区、太平区、金城区，青龙区、历山区、文坦区。

二、原博莱之张店区、黄庄区、鲁村区、新西之北部区公路以东地区（公路线归莱芜，原杨庄区归莱芜）鲁山区归沂源。

三、新南与新西合并改为新太县，新南汶河以北地区归莱芜，太安汶河以西以北地区归太北。

四、自沂水城以东七里桥，前后、杨庄、安乐线以北地区归鲁沂边，以南归新沂东。

以上希阅各党委即行接交进行工作。

鲁中区党委

七十二。

39

中共鲁中区党委关于贯彻军工会议决定的通知（1944年7月28日）

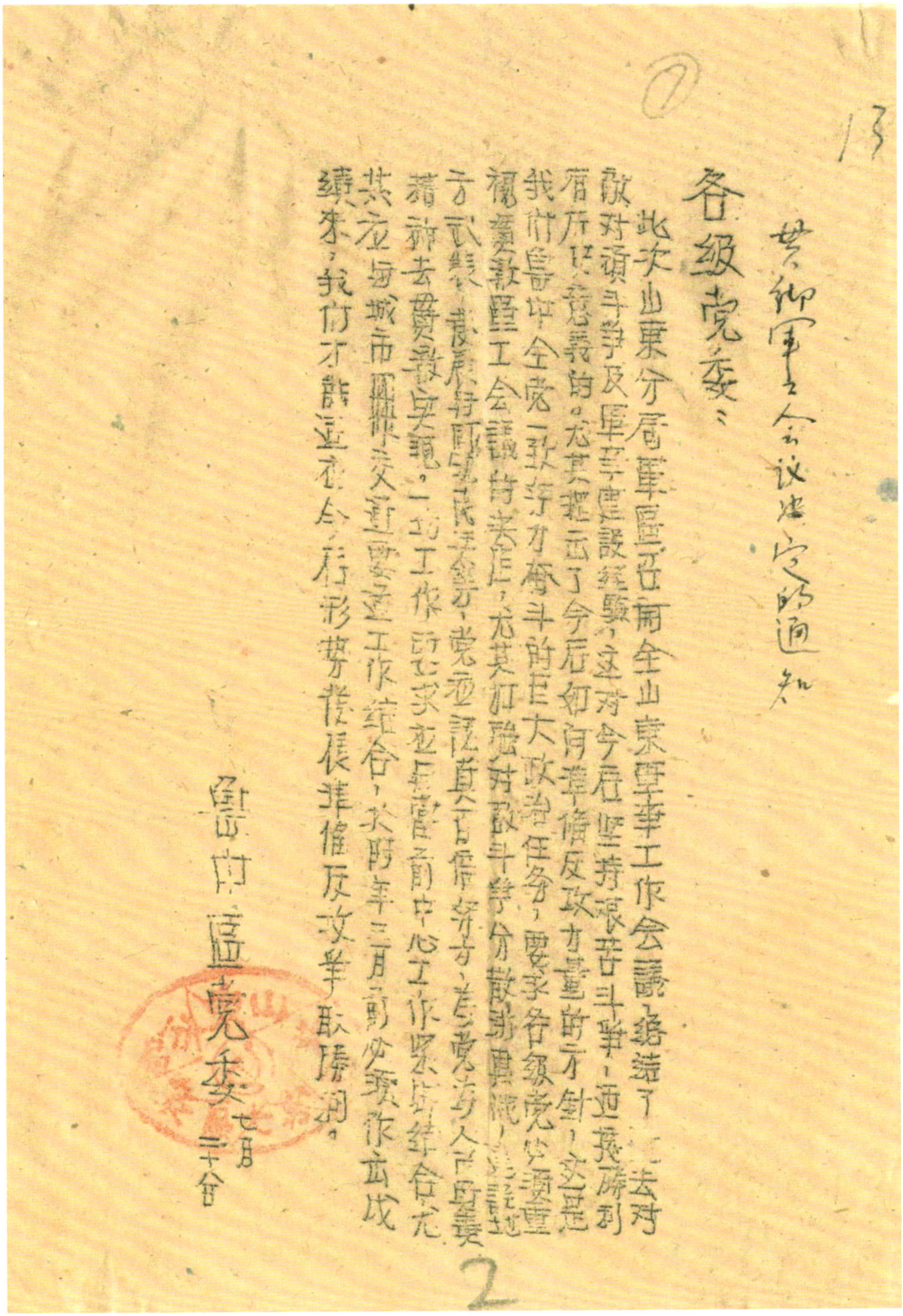
贯彻军工会议决定的通知

各级党委：

此次山东分局军区召开全山东军事工作会议，总结了过去对敌对顽斗争及军事建设经验，这对今后坚持艰苦斗争，迎接胜利有很大意义的。尤其提出了今后如何准备反攻力量的方针，这是我们鲁中全党一致努力奋斗的巨大政治任务，要求各级党必须重视贯彻军工会议的决定，尤其扩大对敌斗争，分散群众性游击方式，发展民兵与民兵武装，党政军真正负责努力，党员带头参加扩兵精神去贯彻此决定。一切工作应以实在为当前中心工作，紧紧结合，尤其应与城市、交通要点工作结合，以明年三月前必须作出成绩来，我们不能在今后形势发展准备反攻争取胜利。

鲁中区党委
七月二十八日

中共鲁中区党委关于执行分局七、八、九、十月群众工作补充指示的指示（1944年8月11日）

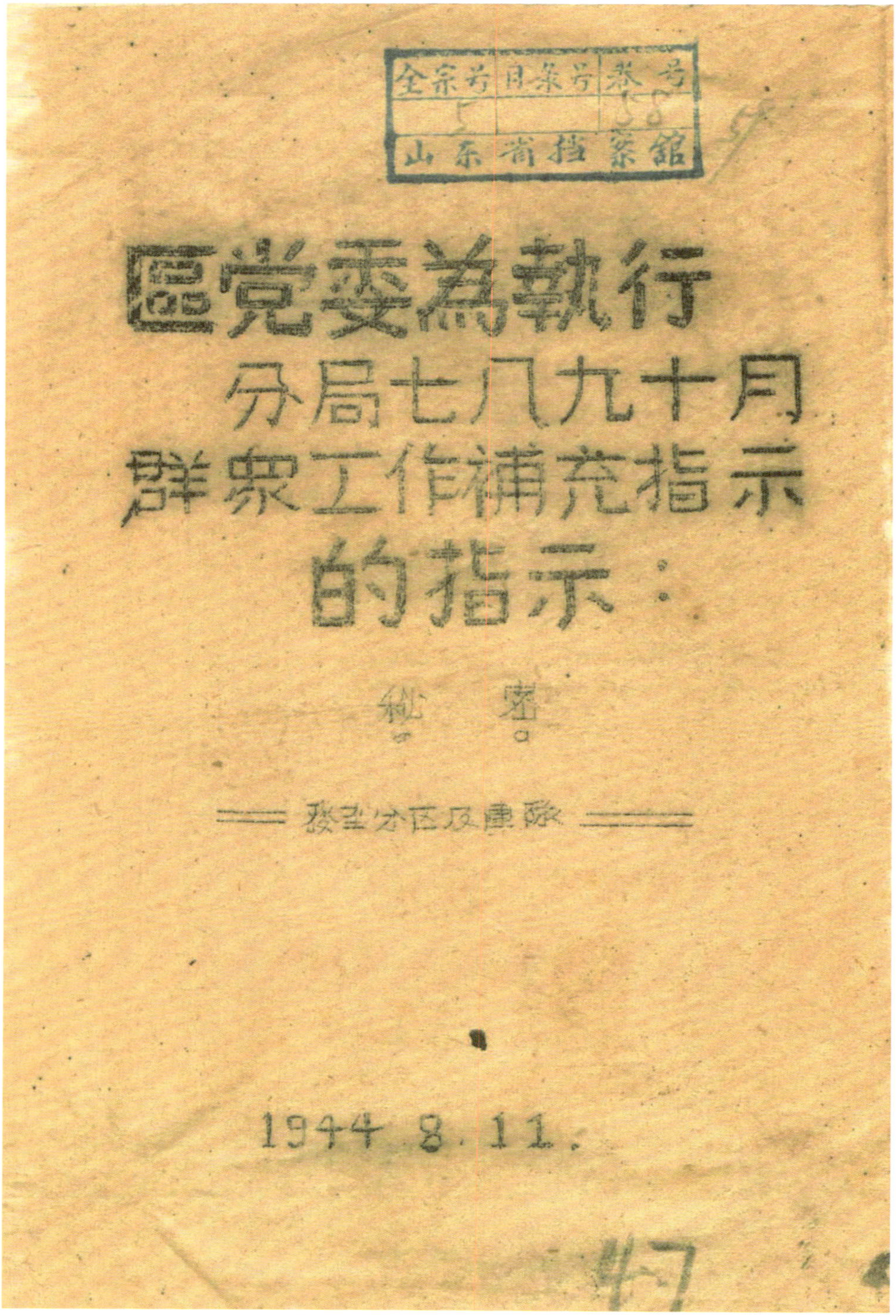

區党委為執行分局七八九十月群衆工作補充指示的指示：

秘密。

——發至分区及連隊——

1944.8.11.

47

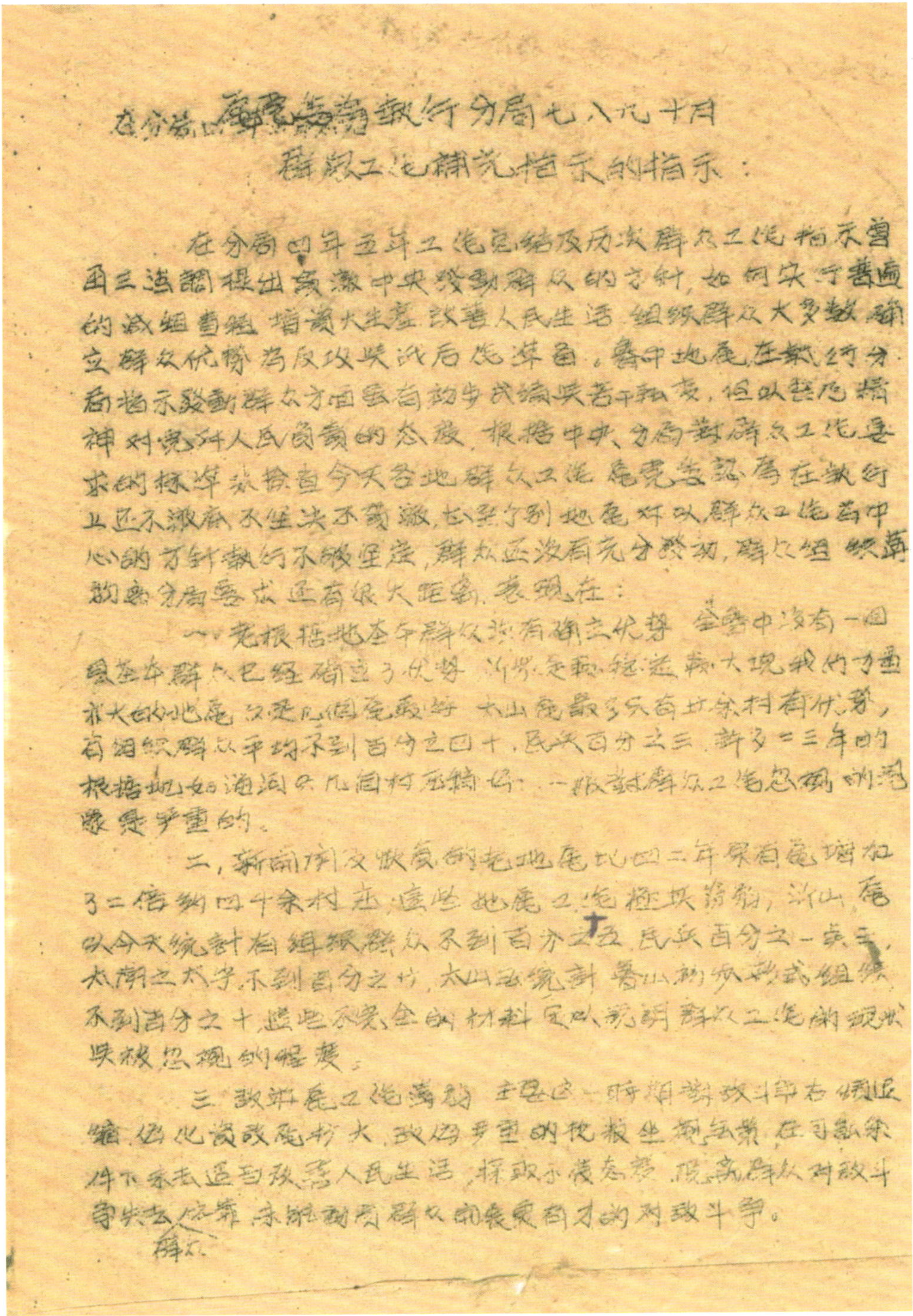

太岳区党委关于执行分局七八九十月群众工作补充指示的指示：

在分局四年五年工作总结及历次群众工作指示曾再三强调提出贯彻中央发动群众的方针，如何实行普遍的减租减息，增资，大生产，改善人民生活，组织群众大多数，确立群众优势为反攻胜利后工作准备。晋中地区在执行分局指示发动群众方面虽有初步成绩若干转变，但以其工作精神对党对人民负责的态度，根据中央、分局对群众工作要求的标准来检查今天各地群众工作，区党委认为在执行上还不彻底，不坚决，不贯彻，尤其个别地区对以群众工作为中心的方针执行不够坚定，群众还没有充分发动，群众组织离分局要求还有很大距离，表现在：

一、老根据地基本群众没有确立优势，全区中没有一个区基本群众已经确立了优势，沁県、定襄、铁道北、大块我们力量最大的地区，只是几个区最好，太山区最多只有廿余村有优势，有组织群众平均不到百分之四十，民兵百分之三，许多二三年的根据地如道河只几个村子较好，一般对群众工作忽视的现象是严重的。

二、新开辟及恢复的老地区比四二年虽有些增加了二倍到四十余村左右，这些地区工作极其薄弱，沁山区以今天统计有组织群众不到百分之十五，民兵百分之一点三，太南之太岳不到百分之廿，太山区统计晋山新民新式组织不到百分之十，这些不完全的材料足以说明群众工作的现状是极忽视的程度。

三、敌战区工作薄弱，主要是一时期对敌斗争未彻底转变，仍以资敌范围扩大，敌伪要更加的使掠夺粮食，在可能条件下未去适当改善人民生活，保证不资敌，脱离群众对敌斗争失去依靠，未能动员群众开展更有力的对敌斗争。

群众

上述表现说明了今天鲁中群众工作存在着严重的缺点，不仅使我们不能很快建立巩固根据地，对敌斗争求得新的发展，同时也很困难准备反攻力量。

为什么我们对于中央分局所一再强调的重要任务，未引起全党重视，为什么分局~~社会部~~所指出的"对于这一有关全党各项工作成败的政治任务表现出如此忽视与冷淡呢"，分局所指出的产生这一严重思想错误的根源也是鲁中党不例外的，这在鲁中各级党委与各部门的具体表现是：

首先在思想上对于"一切为了群众"的目的是模糊的，不了解只有群众的充分发动，革命才有力量，才会胜利；

党委在抗战以来对于发动组织群众的大多数，表现了不够坚决与高涨，还没有认识发动组织群众的大多数是贯串一切工作的中心环节和长期性的一个[illegible]的突击，不少地委是从领在上级催促督促下才进行的，在思想上许未团[illegible]的在各项工作中坚定这一方针，而且在执行中不少是应付与打折扣的，因此每在转换工作中心时即放弃或削减工作的领导，在地方政府或则借口环境特殊而不执行忽视可能的发动群众，特别对组织群众大多数问题经常被忽视与放弃，在领导上对于某些地区（如淄河）某些部门强调特殊放弃、耽误与本群众的任务，某些老地区的放弃[illegible]大自满（如沂南）某些党委对上级指示的"阳奉阴违"的态度，则未采取有效的办法帮助其纠正，使党的任务不能贯彻下去，视群众工作为第四等工作的思想仍未根除，对群众工作的领导，对群众团体独立工作及组织之建立，群众干部的培养配合帮助则是异常不够的。

政府党团会议中还缺乏对新民主主义政权的性质及党员在政府中应有的立场与作用缺乏正确的认识，不了解民主政权就是为人民服务的，是建筑在广大群众拥护的基础上，不了解共产党员在政府中的作用，就是团结群众保证实现党的决定和政策，而不是作落后人士尾巴，相反我们政府工作中某些党员借口"三三制""统一战线各阶层"不顾党的立场，不去贯彻党的政策，单纯法律观点，处理问题不採取群众路线，不以群众利益为最高准则，作发到止做了地主阶级的尾巴"使政府的指挥不能代表广大群众，在群众中不少认为政权为群众不满意，有事情不愿去找政府解决，这是政府工作中一個严重问题必须引起警惕。

部队中还存在了为打仗而打仗的思想，单纯的军事观点，拥政爱民某些执行是有条件的，往往以有功自居，站在群众之上，军民关系上还不能亲密团结，还未普遍认识到我军打仗的目的也只是为了群众，等待群众自动思想未消除，干部战士中还缺乏牢固的依靠群众自我解放的观念。

在群众工作各部门方面，也表现了轻视群众工作，觉得自己不如别人威武，生活上不如别人舒适，地位观念，个人英雄思想，不安心工作，缺乏对于群众工作正确的认识，缺乏为群众服务的决心。

以上严重错误，另必须严格纠正，再不允许一错再错，各地应作深刻检讨，使全党全军树立群众观念，真正确立基本群众任务观点

为实现分局加强群众观念，普遍执行减租减息，树立群众优势，七八九十以群众工作为中心，其中除例外的必须贯彻这一方针，区党委根据分局指示，提出今后三個月群众工作补充指示

（一）各個地區的要求：

①老地區：普遍消灭空白，深入進行複查，清减租减息不减現象，解决土地糾紛，在查租中完成以下要求：　A 整理巩固發展群众组织，达到组织群众佔人口70%，發展民兵至5%

B 继续组织發展生产，巩固發展变工队及其他生產组织，达到10%——15%，準备秋收秋翻冬耕种麦及有关明年大生產的準备工作

C 健全村政，培养群众领袖，以换[illegible]村

48

会，创造各种模范，在发展巩固组织方面注意改造农会及工展会妇团等的成分，提拔积极分子参加领导，树立村级中心领导，建立抗联，内部重新登记会员，适当的改造会员成分，加强会员教育，提高其政治觉悟、阶级观念，建立会议回报各级工作制度，树立群众团体上下系统领导。

d. 进行群众性的防奸反特斗争。

目前在基本区工作布置上着重了山村与白区的查减，是对的，但有人认为其他区、村去问题及对于完成查减村在其他工作结合上不够注意，则是执行上级指示的偏向，应纠正。

② 恢复区及新地区：

A. 确定以减租减息、改善雇工生活为基本方针，可根据群众迫切要求进行反贪污反恶霸反黑地斗争，但减租减息中心运动不能转移，初步须要求以发动组织群众的目的，达到组织村庄70%以上，组织群众达到总人口50%以上。发展民兵至3%。

B. 在查减中发动群众中结合以下工作：

一、培养积极分子，提拔干部，建立村党群众团体及武装机关。及村政府。

二、发展生产，消灭荒地，组织合作社，开展纺织（妇女应着重从发展生产中组织）

三、在斗争中吸收基本群众积极分子入党，建立农村党的堡垒，并防止投机分子、防奸特务分子混入党内。

C. 目前在新地区几个认识上的偏向应克服

一、认为新地区地主"法令观念强"，政府一出布告减租即不成问题，尚未认识某些地主对我党、我军是观望，一时应付的态度，是地主阶级观念的模糊，而产生不斗争和平思想。

二、不敢大胆宣传共产党八路军及党的政策，妨碍了基本群众更加对我信赖，及地主士绅对我的了解，在这些地区我们应当取一切机会随时随地扩大我

49

党我军的宣传，打破"正统观念"，大胆吸收成份好的积极分子入党，发动群众必须与树立群众组织核心并巩固农村党的堡垒相结合。

三、在斗争策略上有明确目标的一般打击会中的关门孤立现象，不能很好争取大多数群众帮我孤立坏分子，这对于巩固新地区是有妨碍的。

③游击区：群众工作的重心，应放在团结群众一致对敌斗争的方面，团结全人民进行反对敌斗争，组织群众武装，保卫自己生命财产，在可能条件下进行对于基本群众生活的适当改善，如减租，对个别恶霸分子报仇的斗争等。

④敌佔区：

首先应克服对于敌佔区群众组织的放松与漠不关心的态度，要了解开展敌佔区群众工作在目前接近反攻胜利的今天是有其战略意义的，是配合反攻争取胜利的一个重要工作。

敌佔区群众工作方针应以隐蔽的方式，首先开展交通要道及某些具有军事意义的据点，穿插伪政权与伪群组织，以"合法"斗争方式去适当减轻对敌负担，因而适当改善人民生活，如减少一些额外苛收，杂减分子粮食、战利库长和铺是完全可能的，只有从群众经济利益要求上去启发群众政治认识，敌区群众工作才能发展。

为了保证今后八九十三个月群众运动的开展必须：

一、各级领导机关、干部和党员必须打通群众观念，纠正以往轻视群众工作忽略的错误思想，应将群众工作视为目前的中心任务，为党的第一位工作，确立依靠群众的革命思想，并在群众运动全部过程中做党员全部的思想改造。依靠党员对群众团结斗争，统于初应积极和决心，坐视不理，局限于党务工作圈子内是错误的，应以大部力量领导和帮助健全村组织，派群众中有威信的党员全部任村政主任，群众工作应为分局及干部经常讨论的中心工

三

总之一 放下包袱 发动群众整理群众组织结合。

二、发动群众、组织群众、教育群众三者必须切实结合，先发动后组织或先教育后组织的说法是错误的。在群众运动中要培养积极分子，树立骨干，团结群众组织起来，同时以群众的切身痛苦进行深刻的教育，明确基本群众的阶级立场，提高其阶级觉悟。群众的斗争才是自觉的有力量的，群众组织才会巩固与扩大。在教育方式上启发基本群众对过去所受残酷压迫的回顾与联系党的政策进行教育，以已经觉悟了的群众向群众普遍进行宣传教育，往往是最生动最深刻的，也极易为群众所接受。

三、发挥党委一元化领导，全党全军团结这一中心任务，反对任何强调特殊的思想，抽出力量参加工作，以求在今年达到发动组织群众的预期要：

A．在这一时期全会中党政军民必须有一千以上干部参加群众工作，要求大山区抽出三百五十个干部，沂蒙四百干部，太南一百五十个干部，沂山区二百五十个干部，沂源区一百廿个干部。这批干部由各级党统一领导，以机构会同出现，在使用上必须有重点的先后选定区域，工作方式采取中心突破，以点的经验指导其他，彻底执行群众路线，纠正任何包办代替作风，反对个人英雄主义，不相信群众，不耐心启发群众积极性，急于求功的机会主义思想，军队干部特别注意与地方干部的团结，服从领导，防止包办强迫命令，切实地方化群众化。工作未到中心不能随便调走。

B．党政民干部大部参加群众工作，极少部分进行日常工作，但必须以群众工作为中心。党内扫清支部党员教育，如有地主干部党员必须积极起作用，彻底减租，不准抵赖，否则受纪律处分。政府干部确立群众观念，严格检查政府法令执行，纠正过去的官僚主义，脱离群众的单纯法律观点。今后政府未经党（群众运动中）的批准，不准逮捕一个基本群众，如地主与群众打官司时政府应确实保障基本群众的利益。

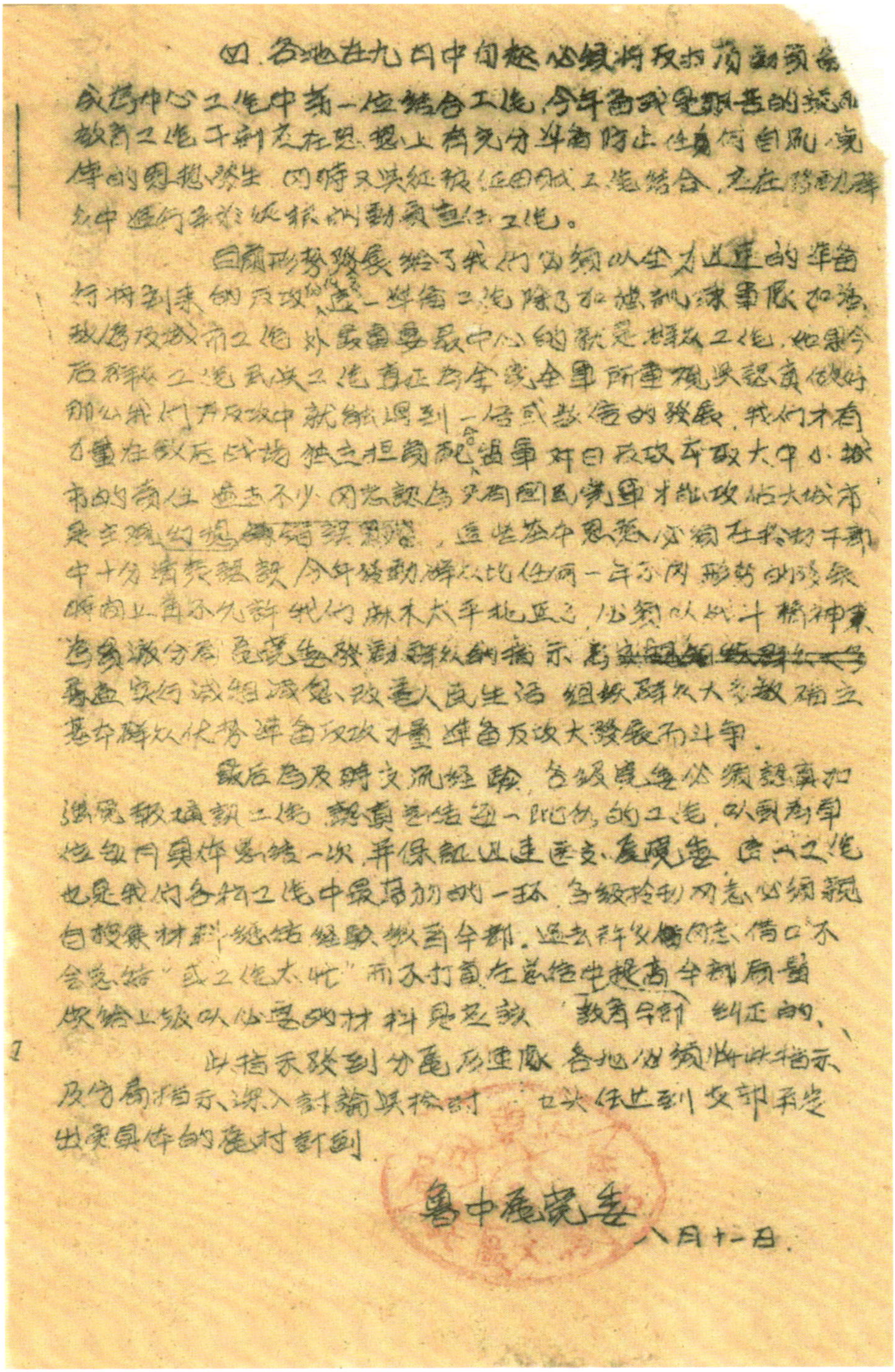

四、各地在九月中旬起必须将反攻动员[illegible]

成为中心工作中第一位结合工作，今年舍我党报告的统一教育工作，干部在思想上有充分准备，防止任何自满、宽懈的思想发生，同时又与征粮征田赋工作结合，应在发动群众中进行系统的动员宣传工作。

目前形势发展给了我们必须以全力迎接的准备好将到来的反攻，这一准备工作除了加强训练军队加强战后攻城市工作外，最重要最中心的就是群众工作。如果今后群众工作武装工作真正为全党全军所重视与认真做好，那么我们在反攻中就能得到一倍或数倍的发展，我们才有力量在敌后战场独立担负配合盟军对日反攻夺取大中小城市的责任。过去不少同志认为只有国民党军才能攻占大城市，是完全错误的，这些在干部思想必须在干部中十分清楚认识。今年发动群众比任何一年不同，形势的发展要求上再不允许我们麻木太平地迟迟，必须以战斗精神来贯彻分局、区党委发动群众的指示，为普遍实行减租减息、改善人民生活，组织群众大参战，确立基本群众优势，准备反攻力量，准备反攻大发展而斗争。

最后为及时交流经验，各级党委必须认真加强党报通讯工作，认真总结这一时期的工作，以县为单位每月具体总结一次，并保证迅速送交区党委。总结工作也是我们各种工作中最薄弱的一环，各级领导同志必须亲自搜集材料，总结经验，教育干部。过去许多同志借口不会总结"或工作太忙"而不打算在总结中提高干部[illegible]，给上级以必要的材料是不够教育干部纠正的。

此指示发到分区及连队，各地必须将此指示及分局指示，深入讨论与检讨，[illegible]到支部并定出具体的执行计划

鲁中区党委

八月十二日

中共鲁中区党委关于认真执行政委会九、十月份查减训令的函（1944年9月7日）

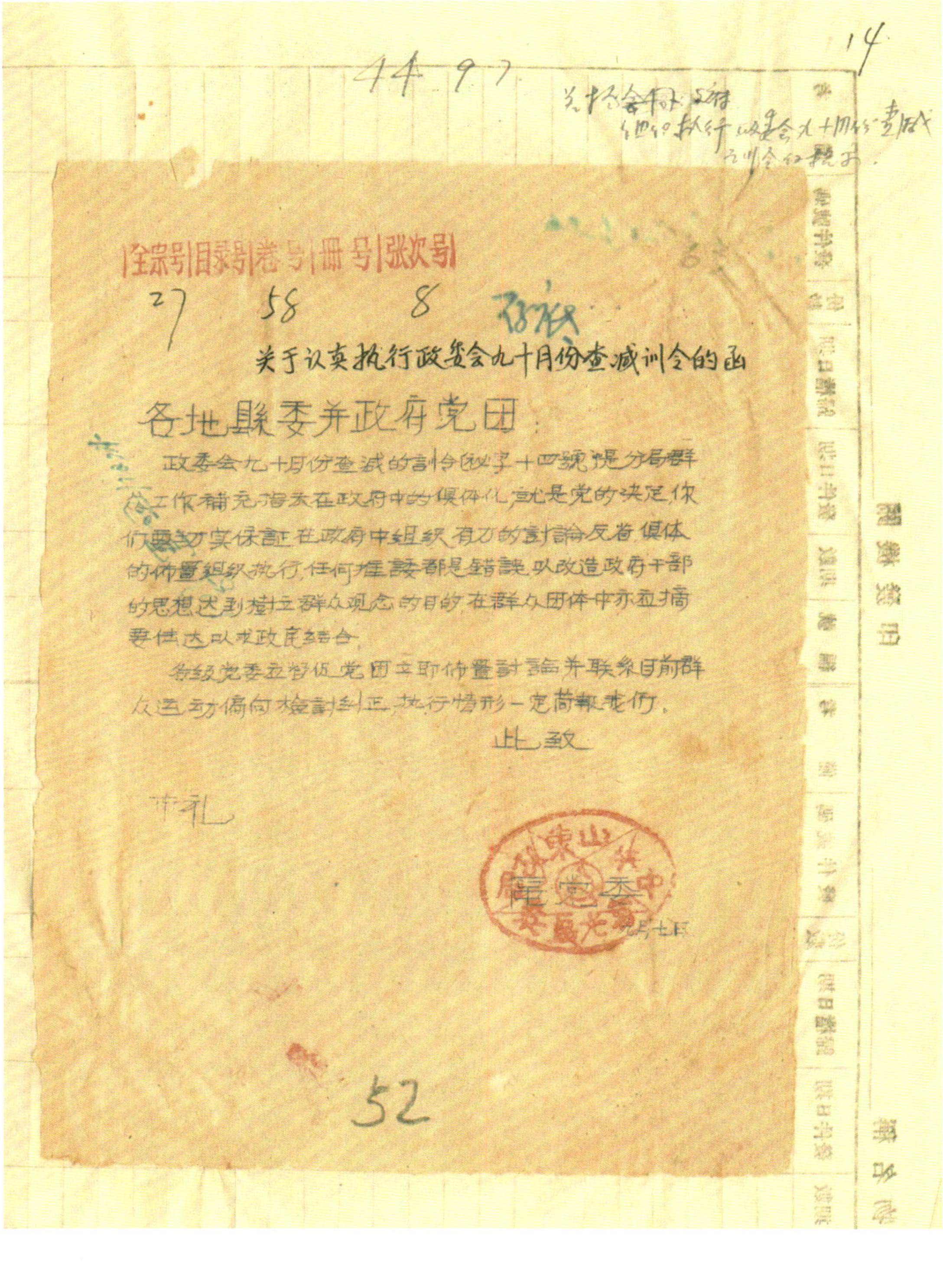

14

4497

关于认真执行政委会九十月份查减训令的函

全宗号 | 目录号 | 卷号 | 册号 | 张次号

27 58 8

关于认真执行政委会九十月份查减训令的函

各地县委并政府党团：

政委会九十月份查减的训令秘字十四号是分局群众工作补充指示在政府中的具体化，就是党的决定，你们要切实保证在政府中组织有力的讨论反省，具体的布置组织执行，任何推诿都是错误，以改造政府干部的思想达到树立群众观念的目的。在群众团体中亦应摘要传达以求政民结合。

各级党委应督促党团立即布置讨论并联系目前群众运动偏向检讨纠正，执行情形一定简报我们。

此致

布礼

鲁中区党委（印）

九月七日

52

中共鲁中区党委典型材料：鲁中边联参军运动中支部总结（1944年）

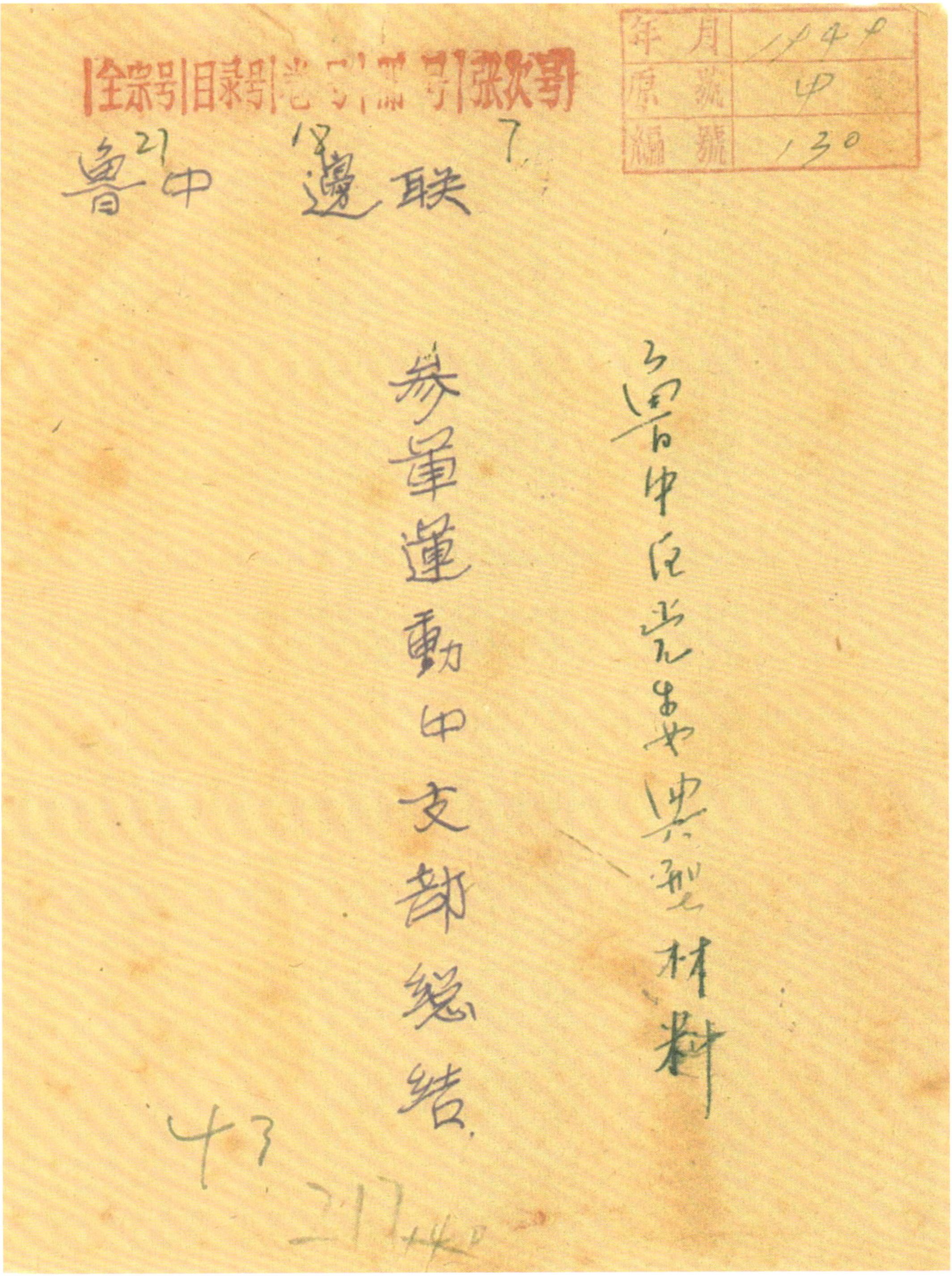

支部總結 (目次)

甲 参軍運動的模范表現：1——4

一、支部干部党員帶頭参軍
二、保証了党軍的純潔
三、以根据地為主 以有組織有計劃為主 以扩軍為主
四、採取了正派的領導方式
五、党内到党外，党外又到党内

乙、動員和佈置 4——9

一、支部經常的階級教育
二、由党内到党外再由党外到党内
三、参軍運動中模範党員的確定與培養
四、有重点的突击 从個支部影響其他

丙、掌握時机製造热潮
热潮中的支部党員模范作用 9——21

一、前半部包括男女对热情浪潮的影响（突击）
二、后半部包括党員群众的热潮的

丁、工作善后与支部的提高

187
66
218
T41

—　　1

边联参军运动中的支部总结.

甲. 参军运动的表现特点：

先从这些特点上了解我们这次参军运动的概括和实质，进一步的了解我们支部在参军运动中的作用并正确的检讨我们支部建设各方面才是有益的.

（一）支部干部党员带头参军

我们了解八年来那次工作的胜利都是依靠了党的基本组织——支部. 离开了人民英雄主义包办代替，离开就失败，所以这次参军我们强调依靠支部，强调党员干部参加党军，正是由于这一思想的支持，边联总计完成300个战士送军区270名中（招待所共收276）就有党员135，支委25（支书7个，支组织6个，支宣6，支政4，支组军2，小组长9个）村级党员干部64（冬学教员一个，妇队1，村长7，村团长10，公安员3，青救先队长3，民兵指挥员5，民兵队长25，青救会员8，职工会长2（包括一部份党员））以上数目全部证明没有25个支委，64个村干（村干中有一部份非党党员）和135个党员这次参军的成功是不可想象的. 就是数量上完成质量上说肯定说质量就会很低的. 这就是要我们的支部党员和干部在这我们是坚定的. 这不能不说是这次参军工作特点之一.

通过村干部党员参军党员害怕参军的旧有思想旧意识打破了干部认为干部参军可惜的失败观念树立了党员参加党军的光荣传统.

219

（二）保证了党军成份的纯洁.

140

我们了解了部队成份多少应当百分之五十党员团

2.

份之比例也下降，所以我们在佈置時就肯定的是注意党員和工農成份，不要小偷不要街滑子，不要坏份子，巩固部队的素質和质量，這次在約計300人中招待所收容276送會議270中（以276為準材料）成份是雇工36手工業14個農207個農中商10其他3人，从以上数字我们可以清楚了解這成份是較純的，我们对保証党員成份的純潔，我们曾減去12個複雜的，如何南蘇庄黃史汉好所東于庄，保之依里之後庄，街滑子都沒有收容，保持党員成份的純潔，這是建軍很重要的方向，是在這点上看了解不讓這是這次参軍工作的特點之二

這点我们打破了我们过去送小偷送街滑子，送坏份子参軍的不正確思想，并且正了我们对待党軍的正確態度。

（三）以根据地為主，以有組織群眾為主，以扩新為主

我们了解了這次扩軍是特要部队的成分，是要建軍黨員質是要經過教育的工農积極分子，充实部队巩固我们的党員軍，這一点我们很明確，為了达到這目的，我们佈置的是以根据地為主边沿地為副，所以我们將主要任务交给了张庄、六山、铁山、高屋四個基本區，我们佈置的是以有組織的群眾為主，無組織的群眾為付，所以我们开工農兴会、民兵英雄兴談会來号召参軍，我们佈置的是以扩新為主，归隊為付，所以我们只是扩大補充主力，归隊放在扩新之后到尾聲去正是這样的，原定计划才有职工会員22個，農救会員67個，青救会員50，民兵108個，青救先20個（有的民兵也是队员，有的也是農救的）加之264個村干参加了主力，党員了補充主力，巩固主力的目的，這点上不能不說是這次参軍工作表現特点之三

43.220

这就打破了把斗争放给新区思想中认为根据地人能胜利的一种本来固有的迷信思想，打破了有组织群众才能無组织群众才接受落后群众的落后思想，也打破了认为扩大新区只是提拔些不正确的意识。这次工作同志们认为如此时在发展讨论落后的，提拔些先进份子，我们提高警惕。

（四）採取了正确的领导方式

我们了解要完成这一艰巨任务，没有正确领导方式是要失败的，因此在查租查产中证实了这问题，体会了这问题，所以我们採取开展群众的竞赛运动，召开生产模范、学习会、民兵模范座谈会、竞赛会等形式竞赛，个人与个人（如大家婆子媳妇较量，夫妻竞赛，兄弟的竞赛），团体与团体（如工会、农会、妇联会、青年）。在竞赛中培养斗争模范、劳动模范的典型人物，如……他们成了斗争中的核心人物，这就是群众性的竞赛，通过群众路线的斗争英雄。我们採取了有重点主义、有重点的集中力量突破，取得经验，然后推广……分散力量失败了，后来集中力量胜利了。我们採取了用群众说服群众，再用对象教育群众，每一个对象的功绩形成典型，群众教育影响群众，说服教育对象。但是群众说服的典型人物是群众培养的，他又影响提高着群众。这次我们运用了通过群众路线培养群众英雄、斗争模范，开展群众性的竞赛，採取了说服教育的方式。也量用使用的方式一般是不违背路线，少犯了错误，这是这次斗争工作特点之四。

这样的方法批判打击了无群众观点和个人英雄主义的包办代替的作风，相信群众，相信自己的力量，不依靠培养依靠群众去找出道路（学习太差，不正当方式去领导对群众不对），结果的结局是错误很多。

（五）变内到变外，变外再到变内

221

P4.

我们了解一切任务只有从党内推动到党外区的群众（以及群众党员）带动党内，这就是党与群众结合起来，任务才能实现。在十四个区60个支部关于拥军参军的思想检讨，半年来展开进行五次，支部检讨后开群众性大会检讨，所谓良心检讨。这样从党内检讨推动党外广大群众，提高程度，和党与群众缩短距离，才能了解我们的任务，下达是可能实现。这党内党外的结合，在民主文化运动中起了改造支部、改造群众的作用，在参军中作用更明显。凡有支部的村都进行这一思想上的改造工作，只有在这思想检讨下才能开展以上的任务，这完全不能不说是这次参军的表现特点之五。

这次打破了某些同志不了解思想领导的重要性，不懂改造党员群众思想是基础的基本问题，上山[illegible]相信偏着扩兵的[illegible]不去教育党员群众，关键失败，作怪[illegible]之外，成绩不大。

从以上五个特点上所证明的，使我更实际地从我们实际具体领导的经验教训（这体会已经写入到四个支部的工作干部）我们应认取他，就是掌握任务的基本精神，坚决贯彻这基本精神，将任务的基本精神和一切有关这任务的一切具体事物相结合，任务没有完不成的。对上级的指示不应犹豫怀疑执行，不坚决，不了解上级任务和改变方法，采取折衷，但以是为了完成任务而完成任务，为凑数目字而完成任务，为上级而完成任务（不了解任务完成是革命在各方面的实现），好似自己就是单纯的为上级服务的态度，不会把工作搞好的。由于这次接到区党委地委的扩军指示后，我们掌握了上级的基本精神，动员党员、党员群众参军，结合改造部队成分，巩固自己区接胜利。所以我们所掌握的：（一）支部干部党员带头参军；（二）保证党员成分的纯洁；（三）以根据地为主，以有组织的群众为主，以扩新为主；（四）采取正确的领导方法；（五）党内到党外，再由党外到党内的具体步骤与计划。这就是我们坚决贯彻上级指示的具体表现。所以这次[illegible]参军一般的是达到了改造部队成分，上级党的要求，坚决完成了这党员和工农有组织群众中人民兵的任务。这就是我们再次对坚决执行贯彻党的路线，只认识要坚定的实际学习的体会。

5.

乙 動員與佈置

（一）支部在此期的阶級教育——边联上半年的中心任务是查租生产，在查租中边联的群众运动起来了，基本群众相信了共产党，也相信了自己力量，特别是支部党员在查租中初步提高了阶级觉悟，在查租中支部在群众中的威信也提高了，也团结了群众。这是边联发动群众一件很深入细致普遍的一次，生产中巩固了群众情绪，这时边联情况是农村封建势力再次被削弱，基本群众从被剥削的关系中生活改好了（减租钱××，粮××），生产积极性提高了，这一环节就奠下了边联执行一切任务的物质基础。

我们有这一基础，在一次伪审判斗争在支部里就渗透着斗争的运动，在支部里进行连续不断的阶级教育，在支部阶级教育一般是采取检讨方式进行的，这样也实际发动群众能够达到每一个党员的思想，大多数党员有对于群众先在支部先之实之检讨，已经在各家各户斗争中检讨，故支部党员检讨在查租生产任务中，支部党员所检讨的阶级问题内容大致是对党群不关心，对群众不关心好，阶级来了不管公粮交的好坏等问题。从这些检讨中支部党员了解了关心群众是党员的责任，这就是查租生产中阶级教育的结果。

何家庄各个支部都进行过二次思想检讨，全区下峪薛家庄都进行过五次以上的课程教育，是进行了支部生活，关于扩大党员一二三节，内容是：为什么扩大我们的党，第二节 党员斗争中起模范作用，第三节 动员群众参军。这些课本讲解大都是和检讨结合一起进行，在这些教育中党员对党的观念提高，这些开始了解党员应当参军和动员群众参军的重要性。

这就是在查租生产群众起来和翻身阶级觉悟提高的基础上，这期结合的阶级参军思想动员教育的概况。

（二）由党内到党外，再由党外到党内——各个支部进行思想检讨后，就召开群众大会，由支部党员起模范作用，在群众大会上作自我批评，检讨阶级立场小的家庭，地方教育群众性的检讨，这工作方式是胜利的，又提高党员威信，还能教育群众，如何家庄周江的闺女在会上关于阶级大会在党员影响下检讨他父亲偷污公粮，这样进行阶级检讨的村庄有59个

144 223

6.

者检讨四次之多，这就是由党内到党外由分区干部支部党员启发群众只有这样才能将党的拥军政策变为群众的实际行动

这些召开都是结合着优抗劳军进行的检讨教育之后就是实际行动，这样克服了"光检讨不做""知"不教育和偏激的优抗劳军方式偏向，此联金殷支部可做为一个一般支部的典型材料：

a. 分区干部直接指导下由党内到党外的检讨拥军检讨共四次，支部自己进行三次。其初一般检讨"对军队不关心""对抗属不帮""动员一家走向死亡"等问题。支委薛林吉说"我不愿当兵出去熬了十多天""当兵的怕抗属麻烦，以后有那次八支队来了我们躲了出来了两天"。他检讨后到会的三分之一的人都啼哭了，对着自己不拥护军队的思想。

b. 这支部每次开会后就马上动员起来，在二月份春耕胜利之后第一次进行了拥军检讨，检讨后支部马上号召进入实际行动，就募捐款230元，鸡子300个，送给抗属工人，后一次募集粮食400斤，还调济了五亩地给抗属耕种。这次薛林吉参军，家小孩病了，妇女部发动去和他女人睡觉，还凑20元钱看病，小孩老后中募集700斤草给抗属盖房子，这样才是群众性的优抗。

c. 这支部所在村有个牛岱，他大儿子参军了，表现不好，回了家，张岱无法要饭吃，这支部动员全村要帮助他，很好的照顾，有人反对"要不管他"，党员说服群众"从敌人看别看这一刹"，这次参军牛岱二儿又去。

d. 这村在春耕胜利后佃户王[illegible]做好了米饭和煮好的地瓜挑着上五河寨子上送给前方军队吃，并向别人说"咱自己拿的是谁给减的啊"，共产党小组长给减的。"这例子支部知道了就马上召开全村会号召学习王[illegible]的拥军模范。

e. 这支部二月份就有为参军的支部动员又进行了支部生活第三期党员参加党军的教育

根据以上的事实了解，此联这次参军的成绩不是偶然的，是在封建势力削弱基本群众生活改善的物质基础上和反复的拥军教育下产生的。如此相反的土山区大部分村庄支部对照顾抗属不够，只想检讨形式化，有的用检讨去还把军队检讨一顿，党员群众对军队认识不够，这里主要是分区委干部英雄主义

224

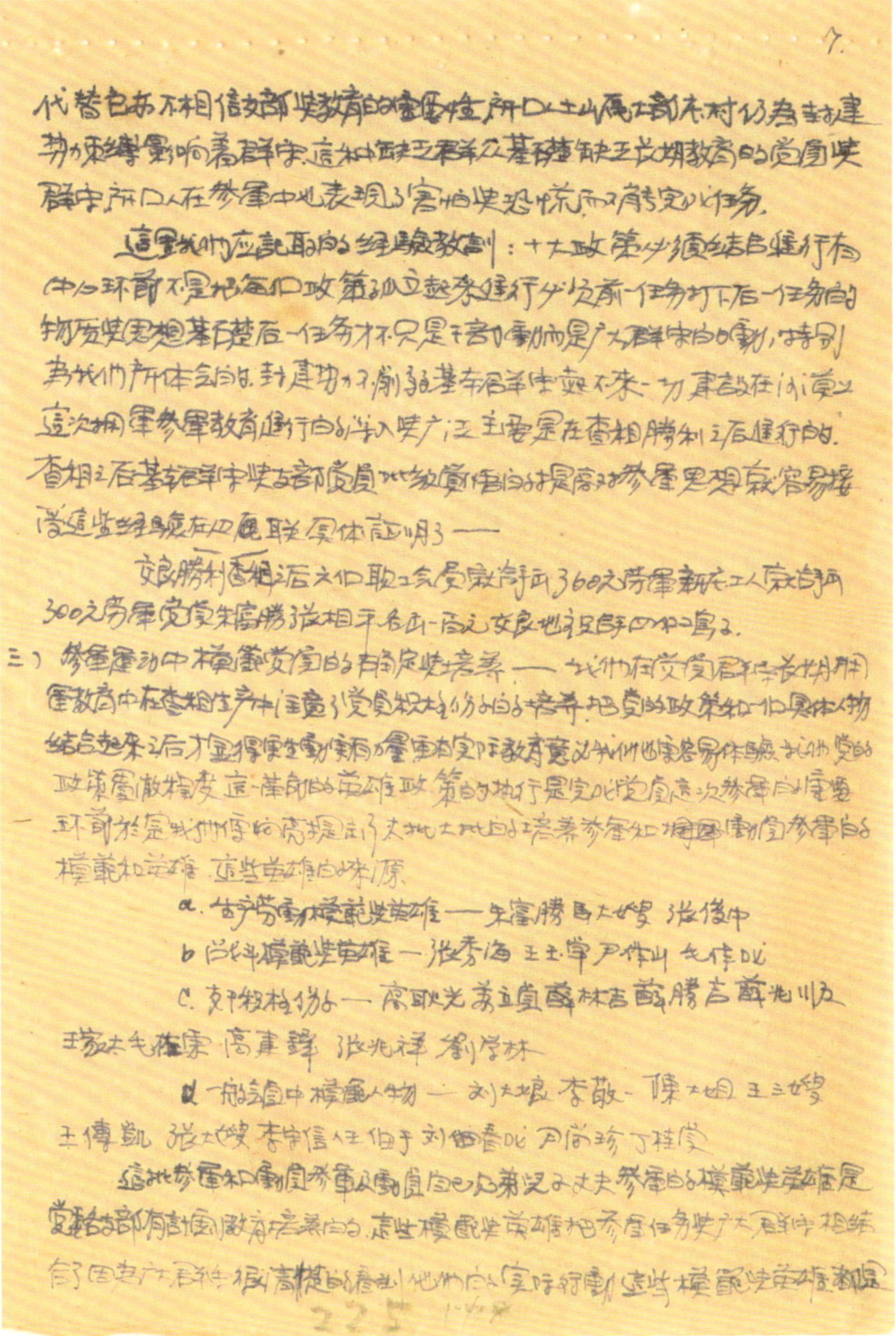

7.

代替包办不相信干部与教育的重要性，所以土山底下部分村仍为封建势力和坏分子影响着群众。这种缺乏群众基础缺乏长期教育的党员与群众，所以在参军中也表现了害怕与恐慌，而不能完成任务。

这里我们应记取的经验教训：十大政策必须结合进行有中心环节，不是把每个政策孤立起来进行，必须前一任务打下后一任务的物质与思想基础，后一任务才不只是干部号召而是广大群众的行动，特别是我们所体会的，封建势力不削弱，基本群众起不来，一切建设任何漠之。这次拥军参军教育进行的深入与广泛，主要是在查租胜利之后进行的。查租之后基本群众与干部党员的觉悟的提高，对参军思想就容易接受，这些经验在四区联系具体证明了——

文良胜利查租之后六个联工会员就写了360元劳军，新庄工人就写了300元劳军，党员朱富胜张相平各出一百元，文良地区群众都写了。

三）参军运动中模范党员的有意识培养——我们在党员群众长期拥军教育中在查租生产中注意了党员积极分子的培养，把党的政策和个人具体人物结合起来之后，才会得到生动实际的力量，更有实际教育意义，我们也更容易体验到党的政策贯彻程度，这一革命的英雄政策的执行是完成党员这次参军的重要环节。于是我们便开展提出了大批大批的培养参军和拥军动员参军的模范和英雄，这些英雄的来源：

a. 生产劳动模范与英雄——朱富胜 马大嫂 张俊中

b. 民兵模范与英雄——张秀海 王玉学 尹作山 包作心

c. 支部积极分子——高耿光 姜立贵 苏林吉 苏胜吉 苏兆顺 王家太 毛维荣 高建铎 张兆祥 刘学林

d. 一般群众中模范人物——刘大娘 李敬一 陈大姐 王三嫂 王传凯 张大嫂 李宗信 任伯平 刘瑞春心 尹尚珍 丁桂堂

这批参军和动员参军及动员自己兄弟儿子丈夫参军的模范与英雄在是党的各支部有意识教育培养的。这些模范与英雄把参军任务与广大群众相结合了，因为广大群众根据看到他们的实际行动，这些模范与英雄都是

225 1-78

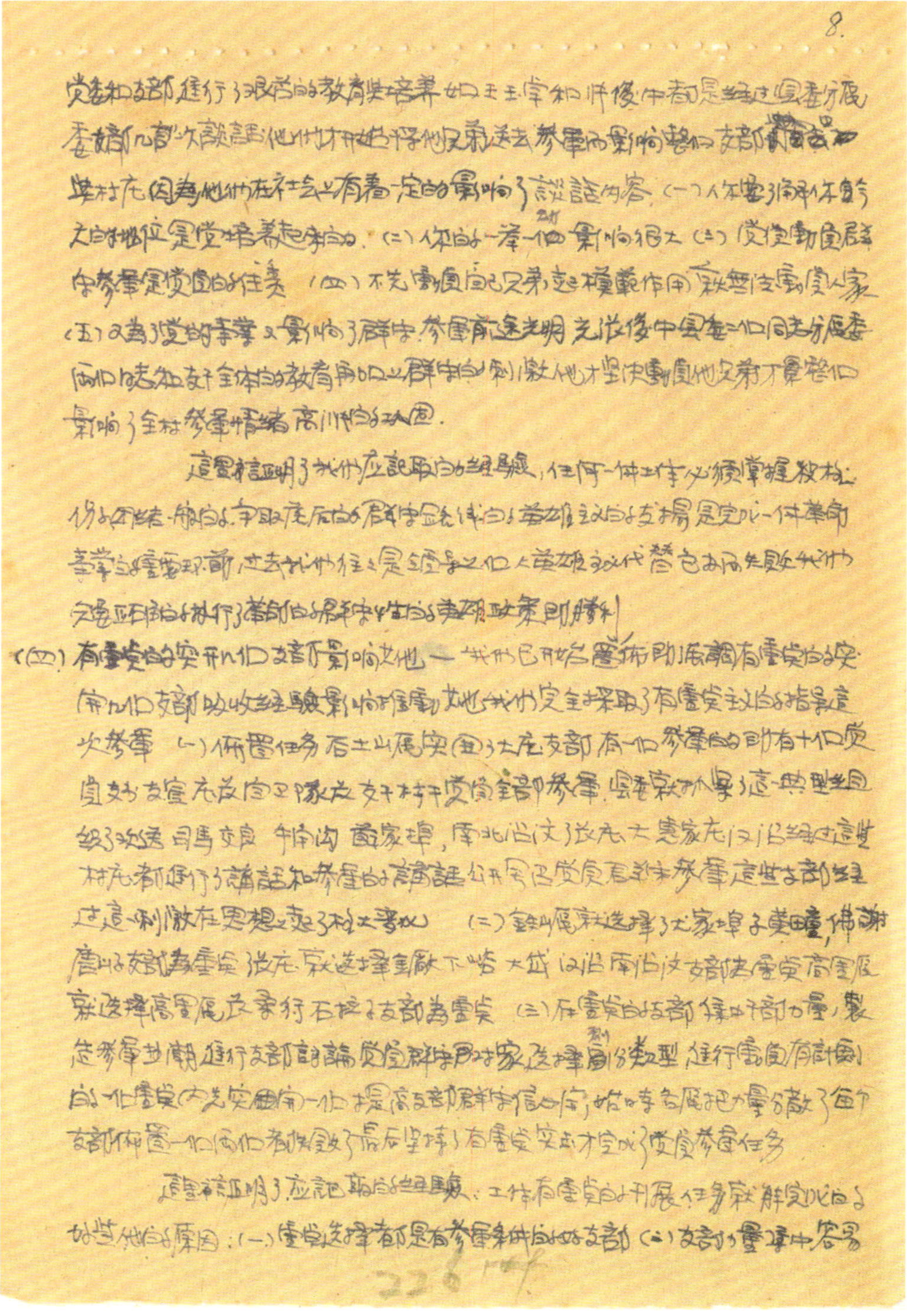

8.

党员和支部进行了艰苦的教育与培养，如王玉堂和许倭中都是经过区委分区委与支部几次谈话，他们才开始将他兄弟送去参军，而影响整个支部党员和此村庄，因为他们在社会上有着一定的影响了。谈话内容：（一）人人要了解个人与大的地位，是党培养起来的。（二）你的一举一动影响很大（三）党员动员群众参军是党员的任务（四）不先动员自己兄弟起模范作用，就无法动员人家（五）又为了党的事业，又影响了群众参军前途光明，光荣，像中尝上二个同志分区委的个人和支部全体的教育，再加上群众的刺激，他才坚决动员他兄弟，才影响影响了全村参军情绪高涨的现象。

这里证明了我们应记取的经验，任何一件工作必须掌握积极份子，团结一般的，争取落后的，群众会纠正的，英雄主义的立场是完成一件革命事业的重要环节，过去我们往往是重视少数个人英雄主义代替包办，而失败。我们只要正确的执行了党的正确的路线政策则胜利。

（四）有重点的突破，以支部影响其他——我们已开始布置帮助有重点的突破个支部，吸收经验，影响推动其他。我们完全采取了有重点主义的指导这次参军（一）布置任务后王山庄突出了大庄支部有一个参军的即有十个党员，好支部宣传及自卫队长，支干村干党员全部参军，区委就抓紧了这一典型，组织了欢送。司马支部、牛家沟、翟家埠，南北沿汶、张庄、大寨家庄以后经过这些村庄都进行了谈话和参军的座谈，公开宣传党员带头参军，这些支部经过这一刺激在思想上起了极大变化。（二）全乡区就选择了大家埠子、黄疃、佛谢唐的支部为重点，张庄就选择下峪、大峨、汶沿、南沿汶支部为重点，高里区就选择高里庄及李行、石埠子支部为重点。（三）在重点的支部集中干部力量，制造参军热潮，进行支部讨论，党员群众对于家选择剩分数型，进行动员，有计划的作重点（首先突出第一个），提高支部群众信心，同时各区把力量分散了，每个支部布置一个两个，有的集中了最后坚持了有重点突击，才完成了党员参军任务。

这里证明了应记取的经验：工作有重点的开展任务，就能完成的，好些地的原因：（一）重点选择都是有参军条件的好支部（二）支部力量集中容易

228

7

以备把掌握 （三）这样领导上很快的了解吸收经验 很快的了解了解任务与具体实际结合的情况 （四）发现问题快交流经验快 纠正偏向快 这便是我们的指导与一般号召结合的重要办法 这次能在扩军的数目上所以在完成8211名参军中即有4211名党员 士兵[illegible]重视是党员大大光荣了

丙 掌握时机就是热潮中的支部党员动员中：

热潮在一定的客观形势和群众的组织基础上再加上领导上主观的力量—热潮不会落后的。要造成热潮任务就要完全依靠支部 在支部保证有组织的群众 才能造成 这里附带将辽联县委在制造热潮的文件写在这里参考。

（一）六月十三日县委做了继续动员的最后一次布置：1. ①方针：以根据地为主 以新地区为辅（新地区以建立地方武装为主）以工农分子为主 并以归队为辅（旧队伍回归队伍者）要结合克服逃兵偏差 流了逃坏份子参军 免了是党员的现象 严重检查服从领导 造成混乱的现象 要克服党员畏惧 领导党员[illegible]党员参军的现象 积极接受过去我们扩军的错误去从思想上清算 接受旧参军经验 结合当时的情况以新的作风进行这一工作。② （二）进行苏联胜利盟军登陆（以解放日报社论）宣传胜利 具体的详细的广泛的宣传胜利 提高群众胜利信心 在根据地各种政策实施群众生活[illegible] 宣传与教育群众为保卫自己根据地而自愿参军的武装保卫 ③宣传口号 1.拥军参军保护生产 2.拥军参军保护胜利果实 3.拥军参军保卫根据地， 4.第二战场已开辟 苏英美三国决定今冬明春最后打垮希特勒 一定要扩大我们扩大主力 参加主力准备反攻 （四）依靠支部 ①继续四五月份的参军教育 ②检讨对党军的认识 ③继续支部对于参军问题[illegible]立场[illegible]的认识教育 在支部中树立模范作风 主要打通思想达到自愿 （五）开展群众性的竞赛 ①开展党内党外参军行动的检讨 ②各村组织之间进行挑战 ③在各种大会上竞赛 特别是青年妇女[illegible]实践（接受抗联这次经验）。④发动参军者的家属扶持（宣传竞赛[illegible]）

321

⑤群众性制裁坏份子，争取对参军保持中心的人物为参军工作 ⑥创造为参军而工作的积极份子 (六)有重点的组织创造参军英雄 ①我们要有参军条件的庄村进行有重点的突击（开始在一个开始参军时进行实际行动）②在党员中创造参军党员英雄和群众英雄 ③对这些英雄故事广泛传播影响党外党员 ④创造典型的扩军人物

(七)把一切准备工作做好 ①展开竞赛的各种会议25日后 ②征求群众意见进行修改 ③调查参军对象们的情况，按对象划分类型（各种）进行教育 ④全体干部准备巩固部队的工作从思想上准备 ⑤政府应很好的优抗招待工作

(八)数目分配：张店区30—35 铁山区25—30 土山区20—25 高里25—30 葛沟河阳河南5—10 青驼10—15 共计125—165名

(九)日期六月底截止教育准备工作（一切思想准备完毕）六月底开始总结准备七月一日开始参军突击。

（二）七一到来要抓紧这节日与七大去支部参军典型例子发动（用实际行动纪念七一 加紧参军工作给全体干部党员的一封信）（在我们党刚胜利愉快的日子里，党的生日到来了给我们带来了勇敢 带来了坚定 带来了布尔塞维克的工作方式与斗争方法 我们今年坚定的以实际参军来纪念党的生日保卫党坚决的跟着毛泽东走）

勇敢愉快的完成我们的任务是——

——号召全体干部和党员学习大庄支部全体参加党军英勇精神，他们勇敢而坚决不是怯懦者，他们采取着布尔塞维克互相鼓动互相鼓励的办法影响全支部参军。

二.我们要学习先进村庄的参军动员方式与艺术：

a.学习铁山区动员工作后再进的精神 学习妇女家属以女劳动英雄送丈夫的范例 学习大家埠[illegible]老大爷送儿上战场的精神

b.白石埠支部采取估计和小组有参军对象的庄里去直接给他谈帮助干部党员的全部参加对家属教育工作提出困难时帮助解决

c.大贤采取重视对家属的后勤工作大会欢送扩大影响，马上送招待所当时开始妇女组搞宣传用军属会议上影响家属，使有的妇女到处为自己的孩子光荣（当时有人们说太突出了）第二天早上开早参军的家属全同村干部和工作同志挨家解决困难使得家属完全自觉的自愿

11.

a. 比较过去先将积极份子动员好，再用积极份子动员其他对象，扩大成果。这里告诉经验：不要一个逆一个，因为忘了积极份子落后的事，唯动员少，但要积极份子带领可能对象。

b. 用对象动员对象，在互相冲击之下而共同参军，大大之良好方式。

三、我们要严格批评欺骗方式，投机观点。

a. 向干部告诉一个党员说「你带他去，你即回来。」使党员参军是党员义务和责任，这样模糊了党员对党章的观念。

b. 县重掌握用精减对象带二流子，对精减者说「你带他去，你回来」，对二流子说「你带他去，你回来」，这样欺骗了群众，加多了更多的二流子在招待所，那是完全要四次说服了，这是一个很大的错误。

c. 这些我们对于用军思想检讨会是对于这原是怎样呢；对于用欺骗来了那样怎样，所以有在于下参军观念，这也表现我们思想领导上对党军观念不够。

四、根据以上问题我们应进行的：

a. 用纪念七一、七七机会，村村开大会，唤起进行积极参军检讨，号召用实际行动纪念，动员党员及其他兵用各种会议欢迎参军者，请诉，以使扩军之用实际去教育群众，即是参军骨干份子，迁广大群众思想检讨参军相结合，以向敌学习青年自愿参军加入主力。

b. 有重点的突击打开平均分配思想，就是积极份子的在第一批之内，对于好的典型一个满足就造成的仿效思想，使党员一般村结合群众村结合就是一般村搞。

c. 方式要多样化，要普遍扩军，我们应当倍加努力，保证完成到此次扩军任务的计划。

这就是纪念七一要告诉大家的事情，也是给全体干部、全体党员，我们以而勇敢的用实际行动来纪念党的生日吧！我们要用布尔塞维克的高度积极性为参军而"向胜利前进"」

（三）在扩军期中产生了偏向（个别干部和一部份党员）要基本贯彻坚持

12.

这热潮不被偏向所淹没，于七月三日又发第一封信，“跟着动员采取新方案去改良的工作方法”，正在努力为参军工作奋斗的同志们，我们的参军工作现已完成七分之一，离二百人的任务的距离不足五分之一，时间已是七四了，[illegible]全家[illegible]完成二百新战士的任务。

这里已经把我们过去的方式打破了，[illegible]跟着动员采取新方案去改造的工作方式大家提出来定范例——

一、先动员自己亲属的[illegible]先进的兄弟如妇救会长先送丈夫

二、部门要部门挑战，个人要个人挑战，如妇救会长挑战妇救会员，挑战全体保证完成一个战士

三、用新的家庭[illegible]新的家庭，如妇救会长送丈夫之后用自己去[illegible]了其他家庭。

四、动员家庭将丈夫兄弟直接送到主力，[illegible]加大家提了妇救会长送丈夫已在招待所住了几天，并扩大宣传为参加[illegible]了到处[illegible]全区以很大的[illegible]方式才去。

五、这就是培养了积极分子，培养了参军模范，就是挑战的影响，这就是大家提了[illegible]高度的热情。

但仍有偏跑的带动员不能勉强，不够战士条件的（如[illegible]）这些方式必须加以[illegible]。

此联合已经成为了参军热潮，我们[illegible]同志们[illegible]革命啊！

今后[illegible]“提早加倍完成任务的号召吧”

（四）七一到七七是参军热潮的顶点，七七后[illegible]开始下降（干部的[illegible]认为完成任务了而松懈了），为了最后扩大的效果[illegible]才做了，为最后完成我们的参军任务，我们决定：我们用[illegible]（已有171、290[illegible]参加了主力）纪念[illegible]我们[illegible]

13.

实现扩军运动这一伟大计划！县委对参军决定如下

一、张庄区在将官庄、小河、涝泊、崂口未完成任务的村庄集中力量突开再完成10—15个新战士，其他村一律推动。

二、土山区一定突开东西桃花、小沟崖、崔庄、蒋河再完成20—25个新战士，其他村一般推动。

三、铁山一定突开南薛庄、佛谢、姜町、石柱埠子，要完成20个新战士，用奋斗其他村可直接送县大队。

四、葛沟河阳因根据情况大批工作停止三天，全个区至少十号送来战士20名，不得有毫丝借口，限期完成，提高干部责任心，坚实工作精神。

五、高里区各村自己决定，再完成15—20个战士。

六、青驼一定完成十个。

这是我们最后突击从七号到十号的时间，是全体党员革命性的坚定执行县委决定吧」

这是在制造热潮在全县各区进行的，为这样领导以来掌握这工作在热潮中支部发动广大群众动起来了，培养的党员英雄们都表现了他们对工作的高度热情。

a. 所有培养的参军模范典型英雄们都动起来了，王玉亭、张俊中、陈大娘、丁桂堂、大家搞好支书，这五个人都保证自己兄弟送来参军。

b. 马大嫂、王三嫂、姜三嫂都亲自送自己的丈夫，柏大娘、丁大娘、崔家都有一大娘二个儿子，两个已参军，这次又允许三儿参军。

c. 战斗英雄严作田、毛作成都亲自参军并带了群众。

d. 支书高建铭、戴腾吉、委员都带七个以上党员群众参军并沿庄宣传。

在这些模范党员英雄行动前后下，各庄都掀起了参军的热潮，打破了支部党员对参军的思想顾虑，党员这一行动整个影响了群众，如吴××、尹大爷、黄大爷都亲自送他儿子去参军。我们在制造热潮中的一个缺点是开展

231

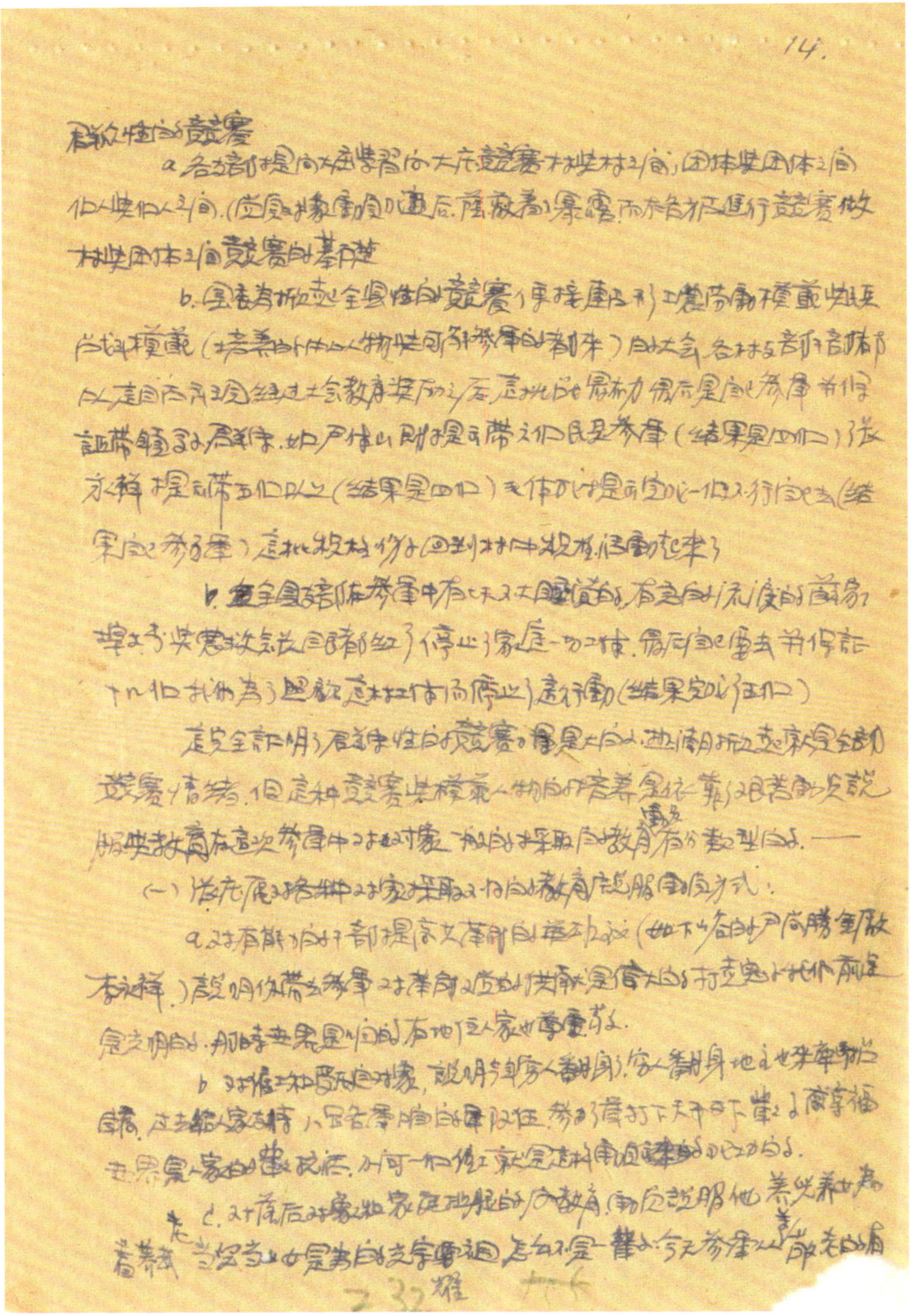

14.

启发性的竞赛

a. 各支部提出向大家学习向大家竞赛，村与村之间，团体与团体之间，个人与个人之间。（党员的模范作用通过群众的自觉而在各方面进行竞赛，做村与团体之间竞赛的基础）

b. 宣传与推动全区性的竞赛，[illegible]劳动模范与[illegible]模范（培养[illegible]人物与可能参军的[illegible]）的大会，各村支部[illegible]以[illegible]经过大会教育奖励之后[illegible]参军并保证[illegible]。如[illegible]则提出带[illegible]民兵参军（结果是四个），[illegible]提出带五个以上（结果是四个）[illegible]（结果[illegible]参军）这批[illegible]回到村中[illegible]起来了。

c. 查全区[illegible]参军中有[illegible]，有[illegible]的[illegible]，[illegible]停止了家庭一切工作，[illegible]并保证[illegible]（结果[illegible]）

这完全证明了启发性的竞赛[illegible]竞赛情绪，但这种竞赛与模范人物的[illegible]说服与教育在这次参军中对[illegible]对象，一般的采取的教育[illegible]有分[illegible]型的。——

（一）[illegible]对象采取[illegible]的教育说服宣传方式：

a. 对有[illegible]的干部提高[illegible]革命的[illegible]（如[illegible]）说明你带去参军对革命[illegible]贡献是伟大的，打走鬼子[illegible]完全明白的。那时[illegible]有地位人家也尊重。

b. 对[illegible]对象，说明[illegible]家人[illegible]，[illegible]翻身[illegible]，参加[illegible]打下天下[illegible]享福[illegible]

c. 对落后对象如[illegible]的[illegible]教育，[illegible]说服他[illegible]

232

的。有人说待翻身又尽忠又尽孝，忠孝两全。以后他说在家里就是这样做的，这都是[illegible]的
牛角沟也是这样做的。

d. 对党员有他一打骂爹的，对家庭用各种22条的去教育他，说明你在家庭为了他们人当作翻身家里的人服务材料，他人要受到刺害。你还可以为人家尊敬，前途也是光明的。主要说明这样服从党的利益也照顾了他们利益，保护了手下家里的。这样的内容来说服的。

(二) 土地改革后的分类型教育——他们分四种。

第一种是家庭困难的。第二种对青年有前途的。

第三种是家庭有矛盾的。第四种有些年老依靠了党。

主要教育 a. 进行阶级斗争教育，说明第二个时期的斗争胜利就在眼前。

b. 青年将来前途远大光明的。

c. 阶级斗争继续胜利的又翻身斗争将来就无前途(土地改革这样分配太小青年)。对有依靠党员的说明翻身之后得到了胜利(要看是否是[illegible]利是从翻身是自觉的。决不能给人家当的[illegible]的工作是光荣的。党员的主要是我们事的，只有这样的教育说服方式才能使群众信党。

这一时是翻身以来中最早最好的一段，使他们[illegible]分配时一气干了八个钟头不吃饭了。这里也就能代表一般的各部的工作模子的典型材料——

(二) 支部的概况

1. 该支部共包括两个庄子，19个党员，12个是中农(一个由贫农上升的中农)。

2. 该两庄在1947年时只有五个党员，未成立支部，在今年查组支部后，从中进行了发展才将支部成立起来。

3. 在查组中对党员基本条件进行了三次的教育，在原先的党员

中進行了立场檢討，這样啟發党員以及群众的階級覚悟的提高。

4.在查租结束時進行拥軍檢討，是从党內到党外進行的。檢討內容主要是对敌斗爭的关心问题及群众交公粮抬担架做鞋帮等的态度问题

5.从這些问题上說明这个支部是在斗争中发展的，在发展中巩固了党员与群众的联系，因为在斗爭中发展的党员在群众中是比较正確的，並是因为在查租中发展起来的，党员在群众中阶级觉悟的提高。

（二）支部拥軍实现制度（一般同全区支部相同）

1.動員参軍前——進行了由党內到党外由部分到全体的拥軍参軍檢討，如在党內先進行檢討后，又將党員分佈到工农青妇各部門再檢討，党員先起了模範作用來引起群众的檢討，工农青妇分别檢討后，又集体的進行了檢討

2.在生产工作中，分配每个党员都做好進行生產準備，說明今后的参军扩军任务，這样就给支部打下了準備扩军的基礎

這次的檢討就提出了参軍問題和動員参軍的問題來

3.檢討前對支部党員和群众教育的問題

①.說在八路軍的几次反掃蕩及我軍對地联的保衛，如九一八掃蕩時打青駝打了伯王三莊，1941年反掃蕩時連打17個据点，1941年冬季大掃蕩后打南北崖庄据点，1942年敌人搶糧時打南北黃埠大山唐山子等据点

②县大队一年中打的勝仗，如打劉莊村、三官廟、茶葉山、芦山、潘家庄等仗的勝利的事實

③今年的抗日團打馬莊，這些事都說明了抗日團的建立也教育群众。

17.

④.减细私生产运动与合作社的关系,这些利益是那里来的.

⑤.第二战场的开辟今年明春打败德国,明年就在攻我们必须准备力量,参加党军.

4.这些思想动员要检讨,坚固了支部党员参军扩军的观念,提高了党员群众扩军的积极性.

（三）支部的参军行动（领导艺术）

a.支委材料会讨论,在进行扩军时,支部首先召开支委会进行了讨论,又召开扩大的村干部讨论,各部干部又在各部内讨论.

b.征求抗属意见,订立优抗公约——支部召开了抗属会,一方面讨论,一方面征求抗属意见,如抗属提出"过去问题"…材料…就提到了群众,订立优抗公约,如群众提出保证抗属生活的口号,这样就解决了抗属的问题,同时也引起了抗属对扩军的关心.

c.支部克服偏向——支部第一个偏向就是想行动了,但没有信心,光看没有信心去扩,对这种没有信心的克服是采取帮助支部填具讨论,云了好多同志的积极,完成了,增强了支部扩军的信心.

d.党内提出口号,先动员自己再动员别人的口号,支书先执行了,将他兄弟动员去了.

e.开展挑战竞赛——开了部门挑战,个别挑战的方式,如青年农会进行了挑战,又如在扩大的村干部会议上,妇救会长的男人去提出了挑战,若三天扩不着,要自己去参军,又妇救会长也和支书进行了挑战,支书要动员他兄弟,妇救动员她男人,支部组织也同样一个青年挑战,三天扩不着自己去.

235

158

f.各种动员办法（1）用新抗属…

18.

要参军，他母亲不愿意，就叫妇救会长去说："您家很受人嘲，俺非是两口子，我就叫去来"，这样就说了这个老人。（2）用新兵动员新兵。一个参军的觉悟尚高，动员尚行，晓得因尚高的母亲哭，[illegible]不坚定时，又用这个批觉悟动员这个觉悟说："你先要劝去你自己的母亲[illegible]不对了"。（3）用新兵动员老人。妇救会长的男人（新兵）动员了他弟弟的母亲说："俺就是两口子，俺不是[illegible]不要这样了"，这样就安定了老人。（4）用老人的特点鼓励老人。青年参军，他母亲说了之后，他的母亲就在家里说："村干部叫俺儿参军是和我说都不会说"，这样我就去开他的会场，看的村干在外面听着了，就马上进去说："您儿参军真是好，我来和你说一声"，同时又进组织了一个青妇小组来动员他，即行了。（5）用互相激励的方法。如某某动员他弟弟二次工作时，但是他父亲尚未动员，后来他才找着他父亲在一块儿地说："咱这村子拥军，动员着自己人的时候都自不怕出腿"，就有另一个人提出来说："要是动员着俺，一定这样"，引到新参军的他父亲说："若是动员着俺，那个小孩子谁相挡[illegible]"，又接着他这话说："你先也参军了"，在这种情形之下，他父亲也说："我就叫他去"。

9. 动员以后的群众反应。——以[illegible]拥军[illegible]的方式群众对参军进行检讨后，对动员的[illegible]象在[illegible]上[illegible]群众对动员参军的情绪，[illegible]参军者的[illegible]如有一个党员在大会[illegible]提出来："我是[illegible]今天要参加[illegible]"，他青年[illegible]一个[illegible]他那个青年也就[illegible]这个党员的[illegible]，妇救会长也讲话说："我今

2 3 5 1 7

19

建勇兄！我们的军人去参军到前方去，大嫂嫂最好也和我一样，不但不拉后腿，最好也像我们的军人兄弟到前方去。今后我们也[illegible]讲话说：我送我的儿子到前方去，大家的人也要和我一样，这样前方才能打大胜仗，攻破了。以后由[illegible]代表讲话，后有一个佃户起来说：[illegible]靠着自己的身子，靠着[illegible]，我们应该[illegible]

他我捐了200元钱，令一位佃户也捐了200元，还一位佃户捐了一年麦子，他三个人的捐钱影响了地主，后他就也[illegible]捐了200元，我捐400元，令一位地主捐了200元，加上一年麦子，和三位地主捐了五百元。

九、以连队为单位欢迎、欢送，以连队为单位跟着参军——新战士[illegible]

[illegible]

[illegible]

[illegible]

[illegible]

[illegible]

237

树立了英雄，不去认真地照顾大众家属，使得全区很坏，影响了以后偏向演
没有群众热潮，因为在群众热潮中偏向往往产生，所以纠正此偏向又是
发动热潮必须进行的工作。

J. 工作的好坏与干部的提高

一、边联这次参军，有全区下的用谢黄町大庄支部干部全体参军，以及其他支部经过参军干部也很多，有300余以上干部带头，这些问题总是搞不好的话，影响群众也影响今后任务，当时在后工作很是提高。

a. 整理组织，将所有支部及各种组织一律配备起来，健全查租，削减封建势力，打击群众的优势，组织群众了解自己的任务。

b. 实行奖励，政府奖励好村长，群众团体奖励好会员，支部奖励好党员，总共奖励党员群众奖金3000元以上，奖励参军模范与工作模范共70名以上。

c. 抚恤家属，按家属情况进行照顾安抚，不得过问批评。

各村都请了抚庄，一般进行慰抚，解决各村中参军问题，但在支部村干配备时党员群众有不服当干部的现象，一般发现恐惧心理，恐怕当了干部也要起模范作用，参军会让他做，当时特别区委掌握这情况，因此特别指出，这是在各支部配备干部前先要召集检讨，党员把这些思想都检讨出来了，这样纠正了这偏向，支部党员提高了。

d. 全区支部干部信心提高了，认为过去工作无信心，但经过这次知道只要想着没有完不成的任务。

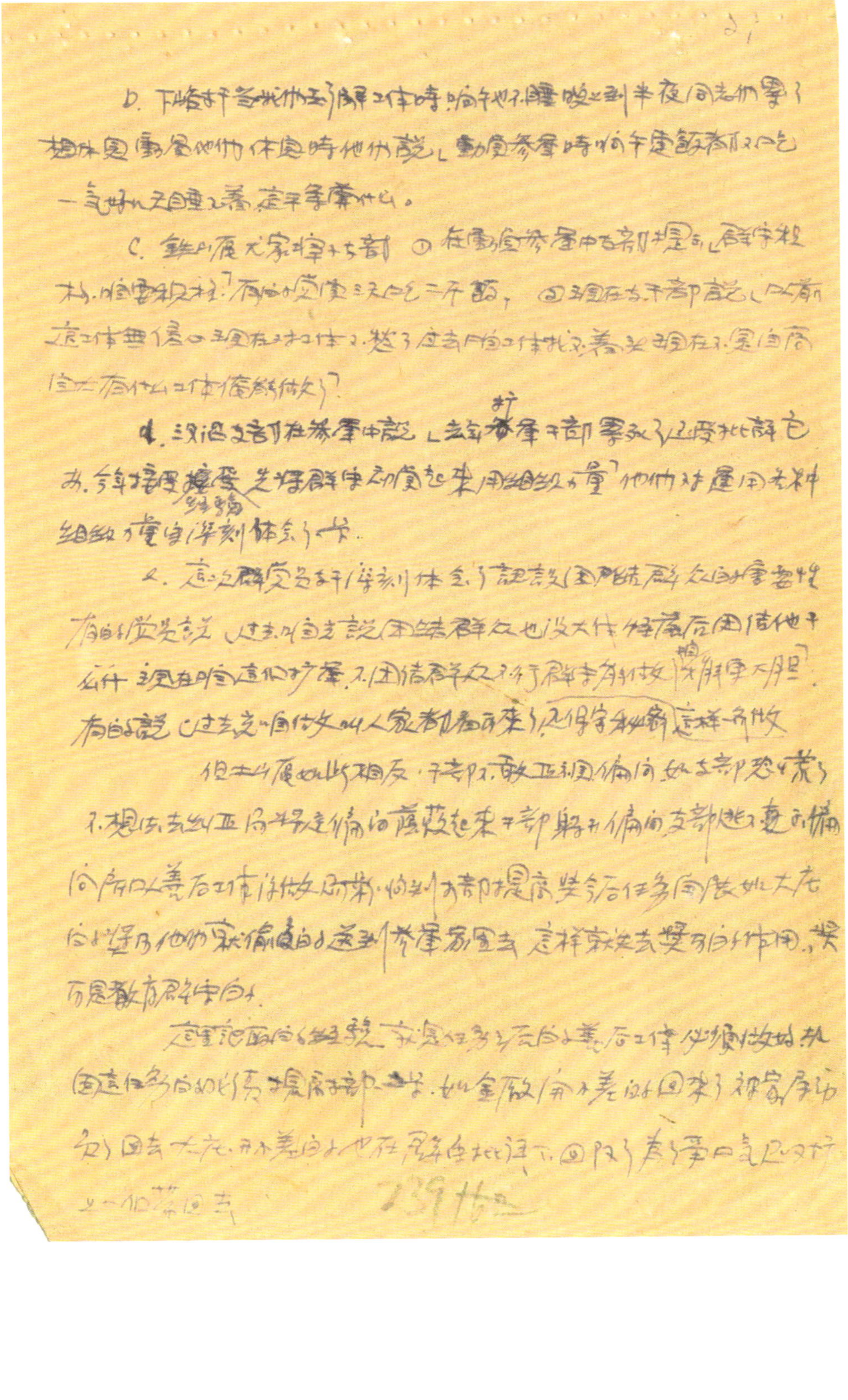

b. 下乡干部们到乡开展工作时，晚上开会到半夜，同志们累了，想休息，群众们休息时他们说：“动员参军时，饭都不吃，一气开到天明，这算什么。”

c. 铁山区大家村干部 ①在动员参军中支部提出“解决材料，解决困难”，有的觉得还是三斤四两，②现在干部说：“以前工作无信心，现在工作不愁了，应去开展工作，现在不是自己没有什么工作做了”。

d. 汉阳支部在参军中说“动员打参军干部累死了，还受批评”，今年接受经验，先将群众动员起来，用组织力量，他们对运用各种组织力量有深刻体会了一步。

e. 这次群众对干部深刻体会了，认识到团结群众的重要性，有的觉悟说：“过去我们老说团结群众也没什么，总是自己做，但干部现在明白这次扩军，不团结群众不行，群众自己解放自己干，胆大了。”有的说：“过去光自己做，叫人家都看不来了，还得学会这样去做。”

但也有与此相反，干部不敢正视偏向，如支部恐慌了不想法去纠正，而是将偏向隐蔽起来，干部躲开偏向，支部也不来克服偏向，所以善后工作没做好，对于干部提高与今后任务同联，如大庄的这些他们家就偏偏自己送到参军家里去，这样就失去模范的作用，也可是教育群众的。

这里说明的经验，完成任务之后的善后工作必须做好，执行这任务的好坏与提高干部[illegible]，如金殿俞不差的回来了，被家属动员回去，大庄开小差的也在群众批评下回队了，[illegible]

[illegible]回去　　239 份

以上就是边联参军工作支部活动的一个方面。根据我们应记取的经验，一切工作通过支部，依靠支部，提高支部作用，没有完不成的任务；但以英雄主义包办代替，我们没有不失败的。

——完——

中共鲁中区党委关于粉碎敌寇对我“政治攻势”与打垮敌重点主义的指示（1945年1月21日）

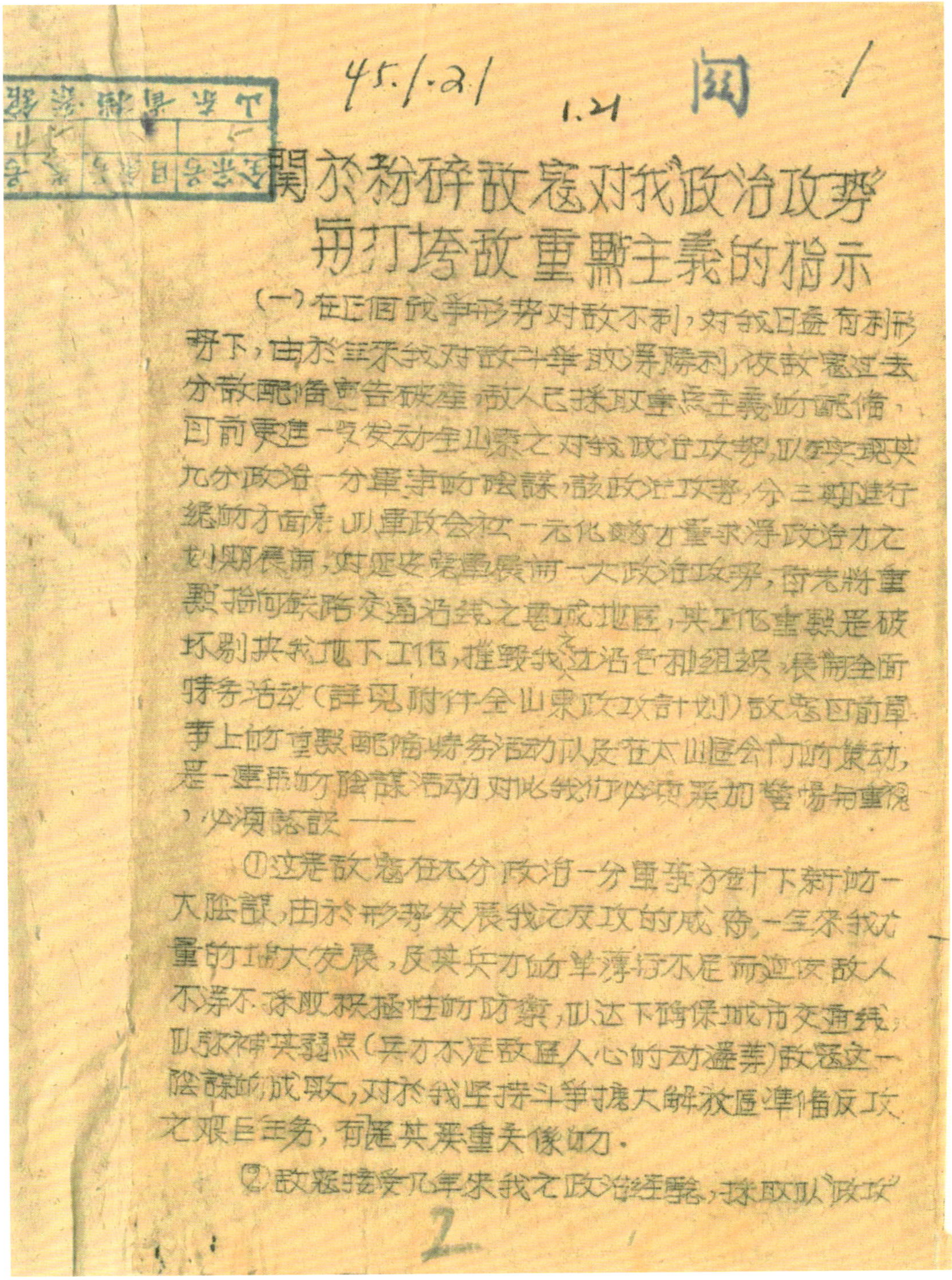
45.1.21　1.21　閱　1

關於粉碎敵寇对我政治攻勢
與打垮敵重點主義的指示

（一）在正個戰爭形勢对敵不利，对我日益有利形勢下，由於年來我对敵斗爭取得勝利，使敵寇過去分散配備宣告破產，敵人已採取重点主義的配備，目前更進一步发动全山東之对我政治攻勢，以期实現其九分政治一分軍事的陰謀，該政治攻勢，分三期進行，總的方面是以軍政会社一元化的力量求得政治力之切期展開，对延安党員展開一大政治攻勢，首先將重點指向鉄路交通沿線之要城地區，其工作重點是破坏剔共我地下工作，推毀我之沿合和組織，展開全面特务活动（詳見附件全山東政攻計划）敵寇目前軍事上的重點配備特务活动以及在太山區会门的策动，是一連串的陰謀活动，对此我們必須更加警惕与重視，必須認識——

①這是敵寇在九分政治一分軍事方針下新的一大陰謀，由於形勢发展我之反攻的威脅，一年來我力量的壯大发展，及其兵力的單薄與不足而迫使敵人不得不採取積極性的防禦，以达下確保城市交通线，以弥補其弱点（兵力不足敵區人心的动搖等）敵寇這一陰謀的成敗，对於我堅持斗爭擴大解放區準備反攻之艰巨任务，有着其嚴重关係的。

②敵寇接受几年來我之政治經驗，採取以政攻

2

(特务性军事性的)对我政治攻势的游击对游击，以便衣对便衣，与我针锋相对；趁我边沿区薄弱与城交工作未打下基础之前争取先机，以阻挠及破坏我之反攻准备，达到他巩固城市交通线及资源区控制伪军破坏我敌伪工作之目的，与我争夺边沿区这一跳板来进攻蚕食我们。我们今天仍有许多严重弱点与空隙(如边沿区政策群众斗争与对敌斗争的脱节还有政策上的偏差等)给敌人造成活动的条件与机会，这是必须引起我全党全军深刻警惕的。

③敌寇目前正面进攻西南窥伺西北，眈视南洋，对敌后目前仍采守势姿态；但这种守势不是坐守，而是积极的政治性的进攻。我们不能丝毫忽视，必须正视与认识对于我之危害，主动的打垮敌人这些阴谋。今后敌人的军事奔袭及清乡活动将更频繁，任何麻痹松懈的情绪都可能招致不必要的严重损失。我们的任务不仅要坚持今天的斗争，更重要的是要积极的准备反攻。今天的战争形势发展对我是有利的，敌人力量日益削弱，基于我之几年的工作基础与斗争成果，我们应有充分的自信来粉碎敌人的阴谋。

(二)根据上述情况，各级党委在党的一元化的领导下迅速执行以下任务：

甲、坚持边沿打垮敌人的重点主义；除执行分局指示外(参考大众报一月十一日社论)提出如下重点：

A、必须从思想上认识与重视边沿区斗争，认识

3

堅持邊沿區的戰略意義。邊沿是对敌斗争的跳板，是我前進的陣地，與根据地的建設巩固是息息相关，堅持的好坏及邊沿政策执行的正确与否与我根据地之存在成败是相关联的。目前必須克服几种思想：(一)自满麻痹满足现状（根据地扩大我之勝利等）輕視敌人，根据地建設与邊沿斗争脱節，今后必須把堅持邊沿与根据地并重，有些地区应以堅持邊沿斗争為主，必須認識没有强有力的邊沿斗争，就没有巩固的根据地，我们就失去对敌斗争的陣地，城交工作与敌區工作就失依托而难於開展。(二)練兵訓練与邊沿斗争脱節，对邊沿敌人建立，未引起应有之重視，練兵与战斗保衛邊沿人民利益未結合起来，形成邊沿的空虚，群众对敌斗争失去支持与依托，这是今后必須糾正的。(三)未能很好認識今天邊沿区的性質，由於一年来的發展，今天的邊沿多是過去的敌佔区，敌人有其相當的基礎，我們基礎差，因此在执行政策上团结一切人民对敌斗争異常重要。發动群众必須与鄉村社会建成密切結合，组织廣大人民統一戰線对敌斗争。任何片面孤立舉动都會造成錯誤。太歷会门暴动我主观上就犯了一般化的錯誤。这些问题在思想上的打通，是今后堅持邊沿的基本问题。 二

B.掌握邊沿区政策——应從一切為着团结人民，一切為着对敌斗争的勝利着眼，根据具体情况運用执行政策①克服殖民地观点（特别是政府经济部门民兵等）發动反資敌。適當減租。開展生產減輕負担。糾正今天

“二面负担”工作人员贪污腐化乱徵乱没收，随便抓捕打骂造成群众反感，脱离群众的严重现象。②認真檢查政策的执行，纠正根据地的一套方式硬搬到边沿区敌佔区。特别注意纠正发动群众中的幹部包办代替強迫命令现象，幹部党员不懂统战，到处斗争，使得地主势力联合起来給敌人利用反对我们，忽视团结对敌斗争，今后应注意联合一切力量，依靠基本群众打击最坏的争取上层份子。③必须重视关心人民疾苦，强調維護边沿群众利益，加強反抗粮反资敌斗争，推減对敌负担中（边沿更要的）来团结各阶层一致对敌，提高人民斗争传统。

几個主要政策问题应很好注意：

①经济政策执行应一切為了对敌打击奸商，没收汉奸物资（应是极慎重的）宣傳敌人经济掠夺，其出发点应以不損害人民利益打击敌人经济掠夺為原則。因而一般偽币偽钞不应随便没收（打汉奸的不在内）应及时兑换，确实便利人民与敌区经商流通，禁用偽票应耐心宣傳說服不应简单化。

②政府方面，徵粮应少於根据地，着重保護領導人民生産运销，来改善人民生活，减轻人民负担。

③群众翻身斗争应与对敌斗争密切结合，一切应照顧团结对敌，原则上不应超过五一減租或、一五一斗争对象选择最坏的，方式是緩和的，群众自愿原則。真正是群众自动的做，不应包办代替，假若我们

5

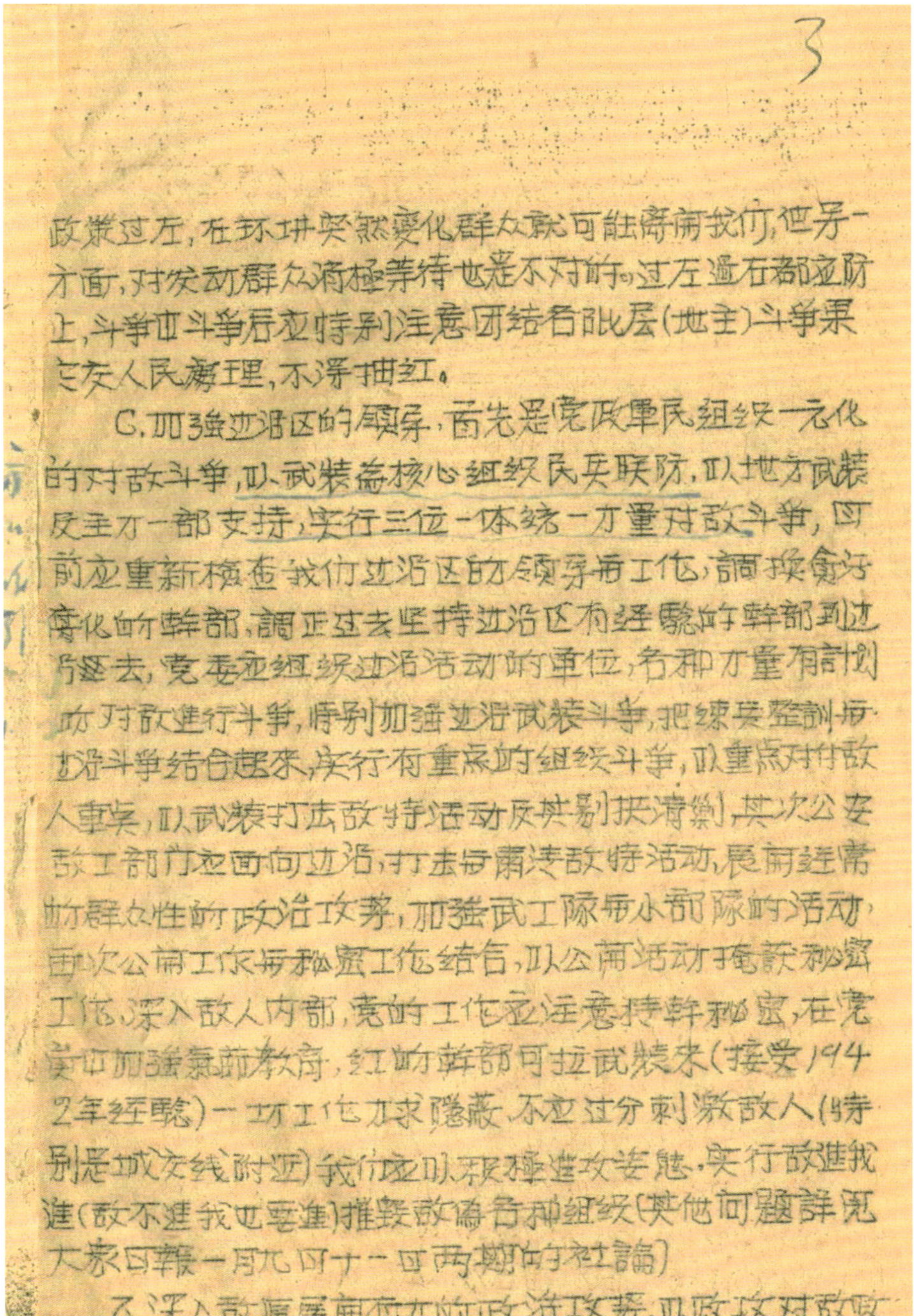
3

政策过左，在环境突然变化群众就可能离开我们，但另一方面，对发动群众消极等待也是不对的。过左过右都应防止，斗争中斗争后应特别注意团结各阶层（地主）斗争果实交人民处理，不得抽红。

C.加强边沿区的领导，首先是党政军民组织一元化的对敌斗争，以武装为核心组织民兵联防，以地方武装及主力一部支持，实行三位一体统一力量对敌斗争，目前应重新检查我们边沿区的领导与工作，调换腐化的干部，调正去坚持边沿区有经验的干部到边沿去，党委应组织边沿活动的单位，各种力量有计划的对敌进行斗争，特别加强边沿武装斗争，把练兵整训与边沿斗争结合起来，实行有重点的组织斗争，以重点对付敌人事实，以武装打击敌特活动及其剥扶清剿，其次公安敌工部门应面向边沿，打击与肃清敌特活动，展开经常的群众性的政治攻势，加强武工队与小部队的活动，再次公开工作与秘密工作结合，以公开活动掩护秘密工作，深入敌人内部，党的工作应注意干部秘密，在党员中加强气节教育，红的干部可拉武装来（接受1942年经验）一切工作力求隐蔽，不应过分刺激敌人（特别是城关线附近）我们应以积极进攻姿态，实行敌进我进（敌不进我也要进）摧毁敌伪各种组织（其他问题详见大众日报一月九日十一日两期的社论）

乙.深入敌区展开有力的政治攻势，以政攻对敌政攻。

6

①、展开大规模的群众性宣傳攻势，除認真执行对敌冬季政攻指示外，針对敌人宣傳及其在當地具体活动情形提出具体生动内容，揭穿敌人自衛自治护路鄉村建設組织自衛团利用会门抓劳工等陰謀，說明鄉村建設就是压榨老百姓的血汗，抓丁捐款就更多，自衛团組织起来了就要調到太平洋打仗或修工事，被去下煤窯，爱民部隊就是害民賊，宣傳敌特罪恶，舊年關時期应作專门的佈置，深入敌区宣傳，展开反汉奸运动，对突出据点展开群众的圍困封鎖。

②組织武工隊及小部隊深入敌区摧毁敌偽組织，并設法掌握以抓捕方式逮捕偽鄉村長、办公人員，進行很好招待教育放回，武工隊应着重打击敌特便衣，对其暗线諜報員应以寬大对待耐心教育，对一切為敌利用人員应以打拉方式爭取之，此外有計划的圍繞敌重点区交线坚持開闢工作，并設法建立敌区隱蔽武装小組，巩固我之敌区工作基点。

③組织反資敌斗爭打击敌人掠夺，運用过去经驗，对敌人拖交、少交、緩交，把合法斗爭和非法斗爭结合起來。

④、加強打入工作，訓練幹部及各种人員打入敌偽各种組织取得情報，尤其設法控制為敌偽所利用的各种組织，打入工作应作我之中心任务之一。

⑤、我之敌偽軍工作及城交工作应更好隱蔽，工作人員之活动应更警惕小心，大吹大擂工作方式必須改

7

4

处，工作中应严格秘密纪律，一切工作登记应严格编码、代号、严密保存。

丙、展开对帮和封建社教团体道门会及各种三教九流人士的工作，必须认识我们不以艰苦耐心的工作来主动团结他们，发挥他们对敌斗争的作用，他们就有极大可能成为敌人的外围力量，反对我们（目前事实已很明显）我们过去对此一向忽视、小气，不善于团结他们。今后——①、各地应对这些封建团体与人士认真作调查研究，了解其内部情况（特别是边沿地带的）研究提出对策。②争取搜集与他们有联系的人与较开明的人物通过他们去进行疏通团结工作，给予他们以训练及必要的活动经费，用一切办法从敌人影响控制中，争取成为我之外围。尤其应注意物色能作这一工作的干部来进行此种工作。③、根据去年夏攻补充指示中后一部份的原则精神来慎重处理社教团体及人物的问题，原则上应从宽大，耐心教育不可操之过急，有几种情况应分别处理：

1、边沿区的地区领导上应纠正过去忽视教育，只顾进行一般工作的现象，在进行工作发动群众斗争中都应照顾他们的特点，斗争对象应很好的选择（拣最坏的）斗争应有一定限度，日常教育中应着重反迷信教育，从教育群众发动基本群众中来改造会门区。

2、对敌人占优势地区的会门区更应小心团结他们。

丁、敌人攻势计划中明确提第一期为侦察准备，第二期以武力为主之攻势，对我实行剔抉破坏我物资，在整

8

前形势，仍是敌强我弱，敌人改用重点配備后随時可以以地区性三五千向我边沿或深入中心实行清剿破坏，因此必须警惕，根据地党政軍民加强战争观念，反对太平麻痹、胜利自满，輕敌骄傲，应将戒備战经常化，加强边沿与内地戒严，捕捉汉奸敌探，尤其过历年关更应提高警惕性，随時防止敌奔袭。

（三）这一指示各地党委应認真傳达佈置，在幹部中进行教育，求得打通思想，在实际工作中贯徹这一指示的精神与实质，特别是边沿区，地委軍分区应派幹部去作傳达佈置此指示，应召集党政軍民擴大会議傳达，政府及工商管理部门及太山对太歷和太萊地区会门工作根据实际情况应作專门佈置，边沿区党政軍群机关应以此指示作為主要内容之一，执行情形与冬季政攻工作一齊总结报告。（会门教育，争取政攻斗争应以此指示作参）

區党委 一月廿一日

播、勞、被敌人利用他们的阴谋，一切问题应從寬處理，服從於团结他们对敌斗爭的原则，此外設法爭取其内部积极份子，接近他们時更应尊重他们習俗，

3、在敌人利用下发生騷动或反对我们行动時，应本政治方式解决為主，一般尽可能不用武力解决，根据情况作适当處理（如以政府面目派人去接洽，双方談判等）

6

9

中共鲁中区党委关于开展拥军参军运动指示（1945年1月23日）

1.23 45.1.23

关於開展擁軍參軍運動指示

一、擁軍優抗是中央十大政策之一、規定每年必須在全根據地無例外的展開群众性运动，在过去一年中部份地區对这一工作收到了成績，全區动員了五余人參加主力與地方武裝，軍民关係改善，优抗劳軍等以沂联为最好，雖有上述这些成績，但仍存在許多缺点，主要表現在從各级領導机关到一般幹部，從党員到群众对擁軍政策思想未打通，没有全面造成人民自覺自願的经常擁軍运動，战争观念、愛兵思想、淡薄，优抗不好，优待不及時，尤其对主力抗属及残废軍人安置优待不够，没有很好帮助他勞力生產，在擴軍政策上犯了強迫命令、欺騙收買威逼，脱离群众不走群众路线，湊足成数不求精壮的現象，对地方部隊反逃亡斗争做得更差，許多地区没有及時动員归隊，軍民关係上尤其在中心區表現不够親切熱情等，这些缺点應得全党各個領導机关尤其是支部应作深刻檢討，認真打通思想，把中央政策切實执行起來。

在过去一年中我鲁中區对敌偽斗争上取得了很大勝利，粉碎了敌人扫荡蚕食封鎖分割，進行了反封鎖，討吴、保衛夏收、沂城、莒安冬季攻势、六次主动出擊進攻，消滅了大量敌偽軍，巩固了根據地，擴大了解放區，根據地联成了一片，对敌斗争形势雖有了很大改变，但絶不能因此而產生驕傲自滿太平麻痹，必須

2

深刻教育全体幹部、全体党员、全体群众，認識敌后倾是敌强我弱基本特点，雖然總的国际形势極端有利，打垮德寇今年可能实现，但我们还須經过艰苦複雜斗争，继续坚持克服困难，生長壮大自己的力量，鞏固更加团结，才能最后战勝敌人，因此我们全党在今年二月份应無例外的坚决执行中央及毛主席提示的拥軍优抗及分局春節拥軍优抗工作的指示，掀起全区群众性的拥軍优抗参軍运動，在党委统一领導下，全区以二月為拥軍运动月，全体党政軍民，均以此為中心進行工作，求得思想上組织步调更一致，坚决克服宗派门户之見，絕不允許有任何單位脱離此中心的而独立主义思想與傾向，这是保証中心任务能够完成之首要條件，切实纠正缺点，打通思想，做出新的成绩。

二、今年拥軍参軍运动工作之進

甲、打通思想，建立正確的拥軍观念，战争观念，爱兵思想，全区实行普遍的拥軍思想检討，人民以村為單位的村民大会及各組织间良心检討，加强群众拥軍参軍靠誰反攻的思想教育，利用年关文化娛樂活动以此為中心，以打下春节参軍基礎。

乙、政府群众团体認真的检查优抗，执行优抗，将黎政委行政会上关於拥軍参軍报告很好的一一实现起来。

丙、支部应成为参軍拥軍骨干，加强支部党员教育，使大家了解靠誰反攻，用什么力量去反攻，和爱护党

3

軍的教育，培养参軍对象。

丁、老区可軍民可以实行联欢团拜举行娱乐晚会拥軍大会等，改善軍民关系、感情融洽，消除隔阂，重精神，不重物质，一般不要走分強調物質系劃。

戊、軍隊方面要負責擁政愛民，執行政治部號召以配合地方擁軍运动。

三、关於在執行参軍注意的問題：

（甲）根据地無例外的進行擁軍优抗的原則下，凡進行了減租地區可以進行参軍工作，如未減租之新區群众無基礎，宜又從緩，則在擁軍运动任务下貫徹減租準備大生產工作，把群众起来，可以一般動員参軍。

乙、参軍政策上必須走群众路线，組織路线，主要依靠艰苦的思想教育，支部保証作用，优抗工作的执行，实行自願自覺的参軍，坚决纠正強迫威脅欺騙收買的错误办法，任何形式或變風关观点必須打破实事求是的走群众路线，估計参軍成效，首先就是参軍政策的执行只有正确的群众民主路线，才会造成群众性的擁軍运动。参軍成效並是年輕力壮，合乎精兵主义原則的，坚决反对数目字的现象。

丙、今年中心工作一個貫串一個要求在参軍运动为中心任务下，各级党政民幹部，善於将查減工作與之結合，並準備生產工作，準備联系或直接準備，在擁軍村动員時並联系三月大產之動員，為完成参軍之區村縣並按不同村区，转入以大生产为中心，各地应自主掌握起来，争取工作之主动。

下级的参军任务下以党为核心，并善于组织政民武及各组织力量，大家同意以拥参军工作为中心去进行工作，尤其公安部门注意及时收集哄抢破坏份子对参军之破坏予以教育。

四、关于扩军补充主力数目分配及补充计划如下：

泰山区应扩大八百，其中应补充二团二百人。

沂蒙区应扩大二千，补充各团计划另定之。

泰南区应扩大八百，其中应补充警卫二百人。

沂山区应扩大一千五百，其中应补充一团五百人。

鲁山区应扩大二百人，补充二团。

以上分配希各地委具体研究执行办法，具体数目分配，各地可根据群众基础，分配群众未发动之地区主要发动群众在群众基础上进行，不必具体规定。一般的二月上半月作思想准备与发动，下半月为直接公开动员，到三月五号应结束扩军，转入生产运动，各地应防止因时间限制，所发生偏向，收买拉夫强迫的办法。关于参军经验，由工作通讯陆续介绍。

五、关于接收新兵与巩固工作应注意问题：

1.对新参军家属的安置，与优待问题，按照规定发给优抗粮，并帮助劳动进行大生产。

2.对参军战士的欢送欢迎造成参军热潮，因此次参军人数较多，一般不强调骑马，主要是精神上安慰、

5

欢迎欢送、

3.参军战士一般应动员他穿现有棉衣，军队发给单衣，到热天允许其将棉衣寄回家，以减少一笔开支。

4.各县以区为单位组成连排送县，由县组织起来，各县并自应组织新兵招待所，进行接收新兵工作，由军队派得力军政干部帮助建立建队，先进行文化娱乐时事教育以巩固情绪，生活上统一规定，每日每人按二元菜金开支，粮食不足时供给小米细粮各半吃。

5.对来往新兵家属，应很好的优待鼓励。

6.进行新兵体格检查，如不合格者经过耐心说服动员其回乡村，这主要在选择参军对象时应解决，不应为凑数为完成任务而浪费现象。

鲁中区党委

一月廿三日

中共鲁中区党委关于开展今年大生产运动的指示

（1945年3月1日）

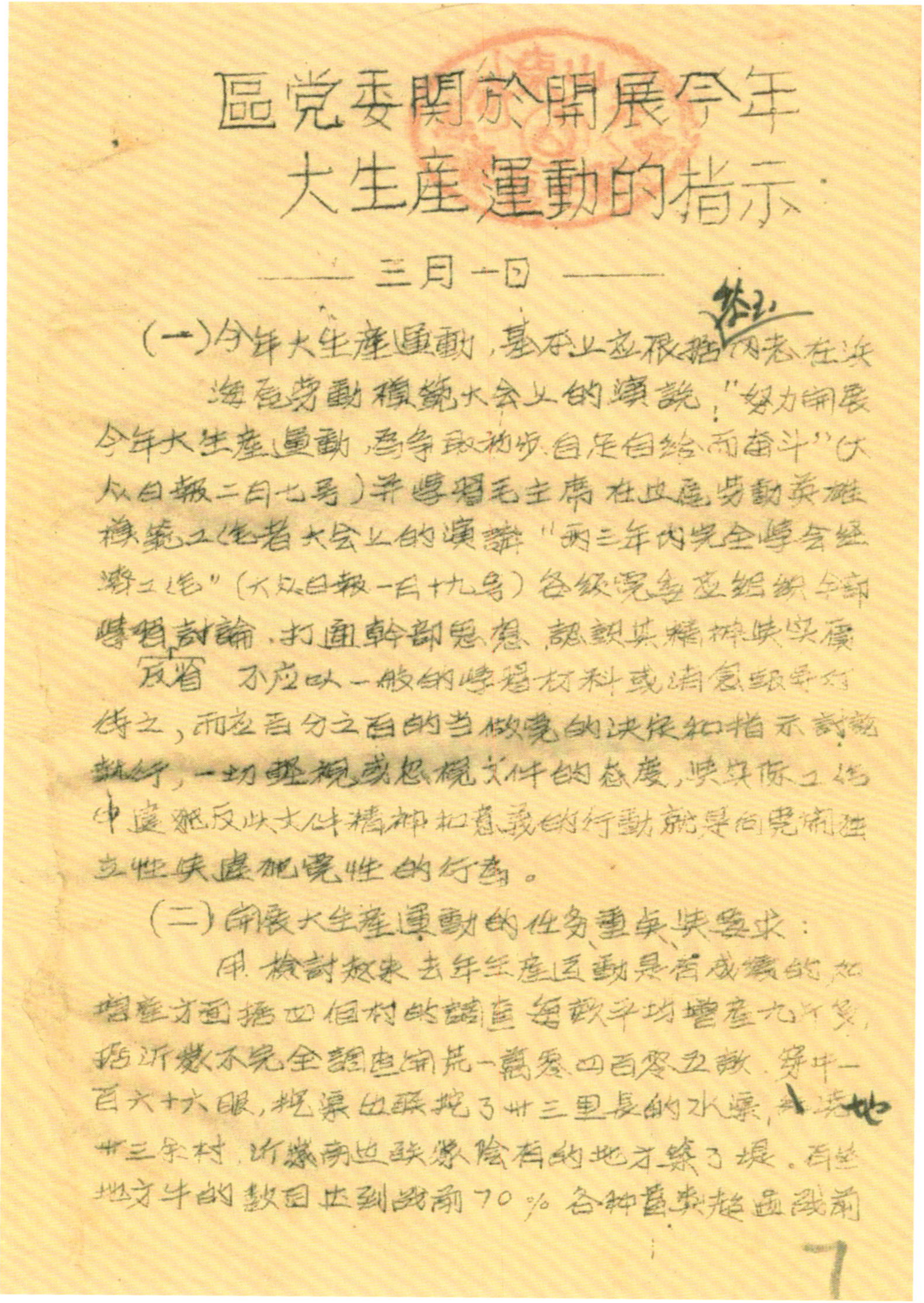

區党委關於開展今年大生產運動的指示

——三月一日——

（一）今年大生產運動，基本上應根據黎玉同志在濱海區勞動模範大会上的演說："努力開展今年大生產運動，為爭取初步自足自給而奮斗"（大众日報二月七号）并學習毛主席在陝甘寧邊區勞動英雄模範工作者大会上的演講"兩三年內完全學会經濟工作"（大众日報一月十九号）各級党委應組織全部學習討論，打通幹部思想，認識其精神與实質，不应以一般的學習材料或消息報导對待之，而應百分之百的当做党的決定和指示認真執行，一切輕視或忽視文件的態度，與其在工作中違犯反此文件精神和意義的行動就是向党鬧獨立性與違犯党性的行為。

（二）開展大生產運動的任务重点與要求：

甲.檢討總結去年生產運動是有成績的，如增產方面據四個村的調查，每畝平均增產九斤多，據沂蒙不完全調查開荒一萬零四百零五畝，穿井一百六十六眼，挖渠，出縣挖了卅三里長的水渠，澆地卅三餘村，沂蒙南边縣靠陰有的地方築了堤。有些地方牛的数目达到戰前70%，各种畜类超過戰前

7

水平，施肥有不少村庄超过了战前水平，（主要是中农富农）如□县许西?村庄调查战前二百斤，现在每亩八百斤，超过了四倍。劳动力组织：劳动互助组发展到9.4%，纺车组织起三万余辆，合作社发展到五百余处。机关部队开了不少荒地。由于生产的结果，部队与群众生活改善了，克服了灾荒。□□的村庄群众生活水平够吃够用的占37%，缺粮不够吃粮的占42%，有余粮的18%，不够用的仅15%。同时组织了群众，提高了群众的经济政治地位，培养创造了许多劳动模范、英雄，如吴满有、王敦一，部队中的李南山等，部分的改造了二流子，懒汉。但我们的成绩不大，尚存在着许多缺点和毛病。如根据地内人民还有缺粮吃的，忽视穿的问题，兴办水利，去年大旱吃了亏，布贵粮贱现象未解决，植棉尚未开展，纺织合作社不普遍。特别是在生产组织中形式主义，变工组织的大部垮台，根据七十二村调查原有变工组673组，4356人，垮台的346组2345人。（这七十二村都有劳动模范或代表是生产中较好的村子）机关中部队自动生产差，这充分说明我们对生产运动忽视，形式主义，群众观念不强，同时说明我们群众工作生产工作的不善于生产工作和其他工作结合差，如查减工作，对敌斗争方式结合以及其他任务的结合等。

乙、根据毛主席十五项任务开展生产任务是：

我們堅持抗戰準备反攻中心一环，軍民毫無例外的一齐動手，涌入生產運動，我們的要求：

①普遍的增加產量，多施肥，每畝上七車到十車糞，麥子普遍多鋤一遍，高粱多鋤兩遍，研究深耕細作，要求每畝多打十斤糧食，魯中約6000000畝地，增產60000000斤。但要照顧到地區和生產基础，平原地要多些，山地要少一点，据不確实的調查平原地約佔土地總数40%左右。（這主要由於新解放區平原地最多）中心區要多一些，新解放區要少一点，因為中心區經過了幾年經营有一定生產基础，各种畜類肥料人力各方面較好，新解放區才從敵偽國民党統治下解放出来，生產大部份未恢復起来，在敵偽國民党反動派摧殘之下土地荒蕪，人民窮困，畜類減少，像山北區蔡家庄四十八個庄子沒牛驢，壯丁出亡人力減少，因此要在解放區恢復生產過程中提高生產统情绪發展生產力。

在農業生產上一般应強調深耕細作，不應無条件的提出大量開荒的号召。

②推廣植棉，解決布貴糧賤困难，要求每個人平均种一分地，魯中人口約計三百余萬，共植棉三十萬畝，這個任务可以完成的。目前棉花產量部份地方比戰前增加4.9%，平原地扩大，棉產更可增加，如章邱全县植棉地二萬余畝。但植棉要調剂棉种，各地除自行換籽棉种外可設法調

8

剂，酝酿决定棉株数量剂，各地可根据地区分配数量，聘请种棉有经验者帮助，广泛宣传种棉种棉的好处，~~为了推广植棉政府棉贷壹千余万元~~

③ 普遍开展纺织事業，按每廿八一户纺车每二百人一张织布机，争取达到廿万纺车两万张织布机，注意缔[illegible]纺[illegible]，提倡妇女纺织。

④ 兴办水利，植树造林，创造"靠天吃饭"思想，根据不同情况开展水利，如开渠利用自然河泉水河流等，如汝河紫河均是长年流水之河，大量引港河水均可利浇地，有些河须先筑堤开渠。普遍的植树运动，注意山谷河川两岸大量植树防止旱涝水灾，号召造林，创造植树英雄，去年沂临县河边植树虽然有结果很好，故今年应大大提倡。为奖励植棉，兴修水利，政府决定贷款二千万元，这批贷款如运用适当对于今年增产棉花，开展水利是有决定作用的，各地应以县为单位根据需要和自然条件分配，要防止"村村平均""平均分配""只贷不收"等偏向，以免造成浪费。新地区应利用贷款解决生产工具等。

⑤ 部队机关仍以[illegible]为主，开荒要向边沿新地区发展。一般应向自主开荒出的粮食二种标准发展。生产要有计划，机关部队都应做出自己计划，为了长期打算，将战争工作与生产劳动结合，使每个人保证完成。

（三）应紧紧掌握大生产运动的中心一环，——组织起来实行变工互助，大量组织合作社。

①动员广大群众实行变工互助，宣传变工互助的好处，根据各地区情形和顾虑，具体说明变工的好处，主要是基本群众。各地劳动模范劳动英雄和变工队、合作社应推动成为宣传堡垒，每一变工队员和合作社员应成生产运动的宣传者和组织者，学习劳动英雄张富胜的互助合作精神，争取全劳力普遍组织起来，有条件的实行全家全村大变工。

②组织变工应采取领导和自愿相结合（同时不能放弃领导）领导必须从群众自愿出发，贯彻群众路线，采用"耐心说服，典型示范"反对强迫命令形式主义。应以支部为核心，积极分子为主体，贫民可适当分散参加（应照顾斗争环境，边沿和中心区应有不同）。组织形式应由小到大，由简单到复杂，应根据生产基础和群众条件可采取各种形式，农副业结合的变工形式在农村中可以普遍发展。恢复与改造不起作用的变工组，如不能恢复、不能改造的就干脆重新建立。改造过去一切不合理的旧形式组织，使其适合于新民主主义经济发展方向，而对旧形式不加改造而大量发展是错误的。三
为了巩固变工必须正确的处理剩余劳动，特别贫农与中农变工劳动剩余的处理。

合③普遍大量的组织合作社，不要只限于纺织事业，但纺织是主要的，同时要向农业、耕畜、畜牧、

9

棉业运输文化等方向发展。根据群众迫切要求逐渐组织起来。合作社的发展必须与查减群众运动与生产运动相结合，由群众自愿入股，并严格防止强迫敛金、控制群众斗争果实入股现象。做到真正为群众服务，由群众掌握，克服"包办""包庇"及单纯营利观点。妇救会应动员妇女纺织并进行奖励。

④ 大量培养劳动模范和英雄，作到逐渐做到合作社各种生产组织中均有模范人物，愈多愈好，争取全村模范，创造模范村，在选择模范条件上应注意政治与技术条件结合，领导上应善于帮助和提高，防止自满高大脱离群众。减少其职务以免妨碍其生产。今年要大大的开展[illegible]运动。

（四）生产与查减相结合：查减运动去年有了一些成绩，但极不充分，我们一定要遵照上级分局指示："凡是未减租地区应继续以减租为中心，凡是减租已完成地区应以生产为中心"。在中心区已执行减租地区应在生产运动中彻底清查暗不减。去年新解放区，减租较差地区应贯彻查减结合生产。但在生产紧张时期要抓紧推动生产。边沿区主要是团结对敌，劳武结合，减租应少於五一或更少一点，在方式上要采取斗理方式，宣传党的政策，依靠基本群众团结各阶层，不要侵犯中农利益，对坏分子进行斗争要说服教育群众善于麻痹地主，在各种政策执行上要灵活慎重，接发大座会门问题的叛乱。

（五）领导问题：

①加强思想领导与政策教育，全体干部来一次劳动观念及省和生产政策学习，明确的树立为劳动人民服务，组织起来生产革命的观念，纠正轻视劳动，急于求功，缺乏长期打算的思想。

②"首长负责亲自动手"、"深入下层创造经验"虚心向群众学习，经常研究领导生产，提高领导生产的能力，从学习中工作，从工作中学习。反对"浮游特殊""站在圈外"现象。目前就要国民一致动员，军民一齐下手，进行春耕武装保卫春耕，真正做到一无闲人二无懒汉：生产支持战争，战争保卫生产，掌握劳武结合的方针。根据不同季节提出不同的工作方向和要求，自始至终的贯彻到底，并利用生产空隙进行干部整训，运用完整推动生产。

③发挥支部党员核心作用，去组织团结广大群众，加强党员阶级教育，生产政策教育，在生产运动中着重巩固支部改造支部工作并加强对生产的工作领导，防止生产中与群众团结不协调现象。

各地接收指示后，应根据自己具体情况，讨论布置，并将布置情形随时反映汇集以便及时帮助。

★★完★★

10

中共鲁中区党委锄委会关于目前锄奸工作的几个指示

（1945年3月6日）

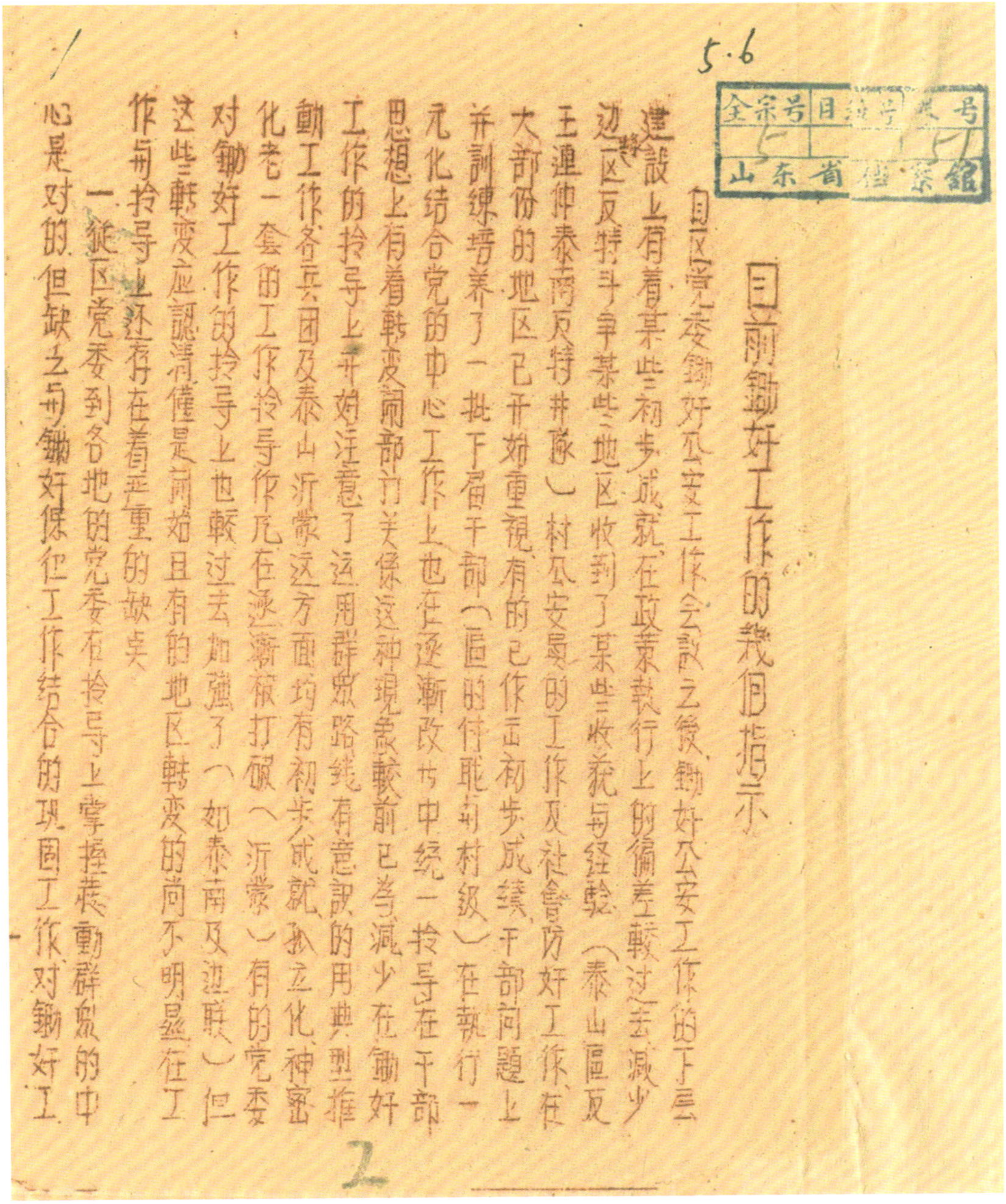

目前鋤奸工作的幾個指示

自区党委鋤奸公安工作会議之後，鋤奸公安工作的下层建設上有着某些初步成就，在政策執行上的偏差較过去減少，边区反特斗争某些地区收到了某些收获与经验（泰山區及王連仲泰南反特并豫）村公安員的工作及社會防奸工作，在大部份的地区已开始重視，有的已作出初步成績，干部問題上并訓練培养了一批下層干部（區的特派員村級）在執行一元化結合党的中心工作上也在逐漸改为中統一指导，在干部思想上有着轉变，而部门关系这种現象較前已多減少，在鋤奸工作的指导上开始注意了运用群众路线，有意識的用典型推動工作，各兵团及泰山沂蒙这方面均有初步成就，孤立化神密化老一套的工作指导作风在逐漸被打破（沂蒙）有的党委对鋤奸工作的指导上也較过去加强了（如泰南及边联）但这些轉变应認清僅是開始，且有的地区轉变的尚不明显，在工作与指导上还存在着严重的缺点。

一、從区党委到各地的党委在指导上掌握發動群众的中心是对的，但缺乏与鋤奸保衛工作結合的鞏固工作，对鋤奸工作用一般工作重視上有差别，強調中心缺乏对巩固工作的重視、对鋤奸保衛工作有放任自流現象，在指导思想上满足於根据地的扩大、对敌口特向我之進攻表現了麻痺盲目不并觉边緣区反特斗争与根据地联係内反奸细斗争不够（如敌特重要主义的特务進攻各地会门暴動及破坏份子利用我们的坦白反省等）使我们边沿与根据地某些地區受到了些損失與某些地區社會秩序的一時紊乱，這都説明了對當前斗争形勢認識上盲目而產生的政府麻痺。

二、統一領導上是一種被遮斷這道的实現，由於鋤奸公安工作與敌人是全面性的斗爭，所以他的关係是復什的，但党委有意識的把鋤奸公安工作組织與各種工作联係是很不够。

三、公安干部對當前秘密的斗争形勢尤為麻痺，認識不足而產生反特務斗争被動，（區党委與軍區指示反敌重點主要在斗争后），没有主動的去争取勝利而存在着被迫的與了清查上級的政策工作，干部的思想很當紊乱（直到村）尤其是下层组织的成份不純，對干部的思想教育工作未去頭無方工作事

3

程中心有系統的深入下層從具體問題上推動工作不夠。軍隊與地方力量在不同的時間掌握不同的重點也是比較差的。

四、在政策的執行上，防左的多過反的少，對廣大羣众的認識不夠，在政治上有目的有計劃的主動的反特務鬥爭不夠，對敵特奸隊的活動有的表現束手無策，對打入者也殊不而「來者不拒」，張若地對黨員干部與群眾中缺乏有真實的防奸并貫徹的教育，對謠言及會門的活動地主的「反攻」是看上缺乏并貫徹寬大政策與嚴懲則的認識，政治上麻痺單純滿足於「坦白反省」，沒有認識到怎付的反奸運動，騙家們不自覺的「坦白反省」有些地区在反奸社会坦白中是以一種自由主義的态度不加審查，不重視應的改正與有意識的掌握，某些会门的暴動及地主的「反攻」說是在執行寬大與鎮壓結合不夠的結果，沒有認識到對地主反奸運在政治上的打擊是不同的，对地主的「打」是為了團結，而對漢奸的打是為了瓦解消滅。但有些地方對地主打的重，對漢奸細卻採取了放任态度是不對的，對羣眾犯不改而破坏乎喜者必予鎮壓認識不足，同时政治斗爭與技術斗爭運用上有偏重小辮論，這也阻礙了群眾性的反奸活動的開展。

目前敵重要主義在宣傳方針下，誘騙政治攻勢其實質即是加強對我的政治誘降進攻，爭取軍政會社一體的對共政策，加強其特務隊的活動，實行對我邊沿區民其反動方面的政治進行"擁共"反新的宣傳政策，企圖挑撥我邊沿區工作，并利用邊沿區許多對我不滿的份子進行挑撥，製造我軍民矛盾，及秘密向我內部插入特務活動，並策動根據地內部之封建會門進行暴動，實行"蠶食內線，打入外線，深入匪區"之方針，致使我邊沿區根據地某些地區受到些損失，尤其目國特的合流，國特在敵特掩護下向我進攻及企圖保存勢力東西奔的陰謀，以政治季主義術許多謠言以維持"其真統治的威信"——如"國軍在南邊敗是暫時深入""本軍必反攻了"以正統派公開反動宣傳論依其活動的資本"（也是山東國民黨省黨部統一宣傳方針）在我根據地內借過去國民黨三青團的許多殘余依其關係之進攻，進行以我根據地各種建設工作上的破壞與搗亂，利用會門來爭取民眾實行秘密造成我根據地社會秩序不穩，并增加我開展工作黨員幹部文化之特務工作

5

準備新的力量在其交通沿区以小股武装在敌人掩护下向我不时的出擾進攻，在城市或交通线上以特务手段面目出现扶大势力達到其借敌人力量削弱我们实行借刀殺人政策破坏我城工與敌后工作，而国特务敌破坏我们之参謀部，在敌国特造谣政策下給我们的危害是更重的是斗爭拒對的，在这些形势下总的方面去加強我之反敌国特斗爭，在脈太平麻等頑家，提供但根据地的巩固工作與爭取其基本群众底势相结合，这就是我们目前斗爭工作的總方向也就是我们爭取新起展这政治任务之一。

根据以上情况與總任务才對提出目前在鋤奸保衛工作之支持别注意执行的几個具体工作。

一、加强反敌国特斗爭是目前鋤奸保衛工作的重要與世是各級党委及西建設根据地坚持持久斗爭總任务之一要求領導思想上對反特务斗爭的亦有責任。

（1）從全党到群眾進行反特务斗爭的教育宣傳運用活生主典型事实揭露特务陰謀提反特務斗爭是巩固根据地的重要环節，保衛工作是取回群眾翻身后有力保証，反反特务斗爭與阶級斗爭（反地主反汉奸）的关係等加以說明把反奸细斗爭與群众利益密切結合起来，從反特宣原則到具体的材料來揭露敌国特的陰謀破坏，以孤立特务制止其活動，各地应在各地區組织制展宣傳教材并出佈告（以爭取分化瓦解等方針）实行紅黑点（根据地內外均可採用）對会门暴動者，在群众中公开宣以法律制裁并吸開着高的揭发分化瓦解其組织進行打入工作，制裁制止其中特务活动，各地应根据具体情况有计划的进行防止奸细活动，这样也同时可以启发群众的防奸斗争和提高群众的警觉。

(2)要重视内线工作，各地应即刻重视起来，要保证先派一定数量之干部打入敌人特务之内部，克服目前忽视此工作的偏向。

(3)必须有意识地加强党的领导，把锄奸活动与政治攻势并重，反对敌人的特务部队，在道路的可能范围内，彻底争取其小部队与伪军，在敌中间特务政治上造成一个有力量打击敌特务部队的舆论活动，在边区边缘区情报工作以情报反敌之情报，以特务反特务斗争的良好条件。

(4)在敌占区及边区，建立与发展专门的政治攻势，揭露敌人的特务阴谋，镇压个别的坏份子，宣传抗日之意义与镇压政策，争取分化与减轻中国特务之活动，孤立日本特务，斗争边沿区敌占区各种政策的偏差，主动的发动广大群众参加社会统战工作，特别要注意的干部在掌握政策上面应从思想上打通，要了解政策执行的好坏就是工作胜利的标准。

(5)根据地内反特斗争在民兵中的防奸工作，推行要由武委会连系群众性的防奸斗争，基本上是政府与村公安员的工作而推动，依靠各团体的基本群众优势，个别坏份子的破坏的破坏活动有关真的用公开宣布揭露教育群众，（防止乱捕的现象）在由公安作的经常中审查已确定份子的真情，根据其具体斗争分析，其所犯罪重的轻坏者应教斗争）审坏分清，以便区别进行工作，审查过去的档案，以支部为核心来研究其区别有意识的指导农村中的斗争，团结群众，孤立地主在打击地主反政府之中注意怎样破坏怎样违反上的方

7

4

针对一小部分使支部同志孤立，用群众力量來教育其活動，提高群众覚悟，并從此工作中培养附近的積極分子，对小學教員在地方上隐藏較高的一些文化水平較高的知識份子应结合文教部门利用青训班的时期進行学習，中心支部應經常召集会議，以青訓班村小學做陣地。

⑥加强和商會作工作，特別是对区各级負手术負者重视经济、农工、城工、部门工作人員的審查，各級保衛部门应召集這些部门的負責全志研究布置并審查，并直接領導這些部门經常上課，注意這些部门中外面人員，加强保守秘密教育，该区天天联系在一起工作区要提高警惕以防和密暴露。

二、整頓動員干部的思想，干部同志思想要更加对公安干部思想情況掌握，加强對動員干部管理，要检查其生活中了解干部思想情况，使其思想上及工作上有系统的學習教育，在思想上在台面会学员思想，如有的個別負責干部工作情绪不穩定，区有干部要專人負責掌握，尽量在六月底按区的干部輪流訓練一期，要有計劃的区干部分会大員以分组的方法進行巡迴的訓練，村中的訓練要講如何分析本村人物與支部如何培养保衛工作（非党员例外）在訓練其警惕性帮助在职干部，其次并加强公安干部業务學習，公安部門要組織業务學習，着重上级的指示及各种动对通讯（因时分学习）思想和经验創造性帮助领导，是打击敌对工作的一套具体的方式方法。

三、加强领导集体的几个问题：

1、党委在一定时期内提出根据中心工作确定保衛工作具體

8

期的方针特别是原则问题，克服现有的单纯技术观点，要认识锄奸保卫工作的领导是党委领导的问题，是领导思想对敌斗争首要表现之一。今后加强党委对锄奸工作大计方针的领导与帮助组织与各方面工作结合的问题，党委锄委会要经常召开会议讨论公安局青干部搜集材料会报工作，各地锄奸委公安锄奸部门一切供应（干部生活武装弹药经费）由地委锄委会统一筹划讨论解决。

2、锄奸部门应对党、委员会负责主动的结合本位工作，把每时期的工作应搜集材料会报党委，在自己工作上应深入下层了解下层的实际情况。每个专署公安局要经常发现一个典型的工作来培养典型推动全盘工作，转变工作作风，七月份要求将一个典型工作拿具体材料会报专署，并主动的与政府联系，克服现在向政府请示工作不够的现象。

3、加强锄奸部门领导上的调查研究工作，要求专署公安锄奸部门专门化的工作，建设与推广各地公安局内外勤工作及时研究反省报告经验，审查可疑分子经验，村公安员工作经验，培养典型的经验，群众社会防奸经验，克服保卫干部的麻木大意与恐惧不很善的倾向，从调查研究工作中提高自己的智才。

区党委锄委会

十六日

中共鲁中区党委关于目前职工运动新任务的指示（1945年3月15）

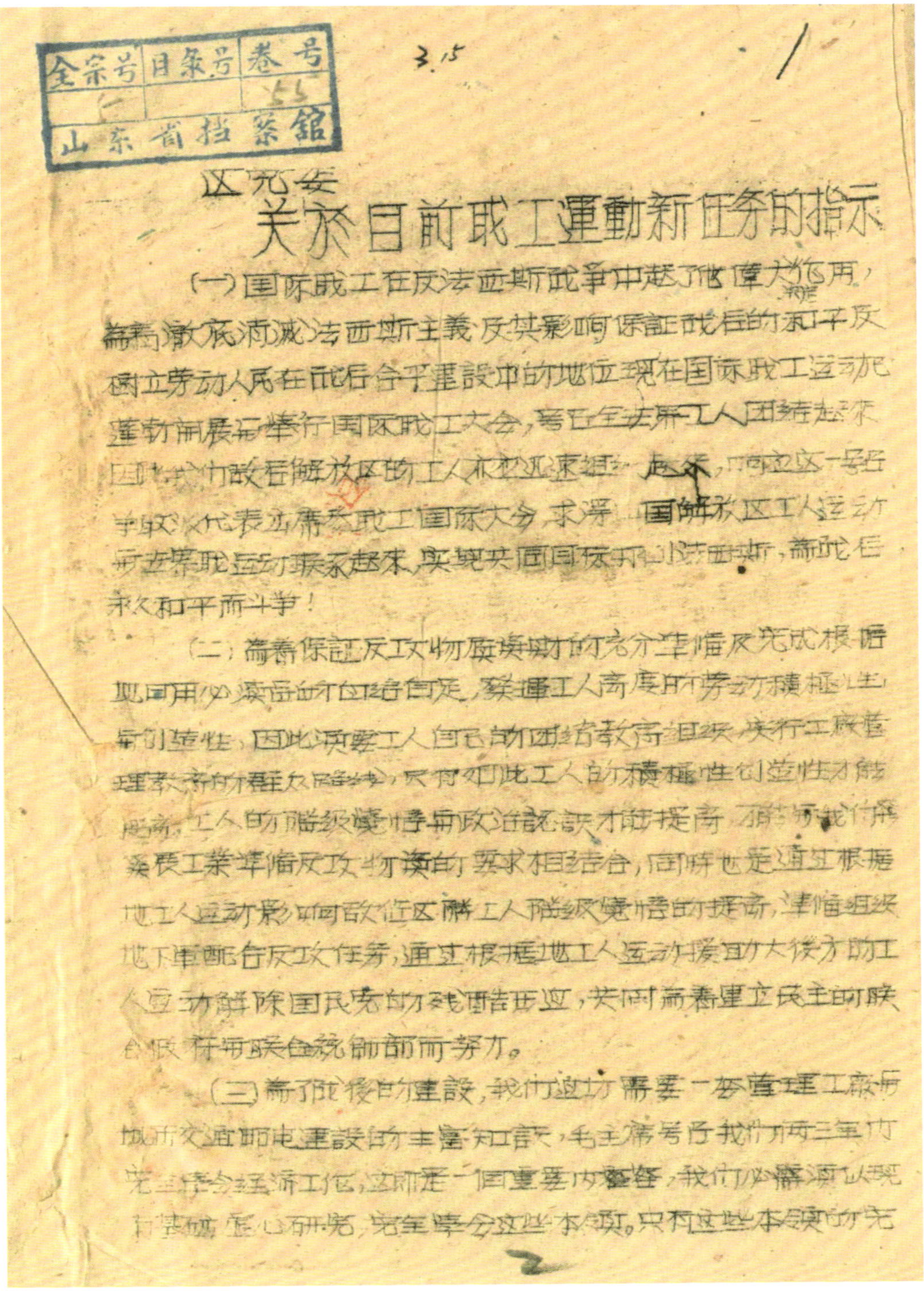

3.15

1

区党委

关於目前职工运动新任务的指示

（一）国际职工在反法西斯战争中起了伟大的作用，为着彻底消灭法西斯主义及其影响，保証战后的和平及确立劳动人民在战后和平建设中的地位，现在国际职工运动已蓬勃开展，召开国际职工大会，号召全世界工人团结起来，因此我们敌后解放区的工人亦应迅速组织起来，向这一号召争取派代表出席参加职工国际大会，求得中国解放区工人运动与世界职工运动联系起来，实现共同国际打倒法西斯，为战后永久和平而斗争！

（二）为着保証反攻物质资财的充分准备及完成根据地的自给自足，发挥工人高度的劳动积极性与创造性，因此须要工人自己的团结教育组织，实行工厂管理教育的群众路线，只有如此工人的积极性创造性才能发扬，工人的阶级觉悟与政治认识才能提高，同时与我们开展工业准备反攻物资的要求相结合，同时也是通过根据地工人运动影响敌伪区域工人阶级觉悟的提高，准备组织地下军配合反攻任务，通过根据地工人运动援助大后方的工人运动解除国民党的残酷压迫，共同为着建立民主的联合政府与联合统帅部而努力。

（三）为了战后的建设，我们迫切需要一套管理工厂与城市交通邮电建设的丰富知识，毛主席号召我们两三年内完全学会经济工作，这就是一个重要的任务，我们必须以现有基础虚心研究，完全学会这些本领。只有这些本领的充

2

全成功与擴大工人的教育提高，我们才能克服战后建設中技術知識不足、干部缺乏与技术缺乏的困难。

因此目前职工运动首先执行以企業工人組織為主的方針：

（一）在一切公营工厂行政管理中（包括公营经营的公私厂与其雇工厂）应克服那种以部队机关行政命令等简单化的管理方式，错誤的認為組織工会是多余是重叠的思想。必须認识与建立并健全各工厂的职工会，加强工人教育，啟發工人的自覺，这就是工厂管理中的群众路线。不但不影响行政任务的完成，而且是完成行政任务与达成政策的最好保証。

（二）在行政组织管理中，必须善於通过职工会的组织，啟發与提高工人的自覺自主精神，并尊重他们的意见，生产任务通过工人大会的讨論，通过工人自觉的劳动热忱去保証，生产过程由工人自覺的劳动来监督。在工厂的建設与改善上应虚心听取工人意見并求得适当改善，善於运用劳动模範典型帮助教育工人發动生产竞赛，在一切工厂中应毫無例外的根据具体條件開展超产式的运动，認真發現和培养工人中的积极份子，通过群众的选举提拔到领导岗位上来，逐渐向工人自己管理工厂方向努力。目前各级的领导干部应亲身参加生产，熟悉生产过程，了解工人生活，掌握工人情绪，啟發与技术工人改善工具，提高質量，减低成本，認真節約，发扬团结和群众路线，克服工厂中管理上中的官僚主義。加强组织建設与提高工人质量（政治的技術的）和

－3－

更好完成战争需要保证供给，[redacted]任何形式主义的为组织而组织，这是我们必须反对的。

（三）各工厂职工会他的性质与目的，必须是成为团结教育工人与保证生产的组织，因此职工会的教育与活动中心须服从于战争利益与根据地建设的任务，服从于本厂的工作任务，一切活动不能与这些要求相抵触，因此必须将资产阶级的工厂与我党领导下参加新民主主义经济建设中的工厂区别开来，将私营工厂与公营工厂区别开来[redacted]，将公营经营性质的工厂与军需工厂区别开来。一般化的看待在根据地内工厂也实行过分的斗争影响了根据地经济发展（也影响了工人生活的维持）；在公营工厂中抄袭工部是错误的，各厂工会都必须依照自己的特点定出自己的工作方针与任务，上级工会亦必须加强干部政策教育，稳固的掌握工作方针。

（四）职工会与行政组织的关系上亦必须正确掌握，应做到密切配合，为实现统一的生产任务而努力，因此工人的生活管理文化政治教育娱乐活动技术研究应尽量由职工会来掌握，各厂文化教育政治指导员可争取兼为职工会的宣传委员，行政会议可吸收职工会负责人参加研究，职工委员会或职工大会可请行政负责人参加指导，为了一定时期可由职工委员会与行政领导干部组成职工会党团，他的主要任务为通过党员的积极活动去实现党对职工会的政治领导，保证生产任务的完成。

（五）晋中行政区机关直属之工厂，如军区后勤部军

4

需要厂，工商管理局合经营工厂，北海银行印刷厂、鲁中印刷厂，鲁中邮局……等各厂职工会可成为鲁中职工联合会集体会员，专署区同样以军分区各厂工商局各厂组织企业联合会，作为鲁中职工联合会集体会员，鲁中行政区各厂职工会和专署企业联合会均需于五一成立，并准备于五月底召开鲁中行政区职工联合大会成立大会（关于职工会的成立，职工筹委会另有通知）各工会成立后应接受行政区职工联合会的领导，一切指示文件教育方针计划等行政干部应帮助职工会积极的讨论执行，那些只重视本行政系统的任务而忽视职工会的活动是不对的。军需工业（兵工、被服等）因其直直接服从于战争，有其特殊性，不参加职工联合会，但要与联合会取得密切联系，交流经验等，职工会在活动范围上亦应更偏重于工人的政治教育方面，至于行政上之全部生产任务应由行政上负责布置。

（六）工人生活待遇，可根据各厂性质不同适当决定，原则上：私营工厂应以照顾工人生活又使厂主有利可图为原则，并禁止虐待工人行为。公营经营性的工厂中逐渐做到完全工资制，劳动计件分红制，其家属抗战勤务应与一般群众同，本人在工厂不另担负抗战勤务，军需工厂工人家属仍以抗属待遇。

其次各地方工会——手工业工会，雇工工会，因其在各地已较有基础这里不详细指示，所要引起各级委注意的有以下几点。

(一)各地方工会的建立——老地区可於五一将县级职工会联合会（包括雇工工会，手工业工会，县级地方性的工厂工会等）建立或健全起来，新地区首先着重区级机构的建立，县可成立筹委会。

(二)在农村工人运动中各级党委必须深切注意，工人积极分子与工人领袖的吸收，使其不单完全担负起工运工作，而且有计划的向各党政军系统中输送，以求党的领导切实成份改善。在工运中应注意不要使工资提得过高，免致失业；在大生产中应要指示对为组织雇工而使富农雇农的失去立场的现象发生；应动员雇工领头去参加变工，多得收益并规定全额变工分红。

目前到“五一”，各级党委，各级职联，各公营工厂，军需工厂，行政干部都应组织讨论解放日报关於成立敌后解放区职工联合会的社论，大众日报社论，山东省职工联合会指示等文件，发动生产运动与劳动英雄竞赛，为鲁中行政区职工联合会成立大会做充分准备。

此指示发至县以上党委，军分区，政府党团，职联党团，工会，及各公营工厂，军需工厂。

鲁中区党委

三月十五日

中共鲁中区党委对“三八”节的指示（1945年3月）

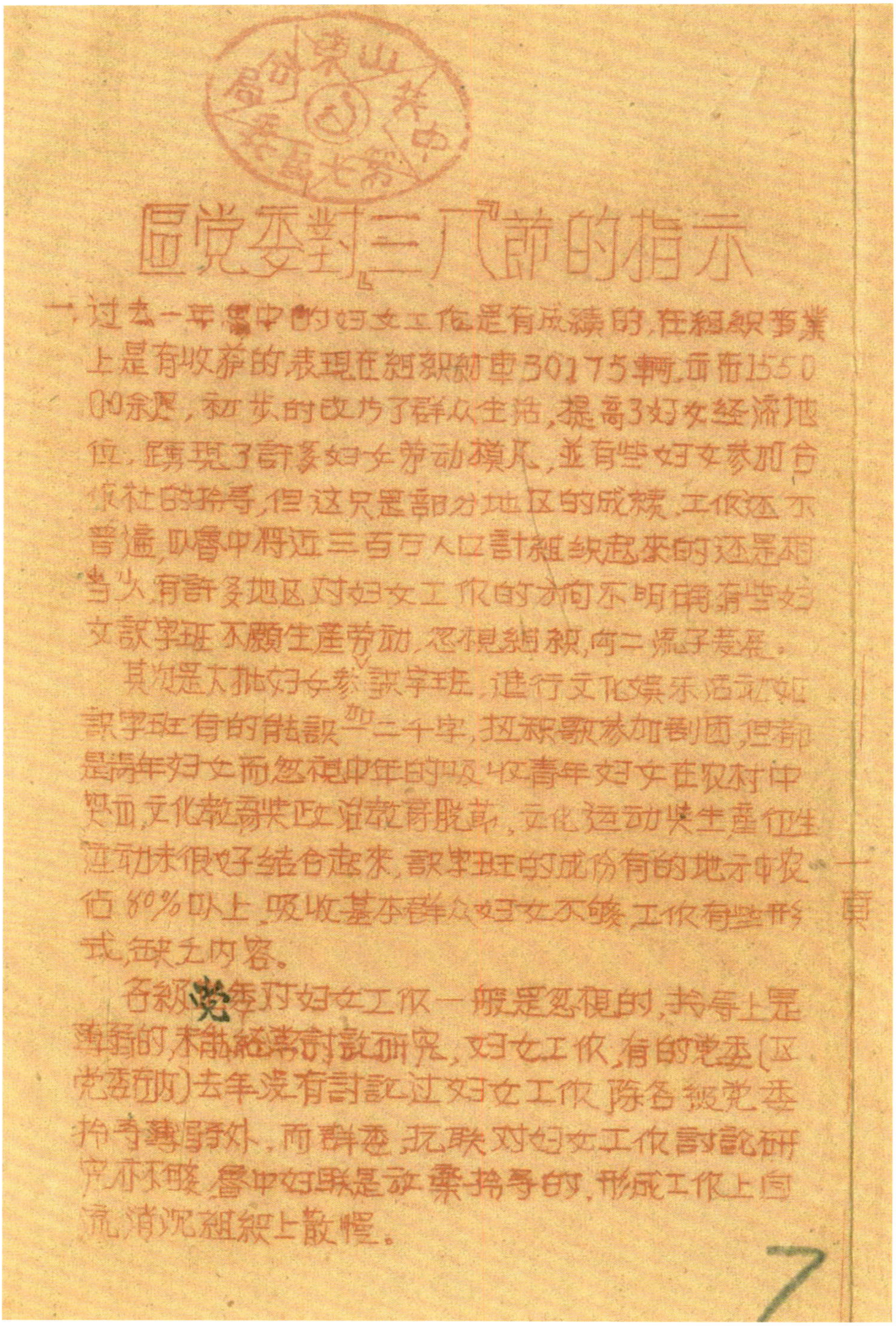

区党委对三八节的指示

一、过去一年鲁中的妇女工作是有成绩的，在组织事业上是有收获的，表现在组织纺车30175辆，纺布15500余匹，初步的改善了群众生活，提高了妇女经济地位，涌现了许多妇女劳动模范，并有些妇女参加合作社的领导，但这只是部分地区的成绩，工作还不普遍，以鲁中将近三百万人口计，组织起来的还是相当少，有许多地区对妇女工作的方向不明确，有些妇女识字班不愿生产劳动，忽视组织，向二流子发展。

其次是大批妇女参加识字班，进行文化娱乐活动，如识字班有的能识一千二千字，扭秧歌参加剧团，但都是青年妇女而忽视中年的，吸收青年妇女在农村中突击，文化教育与政治教育脱节，文化运动与生产[illegible]运动未很好结合起来，识字班的成份有的地方中农占80%以上，吸收基本群众妇女不够，工作有些形式，缺乏内容。 一页

各级党委对妇女工作一般是忽视的，领导上是薄弱的，未能经常讨论研究妇女工作，有的党委（区党委初次）去年没有讨论过妇女工作，除各级党委领导薄弱外，而群委、抗联对妇女工作讨论研究亦不够，鲁中妇联是放弃领导的，形成工作上自流，消沉，组织上散慢。

妇女干部不安心生產工作，認為生產工作是事务工作是财經部门的事情，将劳动看為耻辱，知識干部本來就是脱离劳动的，没有生產知識，怕难為不願作生工作，有些工农干部自己本來有些劳动習惯与部份生產經验，但在長期的脱离劳动中所感到劳动是老百姓的事情与自己無关，而輕視生產工作，这些都是妇女干部应反省的。

二、今年妇女工作為貫徹中央妇运新方向，妇女工作以紡織為中心普遍的開展紡織工作，大量吸收妇女参加合作社，与今年大生產运动結合起來，向农業发展，配合植棉，完成被服的自給自足，解决粮荒布贵的问题，发动妇女群众大多数組織到生產中來，将個体經济活动变成集体生產互助，並培养劳动典型，这些工作应以妇救会為核心推动開展。

號召妇女参加合作社拚股，将自己私放「盈利」入股，使金融流通，吸收妇女参加合作社拚股，学会經济工作，争取劳资分红，提高經济地位，要認識生產開展，經济独立是妇女翻身的具体工作，同時与救是相結合。

注意妇女文化的提高，大量参加識字班，使文化、政治、生產三者結合起來，不要單纯以識字為内容，使組織乾燥久停留在識字上，反对学死字，应学与用一致，並学習衛生常識，使文化与衛生运动結合起來，有些老識字班形式可逐渐轉变，增加政内容，吸收中年妇女参加，使成为广大妇女文化运动，以提高政治文化水平。纠正识字班的不良倾向（散漫二流子作风，不正确的恋爱），提倡新式的结婚形式（用秧歌队欢送、迎接），以节省民财，改革风俗。

拥参工作是妇女工作的经常任务之一，在反攻前部队的壮大与妇女工作是有密切联系的，各级妇联要教育会员要很好的执行拥参任务，动员丈夫、兄、弟、儿子参军，反对扯腿可耻的行为，并号召妇女学习看护常识，以备救济伤兵员。

建立妇女工作系统：

1. 用民主方式选举各级机关，要注意成份的调查，领导要掌握在基本群众手里，以工农群众为主体，团结各阶层妇女参加组织。
2. 提拔干部要通过群众路线，去年提拔干部大都是去年妇女，有许多不是真正的劳动妇女，甚至有的为了逃避家庭劳动和解决个人婚姻问题，动机不纯，在群众中没信仰，使工作中受到阻碍。 二页
3. 培养真正的群众领袖，现在的干部为群众爱戴的妇女领袖还不多，许多还是妇女工作员，今后在这方面注意培养。

培养劳动妇女模范及各种工作模范，以此为基础作为提拔干部的对象，老干部需要

造。從整風中來改造思想，主要是以群众观点、劳动观点，来反省自己是否真正為群众服务的。大生產运动中妇女干部要参加实际劳动，学习本领，豐富自己的生產知識來指导工作。

三、紀念三八节：

应成为推动以上工作的关键，来检查思想、改造思想、检查工作、改造工作。

紀念办法：

1. 党委本身过去对妇女工作领导应作检讨，进行自我批評，来转变党委对妇女工作的认識，加强领导，討論研究，給妇女工作以明确方向。

妇女干部要作反省，從事务上检查思想、典观念，检討個人主義與不安心工作的思想。

2. 召开农村妇女代表座談会，（包括生產、文化的模范妇女）

条件：

①群众中团体中有信仰者。

②生產中有成績者（特别是纺织）参加互助小组，或参加合作社的。

③政治文化学习积极者。

至于成份问题要照顾到

代表：经过选举，中心地区和個别妇女工作

6

普遍的地区以縣為單位召開（会議可延期）在会議上要研究、妇女生產互助與識字班的改造，可提出比較模范的有經驗的来作一般介紹。

村妇救会要檢查自己工作中心内容是生產文化擁參团体四項工作，叫大家提出意見來互檢討，改造坏的幹部人并发起竞賽（縣與縣、区與区、村與村）開展今后工作。

獎励問題：

在会議上除紡織模范外，要獎励农業生產模范。

各地要可斟酌情况，給以物質獎励，獎金由工商局发給。

三頁

9

中共鲁中区党委关于一九四五年人民武装建设补充指示（1945年4月12日）

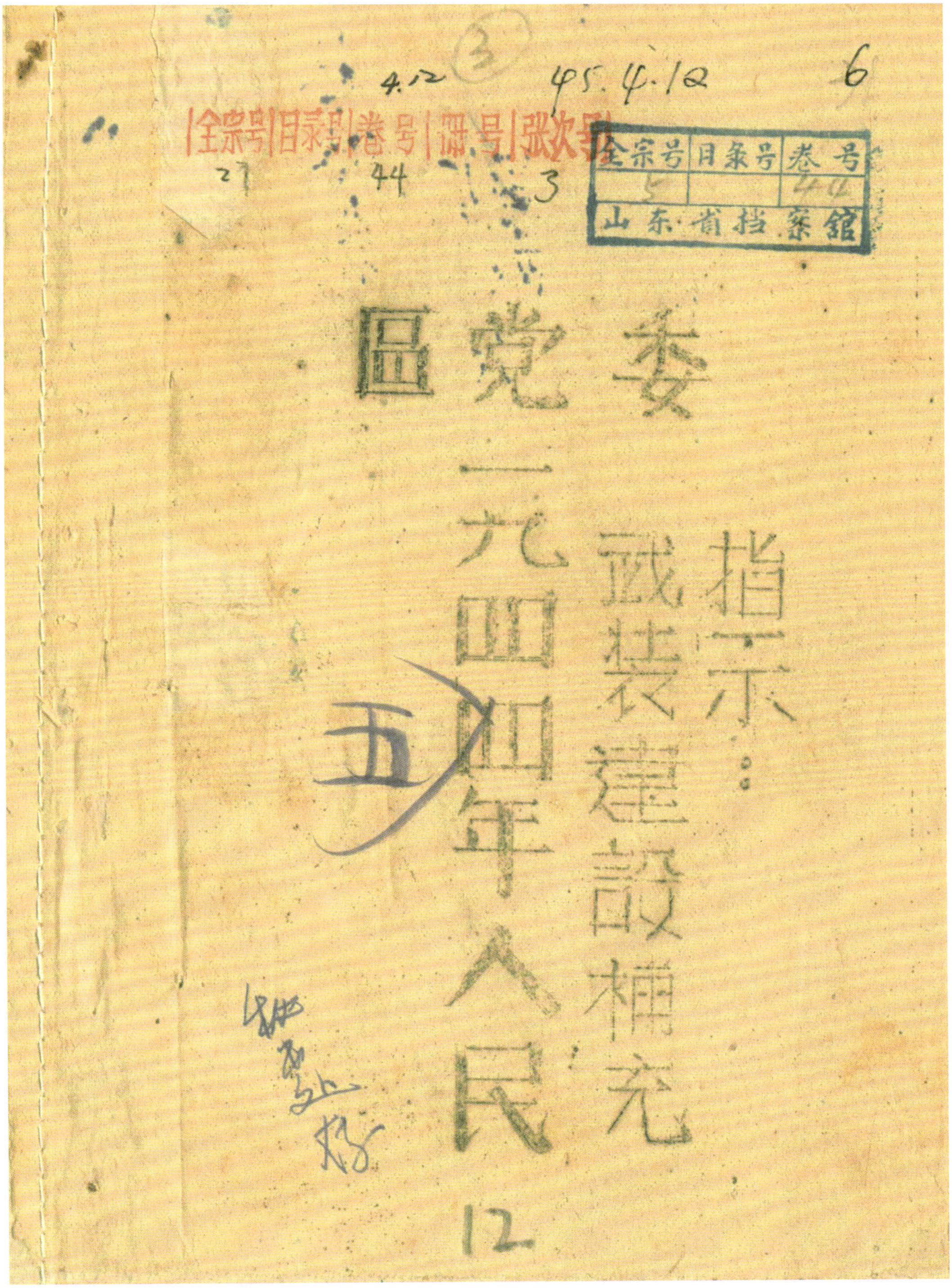
區黨委

一九四五年人民

武裝建設補充

指示：

全宗号 目录号 卷号

山东省档案館

区党委一九四四年十月二十日整训人民武装指示：

在全党干部一致努力，使这一任务收获很大，民兵发展佔原有人口百分之四强，佔我新人口百分之三点三，沂蒙区是百分之五点六。

在四个月作战六百七十九次，毙伤俘敌伪三四五名，表现了战斗力提高，泰山最好，太南次之，特别在小炮战的开展，泰山区搞得最好，已获得初步成绩，并培养大批新的干部和领导小炮和射击的典型，打下今后人民武装建设有利基础，同时也暴露了各级领导对这一任务决心不够坚定，发展除沂蒙区外，其他各地都是特别而自流，在某些地区对于发展工作的盲目性，忽视了建设研究和单纯的技术观点，个别村团有严重的自停手可掌握，造成沂山马站区沂蒙大崮区的叛乱，使我们政治上受到损害，并去干扬和检讨，这是武装人民反对武装的反革命的教条认识，就现有人民武装实力不允许稍毫满足和自满，要将现有基础加以巩固和提高，准备迎接新形势的到来，和革命的长期打算，自觉的把这一任务作好，今年完成建设十五万民兵四十五万自卫队和战斗村相提出一下要求：

1.加强对人民武装的领导：

各级党委对人民武装领导，督促武委会去执行，武委会无条件保证执行，对人民武装建设任务的实现，各武委会干部应经常检查自己领导和管理，武委会组织干

13

争取先去组织斗争，也是党在人民武装组织工作干部之一，应即时配备起来，对人民武装干部要实行两级管理制，并发挥武委会机构效能，党委应通过一切有关门部给以有力支持和保证，使上级任务的实现，党委要经常检查武委会工作，并帮助其解决具体困难问题并经常注意以下工作：

①思想教育：

从干部思想上明确建立自觉自愿的为群众服务观念，一切从群众利益出发，走群众路线，克服个人主义的思想和行动。

其次是正确认识环境，克服一切盲目的乐观思想，奠定坚持长期斗争的胜利信心。

最后树立群众优势，巩固群众优势，保证我们武装优势的源泉，奠定依我为主反攻为基础。

②幹部待遇：

大量中新幹部增加三倍以上，除对其思想教育外，应切明确的解决其具体问题，如業务和文化的学习，文件書報的供给等，使政治上提高一步，县级武委会討論工作会議，应吸收武委会主任参加，并对身体进行予以保健，分区正付主任同区中队长干事共联干待遇，县级正付主任与县独立营或游大队长同，参謀干事与分区正付主任同。

③统一力量坚持政治斗争，和经常的备战机关，加强

14

现有组织（使武委会有力的执行）使群众分散游击战争

任务，必须调剂若干工作完美的干部在斗争中需要组织边沿联防指挥部（区长或县府营长任指挥，武委会主任任副指挥）发挥对敌斗争统一部署，以发挥三种武装整体的威力。

㈩ 武器弹药财料供给战利品的处理，应按各机关须与颁发条例规定实行，应从战略着眼，人民武装目前尚处于发展阶段，[illegible]加强民兵[illegible]，不要调民兵实际情况也应[illegible]武器须经地委以上批准，不得任何借口[illegible]民兵枪支，如中心区[illegible]可以交换方式，由于对敌斗争之[illegible]或[illegible]机关干部自卫一概禁止。

Ⅱ 发动掌握民兵是党委会的经常工作内容之一，除保证党对人民武装绝对领导外，应注意其领导成份的调整，定期和村对村团工作和审查民兵，对负责的参加民兵保证党员骨干，通过民兵中党员组织带兵一切脱离群众倾向，加强阶级教育，发挥解决民兵本身具体问题，好武器要放在党员和可靠的群众手里，使民兵真正成为群众优秀的骨干，再打下长期斗争的基础，忽视武装和脱离战争的和平主义的思想是错误的。

Ⅲ 发展和巩固是经常的也是长期的，是和群众运动紧密结合，互相渗透着的，这是反敌反特建武者两想结合的斗争，胜利之后必然的结果，从不断的斗争中壮大和提高，

15

这也是党的武装政策，为群众所接受的必须认识这一规律。今年建设十五万民兵四个五万的工作，并在现有基础上提高一步才有可能。

①巩固工作：

政治教育为主明确树立人民武装的阶级性，改造纯洁成份，用群众民主方式清洗不可靠的份子（但不要造成对立）实行实际的政策教育，如除奸教育，宽大政策，拥军拥政教育的教育，方法上要走群众路线，表扬与批评相结合，树立模范典型示范，宣扬群众革命英雄事迹及壮烈斗争故事。

军事训练以对敌民兵作战地雷、近战的教育，以射击、刺杀、投弹为主要内容，小规模的作战训练是必要的，多以小的游击战，同时注意积蓄力量，保存力量，但又不是逃避斗争（具体计划由武委会印发）。

②劳武结合是支持战争的决定因素之一，也是敌后军民的道路，但不组织的进行这一工作还不够有力，只有集体劳动才会加速农作效率，才有剩余劳动力投入武装活动，保家保田的一致性才更加明确。在边沿区的战斗与生产变工，中心区可以小队（三人至五人）进行组织变工，全体民兵组织到生产中去才不会妨碍生产，民兵也不会垮台。

各级党委须深入的检查局党委四四年十月廿四发布的巩固人民武装指示执行程度，并将补充指示合并讨论根据当地情况审定计划，在今年八一前总结报告。

区党委
四月十二日

17

中共鲁中区党委一九四五年任务（1945年4月15日）

45.4.15

一九四五年任务

我们四四年是胜利的斗争与发展，在工作上做出了不少成绩：如我们粉碎了敌人的分割封锁蚕食扫荡，进行了大次有计划的较大的战役攻势，使各解放区连成一片，扩大解放区二万七千平方华里，村庄4800個，人口二百万。有计划的进行了五次大规模的政治攻势，瓦解伪军近七千余，提高了敌占区群众的胜利信念，削弱了正统观，大大提高了我党我军影响，建立数块隐蔽根据地，建立了一些新的敌伪工作关系，初步建立了城市交通线工作。武装建设上进行了主力基干地方武装的整理与充实，主力的发展等于四三年的一倍半，地武发展等于四三年的65%；开展了练兵运动，军事的技术已有显着的改进与提高。在群众运动方面，经过查减有组织群众达五十三万（群工会总结时）现在估计已达九十万，最好地区已达50%（沂蒙），最低数13%（太南），民兵的发展达九万四千八，佔全人口3%强，自卫队二十六万，佔人口8.4%，民兵与自卫队一般经过了初步的训练与整理。由于群众运动的开展，群众生活已有不少改善，群众生产情绪，与拥参军热潮，已有显着的提高。政权工作，年来政权干部的思想改造，已被引起重视，均有初步转变，推行了合理负担与帮助群众生产；工商工作已赢得了货币斗争的胜利，推广了根据地合作事业，发展了纺织，调剂了货物；管理贸易增加了一部财政收入。党的建设上在群众运动中鲁中党由原有基础上发展了百分之五十以上，在发展与整中注意了成份的纯洁，工农成份佔全党70%，培养与提拔了大批新干部，年来提拔脱离生产干部在三千以上，并注意了干部的轮训教育，进行整风坦白运动，在审查干部方面已清理一些党内特务自首份子，部份地方支部中亦开始推动了坦白反省，在党的纪深并巩固方面已進了一步。但我们各种工作中尚有不少的缺点，有的是严重的，而主要干部中思想改造成績不大；政策認識模糊并掌握不穩，和平自满驕傲老大，官僚主義工作不深入，一元化领导没有很好竪立起来，使我们工作没有作出更大的成績来。

目前国际形势的发展对我国抗战更為有利，苏联紅軍已越过奥德河進逼柏林，同時南線发动大規模攻势攻入奥捷腹地，西線盟軍越过萊茵河坚固防線，从东西南大進軍直搗柏林，最后已大战展开打垮希特拉今年即可实现，苏英美解放欧洲后即有轉向远东，增強解放亚洲之可能。太平洋上美軍的越島進攻，継吕宋的佔領現又於琉球群島登陸并对日進行連續的大轟炸，特别是由於苏联宣佈廢除苏日中立条約給日寇以严重的打击，引起敌国内政治經济陷入混亂不安，小磯内閣倒台，日本已处於四面楚歌更加孤立的形势。美軍佔領菲律宾琉球琉黄諸島后更有利入盟軍今后在日本本土和中国沿海登陸作战的有利基地，因此日寇死亡愈益接近，其失敗必不可避免，但日寇為挽救其不可避免的死亡命運仍在积極準備以保卫其本土和在中国的佔領区作最后的挣扎，日寇虽然更形孤立和困难，但仍有力量向大后方或西北進攻的可能。国際形势虽然对我非常有利，而在抗战勝利前我们必須經历一段艰苦的路程。

我们必須認識今天敌后敌強我弱形势还未基本轉变，敌人採取重点主義配備后兵力已有部份集中，可以随時机动，進行小規模的扫蕩合击，已严重影响我边沿区巩固，特别在日口特合流拉攏根據地地主，反动势力破坏我群众运动，已影响我根據地巩固建設。在反攻勝利前敌后斗争形势将会更加複杂并尖銳，因此我

2

们应明确的認識今后我们継續長期坚持準備反攻，要克服麻痹自满，对客观形势过分乐观的思想。

為了貫徹毛主席所提出的十五项方针与任务，根据華中形势具体情况，在現阶段我们的方针应是以巩固建設為主，継續发展新的解放区，增强抗战力量，坚持我持久的斗争，為準備反攻的条件而奋斗。今后必须掌握以下工作任务。

(一) 加强对敌斗争，开展城交工作，扩大新的解放区。

1. 坚持边沿斗争，在党的一元化领导下，以武装為主体，开展群众性的反特务反偽化斗争，粉碎敌之蚕食主義。全党必须認識，坚持边沿，发展新的游击区，是与根据地唇齿相关，没有坚强的边沿斗争的胜利，根据地即不会巩固，継續压缩敌人，开展城交工作即失去依托。坚持边沿斗争的中心一环是统一领导，打政治攻势与武力打击結合。我们必须抓紧有利的国际形势及我们的胜利，敌偽的矛盾等，争取瓦解敌偽，組織团结群众，开展群众性的对敌斗争，武装保卫自己的利益。因此必须立即纠正与防止边沿政策执行上的左右偏差，减租减息应限于二五减或二五，应兼顾各阶層利益，以团结各阶層一致对敌為原則，在斗争的方式，应該是說服解調為主，此外应加强边沿民兵的领导，組織联防，坚持斗争。主力基干地方武装練兵必须与坚持边沿相結合，十分注意維护群众利益，支持群众斗争。

2. 全党必须正确掌握裡应外合的基本思想，开展城市大股偽軍工作，必须成為全党的任务。凡在城交一点关係的党員均有責任介紹城工部门开展工作，継續抽调有条件的打入干部及农村支部党員与可靠群众訓練后打入工作，加强城工部建設，各工委应

98　③

求得再加充实，并有计划的加强几个点的领导，取得经验，推动一般，建立健强的武工队，支持群众斗争，打击、镇压特务，使其成为坚持城郊交通线两侧有力的武装。

我们城市工作的基本方向应是建立地下组织，建立隐蔽的地下军，以配合反攻中里应外合，攻占大城市。

3.继续扩大解放区，不断向周围紧缩敌人，深入敌区建立隐蔽的根据地，进行一村一地之争夺，对敌据点封锁暴炸应经常化，并有计划的抓紧有利机会，用军事进攻。

（二）继续加强全党全军群众观念，贯彻查减，充分发动群众，组织群众大多数，应成为我全年的中心任务，和干部思想改造的方向。必须明确认识只有群众的充分发动，我们其他工作才有基础，没有群众基础，一切工作都是形式的官办的，这与党的政策方针是完全违背的。全党应不断的根据工作发展进行群众观念的反复教育，尤其县以上的领导干部应从新研究分局四年总结与五年总结。另方面提高政策观念，只有正确执行了政策，才能团结广大群众，否则即将造成社会秩序的混乱，与不能团结大多数，损害巩固的反攻，这是我今年群众运动中必须接受的教训，应耐心教育群众实行减息交租交息政策，坚决清理去年雇工的工资，增资不能过高，应使雇主有利可图，雇工因参加变工队所增加的产量，应实行劳资分红，因参加变工队而剩余的时间应允许雇工经营私人生产，并注意工人复员及组织失业工人生产。今后在政策执行中各级党委应保证不再有犯原则的错误，其办法是领导全党加强政策学习，打通政策观念。

1.根据我们发动群众的情况，决定目前发动与组织群众是根据地各种建设工作的第一位，确定四五六三个月查减一般彻底的地

⑪ 99

风，以生产为中心。没有什么基础或基础不好的地区应继续进行減查運动進行生產(即季節性的生產动員尚未完成查減，村应組織生產)而無論生产中或发动群众中於查減減租和整理群众組織，則必须是時刻經常注意的工作。我们应以对群众负责的態度严重并接受去年弯路的教訓。七八九十四个月全区都以貫澈查減為中心，抓紧青纱帳時期動員全党力量認真发动群众。各地区应認真進行複查，沂蒙全区，沂山之沂北、莒沂边，太南之太宁费北，太山之莱蕪，莱東淄川於今年必須做到澈底的減租減息。其他各区亦应一般的完成減租減息。

2、建立并健全群众团体，各級党委应注意支援群众团体独立工作的能力，加强群众干部教育，配備充实干部建立群众团体本身的經驗工作。要求全署中在青纱帳前后应民主的普遍的建立群众团体的领导机关。今后群众团体除了貫澈生产減查两个中心任务外，须注意本身部門的健全和日常工作的建立，特別注意加强群众教育和整理組織。

3、認真改进領導方法，克服工作組包办代替，向党闹独立等思想，認真走群众路線，樹立新的領導作风，要注意吸取沂山区的經驗，接受沂山区的教訓。

(三) 开展大規模生产运动：

部队机关生产和組織群众生产並重，具体進行着重以下几点。

一、組織群众生产：

A. 方針以农业為主，要求普遍增加產量，多積肥，一般的强调深耕細作，勞动互助，开荒以开河荒為主；山荒次之。在今年尤其要大大推广植棉，与兴办水利，要求全署中植棉三十万畝，凡水利可发展的地方都要提倡利用水利，最低要首先做到典型組織。

B. 工業生产以发展家庭付業為主，首先是紡織業，組織紡織並

级工会妇救会的首要任务之一，在今年要大量发展合作社，全
要争取发展到卅万有组织的纺車，两万有组织的织机。

C、建立日常生活用品工厂，如纸张、手巾、肥皂等，应大量发展
质量，减低成本，求得日用品的完全自給，加强企業工会工作，
成為工人教育管理的有组织。

㈢、机关部队生产应要激农时，第一手工運输，第二贸易，第三的
要求实现毛主席提出的第二种標準（除被服、弹药、医药、电料外
……）要注意特别开展各级机关地方武装的生産。

在开展生産中各级党委要特别注意掌握以下环節：

①、必须掌握生產与查减的结合，要明确認識这是发展生产
的方针，没有澈底的查减组织生产将必然是形式主義的。

②、要紧掌握发展生产的基本环節是组织起来变工合作，实行耐心
的典型示範。在今年要特别防止形式主義，宁可少组织，不可单纯追求数
字，否则将造成今后发展生産的严重障碍。

③、大大开展机关部队群众中劳模运动，凡有生产组织的每一机
关部队村庄均要选择本地的劳动模範与英雄，培养加强教育防止
脱离群众。

㈣、加强生产工作領導，各机关部队各级党委应迅速執行分局生
產組織领導決定，健全各級生產科生產指导委員会的組織。

總之，由於我们今年将更加发展，但随之而来的是我们財政上
困难，要发展又不能单纯依靠財政开支增加群众負担（否则我们
失败）我们並要积蓄民力準備反攻，因此必须从发展生产中求得
今年解决生产任务的客观要求，只有把生产搞好，有了物質基礎
上，我们才能立於不敗之地，為此，我们除发展生产外必须十分注意
节約……工作：

101

根据现在群众生活水平负担能力，脱离生产人员最高不能超过2.5%的原则，只有在解放区扩大了则按新地区的情况发展的方向，各机关必须重新审查裁减或缩小不必要的组织，冗小杂人员立即将其裁减，于此半年内进行一次精简的深入检查。

此外各机关部队必须严格审查经济开支，严禁贪污浪费现象，对于民力必须爱惜，今后部队机关除战争外不得派民夫，区武工干部规定运输，可以实行劳动分红制。

（四）军事建设：

1.整顿训练主力与地方武装，在今年利用战争间隙的空隙，进行秋冬两季的练兵运动，方针以政治整训为主（这在新部队新成分增加情形下更重要），特别在青纱帐时期，凭借地形进行军事训练可不受些限制，尤应抓紧政治整训，在练兵中应贯彻群众路线，开展各种学习模范运动。

2.建设与发展地方武装，我们还未完成军分会决议的要求，应争取青纱帐退落前后结合中心工作，支部有计划的个别的动员党员，带领群众充实地方武装，但不要形成一个突击的运动。现在地方武装力量不强，应有步骤的采取轮流整训，在今年的冬仍地方武装求得轮训一次或两次。在完全是根据地又是老基础，党的力量强的县份（沂南沂北南部的几个区）可将区中队集中加强县独立营，以民兵代替其任务，使根据地群武结合发展到更高的形式。如此既可使民兵得到轮训，又可减少群众的负担，去敌人扫荡时，并有许多方便，但其他县份不经军区许可不得取消。

3.人民武装必须按照现有人口5%比率继续扩大，目前主要是加强整理支部对民兵的掌握，保证党的绝对领导，支部书记兼民兵指导员。今后人民武装的整训，一般的应是政治军事并重，加强民兵的阶级教育，纠正民兵中脱离群众的现像，坚决清洗民兵干部中的坏成份（如流氓、会门、偏拳等），使民兵的领导完全掌握在党的领导之下。此外要加强自卫队的整理，过去只单纯派差的观念（是错误的），未认识到只有自卫队加强民兵才能更好的巩固与发展，今后必须纠正。

（五）政治工作的领导与建设，强调政权干部的思想改造，这是政权工作建设、领导[illegible]与发展的基本环节。以参政会关于政权工作的思想建设部份为主要内容进行学习，清除政权干部思想，明确党的立场，三三制新民主主义的政权的性质与任务，加强群众观念，亲身参加群众运动，检查法令的执行，并在我们亲身工作给群众以切身利益，才能使群众认识政权是自己的政权，为广大群众自觉的拥护。目前政权干部中脱离群众、官僚主义作风，必须引起严重的警惕。党对政权工作的领导主要是一切时期方针任务，通过党团执行，明确区别事务包办与政治领导，真正发挥政权独立工作的能力。政权工作除了服从中心工作外，本年应注意几个工作：

1. 调整干部，加强政权工作的领导，责成各级党要不断的提拔些有群众工作经验的干部到政府机关工作，把现在机关中小资产阶级知识份子干部放到下层锻炼，这是政权工作与干部作风改进的中心关键。

2. 整理财政部门，清理旧账，严格统收统支、预算的制度，真正建立起有系统的财政管理制度，严惩贪污浪费，反对财政上本位山头主义；

3. 加强建全工商局，各级党委切实负起领导的责任，来克服干部的贪污腐化、脱离群众的现像，现在有不少干部成份很坏（自首份子、流氓成份……）给我工作以不良影响。工商局与地方党的联系不够，提拔干部未走群众路线，今后应切实转变，与地方党取

⑧ 103

[illegible]

[illegible]

得到切的联系，要求得地方的协助，加强骨干，保证成份的纯洁，以保证工商政策的正确执行。

4. 推广根据地文化事业，今年一年中逐渐的实现省行政委员会教育改革的指示，对小学教员中为群众所反对的坏成份，不能担负起教育的责任者，应当毫无顾虑的撤换，为执行教育新方针，对一般教员应进行改造，使根据地文化事业成为群众性的，大量推广在户学，要求今年当中在教育事业上能有比较明显的大转变，真正作到政治任务能通过教育机关教育动员群众，在教学方法上要实行教学作合一，政治课文化课适当的结合，特别是要深入下层发现更多的为群众所易接受的教学方法，如此才能使基本群众在文化上翻身，作到教育为群众服务。

(六)、继续贯彻整风，发扬民主作风，加强组织建设，贯彻一元化领导。

为了完成今后的任务，真正能取得胜利作出成绩，使总的方针和任务真正能贯彻下去，在领导与干部中必须注意以下几个问题：

1. 加强党的思想建设，特别是干部的思想建设，从民主检查中一方面暴露了领导上的许多严重缺点，如存在上下脱节，脱离群众的官僚主义作风，领导干部的自高自满思想，有了很大的进步，同时也暴露了党内及干部中小资产阶级的片面性、极端民主化的思想，并会的扩大来些错误影响，甚至疯狂起来，无形之中否认了领导，不要组织，不守纪律，说明干部的思想混乱仍是相当的严重的。除继续贯彻民主座谈会的基本精神，达到树立正派的作风，领导骨干与群众相结合，提高自觉的纪律外，应加强干部思想教育，在全党应大大的提倡学习研究问题的空气，求得在政治上认识问题上提

106　⑨

高一步，发扬深入下层联系群众实事求是作风，万分注意总结与吸收经验，指导工作，反对老大自满及不虚心。只有如此才能不断的提高自己丰富自己的经验，吸进新的知识，克服官僚主义的作风。要加紧工作中的教育观点。事实证明那个地方教育工作好，那个地方工作就能有显著的成绩，今后对干部应有计划的进行思想业务整训。

2.加强支部的建设 在实际斗争中来考验整理支部，要支部与一般工作结合起来，主要是发挥组织作用和群众路线，加强支部党员党的基本知识的教育，使党的基本教育和现实教育结合。尤其过去已发展了大批的新党员，今后在群众运动中会发展更多的新党员，因此整理建设支部成为我们一个最重要的任务，只有支部建设好了，发挥党的应有作用，成为团结群众的核心，才能使支部成为执行政策任务的有力的堡垒。

3.加强各级党委的领导，主要是强调思想上意志上的统一，加强党性的锻炼，发扬对党负责、虚心研究、克服困难的精神，严格的纠正过去某些地方存在的英雄主义和自由主义态度，展开思想斗争的自我批评，加强团结，发挥党委员会的作用，建立集体领导，注意思想方针政策路线的掌握，明确分工，放手部门进行工作，发挥部门工作的积极性，反对包办，发扬民主精神，密切各方面的联系，真正使委员会成为强有力的领导核心。领导干部要深入，要亲自动手吸收经验，亲自体会我们的指示是否正确，并能及时纠正我们的缺点和偏向，教育自己教育干部，如此才能把每一个任务贯彻下去，以领导干部本身的模范作用推动全党彻底转变领导作风。

4.加强机关工作，严格工作制度，养成紧张的自觉工作作风，作到雷厉风行，使整个党的任务通过各个部门贯彻下去，注意调整

(1)关于部分缺乏下层实际工作经验的同志有提拔到机关上来，把长期在机关的（机关工作）知识份子干部调放到下层去锻炼。

最后继续贯彻整风学习，打通群众观念，继续进行思想改造，树立民主作风，上下建立密切联系，提高干部的积极性，发挥机关干部大胆负责的精神，今后领导工作作风上要有很好的转变，才能保证任务的实现。

鲁中区党委

四月十六日

中共鲁中区党委关于整理与加强财政工作的指示（1945年4月29日）

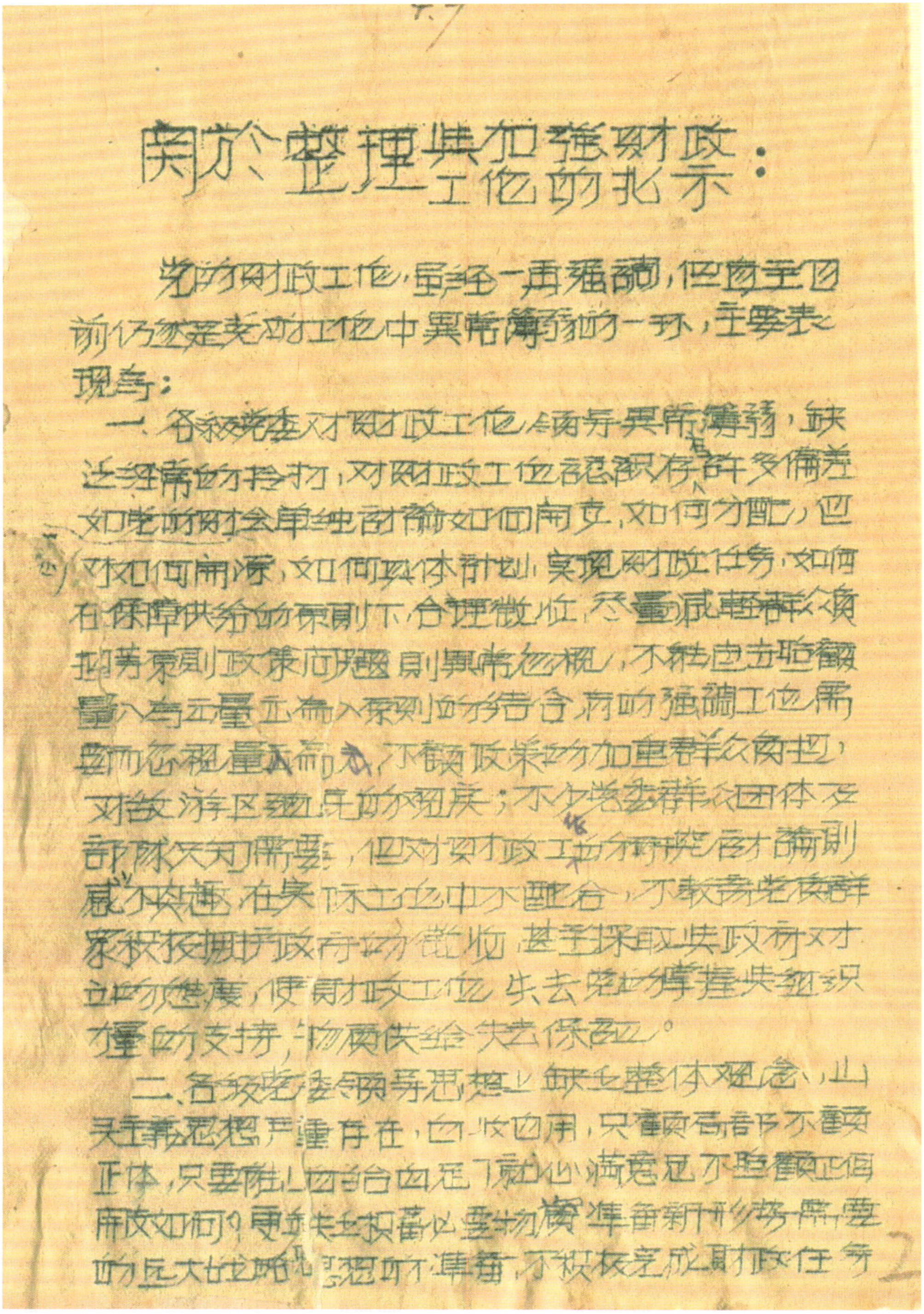

关於整理與加強財政工作的指示：

党的财政工作，虽经一再强调，但直至目前仍然是党的工作中异常薄弱的一环，主要表现为：

一、各级党委对财政工作领导异常薄弱，缺乏经常的检查，对财政工作认识存在许多偏差，如党的财会单纯的认为如何开支、如何分配，但对如何开源，如何具体计划实现财政任务，如何在保障供给的原则下合理征收，尽量减轻群众负担等原则政策问题则异常忽视，不能贯彻量入为出与量出为入原则的结合，有的强调工作需要而忽视量入为出，不顾政策的加重群众负担，对敌游区盘剥的现象；不少党委群众团体及部队只知需要，但对财政工作缺乏研究，讨论则感不兴趣，在实际工作中不配合，不教育党员群众积极拥护政府的征收，甚至采取与政府对立的态度，使财政工作失去党的领导与组织力量的支持，物质供给失去保证。

二、各级党委领导思想上缺乏整体观念，山头主义思想严重存在，自收自用，只顾局部不顾整体，只要能自给自足了就心满意足，不照顾全局如何？更缺乏积蓄必要物资准备新形势需要的巨大的思想的准备，不积极完成财政任务，在县中最好的环区只能完成90%的任务，个别环区僅能完成1/3。造成拖欠现象，無形中造成负担不均，加重了一部份群众负担。由于山头主义思想的存在，因而在各地严重的存在了破坏财政制度，私自開支，先斬後奏，及严重的贪污浪费现象，不注意节约的形式铺張，故意加大预算，有的临时開支超过经常開支的一倍半。这一思想的存在其根源区党委認為首先是與各級党的领导思想上強調局部，不顧整体的党的独、等立的宗派主義思想分不開的；某些県级党委领导同志中存在了家長統治作风，借口一元化领导不遵守統一的財政制度，把党的政治领导水平降低，為事务的办理干涉。

三、財政部门的建設業務领导上存在着財政部门有職無权的现象，認為坚持制度是机械；不加强財政部门幹部的配备，不帮助財政部门解决困难，建立经常工作；不從政治上提高財政幹部对財政工作的認識，提高政策观念，打破事务範围的圈子；因而財政干部工作信心不高無办法，形成孤立，甚至有的存在着厌烦情绪，認為財政工作是數目字的工作，無甚大前途。当然这一偏向除党的领导负责外，財政幹部本身個人地位观念，孤立主義，不主动依靠于財政得党的领导，不坚苦深入研究经验，健全部门建设等也是基本的。

為了保障前方軍政民各项供给并准备新形势下我力量扩大的需要，各级党委对財政工作的领导必须再次引起重视。除贯彻执行公商会议关于财政任务的具体化而外，各级党委应着重加强以下工作：

首先是在全党全军中加强对于财政工作的重视，必须认识，在今天的敌我环境，在我们生产尚无大成绩下要保障供给，除积极展开发动群众的生产外，积极整理财政收支就是最重要的一个工作，只要我们重视加强财政部门的领导与建设，依现在情况下不需增加群众负担，也可以做到完全自足自给，必须强调各级党委对财政任务的保证，今后任何党委忽视财政任务等自由主义行动应受到党纪处分，三地委对太宁县委的处分是完全正确的，全党必须引以为戒，今后财政任务应成为党委议事日程之一，财政部门干部各级党委应予以加以调整和充实。

其次应克服山头主义本位思想，保证财政制度的推行和财政调剂的统一，必须认识这是政策与党性问题（不能统一支配，势必造成旱涝不均，助长山头主义思想发展的恶果），各级党委财委会必须切实完全掌握这一任务，各级财政部门必须是有自己的权，任何部门必须尊重统一的制度，并严格掌握精简原则，人员的增加必须经过上二级机关的批准。严格杜绝贪污浪费现象，在各种制度中首先必须执行的是金库制度，预决算制度，并力求制度的科学简便。

4 各级党委必须根据这一要求做出具体的财政计划，在步骤上可首先根据目前现象，亲自动手检查任务进一步处理之准备。其次每一专员区必须加强一个县的检讨具体帮助处理，并测量该县财政收入标准。

区党委决于七月初召开全区财政工作会议，地委应派一财委委员或科长级干部参加，各专署须派财粮科长参加，部队军分区后勤处长、兵团供给部主任参加，各级党委及部队党政机关必须具体帮助总结财政工作中的各项政策，（总结是自四四年下半年至四五年上半年）提出今后意见，并将各地军政民四五年上半年决算及下半年预算及脱离生产人员数四等具体材料一同带来。

冀中区党委

四月廿九日

5

中共鲁中区党委为准备十月党务会议的补充通知（1945年6月5日）

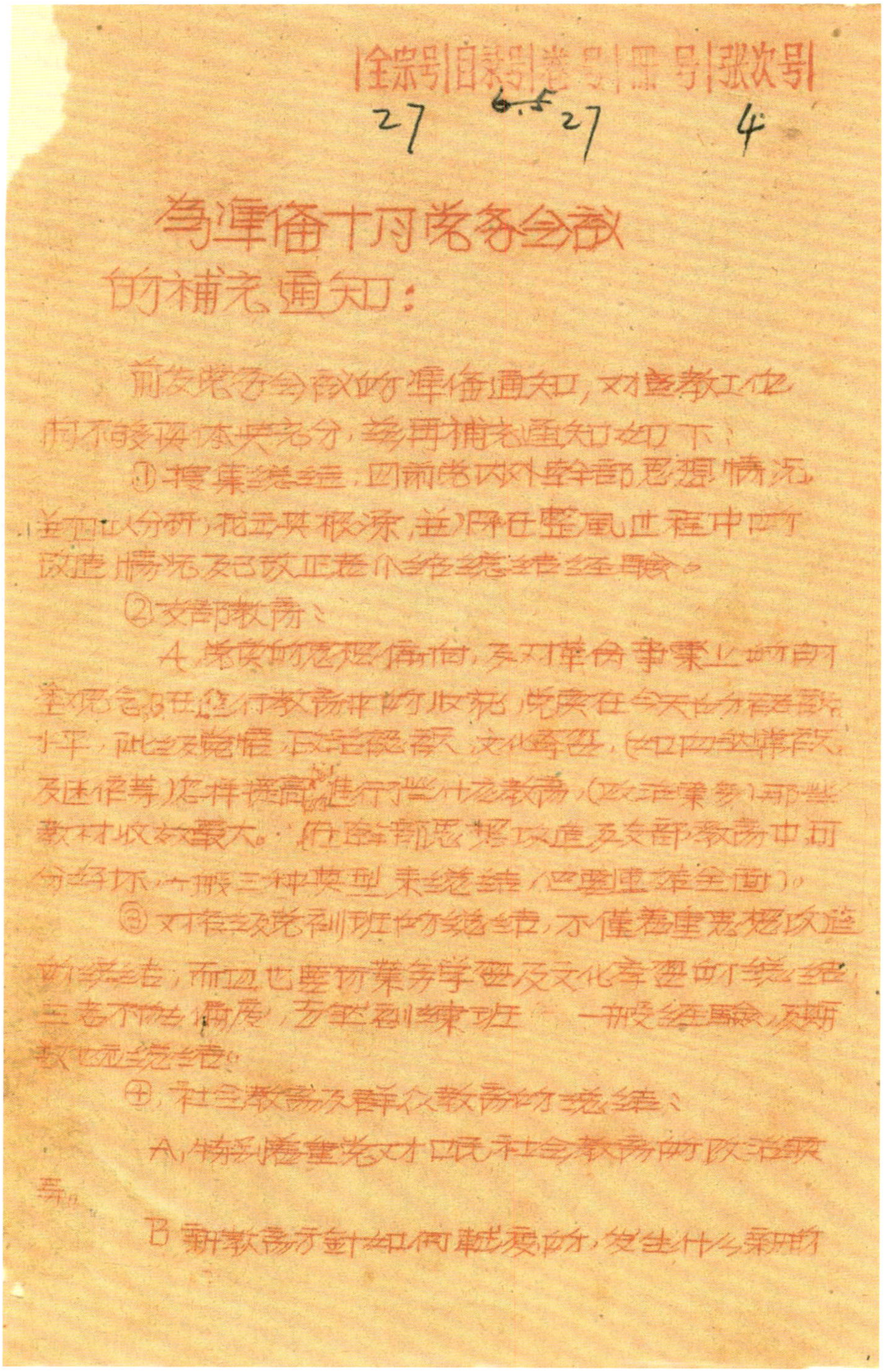

全宗号 目录号 卷号 册号 张次号
27 6.5 27 4

为准备十月党务会议
的补充通知：

前发党务会议的准备通知，对宣教工作的不够具体充分，兹再补充通知如下：

①搜集总结，目前党内外干部思想情况并加以分析，找出其根源，并将在整风过程中的改造情况及纠正偏向的总结经验。

②支部教育：

A.党员的思想偏向，及对革命事业上的阶级观念，在进行教育中的收获，党员在今天的文化程度、水平，此外如党员政治教育、文化学习（如识字教育……）怎样提高，进行些什么教育（政治业务），那些教材收效最大。在干部思想改造及支部教育中可分好坏一般三种典型来总结（要重点全面）。

③对各级党训班的总结，不仅着重思想改造的总结，而且也要将业务学习及文化学习的总结三者不能偏废，另外训练班一般经验、及教材的总结。

④社会教育及群众教育的总结：

A.特别着重党对政治社会教育的政治要求。

B.新教育方针如何执行的，发生什么新的

问题，如何解决的，现在教育情况。

⑤宣传工作：主要是政策上的宣传，及我党反攻建国的方针上的宣传，可在各阶层中搜集反映，并估计在宣传中是否形成力量，其次是检讨我们宣传工作上的优点及缺点的地方总结之经验教训。

⑥出版工作：A. 出版工作的缺点，B. 如何应用报纸推动工作，C. 各阶层对报纸的反映。

（宣教工作的一般工作，如门前建设、经常工作等，也要总结）。

搜集材料的精神方法，仍按前通知执行。

此致

地委

鲁中区党委宣传部

中共鲁中区党委、鲁中区行政联合办事处、鲁中军区司令部关于开展对敌伪粮食斗争的联合指示（1945年6月15日）

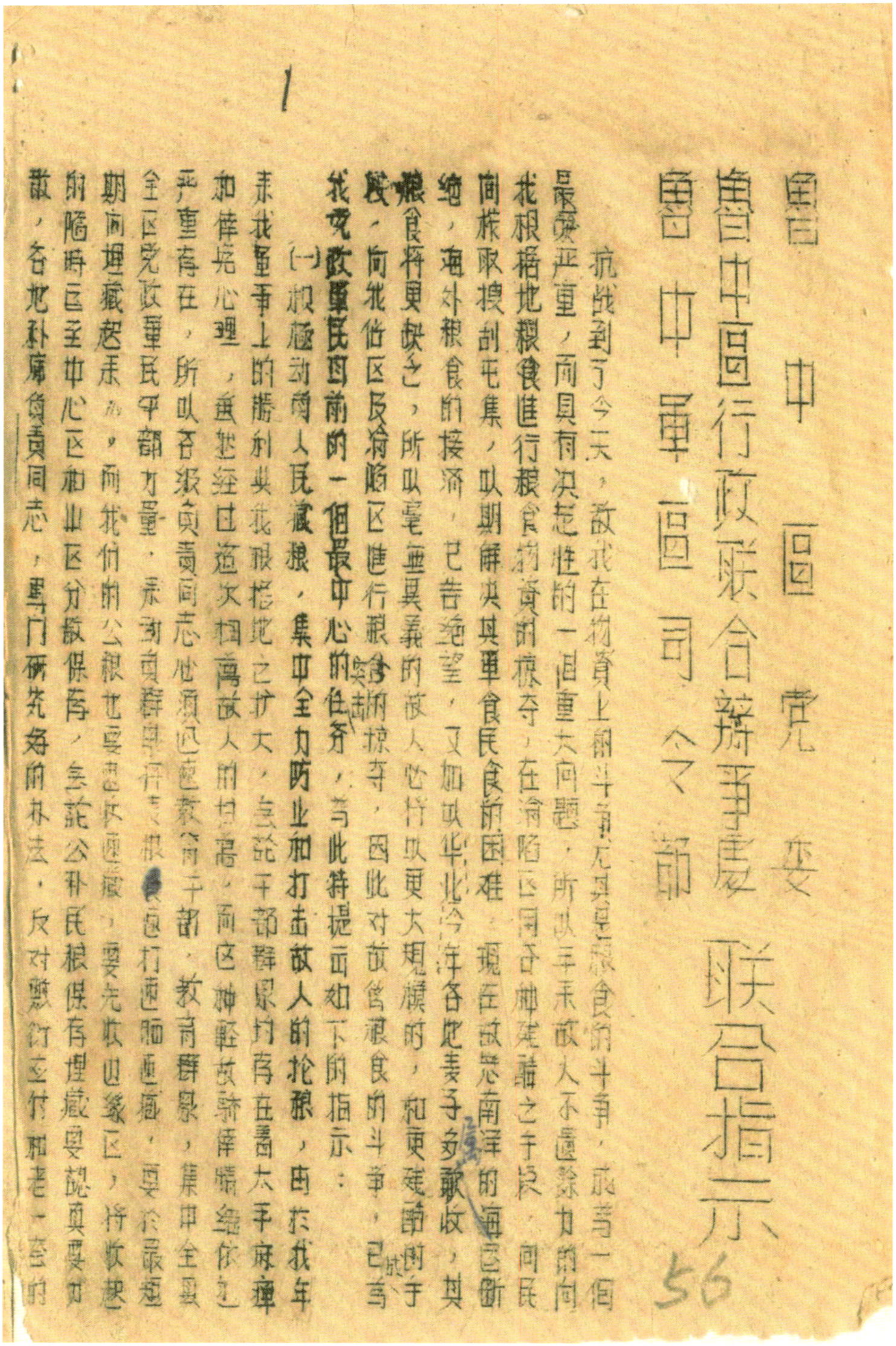

鲁中区党委
鲁中区行政联合办事处 联合指示
鲁中军区司令部

抗战到了今天，敌我在物资上的斗争，尤其是粮食的斗争，成为一个最严重，而具有决定性的一个重大问题，所以年来敌人不遗余力的向我根据地粮食进行掠夺，在沦陷区用各种残酷之手段，向民间搾取搜刮屯集，以期解决其军食民食的困难。现在敌悉南洋的海运断绝，海外粮食的接济，已告绝望，又加以华北今年各地麦子多歉收，其粮食将更缺乏，所以毫无疑义的敌人必将以更大规模的，和更残酷的手段，向我们区及沦陷区进行粮食的掠夺，因此对敌伪粮食的斗争，已成为我党政军民当前的一个最中心的任务，为此特提出如下的指示：

（一）积极动员人民藏粮，集中全力防止和打击敌人的抢粮，由于我年来我军事上的胜利与我根据地之扩大，急于干部群众均存在着太平麻痹和侥幸心理，虽然经过这次扫荡敌人的掠夺，而区种轻敌骄傲情绪依然严重存在，所以各级负责同志必须迅速教育干部，教育群众，集中全区党政军民干部力量，来动员群众将余粮食迅速打通思想，要于最短期间埋藏起来，而我们的公粮也要迅速埋藏，要先在边缘区，将敌据附近区至中心区和山区分散保存，急于公私民粮保存埋藏要认真要切实，各地补库负责同志，专门研究好的办法，反对敷衍应付和老一套的办法，把征粮和动员藏粮的工作联系起来，一面征粮，一面动员藏粮和检查藏粮，任何已经拖拉延调困难都是要不得的，此外更要动员我们所有的各种武装力量来进行反抢粮的斗争，就是地方武装和民兵更要发挥其威力，到处防止和打击敌人的抢粮活动，是多样性的和飘忽不定的，单靠主力是不行的，所以我们的地雷战，飞行爆炸，寨堡战，游击战和善于破坏交通要道，是最有效的办法，去年大股敌人的抢粮主力应该是予以迎头痛击，坚决打击敌人。只有三种武装很好的结合起来，主动的打击、封锁和困扰敌人，才能有效防止敌人的抢粮，保卫了我们的资，任何查禁系统、查禁制度都是予以对的，都要受到批评，而有在一元化的领导下，大家共同配合起来，积极完成这一保卫消灭敌人的抢粮任务是正确的。各部机关团体粮食也要同样的保守埋藏，否则若有损失，政府不予补偿。

（二）加强粮食封锁和收购，因为敌区集市的粮食，是敌人对粮食的掠夺是多样性的，他是假借奸商和坏分子以高价来吸收我们区区的粮食，因此，政府要立即布告严禁粮食出口，工商管理局原来有的检查岗哨，税务局要有计划的分配到边沿区一集市），加强粮食的缉私，区中队也要很好的配合，尤其是要各村民兵一切联系，展开群众性的缉私，实行三成提奖办法，边沿区集市上用米粮，工商管理局及商店要按市价收购，如力量来不及，可以交就近的合作社和可靠的群众或商

3

店代销，给以若干利益，收购后再交给地委主管根据地内保存，或
核作公营，[illegible]，用[illegible]方可，必要时一样切的合工和商
合作[illegible]不得[illegible]一[illegible]，但在[illegible]分别清楚，不可
不要乱来，[illegible]之[illegible]。

（三）用某种的方式抢购敌人的粮食：在敌区一切粮食的斗争，不
只是消极的保卫根据地的粮食，而且是更重要的是积极的集中我们
一切人力财力，在敌占区与敌人展开粮食的争夺战，没有问题的敌人在
沦陷区内，要利用其消极和将底层组织的伪象，更依靠[illegible]
则着敌的掠夺方式对他表明勇勇，将人民的粮食大数的掠夺回去，我
我们的武工队敌工人员反动区内，要在这一时期展开对敌的政治攻势宣
传目前的政治形势和敌人的动向情形等，白人民拒绝使用伪钞，很好利
用合法和非法斗争，领导人民护向敌运交或交出义务粮的人，不同时
工商管理局要动员大批资本、本币不断流通，要回借钱或过去存积之
现洋亦可使用，集中各商店力量用突击方式向敌区抢购粮。这个
然是一个很艰巨的工作，但也是最有效的打击敌人最高的办法。如
果我们作的好，购入的粮食多，在困困敌上人，要造成敌人上一定要缴收
到很大的效力，各工商局反商店人员去要不怕困难，不怕赔本，大胆的
去收购，收购愈多愈好，就是能买到就是我们的胜利，不要单纯的经济
观点，不从对敌斗争和大处上着眼，而且区和收购将来也不会赔本的。
至于抢购办法之根据当地情况形仔细研究，利用敌区和边缘区商人报贩

58

4

敌伪依靠与能否利用反面政权，或两面政权，以各种方式把购粮区敌区。购买任务多与各分局反粮局讨论决定，同时要根据当地的形势和自己的力量、财力物资的情况，购到的粮食要交给粮库负责保存，小数由各商店营业资本付出，如购买任务过大资本缺乏时，可报告总局设法解决。

（四）以上任务的完成要看我们的动员和组织力量的工作作的如何？尤其是向敌区抢购粮的问题，恐怕很多干部的思想打不通，怕困难，怕赔本，没信心，是干部对这一工作的主要思想主流，应从政治上多方说服动员，彻底打通他们的思想。不然工作是做不好。同时敌区各种工作的结合，和各种武装配合，也是极端重要，过去工商局在敌区活动很少，与其他各个工作部门联系也是没有基础，因此各级党委和负责同志，政府主要负责同志要亲自动员和布置，要把各种力量在这一时期团结在这一工作周围服从这一任务，必要时也可吸取各有关部门成立一个临时的工作指导机构，来统一各种力量使其有机的结合起来，同时这一工作还有其一定的秘密性，否则就会暴露甚将要遭到敌人的打击。此外关于购粮中的区域中保存工作，还有很多困难问题，也要随时总结经验的研究和具体的布置，否则亦要遭到不应有的损失。至于藏粮组织工作看来好像比较容易执行些，但是我们干部的太平麻痹和工作的孤立主义作风却相当严重，如果不针对这些思想问题作深入根苗的动员和检查，也是作不好的。

59

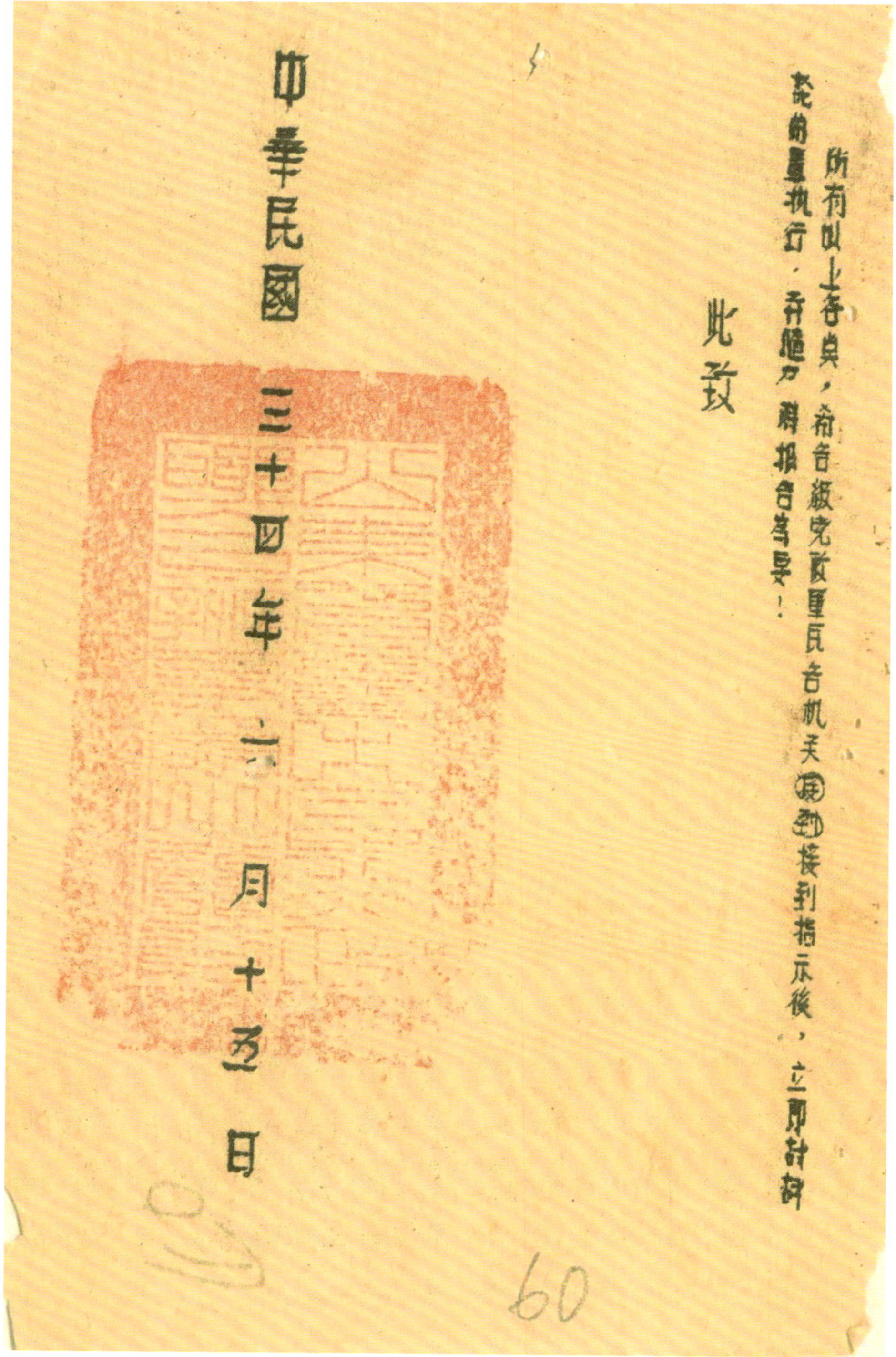

所有以上各点，希各级党政军民各机关团体接到指示后，立即讨论，认真执行，并随时将情报告为要！

此致

中华民国三十四年二月十五日

60

中共鲁中区党委关于抽调城工干部的通知（1945年6月21日）

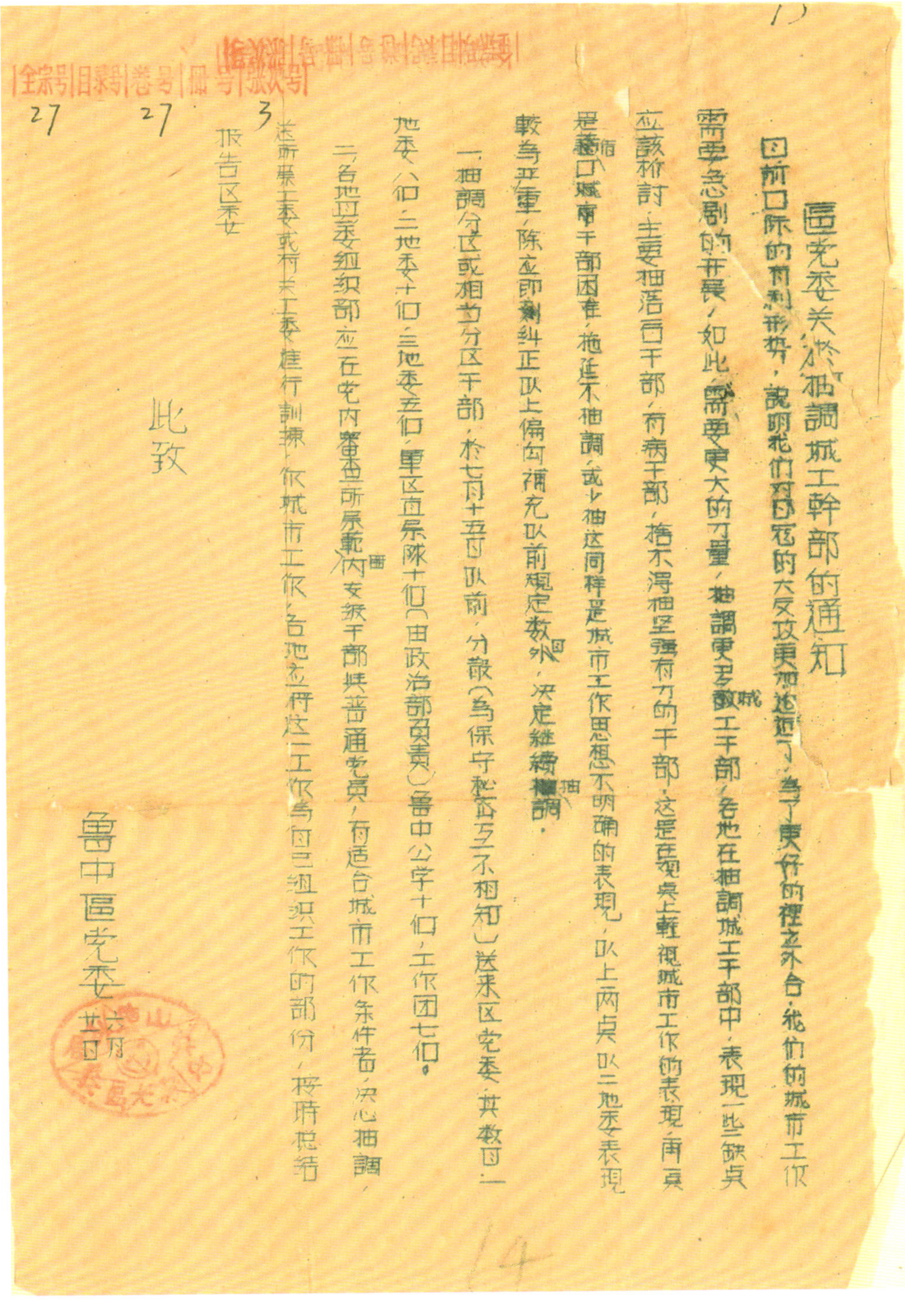
全宗号 27 目录号 卷号 27 册号 3 张次号

区党委关于抽调城工幹部的通知

目前国际的有利形势，说明我们对日寇的大反攻更加迫近了，为了更好的裡应外合，我们的城市工作需要急剧的开展，如此需要更大的力量，抽调更多数城工干部，各地在抽调城工干部中，表现一些缺点应该检讨，主要抽落后干部，有病干部，舍不得抽坚强有力的干部，这是在观点上轻视城市工作的表现，再点是藉口城市干部困难，拖延不抽调，或少抽，这同样是城市工作思想不明确的表现，以上两点以二地委表现较为严重，除应即刻纠正以上偏向补充以前规定数外，决定继续抽调：

一、抽调分区或相当分区干部，于七月十五日以前，分散（为保守秘密互不相知）送来区党委，其数目：一地委八個，二地委十個，三地委五個，军区直属队十個（由政治部负责），鲁中公学十個，工作团七個。

二、各地委组织部应在党内审查所属範内中级干部与普通党员，有适合城市工作条件者，决心抽调，送所属工委或有关工委进行训练，作城市工作，各地应将这一工作为自己组织工作的部份，按时总结报告区党委。

此致

鲁中区党委

六月廿一日

中共鲁中区党委干部情况统计材料（1945年6月）

才料

份材料)

缘底手稿材料

没有手稿材料

6月、毅

九月　日填　地縣區

職別/數目/地县区別	党務干部																																		
	党委					組織部					宣傳部						整	郵交							報社						敵工				
	書記	副書記	秘書	文書	其他	正部長	副部長	委員	干事	其他	正部長	副部長	科長	委員	干事	其他	支工作团	局長	副局長	科長	站長	收發	交通員	其他	社長	編輯	譯電員	謄寫員	印刷工人	其他	部長	科長	站長	干事	
地級	1		1	1			1		2		1		1		1		5	1	1	1	1	4	5	4	1	3	2	6	5	5					
萊東縣級	1	1		1					1		1				1			1						10							1			2	
萊東區級	8	1						8	3					4	5						1			2											
萊北縣級	1					1			1						2		2	1						2							1				
萊北區級	9	1						6						7																					
淄川縣級	1		1		1	1			1		1				2	1		1				1		1							1			1	
淄川區級	4							3	3					3	2																				
章邱縣級	1		1				1		1		1				1		1	1						2							1			1	
章邱區級	3	3						2	1						1																		2		
泰北縣級	1		1			1			1			1			1									2							1		2		
泰北區級	7	4												2							2														3
歷城縣級	1																																		
歷城區級	1							1																											
工委	2																																		
合計	41	10	4	2	1	3	2	20	4		4	1	1	16	6	1	8	5	1	1	4	5	5	23	1	3	2	6	5	5	5		4	4	4
備考	①專署的干部和目未統計來，因急於呈交故未等。②公商局的也未統計來。																																		

2

軍民現有幹部登記表

政干部																	軍事干部										民運干部						總計
府					公安局					參議會		工商局					武委會			縣區隊							抗聯						
[illegible]長	秘書長	秘書	文書	其他	局長	股長	公安員	干事	其他	參議長	駐会議員	局長	科長	股長	事務主任	其他	主任	干事	其他	大隊長	大隊副	中隊長	中隊副	副政委	指導員	其他	主任	農救	職工	青年	婦女	其他	
																											1		1	1	1	4	61
			1		1	3		3	2					4		8					1	5			4							15	73
6				4			5																6		6	1	3					10	118
		1	2		1	2		2	1	1	2						1	2			1	4			4	3						3	67
3							8															4			5							10	92
			2	4	1	2			2						1	1				1				1			1	1			1		44
2							5																3		3	2		5	1	4	5	5	69
		1	2	4		2			2		2	1								1		4			7	3						3	54
1							5															5			1								44
		1	1	2		2			2	1	1					6				1	1	3			3		1					3	46
2				4			4															3											39
		1		2																1	1	2	3		4	3	1						23
3			1				1															1			1	1						3	17
																																	3
7		4	9	30	3	11	28	5	9	2	5	1		4	1	15	1	2		4	4	31	12	1	38	13	7	6	2	5	7	56	750

地縣區党政軍民

党務幹部

地縣區別	級別	党委 書記	党委 付書記	党委 秘書	党委 文書	党委 其他	組織部 部長	組織部 付部長	組織部 科長	組織部 委員	組織部 干事	組織部 其他	[illegible]郵交 團長	團員	局長	付局長	科長	站長	交通員	[illegible]	其他
地委		1	1	1	1		1		2		1	1	2	1(6)	1		3			1	1
沂南	縣級	1	1	1	1	2	1				2	1	1	5	1		1			1	
沂南	區級	10								5	11										
沂中	縣級	1		1		1	1				2		1	3	1		1				
沂中	區級	12								5	11										
沂邊聯	縣級	1		1	1	1	1				2	1	1	3	1		1			1	1
沂邊聯	區級	7								4	12										
蒙陰	縣級	1		1		2	1				2				1		1				
蒙陰	區級	5								6	6										
費東	縣級	1		1	1		1				2	1		6	1		1				
費東	區級	6								3	6										
沂東	縣級	1				1	1				1			3	1					1	
沂東	區級	6									5										
	縣級																				
	區級																				
工委																					
合計		53		6	4	7	7		2	23	36	4	5	65	7		8			4	2

地縣區別	級別	宣傳部 部長	宣傳部 付部長	宣傳部 科長	宣傳部 委員	宣傳部 干事	宣傳部 其他	報社 [illegible]	報社 [illegible]	報社 [illegible]	報社 [illegible]	報社 [illegible]	報社 其他	敵工部 部長	敵工部 付部長	敵工部 科長	敵工部 干事	敵工部 其他	城工部 部長	城工部 科長	城工部 干事	城工部 其他
地委			1			2	2										3					
沂南	縣級	1				2	1							1	1		5					
沂南	區級				6	6																
沂中	縣級	1				1	1										1					
沂中	區級				5	6																
沂邊聯	縣級	1				1								1	1		1	8				
沂邊聯	區級				5	7																
蒙陰	縣級	1				2											5					
蒙陰	區級				4	6																
費東	縣級	1				2								1	1		2					
費東	區級				2	3																
沂東	縣級	1				1								1	1		2					
沂東	區級				1	2																
	縣級																					
	區級																					
工委																						
合計		6	1	[illegible]	23	[illegible]	4							4	[illegible]		28					

備考：①其他項內[illegible]……②沂南公安局[illegible]……（[illegible]）……其他項內[illegible]合計一。⑤[illegible]……在其他項內。⑧[illegible]……

年 月 日

…部登記表　年　月　日填

	幹部														軍事幹部							民運幹部																							總計
	公安局						[illegible]		工商管理局						縣區隊							抗聯			工会			農会			青会			婦会			武委會				文協				
其他	局長	股長	科長	公安員	干事	其他	[illegible]	[illegible]	局長	[illegible]	科長	股長	專任	其他	大隊長	大隊付	中隊長	中隊付	副政委	指導員	其他	主任	付主任	其他	会長	付会長	干事	会長	付会長	干事	会長	付会長	干事	会長	付会長	干事	主任	科長	干事	其他	会長	付会長	干事	其他	計
	2				2																	1								1	1		1	1	1		1		4						82
4	1	3				2										1	●		1			1		2	1			1	1	1	1		1	1	2		2		3						78
5				10														9		7		10		4	6			5		14	4		4	8	9		16			5/2					205
2		2																	1			1		1	1			1			1		2	1			1		2						46
10				8														8		4																	16			8					146
5	1	2														1	●		1			1			1		1				1		4	1			1		3						73
3				7														6		4					4		6	5		7	4		14	4	1		9			13					164 150
2																	1		1			1		1		2		1			1			1	5		1		4						55
0				2														10		7															1		7			3/2					117
3	1	2				1										1	●		1			1		1							1		1	1			1		1						40
				3														6		1						●	5	4	●	5	4		6	4			7			11					89
	1	1				2										1	●											1			1			1			1		1						32
				6														5		1						●	4	4	●	6	2		7	3	12		5			15					111
[illegible]	6	10		[illegible]	2	5										5	●	44	5	24		16		9	13	2	16	22	●	[illegible]	21		40	26	20		68		16	106					1228

[illegible]，填在了其他項内，亦[illegible]如此。③[illegible]其他項内[illegible]。④[illegible]

[illegible]如此。⑥[illegible]（[illegible]）⑦[illegible]

[illegible]（[illegible]）[illegible]。

區委組織部製　44年10月　日

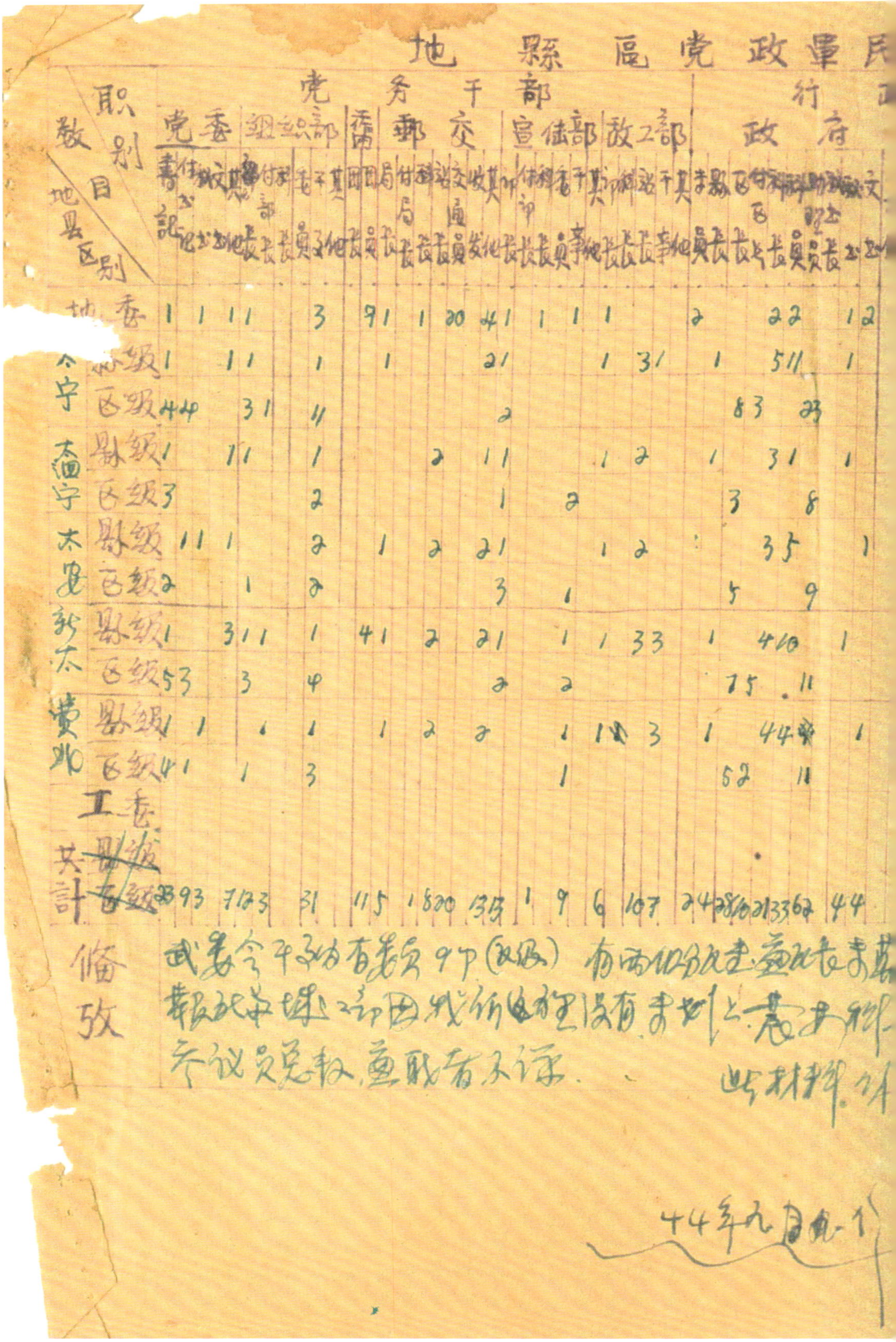

地县区党政軍民……

職別 / 數目 / 地县区别	党务干部	行政
	党委 组织部 敌工部 宣传部 交通	政府
地委	1 1 1 1 3 9 1 1 20 4 1 1 1 1 2 2 2 1 2	
县级	1 1 1 1 1 2 1 1 3 1 1 5 1 1 1	
区级	4 4 3 1 4 2 8 3 2 3	
临宁 县级	1 1 1 1 2 1 1 1 2 1 3 1 1	
区级	3 2 1 2 3 8	
太宁 县级	1 1 1 2 1 2 2 1 1 2 3 5 1	
区级	2 1 2 3 1 5 9	
新太 县级	1 3 1 1 1 4 1 2 2 1 1 1 3 3 1 4 10 1	
区级	5 3 3 4 2 2 7 5 11	
费北 县级	1 1 1 1 1 2 2 1 1 3 1 4 4 1	
区级	4 1 1 3 1 5 2 11	
工委		
共计	23 9 3 7 12 3 31 11 5 1 8 20 13 5 1 9 6 10 7 2 4 28 10 21 33 62 4 4	

備攷：武装会干部均有委员9个（区级）……此材料……

44年九月……

部登記表

[illegible]管理局						軍事干部 縣区隊							民運干部 抗联			工会			农会			青会			妇会			武委会				文协				總計
局长	监委	科长	股长	事务员	其他	大队长	大队附	中队长	中队付	政委	指导员	其他	主任	副主任	其他	会长	付会长	干事	会长	付会长	干事	会长	付会长	干事	会长	副会长	干事	主任	科长	干事	其他	会长	付会长	干事	其他	
2		2	4		8														1		1						1	1		2	5					89
				3	27	1	1	2	4		4	7	1			1			1						1			1		2	2					189
								8	8			5				1			2			4			3			7		8						112
				1	7	1	1	4		1	4	6	1															1		2	1					50
								5	5		2								2											2						36
				1	6	1	1	4	2	1	3	3							1																	52
								5	5		3								1											1						43
				2	15	1	1	1	3	1	3	5	1						1			1						1		2	6					9[illegible]
								8	8		2											2						2								72
				2	18	1	1	3	1	1	4	6	1									1			1			1		6	5					262
								5	5		3	2				1			4						3			4		11						71
2		2	4	9	81	5	5	45	41	4	28	34	4			3			13		1	8			8		1	18		36	19					930

[illegible]员因此无法统计在内
[illegible]分的.

4

107
25
132

62
26
88

地县区党政军民现有干部登记表　　年

职别 / 数目 / 地县区别	1	2	3	4	5	6	7	8	9	10	11	12	13	14	15	16	17	18	19	20	21	22	23	24	25
地委	1	1	1		2	1	[illegible]							1	1	1		6	2	3			1		1
沂北 县级	1		1		2	1	[illegible]			2				1			1	13	1	2	1				1
沂北 区级	8								3	9														3	11
蒙沂边 县级	1				1	1	[illegible]	[illegible]					1	1				14	1						
蒙沂边 区级	4									1			4	1				13							
[illegible]邱 县级	1					1								1				1	1						
[illegible]邱 区级	4									3								1							
临朐 县级	1	1		1	1	1								1			1	3	1						
临朐 区级	6									3			2											1	
县级																									
区级																									
县级																									
区级																									
县级																									
区级																									
县级																									
区级																									
工委																									
合计																									
备攷																									

政幹部				軍事幹部	民運幹部							總計
府	公安局	議会	工商管理局		农联	区会	妇会	青会	[illegible]会	武委会	文協	
1 1 6	1		1 1 5 4 42				1	1				113
1 5	1 2			1 1 1	1 1		1	1	1	1 2		67
18 7 1	7 5			8 8 8	3	6 3 1	16	3 17	5 20	6 12		102
1 1 5	1 1			1 1 1	1	1	1					40
9 2				6 6 6	1 25	4 2		1 6	1 15	1 2		116
1 1 3	1 2 1 4			1 1 1			1			1 1		34
16 6 5	6			6 6 6	1 1	2 3	4 4 6	5	18	1 4		114
1 3	1 2			1 1 1						1		31
8	5			7 7 7	5		2 10	1 11	14	1 4		102

5

區委組織部製 44年10月日

地縣區党政軍民

職別 / 數目 / 地 縣 區別	党務幹部					
	党委	組織部	秘書	交通	宣傳部	報社	敵工部	城工部
地委								
益都 縣級								
益都 區級								
沂源 縣級								
沂源 區級								
博山 縣級								
博山 區級								
縣級								
區級								
縣級								
區級								
縣級								
區級								
縣級								
區級								
工委								
合計								

備考

No.

年　月　日

部登記表　　年　月　日填

公安局	縣政府各部門	軍事幹部（縣區隊）	民運幹部（抗聯、工會、農會、青會）	婦會	武委會	文協	總計
2	1 2 4 34				1		89
4	1 1	1 4 2 1 4 3 1	15	1	1 2		48
1		2 2	8 1	1			55
1 1 1		1 1 1 1 1 2	4				35
2 2		3 5		2 3			49
1		1 1	1 23	1			74
2 2		4 12	16 1 1	1 1 2			65 73
							4
5 5 3 5 1 1	1 2 4 34	2 6 1 5 2 1 3 7 2	41 2 1	2 3 2 3 4	2		469 469.

…鄉工作.

區委組織部製　44年10月　日

6

鲁中区工商管理总局

部别 \ 机关 人数	總局 局長	總局 付局長	總局 監委	秘書室 主任	秘書室 秘書	秘書室 政指	秘書室 股長	秘書室 會計	統調室 主任	統調室 秘書	統調室 統調員有	統調室 統調員缺	干部科 科長	干部科 付科長	干部科 干事	緝征科 科長	緝征科 付科長	緝征科 干事有	緝征科 干事缺
總局	1	1	1		1	1	1	1		2	1	1	1	1	2		1	2	2
南沂蒙縣局																			
北沂蒙縣局																			
蒙山縣局																			
沂山分局																			
魯山分局																			
太南分局																			
太山分局																			
合計 現有數	1	1	1		1	1	1	1		2	1		1	1	2		1	2	
合計 現缺數	0	0	0	1			1		1			1				1			2

部别 \ 机关 人数	經營科 科長	經營科 付科長	經營科 經理	經營科 干事有	經營科 干事缺	工礦科 科長	工礦科 付科長	工礦科 干事有	工礦科 干事缺	合作科 科長	合作科 付科長	合作科 干事有	合作科 干事缺	金礦局 局長	金礦局 付局長	金礦局 干事	金礦局 政指	金礦局 會計
總局		1	3	2	1	1	1	2		1		1	1		1	2	2	1
南沂蒙縣局																		
北沂蒙縣局																		
蒙山縣局																		
沂山分局																		
魯山分局																		
太南分局																		
太山分局																		
合計 現有數		1	3	2		1	1	2		1		1			1	2	2	1
合計 現缺數	1				1						1		1	1				

部别 \ 机关 人数	探採隊 隊長	探採隊 付隊長	探採隊 政指	探採隊 會計有	探採隊 會計缺	工廠 經理有	工廠 經理缺	工廠 付經理有	工廠 付經理缺	工廠 政指	工廠 會計有	工廠 會計缺
總局		1	1		1	2	3	4	1		3	2
南沂蒙縣局												
北沂蒙縣局												
蒙山縣局												
沂山分局												
魯山分局												
太南分局												
太山分局												
合計 現有數		1	1			2		4			3	
合計 現缺數	1				1		3		1	4		2

部别 \ 机关 人数	局長	付局長	監委	秘書室 秘書	秘書室 股長	秘書室 政指	秘書室 會計	統調室 秘書	統調室 統調員有	統調室 統調員缺
總局										
南沂蒙縣局										
北沂蒙縣局										
蒙山縣局										
沂山分局	1		1	1	1		1	1	1	1
魯山分局			1							2
太南分局	1	1								2
太山分局										
合計 現有數	2	1	2	1	1		1	1	1	
合計 現缺數	1	2	1	2	2	3	2	2	2	5

備攷

A. 机構：總局一，分局三，縣局三，事務所卅四，商店廿五。（事務所現有廿八，準備成立的六，計有魯山分局二，太南分局四。商店現有廿三，準備成立的計有魯山和太南分局各一

B. 干部總計數：1. 現有數：局長六，付局長五，監委四，科長八，付科長七，秘書六，股長九，付股長六，隊長三，付隊長四，政指五，統調員三，會計卅五，干事卅六，經理十二，付經

2. 現缺數：局長二，付局長三，監委三，秘書主任二，科長十二，付科長十三，秘書六，股長八，付股長三，隊長四，付隊長五，政指十二，統調員八，會計四十，干事八十（付

C. 太山分局因統計表未送来，故未統計上。沂蒙分局現準備成立，但分局干部都缺着。

D. 總局包括金礦局、探採隊、工廠等三單位。

社現缺干部統計表 44.11.3.

局：…科（干事 有/缺）	局：工矿科（科長/付科長/干事 有/缺）	局：合作科（科長/付科長/干事 有/缺）	局：經济工作隊（隊長/付隊長/政指/会計）	局：商店（經理 有/缺、付經理 有/缺、会計 有/缺）	局：事务所（主任 有/缺、付主任 有/缺、干事 有/缺、会計 有/缺）	縣：局長/付局長/監委	縣：秘書（秘書/会計/統計）	縣：干部股（股長/付股長/干事 有/缺）	縣：稽征股（股長/付股長/干事 有/缺）	縣：合作股（股長/付股長/干事 有/缺）	縣：經济工作隊（隊長/付隊長/政指）	縣：商店（經理 有/缺、付經理 有/缺、会計 有/缺）	縣：事务所（主任 有/缺、付主任 有/缺、干事 有/缺、会計 有/缺）	統計 現有數	統計 現缺數
														46	24
						1 1 1	1 1 1	1 2	1 1 2	1 1 1 1		2 6 3 4 4 3	5 1 4 5 2	34	34
						1 1	1	1 1 1	1 2 1	1 1 1	1 1	4 1 3 4	7 3 4 7 4	31	28
						1	1	1 2	1 1 2	1 2		1 1 1 1	1 2 2 1 3 2	12	26
1 2 2	2	1 2	1 1	3 4 5 2 5 3	4 3 5 2 7 6 1									47	39
4	2	1 1	1	3 3 3	1 4 1 4 5 5									7	59
4	1 2	2		2 1 3 1 2	3 4 3 4 7 7									15	59
1 2	1	1 3	1 2	5 5 6	8 9 6	3 2 1	1 3	1 3 1	3 4	1 3 2	1 1	6 5 9	13 6	192	
2 10	3 2 6	2 3 3	2 1 3 3	8 8 8	11 10 19 13	1 2	2 2	3 5	3 5	2 4	2 3 2	7 7 4	2 9 15 8		269

共計192人。

理十七.主任十三.付主任十九.共計269人。

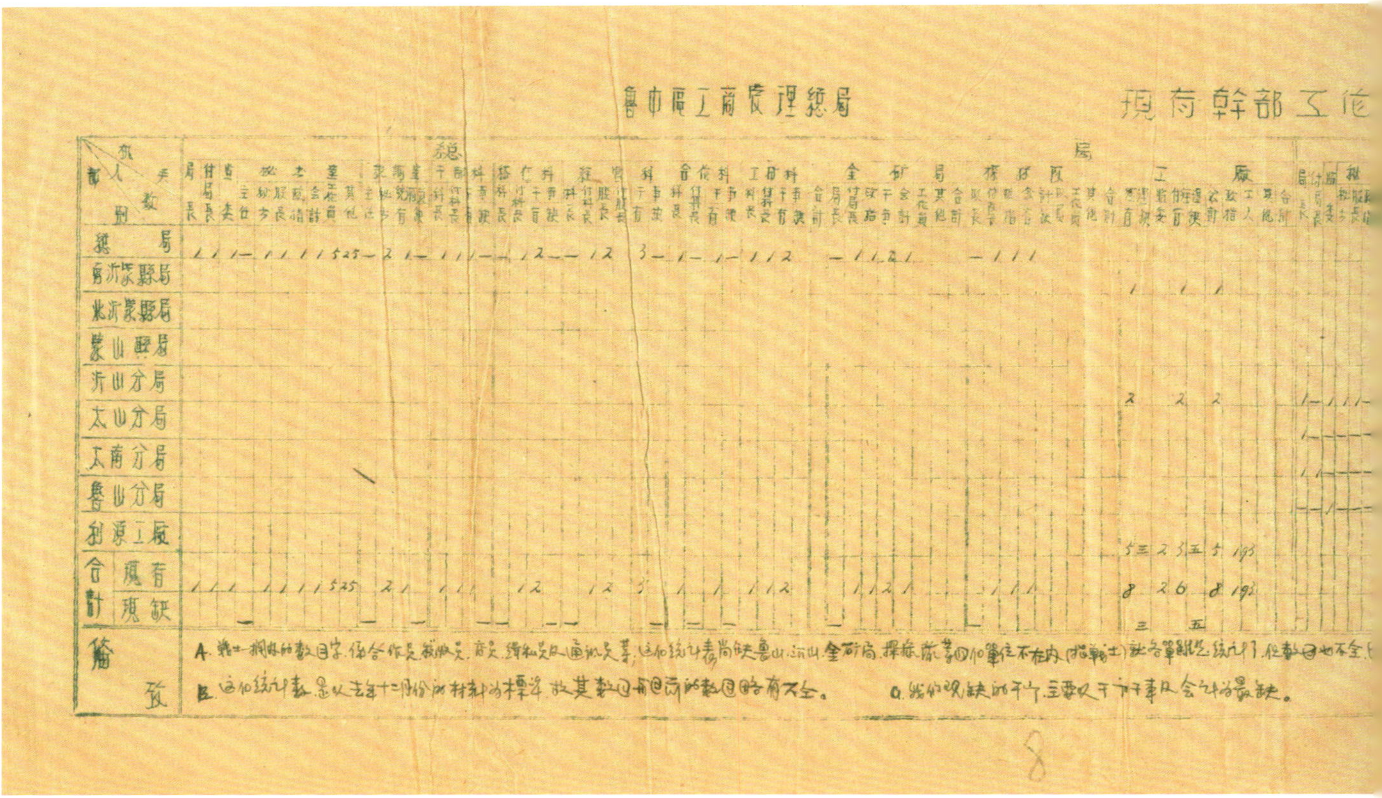

鲁中区工商管理总局　现有干部工作……

部别	
总局	
南沂蒙县局	
北沂蒙县局	
蒙山县局	
沂山分局	
太山分局	
太南分局	
鲁山分局	
利源工厂	
合计　应有	
合计　现缺	

备致：

A. 第一栏内的数目字，係合作员、税收员、商员、缉私员及通讯员等。这个统计表尚缺鲁山、沂山、金矿局、採矿厂等四个单位不在内（均未报来），就各单位统计了，但数目也不全。

B. 这个统计表是以去年十二月份的材料为标准，故其数目与目前的数目略有不全。

C. 我们现缺的干部，主要是干部、事务、会计干部最缺。

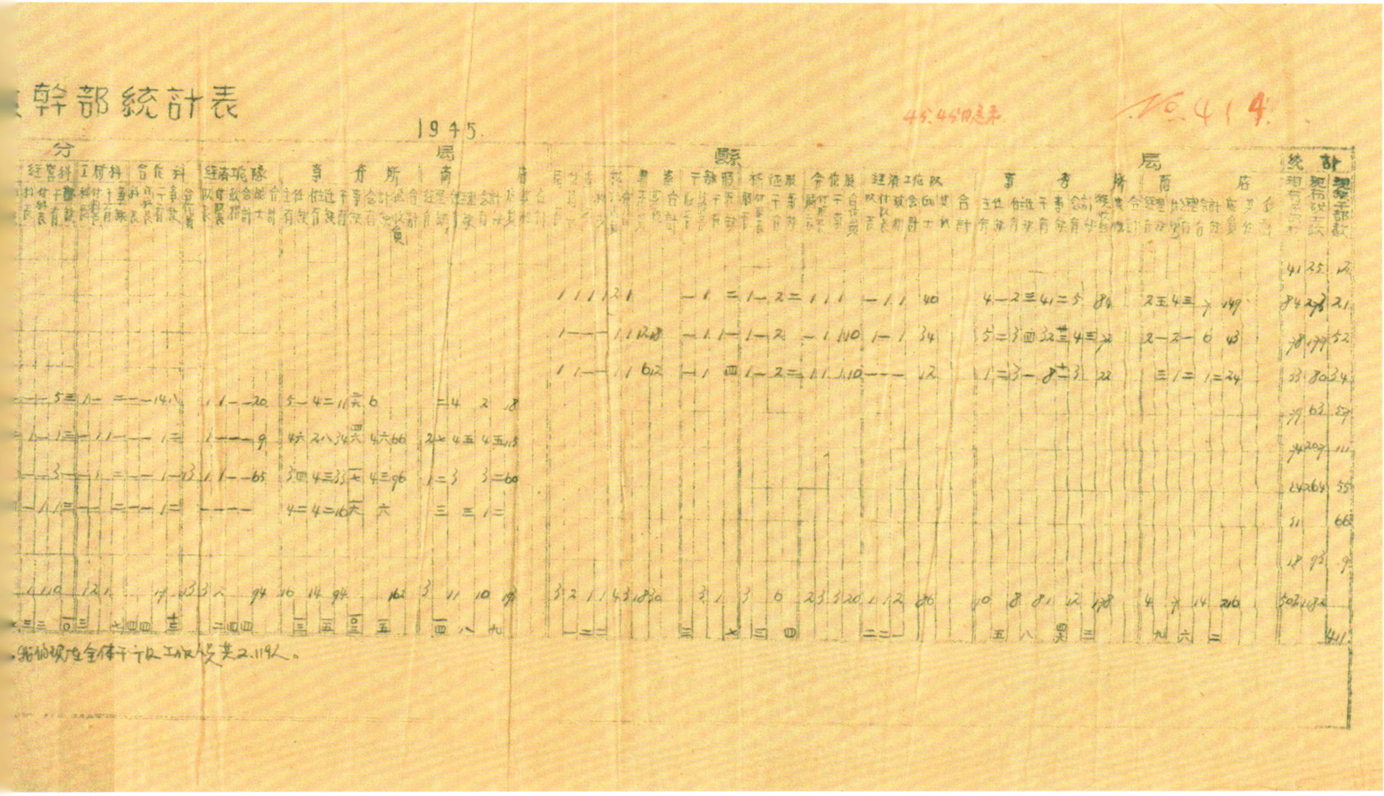

幹部統計表
1945
45.4.4日送來
No.414
分
局
縣
局
統計
我們現在全体干部及工作人員共2,119人。

联辦机关現有幹部

联辦正付主任各1人. 行政委員2人.

秘書處：秘書長1人.秘書1人.收發1人.文書2人.

政指1人.

幹部科：付科長1人.科員1人.

總務股：股長1人.会計1人.事務員2人.伙房司务長1人

招待所：所長1人. 警衛排正付排長各1人

民政處：

~~民政科：科長1人.科員5人 未確定工作者1人.~~

衛生科 科長1人 科員2人.

教育處：處長1人（去高級党校受訓）

科長1人 科員4人.

財政處

財政科：科長1人（在医院養病）.科員3人.未確定工作者1人

糧食科：科長1人（在高級党校受訓）科員2人.

未確定工作者1人.

生產科：科長2人（由行政委員楊云階兼科長）

科員4人.

9

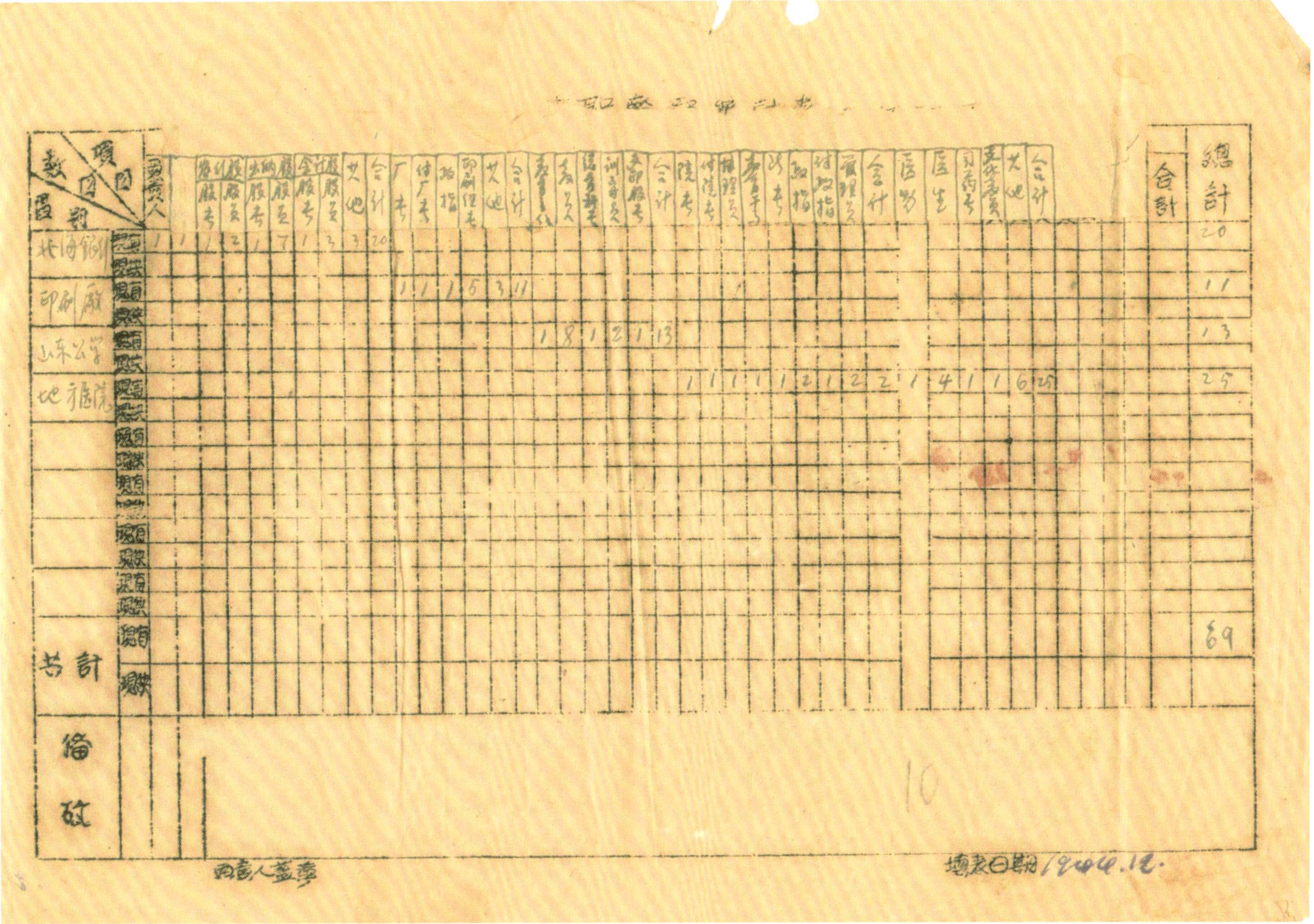

[illegible]

项目 / 数目 / 单位	负责人		营业股 股长	营业股 股员	出纳股 股长	出纳股 股员	会计股 股长	会计股 股员	其他	合计	厂长	付厂长	指导	印刷组长	其他	合计	[illegible]	教员	总务科长	训育员	教务股长	合计	院长	付院长	护理长	看护长	[illegible]	[illegible]	[illegible]	护理员	会计	医务	医生	司药长	[illegible]	其他	合计	合計	總計
北海银行	1	1	1	2	1	7	1	3	3	20																													20
印刷厂											1	1	1	5	3	11																							11
山东公学																	1	8	1	2	1	13																	13
地方医院																							1	1	1	1	1	2	1	2	2	1	4	1	1	6	25		25
总計																																							69
備考																																							

10

負責人蓋章　　　　填表日期 1949.12.

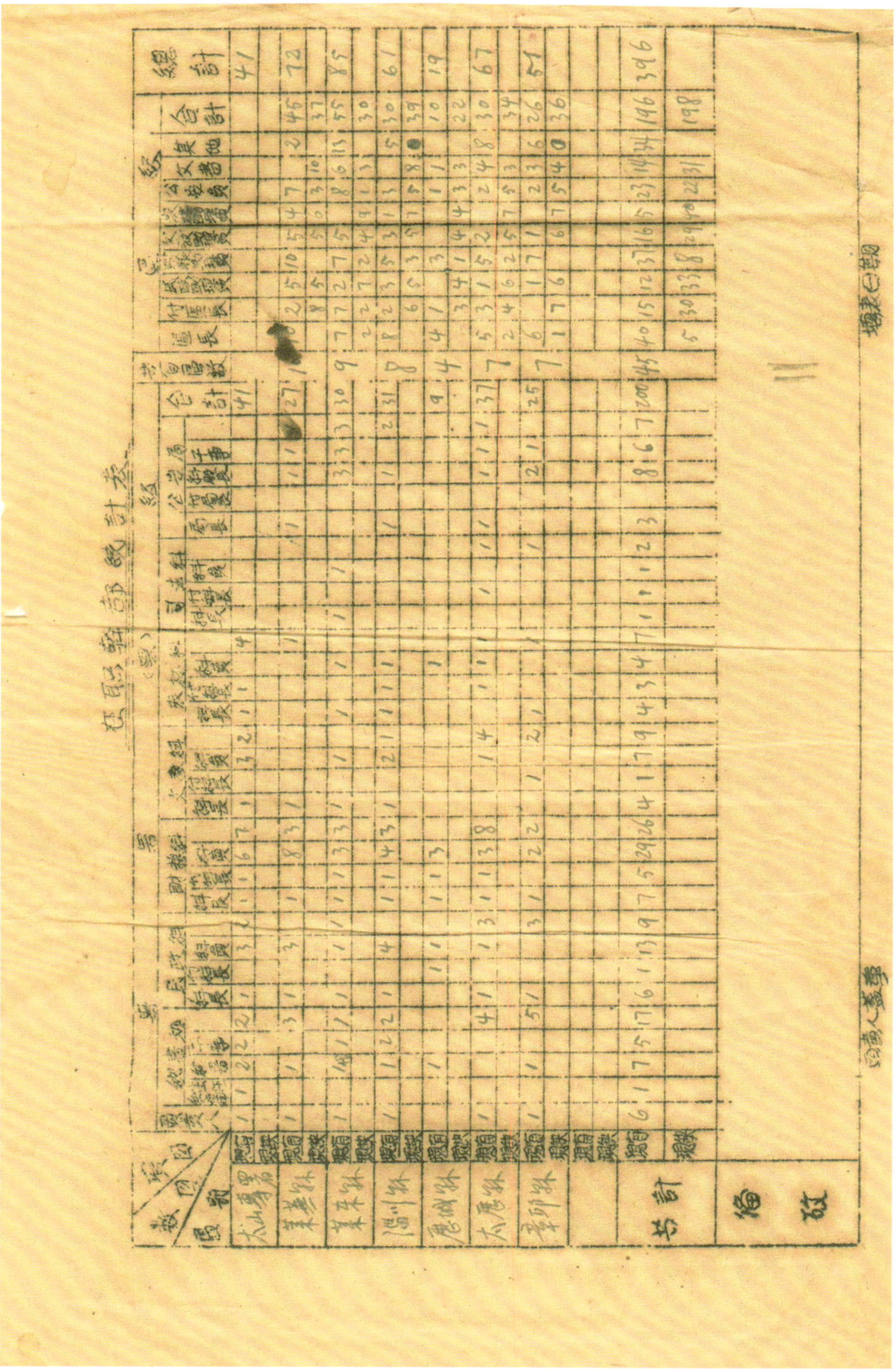
在職幹部統計表
太山專署
萊蕪縣
萊东縣
淄川縣
历城縣
太原縣
章邱縣
共計
備攷
負責人蓋章
填表日期

县区干部统计表
县署（县）级
区别	数目	负责人	秘书处 秘书主任	秘书处 秘书	秘书处 干事	秘书处	民政科 科长	民政科 付科长	民政科 科员	民政科	财粮科 科长	财粮科 付科长	财粮科 科员	财粮科	文教科 科长	文教科 付科长	文教科 科员	文教科	实业科 科长	实业科 付科长	实业科 科员	实业科	司法科 科长	司法科 付科长	司法科 科员	司法科	公安局 局长	公安局 付局长	公安局 科股长	公安局 干事	公安局	合计
太山专署	现有	1	1	2	2	2	1		3	2	1	1	6	7	1		3	2	1	1		4										41
	现缺																															
莱芜县	现有	1		1		3	1		3		1		8	3	1							1					1		1	1		27
	现缺																															
莱东县	现有	1		1	1	1	1		1	1	1	1	3	3	1		1		1		1		1		1				3	3	3	30
	现缺																															
淄川县	现有	1		1	2	2	1		4		1	1	4	3	1		2	1	1	1	1						1		1		2	31
	现缺																															
历城县	现有			1				1	1		1	1	3								1											9
	现缺																															
太历县	现有	1				4	1		1	3	1	1	3	8			1	4		1	1	1		1		1	1		1	1	1	37
	现缺																															
章邱县	现有	1		1		5	1			3	1		2	2		1		2	1			1				1			2	1		25
	现缺																															
	现有																															
	现缺																															
总计	现有	6	1	7	5	17	6	1	13	9	7	5	29	26	4	1	7	9	4	3	4	7	1	1	1	2	3		8	6	7	200
	现缺																															
区级
区别	数目	共有区数	区长	付区长	民政助理员	财粮助理员	文教助理员	实业助理员	公安员	文书	其他	合计	总计
太山专署	现有												41
	现缺												
莱芜县	现有	1[illegible]	10	2	5	10	5	4	7		2	45	72
	现缺			8	5		5	6	3	10		37	
莱东县	现有	9	7	7	2	7	5		8	6	13	55	85
	现缺		2	2	7	2	4	9	1	3		30	
淄川县	现有	8	8	2	3	5	3	1	3		5	30	61
	现缺			6	5	3	5	7	5	8	●	39	
历城县	现有	4	4	1		3			1	1		10	19
	现缺			3	4	1	4	4	3	3		22	
太历县	现有	7	5	3	1	5	2		2	4	8	30	67
	现缺		2	4	6	2	5	7	5	3		34	
章邱县	现有	7	6		1	7	1		2	3	6	26	51
	现缺		1	7	6		6	7	5	4	0	36	
	现有												
	现缺												
总计	现有	45	40	15	12	37	16	5	23	14	34	196	396
	现缺		5	30	33	8	29	40	22	31		198	
备考
负责人盖章　　　　填表日期

在職幹部統計表

區別		專署（署）級 負責人	秘書處				民政科				財糧科				文教科				農林科				司法科				公安局					專署級合計	行政區數	區級									區級合計	總計
			秘書主任	秘書	干事		科長	副科長	科員		科長	副科長	科員		科長	副科長	科員		科長	副科長	科員		科長	副科長	科員		局長	副局長	科股長	干事				區長	副區長	民政助理員	財糧助理員	文教助理員	農林助理員	公安員	文書	其他		
沂蒙專署	現有	1		1		4	1		2		1		5				1			1	1		1			2						21												21
	缺額																																											
沂南縣	現有	1		1	2	6	1		2		1	1	4		1		3		1		1		1		2		1		3		2	34	10	10	6	4	11			10	9	6	56	90
	缺額																																		4	6		10	10		1		31	
沂水縣	現有	1		1	1	2	1		1		1		4				3				1		1		1				2			2[illegible]	12	11	3	4	11	8		8	10	13	68	88
	缺額																																	1	9	8	1	4	12	4	2		41	
沂臨縣	現有	1		1	1	5	1		1	3		1	2	5	1		3		1		1		1				1		2			31	8	7	4	5	8		1	7	4	4	40	71
	缺額																																	1	4	3		8	7	1	4		28	
沂東縣	現有	1		1	1	5		1	2	1	1	1	5	3	1		2															25	6	6	1	3	11			1	2		24	49
	缺額																																		5	3		6	6	5	4		29	
費東縣	現有	1		1					3	1	1	1	3	2	1													1	2		1	18	8	8	3	1	2	2		4			19	37
	缺額																																		5	7	6	6	8	4	8		44	
崇陰縣	現有	1		1	2	1	1		2		2		5		1		2		1		2											21	9	8	5	3	8	2		7	6	9	48	69
	缺額																																	1	4	6	1	7	9	2	3		33	
	現有																																											
	缺額																																											
總計	現有	7		7	7	23	5	1	13	5	7	4	28	10	5		14		3	1	6		4		3	2	2	1	9		3	170	53	50	22	20	51	12	1	37	31	32	275	425
	缺額																																	3	31	33	8	41	52	16	22		206	
備考																																												

12

填表人蓋章　　　　填表日期

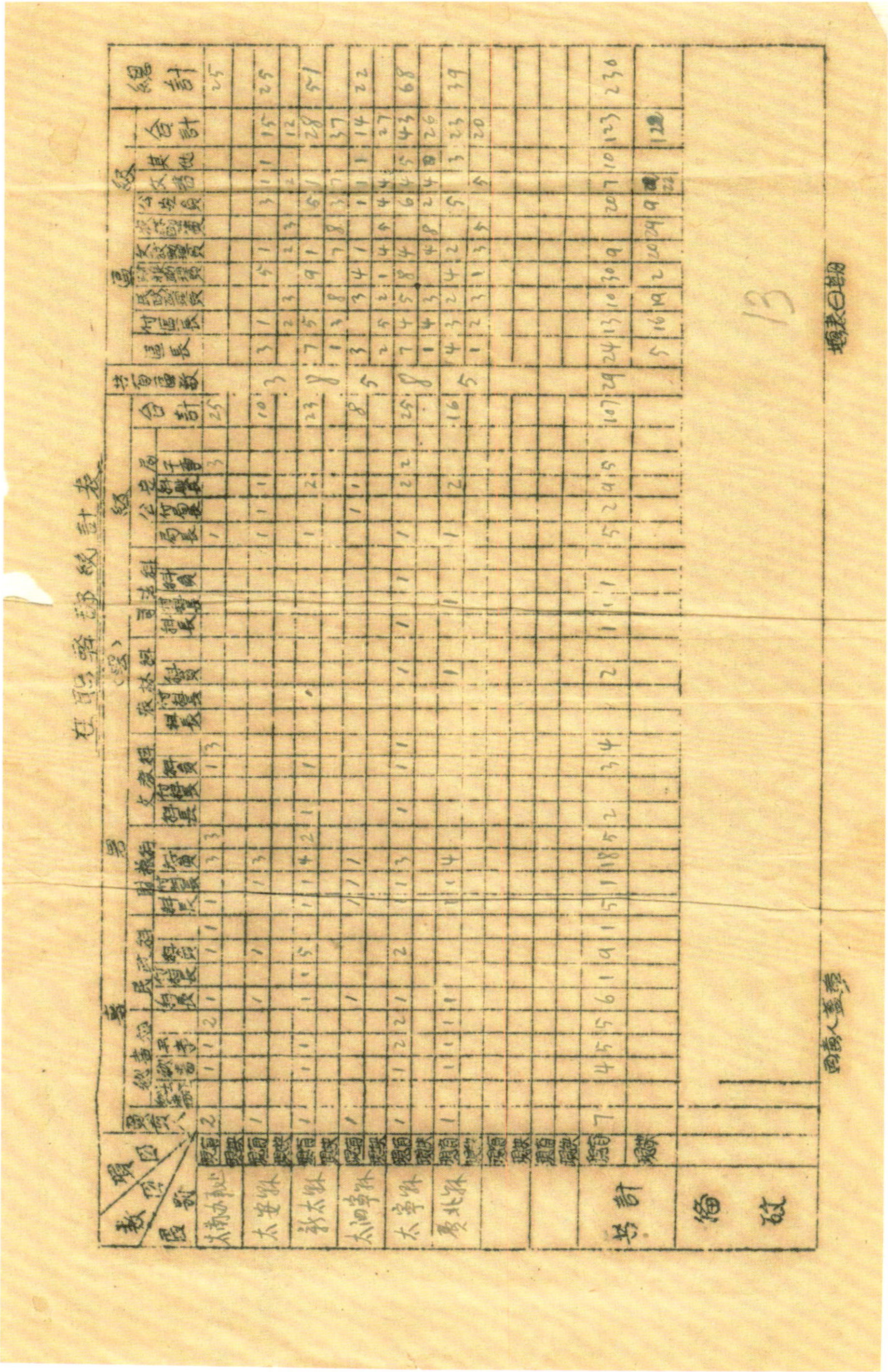

在職幹部統計表

區別	專署級合計	共管幹部數	區級合計	總計
太南辦事處	25			25
太安縣	10	3	15	25
新太縣	23	8	28	51
太泗寧縣	8	5	14	22
太寧縣	25	8	43	68
費北縣	16	5	23	39
共計	107	29	123	230

備考

13

負責人蓋章　　填表日期

[illegible]統計表

區別	項目	負責人	總務處 秘書主任	總務處 秘書	總務處 干事	總務處	民政科 科長	民政科 付科長	民政科 科員	民政科	財糧科 科長	財糧科 付科長	財糧科 科員	財糧科	文教科 科長	文教科 付科長	文教科 科員	文教科	農林科 科長	農林科 付科長	農林科 科員	農林科	司法科 科長	司法科 付科長	司法科 科員	司法科	公安局 局長	公安局 付局長	公安局 科員	公安局 干事	公安局	合計
沂山專署	現有	1		1	2	5				1	1	1	4	11	1		4					1				1	1	1		1	4	41
	現缺																															
沂北縣	現有	1		1	1	3		1	2	1	1			5	1		3	1				1		1		1	1		2			27
	現缺																															
莒沂縣	現有	以1		1		3			1	1	1			5	1			2														17
	現缺																															
臨朐縣	現有	1		1	3	2			1		1		5	4													1		2		2	23
	現缺																															
安邱縣	現有	1				2	1		1					1													1		2		1	10
	現缺																															
共計	現有	5		4	6	15	2	1	5	3	4	1	9	26	3		7	3				2		1		2	4	1	6	1	7	118
	現缺																															

區別	項目	共有區數	區級 區長	付區長	民政助理員	財糧助理員	文教助理員	農林助理員	公安員	文書	其他	合計	總計
沂山專署	現有												41
	現缺												
沂北縣	現有	8	6	2	7	9	4		7	8	14	57	84
	現缺		2	6	1		4	8	1			22	
莒沂縣	現有	6	5		2	3	4		1	2	1	18	35
	現缺		1	6	4	3	2	6	5	4		31	
臨朐縣	現有	7	4	5	4	5	2		5	7		32	55
	現缺		3	2	3	2	5	7	2			24	
安邱縣	現有	6	5	2	1	5	2		4	5	1	25	35
	現缺		1	4	5	1	4	6	2	1		24	
共計	現有	27	20	9	14	22	12		17	22	16	132	250
	現缺		7	18	13	6	15	27	10	5		101	

備考

14

負責人蓋章　　　　填表日期

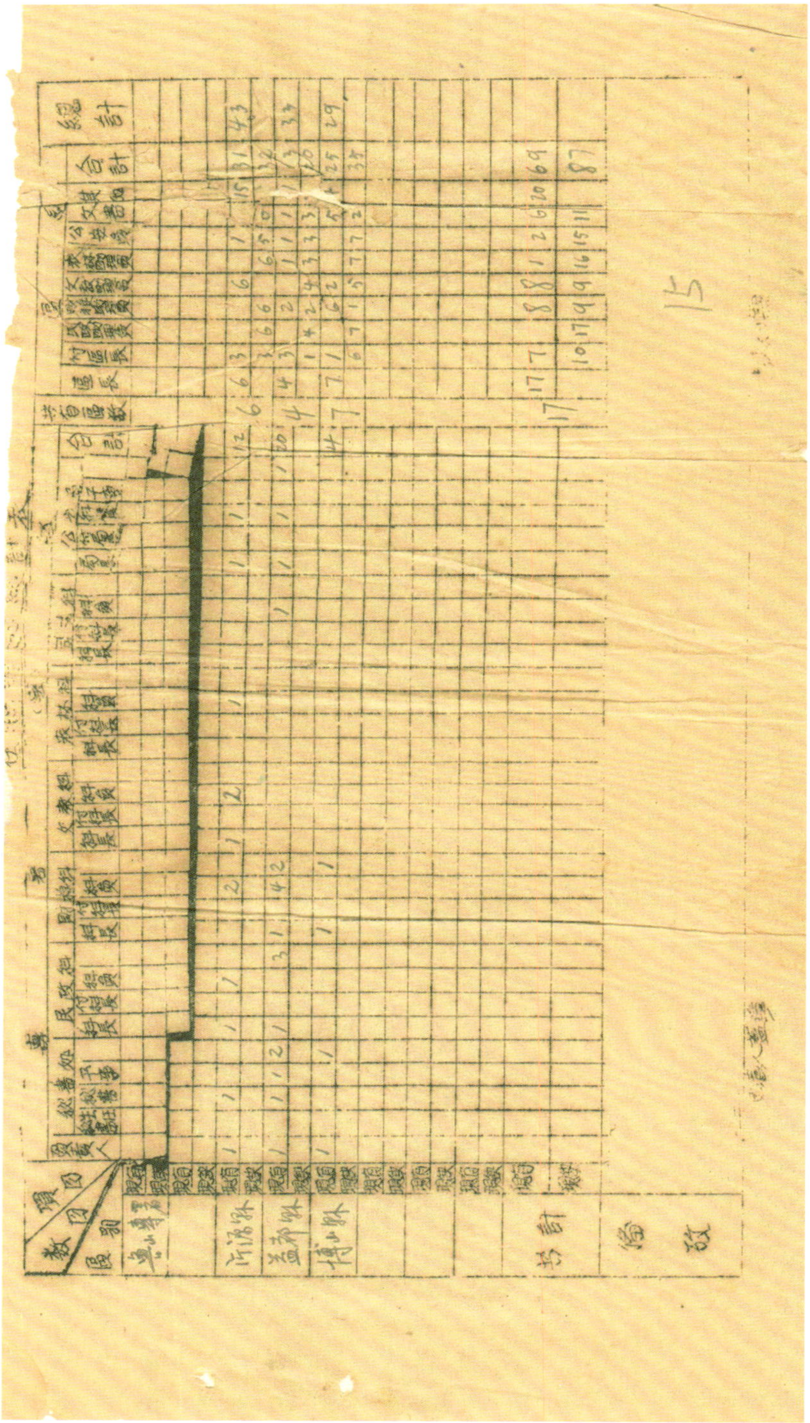
統計表
專署
總務處
民政科
財政科
文教科
實業科
公安局
合計
共有區數
區長
總計
魯山專署
沂源縣
益都縣
博山縣
共計
備考

中共鲁中区党委执行分局关于山东目前战争形势与我们的紧急动员的决定（1945年7月4日）

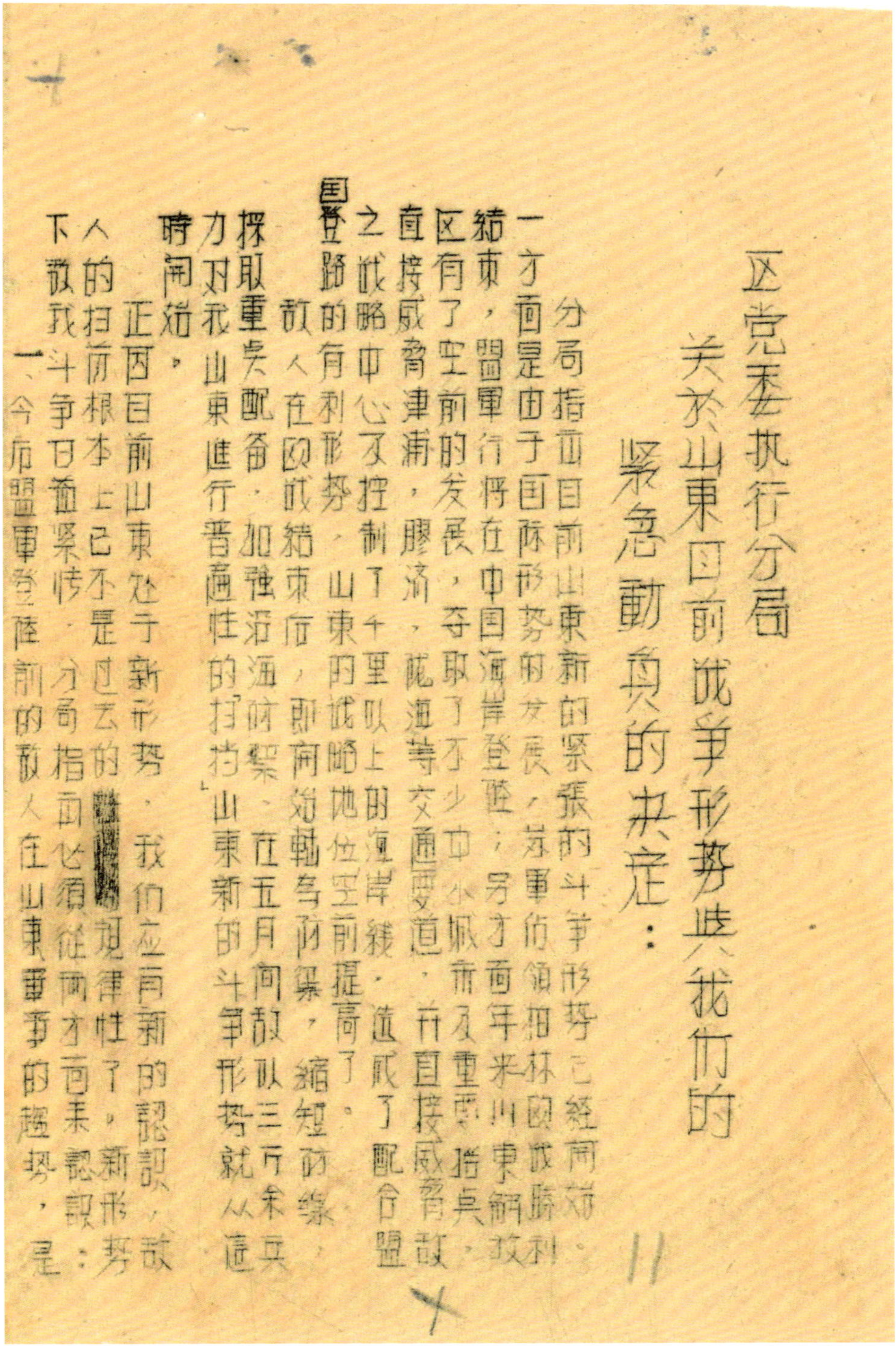

区党委执行分局
关於山東目前战争形势与我们的
紧急動员的决定：

分局指出目前山東新的紧張的斗争形势已经開始。一方面是由于国际形势的发展，苏軍佔領柏林的胜利結束，盟軍行将在中国海岸登陸；另方面年来山東解放区有了空前的发展，夺取了不少中小城市及重要据点，直接威脅津浦，膠济，陇海等交通要道，并直接威脅敌之战略中心，控制了千里以上的海岸線，造成了配合盟国登陸的有利形势，山東的战略地位空前提高了。

敌人在欧战結束后，即開始轉移兵力，縮短防線，採取重点配备，加強沿海防御，在五月间敌以三万余兵力对我山東進行普遍性的扫荡，山東新的斗争形势就从这時開始。

正因目前山東处于新形势，我们应有新的認識，敌人的扫荡根本上已不是过去的[redacted]規律性了，新形势下敌我斗争日益紧張，分局指出必須从两方面来認識：

一、今后盟軍登陸前的敌人在山東垂争的趋势，是：

與同盟国登陸甚至亦要西兵，是兩個不同的斗爭形勢，這兩种不同的斗爭形勢，都是緊張的激烈的，目前基本的問題是從思想上準备第一种形勢的堅持，這是我們目前的基本任务，這一任务同時是一個艰苦的斗爭过程，必須認識目前敌对山東的控制加強，未来的斗爭形勢是可以預見的，目前敌從劳山至連云港已有六個旅团在積等对預工事，并準备对強府集濟南，其兵亦有五萬，以濟南為重点加強主要鉄路的守备，估計今后在一定時期內兵力將有增加之可能。

如青島濟南徐州将屯集更多的兵力，敌人為了控制沿海，為保証重点，保証交通要道，敌人將对我解放区实行頻繁的輪番的"扫荡"，对我解放区实行摧殘破坏，阻挠我反攻準備，尋找我主力作战，消滅我有生力量，減少对敌威脅，我們的沿海地区及某些重要山区与重要交通线的外围可能在經过緊张的斗爭之后暫時落入敌手。因此盟軍未登陸前，無問題敌將以我為主要作战对象，敌人不會輕視我們，尤其他还有進攻我們的強大力量，一定有一期以大兵压境之方式压我這种严重的緊張的敌情，如像一九四二年的斗爭形勢，并不是没有可能。

二，但另一方面我們確是有與过去不同的新局面的国內国外的有利條件，而且必然發展到靠我反攻為主的局面，这就是所以能战胜敌人的根据。

我们当前的工作应服从于这一紧张的斗争形势，当然我们过去没有脱离了战争，但今天的形势更不同了，今后的形势是紧张的，我们的一切工作都要服从于这一艰苦斗争的局面，只有渡过这阶段才能达到最后胜利。

为了胜利的坚持这一斗争我们必须进行以下工作：

一、加强全党思想教育，清洗盲目乐观的右倾情绪，应该是当前最中心的一环，时局的发展是有利于我们的，胜利问将到来，但对时局的盲目乐观是错误的，因为盲目的乐观只看到胜利的一方面，看不到胜利前紧张的斗争形势；只看到我们地区的扩大，看不到敌人对边沿地区的侵害；在工作上只看到表面的成绩，看不到我们的缺点；因此发生骄傲自满，毫无问题反攻会很快到来，夸大了有利的一方面，忽视了困难的一方面。

这种对时局盲目的乐观态度与目前干部中存在的右倾思想的相结合着的，右倾思想是基本的，因为右倾思想的人，不愿亦不会正视斗争形势，只想和平苟安下顾华角环境，只顾自己不顾大前，这种思想在去年七八九、十月查减中与今年五月的反扫荡中暴露得最明显，在群众运动中与地主政治斗争不坚决，表现在单纯的经济

13

觀点，對於發群眾的覺悟與組織群众是極過程的，以至影响到群众的發展與鞏固，有些干部消極的準備到城市去，在今年反掃蕩中不少区村干部動搖逃跑，缺乏堅持斗爭的信念與決心，消極的保存自己，這一帶有普遍性的對時事的盲目性與右傾情緒，是我們今后堅持渡过困難最大的障礙，因此各級黨的領導必須首先以此為重点，開展反對盲目樂觀與右傾思想教育，因此時事教育應成為目前的學習中心，在全党中自上而下對整個形勢的轉對山東形勢緊張的矛盾有正确的了解，必須克服將勝利寄托於盟国的僥倖等待心理，及某些地区在干部中群眾存在着的「變天思想」，明确自己的責任，認識目前在全世界革命民主力量的生長，中国民主運動的開展，一切都是對我們有利的，我們要在最后的艱苦斗爭中有着更聰明的努力，這是我們一切能工作能否與時局結合的关鍵。

時事教育的進行應堅決反對那種簡單化，與教條主義的思想，認為看看報，或簡單的將上級指示照樣傳達一下而算完事，這是極端錯誤的，時事教育必須糾正當前干部群众中的偏向相結合，也就是必須與党的立场教育相結合，只有两者相結合，才能正視形势掌握自己。

14

七月份的干部整训要和这一教育结合起来，宣传部门应立即编写通俗的教材，作为进行干部教育与干部自学之用，只有首先在干部中弄清思想，才能使干部们广这样作，减少盲目思想，掌握政策，发挥干部的主动性和聪明的创作，才能进一步的教育群众，使它的才创造众结合。通过这一时事学习，造成对今后时事学习好热潮。

二、正确掌握军事路线，彻底贯彻毛主席的人民战争的路线，使我们军队在任何斗争中都要与群众相结合，为群众服务。目前我们必须立即进行以下工作：

①把备战经常化，在根据地群众中进行深刻动员，将空室清野做好，并作到随时检查。

②加强民兵建设，以至群众性的侦察情报。地雷弹兼器材要具体解决，爆炸技术进一步提高。各级党委并应进行支部掌握民兵的检查与布置。

③为了支持根据地群众斗争，区中队不应取消，已升级者应快恢复起来，并求得领导上加强。

④加强反扫荡的组织领导，各地应以地形工作发展与对敌斗争地位上来划分，凡一个坚持反扫荡的作战区统一指挥反扫荡的动员与坚持，一切所在区的后方机关

15

第三頁

疏散的干部都分應無條件的接受其分配，但在機關上切忌重疊笨重，適應戰爭环境下的堅持為標準，並十分注意戰時的情報連絡工作，區一機構需要在平時就佈置，一但戰爭到來保證立即投入戰爭領導。

三、堅持邊沿斗爭：目前主要問題在於加強邊沿斗爭的。對於正確掌握政策，必須有效的克服左右搖擺現象。今后在邊沿區應強調民族利益，強調团結，減租姻資政策要應從群众利益要求出发，克服任何包办代替的作風。

邊沿的武装斗爭是尖銳的，人民與敌偽軍存在着尖銳的矛盾，只要我们有著正確的領导，他们是敢於起來斗爭的，而且也會取得勝利，今后必須加強邊沿区武装斗爭中心。干部的配备一如，沂山区北部、太[illegible]区、八区、組兼山等地区干部必須加強，加強区中队依靠支持民兵斗爭的骨干，人民武装建設上應向全民武装发展，以民兵為骨干，開展廣泛的飛行爆炸戰，封鎖敌人，保衛边沿，目前在边沿区党内教育中應一面加強前途教育，一面加強气节教育，防止在环境恶化形势下工作的[illegible]。

（四）由于紧張的斗爭形式，我们的物資將遭受到某些破坏，我们的財政收入和粮食的生產均將減縮，目前我们的主要困难在於全党全軍中缺乏自覺的生產节約

⑸ 練兵、開展生產节約，尊幹爱兵爱民，团結内部。

16

的思想，生產無基礎薄弱，生產中要重的形式主義，村財政的混亂，今后应在形势的教育中，使干部認識和節約的困难，自覺的進行生產節約，展開群众性的生產節約备荒运動作長期打算，对於貪污腐化分子除了教育轉变外，对屡經教育不改者，必須实行紀律制裁。

（五）新形勢下的組織整理；

糾正目前內党同独立的思想，目前在不少干部中要重的存在着自由行动，目無組織，党的决議可以隨便更改，或陽奉陰違的現象，組織的整理應首先着重組織思想上的整理，對於偏向要重的必須实行有效办法改造，否則組織思想上的混亂將要重的影響党的一元化領导的貫徹。

其次要紧缩机关，减少不必要的人員，上級机关要才求精干化，加强下層，加强边沿，缩减机关應裝保存干部連家，防止取消主義，必須了解地區的縮小是暫時的，我们必須为將来新形勢下準備干部，保存的最好办法是充实下層，配備付職，調劑城市與新区，一切学校訓練班應提早結束縮小。調劑一批坚强的干部加强边沿。

关於党的整頓任务仍要貫徹五克要四五年任务的指示，並要將這些任务紧々與此爭相結合，亦要特别引起重視的，是加強根據地各階層的团結，在去年減租中由於我们政策左右不穩，危害了中富农的利益，因此农村陣地不穩固，地主濟以來抓反攻，將發動群众失执行党的統戰政策對立起來這是錯誤的，群众依靠的標誌必須以基本群众為核心的巩固的团结為标誌。我们過去把地主與奸細份子同樣看待，對奸细斗争布，對地主則不疏通团结这是錯誤的，我们必須在今秋的查減與民主运动中求得改善”

·最後必須認識形勢的緊張，要求我们作風上要有显著的轉變，目前不少党委机关中嚴重的官僚主義光說不做，對群众利益不关心，奴役群众缺乏為群众與利除弊的思想，我作風的轉變將是能否勝利坚持與扩大我们力量的关鍵。

希你们根据这一指示與具体布置，这一指示的精神想在分级机关支部分区委連级以上干部中進行深刻的傳达和討論。

中共鲁中区党委宣传部、军区政治部关于日寇投降后新形势教育要点

（1945年8月13日）

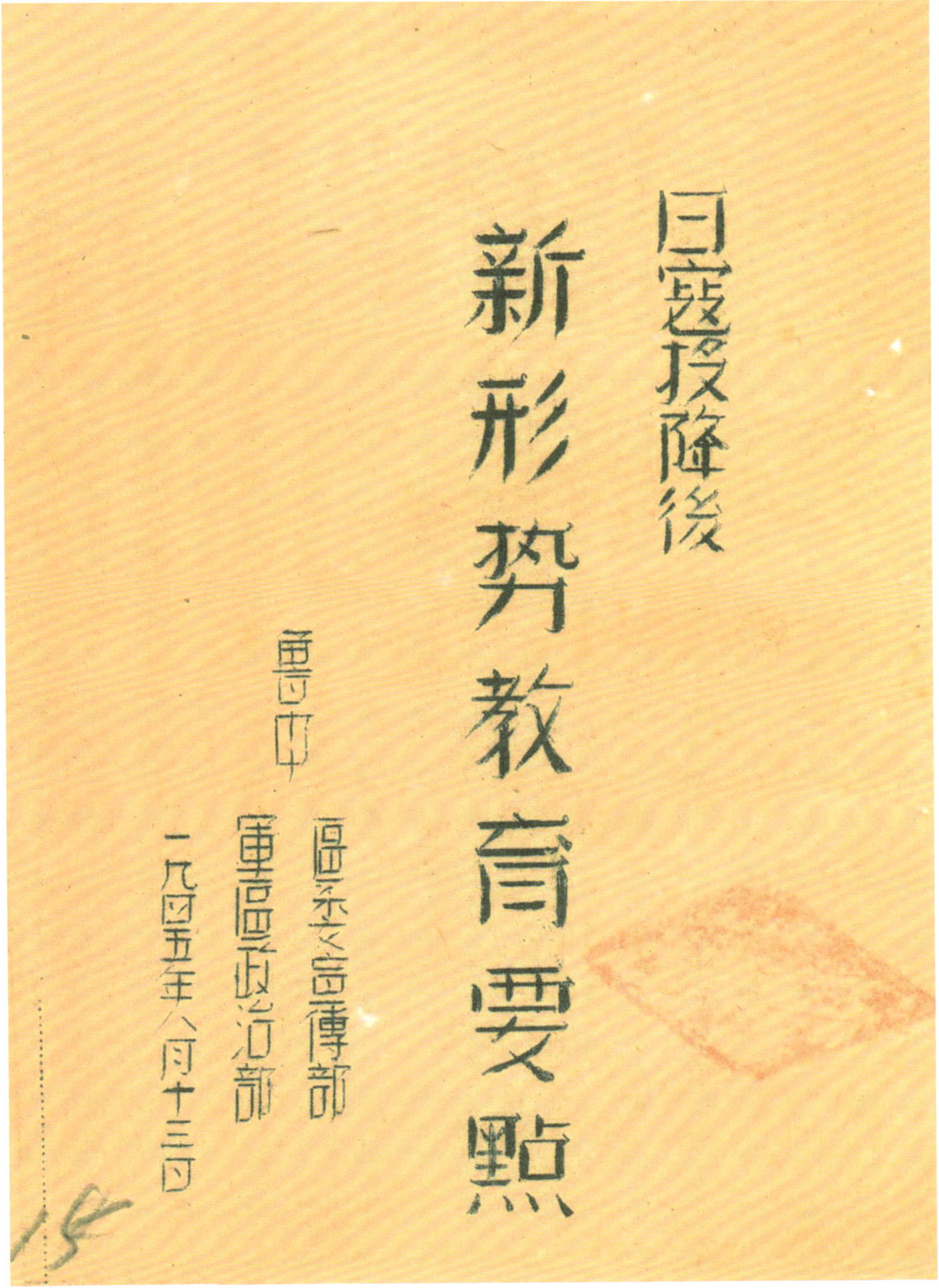

日寇投降後

新形势教育要點

魯中 區委宣傳部

軍區政治部

一九四五年八月十三日

一、為什么日本會無條件投降呢？

1．首先必須清楚認識這是由于強大的蘇聯對日宣戰及英勇紅軍的出動，在庫頁島、朝鮮、東三省的勝利，對日本予以的重大，迫使日本迅速投降，由此更加証明了蘇聯力量的強大，及蘇聯對世界反法西斯戰爭與今后民主和平的決定作用。

2．同時也必須認識是由于中國共產黨及其領導下的八路軍新四軍和一切抗日軍隊、人民，八年來英勇犧牲、艱苦奮斗、長期堅持抗戰所得來的結果，事實上我黨我軍不僅是中國最可靠的決定力量，而且也是建設新民主主義新中國的決定力量，否則，依靠國民黨中國早就亡國了，就決不會有今天的勝利與這樣廣大的解放區存在。

3．美國在太平洋諸島的勝利及對日本國土的轟炸，也起了一些作用，但必須認識這不是最主要的原因。

（二）故此我們一方面要看到最后消滅日本侵略者的時候已經到來，勝利信心空前高漲，而敵偽則是空前恐慌，當前就是最后消滅日本侵略者及其一切走狗的良机，我們絕毫不能放過這個時机，但必須認識，執行這個任務是一個艱巨而曲折的過程，不应認識為是一帆風順、垂手而得，必須準備在我們号召敵偽投降時，敵偽的頑抗甚至逃走，以及會合美國民党當局聯合的反動陰謀，都可能存在，當這些曲折是勝利中的曲折，但在思想上必須有充分的認識，否則，當以上情況發生的時候，就會產生右的思想傾向，是極大的阻礙斗爭任務。

我们当前的任务是什么呢？

当前最中心的任务便是与最后的消灭日本侵略者，占领城市交通线、解除敌人的武装，防止与制止国民党反动派的进攻，根据地内是动员一切力量，适时适地协助军队行动，一切为了前线的胜利，动员全体人民对民兵实行联防，尤其重要的是扩大壮大自己的力量，并加强根据地的防奸工作。

好党员、好青年、壮年、好民兵要到主力军去。

保卫地方治安，镇压特务活动，支部应更掌握民兵，及同时发展民兵。在老地区着重深入民主运动，新地区着重查减，更重要的是发动人民参加主力，壮大主力，建设地方武装等任务。

（三）防止与纠正几种有害的思想倾向。

1.太平麻痹的思想在某些同志当中更加生长，主要是由于对形势的盲目乐观，只看到敌人投降的一面，而不向可能发生的困难方面去着想，这种思想会影响对战争的准备，可能会受到某些损失与挫折，不了解我们革命基本问题之一是武装斗争，目前武装的重要性更加突前加强了。

2.消极等待的思想，尤其当我们遇到阻碍的时候，更会单纯等待苏联或盟国的援助，而不去自主的克服困难完成任务，当然我们一方面是极其欢迎苏联红军的援助，但是消极等待则会忽视主观的努力，松懈自身的准备和战斗力，这种思想的危害也是很大的。

3.新的右倾情绪的滋长：某些同志的保命思想，畏惧流血牺牲怕自己享不到战后的幸福，以及个人享乐腐化思想（如计划到大城市去如何穿、吃、住、婚姻等问题）的增長也很可能，甚至有的同志認為「革命已经完了，放下武器回家去」「抗日完了回家过太平日子」。我们应清楚認識中国革命的長期性，即便最后消灭了民族敌人，我们还有民主与独裁的斗争，还要防止阶级敌人的进攻与建設独立、自由、民主、统一与富强的新民主主义中国的责任，又必须認識，要完成这一任务一定要有强大的力量作保障，因此今天以至将来新中国建設时期我们军队不仅不应该削弱，而且要更加扩大与坚强，我们全体干部首先及每个优秀的革命同志都不仅要参加对民族敌人的斗争而且要斗争到革命的彻底胜利——新民主主义、社会主义的成功。（完）

中共鲁中区党委关于今春继续贯彻查减，组织群众大多数、群众运动的指示（1945年10月1日）

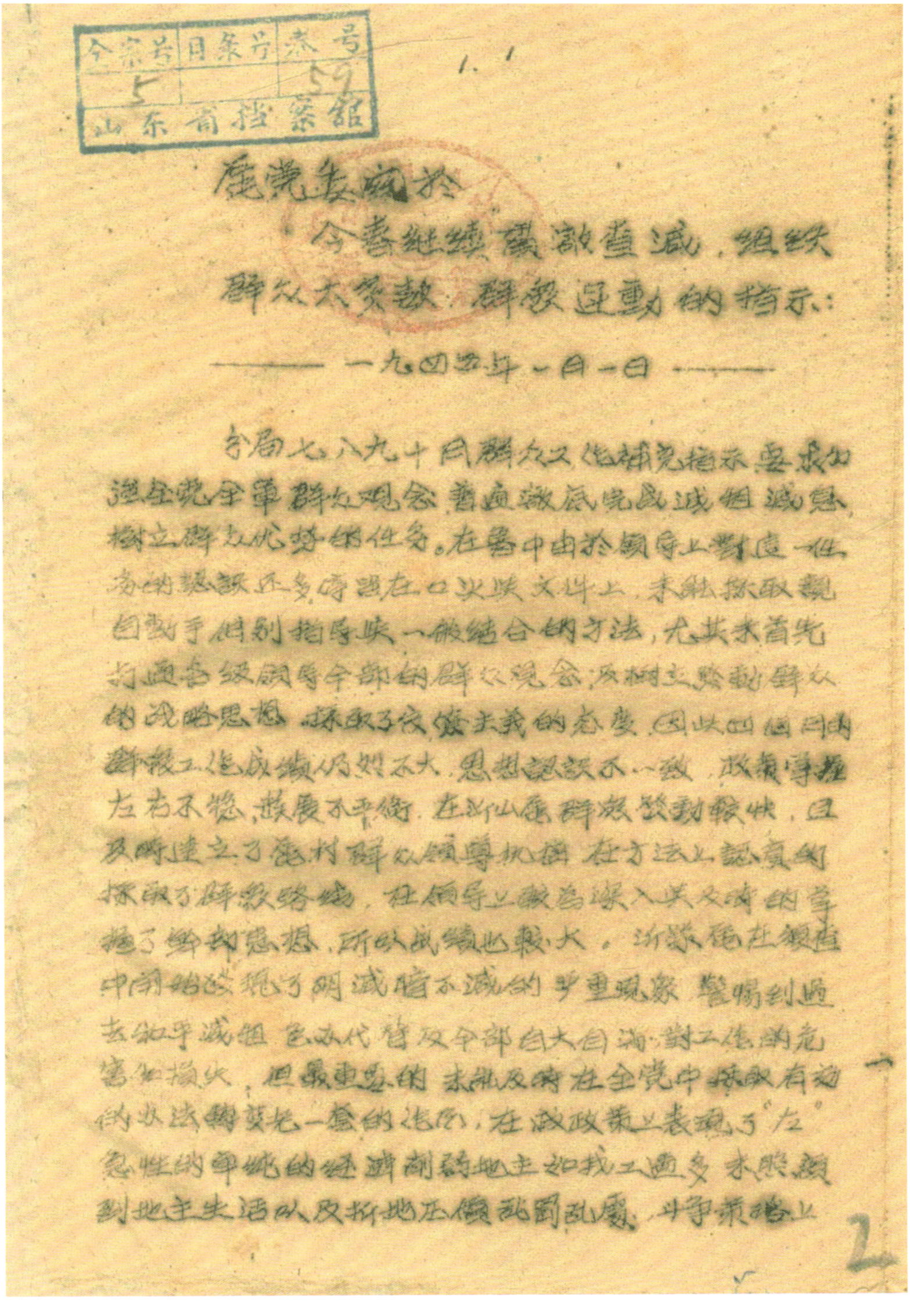

鲁党委关於

今春继续贯彻查减，组织群众大多数、群众运动的指示：

——一九四五年一月一日——

分局七、八、九、十月群众工作补充指示，要求加强全党全军群众观念，普遍彻底完成减租减息，树立群众优势的任务。在鲁中由于领导上对这一任务的认识还多停留在口头与文件上，未能采取亲自动手个别指导与一般结合的方法，尤其未首先打通各级领导干部的群众观念，及树立发动群众的战略思想，采取了官僚主义的态度，因此四个月内群众工作成绩仍然不大，思想认识不一致，政策掌握左右不稳，发展不平衡。在沂山区群众发动较快，且及时建立了农村群众领导机构，在方法上认真的采取了群众路线，在领导上较为深入具体的掌握了干部思想，所以成绩也较大。沂蒙区在领导中开始发现了明减暗不减的严重现象，警惕到过去和平减租包办代替及干部自大自满对工作的危害和损失，但最重要的未能及时在全党中采取有效的办法转变这一套的作风，在减政策上表现了"左"急性的单纯的经济剥削地主，如找工过多，未照顾到地主生活以及拆地压佃，乱罚乱处，斗争策略上斗争对象不分轻重，一般打击，打多拉少。方式上打骂罚游街。太南在研究上级指示和纠正左的思想上有成绩，但对以查减为中心决心不大，思想领导组织领导薄弱，表现了争分不够。在实际工作上发动群众与组织群众的进展既少，表现在群众组织数量不大，也不巩固。泰山区虽然抽组了不少干部参加群众工作，但未掌握住从查减发动群众的基本环节，方式仍然存在了包办代替、工作团(组)光一套的做法。鲁山区主要缺点在于苏博还未有对抗康为顺保守思想，在沂蒙还多停留在反奸、反恶霸阶段，未依靠上层、能重视培养群众领袖及树立领导机构，存在着依靠外援的思想。

今后的任务，各地必须针对这些具体情况，研究继续深入发动群众、组织群众大多数，树立群众优势任务的方针，特别在沂蒙应注意不失立场的适当纠正"左"的政策，防止轻率纠正"左"右摇摆。分局七八九十补充指示及区党委指示仍然适用，各级党委应重新研究这些文件，检查自己思想与工作，兹根据提出以下几个问题，供各地讨论执行。

（一）必须在思想上继续打通群众观念，树立发动群众的战略思想，必须认识如果我们在反攻前不能有力的发动起群众，组织群众大多数的力量在反攻准备上以致胜，那在战后的阵地瓜回反应付可能从国民党方面来的背後袭击也是有决定意义的。发动群众的中心一环就在於削弱封建的经济剥削和推翻封建的政治统治，因此削弱封建势力必须是两方面的：经济削弱是基本的，可以直接动摇其社会基础和政治力量，但政治上的斗争是非常重要的，因为如不从政治上打破地主的残酷统治，启发教育群众自觉，地主仍然可以用各种方法将农民既得果实夺回去。在一些老地区不断发现明减暗不减的现象，一面说明了削弱封建势力的长期性与艰苦性，一面也说明了我过去忽视从政治上思想上树立群众优势所走的弯路。

打通群众观念，必须首先由上级自动手，採取讨论反省及在工作中不断以自己新的体会、典型经验去教育干部，但要避免泛泛的检讨泛泛的反省群众观念。领导干部必须向干部进行细致的调查研究，虚心的放下面意见，了解他们的困难和疑问，根据一般干部思想表现，抓住最主要的环节中以突破。如某些地区干部仍强调"组织关系大"或说"新地区群众无减租要求"，或强调"已经查过多次了"，有的还怀疑"减租减息能否组织群众大多数"？领导上就应善於分别缓急，首先克服主要的思想偏向，在工作中继续不断的打破工作发展中新的思想障碍。为了打通干部思想组织干部学习化去一定时间是需要的（也要反对党长的没有中心的会议）因为如果干部思想不首先打通，干部不能自觉的去领导工作，积极性与创造性工作中就不免产生消极怠工、政策掌握左右不稳或者时时转换工作中心等现象，领导机关与领导者如不首先抓住这个领导工作的基本环节，就会发生事务包办代替主义的偏向等。所以说，打通干部思想，使干部懂得政策法令并学会团结群众来执行政策法令，就解决了发动群众中的基本问题，就会使发动群众贯彻政策法令得到最有力的保证。

其次要真正做到個别指导與一般领导结合，但领导者深入下层是为取得经验指导一般，绝非只起一般干部的作用，以至能包办代替急於"创造经验"而"拔苗助长"。

（二）一元化领导中必须解决的九个问题：

（1）思想问题：中央统一领导决定的思想，还必须在各级党委及政军民部门中开展讨论，根据各地认识上的偏差加以克服。如不了解党员参加政权工作必须无条件的忠实执行党的决议，以党的正确政策去说服教育党外人士，以自己的模范行动去影响党外人士，相反的有的做政府工作的党员就自站在"三三制的立场"单纯的法令观点，向群众运动泼凉水。群团部门工作不执行中心任务，工青妇民兵在某些地区不首先发动基本群众，过早的错误树立部门工作。(不树立或晚树立部门工作也是不对的)有的部门强调自己工作特殊(如公安财经等部门)而不结合发动组织群众的任务。群众团体对本身经济教育组织性质认识不足，包办干涉政权工作等(在群众刚发动地区农会包办些政权工作是有利的)这些错误认识各级党委应根据具体情况耐心的说服教育干部，如果屡戒不改明知故犯者则必须严肃党的纪律，从而从组织上保证思想与工作的统一步调。

各级党委亦必须认真负起统一领导之责，具体帮助各部门研究如何执行中心任务，并经常有系统的检查总结部门工作。

中心任务与部门工作如何结合呢？首先党委对中心的确定要明确，中心的转移和确定应通过部门，集中部门的意见，在群众工作任务上应多征求或吸收群众部门意见，同时执行群众工作任务上应加强群众部门领导、帮助群众团体树立独立自主的领导。其次部门工作应是贯通党的中心任务，完成部门任务不是孤立的执行部门任务，目前党政军民应集中力量救灾减少商群众的负担，掀起封建的经济政治的反击再适时转入部门与该部门工作才有内容。为此各部门负责同志(党政及群众团体各部门)应在中心任务中亲自动手　　中放的经验，以指导　三

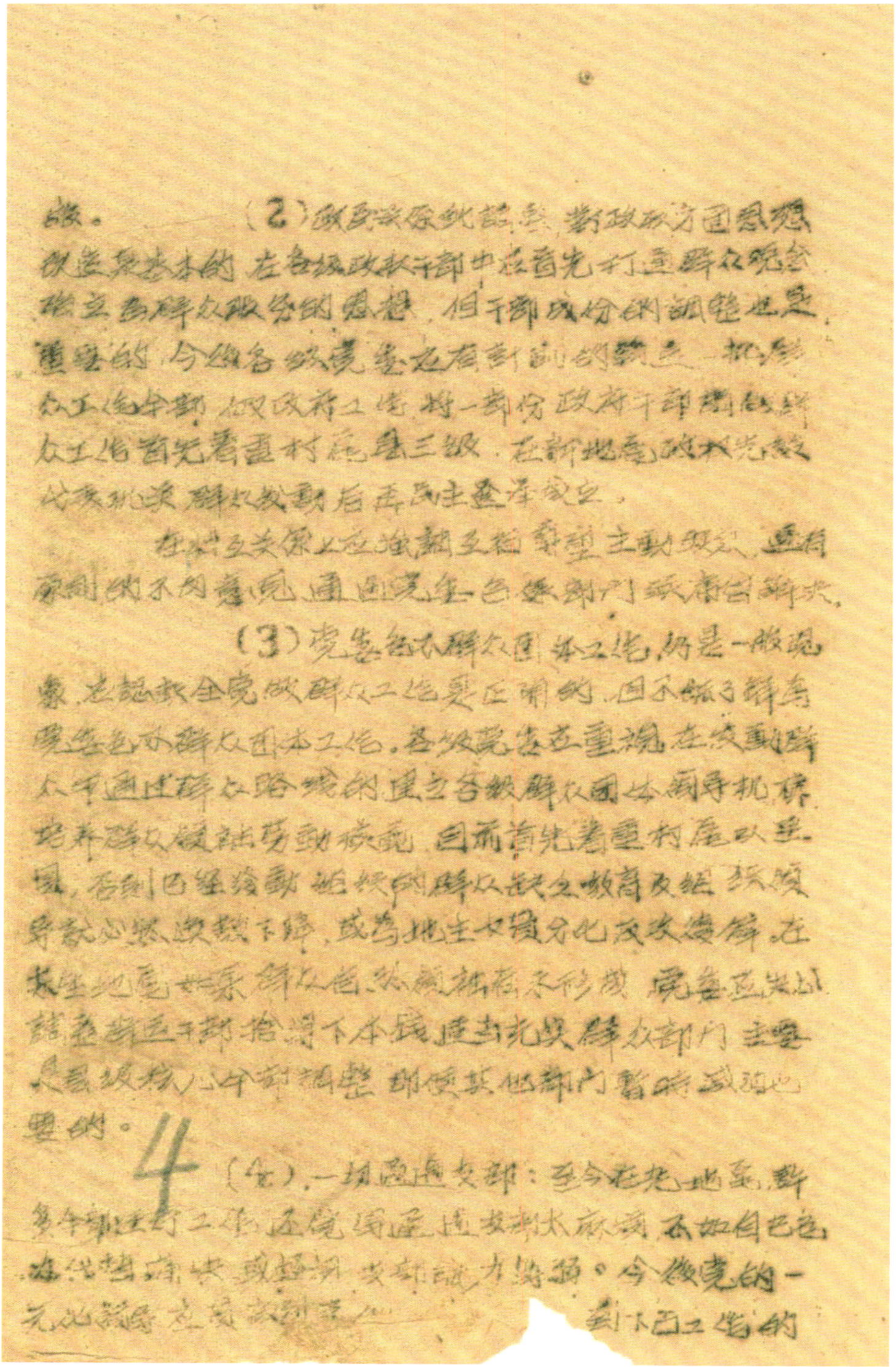

识。（2）缺乏依靠群众观点，对政府方面思想教育是基本的，在各级政权干部中应首先打通群众观念，树立为群众服务的思想，但干部成份的调整也是重要的。今后各级党委应有计划的抽调一批优秀群众工作干部，加强政府工作，将一部份政府干部调做群众工作，首先着重村区县三级。在新地区政权先教次要地，展开群众发动后再民主选举建立。

在村工关系上应强调互相尊重主动联系，过去家剐的不同意见通过区党委各部门统一解决。

（3）党委包办群众团体工作，仍是一般现象，应認识全党做群众工作是正确的，因不能了解为党委包办群众团体工作。各级党委应重视在发动群众中通过群众路线的建立各級群众团体领导机构，培养群众领袖，劳动模范，目前首先着重村区以至县，否则已经發動組織的群众缺乏教育及組織领导，必然涣散下降，或为地主分子所分化或收买瓦解。在某些地区群众已经被組織起来，党委应注意結合抽调干部，給以下本钱，使党充实群众部门，主要是县級核心干部调整，即使其他部门暂时减弱也是要的。

4（4）一切通过支部：至今在老地区，許多干部进行工作还是不通过支部太麻烦，不如自己包办代替省事，或强调支部能力太弱。今後党的一元化领导应该……到下面工作的全部精力要放在整顿巩固支部上，运用组织力量进行工作这是组织观念问题，也是执行群众路线中很重要的问题。在新地区应抓紧在发动群众中建立支部，及时树立农村的统一领导；老地区应着重在群众运动中吸收一大批贫雇农成份，改善党的成份，改善支部领导。

（三）决定贯彻查减，发动组织群众大多数，作为当前中心任务，并应努力争取迅速完成，以充分准备迎接反攻的新形势。为此决定：

（1）在减租已经彻底地区（此种地区在滨海一大部份，沂山、太山、太南之一部份）至二月份以劳军为中心结合查减，并继续完成组织群众大多数，扩大人民武装，完成冬季整训，树立群众团体领导机构。未彻底完成查减地区至二月仍以查减组织发动群众为中心，结合劳军，不要求再在群运基础上发展。

（2）准备生产工作，发展合作社，在人民生活改善条件下动员投资入股，群众自办或民办公助。内部有目的的检查变工生产组织，取得经验，教育干部，并充分注意劳动模范培养，研究其发展历史生产技术，组织力与生产战线，准备生产合作运动。

（3）宣教部应通过冬学，继续完成查减生产与拥军思想教育，为查减生产与拥军造成充分的思想基础。

将你们讨论执行临时及总结于二月底前报告区党委。

此文件发至县委并转政府群众党团。

5

中共鲁中区党委组织部一九四五年组织状况调查统计表（1945年）

組織狀況

調查統計表

秘密

1945年全年統計

魯中區党委組織部

目次

61

年 月党员数量分布状况表（表一）

地区 \ 数目 \ 项目		党员 总数	男	女	正式	候补	县委	工委	分区委	支部	小组
一地委	区党委机关	416	381	35	385	31				10	70
	地委机关	165	158	7	160	5				5	23
	莱芜县	6138	5237	901	5762	376	1		12	351	1582
	泰宁县	1235	1172	63	1206	29	1		8	86	263
	历城县	511	488	23	497	14	1		6	28	84
	章邱县	988	916	72	987	1	1		10	51	172
	章历县	125	124	1	124	1	1		5	7	28
二地委	地委机关	263	258	5	261	2				7	
	沂南县	7760	5989	1771	6939	821	1		12	353	1761
	沂中县	5400	4452	948	5232	168	1		12	293	1308
	新泰县	3805	3435	370	3634	171	1		10	200	899
	太宁县	797	764	33	767	30	1		6	50	195
	沂源县	1973	1811	162	1762	211	1		10	126	514
	蒙山县	3226	2922	304	2976	250	1		10	185	592
	沂东县	3641	2985	656	3143	398	1		9	255	884
三地委	地委机关	278	271	7	270	8				5	27
	沂北县	6163	5232	931	6049	114	1		6	299	1442
	益都县	351	323	28	327	24	1		6	28	66
	莒沂县	1699	1597	102	1635	64	1		7	152	287
	沂安县	321	313	8	265	56	1		10	13	35
	临朐县	1352	1266	86	1326	26	1		9	141	314
	安邱县	2291	2133	158	2164	127	1		9	144	423
	昌乐县	115	115		111	4	1		3	4	25
特委	特委机关	188	183	5	186	2					36
	淄川县	840	770	70	820	20	1		7	66	232
	博山县	1636	1454	180	1609	29	1		5	86	538
总计		51677	44749	6928	48095	2982	21		192	3099	11800

二地委缺蒙阴县数统计共党员二千零四七人。

填报者 年 月 日填报

年 月至 年 月党员增减统计表 （表二）

项目			区委机关	一地委	二地委	三地委	淄特委		总计
原有人数			300	6604	22313	9460	2166		40843
增加	成份	工人 雇工		15	17				32
		工人 产工（?）		164	483	198	10		855
		工人 手工		89	107	63	32		291
		工人 苦工		14	9	44	8		75
		工人 学徒（?）		11	8				14
		工人 计		293	619	305	50		1267
		农民 贫农	13	1849	5623	3255	286		11036
		农民 中农	10	499	1486	750	50		2795
		农民 富农	2	26	25	10	6		69
		农民 计	25	2384	7134	4015	342		13900
		知识份子	1	4	2				7
		城市小资产阶级			3				3
		地主		2	28				30
		商人		10	8				18
		其他		2	12				14
		合计	26	2695	7786	4340	392		15239
	他处调来		102	867	3383	535	336		5223
	恢复关系		1	45	19	20	24		109
	总计		130	3607	11188	4895	752		20571
减少	牺牲（?）[illegible]		21	921	5161	1688	241		8032
	清洗开除		1	64	625	157	8		855
	被捕			7	22	19			48
	[illegible]病亡（?）			12	70	44	5		131
	投敌叛变（?）			2	2	73			77
	逃亡变坏（?）			8	53	61			122
	失掉关系（?）		1	35	83	76			195
	总计		23	1049	6016	2118	254		9460
现有人数			407	9162	27495	12237	2664		51965
增减比较	增加		130	3607	11188	4895	752		20571
	减少		23	1049	6016	2118	254		9460
附注	区委缺9人。二地委缺[illegible]（[illegible]）。[illegible]（区委缺9人加以为原有人数）。								

4 填写者 于 年 月 日填报

62

年　月党員成份文化程度統計表（表三）

項目		地區 [illegible]	一地委	二地委	三地委	[illegible]		總計	佔總黨員数百分比
党員總数		407	9162	29112	12237	2664		53582	%
成份 工人	産工	6	38	13	6	21		84	%
	僱工	8	403	1077	487	29		2004	%
	手工		339	494	150	198		1171	%
	苦工	8	17	46	80	32		183	%
	[illegible]	1	10	4		2		17	%
	合計	23	797	1634	723	282		3459	%
農民	貧農	173	5642	18819	8644	1662		34944	%
	中農	100	2396	7871	2412	615		13394	%
	富農	34	157	286	65	44		586	%
	合計	307	8195	26976	11125	2321		48924	%
	知識份子	34	58	14	8	49		164	%
	城市小資產階級	2	1	6	2	2		13	%
	地主	21	21	44	11			149	%
	商人	4	40	160	32	10		246	%
	其他	16	11	24	120			171	%
	合計	407	9123	28909	12021	2662		53124	%
文化程度	文盲	21	5065	24847	9053	1496		40482	%
	初識字	219	3930	3920	2945	1118		12132	%
	中學	138	116	280	23	49		608	%
	高等	29	9	8		1		47	%
									%
									%
									%

附註：
二地委成份内缺203人，文化程度内缺97人。
三地委成份内缺216人，文化程度内缺218人 } 共缺775人。
一地委成份内缺40人，文化程度内缺41人。
按以上各表統計成份内多1人，文化程度内多3人之算錯者。

填报者＿＿＿＿　于　年　月　日填报

年　　月 党员入党时间统计　　（表四）

项目＼月＼地区	区党委	一地委	二地委	三地委	渤特委		总计	占党员数	百分比
党员总数	407	9162	29112	12238	2664		53582		%
一九二七年前									%
一九二八年			1	3			4		%
一九二九年									%
一九三〇年			1	1			2		%
一九三一年	1		2	1			4		%
一九三二年	2	5	6		1		14		%
一九三三年	1	1		2			4		%
一九三四年	1	2	1				4		%
一九三五年	2	3		1			6		%
一九三六年	4	6	1				11		%
一九三七年	6	16	6	11	4		43		%
一九三八年	44	115	324	335	108		926		%
一九三九年	65	688	1253	625	723		3384		%
一九四〇年	50	2669	3646	808	612		7785		%
一九四一年	37	883	2730	291	284		4225		%
一九四二年	11	368	1653	195	88		2315		%
一九四三年	33	414	2299	690	71		3507		%
一九四四年前	41	1098	8082	4320	314		13855		%
四四年一月	63	1057	6580		343		8033		%
四四年三月	40	[illegible]712	2548	3139	82		7531		%
四四年四月									%
四四年五月									%
〃〃六月									%
〃〃七月									%
〃〃八月									%
附注	区委缺6人。一地委缺124人，二地委缺51人（新增）三地委缺1815人。渤委缺34人，以上共缺1980人之入党时间。								

6　填报者＿＿＿＿年　月　日填报

年　月　各級黨務干部配备表　（表五）

級別＼類別		黨委			組織部					宣傳部					職工部					統戰部					秘書處					其他	共計
		書記正	書記付	委員	部長	付部長	科長	付科長	干事	部長	付部長	科長	付科長	干事	部長	付部長	科長	付科長	干事	部長	付部長	科長	付科長	干事	秘書長	秘書	科長	付科長	干事		
區黨委		1	2		1	1	1		4	1		1		3	1				1							2	1		3	6	24
地委級	一地委	1	1		1	1		1	3	1	1			4												1			3	5	23
地委級	二地委	1	1		1		1		2	1		1		5												1					14
地委級	三地委	1			1	1			2	1				10												1				3	20
地委級	[illegible]地委	1					1		1	1				1												1				4	10
地委級	共四個地委	4	2		3	2	2	1	8	4	1	1		20												4			3	12	69
一地委	縣級	1	1						2		1			2												1				2	10
一地委	縣以下區	8						2	5				5	2																	22
一地委	縣級	1			1				14		1			2					1							1			2	1	24
一地委	縣以下區	6							5					5																	16
一地委	縣級		1			1			1		1			1		1			1							1			2		10
一地委	縣以下區	6	4					1	6				2	3					4												26
一地委	縣級		1		1	1			8	1	1			4												1			1	1	20
一地委	縣以下區	10	1					11	24				7	19															1	7	78
一地委	縣級	1		5	1					1																					8
一地委	縣以下區	5						2					2																		9
二地委	縣級	1	1			1			4	1	1			3												1				3	16
二地委	縣以下區	12	4	19				12	36				7	24																	114
二地委	縣級	1				1			2		1			2												1			1		9
二地委	縣以下區	5	5	24				4	12				3	12															33		98
二地委	縣級	1			1	1			7		1			6												1					18
二地委	縣以下區	7	4	4				9	21				6	19																	70
二地委	縣級	1	1			2			12		1			5												1			2		25
二地委	縣以下區	3	5					4	3				2	4																	21
二地委	縣級	1		4	1				3	1				3												1			5		19
二地委	縣以下區	9	3	19				5	9				4	6																	55
二地委	縣級	1		2		1			1		1			1															2		9
二地委	縣以下區	8	2	21	1				10					16																	58
二地委	縣級	1		3		1			3		1			7												1			6		23
二地委	縣以下區	8	4	21				6	23				5	21																	88
二地委	縣級	1		3		1			2	1				3												1			1	1	14
二地委	縣以下區	8	4	18				4	24				2	26																	86
三地委	縣級	7	1		7				10	4				11												6					46
三地委	縣以下區	26	9					19	42				6	44																	146
[illegible]地委	縣級	1												1																	2
[illegible]地委	縣以下區																														
[illegible]地委	縣級	1				1					1																				3
[illegible]地委	縣以下區																														
[illegible]地委	縣級	1		3		1			1	1				4												1				2	14
[illegible]地委	縣以下區	2	5					1	4				1	6																	19
[illegible]地委	縣級	1		1					3																	1				3	9
[illegible]地委	縣以下區		5					1	5					5																	16
	縣級																														
	縣以下區																														
	縣級																														
	縣以下區																														
總計	縣級	32	6	21	12	12			73	10	11			48		1			2							19			22	13	282
總計	區級	123	55	126				81	224				153	210					4										34	7	923
附註	三地委沒有分別統計。縣干中少3人。區干中缺1人																														

填报者　　年　月　日填报

各级政府干部总表 （表六）

类别	专员	民政处				财政处					教育处				秘书处				公安局			
		处长	科长	科员	其他	处长	科长	科员	干事	其他	处长	科长	科员	其他	秘书主任	秘书	干事	其他	局长	股长	干事	其他
主署级		1	1	6	2	1	3	4	5	12	1	2	3	3	1	3	27	8	1	3	3	5
专署 第一专署	1		1	2			2	3	2	19		1	3	13	1	1		11				
第二专署	2		1	2			1	1				2	2	2		2	3		2		2	3
第三专署	2		2	2	7		2	2		6		1	1	6		1		5	1	2		4
渤海专署	1		1	3			1	3		4		1	1			1	4		1	1	2	
专署	6		5	9	7		6	9	2	29		5	7	21	1	5	7	16	4	3	4	7
第一专署 桓台 县级	1		1	2			2		2	8		2	1	4		1		6	2	4	2	
县以下区	10		23	22																		
临淄 县级	1		1	7			2	1		4		1		9		1		4	1	1	1	
县以下区	6			9			6															
章邱 县级	1		1	2			1	1	3	6		1	2	6		1		4	1	2	2	
县以下区	11		2				11															
[illegible] 县级	1		1				2					1				1			1	3		
县以下区	17		4				4			1		14		3	3		8					
[illegible] 县级	1			2			1	1		4						1			1	2		4
县以下区	6						5										5		4			
第二专署 潍南 县级	2		9	12	27																	
县以下区	15		47		92																	
潍东 县级	1		1	1	5		2		3				3	5		1	2	2	1	3	2	3
县以下区	10		3		17		2			14		5		6		6		3	13		2	
益太 县级	1		2	2	4		2	1		10		2	1	2		1	2	3	1	1	6	
县以下区	12		7	1	3		19			13		8		4				10	11		6	
古宁 县级	2			2	1		2		2	4		1	1	6		1		5	1	3	1	15
县以下区	6		7				8			5		4				3			6			3
东阳 县级	1		1	3	18		1	2	4			1	2	8		1		5	1	3	4	
县以下区	11		7	4	3		10		6	3		6		3		5		4	8		8	3
沂北 县级	1		1	1	2		1	1	3			1	3			1		7	1	3		
县以下区																						
沂山 县级	1		1	2	2		1	1	9	15		1	3	9		1	6	5	1	4	2	1
县以下区	11		4	5	7		8		7	8		5		9					13		2	2
沂中 县级	1		1	2	3		2	2				1	5	1		1	2	3	1	3	3	11
县以下区	11			6	5		13			9		12		4		13			9		9	2
三专署 二级	8		29	51	120											6	8		11	11	36	
县以下区	54		118																47			103
淄博专署 博城 县级	1		1													1						
县以下区																						
淄城 县级	1						1			1						1						
县以下区																						
博山 县级	1		1	4				3		8		1	4	4				4	1	2	3	
县以下区	7		4				8					5						5	3		4	
淄川 县级	1		1	3			1		4	3		1	3	3		1		3	1	3	1	
县以下区																						
合计 县级	27		52	96	182		21	13	30	63		14	28	55		21	20	51	26	48	63	34
合计 区级	184		276	47	129		99		13	59		59		26		27	13	22	114		31	113

类别	金库		司法处				实业处					工商管理局					邮局							总计
	主任	其他	处长	科长	科员	其他	处长	科长	科员	干事	其他	局长	稽查	科长	科员	其他	局长	科长	站长	工作员	交通员	邮务员	其他	
主署级			1	1	4		2	2	5	5	3						2	3	5	6	20			115
专署 第一专署	1	1						1	2		2	2	1	5	5	18	2	3	7	5				115
第二专署	1			1	2			1	2	1		3		6		65	2	2	1	16	20		2	150
第三专署		3		1	1	4		1	1		8	6		8	28	84	2	1					4	198
渤海专署								2				1	2	3	1	31	1	3	8	4		48		126
专署	2	4		2	3	4		5	5	1	10	12	3	22	34	198	9	10	16	35	20	46	6	588
第一专署 桓台 县级	1							1	1		4	1			2	7	2			12				79
县以下区																								55
临淄 县级	1								1	3		2	3	2	6	34	2	2		1				90
县以下区																								21
章邱 县级	1							1	2		3	2	4		7	15	9		1	9		18		100
县以下区																								24
[illegible] 县级	1	1						2				1					2		13	6		54		90
县以下区								15			5													78
[illegible] 县级														1			1			1		3		22
县以下区																								20
第二专署 潍南 县级																								50
县以下区																								164
潍东 县级	1	4		1	2			1		2		1		4		23	1	2		1				78
县以下区								2		13							2	4						103
益太 县级		1		1	2			1	1		5	1				1	1	3	6	6	36			107
县以下区				9	8			7			4			6					7		32			165
古宁 县级	2	18		1		1			1	2		5		2		8	1	3	4	8	18		5	126
县以下区					1					4														47
东阳 县级	1			1	1	1		1	1	4		1		2		12	1	3		7	12			103
县以下区				2		3		6		3	1	4			5	5			9			29		148
沂北 县级								1		2							1			3				33
县以下区																								
沂山 县级	1	1		1	1	1		1	1	1	3	2			3	27				7	8	10	6	137
县以下区								3		3	7	2							6			36		138
沂中 县级				1		1		2			6						1			2	12		11	78
县以下区				4		3		10			12								12			31		190
三专署 二级																	7						36	323
县以下区																								322
淄博专署 博城 县级																								3
县以下区																								
淄城 县级																								4
县以下区																								
博山 县级	1								1		1						1			3		26		68
县以下区									2		8													38
淄川 县级		1						1	2				1		5		1		2	5		37		84
县以下区																								
合计 县级	10	26		6	6	4		12	11	14	22	16	5	10	23	133	29	13	21	157	86	148	58	1557
合计 区级				18	9	6		43	2	23	33	2		16	5	5	2	4	34		32	96		1490

附注 ①[illegible] ②[illegible]18人[illegible] ③[illegible] ④[illegible] ⑤[illegible]

填报者______ 年 月 日填报

年 月 各级群众干部统计表：（七）

级别＼项目数目	抗联						工会			农会			青会			妇会			人民武装干部						统计
	主任	管委	秘书	干事	科长	其他	会长	干事	其他	会长	干事	其他	会长	干事	其他	会长	干事	其他	部长	副部长	股长	大队	干事	其他	合计
区委级	1	6	1	7	4	6	2			1			1	3		1	1		2	2	1	2	4	2	46
地委级 一地委	1	1				16		1			1		1	1		1			1	1	3		6		34
二地委	1			1		3	1	2		1	1		2			1		2	1	1	3	3	2	3	28
三地委	1		1			5	1						1			2	1		1		3	3			19
特地委	1					6				1															8
地委																									
一地委 县级	1	1				16	1						1		1	1			1				5		26
县共 个分区	6	1					1	2		4	3	5	1	4	2	1	4	3	1	1			3		42
县级	1					1							1		2	1		2			1		4		13
县共6个分区	2					18	1						1	1		1				1	⊕		10		35
县级	1						1	1			1			1	1	1	1			1	⊕		4		13
县共10个分区	5					1	2	2	1	1	5		1	3	5	1	1		11	1	⊕		9		49
县级	1					15	2	1		1			1	2		1		8	1				3		36
县共 个分区	11	1				43	12	1	7	10	5	9	9	4	4	8	4	10	12	1	⊕		54		206
县级																1									1
县共 个分区										3											5				8
二地委 县级	1			1			1	1		1	1		1	1		1			1	1	1	1	3	1	17
县共 个分区	12			1	1		12	18		12	37		15	38		16	34		18				37		245
县级	1			1		1	1			1			1				1			1		2		4	14
县共 个分区	1					4	4	4	2	8	8		6	5		7	14		1	1			32		97
县级	1	1				24	1			1	1		1			1		33	1	1	3	1	6	4	40
县共 个分区	7	3				17	3		6	8		12	9		11	10		14	7	3				26	136
县级	1			1		1	1			2	1		1	1		2	1	2	1		1		2	1	19
县共 个分区	2						4			4	1			2	3	2		4	1				13		36
县级	1			3		20	2			1			1	1		1	1	3	1	1	3	3	1		43
县共 个分区	7	2		2			7	3	1	10	8	1	10	11	2	5	16	4	6	6			14	5	121
县级		1				3	1						1			1			1		1	2	2	2	15
县共 个分区	3	1					11	10		9	81		11	19		7	19		5	8			17		197
县级	1		3			2	2			2		14	1		2	1		3	1		2	1		33	68
县共 个分区	3						9	3	5	10	4	17	9	4	20	8	4	13	10				13	26	158
县级	1					2			1	1	2		1	1	2	1		2	1				3	7	25
县共 个分区	3	2				3	3	12	7	5	20	10	3	21	13	12	20	8	2	8			40	4	196
三地委 县级	4	2		2			6			4	1		3	2		5	21		6	1			16		73
县共 个分区	15	8					23	37		42	86		27	54		22	86		16	19			77		506
特委级 县级	1					1				1		1			1		1	3			2		4		15
县共 个分区	4					2	1	4	1	2	9	3	3	4	1	3	5	12	1		5		8		68
县级	1						2			1				1				1		1		3	5		15
县共 个分区	1	1					6	1				2			1	1		1							14
县级	1						1		3																5
县共 个分区																									
县级						1				1			1												3
县共 个分区																									
县级																									
县共 个分区																									
县级																									
县共 个分区																									
合计 县级	18	5	3	8		89	22	3	4	17	9	15	15	10	9	18	26	57	15	8	19	13	48	53	483
合计 分区级	82	19		3	1	88	99	91	30	128	267	59	105	166	62	104	205	69	91	49	10		323	61	2112
附註	8																								

填报者　　于　年　月　日填报

第　四　各级党务干部成份文化程度入党时期统计表　（表八）

项目＼类别	区委书记	区委部长	区委科长	区委干事	地委书记	地委部长	地委科长	地委干事	县委书记	县委部长	县委科长	县委干事	分区委书记	分区委委员	分区委干事	支委	总计	在敌区工作干部总数	地其他	县其他	区其他
干部总数	2	3	4	10	6	11	4	23	27	51		69	170	160	349	3892	4781		20	91	53
成份 工人 产业工人																					
佣工										1		1	6	3	10	98	119			2	1
手工							1						4	1	2	67	75				
苦工		1												2	1	6	10				
[illegible]								1		1							2			1	
合计		1					1	1		2		1	10	6	13	171	206			3	1
农民 贫农				2		4		5	9	11		21	73	70	204	2516	2915		6	52	30
中农	1		1	2		1	1	9	3	17		29	65	67	132	876	1204		6	85	21
富农				1	3	1	1	2	3	7		11	17	13	4	14	77		3	5	1
合计	1		1	5	3	6	2	16	15	35		61	155	150	340	3406	4196		15	62	52
知识分子					3	4		1	7	8		3	4	2		5	37		2		
城市贫民		1		1				1									3		1		
地主	1	1	1	4		1	1	4	3	3			6			3	28		2	3	
商人														1	1	10	12				
其他			2						2	3		5	5	1	1		19				
合计	1	2	3	5	3	5	1	6	12	14		8	15	4	2	18	99		5	3	
文化程度 文盲													5	23	12	2424	2464		1	4	35
初等				1		4	1	8	15	18		34	49	102	166	1068	1462		16	49	13
中等	1		3	8	5	7	3	2	10	17		8	22	16	4	9	118		3	12	5
高等	1		1	1	1				2	2		1	3				12			3	
入党时间 1927年以前	2																2				
1928年																					
1929〃					1												1				
1930〃																					
1931〃					1												1				
1932〃		1				3			1	1							6				
1933〃							1										1				
1934〃																					
1935〃					1	1											2				
1936〃		1	2											1			4				
1937〃		1			2				3							1	7		1		
1938〃			1	4	1	1	3	1	13	13		4	22	2	2	37	104		1	5	
1939〃			1	4		1		6	2	22		11	61	36	15	268	425		8	35	
1940〃				1		1		1		1		18	42	49	32	507	652		5	15	4
1941〃												4	6	27	56	674	767			4	8
1942〃								1				1		10	33	255	300			7	6
1943〃								1						8	32	292	333		1	4	10
1944〃												2	1	5	32	874	914		2	11	7
1945〃				1					1			3			50	458	512		2	10	18
1945年以后															1	118	119				

备注：
成份——成份的统计合计缺116個。
文化——文化的统计合计缺461個。
党龄——党龄的统计合计缺463個。

9

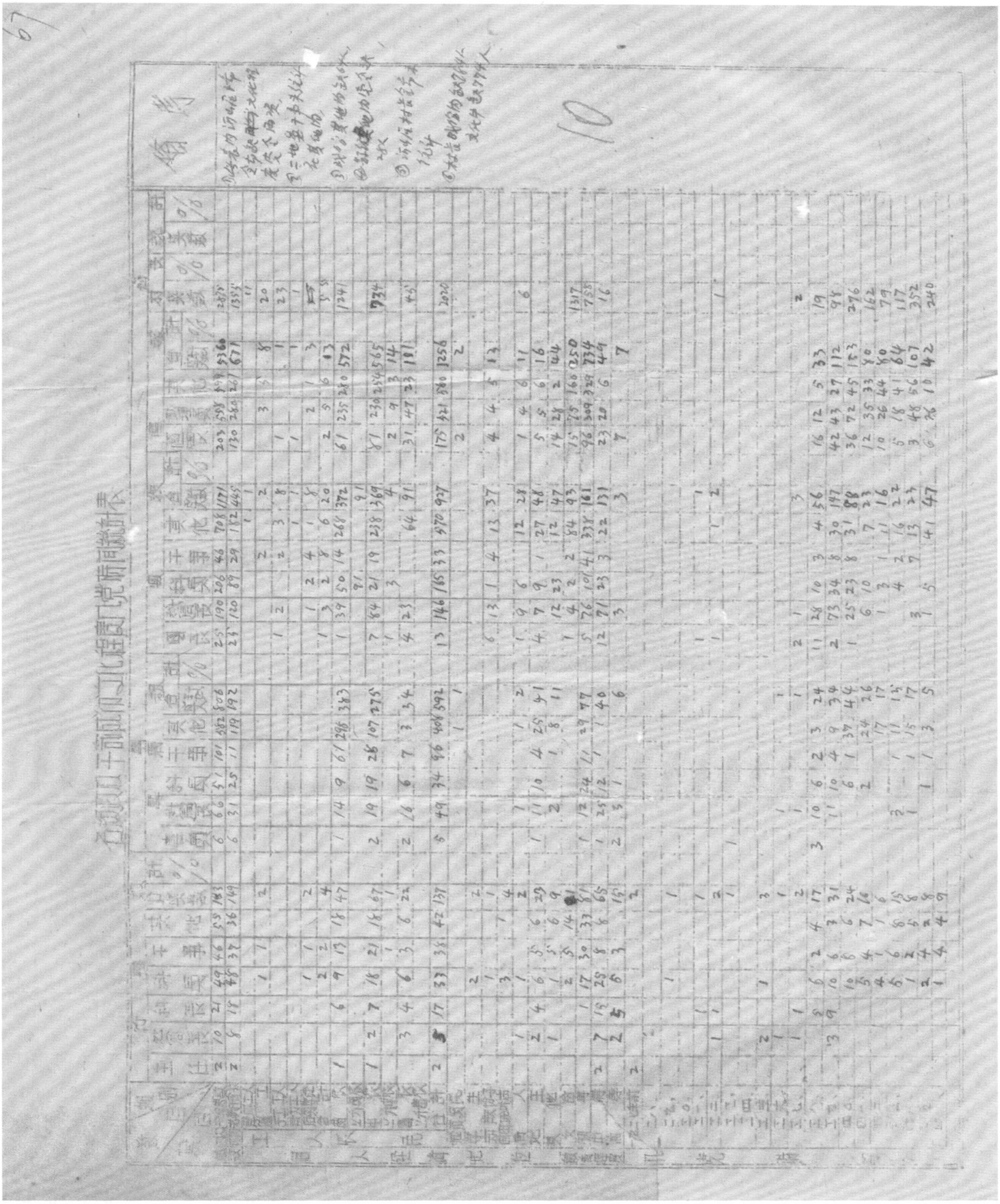
各级政权干部政治文化程度及党派统计表

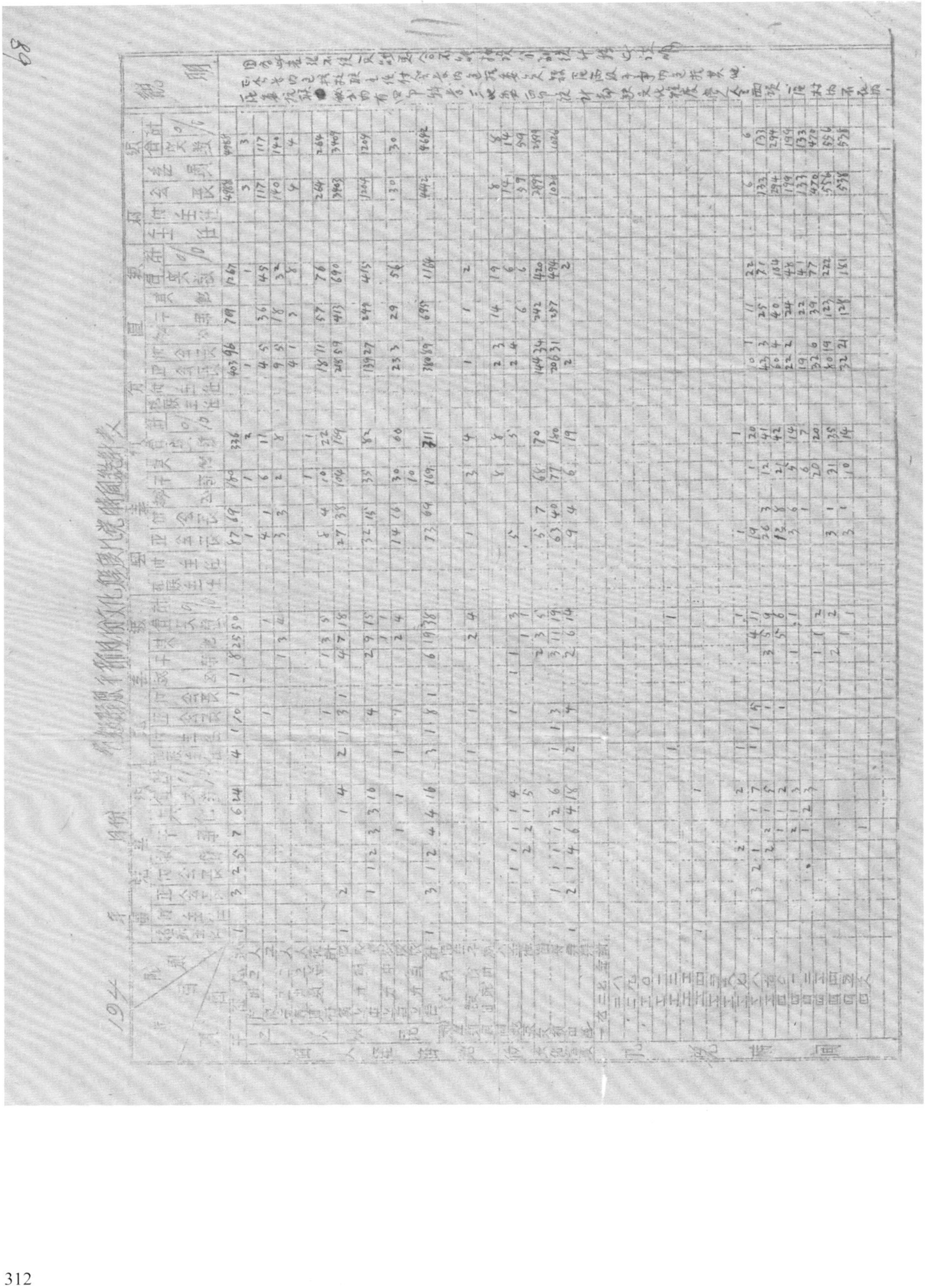

年 月 日 提拔干部统计表 （表十一） 72

项目 \ 数目 \ 级别		党务干部				政府干部				群众干部				武装干部				总计
		地委级	县委级	区级	支部	专署	县府	区级	村长	地委级	县级	区级	村级	军分区	县级	区级	村级	
数字	提拔总数		93	1268	3003		113	968	932		533	1460			26	163	512	9900
	党员		93	1268	3003		52	794	306		51	385	721		14	126	263	1636
	非党员						61	174	626		17	148	739		12	37	246	2061
成分	工人			14	136		2	8	16		6	43	59		1	5	9	297
	贫农		12	138	1506		37	239	556		35	306	889		14	92	348	4174
	中农		12	49	439		45	176	356		23	164	406		14	57	155	2040
	富农			1	3		23	29	1		2	14	7			8		88
	知识分子			2							1		1					4
	地主						2	9										9
	商人				2			8	1		1	1						13
	其他	0	1	4					2			7				1		16
文化程度	文盲			18	1644		12	242	448		25	294	854				1	3638
	初等		21	127	484		94	225	458		37	222	604		15	80	398	[illegible]
	中等		4	14	48		18	2	16		5	17	2		14	83	115	338
	高等																	
党龄	1935年前								1									1
	1937						1											1
	1938		2	7	12		8	9	1		2	1	4			2	2	50
	1939		10	35	98		19	24	6		7	20	39			6	4	251
	1940		7	47	252		8	60	41		7	60	78			23	13	606
	1941		2	29	204		10	34	19		4	29	84		1	8	38	452
	1942		1	18	116		69	20	21		1	25	89		4	12	19	393
	1943		3	19	225			29	49		12	42	41		4	9	52	435
	1944		1	66	[illegible]			72	38		13	116	172		3	18	15	1211
			1	27	502			41	85		5	81	186		3	48	120	1099
备考																		
附注	[illegible]																	

填报者 于 年 10月 日填报

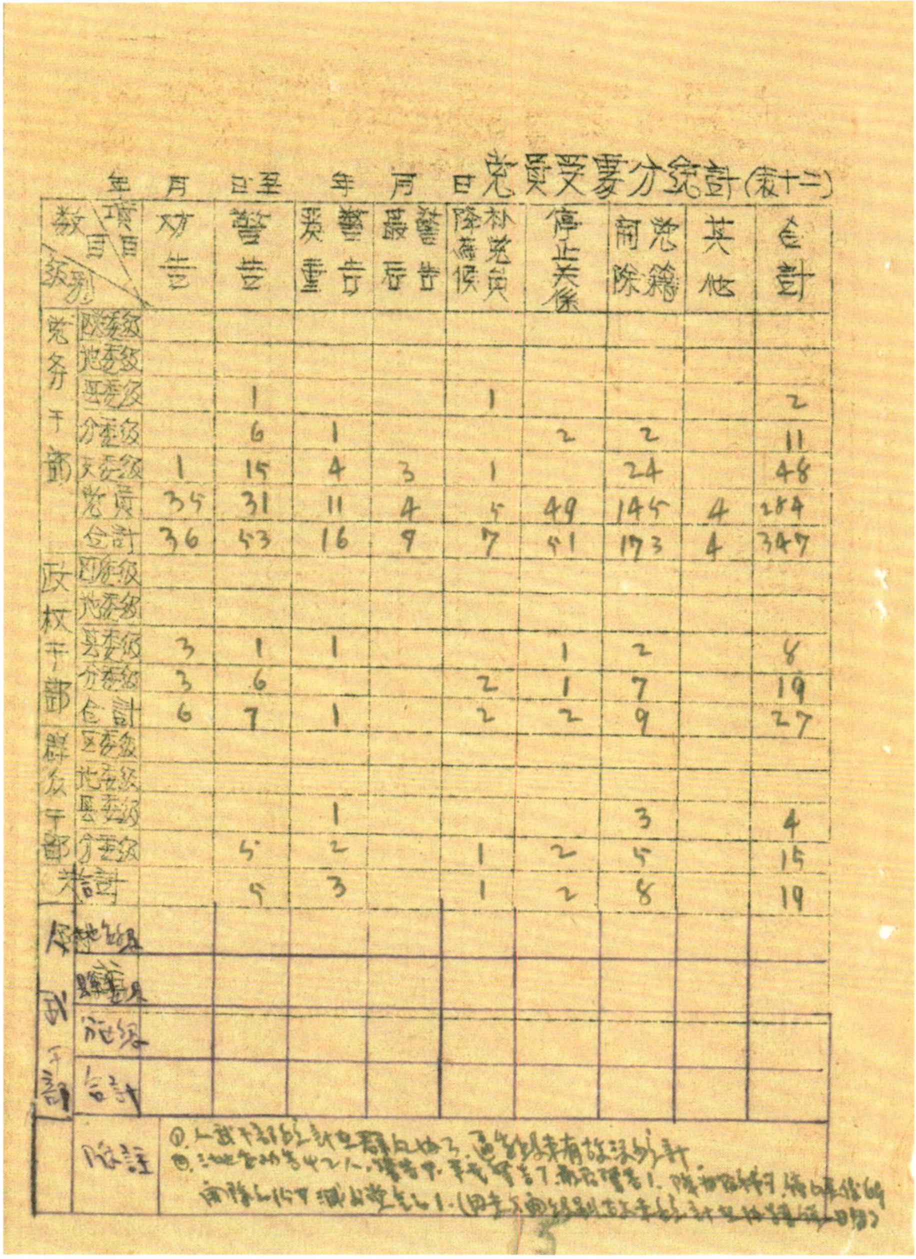

年 月 日至 年 月 日党员受处分统计（表十二）

级别		劝告	警告	严重警告	最后警告	降为候补党员	停止关系	开除党籍	其他	合计
党务干部	区委级									
	地委级									
	县委级		1			1				2
	分委级		6	1			2	2		11
	支委级	1	15	4	3	1		24		48
	党员	35	31	11	4	5	49	145	4	284
	合计	36	53	16	9	7	51	173	4	347
政权干部	区委级									
	地委级									
	县委级	3	1	1			1	2		8
	分委级	3	6			2	1	7		19
	合计	6	7	1		2	2	9		27
群众干部	区委级									
	地委级									
	县委级			1				3		4
	分委级		5	2		1	2	5		15
	合计		5	3		1	2	8		19
人民武装干部	[illegible]									
	[illegible]									
	旅级									
	合计									
附注	[illegible]									

73

年　月　日至　年　月　日干部党员损失统计（表十三）

级别 \ 数量 \ 项目			被捕	伤亡	病亡	失掉联系	开除党籍	消极脱党	叛变投敌	自杀	其他	总计
总数			28	9	25	27	25	7	47		29	196
党务干部	区党委级											
	地委级											
	县委级		1								3	4
	分区级		3		4				6		1	14
	支部级		1	1	4		4	1	35			46
	党员		5	7	5	23	19	5	6		17	87
	小计											
政府干部	主席	党员										
		群众										
	专署	党员										
		群众										
	县级	党员	1		2						5	8
		群众			3			1				4
	区级	党员	2			1	1					4
		群众	1		2							3
	村级	党员										
		群众										
[illegible]	大计											
	[illegible]	党员										
		群众										
	[illegible]	党员										
		群众										
	[illegible]	党员										
		群众										
	[illegible]	党员	5		4							9
		群众										
	[illegible]	党员	6	1	1	3	1				3	15
		群众	3									3
	共计		28	9	25	27	25	7	47		29	196

附注：①.[illegible] ②.[illegible] ③.[illegible]

填报者　　于　年　月　日填报

16

年　月　日外来本地干部统计表　（表十四）

类别	数目	干部总数	党务干部				政权干部				群众干部				
			区委级	地委级	县委级	分区级	主署级	专署级	县级	分区级	区委级	地委级	县委级	分区级	
本地干部	数目			25	47	126		197	235	209		300	102	352	
	百分比														
外来干部	数目			5	62	61		61	175	55		1	39	54	
	百分比														
附註	此表[illegible]二地委的三地委的。[illegible] 区委级[illegible]未填写。														

填表者　　于　年　月日填报

17

整风坦白反省结果统计表

项目	类别	总数	家庭成分								个人成分								党龄								参加工作或入伍							级别						
			工人	贫农	中农	富农	地主	知识分子	城市贫民	其他	工人	贫农	中农	富农	地主	知识分子	职员小资	其他	一年	二年	三年	四年	五年	六年	七年	八年以上	一年	二年	三年	四年	五年	六年	七年以上	区委	地委	县委	分委	党员	群众	其他
参加反省者	人数																																							
	百分比																																							
实际反省者	人数																																							
	百分比																																							
参加其他党派团体或组织	人数																																							
	百分比																																							
动摇：实际已动摇者	人数																																							
	百分比																																							
动摇：企图动摇投降叛变者	人数																																							
	百分比																																							
参加迷信团体	人数																																							
	百分比																																							
贪污浪费	人数																																							
	百分比																																							
堕落腐化	人数																																							
	百分比																																							
违犯群众纪律	人数																																							
	百分比																																							
泄露机密违反军令	人数																																							
	百分比																																							
违犯组织纪律	人数																																							
	百分比																																							
其他	人数																																							
	百分比																																							

鲁中区行政联合办事处

鲁中区一九三九年至一九四二年财政总结图表（1942年）

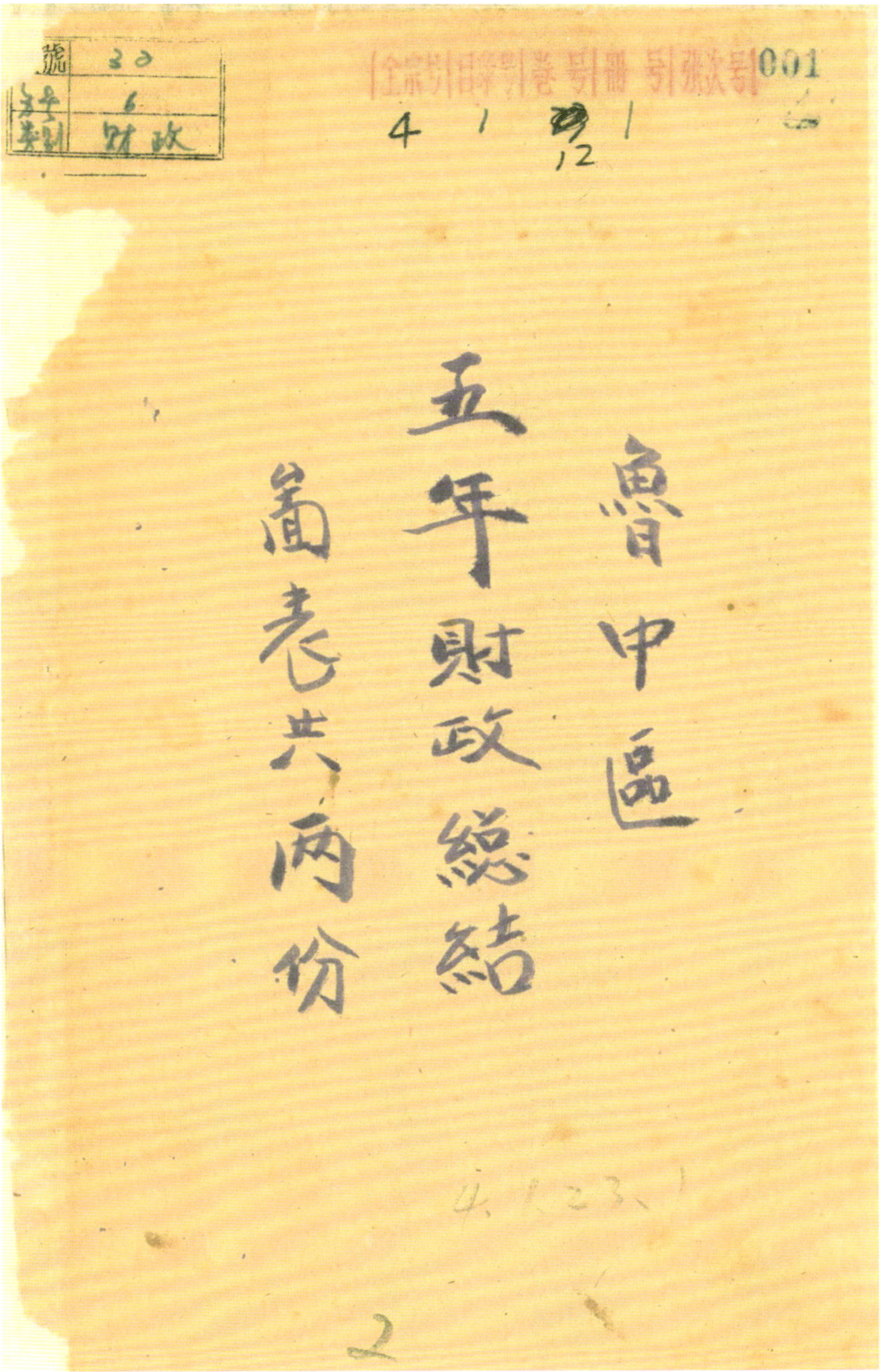
魯中區

五年財政總結

圖表共兩份

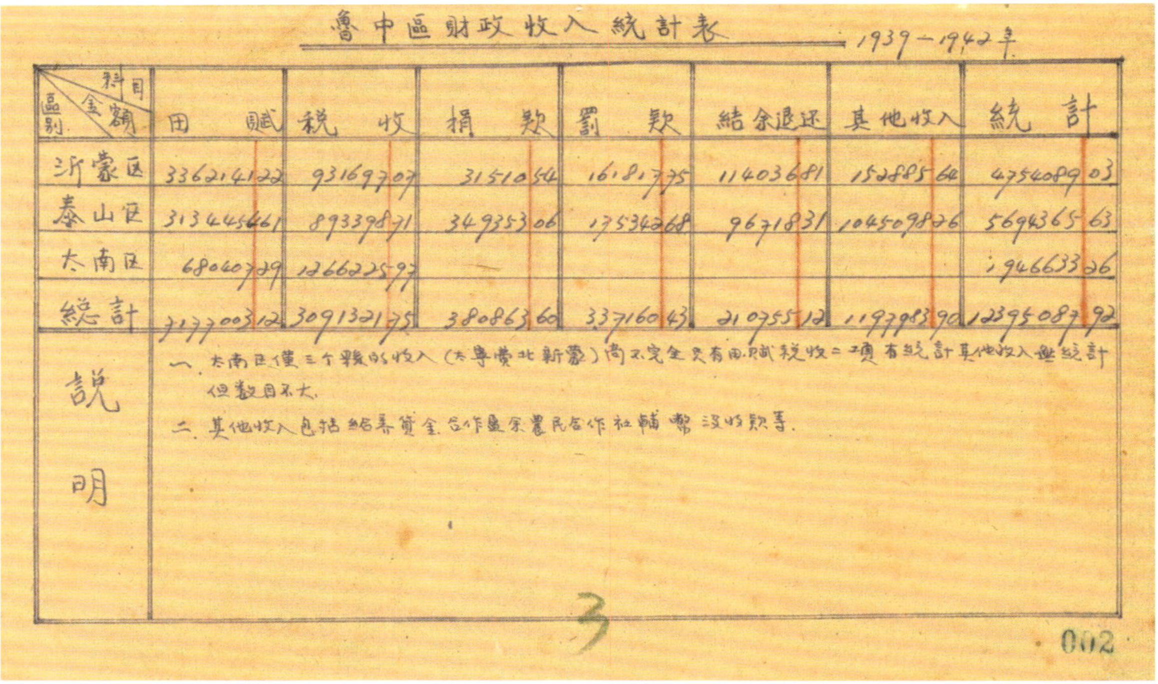

鲁中區財政收入統計表 1939—1942年

區別＼金額＼科目	田賦	税收	捐款	罰款	結余退还	其他收入	統計
沂蒙区	3362141.22	931697.07	31510.54	161817.75	114036.81	152885.64	4754089.03
泰山区	3134456.61	893398.71	349353.06	175342.68	96718.31	1045098.26	5694365.63
太南区	680407.29	1266225.97	—				1946633.26
總計	7177003.12	3091321.75	380863.60	337160.43	210755.12	1197983.90	12395087.92

說明

一、太南区僅三个縣的收入（太寧費北新蒙）尚不完全只有田賦税收二項有統計其他收入無統計但數目不大。

二、其他收入包括給養資金、合作盈余、農民合作社、輔幣沒收款等。

3

002

魯中區財政支出統計表　1939-1942年.

科目 金額 區别	行政費	軍務費	党務費	財務費	建設費	教育費	補助費	特别費	統計
沂蒙區	639316 08	2954353 78	156226 98	53566 61	36303 98	40945 31	449169 77	111825 50	4037455 21
太山區	1907749 98	3308623 86	417973 81	1986 79	172354 10		92562 36	1372 03	5902622 93
太南區									
總計	2547066 06	6262977 64	574200 79	55553 40	208658 08	40945 31	1374279 53	113197 53	9940078 14

說明

一、行政費包括村以上的經費部份的包括被服鞋子費等及地方武裝開支。

二、軍務費即太山沂蒙及魯中縣向戰工會之解款主要供給魯中區軍隊經費 如沂蒙支隊一四支隊一、四旅一六軍分區 [illegible]

三、党務費是供給七區委一二地委之經費.

四、特别費是包括棺木電杆材料 撫卹救濟等用.

五、太南區支出未報告上來.

4

003

鲁中区行政联合办事处关于停用法币工作的初步总结及今后任务的指示（1943年3月26日）

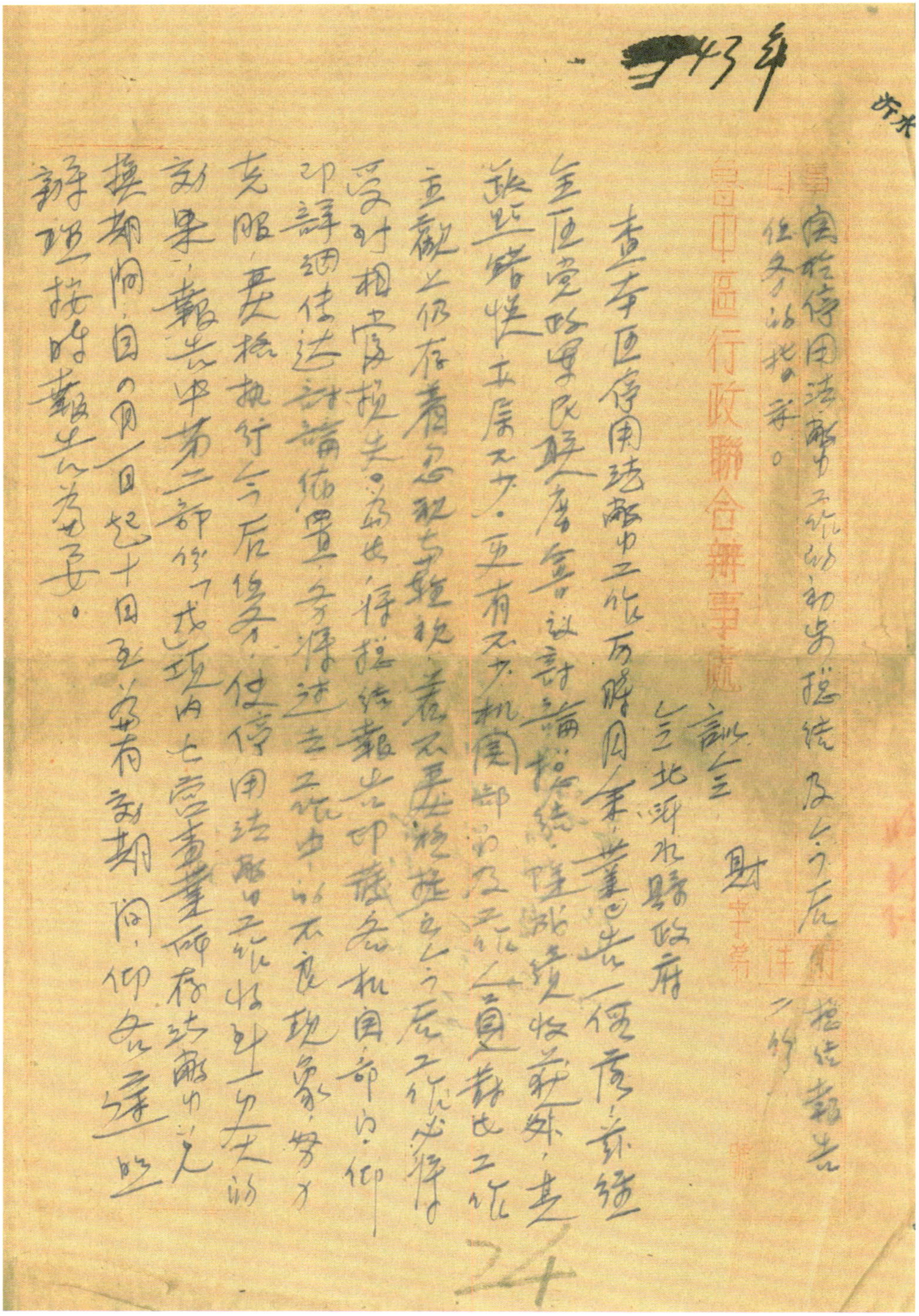
鲁中区行政联合办事处 训令 财字第 号

令北沂水县政府

中華民國三十二年二月二十六日

主任 王子宜

副主任 馬毅堪

25

鲁中区行政联合办事处关于鲁中区五年政权工作的总结（节选）

（1943年3月）

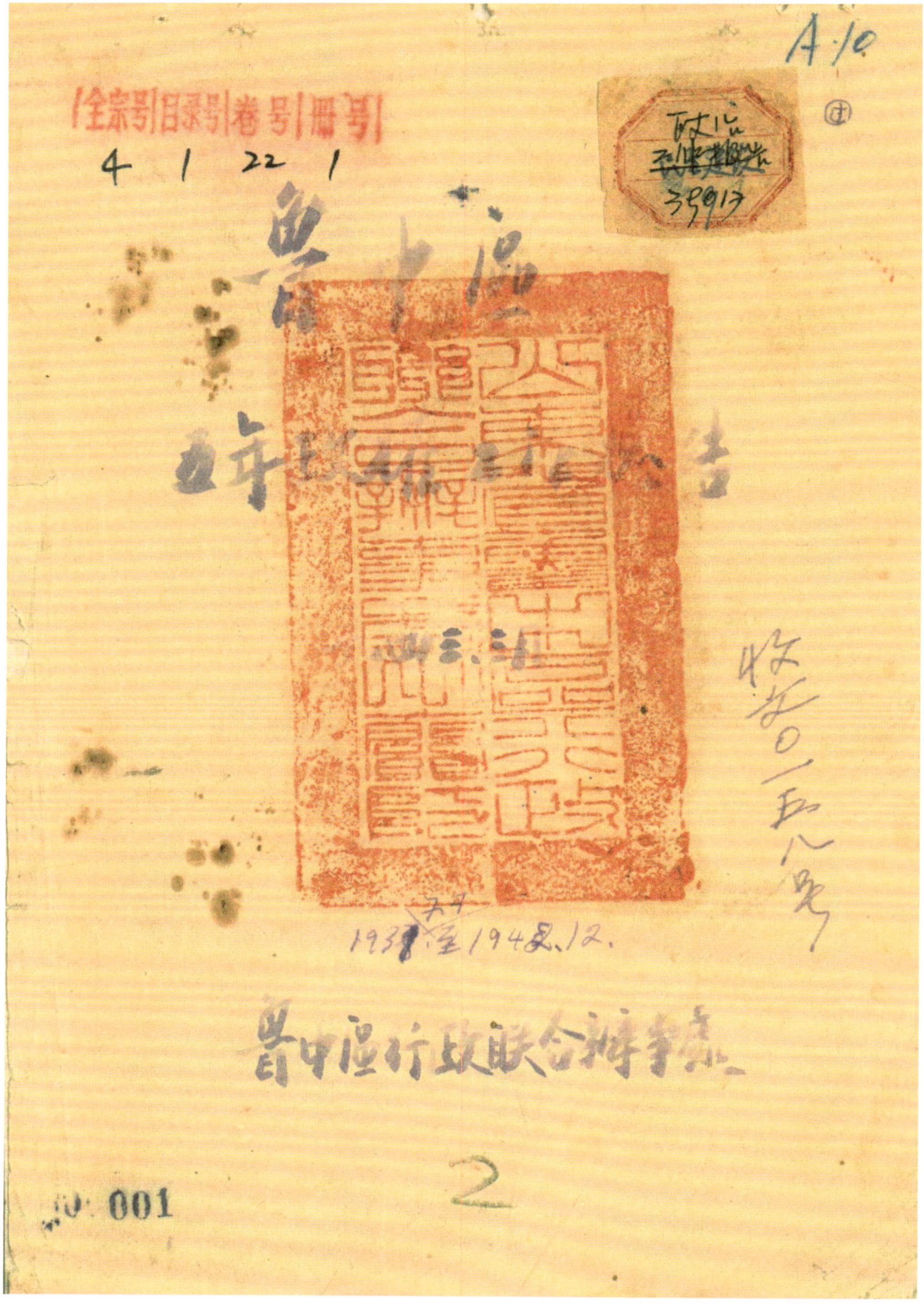

目次：

3

002

（第一部份）

魯中區
抗日民主政权
發展概況

目錄

4

003

鲁中區抗日民主政權發展概況

一、历史環境

（一）鲁中區地属山東腹心，包括新泰 萊蕪 淄川 博山 蒙阴 沂水 臨朐各县的全部，及泰安 历城 章邱 益都 莒縣 臨沂 費縣 泗水 宁陽等各县的一部分；西至津浦（鐵路）北靠膠濟（鐵路）東臨臺潍（公路），南界滋臨（公路），形成一個三角地帶；泰山、沂山、鲁山、徂徕山、蓮花山、蒙山等山脉羅列，泰萊（公路）橫串其中，除大塊的山區丘陵地帶，有泰萊 新泰，臨沂等平原；面积總計有90000余平方里；出产以穀麥高粱豆子花生，地瓜為大宗，萊蕪的鐵礦淄博的煤炭及陶器，沂蒙的棉花，新泰的蚕絲，蒙山的药材，新沂的銀礦是很有名的。

（二）人民共有300.0000余万口人民是强悍富有斗争性，历来反抗旧政府的苛政，貪官污吏，土劣和防匪保家，曾出現过好多英雄好汉，發动过好多次的农民斗争，但由于地位孔孟二家有几千年的舊禮教的束縛加以交通不便，新文化与教育的不普及，一般是比較落后的，保守的，以此封建統治有相当大的社会基礎，不只有許多地主封建堡壘，而且有三十种以上的迷信团体和秘密組织，普遍到各村。更由于地勢優越背臨冀魯腹腹（济兖、張潍、臨沂）控山東两条大动脉（津浦膠济）和地形複杂历来为兵家争據，與不蒙兵燹之苦，更匪便於盤聚，剿匪橫行十数年入(九)通全區人民一般的是受到了严格的艰苦鍛鍊，生活儉樸要求不高。

0045 （三）战前鲁中區是[illegible]主義者統治地區的一部分人民是同其他地

四

区一样的，受着经济上十数种苛捐杂税的剥夺，政治上封建思想、保甲制的束缚，文化上礼教愚民政策统治的麻醉，而且受着军事上地方顽固土匪政策（招抚收编扶植土匪为枪）威胁以及党狱特务活动的桎梏。不但一般人民无言论自由生活安定，即当时在社会上比较有基础有力量有威望的党派士绅，亦受蓝三会敌视压迫，政治黑暗，所谓抗日和民主，在当时是根本谈不到的。

（四）由于鲁中区具有着优良的地理条件，有勤劳的物产人民，强悍富有斗争性，能吃苦，又久受着黑暗统治，积蓄义愤，形成了七七事变后抗日游击战争，民主运动开展，极其迅速之有利的条件。同时又由于鲁中区地处腹心，形势险要，封建统治有悠久的社会基础，是比较落后的、保守的地区；指示了这个地区不但敌人重视，而且顽固派同样的加意重视，民主运动是和武装斗争分不开的，是一个艰苦的流血的斗争过程。五年来的事实完全证明了这一点。

二、抗日民主政权的发展

抗日民主政权发展的概括分为四个阶段：① 第一阶段由七七事变到1939年春季大扫荡是民主政权的萌芽时期。② 第二阶段由1939年春季大扫荡至1940、8月省联大会成立是民主政权的建立时期。③ 由1940、8月省战工会成立到1941年秋季大扫荡——是民主政权猛烈的发展时期。④ 由1941年秋季大扫荡到现在——是民主政权巩固发展时期。各个阶段发展的情形如下：

甲、第一阶段——由七七事变到1939年春季大扫荡，是民主政权萌芽时期。

005

（一）这个时候的敌我形势——七七事变后十二月日寇侵入鲁境，不抵抗主义者韩复榘不战而逃，以致纷纷败退，各县县长大

6

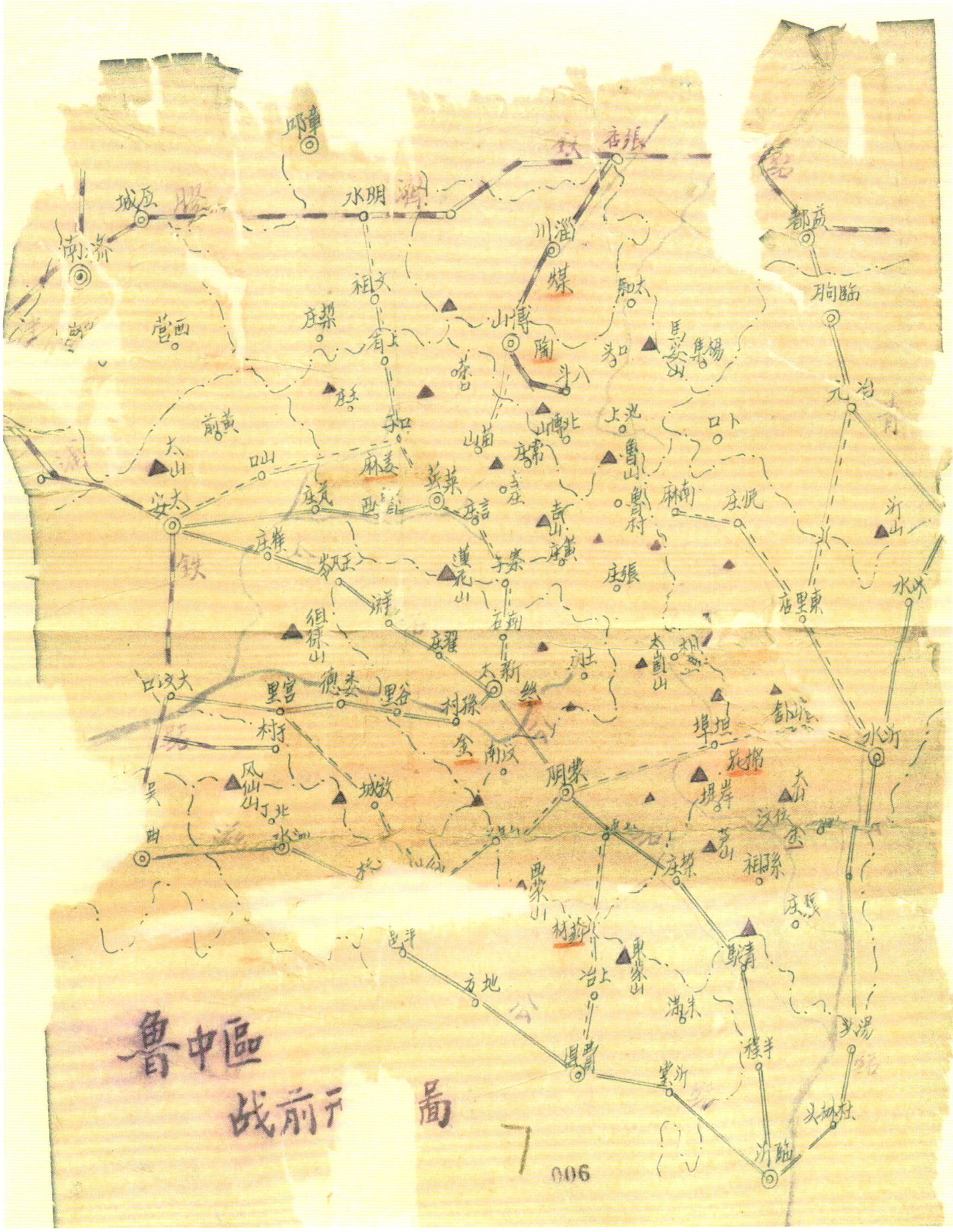
鲁中區
7
006

(3)

牙撤纷纷逃跑,地方武装、政府工作人员解散,伪政权解体。人民失去依托,布满着了悲观失望的情绪,社会秩序异常混乱。但这个时期在整个形势上是敌人战略进攻,我们战略退守,敌人乘我国民党退却进攻的时期,在鲁中区,除津浦、胶济铁路沿线的城市、车站,以及临沂、临朐、博山、新泰、蒙阴、泗水被占,其余大块土地仍属鲁中区人民。

(二)这个时期抗日游击战争的发展——当时中国共产党首先举起了义旗,在不愿作亡国奴隶的人们起来"失散不畏和散下脚镣肩起枪杆"的号召下,在徂徕山成立了山东抗日人民游击第四支队;在淄博临一带成立了山东人民抗日联军山东人民抗日游击三、八支队,并相继在各县成立了抗日游击大队。但同时那些反共顽固派、地方实力派在抗日的称号下,也蜂起蚁拥的到处成立了游击队,在泰新莱章以秦启荣为首的有二十几个纵队,在淄博沂蒙以张里元为首有十几个纵队,在沂临一带有张步云、赵保元,在新蒙也有谢春题等部。

(三)新旧力量斗争的情形——抗日战争、抗日武装是在日寇残暴的行为侵略下而暴发的和产生的。但在抗日战争中又是具体的表现着中国新旧力量的矛盾。它在发展的情形,可分为三个时期来说明:

A 七七事变到1938年4月——反共顽固派、地方实力派对共产党及其领导下的武装一方是大部分的在抗日民族统一战线政策和战斗与纪律的号召影响下,实际上存在着怀惑疑惧的心理,表面上表现着愿意团结抗战;一方是小部分的以秦启荣为首的第五纵队在抗日的称号下不只不愿团结,不只是怀惑疑惧了而且採取着尖锐对立的态度。是年春三月在[illegible]发动了大规模的军事进攻，但结果是被打败了。

B、1938年4月至九月——是沈鸿烈来鲁南走出的一个时期间，沈鸿烈在新泰的七门招开了鲁南各县的会议，调整了抗日的党派及各个抗日武装的关系大致得到了调整，部份的矛盾得到缓和。同时在他的推动下成立了鲁南总动员委员会，各县区动委会也大部份成立，此外他还恢复和调整了各县政权。在这个时期人民情绪和社会秩序也稍为安定了

C、1938年十月到1939年元月——即沈鸿烈回来鲁南到第八次大扫荡，沈是山东反共顽固派地方实力派的头子，他以合法公开的主席名义，政治统治上的优越地位，支持和加强了旧政权机构；统一集中了鲁南反共顽固派地方实力派以及他们的各个武装；开始了特务活动，对进步的党派人士，团体部队进行监视、封锁、利诱、暗杀、离间、瓦解，在军事上採取了[illegible]，以至1939年3月[illegible]发生太河事件，惨杀了三支队干部及各的地方进步人士，不下百余人。

四、抗日民主政权的萌芽——在沈的倒退统治下，部份的县级政权，个别的县政府，以及部份的党派人士，进步士绅感于大义，接受了共产党及其领导下的武装，并给他们团结帮助推动，进行了些工作，当时在太山区有博山县政府，莱芜的六、七、八、九、十三区，蒙阴的坝华区、沂水的二区四、九区区政府，太安的祖徕山区区政府，在曲阜、泗水、费县等成立了区政权形式——自治会，这些组织是以后抗日民主政权的胚胎

008

（五）第一阶段简单的总结

9

⑤

①政权工作是被忽视的，一般没有认识到革命的基本问题是政权。在日寇疯狂进攻与反共顽固派地方实力派的斗争下，以为只有武装起来才是唯一的办法，这样就犯了所谓单纯军事主义的错误。

②最初日寇侵入后在旧政权解体人民情绪慌恐不安，社会秩序极端紊乱的情况下，没有及时掌握支持旧政权加以改造。甚至部分的进步的旧政权工作人员被一网打尽的吸收到部队中来。其外社会上一般进步的党派人士士绅名流不愿参加政权工作而认为可耻不屑与为。对政权的取消观点使部分人民失去了依托。

③、对各个地区现存的比较进步旧政权，没有计划有力量的帮助和领导改造，一般是漠不关心的，实际上在当时也没有专门[illegible]加的组织，在单纯的军事路线中这部分的政权也逐渐衰退了，腐化堕落行为，甚至在个别的在沈鸿的影响下背叛了抗日人民党派与队伍走上反动的道路上去。

009

10

七七到1939.6大扫挡
鲁中區形势圖
敌
我

(6)

乙、第二阶段由一九三九、5月大扫荡到1940、6月，省战工会成立，是抗日民主政权建立时期、

（一）第二阶段中日战争在战略上已进入了相持局面的第一年，敌人正面进攻的可能性相对减少，敌后扫荡开始紧张。1939年5月敌人以三万余兵力对鲁南进行了一月余的横冲直撞的扫荡，其狡猾凶恶的进行了分区合击；如太山区的七龙湾合击沂蒙区的孙祖等，在山东区某些比较重要的市镇也都陆续的被了据点，如费县、平邑、莱芜（扫荡前已被）口镇、花园镇、源泉、敖阳、汤头、东伍、王庄、沂水等。敌人对三角地带的鲁中区组成了包围线。我们是日益增大了

（二）以沈鸿烈为统治系列的旧政权，在敌人大扫荡中大部分垮台，在其领导下的投降顽固派地方实力派及其武装在扫荡中亦部分的瓦解。其后这样政权虽然恢复了，但在环境紧张艰苦的情况下和大汉奸汪精卫的影响下，悲观失望情绪增长，部分的分裂。共产党及其领导下的武装坚持团结抗战进步，团结了东北军，粉碎了敌人的扫荡，数次反击敌人的分区合击，对投降派、反共顽固派分子进行了武装的反击。团结和争取了进步党派士绅和广大人民，支持了鲁中区局面，稳定了民众情绪。以此也在

12

011

这個時期也是猛烈的發展的。

（三）沈為统治系列的舊政权，相繼中場垮台，及其個別分裂行為，使廣大人民和部分的進步党派士紳失掉了对它的信仰，它们又由於过去统治黑暗逆行，深々感到成立自己國人民的政权又必要，在共産党八路軍推动帮助下，於是抗日民主政权府，在各個進步党派軍隊活动的地區，有了雨后春筍的生長起来。在这种情勢下，沈為统治系列的政权軍隊及反共頑固分子、投降份子，曾是竭盡力尽的在喊：“破坏行政系统非法”和卑污無耻的阴謀破坏，但这种違反抗日脱离人民的罪行事实不能阻止廣大抗日人民軍隊党派的義憤的。

（四）这個時期民主建設的情形，分下列三個地區来說：

①泰山區——1939年冬——春月、萊蕪、博山、淄川等地相繼成立县政府，并以譚克平、張景清、馬毅之、曹民三分為各該县县長。於1939(X)月，雪野事件、淄河事件消灭了秦啟榮及其系统到下的反共軍对抗日人民、抗日武装的進攻，並将其御用下的舊政权的萊蕪县政府、博山县政府解决了，地區扩大了，隨成了章邱县政府，以吳卓先、趙某為各該县县長，為了加強对各該县指挥並成立了萊章博淄四县联防办事處，並以趙勇夫為主任。

②泰南區——1939.9在新泰成立了县政府，以張和中為县長，並成立了泰安县政府以程鵬為县長。在泰泗寧區於1940、經山縱一支隊一一五師打垮了秦系的萬金山部在泗陽泗水边區

012
13

灰色政权自治会的基础上成立了太盐办事处，以朱贡阶范炳章为副主任。同时在费县北部蒙山地区也成立了费县联防办事处，以廖际云为主任。

(3) 在沂蒙区於1939.10成立了北沂蒙联防办事处，以江涵秀为主任，同时在南沂蒙成立了联防办事处，以江彤为主任。这两个地区的政权建立后，以反共顽派孔广级（旧政府负责的）表面上表现了进步与愿意团结抗战，我为了统战曾一度取消并为沂水县政府并以孔为县长，到九月孔判变了，以至12月又重新组织起来，此时南沂蒙办事处改以何方客为主任，北沂蒙办事处於1940.2、改组为沂水县政府，南沂蒙办事处改为沂南行署，并成立县级的民意机关——沂水参议会。在沂临边区是於1939.12月经山纵二支打垮了反共顽固头子张子敬后，联防办事处成立了，主任是尚明。蒙阴在大扫荡后一直到省战工会成立后一阶段，除鲁村及南太沂公路以南地区为顽固区，其余其各区亦都建立民主政权，但没有建立县的指挥机构。

(五) 第二阶段简单总结：

(1) 抗日民主政权是在抗日人民党派军队的实际下，同旧政权反共顽固派及其指挥下的军队斗争中建立起来的，如果没有斗争，如果没有坚决积极的斗争，即没有抗日军队党派人民的地位，抗日民主政权的建立是不可能的。

013

14

(2) 抗日民主政权是在共产党八路军的帮助推动

（2）

下建立起来的，两者有血肉不可分离的关系。如果没有共产党的领导推动，没有八路军的帮助和积极不断的对敌顽斗争，地区的坚持巩固和扩大，抗日民主政权的建设是谈不到的。

③ 抗日民主政权是在现有的地区工作上建立起来的。在大扫荡前在各个地区是已经有了比较进步的区乡村政权的存在，而且已经有的它的工作基础。在政权本身对抗日民主有了初步的认识，而且教育和团结了所属地区的广大人民，进步的士绅名流，领导他进行了抗日民主的斗争，建立了它的信仰。

④ 但这个阶段党政军民一般对抗日民主的观念是不够明确的，抗日民主政权的作用性质以及其对各个党派各个抗日武装各个群众团体的关系模糊不清，部分的混入了投机份子，执行法令政策不积极，以致没有形成一个有力的组织。

⑤ 由于中国是落后的，人民历史上没有受到民主教育和习惯于民主生活，因此抗日民主政权的产生大部份由是各地住在地抗日政机关的委派和部分经过委派而又经过简单的民主方式的办法。县参议会及行政委员会的成立也是很少的，而且它们对县政府的推动作用也不大。⑥ 这个时期没有建立高级的统一领导机关，大多数是由住在地比较高一级的党军队直接指导。没有明确的统一的政纲法令，领导不集中，干部本身缺乏经验，政立纪律和制度没有建立，工作是被动的，没有计划的，比较混乱的。

014

15

⑦ 这个阶段政权工作一方面是面向军队的供给

16

工作，一方面是面向斗争的武装工作。既忙于部队物质兵员的供给和补充，又忙于地方武装的巩固和扩大。在上层部队；在下，大部分被投机分子把持，对群众的生活和敌占区没有注意到，对社会统战工作作的也不够，单纯的军事观点，特别对会门地方落后大部表现了左的打击限制和右的扶持拉拢，以致造成此后部分的对抗，特别在太山区的莱芜。

015

16

丙、第三阶段——由1940、6月省战工会至1941、秋季大扫荡——抗日民主政权的巩固到发展时期。

（一）第三阶段在敌我斗争形势上，是敌人为了巩固敌后统治，除了对各个地区进行分区扫荡和袭扰，即对它交通线附近及根据地周围的平原进行治安化活动，争取接近敌区反共顽固派，地方实力派及其控制的武装；利用会门的落后性进行挑拨离间与收买。这个时期在太山区曾进行过9.14大扫荡，在沂蒙山区我们曾有过一次临费边反扫荡战役，在太山区曾有过铁道大门的战斗、莲花山区的扫荡等，在这个阶段部分的反共顽固派地方实力派对敌妥协投降，如太泗蒙边区的[redacted]、萬[redacted]、吴[redacted]等，李[redacted]，莱芜边的劉[redacted]、孫[redacted]，沂蒙区的劉[redacted]、王[redacted]、武[redacted]等会门部分的成为敌人的帮道夫。如莱芜鲁西以行[redacted]的伪军道，沂蒙东山一带的黄[redacted]，他们在数量上是大量的发展，特别是莱芜在很短的时间曾由一个区发展到两个区。

（二）在这个阶段我们斗争形势上，在太山区是失去了临博边，开辟了新莱蒙博边区；沂蒙拔了李家屯子、侍郎屯等几个顽固派的堡垒，打垮了费沂会，争取了邵子寿，开辟了东蒙区，击退了张里元、郯小队以及部分东北军部分的妥协投降派的进攻，开辟了南沂蒙中心地区与北沂蒙、沂蒙公路

016
17

北天庄附近一带地区，总合这个时期损失敌区敌人据点交通线部份的平原地区失掉了，在中心山区某些边缘区扩大了，太山、太南各个小块的我区联接成为一个大块的抗日根据地。

（三）省战工会的成立——为了建立巩固的大块的抗日根据地，不但要求军事而且要党政群众的运动也要大大的开展，但党政是军事与开展群众运动的中心一环，即是说抗日民主政权成为当时抗日根据地建设的重点。在1940年8月，在沂蒙区召开了鲁南各界联合大会，在这个会上经过了民主选举成立了省临时参议会，并成立了战时工作推行委员会，从此便统一了各个地区民主政权的领导。各个地区各自为政的现象不复存在。

（四）省战工会成立后，在他的领导下大部分的区县经过选举成立了参议会，产生了民主的区县长，并在太山区成立了太山专署，沂蒙区成立了沂蒙专署，蒙山区成立了四县联防办事处。各个地区并根据省战工会的指示，地理环境干部情况进行了并乡，重新划了小县小区，当时在太山区的县份计有莱芜、莱东、新甫、太北、章邱、博山、淄川；在太南区计有新泰、太宁、太安；沂蒙区计有沂水、沂南、蒙阴、沂临边；蒙山区计有费东、费北及费阴的二十四区，此外，有临济淄博山区行政联合办事处。

017

（五）第三阶段简单的总结：

㈠.由於对顽斗争的胜利，地區的扩大民主政权是猛烈發展的；又因於当战工会各专署机関的建立，在机构上是统一和集中了，政纲法令有了比较明确的规定；"山高皇帝远"各自为政与政民不分，模糊现象，开始纠正，政权工作是初步的建立起来。

㈡ 在这個階段由於在各個地區進行了大选举，廣大人民初步接受了民主教育，更廣泛的团结了各阶層。以此，一般的对民主政权，在观念上認識上開始有了進步，較要关心到抗日根据地民主政权的建設是自己的事，民主政权的社会基礎是扩大了。

㈢ 在这個階段，抗日武装也是猛烈的發展的、九個游击支隊改建為正规兵团后，在各個县區武装基礎上成立了個另分區部隊，區中隊村自卫团，游击小组自卫团，盘查站等组织也普遍的成立起来；抗日根据地民主政权的保卫力量增強了。

㈣ 但在这一阶段民主政权，是斗争發展和平中建設的，大部分干部在反顽斗争胜利的驕傲影响下，忽视了对敌我斗争形势發展的認識，在一切的工作上充分的表现了粗枝大葉，大吹大擂，铺張表面，不虚心，不实际，不深入

018 甚至表现了严重的官僚主义作风。

19

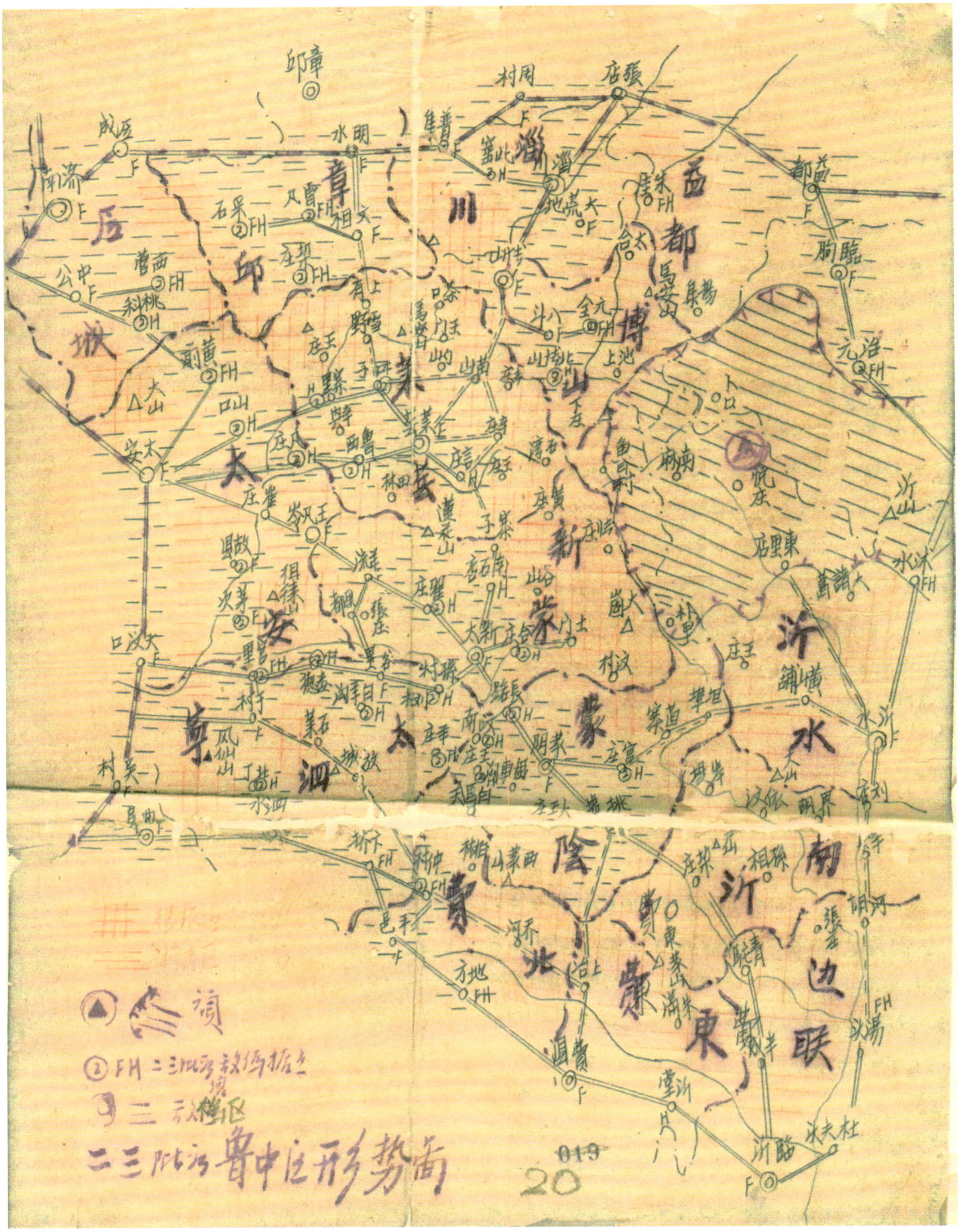

(5) 在反霸階段是改造了干部成份，大部份的地主富农被镇压，使僱傭成分增加。执行政策犯過左的偏向到正了，但也左的偏向產生了產生硬搬制的现象；甚至部份的表现狭隘的阶級成见，並在不左的观点上发生了乱捕乱捐乱罰乱斗，乱扣特务的帽子，以致在某些地區曾引起貧农会的骚动和地主富农的暴乱。

(6) 由於大部份干部特别是领导干部对敌我斗争形势的發展認識不够，以致严重表现了满足於现地现况，骄傲自满，居别有天地，完全忽视了敌區工作。甚至有殖民地的观点，对敌區人民党派团体，没有很好的争取和团结，致使部份的总趋向坏，如太山區的某县平原地區数县。

(7) 在贫农的民主运动中，对三三制政策的执行是不够的，干部配备上一般的犯了狭隘的关门主义，没有很好的把進步开明的士绅党派吸收進来，使他们对政权工作，表现了冷漠。更由於工作中左的刺激，使他们部份的不只表现了恐慌疑惧甚至採取对立和动摇。

(8) 在抗战到的发展中政权工作中表现主义一般化的现象是严重的。忽视各個地區环境特点的不同，籠統的大計劃雷厉風行的实行，没注意到基点工作，典型工作，檢查总结工作不及時甚至没有，以致在大的闘争中，有的县區村级不起严格的领导作用丢失了。但县區漏為致使區后工作的恢复也受到了很大的困难。

(15)

丁、第四阶段——由1941年秋季大扫荡到1942.12底是抗日民主政权艰困深入的时期：

(一)这个阶段是敌人企图毁灭抗日力量和坚决掌握统治区的时期。以此，它对敌后各个抗日根据地，採取了军事上分区的频繁的扫荡，和不断的分割蚕食，政治上屡次的治安运动，和积极的特务活动，经济上严格的封锁与货币的侵略；文化上奴化教育和麻醉政策，在这种情势下，鲁中区政权工作是开始了它的艰苦险恶的路程。一年来各个地区有了显着的变化：

⑴泰山区——敌人打通了博莱、章莱、章新、太博、辰莱等公路，敌伪据点增加到160个以上，大汶的平原及部份的丘陵地带，变为敌伪区。

⑵泰南区——蚕食了徂徕山区、莲花山区、太泗宁区、新蒙边区。

⑶临益淄博区——打通了益博公路。

⑷蒙山区——建立了张蒙公路据点碉堡逐步分布形成所谓铜墙铁壁的封锁。

⑸沂蒙区——蚕食了临费边区，打通了沂临公路，鲁中与滨海区的联络困难了；打通了费沂公路蚕食了沂北部分地区；冬季扫荡，柴庄按了据点形成对蒙山区的完全包围，沂蒙费边部分的成为游击区。

021

22

⑹在这一阶段应特别说明的，即敌人由于兵源困难

兵力不敷分配，强化伪军，有显着的成绩。如刘[redacted]（已毙）鲍[redacted] 陈[redacted]（已毙）单（沈）[redacted]，王[redacted]，张[redacted]，厉[redacted]，使他们控制了相当大的地区。

总之，这一阶段，鲁中区在敌人分区的频繁的扫荡和不断的分割蚕食，治伪封锁下，某些边缘区变为敌占区，某些中心区变为游击区，大块的根据地，在太南大山两区，已不复存在。沂蒙区也相对的缩小了。

（二）这一阶段我顽斗争，在上半年自当是相当紧张的，东北军侵占了大崮及夹谷一带山区，并一度蚕食沂北。（在被击退）接降后新四师，新一师，积极向北推进，蚕食了益临博边区，和博山敌区密切的接治起来，由于我积极的向敌斗结果，12月底全部投敌。

（三）在这一阶段，由于敌我斗争形势的变化，行政区域行政机构上也有了很大的变化：

（1）、太山（沂蒙）区划了蒙山，成立了蒙山办事处（1941.1）取消了蒙山联防办事处，费县东划入沂蒙，费北划入太南，太南划为专署区，成立了太南行政联合办事处。

（2）太山区——部份的开辟了太莱章莱边区，成立了太北莱城县政府，莱芜划出莱东莱南地区，成立了莱东新甫两县府政。

022

（3）、沂蒙区——沂水划出沂北地区成立了

23

沂北行署。

④在鲁中区成立了最高的行政指导机构——鲁中区行政联合办事处。

（四）在精兵简政的号召下：

A、某些县区行政单位，进行了合并，如沂蒙区蒙阴单位取消，该县太石公路南北部份分別划归新蒙和沂南、太山区，莱东和博山合并，各個区在这一时期化并也相当大。

B、减少了重叠组织，鲁中区行政联合办事处，兼理了沂蒙区专员公署的行政，重新覆定了各县政府的编制，充实了县（下層）缩小了区，並撤底废乡。

C、在各级政府组织机构上，从下到上的进行了精减，紧缩合并机关，干部人员在这次精减中减少到原有人数的五分之三，庞大的机关不复存在。（附备件）

（五）第四阶段简单的总结：

①大扫荡到来了我们政权工作虽然有了三年多的历史，但还是比较脆弱的表面化的。政权斗争形势的变化，要求政权工作深入实际，只有如此才能巩固和坚持抗日阵地，准备反攻争取胜利的到来。以此在省战工会的指示下，开始了它新的「巩固发展」阶段。

②在这阶段进行了减租减息增资优救公民登记政

生村政，提高了基本群众的生活，开展了群众斗争，发展了民兵地方武装。

⑶在整风的号召下，干部注意到工作环境特点方式方法的调查研究，开始着眼到政策，头大机关和发号施令的官僚主义及保守主义的现象开始纠正。

⑷在这一阶段，工作制度初步的建立了如三会制度、报告总结、统收统支等，上下联系彼此的关系比较及时密切，实行这一阶段精简紧缩了机关节约了干部，加强了对下层的帮助。

⑸在这一阶段工作开始注意到全面注意到掌握中心重点，和政治上的工作政权，在边缘接敌区里注意了敌区工作，开展了敌伪地区，扩大了政权的影响，争取和团结了敌区广大人民。

⑹但这一阶段政权工作还存在着不少缺点：

A、在指导上党政军民的关系和分工不明确。以致党代替包办，推拖敷衍，缺乏职权，闹成系统，各自为政的严重现象。此外还有个别不负责的官僚主义。在工作上一只注意到掌握中心突击中心，对于一般的工作忽视和削弱了经常工作和部门工作。以致产生了人事不相宜，有的是包揽，

024

25

自由流放任的不良现象。L、工作中缺乏交流也不够，使到地区负损了严重错误。

C、我们政策掌握政策不够，法治观念清楚。注意到开展群众斗争，未有注意到斗争中的政策问题。部分的群众思想尚在政权的领上，私自斗打骂加杖，政府未能及时制止，造成了秩序混乱。

D 干部政策上没有注意到有计划有系统的教育培养和及时具体的帮助，工作效率提不上，形成的偏差一般很统劲扶大，表现了工作上的能力警惕性不够，普遍的贪污腐化（在村一级）和严重的变节投降特别在太八区。

E 斗争敌区不够，有计划有组织的进行不够，过守防御的多，进攻的少。甚至个别区长害怕敌区有轻易放弃阵地的现象（如五区所东区因形势恶化，曾一度将所有干部调回）

F、精兵简政，认识不够，一般的单纯的裁员，执行被动不及时不彻底，个别的机关不够机动，在敌人不断的袭扰下受到损失。工作方式方法研究不够，工作效率很低，表现了束手无策叫苦埋怨。

025

26

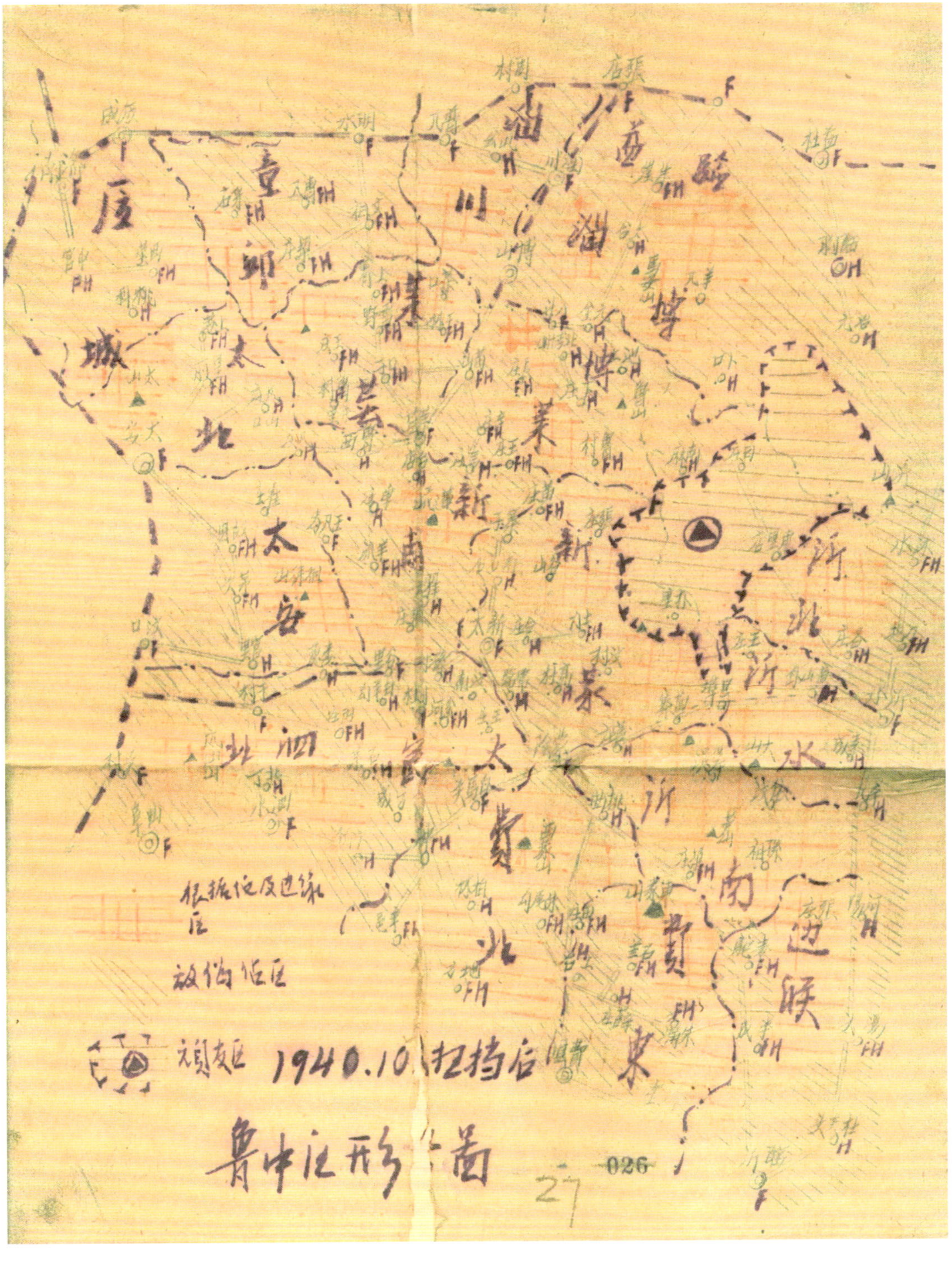
根据地及游击区
敌伪占区
顽区
1940.10.扫荡后
鲁中区形势图
026
27

三、五年政权工作总检讨

（一）成绩缺点的检讨：

政权工作五年来是获得了不少的成绩，但主要的是：坚持了斗争，坚持了阵地；发展了地方武装，扩大了主力；开展了民主，团结了各阶层广大人民；进行了减租减息、增资，改造了村政，改善了群众生活，发动了群众斗争，建立了民主政权的威信，坚定了人民抗战胜利的信心；进行了优救，克服了严重的春荒，建立了制度，保证了军事供给。

但政权工作五年来也暴露了许多严重的缺点与弱点：执行三三制不够，有些表现狭隘的关门主义，现在尚存有一些的现象；干部对政策不够熟练，掌握不稳，表现着忽左忽右；干部政策不够认真、一把抓的现象，缺乏经常教育，提高工作水平提不上，跟不上形势的需要，甚至部分的腐化、动摇、妥协；工作作风上没有正确的转变，不够深入，忽视了民主的发扬，不能深入全面，以致工作表现了脆弱虚浮、失败，作风敷衍等待以及的现象；执行制度不够严格，有创造作风，以权压服，有始无终，虎头蛇尾，经验交流不及时，部分的负担了严重损失；轻视敌区工作，[illegible]不得干部不够大胆进行防御的突击进攻的工作。

027

28

83

二、经验教训

甲、民主政权的生长发展巩固，是与武装斗争分不开的，假若是要忽视武装斗争，在武装到不了的民族敌人日本帝国主义者的面前，和特务部队、顽固派地主的旧政权以及反共顽固派妥协投降派的面前，即不会存在。

乙、民主政权是在共产党的帮助领导下发展起来的，党的政策即是政权工作的指针，政权干部不只要熟悉，而且要正确的执行，否则关门主义与右的投降倾向主义会失掉广大陷区人民的信赖，使自己孤立失败。

丙、政权的巩固发展，是依靠民主运动开展的和群众生活的改善，只有如此，才能真正的发动群众斗争，提高和坚定其斗争情绪，更好的吸收进步的积极分子参加政权建设，支持斗争，坚持阵地。

丁、党政军民的关系是分不开，应当是明确的，规定不清，包办代替，使组织系统会丧失和滋长着不正常的依赖、敷衍、不协调，甚至削弱了全体人民对新的社会秩序和法制观念。

028 戊、干部政策要正确，大胆的提拔与使用是需要的，但由形势与斗争环境的转变，本身经验着必须注意到经常的教育，及时具体的帮助经验的交流，特别在边缘区敌

29

285

游击区的使它政治开展，倘若只时常撤退，不能在这些地区的艰苦环境下，就会发生惊慌失措，悲观失望，动摇，以至放弃阵地或投敌投降的现象。

已 在敌人频繁的扫荡和不断的分割中我们游击区虽然一部分的失去，但并没有失去广大人民对我们的信赖，在国际反法西斯斗争胜利进展及政府改良政策的影响下，即敌所谓被保护区域的人民以及多数伪军也动摇了，倾向我们，这是我们游击区工作有利条件，我们掌握这个有利条件，深入游击区建立坚强的秘密政权是完全可能的，也只有如此，才能巩固和坚持根据地，防御的退守的就会使阵地不断的失掉以至无立足之地。

029

30

鲁中

优抗救济工作总结

111

089

优救工作

對优救工作各地政權自成立即加注意但是优救的办法与範圍在時間上地區上都極不一致起的作用得到的反映也因地因時而異

优抗工作

一、在初期优抗時是無組織無手續的更無明確原则軍隊政權群衆团体縣區鄉都單独進行优抗，有的減輕与豁免田賦公粮，有的抗属每人減一畝的負担，有的分兩季（沂蒙區）有的分四季（太山區）那時更談不到確定誰是抗属，誰是抗工属，自是抗戰的一律称之為抗属，都可受同等优待，优過去就算完過去了，對政治教育与鼓勵幫助其参加生產是談不到的，与优待者機关关係密切的几次的被优待，没有找上門的有的被長期抛在腦後受不到一点优待，形成畸輕畸重現象优待數量、都還相當大，材料多失只根据沂南一縣1940夏季优抗统計（附表）我們即可看出，每次优待都得到很好的反映，但因优待方式的單純，对群衆对抗属都没有它應有的政治意義没有与巩固与扩大主力密切联系起来，造成部份抗属的專依靠抗属优待解决的优待的观点，在某時不能滿足其要求時，则怨言不息到處乱談。

090

112

1940夏季 沂南优待抗属統計表

項目 / 數目 / 區别	抗属户數	物質优待户數	抗属人數	优待物質數 高粮	麦子	代力	其他	精神优待(慰問)	備攷
時陽	234	234	800	7715	5855	4	2850	15	
垛莊	511	271	1475	13408				235	
岸堤	1015	404	4581	30603				886	
官莊	158	41	68	2156		90			
明生	503	739	2579	8894	8310				
依汶	634	273	2699	14805	5443	256			
總計	3049	1469	12222	77581	19018	350	2850	1136	

113

091

二、以上這些偏向直到1942秋還部份的存在着。另方面由1941年起，對這有些新的轉变，各级优救會都建立起来，来領導進行這一工作，所以比較走上了正規，差不多都能做到以縣為单位，来進行調查统計，審查統一优待标準，有的明確劃分以主力（正規兵团）為甲等，地方武装為乙等，工作人員為丙等，再按照其家庭经濟状况以生活貧困者為合格於物質优待，生活能維持及富有者，一般不予物質优待，只寫信慰問及享受精神优待。在太山區优待办法大體分為三种：（一）給粮貸款——對貧困的抗属，分等級發給公粮或貸款，以改善其生活，計分主力部隊、地方武裝、工作人員三等，每等之中，又按其家庭經濟状况分為三級优待之，至流亡及鰥寡孤独無依靠且無生產力以維持生活者經常供給之。（二）減免負担——貧困抗属無力負担者，豁免其救國公粮等項之負担，其富裕者，抗属每人免除負担一官畝，其他如抗属子弟入学免費，公共利益分配時，抗属有优先權等，此办法在未劃分小縣前，莱蕪曾施之。（三）帮工——對貧困之抗属帮助其耕种地、拾柴担水之工作，此一工作做的大大不够。在精神上的优待（一）慰問——每逢季節機关人員并發動群众向抗属慰問和送禮。（二）開群众大會時特設抗属席，优待茶水。在大縣時莱博兩縣曾举办過，但不經常。（三）發抗属証，新甫举办，他縣無有。

092

新甫优待分兩部份——1.經常优待：赤貧

114

抗属，按全家無生產力者每人每月优待公粮，主力家属20斤，地方武裝15斤，工作人員10斤，流亡抗属不分等级一律每人每月發給30斤，小孩入学者增加10斤。(2)臨時优待——主力抗属每人平均半畝地以下者优待公粮每人15斤，半畝以上一畝以下者每人10斤，地方武裝家属每人平均半畝以下者每人优待公粮10斤。

根據太山區的報告五年来共發出优救粮食二百萬左右。

附太山區优抗統計表

在浙蒙區

优待办法在1940年起即能普徧作到以縣為单位統一标準進行，同時將主力地方武裝工作人員分别优待，但差數很小不很明顯，分别的意義也沒有被干部與群眾所認識，在春耕秋收時期，對無勞力貧困抗属在部份地區也能作到由别人代耕代收。

优待的審查一般是注意了，但作的不够，不應优待的也被优待了，應該优待的反而遺漏了，這种現象仍未被完全克服。

优抗的配合工作，在調查時多數縣能做到由群众团體配合進行，但因群众团體調查往往不確或不認真，而由政权自己来負責，因此优抗一般是形成政府单純發粮，优救粮是随公粮征收地方粮（在1942夏季是二斤，秋季是四斤）由地方粮中提出一半為优救粮，再

093

115

從优救粮提出70%到80%為优抗粮詳數尚無精確統計,概數為四十余萬,——五年来的數抑係一九四二年一年的數呢?

附 太山區各縣优抗統計表(1941下半年至1942上半年)

數目 縣別	項目	現有抗属 户數	現有抗属 人口	优待數 户數	优待數 人口	优抗用品 粮食	优抗用品 錢款	說明
總計		10517	13545	6202	7785	771027	6211.5	
共計	主力	1982	4073	1163	4134	163199	1000	
	地方	1215	4411	572	2438	27790	235	
	抗工属	852	4811	114	695	6401		
	其他	6468	255	4353	518	573636	4976.5	
萊蕪	主力	771	1377	494	1725	25894		其他欄77户流亡抗属用粮1083斤系原属通优待用的
	地方	434	2509	259	1224	1168		
	抗工属	530	3723	114	695	4836		
	其他			77	391	31878		
太北	主力	187						主力地方武裝抗工属未分開統計故列入其他欄
	地方	180						
	抗工属	34						
	其他	21		551		45055		
章邱	主力	171		204	1120	7624	660	1942年節春節中秋節三次用的。
	地方	123		127	621	5617	235	
	抗工属							
	其他							
新甫	主力	756	2341	465	1289	89500		1942二月至十月統算抗属與普通抗属优三次,流亡抗属费十次。其他指流亡抗属
	地方	437	1738	186	593	20460		
	抗工属	262	989					
	其他	30	250	30	127	23230		
淄川	主力	97	355			40181	340	1942春節端午中秋三次用的、其他欄錢為优用1035.5元余為优流亡抗属用
	地方	41				540		
	抗工属	26				1565		
	其他	20				450	2798.5	
博萊	主力							博萊合署前和後共用數。
	地方							
	抗工属							
	其他	6397		3695		473023	2178	

094

116

1942年一月份 沂蒙區各縣春節优抗統計表

項目 數目 縣別	抗属户數						优待數			优待户數佔抗属總數百分比
	主力	地方武装	工作人員	友軍	烈士家属	共計	户數	人數	用粮數	
沂南	848	315	558			1121	729	2546	37044	47%
沂水	1196	1288	783	155	194	3616	444	1505	14016	12%
蒙陰							448	1390	11000	52%
費東							36		1145	
边联							212		13125 ~~76336~~	
總計							1869	5441	76336.	
備攷										

117

095

益臨淄博优抗統計表

数目 / 類別 / 年別		抗属数			用粮数			特殊户	用款数
		甲等	乙等	丙等	甲等	乙等	丙等		
1940	上半年	36户	21户	13户	1700	840	580	15	2800.75元
	下半年	32	26	13	25600	2160	520	22	1480元
1941	上半年	138	69	18	6900	1870	720	60	2700元
	下半年	150	83	28	7500	1860	560	95	7125元
1942	上半年	179	143	58	6310	3575	1060	132	6600元
	下半年								
共計		535	342	130	48010	10305	3240	324	20705.75元
總計		1007			61555			324	20705.75元
備考		1.以上統計不是完全数 2.1940年上半年甲等每户按50斤.乙等40斤.丙等30斤.下半年甲80斤、乙60斤.丙40斤. 3.1941上半年每户甲50斤乙30斤.丙20斤.下半年同. 4.1942上半年甲等每户30斤乙25斤.丙20斤 5.敌区抗属一律按乙等优待钱数根据当时物价							

118

096

1942年一月份沂蒙區各縣救災(大掃蕩后)濟貧統計表

項目 / 數目 / 縣别	救災				濟貧			
	户數	人數	用粮數	用款數	户數	人數	用粮數	用款數
沂南	1050	4844	10109	14152	359	1178	2317.5	3421元
沂水					1203	4263		14344
蒙陰	43	143	550					
費東	28	159	915					
边联					208	646	1836	1991
總計	1121	5146	11564	14152	1770	6087	4153.5	19756
說明								

119

097

优拨抗统計材料，各縣多有遺失無法完全統計，只再開列1942夏季沂水沂南兩縣統計作參考

1942夏季 沂水沂南兩縣优抗統計表

縣别	部别	總數				优待數				用粮數	用款數	備攷
		户數	人口			户數	人口					
			大口	小口	合計		大口	小口	合計			
沂水	主力					274	587	370	957	7539	360	
	烈士家属					44	81	80	161	1050	320	
	残廢					3	5	1	6	55		
	地方武装					546	1076	707	1783	10340	592	
	抗工属					76	144	107	251	1506	2462.5	内有一千區用2337.5元未分潤.
	共計					943	1893	1265	3158	20490	3714.5	
沂南	主力	837	2063	1286	3349	457	1044	686	1730	12756		
	地方武装	401	831	58	889	262	540	366	906	5764		
	抗工属	513	1063	673	1736	122	253	202	455	2893		
	共計	1751	3957	2017	5974	841	1837	1254	3091	21415		
總計						1784	3730	2519	6249	41905	3714.5	

098

在魯中區优抗工作於1942年有顯著轉變.那時党政軍民、同時強調优抗的重要.尖銳的指出過去对优抗的偏向.指示所屬.抗屬不但進行物質优待.另方面注意提高其政治地位.加強抗屬之政治教育.並具体規定优抗的範圍和标準.同時也接到戰工會关于优抗的指示首先在沂蒙區堅決的执行了這新規定將主力和地方武裝分開.又按其家庭經濟狀況.分作甲乙丙三等、对抗工屬具体說明不能享受抗屬的优待、只对最貧困者施行救濟.其标準至多不能超過地方武裝之乙等.对抗屬給以物質优待.也僅係極貧困之直系親屬.和必須依靠抗戰者之贍養之旁系的老幼親屬.並規定以專員區為單位統一收支优抗糧.使优抗更進一步的起它應有的作用.這办法公佈後有效的配合了愛護主力工作归隊運動如若說魯中區的归隊工作有成績.那么优抗工作的轉变也是其中主要條件之一.同時对榮譽軍人的家屬的优待也被注意.不管是地方的.是工作人員.一律按主力家屬优待

不過对這办法执行較好的只有沂蒙區.起作用大的也只是沂蒙區、等关的优待統一了标準.按主力甲等每大口36斤乙等27斤丙等16斤.小口折半.現在各縣統計尚未交來,約計共發优抗糧三十五萬余斤.

在太山區尚未劃一.有的按人口多少分等級的有的按户优待的同粮食的限制.对中心地區的抗屬的优待,反而少於游擊區.但都作到強調愛護主力這

099

121

一點

在年关的時候沂南沂北边联各地已初步造成一個群衆性的慰問運動.各村群衆自动的募集食品燒柴担水進行慰問.更有幾個村的群衆团體,輪流扶侍無人照料有病的抗属.有些村的村衆对归隊与新参軍者聲願負完全同自己家人那样照料其家属.在北沂水并有将参戰者的子女、領到自己家去教养這是過去所没有的.

在這新的轉变下,又發生了另一個偏向.即是過於强調物質优待、特别對夫力.如边联連富者都优待了.多用了二千多斤粮食,對歸隊與擴新者的家属不問貧富一律优待.並一优就是二百五十斤.最低者是一百五十斤.在沂北优待了三十五個归隊戰士,就用粮七千五百三十八斤.有些干部就甚至認為不這样优待就無法進行工作,他們在平时宣傳时.即强調每户二百五十斤並有的說每次二百五十斤

在春節优待,联办决定优待貧困抗属,按大小口計算.而有不少的干部說优待标準不明顯要求按兄50斤裝.理由是明顯.易於被抗属認識便利於擴軍.經過不断解釋才逐渐糾正這种偏向.

現在在优抗中存在着的幾個問題

常年仰賴政府供给之流亡抗属.——這多是因敌頑威脅無法在本籍居住逃亡在外.或直找部隊與機关.据不完全的統計,臨朐抗属逃出不在少數.可能有

100

122

幾百戶計，現在坐待政府經常供給者。各縣都有。在益臨淄博有所謂特別抗屬，只洪山區過去有四十戶，現只有六戶。在太山區有七十余戶，多係干部家屬，每人每月發粮三十、四十、五十、六十不等。在博某過去供給這樣抗屬每月即需三千多斤。在沂蒙區這樣抗屬因早就注意，故較少於太山區，但各縣都有幾戶，現已指示各縣糾正這种現象，办法是動員幫助參加生產，求其自力更生並通知停發食粮

救濟工作

救濟工作過去與优抗工作都同進行。在优抗時一定特別指出對極貧民的救濟問題，但因物力財力的限制，為數都很少，只是个別春荒春災與反掃蕩的善後寔行一般救濟時抗屬都在內。

收效最大的是几次掃蕩以后的救濟與1942年春荒救濟工作

在初次經過敵人的燒殺搶掠的村莊，群眾都無鍛鍊，當敵人走后都只在愁着無法過活，情緒不安，有的怨恨政府軍隊給他惹來的。當進行調查時群眾態度都不睬，或冷淡怨恨的回答「我們說：燒了，就是燒了，問它幹什么」但經過我们的耐心解釋與寔行救濟之后，又轉換成另一种情緒，由冷淡而親热，由低落而

101 高漲，就一次一次的鍛鍊了他们，提高了他們對敵人怨恨與抗戰勇氣及信心。這工作收效最大的是1941年

123

冬季掃蕩后那時沂蒙區災难空前群中失掉過活的信心。經过党政軍民的慰問發款特别是群众性的互助運動，捐衣捐粮捐柴草和家具，对解决民生起了很大的作用，使他们的情绪很快的振奋起来。認為有抗日軍政在，什么都不怕、自此以后，敌寇所加於根據地群衆的一般搶燒殺，都不能使群众動搖。

除了災后的救濟外，每年春季都進行次春荒貸款或發粮救濟，更發動群众給貧苦無勞動力的抗属代耕代种，在1942夏並實行次夏荒貸款，作用都很大，特别是1942春，沂蒙群众正是没有牛（被敌抢去）没有粮，但被党政軍民，一致努力、發起互助，解决了渡過了那嚴重困难。影响與教育了群众向困难戰斗的信心，遇一件較大困难時能沉着的想办法，這是過去所沒有的

在1942年的個別地區工作对解决夏荒也起很大作用，

（附）魯中區各專員區救濟統計表〔1941下半年至1942上半年〕

項目 數目 地區	戶數	人口	用粮數	用款數	減田免賦	柴草	備攷
沂蒙區	3795		18522	38509			
太山區	981		13857	17799	68	667500	柴草項是兩數合併
太南區	908	3867	2481	12616.5			
共計	5684	3867	34860	68924.5	68	667500	
附註	太山區另有濟貧2475戶，用粮111990斤用款2715元，另貸款1200元貸粮13100斤。						

102

124

對救濟數字的統計因材料不全只列上表供參攷

在救濟工作中的幾個問題

1.現在由敵頑游區逃到我中心地區者絡繹不絕.為數很多.又值我中心地區嚴重春荒安插困難.

2.在中心地區與边沿同受敵人之蹂躪.加以去秋歉收生活多數是困難.無法維持.紛紛請示办法除指示各縣嚴加注意發動群眾互助.共撥給博某款三萬元減輕田賦外.至今還未提出更有效的办法.

檢討

优點

1.自抗戰開始即重視這工作.對貧困抗屬能按期進行較普遍性的物質优待和政治的优待.特别是在1942秋后.更加重視這工作.在优待更為普遍並確寔給抗屬解決了生活上部份部的困难.

2.优抗工作已初步的变成群眾的自覺的义務.在本年春節前后.在沂蒙明顯的表現出来

3.抗屬政治地位空前提高.受到廣大群眾的尊重.同時抗屬在政治上也提高一步.自己感到光耀有的知道公家的困难.积極參加生產.解决自己的生活問題.

4.打破了群眾的"好人不當兵"的舊意識.使參軍變成了个熱潮.

103 5.每次救濟工作都能变成群眾性的互助.更使成

125

团结抗戰與友愛

6.每次救濟工作都是及時的.並真正給貧民災民难民解决了切身困难.稳定了社會秩序,提高群众对抗戰的認識,加強抗戰力量.

缺點

1.优救工作单靠物質优待.少動員抗属参加生産.更少對抗属進行教育.形成抗属依賴政府.有些干部的家属.特别是政府干部的家属.坐食山空.在部隊裡成日集聚抗属.去留不得.

2.還沒有把优抗変成個普遍的群众自覺的戰務.只有沂蒙區的部份地區剛開始作到這點

3.對残廢軍人的撫卹是被忽視的.使他們政治地位.非常低落.

4.對調查統計不正确.浪費优抗粮.在蒙陰一户抗属寫上十七口.同時都沒有慎重的進行審查.以致使應优待與不應优待.沒有精确的分開.在邊联群众团体更拿优抗粮去作修表費和修槍費.在妇隊運動時.更給妇隊者償還賭博賬以及感情用事和优待逃兵等.

5.在救濟上政府的貸款.有的地區看成了慈善機关放賑.沒有很好的與政治問題联系起来,因此有的地方称某某人好.或說是政府在放行利錢

104 6.在去年救濟夏荒時.在蒙陰等縣以借粮成唯一的办法.同時不擇手段,如不借给時.成夥的到被借者家

126

[redacted].有的形成搶粮.借的對象.中農佔多數.引起各方的不滿.在每次發動互助時都帶有强制命令現象.

經驗教訓

1.优抗工作应对抗属進行政治教育和生產教育联繫起来進行.這样才會給抗属解决困難問題.克服抗属坐等政府的优待的觀念

2.优抗工作必須變成群众自覺的義務.只有变成群众義務.抗属的生活.才會經常有人照管.抗属的政治地位才能提高.拥军爱护主力.才能成群众热潮

3.救濟工作要及時,主要的要由群众互助友爱来解决.政府的貸款發粮應注意這工作起推動作用

105

127

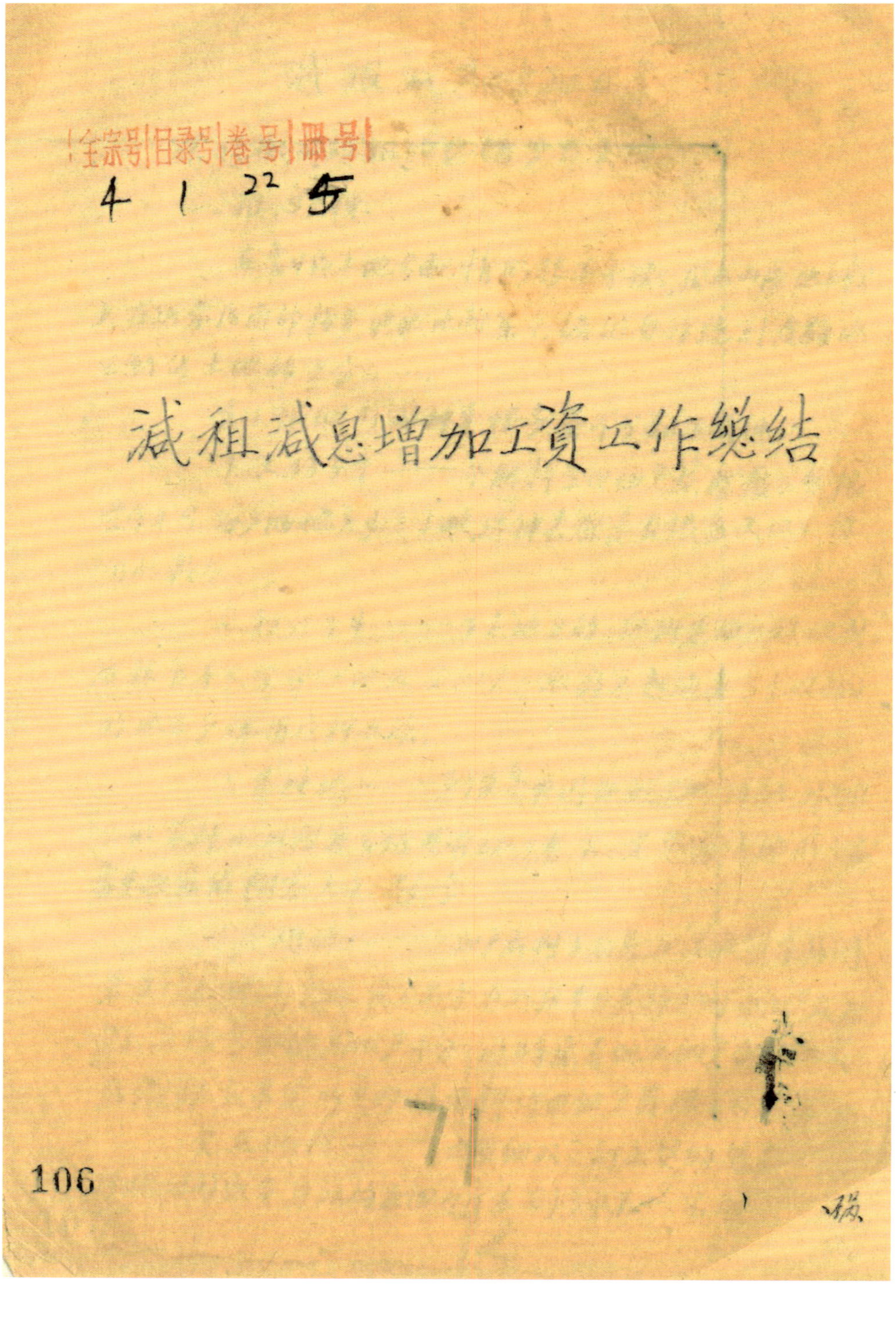

全宗号	目录号	卷号	册号
4	1	22	5

減租減息增加工資工作總結

71

106

減租減息增加工資

甲、抗战前的租佃息、借劳資关係

一、租佃关係

在鲁中区土地分配情形很不平衡，在太山区地主較少，在沂蒙区南部較多，地畝比較集中，据沂南的统計，全縣地主能佔土地的五分之一。

关于租佃形式种类很多，略可分如下幾种。

1. 大份子牛——牛肥料全由佃户出，收获之食粮柴草平分，每户佃地至少三十畝，這种关係是不很多，大地主採用的較多。

2. 種份子牛——牛是地主的，肥料是佃户的，收成后粮食平分，柴草归地主，每佃户一般的不超過三十畝，較小的地主多採用這种办法。

3. 帶种地——多係貧农因地畝不够种的，外租几畝帶种，而出租者多係缺劳动力者，不一定是富，这种形式在鲁中区還佔相當大的數字

4. 分租地——佃户出种子农具，地主出耕牛，所得柴草均归地主，粮食双方平分，有的耕牛农具种子均由佃户出，每年所得粮食由地主佃户平分，同時還有地主佃户都出工夫，所得粮食平分，以上所須肥料均由佃户負担。（太北的）

5. 定額租——由業佃双方訂立契約規定租額，（根据地的數量每畝約在四百斤左右）多少不一，不論天灾人禍

107

72

收成好坏，均须交租，在契约上註明天灾人祸少交者为少数。（太安莱芜新甫均有）

6. 大种地——所需肥料农具种子耕牛由地主出。（佃户仅出简单农具）佃户仅出劳动力，一般按“三七”分粮或“四六”分粮，种子肥料农具由佃户出者则按“四六”或平分。

7. 额外地租

(1). 吃份子粮 一般规定每一佃户吃高粮麦子一斗，吃一斗还二斗。

(2). 纺线 每户纺一斤无代价，叫份子线。

(3). 做份子鞋底一双还有份子扫帚刷帚等。

(4) 帮房工：没有定数，有的佃户每年出到七十余工。

(5) 送礼给地主。

二. 息借关係

1. 一般是二分至五分，最高者甚至八分，太山区较沂蒙区为低，若逢急用时有到十分利者，所贷之款，多係数目少而时期短，大宗贷款者利率则低。

2. 另外一种贷款（特别形式）如地瓜账，山楂账，花生账，花椒账，春贷少数的钱，秋冬以产物偿还，超过贷款若干倍，这种息借相当普遍。

三. 劳资关係

抗战前年工最高者六十元，一般的是三四十元，短工（日工）每工有二元者，管饭是五角。

108

73

乙.減租減息增資工作經過

減租減息增與資工作.在过去多由政府单独命令执行.收效很差.1944年六月,由戰工会联办重新闡明這一工作的重要,並明令各縣堅決执行.但这工作在群众团体各个領导機关的推动下,已变成一个群众性整个運動,同時政府秘切配合了這一工作.因材料的限制只將太山區與沂南两地情形工作,分别報告如下.

一.太山區

(一)1944年六月以前的概况

1.各縣在上級號召下,推行了这工作

a.太山區參議会製訂了調整农村劳資关係的暫行办法.大致將過去的錢資一律改為糧資办法如下.

長年僱工糧食工資标準

等級	期限	工資數目	備考
甲等	一年	450——600斤	
乙等	一年	350——450	
丙等	一年	250——350	

手工業工人糧食工資規定标準

工别	日期	管飯	包工	備考
石工	一日	4.5斤	7	
木工	一日	4斤	7	
鉄工	一日	4斤	7	
泥工	一日	4斤	7	

109

74

6.减租减息的规定机械，除「五一」减租「分半」减息外，再无办法。

2.各县实行成绩是不很大的，即所报告数目也极不准确（1942年六月群运开展后才发现）但多由于我们官僚主义为不了解。（除少数较好根据地曾一度于1941年造成热潮外如莱芜龙尾峪曾因增资而罢工，余均形式）

三、这工作的缺点

（1）、把减租增资完全看成单纯的政府法令，群众团体不加保证，也没视为是自己的工作，更没认识到他是发动群众改善群众生活的基本问题，而强调了公平负担，强迫命令执行，但也不坚决。

（2）、由于工作方式的机械，呆板的规定数目，形成因减息而借贷停止，因减租而收回土地（文字现三十多家分种地的此后只剩七八户夏庄亦如此）虽提示出佃权，但未保证，尚缺运动，开展不够。雇工多失业（新甫最厉害）或明增暗不增及雇主雇工暗中私协（淄川白秋）手工业也因机械规定过高数目而失业（莱东铁匠木匠反映）地主不好好的种地，影响了生产量的增多。

（3）几年来的号召改善群众生活，成绩甚小，群众的情绪未提高，政治地位亦没改善（到1942年群运开展后，纷纷反映出夏庄群众说这是抗战以来第一次好事，新甫尚亦反映过

110 去听说要是改善生活字样，则低着头走，又或见到同志真想增资时，群众说你倒还真干吗）是根据地不能巩固经不

75

起敌人掃荡的基本原因。

(4) 统戰中不要群众的右傾观点：忽略了群众利益形成與群众隔离和脱离群众的官僚主义，是一切工作錯誤的根源。到1942年群運開展后，又走了另一極端，發現了不少忽視统戰的左傾現象。农村中个别地主士紳不満意我们，未能及時团结争取，巩固统戰，提高生產。群運后的善后问题多未解决。

(二) 1942年六月的減租減息與增資工作

1. 在領導與佈置上。

a. 太山區一般人士對減租減息的幾种認識

(1)、太山區沒有封建勢力，甚至認為太山區是大貧小貧的錯誤观点。減租在沂蒙濱海可实行，太山區就不必实行，没有把它当成是發動巩固建設根據地的首要一着，更没當成是太山區軍民的生死问题。

(2)、由於認識的不够，表現了前一段没有配備強有力的干部，仍存在着負責干部不下去領導，而放之於工作团的現象。

(3) 村级干部(党政軍民)中农以上佔絕大多数，起着不少阻礙作用(如莱東鐵車區十个村的政权干部十六个中，富农七个，中农五个，貧农四个。五个中农中走地主富农路线的有四个，四个貧农中當富农走狗的二个，傀儡一个。鲁南區十个行政村富农六个，中农一个，富裕中农三个，貧农二个。代表富农利益的有八个)。

搜入民主斗争内

111

76

b.當時确定太山區以博莱為一基点.太莱边為一基点.章莱边區為一基点.新甫為外圍.博莱向北.章莱向南,夹击博莱公路.太莱向東.章莱向西,夹击章莱公路.太莱向南進攻太莱平原.這是當時的戰畧佈置.

c.在干部的配備.党政軍民提出大批干部.配合魯中區大批干部三十余人.及抗大畢業生將近百人,在太山區农救会領導下.開始了群众性的大斗争.

d.根據太山區夏荒的严重.人民的飢餓無食.决定以借粮運動為開展減租減息發動群众運动的鎖鑰.

e.減息:博莱新甫莱蕪共115户.計減去利息共1841元粮食2042斤.收回地八大畝.

2、政治上的收获

a.首先糾正了干部在思想上意識上没群众观念及脱离群众的錯誤观点.而進一步提高了依靠群众坚持陣地的信心,認識了群众伟大力量.

b.提高了基本群众的政治地位.開始削弱了封建力量.發揚了群众抗戰的积极性.(如博莱民兵的活躍)改善了人民生活.救濟了夏荒.提高了群众对我們的認識.尤以縱反貪污反投降打恶霸(夏莊1700人参加)對群众教育的意義最大.計参加约有80000群众.

c.放聽教育審查了我們的干部.我們不但發現了大批积极份子及优秀的群众領袖.(博莱)而且也發現了大批的投機份子.及反对減租減息的份子(村級最

112

77

厉害其次是参議会.區公所内也有不少反对者).深入了工作.發現了幾年来我们未發現的問題(很多干部講这才知道这裡的問題最複什今天才發現)

d. 群众地位大大的提高.打開了群众運动的大门.認识了自己的力量.敢于斗争

二.沂南的减租减息與增資工作

沂南的减租减息與增加工資工作自1940年春經沂水縣参议會具体與响亮的提出.並在三年中經过三四次發动执行.但根據这一工作的開展的不同的特点可分二個時期.1940年至1941年為第一个時期1942年為第二个時期.

(一)第一時期

1.進行的經过——自縣参议会提出了「五一减息租」「分半」减息.改善僱工生活.提高工資的定的办法后.即於1940年秋.依照這办法实行.根據不同的情况粮柴的分法有四五、五五的(地主四五佃户五五)牛草隨牛.有四六分的(地主四、佃户六)工資原大工五十元至六十元、二工三十元至四十元、小工二三十元提高到大工七十元到八十元.高的有至一百二十元的,二工五十元至八十元,三工五六十元.减息只是提出號召.而未具体進行.至1941年春物價高漲(高粮六七角一斤)工人生活又形减降低.為了真正改善工人生活.便開始由貨幣工資變為為粮食

113 工資.以高粮為标準.前確定每貨幣一元折高粮三斤變成粮食工資.表面上沒有提高.实質上卻提高了原工資的三當年

78

秋拟更提高一步，但因秋季敌人扫荡而未实行。

這時期進行這工作的主要方式是由政府召開地主士紳座談会進行動員，並由農救会、职工会召開雇工佃农会議進行。但在執行時多形成干部代替包办，如农救会给佃分場、职工会代雇工向雇主要求增資等。

二、工作的成绩与缺点

甲、工作的成绩

a. 減轻了封建剥削，削弱封建地主的统治，改善了基本群众的生活，開始活躍了基本群众。如取消了（部份的因未有调查没发现，仍照旧保存着）搭房工、吃份子粮、老刚种子等超经济的剥削，群众得到了生活的改善，而活跃起来，並在形式上大部份都已组织起来。

b. 工作方式：虽有些代替包办生硬，但由於提出较适当，一般还没有造成业佃雇各方的对立现象，如增加工资后，並没有造成严重的解雇现象等。

乙、工作的缺点

a. 在認识上並未了解減租減息增加工资等改善民生工作，是为了激发群众抗日的积极性，而是为减租而减租，因此未能把这一要求变成群众自己的要求，积极的领导，推动群众自己去实现。而在工作方式上造成严重代替與包办，这可說是官办现象，如干部给人家分場，並因此而造成了群众的依赖性，並有不少群众有这样观念：“政府应当替我做”，而自己却在坐享其成。

114

79

並有部份群眾產有這樣反映.這不該我事.這是政府办的.

b.在工作方式上.严重的代替包办.如分場時去给人家分場.在取消撥房工後.有的佃户給地主赶了一个集,我們的干部就叫地主给佃户工資.(岸堤即有此類例子.類似这樣事他地也有).有時因為这樣而形成了業佃双方都对我們不滿.

c.在減租增資工作中.存在左的偏向.如取消了撥房工后.業佃双方感情較好.也不准佃户给地主做一点事.再如提出減租減息.增加工資,而未相随提出交租交息.提高劳動紀律.只注意了減租減息,而未注意加強团结.再次機械的提分半減息.加上當時乱捐乱募乱摊派(如抗大竟利用開士紳名流座談会的名義实行摊派式的募捐)因而成了地方游資睡眠,一般有錢的都不敢承認有錢

d.由於工作作風的不深入.及对这工作認識的不够.因此对這工作沒有徹底的檢查.發現問題解决問題.如東平區徐家沟在前年秋实行了減租,於大掃蕩時,地主竟將所減之租完全追回.該問題至於去秋開闢这一帶工作時.才被檢查出退租竟達四石之多.由此可見他區亦有如此現象.

(二)第二時期.

115 1.進行程度——全縣的減租工作除永太區(大部為敌佔區)外.其他地區基本上完全執行了「二五」

80

(10)

減租。即永太區我活動較多的五个村子（敌佔區）也實行了四六分粮。河西（接敌區）有十个村子實行了二五減租。但此次減租當中，尚有个别未有實行者，如父子租种关係者，孤寡而佃户比較富裕者，貧苦抗屬而其生活極其困难者，以及一部代管地等。但爲數很少。

乙、工資的提高基本上是完成了。只有个别的女工，一方面因爲提高了，無形中即成解雇，另方面亦有依賴雇主生活多年者，工人不願提高。雖然沒有提高他們的工資，但以其所得零碎报酬（如麻、衣服、粮食等）折算起来，也在六十斤以上。現在所有雇工都全被改成粮食工資制。

2、業佃双方的斗爭方式

甲、地主的

(1)、說而不做——如東平區山旺莊地主刘[redacted]事前对农救会主任說，他的租佃关係怎样好，租也減了，留幾畝地自己种，佃户也同意，结果則相反，租也没減，退地佃户也不同意。又如依汶莊某地主李占立契约，双方都有利，但過了好些日子藉故不会立，企圖拖延下去。

(2)、消極抵抗——如埠莊區南泉橋地主徐[redacted]，在立契约時推病不起，有的地主，則在立契约時故意外出躲避等。

(3)、欺騙——如依汶區有个别地主就对佃户說，減租后就攤給多的公物后就不够了，不如不減。欺騙佃户，使其算不清而受其意者欺騙。又如崖子區曖和崖子

116

81

庄某地主说他的雇工原工资六十元，而其实是170元，当时我们的工作同志受其欺骗，故在增其资时，增的很低，后来才查出。

(4)威胁——如减租后给券不够纳就得卖地等。又如横涧某地主被斗争后，说要到保卫部告状，威胁佃户。又如崖子区双后庄某雇主对雇工说，增资后就被拨去当兵，因为雇工是啟佑人(?)不了解，以致吓跑了。

(5)取巧——如樊庄区南泉桥地主徐丕瓒将地很贱的典出，第二年又赎回自种和转租。又长山区刘家城子某地主将远处地典出去，另回近处的地自种或另租。

(6)讲歪曲道理——如樊庄南区泉桥×地主明明是地不好，却说佃户种不好，不出劳力不使粪等。又如崖子区桃花山一家雇主，因增资他便说，若舍出八盘种子，雇工如种某块地，如果种子够了地也完了，这样才算好活。不然如果种不够或是剩下，都不算好活，不能增加他的工资。又如孙祖区东铁峪庄某雇主说，放牛的如不到南山去放或是牛吃不饱，都不应增资等。

(7)组织联合阵线——如依汶区在减租时几家地主，首先开了会，讨论统一对付佃户态度和办法，对佃户说咱可不实行，由他们宣行去。并对个别佃户进行利诱，企图明暗不减等，结果给佃户揭露了。

117 (8)造谣——如和庄区北寨庄某雇主对他的雇工说某某是来拨兵的(指我们的工作同志说)，可。

82

别和他接近了，若和他接近，他就叫你到当兵。又良山区有的地主说日头不能常晌午。（下庄乡长也这样说过）意思即是说八路在此能这样作，可是八路不能常在这里，八路走了就办不到了。

（9）死顽固——如小埠庄×地主只有二个三十多岁的妇女王家，减租时村级干部劝说一点效果也没有，就是坚持不减，在斗争会上也不讲理。

（10）對法令断章取義——如孫祖區高家中町在減租時區公所说紫草三七分，七分隨牛户，該地主即提出專署的佈告說，專署規定仍舊，怎么又三七分呢。又如在增資時依法要雇工同雇主不执行雨罢工要求，地主即说上级不是規定根據地内不准罢工吗？罢了工，就是減少生産。

（11）借势嚇人——如埠庄地主刘×到區公所說我要截畝种，不然生活就无法维持，昨天刘建中同志和我叔父说过允許的，說自己种可以。

乙、雇工佃農的。

（1）集体会议斗争——这个方式較普遍，如有的租佃主雇，在不減租不增資時，经過多次的动員不行，就用會议讲道理，多数勝利。

（2）名譽威脅——埠庄區彭大娘，在減租三契约時退了三畝地，佃户向农救会声明后，就討論一下，因為她是一个領袖，又是沂蒙山區的參会议員，在群众中间很有威

118 信，此時又了解她特别好虛榮，抓紧了这一点，就对她名譽

83

威脅.在農救会中就放空气說彭大娘如再頑而不化.就在某街上打着鑼宣傳.彭大娘是沂蒙山區的住會議員.彭大娘用減租不起模範作用.我們也不擁护這領袖了.如再不归還地就登报宣传她.散播空氣是专对準了彭大娘親近的人.及与農救会和彭大娘兩面都通氣的兩面派.於是迅速傳到彭大娘耳朵裡.彭大娘得到这个消息.即找到朝段二大娘.並自动与之到农救会長家裡.說這是你彭大爺办的.不該我事的.大家看看怎么好就怎么办.這是農救会更進一步的說.縣裡××同志在這裡.臨来時都叁议長囑付他.你到梁莊時先找彭大娘.叫她幫助農会.但是××同志来到這裡.就听到這件事情.不敢来找你了.她听了更臉紅脖子粗的說.我去找××同志談談可不要誤会了.结果找××同志說了:他自己种的地割三副給佃户.第二天佃户抓紧時间立了契約

(3).佃户的要求和進攻——在減租和立契約時.首先佃户自己去要求.這样的例子較多.如梁莊区南泉橋梁莊等佃户向地主因不立契約就斗起嘴来(即斗理)竟有三四次之多.弄的地主無言可对.

(4).光說好的軟的方式——這个也是在不減租和不立契約或不增資時.初步進行的办法.叫雇工自己去向地主好說.怎么不够穿的.要求多給幾斤粮食.地主如不应允.雇工也要继续要求.這样還得些成功.如崖子區前崖子

119 莊一个雇工這样做.雇主雖不同滿答覆.都給添加幾元錢(這样得到的效果較小)

84

(5)、以群众到地主家去吃飯要求——這个方式用的較多。如蝶莊區有一个地主退了佃户的地，要求不成农救会就集体到地主家裡要求，餓了要東西吃。结果又不退了。

(6)、把自己人口領到地主家裡去合居——如黄山區役峪子因地主退地，佃户即将人口領到地主家裡，就說如退了地家裡就害餓，待了一天多，把地主鬧急了，地主託人說和不退地了。

(7)、集体罢工——如長山區地主李兆同不增資，雇工就罢工，结果不過三天没作活，地主就到農救会来說怎么好几天沒作活了呢，無論怎么得作活，自動就提到三百斤。又如依汶區依汶莊，因不增資工人罢工，地主急了說根据地不是不興罢工嗎，结果由于工人一面罢工一面斗争得到了勝利。

(8)、打草驚蛇隔壁告状的方式——如蝶莊有一地主光說的好，但不增資，最后农救會傳出空气，如再不增資就斗争等等，傳到他耳朵裡，自己感覺不好乃自動的提了。

(9)、以巧对巧的办法——孫祖區東鉄峪有一僱主在增資后对雇工說，增了資啦，以后蓑衣鞋等不用買了。雇工說那好了，没有蓑衣草笠，下雨時就不能去作活。结果雇主算了算賬，不買這样吃虧很大，最后又决定去给買。

3. 柴草的分配情形。

120

柴草分配上级雖規定有兩种办法，但沂南各區都按照三七分的（七分跟牛）

4、舊債減息的問題——这次經过很長時间也未發现舊債问題，也可以說沒有注意这問題，同時新債也沒有放的了，或者由公開轉為秘密，亦未有調查出来。不過又發现了一种新的方式，如朱范區一帶有放花生錢的，用很賤的價定往到秋后收花生，有放糧食的，當出文約，秋收后即一斗還二斗，我们改查時双方不承認，主要原因債户感覺人家借粮给咱，救了咱家的命，如再說出来，还对起人家了吗？以后再怎么办事呢。現在仍存有这样情形，如王埠庄、黄山、界牌、長山、岸堤等區仍有放棉花錢的，每斤使二元至三元钱，秋后下来棉花就給一斤，这问题已予纠正。

5、增資：沂南的增資成年工人最高的800斤，特殊的有900斤的（油房的雇工）但很少，最低的350斤（除了老妇女及老头子以外）童工最高的工資300斤，最低的150斤，个别的有六十斤的（年令過小的）女工最高的550斤，最低的60斤（有的是很零碎的東西，麻紗、一身衣服几双鞋几尺布等，折算一下也在九十斤左右）对於日工沒有什么規定，大概是主雇双方臨時商量的，在別時的日工等等不一样，有的每日四元五的，有的到五元五的。

6、在減租增資的群众組织得到的收獲

在進行減租增資不斷的勞动斗争下，农民的情绪是比以前提高了，感到了自己的力量是伟大的，正確的認识了農救会職工会等組织是有力的团体，表现在自动参加和热情中，以及他们自动開会討論问題，就是雇工等的政治地位，也

121

86

提高了。沂良山區的女工同雇主妇女一桌吃飯，在待遇上也提高了。一般农民也敢説話了。各區都普遍發展与扩大了群众組织，並加強巩固的起了团体的作用。在減租增資期间發現了不少的积極份子，增加了工作效率。沂良山區横河一帶雇主有三畝禾苗，想再找一短工，一天鋤完。雇工説不用大找人了，结果他一天鋤完了。雇主很喜歡的给雇工几元錢説你買手巾用吧

总结

一、成績与优点

1. 在減租減息增資工作中，開展与巩固了群众組织，提高了抗戰信心，具体的解决了群众的生活問題。民主政府更有了巩固群众基础来支持。群众初步的自發性的開展其廣泛的斗争。這是党政軍民有力配合的成績。

2. 在減租增資借粮工作中，部份的调剂了各阶層的利益，~~特别是沂南~~注意貧苦群众的利益，特别是沂南，注意了調剂这种关係，雖然説各地在調剂時，用硬性的，没有很好的照顧到全面，更好的去团结上層人士，但是由於政策与上级指示的正确，对抗戰保卫根据地起了戰略意義的作用。

3. 在減租減息增資工作中，考驗与鍛鍊了干部的抗戰思想与能力。同时由於由群众認識的提高，注意了村政工作，民主的改造了不少的村政，開展了不少的貧

122

87

済的斗争.被改造的村政的工作普遍的較過去积極和廉潔了.

二.錯誤與缺点

1.戰工会明確的指出，減租減息增資是中心任务.借粮只是个别部份的配合工作.有些地區特别是沂蒙的蒙陰、太山區的博莱.忽視了這目标.以借粮為中心任务.不講方式.不擇手段.地主不借.集衆坐食.或自己去扒.扒了分.簡直形成搶粮.有時開个会商议下，找好对象派人去問一下.不借即扒.打击了不少的抗戰人士、隨便的加一惡霸的帽子.同時連中农的利益也侵犯着.在借粮户有多是中农.這完全是違背政策與上級指示的行為.

2.在開展減租增資中，打击了部份的開明地主.使其离開了我們，对基本群众又沒進行很好的教育.部份地區教給了些違背政策的扒粮與斗争.這种逆流現象至今還存在着.

3.在初期時.普遍的代替包办現象.縣區干部給人家分場等現象.已分了的，干部則舒着样去退租.又如增資中.不經雇主雇工雙方的意見.在干部商量好.通知他們.就算完了事.

4.工作的唯一的方式是開大會斗爭.斗爭的方式斗力多於斗理.不准許被斗爭者発言.有時將被斗爭者.綁送政府處理.區公所經常不辨是否合理.即扣押起来.有時明知不合理，但是怕影响群众斗争的情绪.而無理的迁就群众.这种现象在蒙陰縣最為严重.造成富农地主

的恐慌

5、村级干部有个别的（中富农地主）因个人利益关係而拖延這一工作，或故意曲解減租減息增資的規定。

6、在配合上不恰當，有的縣區民政人員和主要負責人全参加這一工作，並有的在熟地區，自稱群眾團体干部（一般人一个不好的印象）進行这一工作，将自己的經常工作全部抛開。有的干部不聞不問，以為這是群眾團体的工作。政权本身上下级联係不够，太差。下级不向上级作报告，有重大問題自行處理，使工作受到不必要的損失。结果又形成单纯的埋怨群众干部。

124

89

魯中區一九四二年增資統計

	太山區	沂蒙區	淄河區	太南區	總計
增資人數	641	964	35		
增資數	103517斤	401956斤	4575斤		

90

125

魯中區減息統計

項目＼地區	太山區			沂蒙區		淄河區
	博莱	莱蕪	新甫	沂北三區		
減息數目	7299斤	1804斤	200斤	14900元		172.8
減息總數與救濟人數	共計27348斤 救濟800人					

魯中區減租統計表

大山區	減租總數	太南區	減租戶數
博莱	77993斤	新蒙	260
莱蕪	10093斤	太寧	124
新甫	6157	費北	36
淄川	600		
總計	94843		420

126

91

太山區各縣增資統計表

數目 / 地區 / 項別		莱東	新甫	莱蕪	淄川	章邱	總計
增資村數		26	16	行政村16 自然村32	行政村16 自然村15		
僱主户數		175	126	113	12		
僱工數		313	128	牛工20 羊工29 僱工182	牛工2 羊工12 僱工2		
原工資	最高	600斤 200元	450斤 300元	550斤	220元		
	中等	500斤 180元	280斤				
	最低	280斤 36元	200斤 56元	200斤	50元		
增資後工資	最高	750斤	950斤	[illegible]0斤[illegible] [illegible]00斤 四00斤少數	800		
	中等	550斤		大羊四斤小羊二斤 牛75斤 僱工260斤	大羊五斤小羊二斤 牛40斤		
	最低	300斤	300斤	牛50 [illegible]50斤	300		
增加工資總數		644993斤	698699斤	145694斤	6923斤	14868斤	1530957斤

127

92

沂蒙區一九四二年增資統計表

項目＼數目＼縣別		北沂水	沂南	边联	費東	總計
增資村數		6	116	45		
原工人數	雇工	7	275	349	64	695
	牛工	8	134	180	75	337
	羊工	1	41	~~21~~	21	63
增資數	雇工	6	~~33636元~~ 265	242	64	572
	牛工	7	~~11735~~ 132	121	75	335
	羊工	1	~~2974~~ 41		15	57
原工資	雇工	425	~~79948斤~~ 33636元	29816元	4292斤	67569
	牛工	343	11735	6768元	3928斤	22759
	羊工		2974		758斤	3732
現工資	雇工	2040斤	79948斤	44414元	16777斤	142989
	牛工	1172	43853	179207	17251斤	242553
	羊工	200	2075		3129斤	14404
原工資与現工資比較	雇工	1710斤	102535.6斤	14602元	12485斤	131332.6
	牛工	1442	62815	114221	13323斤	88802
	羊工	200	90535		2370斤	11623
說明		每斤折合1.7元 四个區的統計	沂南只三个區的	四个區的		

128

93

魯中區一九四二年借粮統計表

地區 \ 項目		借粮數目	被借户數			吃粮者		還粮数
			地主	富农	中农	户數	人數	
總計		1277122					56757	
沂蒙區	共計	274941						155977
	沂南	79061						36977
	沂水	125440						72000
	边联	30000						27000
	蒙陰	40440						20000
太山區	共計	612750	102	658	933	8449	44141	
	博莱	521063	67	244	261	4148	19810	
	莱蕪	127167	28	252	552	1652	17699	
	新甫	159166	12	121	112	2469	10749	
	淄川	4799	5	41	8	180	783	
	章邱	555						
太南區	共計	373870				2590	10516	
	新蒙		77	156	336	2151	8358	
	太寧					410	2158	
	費北					29		
淄河區		15561	1				2100	
備註		1.太山區中农被借粮者佔5%弱 2.新蒙白石區共借150户内地主七户富农二十户中农120户 太公峪共借11户 内地主1户富农2户中农8户						

94

129

沂南減租统計表

項目 數目 區別	減租村數	地主戶數	佃戶戶數	減租畝數	減租總計	減租佃戶分的數	減租后佃戶分得的粮食	減租前后比較多得的粮食
長山區	31	120	314	65232	65232	32616	36696	4077
孫祖區	48	69	119	17474	12897	10285	12897	2611
依汶區	29	96	303	697	84532	39350	45182	5832
和莊區	36	196	337	1030	112100	56500	82875	26375
黃山區	34	17	419	214	52425	10475	15717	5242
垛莊區	35	108	243	17989	61487	25097	35390	10342
總計	213	633	7735	112636	388673	174323	228759	54529
備註	尚有四个區的未能統計在內							

95

130

浙南增資統計表

區別 / 數月 / 項目		長山	孫祖	依汶	和莊	黃山	棠莊	總計
原工人數	僱工	130	44	114	87	91	88	554
	牛工	42	49	43	32	43	82	291
	半工	25	2		5	14	3	49
增資人數	僱工	130	37	102	87	88	83	527
	牛工	42	47	31	32	43	82	277
	半工	25	2		3	14	3	47
原工資	僱工	14779	1897	11187	10220	16360	7041	61484
	牛工	5105	2879	4135	3840	3811	5204	24973
	半工	2051	320		300	603	150	3424
現增數	僱工	33482	16650	38380	14880	29616	26405	159413
	牛工	10290	19867	10173	6650	12997	17973	77950
	半工	3904	1150		450	2021	558	8083
原資与增資后比較	僱工	44%強	14753	27193	4660	19381	20024	
	牛工	46%〃	16988	6038	2810	9408斤	13169	
	半工	58%〃	830		150	1684	408	
增資村數		34	48	29	35	34	35	215
備考								

131

96

沂蒙區28年——31年工資比較表

類别 \ 項目	工資 28年	工資 31年	增加數	折合糧食 28年	折合糧食 31年	減少數	備考
成年工人	43元	300元	257元	860斤	430斤	430斤	農村雇工
童工	27元	190元	163	540斤	271斤	269斤	
木工	0.4元	3.6元	2.6元	8斤	4.3斤	3.7斤	
石工	0.4元	3.5元	3.1元	8斤	5斤	3斤	
短工	0.35元	3元	2.65元	7斤	4.3斤	2.7斤	
牛工	1.1元	14元	12.9元	22斤	20斤	2斤	以头計算
羊工	80元	600元	520元	1600	860斤	740斤	所謂工錢指羊毛錢
織布	0.28元	2.5元	2.22元	5.6斤	3.5斤	2.1斤	管飯以旬(1.5斗)計算
說明	1. 一二兩項工資是按照一般的 2. 木工以下是按日計算 3. 二十八年錢折糧按五分一斤三十一年是按七角一斤						

97

132

全宗号	目录号	卷号	册号
4	1	22	本

31

土地陳報與公平負担工作総結

32

133

土地陳報與公平負担工作

舊的負担办法1939年在太山區沂蒙區都開始實施，当時代替的办法很不一致，有的是按累進法自行規定，有的是採用甲种公平負担办法，在1940年下半年開始在各地推行乙种合理負担办法，但因為敌人扫荡的頻繁，主观努力的不够，至今所推行的區域还不普遍，只有沂南边联與太山區的一部份，那些没有实行的地區，有的是已在進行土地陳报工作（如沂水沂北的老地區）有的仍按着地畝或銀兩負担，还有三種夹或兩種類的办法（按甲种公平負担地畝、銀兩各佔三分之一的負担）对这些地區在去秋又開始選擇較安全的縣份（如沂水蒙陰）進行土地陳報，現正在継續推行中

一、推行的过程

A.太山區

甲、太山區1939年自行規定了一种新負担办法，沒有具体擬訂条例，只簡单規定每人不足一分半者（720斤一畝）不負担，一分半以上至一畝者為第一級不累進，一畝一分以上至二畝為第二級，每增加一畝加一級，每增一級即加一畝，后来又改進了一下規定一大分地以下者不負担，半畝地为第一級，第一級不累進，第二級開始累進，每級增加地二分半

這办法實行的地區不大，只在萊蕪的部份地區，但時間將近二年，直至戰工會第一次行政會后才停止使用。

推行的结果过於加重了地主富農的負担，而引起社会的不安，地主富農的紛紛逃亡。

134　33

乙、在戰工會頒佈了甲乙丙三種公平負担办法后，在全區各地開始採用三等九級的乙种負担办法，各縣區成立了土地陳報委員会，進行土地陳報人口登記，當時在萊蕪博山新太等縣都一度造成熱潮，但是因1941年秋季大掃蕩未經完結而停止，在這時間办理最好的村庄是新泰的龍廷、北師店等，萊東的白龍區，博山的夏庄區得到各階層良好的反映，認为公平，但在總的方面還存在着些严重問題，对等級沒有統一的規定，各縣區村間均不一致，地户隱藏地畝降低等級的現象普遍的存在着，大批各村沒有堅決推行這工作，而縣政府則長期的以为已實行了，對這工作的忽視的程度可想而知。

丙、在1941年10月戰工会民政科長聯席會議后決定重新整理博萊新甫章邱等縣，當時確定1942年三月底完成，淄川四縣以联因環境关係未具体確定。

1、新甫縣对這工作進行較徹底些，曾開办过訓練班，組織过工作隊具体帮助群众斗爭情緒也高漲，以野店區呂家樓等庄斗爭最激烈，查出黑地793畝，完成土地陳報者有122村庄，經过清丈的47村評定等級折合標準地者59村，免負担地到36%，免負担户到34%，此與戰工会規定原則是不相符合的。

2、博萊縣办了共117個村，但執行的不徹底，經整理亦未作出總結，地畝數與實地數尚符，而等級相差很大，經去秋的整理多出土地較原來的一半，等級一般高出一級至三級，对免負担地的規定很不一致，有的是二分（夏庄區）有的三分至六分（常庄、龍堂區）并都未實行累進。

135

博萊各區實行公平負担村統計表：

34

该县以同样未总出差额，等级有确实不公平现象，虽整理仍严重存在着。

4. 章邱县在这里群众工作也是有基础的，在1941年开始推行甲种公平负担办法，至1942年春仍无成绩，仅完成了淄山区、安营区两区的人口登记及推行甲种合理负担办法的区域，群众也未认真执行，在民主政权的政令下仅施行了三碰头（地亩、银两、公平负担办法各占$\frac{1}{3}$）和二碰头（地银各$\frac{1}{2}$或公平负担与地亩各占$\frac{1}{2}$）办法负担，群众对甲种负担办法认为不公平。

在去秋实施秋季公粮时决定停止使用甲种负担办法，调查各村实有地亩并决定新办法征收，以河滩地为标准亩折合一亩，山腰地按实产量二亩折一亩，山顶地按实际产量三亩折一亩，这办法还没听到群众坏的反映，群众最不满确实的陈报其土地，又兼没有深入动员，太简单，发出了"三恨"的呼声。

a. 恨某某助理员，没有他就不在俺庄进行土地陈报。

b. 恨工作团办土地陈报，给全庄加重了负担

c. 恨土地陈报委员会多为他们，工作团包办陈报。

35 5. 淄川与章邱相同，已实行甲种负担办法的只有金寨区十个村，其余仍按银粮或地亩或者两者碰头的办法。

136 去秋同样按章邱办法陈报土地负担，总计我占区地亩由4000亩

增至25000亩，群众的反映也不很好

6. 太北在1941年于平原地区推行过，因大扫荡而终止，1942年春在祝山区推行八个村庄，又因敌人盘据而再告停止。而历次实行的不彻底，敌人扫荡的频繁，各村的负担办法均是按地亩银粮摊派。

总计太山区实行过乙种负担办法的有331个村，以新甫为最好，博莱次之，甲种办法的有章邱一部份村庄（有统计）淄川十个村，太北的未成系统计，但这些已实行的村庄，已大部沦为敌区，不能执行公平负担的办法。

丁. 在1942年五月专署又详细指示各县重新整理田赋，租减息，而中止至八月再提出，组织工作团将因干部缺乏，经验少不深入，费了一个月的时间在博莱莱芜整理了十几个村（自然村）因敌而停止。

在这点滴的整理上，我们可以看到过去的相当不正确，在博莱的后块什么村，原报地亩为1011.29亩，经整理后为1708.39亩，增加了646.47亩

这是太山区土地陈报与公平负担的情形，因材料限制，不能作更详细的统计，不能把工作经验，作具体的报告

B. 沂蒙区

一、合理负担工作在1939年9月即开始推行（即现在沂南地区）当时县政权还没有正式成立，由分局与山纵派出工作团配合各区政权干部在各地试办，但没有统一的领导，与政权干部有时是保上层不愿实行，直到第二年春才进行了几个村庄，以后无形停止，当时所采取办法类似以后战工会所颁布的甲种合理负担办法。

⑤

二.1940春在沂蒙区的沂水边联沂南都在开始或重新进行这一工作,採取的是甲种公平负担办法,在进行过程中,一般说都形成"左"的现象,这主要表现在过份估计动产不动产与工作方式上的强制威胁,引起上层人士不满,恐慌逃亡,利用会门反抗,后几经整理,改换乙种负担办法才逐渐调整这种关系,走上合理化,分述如下

1.沂水县

a.1940年春开始甲种公平负担,首先在四区的李家峪乡甄家町乡与一区的严峪乡推行

b.是年八月由二区开始进行乙种合理负担办法,当时训练了三十個人去試办,这工作结果一個月在該区試办四個鄉,在進行中的领导上,因当時民政科長(董临沂)有政治问题,故意脱离原则,他的工作方式不经动员解釋,專用強制威脅乱抓乱罰,闹得全区民众陷于恐怖状态,列等与免负担地的太多(每人免负担地一畝)加級太重,每三畝为一級到十一級,一畝变成三畝,结果负担都集中在地主农富身上,每年所收入的不够缴纳公粮,使地主低价出卖出卖土地避免负担,凡实行公平负担的村庄,普遍发生这种现象.

c.在一九四一年按照工会乙种公平负担修改办法改为三等九级,首先在二区四個鄉進行整理,整理的负责人大部份是聘請当地士紳,结果又太右了,将土地折合的太少,减去了三分之二,竟有过去负担四十畝者经整理之后而全部不负担者

d.一九四一年六月再次整理,主要地区还是二区的四個鄉

138 37

副产不列入负担（过去是列入）规定以村为单位免负担地不得超过20%为原则，同时在一区的两个乡也采用同样的办法进行了整理，结果可称圆满，另外的四区的两个乡和大区的两个乡，有的只作了宣传动员工作，有的清丈完了未行折合，因环境变化而中止。

b. 一九四二年十月又重新进行，因过去的不准确，来一个彻底清丈，由沂南聘请有经验者十余人配合上地方干部，现在已完结全东区的清丈工作，折合地亩尚未进行，根据现在的统计增加黑地亩数为

这些试办的经验推广到全县，若无有意外的变化，到一九四三年三四月即可完成。

2. 丛駁

a. 在一九四〇年河西大部份地区，沂东的部份地区，湖北区曾就统一累进税推行过，但因当时采取的办法是不完备的，领导不统一，形成不少的错误乱估动产性畜树行放款等，结果形成群众的大批杀牛宰牛伐树避免负担，在陈报土地时，将宅基场园荒地沟沿坟地都计算在内，引起群众的反感，在负担上多放在地主的身上，只有百分之四十四负担户，引起地主的恐慌不安。

b. 为了纠正以上的错误，并推广到全县起见，根据战工会乙种公平负担办法进行第一次整理，经过两月的时间，纠正了过去无原则的估计动产的现象，与过高的累进，但仍陈报不实，划等级不准确，各区乡村间的等级各自订立，以致仍不很合理，但在土地陈报上，可谓大体完成，稳定了人心，特别是地主。

38

c. 为纠正未被彻底纠正的缺点起见，再一次的进行整理，首先以里庄乡作实验，以该乡的经验来统一全县实行的步骤与方法，求得了各区乡村间的一致，完成了全县的乙种合理负担办法，这次整理是

139

依照战工会第二次修正办法执行的.

b. 在一九四一年，因群众的要求在四月间进行一次土地过拨，这工作是由地方干部等人作的，内里有些人感情用事，结果不很确实，有卖者出了地而买者不添，有买者添了而卖者不退去，以致在征收公粮中间发生不少的争执.

c. 现在群众要求人口土地重新整理下实际是需要的，但因干部缺乏，环境不稳，很难进行.

附表四.

3. 费东

因是新地区，只在一九四〇年冬与1941年夏初在张纳岭与苍山附近作了用种合理负担工作，但是在征收公粮时没有坚决执行这一办法，为了补救当时群众负担不公平起见，曾行创就一种临时办法，在摊派时是按地亩，村里的负担是分为极贫、贫者（中农以下）、中产者（中农）、富裕户四等，极贫者不负担，贫者可根据本地负担数减少若干（数由村中公议），中产者不增不减，将贫者减少数由富裕者按地亩共同负担之. 这办法在新地区很易实行，明显易于计算，减大了根据群众的要求，下上激动，富裕者也易于接受，经试行结果群众反映均好，在敌寇扫荡后还有很多群众还念念不忘.

4. 沂南

沂南实行公平负担在时间上较早，因此在进行过程中发生的问题比较最多，结果也比较完善.

a. 第一次是在1939年九月开始的，当时有第一纵队政治部民运部队来帮助各区进行的，十一月后，沂南办事处成立，参加这一工作，办法是百亩以上者为特户，三亩以下者不负担，三亩以上百亩以下者分为十等，费了几个月的时间，成绩寥寥，只进行了岸堤附近几个村庄而中止，原因是领导不统一，加以当时政权干部多

141　　40

附沂臨邊联乙種公平負担統計表

項目＼數目＼區別		沂東區	沂西區	河北區	統計	各種數目的百分比
寔有地畝		156747.44	109229.95	135705.2	401684.39	
折标準地		110653.45	81814.06	96981	289448.51	72%（佔实报地）
出租地畝		20904.7	13734.53	7224.8	41864.03	14.4%（佔标準地）
佃種地畝		15387.03	14697.14	7405.9	37490.07	12.9%（仝 上）
自耕地畝		89747.44	68079.93	89751.5	247578.3	85.5%（仝 上）
按性質折标準地		108770.34	82117.93	97083.8	287992.07	
人口	抗戰	798	1111	617	2526	1.8%（佔總人口數）
	求學	1830	2469	1970	6269	4.5%（仝 上）
	壮丁	7000	5558	8080	20638	15%（仝 上）
	幼年	19065	13663	17847	50575	37%（仝 上）
	老年	5960	4657	6139	16756	12%（仝 上）
	婦女	13756	11103	14293	39152	30%（仝 上）
	残廢	124	170	188	482	0.3%（仝 上）
	外出	505			505	
	總計	49038	38731	49134	136903	
應免負担地		31999.5	26341.5	32202.8	90543.8	31.5%（佔按性質折中數）
免負担不足地		1560.72	1005.81	1277	3843.53	
寔免負担地		30438.78	23356.9	30859.4	84655.08	30%（仝 上）
全區周壓		414.82			414.82	
寔有負担地		77936.8	56457.9	66214.4	200609.1	69.5%（仝 上）
累進地		8187.7	2862.9	3581.7	14632.3	5%（仝 上）
進級后負担地		86724.5	59320.8	69796.7	215842	74.7%（仝 上）
全區村數		82	87	144	313	
全區户口數		10848	8406	11191	30445	
全區負担户		9533	7461	9898	26892	88%（佔總户數）
全區不負担户		1315	945	1293	3553	11.4%（仝 上）
備考		1、壮丁佔總人口15%係指不脫离生產的，抗戰的不在内。 2、幼年係指男女總數 3、妇女包括老年壮年 4、求學人數包括男女 5、老年係指男人而言 6、出外人數与周壓地只沂東有統計，沂西河北兩區未統計。				

39

140

⑧

富的者根本就不愿这办法实现，再加以地方封建势力的阻挠而沂南行署对这工作又认识不够，如认为是轻而易举的工作，还有那实施委员会的组织，也是不起作用的。

6. 第二次（第二个时期）合理负担最显著的特点是另一极端过左的倾向，也是沂南整个党政军民的工作的过左倾向是分离不开的。

这个时期的合理负担工作开始于一九四〇年四月沂南各级政权的大改造及民意机关的建立以后，结束于一九四〇年十月山东政行会议决议（传达前后）这时候旧政权残余（张里元）在沂南完全溃败，而新政权又进行改造，并更原有的组织成分，工作的认识上作风上起了根本变化。

为了普遍推行合理负担，县于四月间成立了县区乡合理负担推行委员会，当时推行的地区，计有现在的艾山岸堤长山黄山孙祖等区的全部，梁庄崖子张庄依汶明生时阴等区的一部，有的地方由八支工作团配合地方政权进行的，有的地区则由地方政权单独进行的。

当时的具体实施办法

第一最初决定将村内根据地亩多寡分成十等，后因地亩多寡相差悬殊分成十等太不合适，而决定了一百亩以上的为特户，由区部临时决定数目，三亩以下的不列等（即不负担），其他则根据地之多少分成十等定出分数来负担，个别区有分成二十等的。

第二地亩以外的动产不动产原规定是按其收益十四元折地一亩，由于当时规定的不明确，致有当时按价值十四元折地一亩，同时连房屋、商店、作坊、牛、车、驴、鸡、鸽子等植物都折成了地亩来负担公粮。

142 由于办法的不具体不明确，当时又缺乏有组织有计划的领导和督

促检查致发生了如下的缺点与错误

第一、在进行负担公粮时对特户与一般户之负担比例随意规定不符合实际情形，於当时大九区特户佔地约当全区地亩[illegible]而摊公粮时则按之给予摊著，致地主将全部收入之粮食交出仍与原摊数相差悬殊，如大九区之广裕堂燕义堂等地主将全部收入粮食交出尚不足原摊数三分之一，致看着发生地主要求将地交出听从支配或要求将全部收入交出后准不再向其要公粮等不良现象。

第二、对地主之分数一本强制的方式随意增加或提高，甚至弄错了要求更改而不允许等。

第三、由于地亩以外的动产不动产的错误折合致民众为减轻负担而大量宰杀牲畜砍伐树竹，明生区有一老头因气愤而在自屋内以放鞭炮轰炸锅子（使之自相研碎而死）来求减轻负担，表示其对合理负担之不满意，其他诸如此类的现象很多。

第四、对合理负担执行不好之户随意加以侮辱与不适当之惩处，最典型的例子是蒙阴二区（即现在的首岳区）马家花园庄马某因对合理负担表示反对而被戴之以绿帽子游街，绿帽上写着马某破坏合理负担几个大字，沿途打锣宣传，致使他投到投降派当了投降份子专事反对我们，其他各区也同样发生这样现象。

42

由于办法的不完备及执行的方式太差，造成了各种各色的错误，致内奸乘机活动，除造谣什么"合理负担是共产的初步"，"现在就没有自地的过日子了"来诋毁合理负担外，更进行了各种反动的活动，又兼当时各种政策执行的一般过左，更给他们可以乘的机会，蒙阴的二区反动势力的抬头，

143

梁邱区一批黄沙会及南东山的大刀会的骚动等都是内奸乘机活动的结果。

当时沂南行署为纠正政策执行中的过左，想挽回社会的舆论，安定民心，在大月间命令各区停止实行，而为应付征收公粮使不致耽误征收起见，便临时根据沂蒙摊筹公粮数目拟订了沂南临时摊粮办法（附）在实行中又根据实际情形更改了三次，第一次决定三亩以外的动产不动产也改为折地亩，改正以往估值折地亩的错误，第二次对地亩以外的动产不动产，一律暂时停止折成地亩负担，而规定了另外的负担办法。第三又改正了不按以前不正确的物产特户的负担比例来摊派公粮，而直接按实有亩数负担。

经过几次改正后民众反映很好，尤其是地主富农，当时沂南行署为进行解释这个工作（新办法）曾数次派去主要干部去参到各区召集特户会议来解决他们的负担问题，并利用这个机会来解释动员，参加的特户异常踊跃，他们对办法一致认为甚还重，但是实际上解决了他们的问题从夏庄地主刘星五之父在几次会议都抱病以抬子抬送到会参加，及会议时曾有个别地主因表示对办法虽然比过去轻了，但一经四大分租后，却还是不够交付，仅够付的言语，而为全场一致攻击，认为这实在是不知足了的两个例子，即可说明当时地主对合理负担改正的要求是如何迫切与对新办法表示如何的满意了。

办法虽然改正了，但是当时由于整个党政军民工作过左的观点，仍然存在着一般的干部中间对这个办法仍然被认为这是站不稳立场以及是"右"的表现。

附　二三批公粮暂行办法大纲

一、筹集三批公粮办法

144　1.区特户与非特户分开摊派

43

2、非特户仍按合理负担摊筹

3. 区特户除自实有地负担给养外，其他负担时个别摊派之，财产不论动产不动产一概不负担，有其他负担时个别摊派之

4 区特户摊粮累进办法

A. 特户中地亩最少者最低限度之户，其负担即按普通应摊数摊之

B 增加三十亩者，即增加其应摊总数十分之一

C. 增加六十亩者，即增加其应摊总数十分之二，余按每十亩地为一级，即增加其应摊总数十分之一，以此进行累进，但不得超过[illegible]

d、动产及其蚕桑租不按其收益十四元一亩折扣者（纳田亩）可另算折扣算

E 前次特户所借粮，由下三批公粮扣还

二、未实行合理负担地区，应按第一批公粮摊筹办法累进摊算

1 摊公粮要按区特户分别摊算

2、已实行合理负担者，普通户按合理负担办法摊算。

3、特户摊粮，按实有地亩累进法摊算，其他应摊款项，同按有钱出钱的原则，分别酌负规定（累进法按上次摊派公粮的办法累进之，其本期摊派数不足公平负担之累进率时，再以其物质补算）

4、严查浪费粮食，查有卖给养换物品莱菰者及假报人数等任何机关查出应立即报告，不得隐瞒

5、伙食执委不得动支公粮

6、二批公粮未筹者应继续筹齐

C、改为乙种公平负担办法

1、一九四〇年10月山东全省行政会议后，在抗战各种工作都开始步入正规化的初步的阶段，解决公平负担的问题同样也成政府刻不容缓的工作，而那时环境正是稳定的时期，遂决定根据我工会颁布的乙种公平负担

⑫

办法進行清丈工作，原定計划是在基本地區选择工作最好的两個鄉（艾山鄉里仁鄉）作為实驗鄉，根据实驗的经驗教訓，运用到继续推行的几個鄉裡去。

九月底時即在各地普遍製作地牌，准备之号召，并製定之宣传大纲，統一宣传内容，配合群众团体，進行廣泛的深入的宣传動員。

十月底，政府與各救机関团体共同成立沂南合理負担整理委員會，各區鄉亦均先后成立區鄉合理負担整理委員會（而未实行过合理負担之地區則成立合理負担实施委員會）

十一月初為了实驗结果良好，不致發生不良現象，沂南行署親自負責領抓艾山里仁两鄉实际工作，同時在实驗期中，其他各區鄉仍继续進行宣传動員及督促民众製作地牌工作。

实驗鄉的工作在十一月底即告结束，民众对新合理負担办法異常拥护，認为这是真正的公平合理負担的办法。

十二月起開始普遍推行，由实驗鄉抽調到其他地區去，一九四一年五月底全部工作完成，中间经过敌人的一次扫荡，除中心地區外，大部份都未停止工作。

在推行期间又决定能实行清丈土地即实行清丈，不能实行清丈之地區，如靠近敌伪工作基础较差之地區，只進行登記工作，这较比其他办法为好，而且可以在工作發展時继续清丈。

在工作大部完成時，當因等級不够一致，派員巡視各區，作整理等级工作，但由于巡視纠正的不够普遍，致等级仍不够一致。

146　　实驗艾山里仁两鄉地畝統計表　　45

数量 乡别 / 类别	里仁乡	艾山乡	备考
原有数	10816.4	6398.4	1. 里仁乡之充公亩数未折合之地亩。 2. 里仁乡之各种数字前在一九四〇年终总结时曾统计错误，以此次统计为标准。
登记后实有亩数	12400.25	11570.95	
折合总地亩数(中地)	8963	5637.58	
免负担亩数	3537.5	2469.29	
进级亩数	2225.8	71.77	
充公亩数	505	未统计	
应负担亩数	5852.3	3239.48	

2. 办法沿革

一九四〇年十一月在岢岚进行实验乡的工作期间曾一度采用三亩一进级的（改为二亩一进级）办法，自战动会这种公平负担办法颁布除根据该办法将三亩进一级外，并对该办法根据具体情况及民众之意见作过如下之修改和补充。

① 细则第九款按土地之肥瘠改三等（上、中、下、）为四等（上、中、下、劣、）但在实行后第二天又因民众反映分得等级太大，不够合理，特别是山地，所以又改为四等八级（即上上、上、中、下下、下、甲劣、乙劣、丙劣、）并规定各级产量及其折合比例，与规定负担完全以折合之中地计算。

② 细则第五款关于地亩以外动产不动产之负担原则之规定，因当时估价工作甚难进行，实行起来困难太多，故规定暂时不予明确规定，俟地亩清丈完毕后再行决定。

③ 细则第九款关于除负担地的规定，新闻行署确明规定了十八岁至五十五岁之壮丁，一概不除负担地，五十五岁以上之老年残疾抗日军人，按

⑭

规定脱离生产之政府机关群众团体之工作人员、小学教员、不能劳动之残废人员、妇女等除负担中地一亩，未入学之学龄儿童、八岁以下者之小孩，以两人除负担中地一亩，入学之学龄儿童，为了表示奖励起见，特规定一人除负担地中地一亩。

④、补充了关于祀田林地等负担的规定，因为祀田林地之管理人除在祀祭时发给一部份祭用品外，一般的都不缴租，所在以进级时按一个人算，而不予扣除免负担地，这样一方面对封建式的土地关系表示限制，同时又可增加公粮之征收数目。

根据一九四一年四月四日战工会颁布的乙种公平负担修改正补充决定，土地陈报决定，及对新区合理负担之他的指示，作了如下的修正。

(1) 根据战工会的指示规定了定产量以两年三季之收获量来决定小麦与其他秋粮之折合比例，但对只能对花生地瓜之地我们另外以地瓜花生的产量来规定其等级。原决定，将四等八级改为四等九级，即将上地一等增加上中一级，并多规定其产量为上地100斤至150斤，上中地151斤至220斤，上上221斤至300斤。但这个规定因为系于征收麦季公粮的缘故，只有长山岸堤艾山三区改正了，其他各县区仍为四等八级，未予变动。

(2)、根据乙种公平负担办法第五款修改决定，明确的补充

规

47

148 (3)、根据战工会陈报土地登记人口决定二款乙项关于劣等地不负担之规定，补充规定普通年成其粮食折合量不及二十斤者不列入负担。

浙南區實施乙種公平負担地畝人口統計表

類別 \ 數目 \ 區別		艾山區	黃山區	依汶區	明生區	垛莊區	崖子區	孫祖區	青山區	長山區	永太區	時陽區	岸堤區	合計	備攷
原有地畝數		1089.6	16513.5	12237	34915	14133.28		6370	44765	1382.4	47600	2611.71	12853	227712.28	
登記实有地畝		3927.52	26267.4	38570	48287.15	26142.5		31999	45887.3	7737.84	51406	46559.3	33459	450833.77	
折合總地畝		22891.09	15653.29	22143	79170	17854.3	17595.36	15587.6	23879.6	2391.31	470648	24637.5	29182	312571.736	
免負担地畝		6313.5	7116.5	10166	28284.7	7662.2	8214.5	7782.5	9696.5	1121.74	11118.632	10702	7958	11190.072	
進級畝數		1584.1	106.537	588	9196.7	745		9913	1571.74	14.84	159.5	434.25	2863	22518.65	
充公畝數		44.17	3963	52		33.3		71.8	71.3			24.802	522	389.422	
應負担畝數		18161.69	8643.983	12656	60082	7413.8	9380.86	18718.1	15754.84	1284.41	37989.786	14367.75	24087	223193.31	
戶口數	全區戶數	2451	2566	3656	18105	2352		2754	3752	546	4926	4379	2811	48298	
戶口數	壯丁 脫離生產抗战的	276	331	188	611	142	218	257	187	30	265	235	306	2046	
戶口數	壯丁 不脫離生產的	2255	2298	3431	6686	1693	3281	2484	3440	446	3272	1235	2751	33602	
戶口數	兒童 入校的	411	511	759	1099	51	195	630	647	11	512	597	405	5874	
戶口數	兒童 未入校的	3576	3734	5521	13099	3515	3765	4380	5304	751	5452	5179	1462	55738	
戶口數	婦女	2912	3421	4904	10784	2575	4419	5514	4749	634	10466	6653	5415	60706	
戶口數	老年	3134	990	1432	4179	1167	1204	1440	1389	154	3488	3138	1308	23034	
戶口數	殘廢	35	31	48	77	74	74	32	42	10	102	47	58	580	
三批公粮原摊數		44436.5													
三批公粮長摊數		2870635													
比較	長摊數	43025													
比較	短摊數	798										良水鄉未統計在內			

人口共計182600人

149

48

土(1)

沂南第二次整理工作

一九四一年麦季公粮征收后，根据战工会的修改正办法及征收麦公粮过程中第一次合理负担整理结果的经验、与民众的反映，决定进行第二次整理以便征收秋粮。

1. 为划一全县土地等级，由县组织一个健全的工作团专负责巡视全县，评定全县等级，在行署共同讨论，研究找出各种地类上上、中上、中、下等的标准地，再分头赴各区根据在行署找出之标准地找出若干块×区之标准地，再由区工作团根据县工作团所找出之标准地来进行普遍整理。

2. 此次整理不仅只对于等级加以整理，而且一切在第一次整理所发生的缺点与错误，如负担小数点的人口米数、地亩数确不实等错误缺点，均彻底加以整理和改正。

3. 为符合战工会负担亩数占全亩数80%以上计，特根据沂南人口地亩比例，决定了过去各负担人口种类每人除免负担地一亩，一律改为六分。

4. 此项米数符合战工会统一规定，改正过去从了十丈米至五十五米而为十八米至五十米。

5. 改正过去地主与佃户均先除免负担累进亩数，再按出租与佃户土地之负担比例，折成应负担亩数之不正确的步骤，改为先按出租与佃种土地之比例折合后，再除免负担地与累进，得出应负担地正确的步骤。

6. 只能种花生与地瓜地，一律以地瓜计算，并具体规定其产量（办法附后）。

7. 过去除女山岸坡分为上上、中上、上、下、下下、……甲坡、乙坡、丙坡四等八级，一律改为四等九级。

49

150 8. 过去土地人口登记及合理负担折合表有如下之缺点——

土(2)

(2)关于登記表的

甲、土地所有等级同在一表内项目太多，填写时只用一栏一寸三黄纸，一寸三四時所作之一格地位太小，如亩数以下之分厘毫只能用小数点表示出来，民间的同志们多不熟悉，容易于发生错误。

乙、土地人口混合在一起，如遇有土地转移与人口变动，其数变动时需重新另造全表。

丙、无照地现有折合中地栏，就遇土地变动（如果买卖）或有错误，须全部加算，太费工夫。

丁、缺自种佃种出租栏不完备。

戊、土地人口登記表因只有一个表，故只能存一个主管部门，对于人口变动土地过割等更正数不方便。

关于折合表的

甲、亩户数如分别佃户地主自耕农之别外。

乙、折合亩数栏——现在改用三种表（附）即土地一种表人口一种登記表折合土地一种表，不仅克服以上的缺点而且在各方面都比较方便，特别是能分存各部门，如人口表存一种，土地表与折合表存二种，在调查户口摊派公粮及征收田赋均感方便。

（附）

區　村人口登記表

户数	人口姓名	性别	年令	類别

區　村地畝登記表 50

151

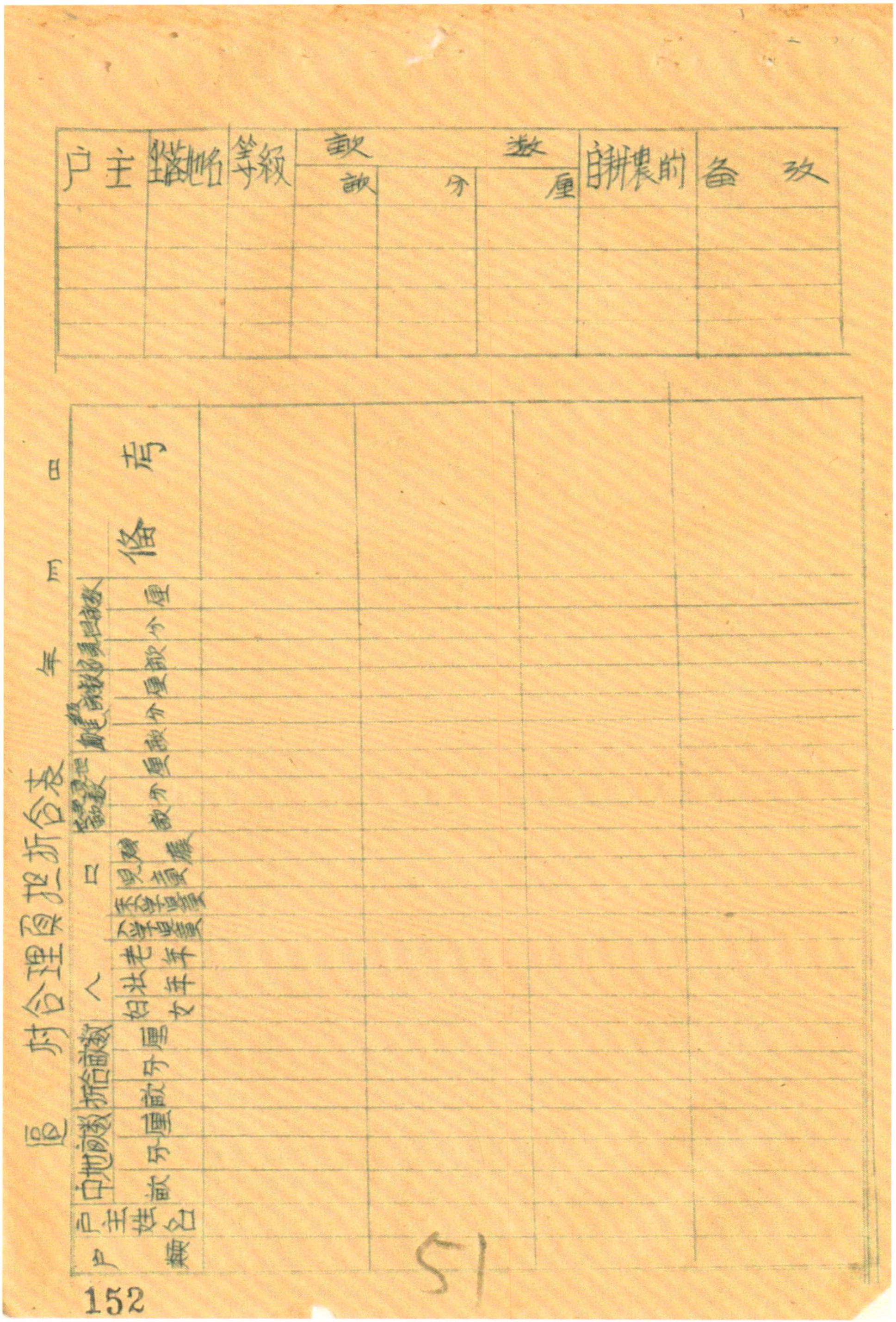

户主	坐落地名	等级	亩数			自耕租佃	备考
			亩	分	厘		

区 村合理负担折合表 年 月 日

户主姓名	土地亩数			折合亩数			人口		备考
	亩	分	厘	亩	分	厘	幼壮	老年	

15

152

二.工作步驟與方式方法

對這工作做出完整經驗者之具體計劃與過去綜合條列如下：

A.建立領導機構

1.由區鄉各級地方政府民眾團体地方上公正人士與老农擔任此种工作者組織縣區鄉各級合理負担推行(整理)委員会

2.區級整理或推行委員会下成立工作团由地方正公人士老农擔任負此种工作者組織之輔區鄉級干部参加工作.

3.村級成立整理或推行小組由村級干部(包括村政委員工农青妇負責人等)公正有声望之人士可靠之老农共同組織之

B.登記前的準备工作

1.根據宣传大綱在群众大会上在群众团体中及各种干部会議上士紳座談会上進行广泛深入的宣传动員,宣传内容必須特別強調整理或实施合理負担对民众的好处和隱瞞之必然失敗及隱瞞对民众之利害关係.

2.根据工作团干部本身的能力观念等主观条件与当地客观环境(如工作范围等)分成若干組,每組負責若干村.

3.工作团到达村后,即协助成立村級实施或整理小組,有的地区的实施或整理小組是經村民大会选出的.

4.由工作团会同整理或实施小組根据規定之產量,找出标準中地(某一块或某一地块)并公布之,再由各户根据标準中地来評定自己所有地畝之等級,并写在地牌上.

52

5.检查地牌已否完备后即开始登记。

3.登记的方式方法及应注意的事项：

1.由工作团协同整理或实施小组分头分组（按各户居住地区分成若干组，如有部分可按部分）将地牌集中进行登记，同时每户派人在登记时将人口调口报告由登记人员负责登记。

2.无地之户由村整理或实施小组负责进行调查登记。

3.地亩在他区他乡之地由该本户或其代表人去地之所在地的整理或实施委员会或小组负责登记，调查并工作结束全部工作完成后由县地下归户联之办法将去户到所在地之政权处理方面便于逐级折合，另方面可以避免遗漏。

4.林地公地何人种即由何人登记，并在地牌上注明林地或公地。

5.典契地由承典人负责登记。

6.办理完整理或实施小组之登记要编造册表并便于复查登记地区（如不负责登记其本人住在区）及交换检查等级结果等。

4.复查的方式方法及其应注意事项：

1.登记完竣后各登记组讨论登记结果作为初审，对人口地亩等级如有不确实者即召集该要报之户查其更改。

2.初审整理完毕后即将登记结果交开村民大会逐一公布，免错纠偏，并以合理负担之隐瞒现象与民众之切身关系及其罚则等。

154

53

(工作)深入的宣传动员，以使敌伪户与地主的斗争争取来揭发隐瞒人口地亩之户。

3. 村民大会或街巷会议民众对于藏匿或地主等隐瞒人，而不愿当众公开揭发别人的事，可投票检举，则将投票箱置于适当位置，发动民众提出意见。

4. 进行清丈前，应当进行访问调查工作，如个别访问，利用户与户间的矛盾进行个别访问，和利用农民团体分组讨论，发动群众提出意见。

5. 根据调查结果由工作团会同经理小组讨论确定清丈的对象，如村级干部不可靠则由工作团主动决定。

6. 根据确定的方式向对象进行清丈。

7. 若发现全村有隐瞒地亩时可进行普遍清丈，但所谓普丈不一定是全部丈量，而是召集有关人员详细询问，找有经验且熟悉的老农，将所有地亩全部巡视一遍，如发现有隐瞒时即行大量丈量清出。

8. 在丈量普丈进行过程中如发现一户（户数较少最好）有隐瞒时当即召开村民大会宣布充公，并当面说明如仍有不报者，限期准予更改，过期查出仍予充公。

9. 充公可以根据当地的适当情形对清丈工作大有帮助，在经过慎重考虑决定予充公时要坚决，同时要利于团结民众及孤立分子的心理，在充公地上插小旗，旗上写充公者之姓名及理由等，剩余可以教育其他民众，这种方式很有成效，在坚决充公以后，民众都要求更改，有的则自己偷改（但现在已禁止，如隐报不实充公可予以代报）

10. 评定等级是在整个工作中最不容易的一个工作，在边联采取经过如下几种步骤与方法。

54

155

(一)第一次整理时划分等级的方法，在清丈陈报时结束后即行召集评議、村長、农救主任联席会議，就其全部乡选择一最好的地段评为最高等级，作为全乡各村最高之标准，然后再根据该乡之最高标准地按次将各村之最好地段评为该村之最高标准地，最后各村负责人回到各村把全乡之大会各村之最高标准地，按次在村民大会上将自己每一地段评划等级。这一办法不能具体同时村负人的落后保守性就執行，因之發生了以下问题。

甲、等级低不统一，由于方式方法的不够严格，使划分等级的工作受到了不少的阻碍，使整個各理员把的工作未能有步骤的进行，在同一地段内之土地竟有的很高的有很低，沂東區左泉乡河阳乡就是这样。

乙、丢原则的把握原则，不論各村土地好坏及產量如何，只知是80%的负担地，因此等级上不统一與不合理，在第一次調整之時沂西区即是这样進行的。

丙、因各村之负责人及評議员責心任差，各方面的保証不够，因此形成土地等级上的头小脚大，除在大会上决議的最高标准地段按照上几畝外，其余完全拉下去，如侯家宅子乡的西太阳港庄、左泉乡的吴家庄原定之最高等级是上中，但他除将该村最好的几段划成上中外，其余完全划到下下地裡去。

(二)由于第一次調整時划分等级的方法未尽完善，所划分之等级多不合理，在第二次之調整中他们接受了第一次調征時之经验教训，在划分等级上便重新确定比較完备的方式方法。

156 甲、在進行每一乡時首先進行村级干部动员，然后再将各理员把全局整之工作同志分为若干小组，协同村長普遍的 55

选民大会说明上次工作中的缺点不合理的地方及这次调整之意义，以激发群众的积极性。

乙、将该乡划分若干小组，在该小组所辖之地区(村)由组长领导协同该组之村长农救主任评判员下到查验全组所辖各村之地段，按土质量差别分地段，然后再将全组之地从最低地积比到最高地为止，使该组所辖村庄地段等级统一与一致。

丙、该乡各组之地段等级统一后，再召开组长及该乡乡长各救亡团体负责人将该乡组与组之间村与村之间的等级求得一致与统一(即全乡评等级评判会)然后将各组所辖之地段之等级按次张榜发表讨论。

丁、再召开全乡评议员、村长农救主任评判等级联席大会将划分各村地段之等级进行比较与讨论，听取群众意见，展开合理的斗争，求得地段等级统一与合理(这会须二三日的时间，评判等级联席会是很重要的会议，对全乡的等级的划分有着决定意义，一般的联席会议斗争都很激烈。

戊、全乡之等级评判结束后，即以乡为集体的划分等级，为了避免村长评议员之不忠实不遵守决议或是合理负担委员会的工作同志分别参加到各村评议之，按照决定的地段等级及村长评议员等之意见按次按户口按地段的划分，填写列算时，要由评判的指定各人的职权加强其责任心，以免私自降低等级，等级评议后村长农救主任评议员均须签名盖章，以示郑重

己、全乡之等级划分结束后，各村间的负责人，进行互相审查，以至大家公认统一后始行结束，其次为了各村之等级彻底统一与合理，合理负担委员会协同村长进行普遍的召开村大会，将所属各户之地段人口等级进行普遍的审议，征求村民的意见，至全村各户花名地亩人口及等级公允确实后即行办理最后的决定

56

157 在第二调整工作中虽然在等级划分的方式方法上是大概通过而严格

9

了但由于某些老百姓的思想落后，他们想尽一切办法来降低等级，在这样严格的方式方法之下，他们还想（更）令人们以模糊的方法来，就是建设地区，如东之地土质好产量多等级高，而在北之地土质坏等级低，他们为了减少负担就将东之地另在在北之地段内，例如阿阳庄将全庄之地一半以上列在一级地段之内，易于令人模糊，如稍不注意的话便使他们其如愿。

关于個别的破坏份子在进行全村的评判等级大会时，尽其破坏之能事，如[illegible]的评议员[illegible]之在全村的评判等级大会期间，他便行破坏造谣，[illegible]破坏的方法企图阻挠大会的进行并[illegible]的等级平议会，因此中途停止了，经过了详细的调查之后即将该人予以扣押，系为大会造谣不罢上了他的当，我们又继续进行，结果大会顺利结束了。

11. [illegible]，这是比较容易的，结果[illegible]在[illegible]后评定等级折合之但[illegible]精细。

D. 隐瞒的现象及其处理办法：

1. 全村的评判的隐瞒或共同降低若干级若干亩或共同隐瞒降低等级亩数。这种现象一般是发生在工作基础薄弱村政组织不健全的地区，但在個别[illegible]因由于村级干部的不忠实与我们工作动员不够，也可能发生这些现象。处理的办法除事前注意动员宣传外，事后已实行重新丈量，对村级干部的不忠实的处分和处分理由[illegible]。例子是[illegible]黄山区的朱家庄（[illegible]）本是个工作基础[illegible]的村子，但村级

158

干部对此工作不忠实并包庇[illegible]，他们把等级地亩都经过村级干部[illegible]

-10.

討論所一致的降低些減少了。由於該庄地質比較附近各庄較好而定的等級比較其他村庄为低，致为其附近村庄不滿，紛紛提出意見，后来他们因為缺乏时间而决定了先將該部其他村庄行後后，將所有的工作干部都調集該庄实行清丈，結果將等級普遍提高了，多查出了原数的[illegible]并將該庄之長撤職，其他干部亦給了他们应有的處分。

再則在村裡抽几户丈量，利用其怕自己吃虧而試破全村之隱瞞現象，有一個典型例子，發生于堡子區顏子庄，这個庄由九個小組组成，因為过去工作基礎較差，村級干部对工作不忠实，在登記時即表現其隱瞞現象，經过多方斗爭就是得不到一点結果，当時工作团决定連調集許多幹部实行清丈村級干部討論的全部土地，然后清丈全村，在清丈之先曾召集村級干部討論，他们因怕查自己的隱瞞地畝，均先后承認大部份山地沒有陳报，而自願重新整理，結果曾添了原数一倍的地畝。

2. 個別的將其土地之一部（一般是扣除免負担地及折合后所剩下来的須要負担的那一部份）托名是其親戚或佃户的，并預先雙方商妥，并互相凑合至双方扣除免負担地折合后均不須負担，或減少負担。處理的办法除個別訪问、調查外，并利用群众間之斗爭予以揭發，又用保信双方对質并声明如在清丈前不自报，即今后將托名為其親戚或佃户的那一部份土地的所有权，当按其呈报登記者予以处理，日后不应反悔，这样一方面可藉以延成隱瞞者，另一方面是無形中給缺地者或地少之貧户一部份之土地。長山區滿大庄有一家在登記時把一部份土地臨時托名與其同村某姓，一經保信后，双方即均即自首。時陽區魯家庄地主荣本章自己报称有地十余畝，已交給佃户，当時區公所曾數往說，但坚不承認，后经保證佃户佯称将本章陳欠給予甚多，其土地之陳欠給予应由哪方負担，佃户因恐負担其陳欠給养而当场自首。

159

58

3.登记时在地牌上有意以少写地亩或将低等级(在登记牌上少写,在清丈时则改换一个符合于其有地数等级的地牌或涂改地牌)企图侥幸逃过检查,因清丈时清丈人可能只注意检查地亩与地牌是否合适(符),不注意检查地牌是否被改换。这种现象各区都有,尤其以禾太区为最,只禾太一乡以这种隐瞒方式来所隐瞒的土地就达五十余亩。

4.在他乡他村他区之地亩不登(记)不报告。处理办法:除在登记时应注意并预先向群众说明外,其不登记与不报告之地亩应以隐瞒论处。这种现象在边区较普遍,因其毗近他县而他县大部均未实行合理负担,民众估计我们不易查觉所致。

5.不瞒亩数而瞒地数,转移丈量目标。如果清丈人稍一疏忽,在抽丈一块或数块确实不虚时即认为全部即确实,而不作全部检查,可能被其瞒过。处理办法:除由清丈人予以注意外,隐瞒之地亩予以充公。崖子区赵集即有以此种办法企图瞒地近一顷余,后为工作团在登记时从访问与其他另不睦之户获得,经劝告后补行登记。

6.以多报地亩的办法来隐瞒少报的地亩,如检查不周,丈量一部因其登记数多,即以其他亦无问题而中其诡计。处理办法:除在丈量时予以注意外,隐瞒地亩予以代役。

7.有贿赂及其利用私人关系来怂恿工作团工作人员或整理小组来符合其地亩或人口。处理办法:除将其隐瞒地亩照规定予以充公外,对于受贿有及被利用之工作干部给以适当的处分,同时在配备干部时须注意洗刷此类

160

坏分子,适当加强工作团工作人员之教育

59

8. 在清丈时整理小组为了达到隐瞒目的之时，往往以大量工具故意延长耗待他们的登记地亩数，这种隐瞒现象除我们在大量时注意外对隐瞒之地亩以隐瞒论处。

9. 典地主與承典人双方互相推諉不登記處理办法是典地之負担由承典人負責并事先宣佈此項規定，如有故意違犯不报者予以處分。

10. 多报人口，以多报老年及入学兒童为最普遍，一般除利用群众討論揭發及民主闘争予以揭露外，处分办法一般是除给扣免负担地的则不予以扣免，对國民学校兒童者可根据学校名单處理，至于冒充老年人的永太區曾利用召開老头子会议的方式来處理的，在永太區某鄉曾有一個庄子在登記时全村人口老年将近半数，当时工作团的同志非常聪明便決定召開老头子会，全体老头子都要参加，当中冒充的不敢到会而自愿的改正了，當去的經說明冒充以后都說"新政权了不起，黝子都不管用，反正冒充不了，倒不如剥去了吧"峄子區利用这种方式揭破冒充老年的就达一百四十余個，其中是有些耆老会员他们以耆老会员来冒充老年人，經說明后都要求退出耆老会，另外是發現过有在登記人口时，将以过门之妇女或即将生育之人口登記在内以及以分家的大家庭的老年，他的大兒子把她登記進去，他的二兒三兒也都把她们登記進去了，企圖一個老年当好几個用。这些现象事先应对群众說明，如說明后仍有故意違犯者，則予以處分。

附（一）沂南所拟訂的公平負担暫行办法

161

第一章 总则 60

5（13）

一、为澈底整理与实行公平负担以改善人民生活，兹见特依照前山东战时行政委员会及战工会颁布之公平负担暂行办法并参酌地方具体环境，拟定本办法。

二、公平负担以村为单位，村中之一切负担皆以本办法分配负担之。

三、实行公平负担以每人为单位，根据本人土地多寡划分等级，实行累进法。

四、地亩计算以现有权（即现种地为标准），出租出佃者其现权为法定（自取地主），但典地产之计算须列入典承人。

五、地亩以外之动产不动产暂不折合地亩，以后另行规定。

六、人口计算以本家人为标准，女子已嫁者列夫家，佣工及长年寄居亲友家者不得列入主家或亲友家计算。

七、经常在敌占区（如铁路城市居住之人口过期者不在内）及外出三年经常无音信者均不得列入计算。

WAh

61

162

34頁

八、暫行公平負担凡五十五歲以上之老年每人除一畝，十五歲以下之兒童一人除一畝，但入校兒童亦須除一畝，十五歲以下之女孩與兒童同参加抗戰脫離生產者以及殘廢不能勞動者，一律除一畝。凡十五歲以上五十五歲以下之壯丁概不除負担地畝，與達此數者即按累進法計算。

九、地畝按照土地之肥瘠分成上上、上、中、下、下下、上劣、中劣、下劣八等办法，所說畝數完全以中地為標準，上上地五分折合中地一畝，上地七分折合中地一畝，下地一畝半折合中地一畝，下下地二畝折中地一畝，上劣二畝半折中地一畝，中劣三畝折中地一畝，下劣四畝至五畝折中地一畝（均按收入的多少定地的等級）由各村按照具体情形規定之。

十、本办法自通知之日起施行，期前实施之區鄉悉依本办法整理之。

第二章　分則

十一、暫行公平負担除老幼婦女抗日軍人除一畝外，以二畝為一等級計算平均有地一畝以下者為第一級，二畝一分以上四畝以下者為第二級（不足一分者不予計算）四畝一分以上六畝以下者為第三級，餘類推，每人平均地畝过多者，另有規定。

十二、公族之祠堂祭田以及其他公田不能以人口計算者，按地畝之多寡依第十八条之規定，劃分等級，廟田在未收為学田之前，其有僧道尼姑者以人口計算，如無即依祠堂地办法征收之，学田為扶植抗戰教育計，免列入負担。

62

163　十三、開墾之無粮之荒山曠地其耕种期限三年以上者以二畝折

35页

中地一亩，按本办法各项规定负担，如耕种不及三年者免负担，本办法施行后，垦荒地三年以后再课负担。

十四、暂行公平负担以第一级为基本单位，第一级之每亩得按一亩计算，每级累进之差为一分计算，第三级之每亩以一亩二分计算，余类推之。

即第二级之每亩以一亩一分

第三章　　附则

一、地主地在他乡中无人负担者，其负担可由下列办法解决之

1、假设地主委託之负责人以代佃或代种之资格负担办理之

2、无委託之负责人时，可由该村村长指定负责人或其自愿负责之亲属报经村长许可，以代佃或代种资格负责办理之。

3、代佃或代种应得之代价以减租减息办法实行之，负担办法依本办法第四条之规定办理之。

二、公平负担概以领种地为原则，不以省县区乡村之界线限制。

三、无论用任何方法隐瞒地亩者，任何人皆有告发权，已经发觉除将其应出款如数追交外，并予以处罚。

四、凡本身无劳动力者而将其地出佃于人，其每人平均数目在十亩以下者，应酌量降低其级数计算公平负担。

五、抗日军人家属有与第四条情形相同者，亦得酌量降低级数计算负担。

六、如地亩转移时须呈报县政府作负公平负担数之变更，须於每年规定之一定时期更正之。

164　七、本办法自公佈之日起先由实验乡施行之　63

各级折合亩数对照表

级数	1	2	3	4	5	6	7	8	9	10
加分数		0.1	0.2	0.3	0.4	0.5	0.6	0.7	0.8	0.9
折合数	2	4.2	6.6	9.2	12	15	18.2	21.6	25.2	29
说明		1、第一级不加级，自第二级起每进一级加一分 2、折合数是各级亩数的总数。								

附（二）沂南合理负担摘要

1、地亩概从官亩为标准，即以二百四十弓为一亩，（每亩等於营造尺五尺）。

2、地亩计算以现有数为标准，典当地则列入承典人。

3、实行合理负担地是出租自种佃种大地之负担比例为：出租地一亩半当一亩，自种地一亩当一亩，佃种地三亩当一亩。

4、人口计算，以本家人为标准，女子出嫁者列夫家，雇工及长年寄居亲友家者，均列入本家，不得列入住家，或寄居亲友家，经常在敌区（如青岛济南等）居住之人口（被敌抓去者例外）及外出三年以上而无音信者亦不得列入计算。

5、实行公平负担，每户除按免负担地标准，除去应免地亩数外，其余所有地亩，按全家共有人口平均，以累进为计算免除负担地，分列如下：

①满五十岁以上之男子满十六岁之妇女及抗日军人，按规定脱离生产之工作人员（政府群众团体）抗日军人家属不能劳动之残废人员，八岁至十六岁在学儿童，每人除六分。

②满一岁至八岁未满之小孩，不入学八岁至十六岁学龄儿童每人除三分。

③满十六岁至五十岁未满不脱离生产之壮丁，不除负担地。

64

165

87

6、負担均按土地條撥之折合中地為標準。

7、為使負担真正合理在全县範圍内要作到人口土地80%以上均負担公平負担，不負担者不得超过20%

8、等等級折合比例：

上上	中上	上	中	下	下下	甲等	乙等	丙等
221-300	151-200	101-150	71-100	51-70	30-50	140-200	100-150	120-160
以麦子計算按全年三季之除						以地瓜計算按全年兩季之除		
4	5	7	1	1.5	2	2.5	3	3.5—4

9、7、8、兩項規定產量折合比例，係指普通地之通常產量而言不是荒開地，單純以產量計算。

10、所称全部產量，係以全年之季之收穫折合而言。

11、粮食折合小麦十斤等於高粮12斤等於谷子14斤豆子15斤，花生地瓜按当時價折合。

12、折合量不满麦子三十斤者不列負担。

13 蔬據菜园小塊不以營利為目的者，按普通地畝折合大塊以营利為目的者，則按其实际收入照粮食收成折合之比例折成中地負担。

14、開荒之地三年以上者按实际收入折成中地負担新開荒未满三年者不列負担。

15 為奖励翻身，因掘井開渠水利改变地質增加之生產量，一律待三年，三年内均按原地產量計算等級負担。

65 16、累進法為二畝一進級（折合中地）即二畝以下為第一級，二畝一分至四畝為第二級，余数推至十一級為止（不足一分者不予計算）第一級不累進，其余各級累進之数為一分，至十一級止

66 十一級以後，均作二畝計算）

17、祠堂庙地公地全部列入负担地，按一人随级累进，学田不予负担，但学田庙田的一般佃户仍按一般佃户负担办法负担，庙产中有僧道尼姑者按负担办法与免除负担地与一般户同、

18、每户负担额不得超过其全部收入30%，出租地不得超过其60%负担时计算。

19、地主如无人在家，不论其为何种原因，均按一人累进负担。

20、折合办法：先将出租、自种或佃种之土地按第三项之折合比例折合后，再行免负担、进级。——完——

總結

甲 成績與优点

一、进行十余村庄的土地陈报工作，推行了一种公平负担办法，在历史上第一次废除了有地无粮、有粮无地、地少粮多、粮少地多之弊端，真正实行有地有粮、地多粮多、地少粮少的合理负担，这不但减轻了人民负担，改善了人民生活，同时增加人民生产热情与增加了抗战公粮公款之收入，同时缩短了征收上的时间，据莒县的材料所开共查出土地二十三万余亩，沂水某庄超出原地十六倍，博某几个村庄的统计增加二分之一，对人民生活凡一种公平负担办理好的地方农民生活一般是向上，又公粮公款征收时来一个突击动员就很快完成，这是过去所没有的，不单这样，因人口土地有了确切的统计，各种工作推行都方便了不少。

二、调剂了阶级利益，加强了农村统战关系，提高对抗战热情（责任心），在群众中提高了政府威信，因为一种负担办法照顾了上下各阶层，如沂水刘家庄子的地主就对我们这样说：这个办法真是公平又合理啦，抗战时期养兵是人民应尽的责任，但是过去我们负担的太重了，实在负不起，不负又不行，真是愁死人啦，所以能走的都走了，如本庄刘××他就跑到济南去了，只剩我们这些老幼残疾的

66

167

⑤

人家家裡要粮，外边的人还常见么讲的说：“一时不能这样做到了，还是把主任的东头子。但这次调整之后，那些好像说这证明了政府对我们的关心与爱护，从前那些说法是不对的，要根据地了。”同时又有一个地主说：“这些办法真好，将来了从前那些活跃八路军的共产党的谣言，刘××要了他的钱，骗逃跑了我（亲戚关系），现在想把他写信叫回来”；桶村有一个地主在合理负担办完后就从敌区跑回来，还有不少的地主从外面跑回根据地来，所有各种事实都证明了农村统一战线的加强，巩固了农村的团结，加强了抗战的信心与政府的信任；

三、开展了群众的民主民生的斗争。这是群众的一个迫切要求，但数十年没有得到解决。这次减租减息与各种合理负担的推行，勃起了推动群众这一要求，在各地普遍掀起了民主民生斗争热潮，这使那一些不敢问有斗的斗争的人也站起来了。这是过去所少有的，这也是政府与人民利益的团结的另一个证明。

四、在这一工作当中的取得了干部的积极性和创造性。因为没有经验，在初阶段产生不少的偏差与缺点，但对干部对这工作热情高，能根据上级决定及直到正过去的偏差与缺点，克服了困难，及时检讨总结经验教训，交流创造的方式方法，以战斗的姿态，终于将这伟大的工作在沂南、沂□与太山区某些地区完成了这空前的壮举。

五、在工作的配备了各个力量，使用了工作团，吸收了地方公正人士富有经验的老农民，运用开扬民主，这是这一工作某些地区胜利完成的主要保证。

乙、缺点与经验教训

一、干部对这工作在开初时是没有深刻的认识，在太山区根本就没有很好的重视这一工作，以致多会没有作一员的动员，在沂南开初时也同是这样，使这工作开始后很久没有成绩，在进行过程没有长期计划与统一的组织，在领导上没有掌握住公平合理的基本原则，使这工作忽左忽右，再三的整理，在时间上致使影响到人所有关系上都受到不少的损失，幸上级机关加以纠正的快，给以及时纠正，在把

67

168

两极端的错误時我们发现了干部在認识问题上都很单纯，有的坚决站在地主富农方面有意无意的阻止这工作的进行；有的不顾地主富农利益硬要依据我们正确的清算原则政策执行这政策，当然在干部中进行深刻教育启发使他们了解公平负担的办法是照顾到这一阶级，同時照顾到另一阶级统一战线的，凡与这有違背的都是错误的，必定得到相反的结果。

二、与其他部门（特别是各救会）一般配合较差，有許多地方形成政府孤军奋斗，使工作进行上受到不必要的阻碍，得不到群众正面反映意见，群众也得不到政府迅速解决解答困难疑问，使这工作在許多地方与群众隔離、迟延过去的沂南与最近沂水都犯了这类毛病是值得今後进行在地陳报工作地区深切注意的。这一件大的工程，决不是少数人短期间所能完成的，同同時与群众利益是密切联系的，大家都有责任共同进行这工作，在政府应主动去争取别的部门的配合，这样一定会保證这工作作得更快些好些，不必要的错误一定可避免不发生或少发生。

三、宣傳动员工作做得深入与否，对这工作关系至大，因公平合理负担是关係群众切身利益，但不经深入宣傳动员群众是不了解的，各地在行公平负担時对这一工作一般是作的不够，单纯强调用会引起群众的误会甚至造成对立，如果能贯彻这一工作，其他这各种工作就容易进行能得事半功倍。

四、合理负担的清丈工作对我们是一个艰巨的工作，各种不同的地区环境，也就必然会发生各式各样的不同的问题，採取所谓典型试验区的办法，将实施所得的经验教训再适用到其他地区裡去这是十分必要的，但试验区的择选不应只是先前地区，而应该同時选择較落後的地区，因为这越是落后的村子，所发生的问题越多困难也多，同時得到解决的办法也必是多的。

五、清丈工作因地區遼闊时间久工作上都限制着普遍清丈若

169

68

想他到了他敌对缺陷处，去要坚持发动群众斗争，发扬民主，应要争求群众的意见、使群众尽量发表意见，特别是在评定等级时，但应好好的掌握住民主、与群众的斗争，不然也会很容易被少数不正确的意见所遮蔽。

六、换扣区工作的工作团，干部应首先对于该村的本地、外来的本地的方式方法与经验教训首先应熟习，在未工作之先，必须开会或训练班研究，使得人人是在了解以后才能出发，在工作中应随时研究所发现的新问题，在行前有过经验，第一次干部出发时，在原则上使自己了解了，但在具体工作上弄出很多错误，后经再次研究训练到真正体会原则方式方法再分配出去以后才收胜利完成的成效。

完

69

~~170~~

山东省档案馆 编

鲁中抗日根据地档案汇编

2

清華大學出版社

抗日战争档案汇编

鲁中区行政联合办事处

鲁中区金矿管理暂行规则（1943年4月18日）

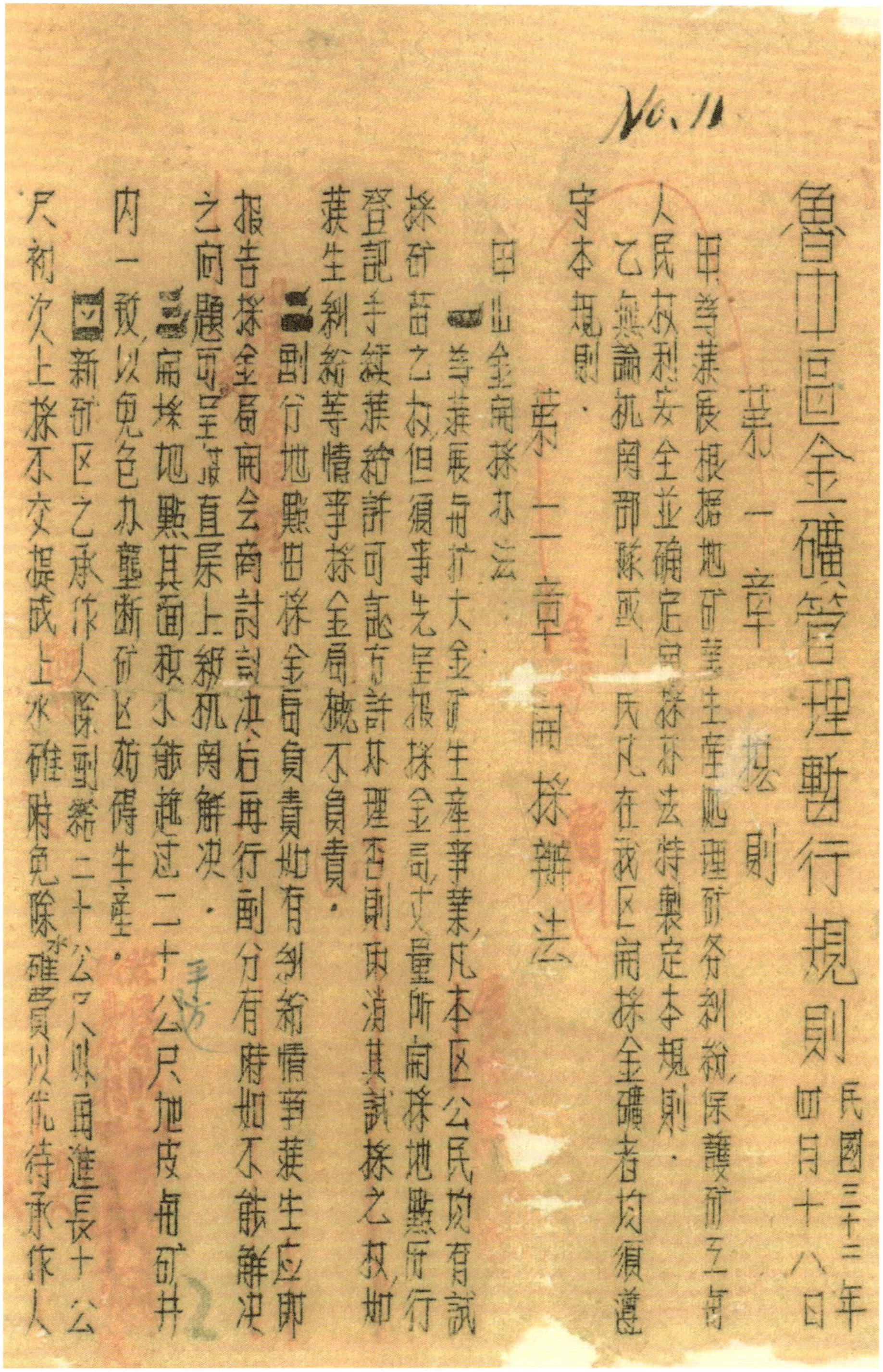

No. 11

鲁中區金礦管理暫行規則 民國三十二年四月十八日

第一章 總則

甲、為發展根據地礦業生產，處理礦務糾紛，保護礦工與人民切身利益安全，並確定開採辦法，特製定本規則。

乙、無論機關部隊或一般人民，凡在我区開採金礦者，均須遵守本規則。

第二章 開採辦法

甲、山金開採辦法

一、為發展與擴大金礦生產事業，凡本区公民均有試採礦苗之權，但須事先呈報採金局丈量所開採地點，履行登記手續，發給許可證方許辦理，否則取消其試採之權，如發生糾紛等情事，採金局概不負責。

二、劃分地點由採金局負責，如有糾紛情事發生，應即報告採金局開会商討，決定后再行劃分，有時如不能解決之問題，可呈請直屬上級機關解決。

三、開採地點其面積不能超過二十公尺，地皮與礦井內一致，以免危及鄰近礦区，妨礙生產。

四、新礦区之承作人除到達二十公尺以外再進長十公尺，初次上採不交提成，上水確附免除水確費，以優待承作人扩展矿区之优先权。

五、劃分地點后，由繳納保証金　　元，發給許可証，此款以備填廢井用，如無廢棄開採完竣后，繳回許可証，即將款項發出。

六、劃分地點后，限五天內為有效期，向五天內如不開矿者，即取銷其承作權，另行分配他人開採，以免妨碍金矿生産。

七、民地內有青苗者，須經局方檢查后，由承作人先繳青苗代金，始准其開採，否則即停止進行，以免與地主業生糾紛。

八、宅基與墳墓等地距離二十公尺以外，方許開採，如産量巨大，由局方調查確實后，召集地主、承作人共同商討，給地主以相当代價，再行開採，此款由承作人負担或訂定合同共同開採。

九、採出金苗時，採金[illegible]須即向採金局报告，並按地皮之优劣照市價加倍支給地[illegible]款，採不出矿砂只支給青苗款。採金結束，廢地仍歸原[illegible]。

十、承作人放棄之[illegible]如有繼續開採者，前承作人須將許可証交回局方，被[illegible]另辦手續。

十一、如有主人拾取[illegible]并開採時，應予地主代金，可按市價繳納，地主并須[illegible]庄同意。

十二、劃分地段而同界牆距離需一公尺，如矿井或方相靠時，由局方檢查平分，不經局方許可強採界牆者，按產金多少加倍處罰（罰金歸公）

十三、無論公私矿井，採金局負責人及工务員均有隨時檢查之权．

乙、砂金開採办法：

一、砂金開採地点不得超过五公尺，一切規則与山金同．

二、開採大窩工人超过三十名者，由本局按工人多少酌量劃分．

三、開採民地有青苗者，呈由本局檢查，按青苗之價值給以代金，如准其開採，另外按百分之十抽地股給地主，以作地皮補償．

丙、砂金採出規則：

一、採出處理权限．

1 採出金砂時，承作人应即报告局方派員檢驗其矿砂含金量，寧許上磨，占甫上碓，採出金子隱匿不报者，倘經查出，除矿金充公外，採金局有停止承作人的開採权．

2 採出优等矿金，倘私銷及私開礙磨拉溜等情，倘經查出，除矿砂充公外，按偷漏運时数量加倍處罰．

3 矿井大小矿沙[illegible]少含金量多少，均須本局檢驗

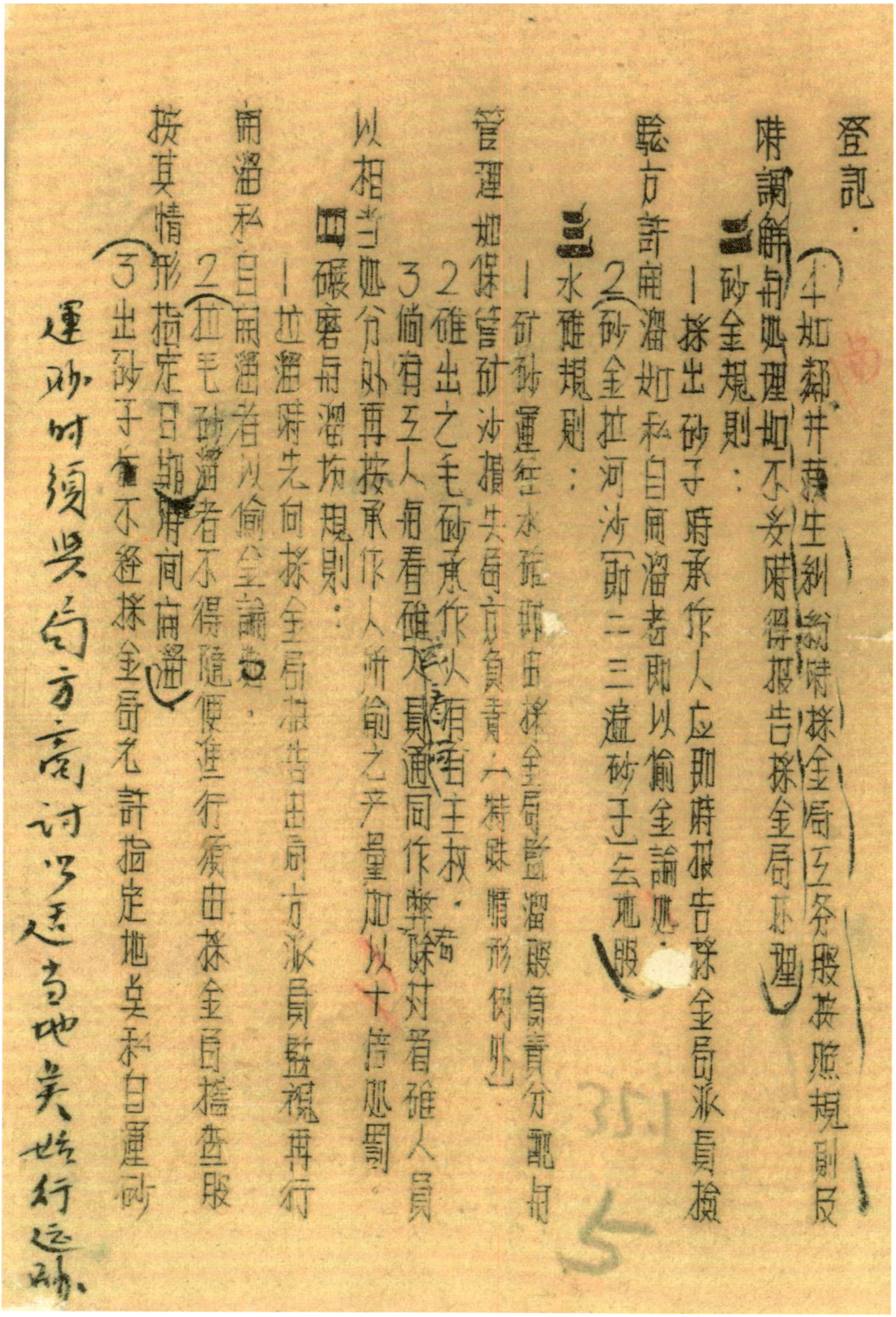

登記．

（4）如鄰井發生糾紛時採金局召集雙方按照規則及時調解，如處理如不妥時得報告採金局處理）

三、砂金規則：

1 採出砂子時承作人應即時報告採金局派員檢驗方許開溜，如私自開溜者即以偷金論處．

2（砂金按河沙（即二三遍砂子）云九股）

三、水碓規則：

1 礦砂運往水碓時由採金局監溜股負責分配與管理，如保管礦沙損失局方負責（特殊情形例外）

2 碓出之毛砂承作人須由主板．看

3 倘有工人與看碓人員通同作弊，除對看碓人員以相當處分外再按承作人所偷之產量加以十倍處罰．

四、碾磨與溜坊規則：

1 拉溜時先向採金局報告由局方派員監視再行開溜，私自開溜者以偷金論處．

2（拉毛砂溜者不得隨便進行，應由採金局指定股按其情形指定日期時間開溜）

（3 出砂子者不經採金局允許指定地點私自運砂）

運砂時須與局方商討以免走向他處進行運砂

拉平溜摆时毯清溜須由局監視

私自開礦溜者以偷金論處

4优砂子擾坏砂子及㕘毛砂者經查出后按其优砂提成

5毛砂不准分售与分拉准許运往原地溜坊如㧾售時須經局方同意始成交易·

6摆洗溜上毯子時得由採金局人員拉溜承代人共同摆洗如無局人監視而自行摆洗者当以偷金論處·

7毯子摆出蓄積之金泥清溜時須有監溜人共同清溜上採如私自搖簽清溜者亦以偷金論處·

8拉溜女方营私舞弊者除局方人員給以适当处分外溜主按所偷之数量加一倍处罰

第三章 礦税繳納規定暨按提成制不准邑溜

甲 山金提成規定·

一 凡開採者均須按本提成規定繳納矿税·

二 拉平溜者王砂按百分之三十五提成毛泥按百分之三十提成·

三 提成按累進税收每百斤含金一分至二分者按照百分之廿七提成三分以上者按照百分之二十九提成四分以上者按照百分之三十三提成五分以上者按百分之三十五提成六分以上者按百分之三十七提成七分以上者按百分之四十提成八分以上者按百分之四十三提成

6

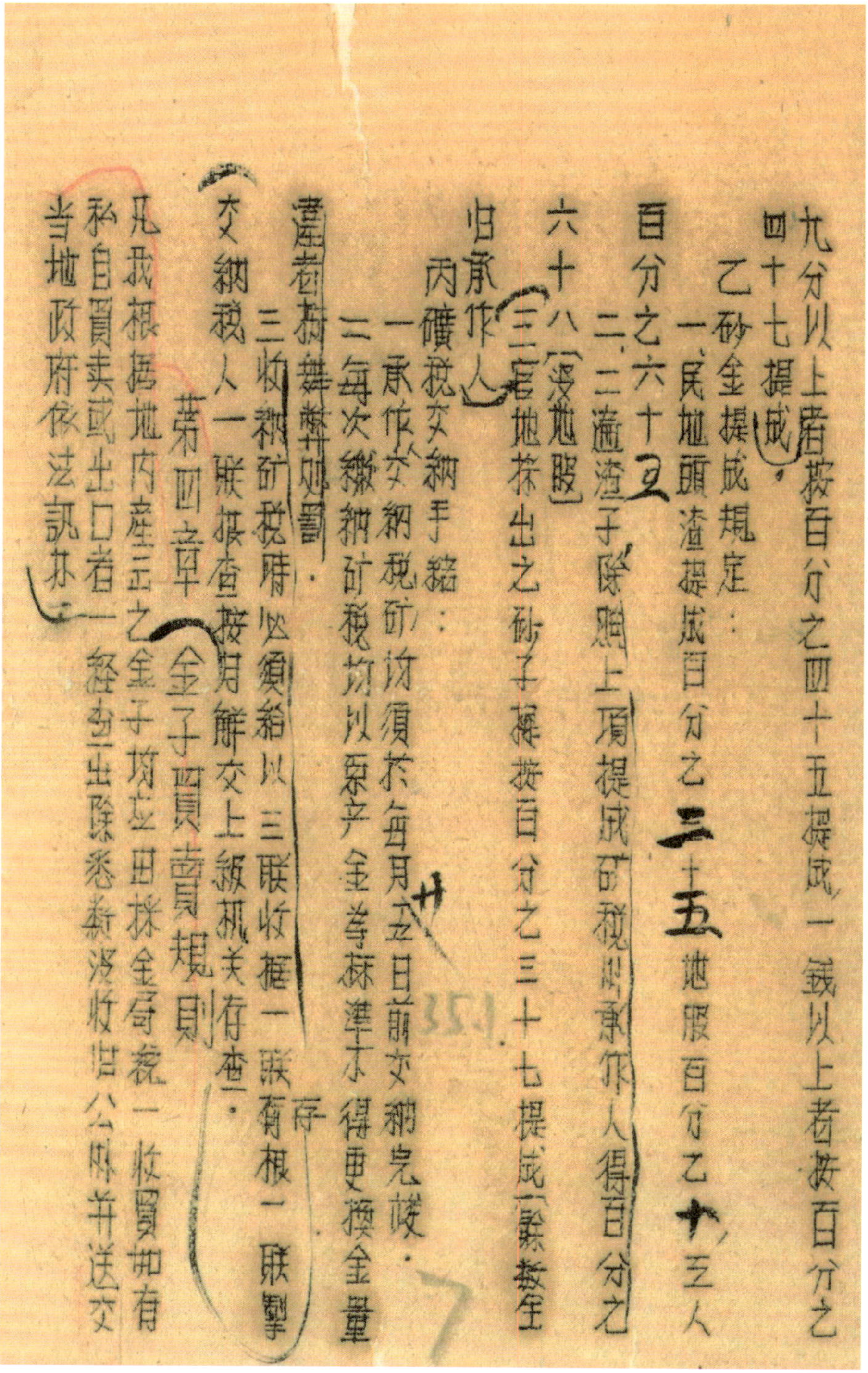

九分以上者按百分之四十五提成，一钱以上者按百分之四十七提成。

乙、砂金提成规定：

一、民地头渣提成百分之二十五，地股百分之十五，人百分之六十五。

二、二遍渣子除照上项提成矿税外，承作人得百分之六十八（没地股）。

三、官地採出之砂子按百分之三十七提成（除按金归承作人）。

丙、矿税交纳手续：

一、承作人交纳税矿均须于每月廿五日前交纳完竣。

二、每次缴纳矿税均以原产金等标准，不得更换金量，违者按舞弊处罚。

三、收纳矿税时必须给以三联收据，一联存根，一联报交纳税人，一联按查按月解交上级机关存查。

第四章　金子买卖规则

凡我根据地内产出之金子均应由採金合作社一收买，如有私自买卖或出口者，一经查出除悉数没收归公外，并送交当地政府依法讯办。

第五章 採金保護权

一、矿坊工人把頭如抱孫任何抗日軍警或抗日政府到礦坊組捕須通知與工会与採金局商得同意共同組捕。

二、如有故意違犯矿規横行無忌者採金局与與工会有直接処理与調解权如有処理不公被処分人不服时可赴上級政府控告。

三、新採金者須由当地政府介紹到與工会經與工会考查后再介紹到局方許開採以免有特務問題發生，經常採金者由與工会介紹即可開採。

四、矿坊糾紛採金局及與工会人員有义務随地調解与処理，如有特殊情形通知当地政府協同処理。

五、如有破坏份子暨奸細行為者企圖破坏矿坊損害抗戰利益者除没收矿井归公外并交政府訊办。

六、如有地主不准開採者应由採金局与工会負責動員說服，但經動員仍坚决不允許开採者应由採金局会同当地政府商討依照土地征用法処理之。

七、發現偷金砂情形採金局和工会有直接処理权查确后按其輕重及家庭狀况処罰（或罰金或罰苦力）

八、砸砂叫眼採取含金量除局方人員外其他不准三五成群偷看他人的矿井及叫眼等（試驗含金量）以免矿主疑与妨碍工作。

九、如职责生產人員營私入股或
削一經查出当即驅除。

第六章 附則

一、本办法自公佈之日施行。

二、本办法如有未尽事宜或不適之处由中区行政联合办事处修正補充之。

鲁中区行政联合办事处关于一九四四年植树造林的指示

（1944年2月25日）

事由　關於今年植樹造林的指示

批示

擬辦

附件

魯中區行政联合辦事處指示

三十三年二月廿五日
农字第　六　号

植樹造林是生産建設的重要工作，尤其在我魯中區山嶺綿亘，河流縱橫，到處都是很好造林場所，我們要注意培植天然的有利条件，積極的開展這一工作。况且近几年来，在敌伪頑叛大肆破坏，大小樹林，破坏殆盡；我根據地內林業的提倡與保護，也没很好注意，以致濫伐樹林的現象，到處都有。如果照這样下去，将来不[illegible]的民族不但生活上恐慌，並且對於農業氣候的影響也非常重大。因此，我們需要提高認識来積極的開展林業以資補救，茲本處特提出本年植樹造林指示，仰各級政府根據各地情形，有計劃有組織的認真办理爲要！

一、由各級農業生産委員會配合各种生産工作而進行，不另成立組織。

二、在動員宣傳方面，除了宣傳植樹造林的直接利用以外；並且要通過造林對農業上的偉大作用，使群衆都了解：如樹木能改良氣候，增加雨量；涵養水源，防止旱災；擋禦風沙，巩固堤防，預禦水患，改良土質等。要群衆明白這些利益，有計劃有組織的去植樹造林。並且動員好好的栽，保證栽一棵活一棵，堅決反對「把這裡不愛的樹砍了到那裡去栽，應付公事……」等不良現象。要注意灌溉和保護，認真執行保護樹林的法令，動員人人都負起保護的責任，禁濫伐破坏等情事。

三、具体工作及要求：

1. 育苗——各區要於今春建立苗圃一處，可採用公地或代管地，亦可租用民地，面積一畝至三畝，將來逐漸擴充，設有經驗的工人一名，負責管理，原有农坊的，如面積較大，可就农坊內附設苗圃，進行育苗。所育樹苗以當地適宜的樹木爲主，如松柏榆槐刺槐子柳等，不要培養希奇的樹林。育成的樹苗除供給农坊[illegible]依造林外，主要是以廉價供給群衆栽植，以資提倡。各區接到指示后，即應選擇地址，着爲設立，購集樹种，及時播種育苗，並應具計劃及預算呈報核示，成立苗圃要適手取不誤今春播種。根據特別困難無法設立苗圃的區，應[illegible]呈[illegible]，[illegible]

别的苗圃集中培养树苗，由公家拨款补助。办理的情形也要逐级报告查。

为了经济大量的培养苗木，单有公家育苗，难起普遍作用，应广泛的发动群众性的育苗事业，作为造林的准备。为了这一工作能很具体进行，要求每个有小学的村庄，由村政权及小学建立小型的苗圃培养树苗，不拘形式，面积不要求过大，可借用公地或代耕田作为地址。所需种籽、肥料等，归其自筹，不够自筹的，由区建设费项下酌予补助，每处以二十元至三十元为限，各县须报预算，呈报核拨。并限于今春开始育苗。（小学配合工作由主管部门指示学校统一办理）

2.植树——各级机关、民兵机关团体、学校今春保证每人栽植一棵树。并广泛的发动群众大量栽植，有河流的地区要组织群众有计划的沿河栽树以防水患，今春不能完成的，可分段栽植。所有林场，树林已经砍去的，要发动林主于今春栽上新树。各村的苗林子，一些空地一不能忽略的，也要发动植树。以上所有树苗，统计自齐定植树期间，各级政府要派人督促检查，各级公私植树，一定都要认真栽植，保证成活。并随时注意灌溉培护。

3.封山造林——鲁中地多山区，到处都可造林。山区造林的初步工作，首先就是封山，再进一步在已封的山坡进行逐渐的植树与播种，才容易保证。各级政府要发动群众性的封山运动，要求每一个靠山的村庄，在今年的清明节以前的封起一块山坡，作为村的封山子，准备逐渐造林，将来的利益即归村有。但封山要照顾到放牧牛羊，要部分的封禁，留下放牧牛羊的山坡。同时开荒要和封山联系起来，适宜开垦的山荒，不要封禁，但对于坡度很大的山荒不宜开垦，以防沙石冲下，淤压良田。宜于造林的山地，也须修梁堆坝，防止冲刷。这是关系整个耕地面积的严重问题，不要单纯的强调了开荒而忽略了此方面的损失。

四、号召群众爱护保护树株，不准滥伐一棵树。各村要普遍的订出保护树株的公约，共同遵守。各级政府要广泛布告，严禁破坏，并通令各地方武装民兵等负责巡查查获。以上各项工作，仰各级政府适应当地具体情况，切实讨论执行，并随时报告为要！

主任 王子文

副主任 马馥塘

30

鲁中区行政联合办事处关于推进农业生产工作参考材料

（1944年3月1日）

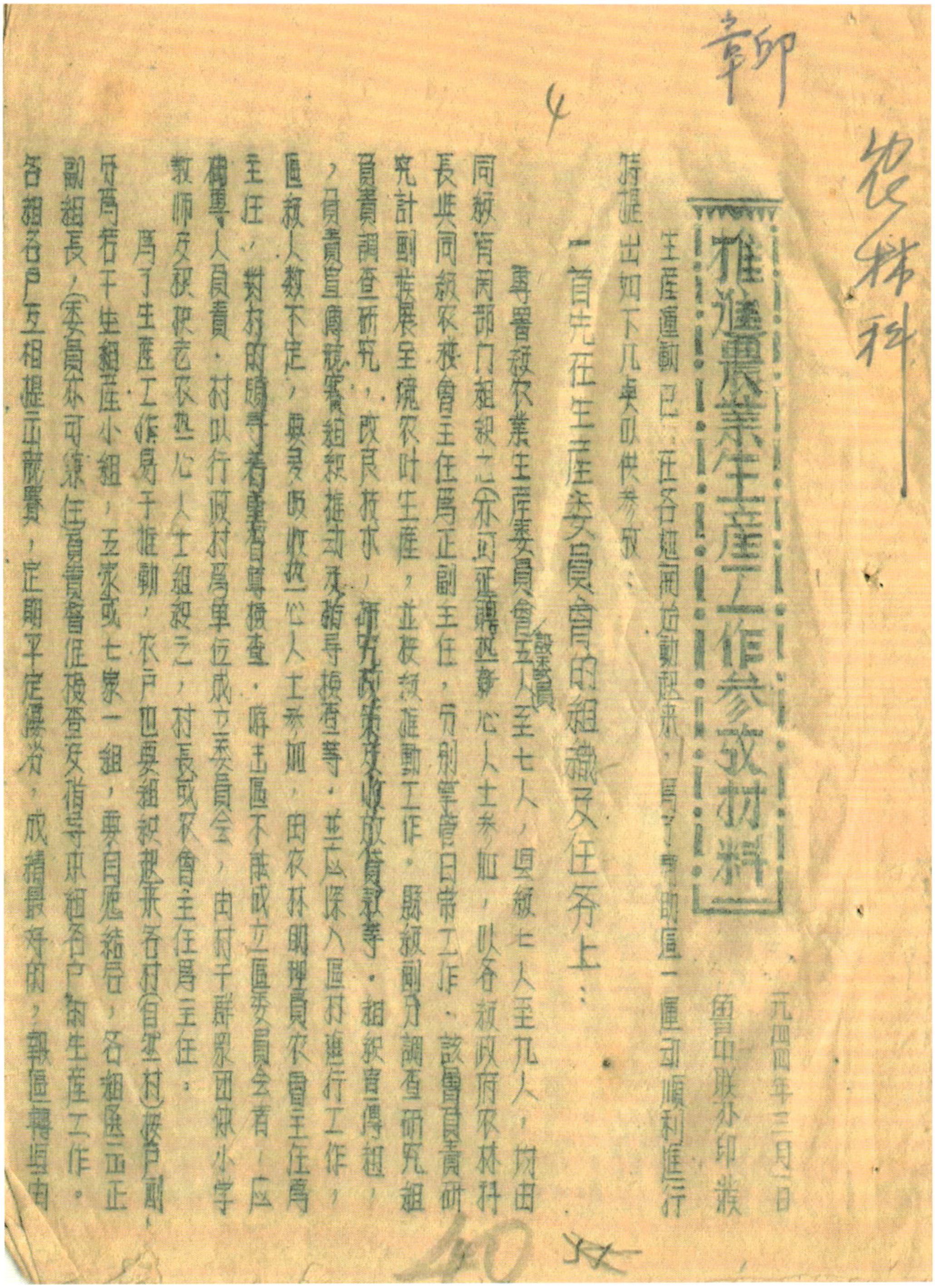

推進農業生產工作參考材料

一九四四年三月一日

魯中联办印發

生產運動已在各地開始動起來，為了要使這一運動順利進行，特提出如下几点以供参考：

一、首先在生產委員會的組織及任务上：

專署級農業生產委員會（縣級）五人至七人，區級七人至九人，均由同級有關部門組織之（亦可延聘熱心人士參加），以各級政府农林科長與同級农救會主任為正副主任，分別掌管日常工作。該會負責研究計劃推展全境农时生產，並推行運動工作。縣級副分調查研究組，負責調查研究，改良技术，研究政策及放貸款等。組織宣傳組，負責宣傳號召組織推动及指導檢查等。並應深入區村進行工作，區級人數不定，要吸收熱心人士參加，由农林助理員农會主任為主任，對村的領導着重督導檢查。脫產區不能成立區委員会者，應擇專人負責。村以行政村為单位成立委員会，由村干群眾团体小学教師及积極农民熱心人士組织之，村長或农會主任為主任。

為了生產工作易于推動，农户也要組織起來，各村（自然村）按户数分為若干生產小組，五家或七家一組，要自愿結合，各組選正副組長，（委員亦可兼任）負責督促檢查及指導本組各户的生產工作。各組各户互相提出競賽，定期平定獎勵，成績最好的，報區轉呈由縣獎勵，生產特別消極的，在村民大會上宣佈，予以批評。生產小組如不能普遍建立實現，可先建立一基點村，逐漸擴大推行；在游击區村庄不能成立委員会者由村政配合群眾团体先組织各团体的會員，使起模範頭等作用，影响一般群眾，没有群眾組织的，由區爭取接近各村有信仰的正義人士，号召宣傳，动員几户积极生產，政府設法帮助各户。

各級委員會都要建立各种会议的报告制度，並严格执行。

（二）関於勞動力的組织及調劑：

各個地區，長期的處在敌人的摧残破坏之下，在农村生產上勞动力（人力、牛力）都感不足，為了克服這一困难，要有計劃的把勞力組织起来提倡集体勞动，适当的加以調劑，才能提高勞动效率，增加生產，我们要适应农村固有的習慣，在自愿的原則下，动員帮助組织各种換工隊和短工隊等。換工隊（即变工隊）是利用社會関係，三五家或六七家結成一隊，集体勞动，輪流給各家作，相互換工，到一定的時候算賬，一工抵一工，半工抵半工，要出的工夫按农村工價補給工資，這样一個人不能作的活就能作了，並且集体作活有興趣減少疲勞，彼此爭勝都不致偷懶落后，能以提高勞动效率；比如鋤地一個人需要五天，三個人可能一天鋤完。再就是短工隊（即札工隊）就是把一個村或兩個村有剩餘勞動力的農民，由農

41

救會把他们組織成短工隊，選出隊長，負責介紹工作，雇主可向隊長雇人做活。免得雇主找不到人，工人沒有活做。組織起來以後，農救会要對他们時常進行教育，以提高他们的生活情緒及政治認識也是发動群眾的有效办法，但在組織帮工的進行中，要注意糾正多种偏向，近日有某莊組織了十六個人的開荒隊，計劃開五畝荒地，搭下鍋子集体吃飯，集体生產而未顧到群眾習慣及今天的真正要求紙子這一類的偏向，一定不少，須要隨時注意糾正。

此外是牛力的結合，兩個或三個牛搭成一犋耕地，各地历來都用這办法，但各村要詳細計劃一下，所有牛犋是否有過於瘦弱或過於龐大的，以及無牛的有多少？要適当的加以調整，或者把几犋牛組織成一個搭犋隊，彼此調劑互助，以達到牛力的合理使用及耕牛的愛護。没有耕牛的可用人工換牛工，要照顧到雙方的利益去交換對於耕牛的喂養使用，一定要有心愛護，至於借用耕牛，要很好的動員，牛主要發揚互助友愛的精神，盡可能的出借；借牛的更要認真的愛護耕牛，注意喂養飲水，使用不要過急過累，叫牛得到適当的休息與反芻消化的時間。這樣办法牛主才樂意出借，有力喂牛的才敢買牛，耕牛才能逐漸增加。

三、怎樣幫助群眾訂生產計劃：

我们帮助群眾訂生產計劃，第一是選擇对象：要選擇有認識有信仰並且生產積極的或者特别選擇典型的懶漢作為改造的範例。

找好對象之后，先要动員解釋，說明是幫助他把日子過好些，如果有困难政府貸欵幫助他们，不是為的收公粮。在同他商定計劃的時候先全採取幫助态度，要他全家同意，不要强迫命令包办代替。計劃內容是自願的；但不能無原則，以防止自流守舊，要提出改進的办法，耐心說服他採納，計劃要切合实际，要求不要過高，使計劃成了教條。再一個要緊的问題就是不違農時，一定要在春耕之前把計劃定出來。

其次是計劃怎樣訂的问題；第一要了解上年的生產情形和現在的經濟狀況；並且檢討上年生產中的优點和缺點作為依據來確定今年的生產目標等時（如缺多少粮食和費用，今年怎樣提高生產来補足）。有了目標之后，就盤算怎樣生產，要先把地畝弄清楚，各段地的土質怎樣？宜於什么莊稼？今年決定怎樣种什么？怎樣積肥？怎樣施肥？以及深耕鋤除草與除害和用水利等，都要按照季節適當的把工作計劃好。要在許多方面想办法提高生產（如），這樣計算妥当之后，要估計一下看今年的收量能增加多少，同時算算今年能吃多少粮，能化多少錢，收支能否相抵，再看家庭的條件，還能作什麼副業以補助生活，如婦女子紡織，養蚕，養鴨，札花，補衣，打油，碾菜以及作小生意等能收入多少？总的收支比較一下，要求达到自給自足自給的程度，在种地及副業中，要把勞動力適当分配好，不能依重治的作轻治，要全家每人都能参加生產工作，不要有一個吃闲飯的人，這是必要的問題。

計劃訂出之后，仔細的研究修正，開列兩分，本户一分貼在屋裡，隨時查看，依照着去办。村政府一份，以便及時的檢查，並且要把計劃在村民大会上宣佈以擴大影响。

四、積肥問題：

近几年生產降低，缺乏肥料是個主要原因，要動員群众普遍的喂猪積肥，並要拔出貸款帮助買猪，在根据地内更要認真推动，這是提高生產的基本办法，不可忽視。去年收成較好，一般群众多少有些力量去上糞，春季播种要动員多上些糞水或豆餅，政府盡量貸款以外，可以動員地主富农借貸給貧农買肥料上地求得普遍的提高產量。此外要廣泛的動員各农户整理廁所，糞池不要雨淋日晒，以防糞力消耗。並且用各种各樣的方法積肥（如修廁所，積尿拾糞，扫街土，院土垫圈，挖糞坑沤糞，用秀粮秆和泥土沤糞，薰炕，河草，荒土作肥料，要适應各地條件，動員群众利用這些方法积肥，在動員與宣傳中要群众都認識到「积肥如积粮」這一問題並去实行。再就是地主佃农合施肥料等問題，要按地方習慣研究照顧双方的利益来施行。

五、進行農事指導：

1.提高生產技術和改進作物的种植面积——荒地少或没有荒地的地區，提高生產技術是主要的，如耕地犁掌要小些，耙的要匀实播种用好种子是要一点，拔苗要仔细，锄地要勤谨认真，并且注意病虫灾害的防止，利用水的进行灌溉等，都是增产量的办法，各级委员会应当认真的研究推动。再就是各种农作物的多少，要由各地区的需要，以免供不应求或生产过剩。各地只有前虽无精确统计，也要了解情况，根据需要及自然条件、适当的调整，如太山、太南、沂山各地需要提倡种棉，以发展纺织；这些地区粮食又不足用，要设法提倡大量的种地瓜，以保证民食。太山、沂山更需要多种春麻及早熟的庄稼救济春荒，沂蒙荒灾过多，也要动员少种棉，以增加其他耐旱的庄稼。

②提倡选种浸种——选种是提高产量的基本问题，要普遍提倡，在今年麦季秋季最好都能实行。选的办法，要正当开始成熟的时候，到田里实行穗选（豆子选棵，麦子按穗选剔去坏的）要选健全的成熟的色泽好的完全成熟的。选来晒干，要好的保存，准备播种用。

浸种是预防病害的办法，谷子麦子高粱都可施行，预防黑穗病（乌霉）最有效。我们最容易做到的是「石灰水浸种法」就是：十斤水里放上一斤生石灰，搅和一会，等石灰沉下，把清水滤出来，稍冷一会把种子（要干净的）放在这水里浸泡，稍加搅拌，漂去秕的，约待四五个钟头，种子上的病菌就被杀死了，把种子捞出晒干，即可播种。今春种谷子高粱，秋季种麦子，各地都要提倡浸种，并可进行浸种的实试验。

③预防虫灾——去年高粱发生横心虫，高粱稍里的虫子今年

45

春季就孵化成螟蛾，產卵繁殖，再侵害今年的莊稼。預防的办法：在春暖以前，把高粱楷的上梢（虫子多在上梢）割下來燒用了，防止再繁殖為害。

去年高粱發生了螟虫（蚕虫子）所遺留下的卵子，多附着在乱草上和樹葉上，春暖以后再孵化為害，要动員群众在春耕以前把地边的乱草樹葉，就地焚燒把卵子消滅免再發生。一般的农民認為是「犯了瘟病忘了扁」，並迷信是「天意」各地尤其是行署區要接受上年的教訓耐心的动員群众認真執行這一措施，不可忽視。

4.委託試驗——政府可委託積極农民試驗各种技術的改良办法，用以擴大影响。今春可作水利肥料及浸种等試驗。秋季再作麥子的品种及浸种等試驗。委託办法：：選擇積極农民的一二畝地（選較好的）叫他接受政府的指导，從事試驗。雙方訂立合同，彼此遵守，試驗後的產量如較同等地增加，歸本主享有；如果減少，政府要負責補償，在試驗時並負責幫助他。

鲁中区行政联合办事处关于凿井筑坝发展水利的指示（1944年3月）

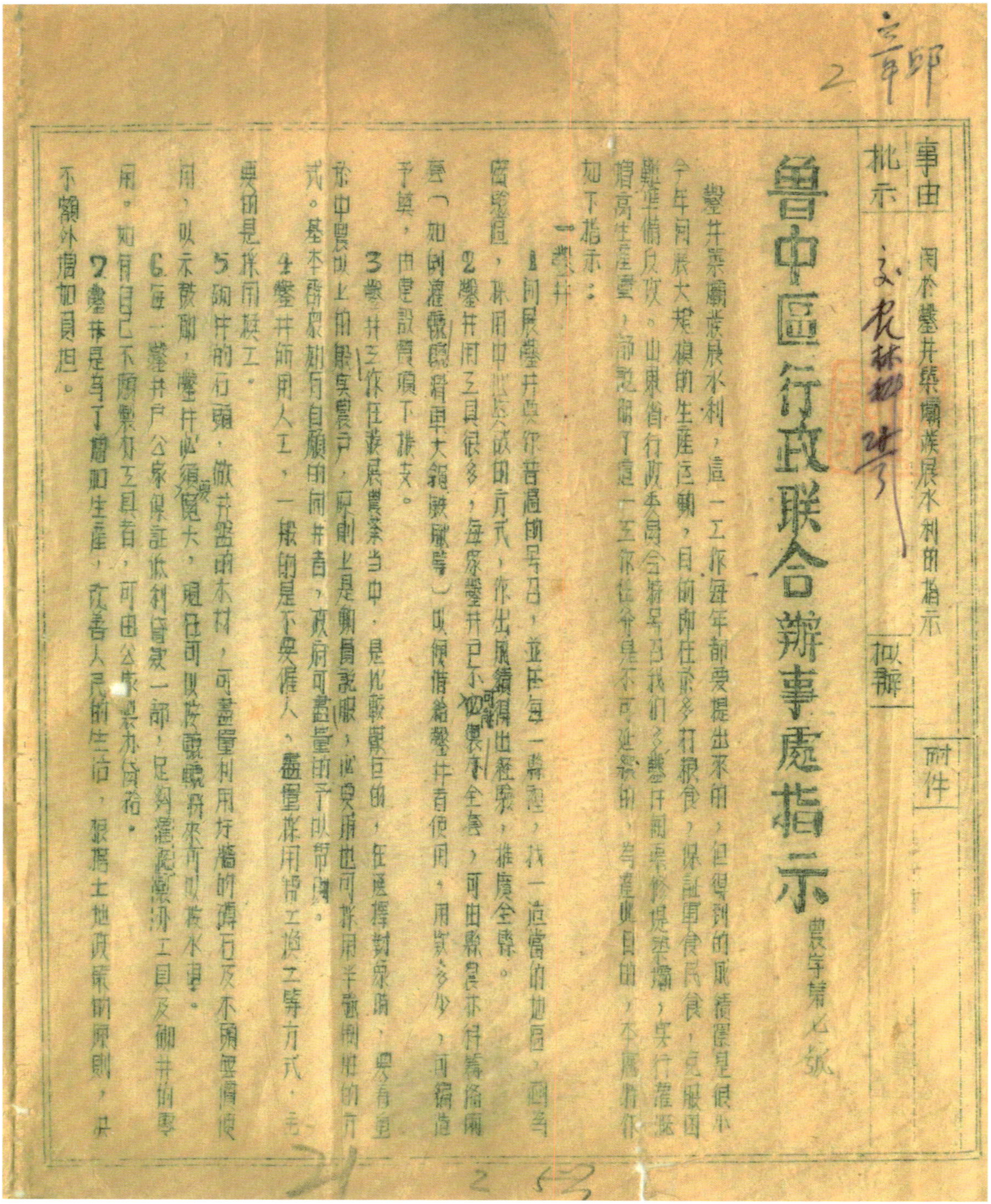

事由　關於鑿井築壩發展水利的指示

批示

擬辦

附件

魯中區行政联合辦事處指示

農字第乙號

鑿井築壩發展水利，這一工作每年都要提出來的，但得到的成績還是很小。今年開展大規模的生產運動，目的即在求多打糧食，保証軍食民食，克服困難準備反攻。山東省行政委員會特號召我們多鑿井開渠修堤築壩，實行灌溉增高生產量，亦說明了這一工作任務是不可延緩的。為達此目的，本處特作如下指示：

一、鑿井

1.開展鑿井要作普遍的號召，並在每一村莊，找一適當的地區，劃為試驗區，採用中心突破的方式，作出成績，取得經驗，推廣全村。

2.鑿井用工具很多，每家鑿井已不可能置齊全套，可由縣區亦得籌備兩套（如倒灌轆轤與大鋼絲轆轤等）以便借給鑿井者使用，用費多少，可編造預算，由建設費項下撥支。

3.鑿井工作在發展農業當中，是比較艱巨的，在選擇對象時，要着重於中農以上的殷實農戶，原則上是動員說服，必要時也可採用半強制的方式。基本貧農如有自願的開井者，政府可盡量的予以幫助。

4.鑿井所用人工，一般的是不要僱人，盡量採用變工換工等方式，主要的是採用換工。

5.關於井的石頭，做井盤的木材，可盡量利用圩牆的磚石及木頭無償使用，以示鼓勵，鑿井必須要寬大，現在可以按轆轤將來可以按水車。

6.每一鑿井戶公家保証供給貸款一部，足夠灌溉購買工具及砌井的零用。如有自己不願製做工具者，可由公家製辦貸給。

7.鑿井是為了增加生產，改善人民的生活，根據土地政策的原則，決不額外增加負担。

成。

8、每縣開井的數目，由各縣自行規定，呈報本處，但要求在麥收前完成。

9、鑿井貸款，可由各行撥出一部，如不足應用時，可呈請本處借撥。

二、修灘築堤：

修灘築堤，不但可以興修水利，防禦水患，還可增加耕地面積，這一工作的進行，必須要詳細調查估計，並加以廣為宣傳，隨時醒起的注意，如發現有必修之處，可即倡導舉行，政府可按工程之大小予以適當的幫助。

修灘築壩新增闢之土地，根據山東省行政委員會之開荒規定三年內不交公糧田賦。

本指示希即討論，並普遍宣傳，切實執行，並將回報本處為要！

中華民國三十三年三月　日

主任　王子文

副主任　馬馥塘

44

22

鲁中区一九四二年、一九四四年地亩村庄人口统计表
（1944年7月15日）

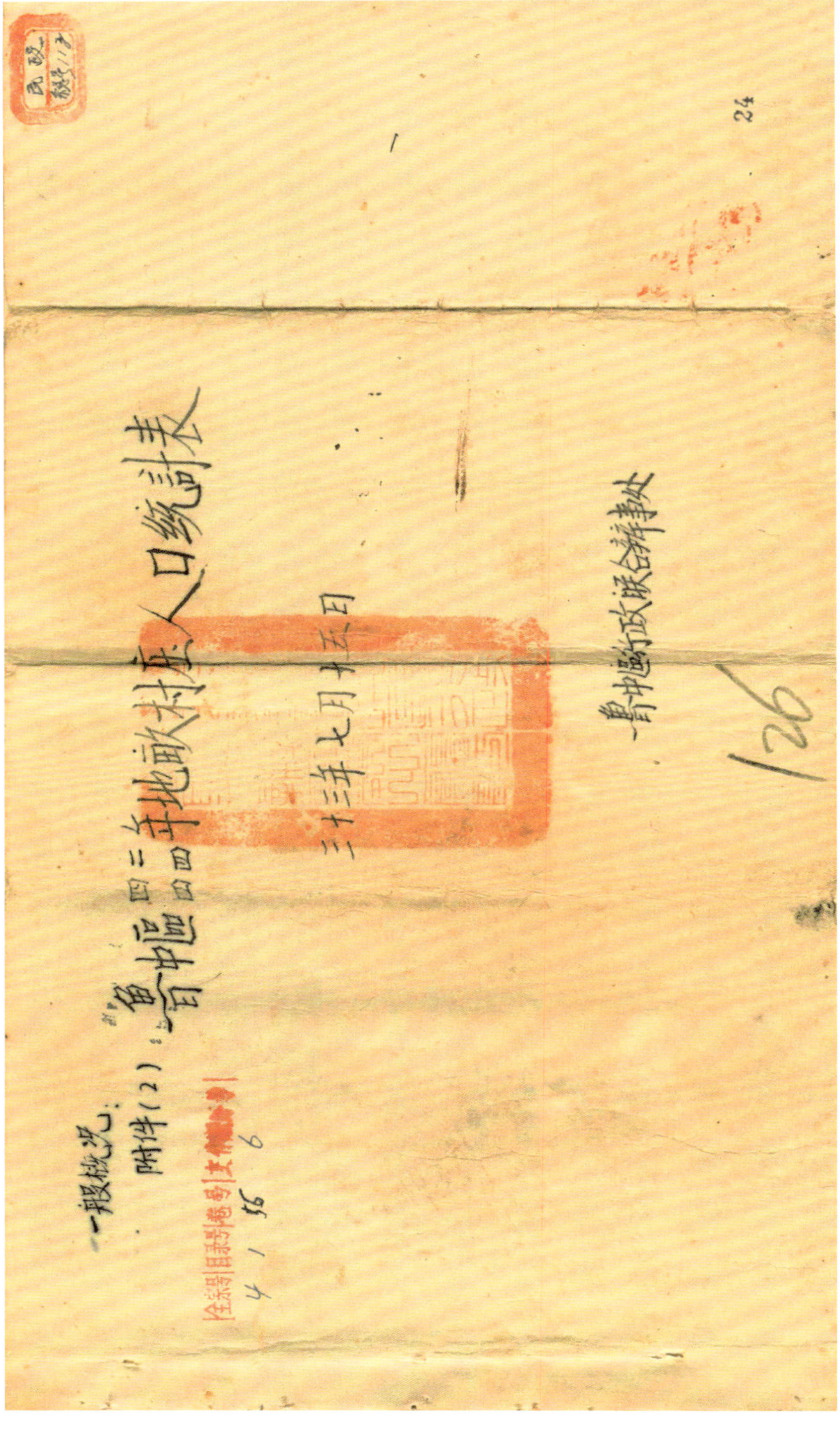

24

一般概况：

附件（2）：鲁中区四二、四四年地亩村庄人口统计表

三十三年七月十五日

鲁中区行政联合办事处

126

說明

（一）四二年之統計祇是沂蒙太山太南三個專區，但太山區缺淄河縣，各種數目不甚確实，主要是敌游區，在中心區比較確實，地畝統計一般係按實畝（240方步）計算。

（二）現在之統計（四四年六月底）包括沂山魯山新收復地區及其他縣單位，這些地區之統計，村莊比較確實，而地畝人口只是約數，是按（每區35個村每村60戶每戶5口人，每人二畝地）計算。

目次

127

25

一九四二年

沂蒙区现有地亩人口村庄统计表

数目 / 类别 / 区别	地亩 我占区 自然亩	地亩 我占区 折中亩	地亩 敌游区 游击区	地亩 敌游区 敌占区	地亩 敌游区 交通区	村庄 我占区 自然村	村庄 我占区 行政村	村庄 敌游区 革命两面派	村庄 敌游区 自私两面派	村庄 敌游区 反动两面派	村庄 敌游区 完全投敌	人口 我占区	人口 游击区	人口 敌占区	人口 交通区
沂南县	187,495		6,305	30,859		324		17		81		122,392		21,631	
边联县	92,266		22,923	172,620		90		59		110		41,689	18,799	63,088	
沂水县	98,723		5,556	87,599		257		97		124		135,727	4,500	44,761	
蒙阴县	30,925		3,683			114		60		16		37,312	4,164		
费东县	9,735			132,000		99		10		291		9,082	3,500	111,750	
沂北县						131		38		159					
合计	419,144		68,467	423,078		1,015		281		781		346,202	30,963	241,230	

附註：

1. 沂南边联费东我占区之地亩均系折合中中地亩数，敌占区是公亩数，沂水蒙阴是公顷的数及部分的折中亩数。
2. 蒙阴缺敌占区亩数目，沂水缺第四区的数目（因系新开辟地区）
3. 沂北敌占地的总数为149360亩人口总数为89991人未统计在内。

128

26

一九四二年

太山區現有地敵村莊人口統計表

數目 類別 / 區別	地畝 我佔區 自然畝	地畝 我佔區 折中畝	地畝 敵游區 游擊區	地畝 敵游區 敵佔區	地畝 敵游區 友頑區	村莊 我佔區 自然村	村莊 我佔區 行政村	村莊 敵游區 革命兩面派	村莊 敵游區 自衛兩面派	村莊 敵游區 反動兩面派	村莊 敵游區 完全友頑	人口 我佔區	人口 游擊區	人口 敵佔區	人口 友頑區
博萊縣	46,060		57,039	116,889	46,589	114		92		183	115	48,647	48,143	62,393	48,764
新甫縣	34,962		70,389	99,302		76		188		196		23,647	53,032	100,025	
萊蕪縣	41,976		78,587	202,984		61		120		216		22,056	56,609	155,100	
太北縣				351,336						164				250,000	
章邱縣	12,690		29,280	125,869		38		77		64		9,880	20,010	61,952	
淄川縣	105,667		20,235	58,211		35		41		153		10,865	17,390	65,997	
合計	146,255		255,530	954,591	46,589	324		518		976	115	115,125	225,184	695,477	48,764

附註：博萊頑佔區之村系是新四師吳化文部所佔本部已報敵

129

27

一九四二年

太南區現有地畝人口村莊統計表

區別＼數目＼類別	地畝 我佔區 自然畝	地畝 我佔區 折中畝	地畝 敵游區 游击區	地畝 敵游區 敵佔區	地畝 敵游區 友頑區	村莊 我佔區 自然村	村莊 我佔區 行政村	村莊 敵游區 革命兩面派	村莊 敵游區 自在兩面派	村莊 敵游區 反动兩面派	村莊 敵游區 完全頑友據	人口 我佔區	人口 游击區	人口 敵佔區	人口 友頑區
新蒙县	26318		30162	102658	48150	101	XX	77		161		30977	20175	68439	32100
太寧县	36780		28373	605755		50		74		428		19811	21466	257691	
费北县	7550		7000	280000		34		36		411		1100	5000	144900	
太包县														100000	
合計	70648		65535	988413	48150	185		187		1000		51888	46641	1571030	32100

附註：蒙邊地區全部統計在太寧內

130

28

一九四四年

沂蒙區現有地畝人口村莊統計表

數目 類別 區別	地畝					村莊						人口			
	我佔區		敵游區			我佔區		敵游區				我佔區	游击區	敵佔區	游击區
	自然畝	折中畝	游击區	敵佔區	友頑區	自然村	行政村	革命兩面派	自[illegible]兩面派	反动兩面派	全傾向友頑				
沂南縣	31,200	180,268				434	151		51			202,371	10,188	6704 6707	
边联縣		92,266	229,623	172,620		248	44	30		50		41,681	18,799	63,088	
沂中縣	408,143	169,493	37,985	35,689		403	162	49		104		164,534	25,499	42,233	
費東縣		249,397	102,696	13,200		151	29	209		21		19,150	75,500	22,500	
蒙阴縣	19,214	64,390	23,100	12,728		263		35		69		41,910	10,150	25,186	
沂東縣	77,517	130,342	43,071	34,446		203		40		95		87,591	11,623	27,000	
合計	536,074	666,156	436,475	768,783		1732	416	363	51	339		557,245	152,050	186,711	

附註

1. 边联、費東兩縣我佔區自然畝與折中畝未分開係混合統計
2. 蒙阴係按自然村統計

(13)

29

一九四四年

泰南區現有地畝人口村莊統計表

數目 \ 類別 \ 區別	地畝					村莊						人口			
	我佔区		敌游区			我佔区		敌游区				我佔区	游击区	敌佔区	友頑区
	自然畝	折中畝	游击區	敌佔区	友頑区	自然村	行政村	革命两面派	自[illegible]两面派	反动两面派	完全頑友				
新甫县	29,695		48,443	88,478		144		32	40	37		18,460	32,000	58,540	
太寧县	142,201		49,539	40,569		316		33	114	77		98,634	43,840	42,596	
貴北县	12,054		89,505	225,673		87		60	62	240		12,517	40,405	77,744	
新太县	7,898		81,042	170,968		22		109	147	143		8,322	5,295	178,125	
泗北县	118,536		91,060	44,809		138		50	41	187		87,111	45,799	124,791	
太泛县	100,580		250,100	24,689		29		102	154	51		47,400	153,000	34,000	
合計	410,964		609,689	595,176		786		386	558	735		272,544	320,339	515,796	
附註															

132

30

十　一九四四年

泰山區現有地畝人口村莊統計表

數目 類别 / 區别	地畝 我佔區 自然畝	折中畝	敌游區 游击區	敌佔區	敌顽區	村莊 我佔區 自然村	行政村	敌游區 革命两面派	自发两面派	反动两面派	完全倾友顽	人口 我佔區	游击區	敌佔區	友顽區
博莱县	211,983	95,392	113,800	91,074		213		145	160	42		78,000	82,000	69,548	
莱芜县	303,175	49,378	98,762	94,080		166		49	33	110		78,299	52,336	36,188	
泰厖县	25,317		94,294	95,655		139		95	192	181		31,406	92,217	99,587	
章邱县	60,484	24,219	46,040	61,565		151		24	26	68		66,878	46,000	60,000	
淄川县	28,997		160,000	25,000		126		120	146	59		41,329	163,590	36,285	
合計	629,956	168,989	512,896	377,377		795		433	557	460		295,892	346,143	291,608	

附註

133

31

一九四四年

沂山區地敵人口村莊統計表

區別	地畝：我佔區：自然畝	地畝：我佔區：折中畝	地畝：敵游区：游擊区	地畝：敵游区：敵佔区	地畝：敵游区：友頑区	村莊：我佔区：自然村	村莊：我佔区：行政村	村莊：敵游区：革命两面派	村莊：敵游区：自發两面派	村莊：敵游区：反動两面派	村莊：敵游区：完全傾友頑	人口：我佔区	人口：游击区	人口：敵佔区	人口：友頑区
安邱县	171,150		57,850	12,600		300		4	74	30		81,500	28,500	6,000	
莒沂县	350,625		72,000	211,200		300			60	176		116,875	24,000	70,400	
臨朐县	238,663		17,010	96,000		305			63	200		53,039	5,670	24,000	
沂北县	235,484		10,200	13,000		348			17	45		132,046	5,100	13,500	
合計	995,922		403,950	332,800		1,253				451		383,460	58,167	113,900	

附註：臨朐县敵区約有200个村因去年死亡率太大，故死亡者太多，每村按30户按4口人計算在內。

134

32

一九四四年

鲁山區地畝人口村莊統計表

區别＼數目＼類别	地畝					村莊						人口			
	我佔区		敵游区			我佔区		敵游区							
	自然畝	折中畝	游击区	敌佔区	友顽区	自然村	行政村	革命两面派	自发两面派	反动两面派	完全伪友顽	我佔区	游击区	敌佔区	友顽区
沂源县	220,000					300						90,000			
益都县	630,000					210						315,000			
博山县	209,441					213			61	64		120,077			
合計	1059,441					723			61	64		52 [illegible]5,077			
附註	135														

33

鲁中区行政联合办事处粮食工作总结（1944年7月）

魯中區

糧食工作總結

（底子）

2

第一部份 鲁中区粮食工作存在之几个特点

(一) 当我们检讨总结鲁中粮食工作以便利需要研究鲁中粮食工作存在之几个特点有些什么特点呢？我们认为有以下几点

一、在地理环境上鲁中区是山东的山区，是一个很贫乏的粮食地，几乎都是山岭地带，粮食生产不丰富，除了平原地区外，在战前即需依靠外来运输，有的年来更不敷给，加抗战以来对粮食无统一筹划，乱筹乱用，公开为敌进那里吃那里，以致造成大困难，此种情况在抗战开始以来粮食就是屋了底

二、几年来敌伪的扫荡蚕食烧抢捕抓劳动力与牛力的缺乏，生产工具的被破坏，损失残重，特别是一九四一年大扫荡后损失粮食尤重，使粮食更加困竭，地区更加缩小，收入也更加减少

三、脱离生产人员太多，在一九四三年以前，领导机关直属部队大部都在鲁中沂蒙一带，据过去统计四比一的脱离生产人员，并加过往部队及伤员，人民负担比其他地区较重（特别是沂蒙区）每年公粮每年是入不敷出。

3

四、历年来的旱灾歉收，特别是泰山区连接三年未收成，沂蒙区四二年也歉收，因此群众负担能力更加降低，再加农村重视上努力不够，在粮食的供给上发生困难。

五、鲁中区是敌顽三角斗争最尖锐的地区，由于敌顽的对群众摧残掠夺，造成了很多的灾民，因此在收复之新地区在某些时间内不能进行筹公粮（不征），并还要送粮扶助，或者一个时期免负担（老根据地）。

六、政权工作发展不平衡，所以公粮办法也就形成 [illegible] 各式各样。

七、鲁中大部是山区，生产技术落后，群众靠天吃饭的传统心理相当浓厚，对改良技术增加生产起了阻碍的作用。

二）由于以上的几种特点，说明了鲁中区食粮是相当困难，经常有先天性不足的基本特点，但为了供给需要，所以鲁中区人民负担，历年来都是比较重的，而尤以沂蒙区为甚。是农村如果能很好的掌握政策，依靠群众，发动群众，是能够克服这个先天性不足的特点与减轻过重的负担的。

[illegible]、鲁中区负担政策（主要是公粮负担部分）的检讨与

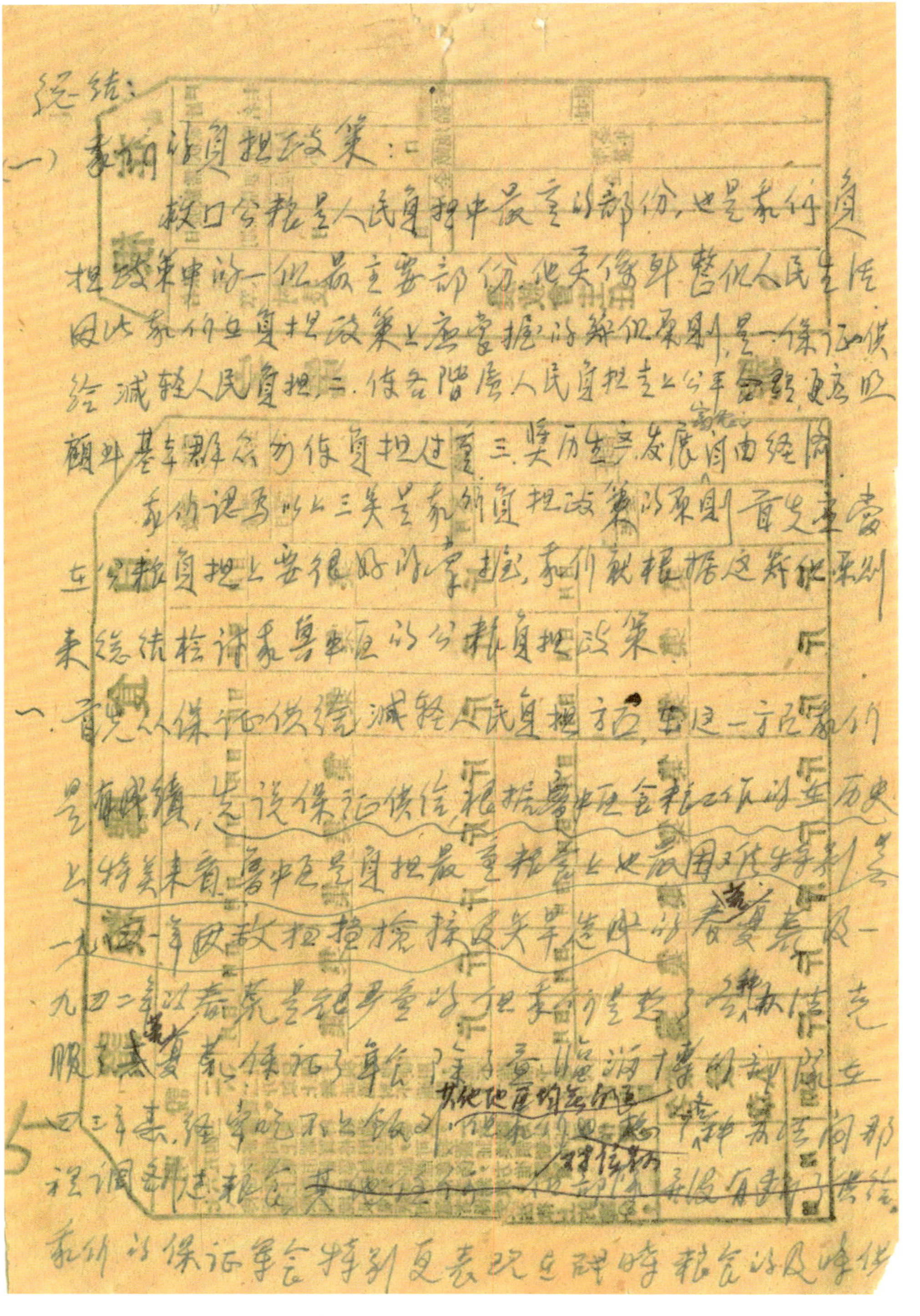
总结：

（一）我们的负担政策：

救国公粮是人民负担中最主要的部份，也是我们负担政策中的一个最主要部份，他关系着整个人民生活，因此我们在负担政策上应掌握的几个原则是一、保证供给减轻人民负担，二、使各阶层人民负担达到公平合理，适当照顾基本群众的负担过重，三、奖励生产发展自由经济。

我们认为以上三点是我们负担政策的原则，首先要在负担上要很好的掌握，我们就根据这几个原则来总结检讨我鲁中区的公粮负担政策。

一、首先以保证供给减轻人民负担方面，来说一方面我们是有成绩，这说保证供给，根据鲁中区公粮工作的在历史上特点来看，鲁中区是负担最重……

一九四一年因敌顽扫荡抢掠及天旱造成的春荒夏荒及一九四二年的春荒是很严重的，但我们是克服了，夏荒保证了军食……

四三年春，经常吃不上饭……调剂粮食……

我们的保证军食特别是表现在战时粮食的及时供给

给再说：减轻人民负担，这一个问题成绩是大
但总是有明显的估字以现有的材料，将一九四二年
的负担与一九四三年两年来的负担在总的数目上（列表一）
在各阶层的负担数上（列表二）以及一个县一个区一个村
一个户的负担数上（列表三）来对比我们是减轻了人民
的负担，减轻的基本原因有下列几点

1. 执行了"精兵简政"的政策，减少了粮食的开支，仅就
沂南沂中两个县共精简五百三十四人，每年可节省粮食
五十一万二千六百四十斤。
另就太山区精简后共减少一千四百〇五人，每年可
节省粮食一百三十四万八千八百斤（其他未统计）

2. 提倡节省了节约部份的运动（军队做一点）仅
以现有的材料统计党政军民在1943年节约粮食1430620斤
的减轻每一个老百姓一斤到一斤半粮食

3. 建立与健全了会计制度、粮秣的仓库制度，部份的杜
绝了贪污浪费，一般说四三年的贪污浪费是比较
四二年的减三分之一

4. 开展了敌区的征收，以沂北县来说四三年仅就是靠
近敌的十七个庄子不向我负担，但四二年沂东以东之村

5.筹建[illegible]地区[illegible]

应完全不向农负担，清查了黑地，仅沂中县即清查黑地78190亩。

六、扩大了新地区，计有[illegible]在的全部安邱、莒沂边、临朐及蒙阴的大部，及沂中的东里店、沂北的一百二十余庄子。

总结起来，在保证供给、减轻人民负担方面是有成绩的，但存有缺点，待留下面总的检讨。

二）鲁中区征粮办法的改进与检讨

一、要了更清楚的了解鲁中区的征粮办法的改进情形，首先应从历史上来了解。自民主政权建立到一九四〇年这一时期，粮食部门无统一的组织机构，也无统一的计划与办法，一般的以军队为主（政府也有，但部队差不多都是军队去收），是乱筹乱用，以摊派制度进行的。自一九四〇年在政权方面由上级指示要注意合理负担，改善人民生活，但对合理负担无研究无经验，所以采用一种挑户的办法，村中富农以上的[illegible]地主，根据他的地多少及家庭状况，指定他筹多少，这样贫农就减轻了，但也不统一，仅沂南是这样，但这已比无计划的乱筹乱用向前进了一步。

又自一九四〇年六月麦季征粮开始实行甲种合理负担

动产不动产都要负担。实行的结果是杀树杀鸡杀猪。[illegible]负担大部份都放在地主富农身上。在未办甲种合理负担之地区则用摊派办法。有"区特产""乡特产"之分。区特产的标准是以三百亩以上之地主集其名曰"区特产"由区直接向他摊派。三百亩以下者为"乡特产"由乡直接向他摊派。其余则由村来摊派。五亩以下的不负担。那时"过左"。过左的政策，地主负担过重。沂南大九区全区地主仅五分之一负担公粮，则仅二分之一。马头附近"过左"的政策至1940年秋收时制定了一种特产累进办法，

1. 特产与非特产分开摊派
2. 非特产仍按甲种合理负担摊派
3. 特产除负有地负担给养外，其他财产不论动产不动产概不负担给养，有其他负担时仍斜负担之。
4. 特产粮累进办法，

① 以特产中地亩之若干亩为最低限度之其负担而按普通应摊数摊之

② 增加三十亩者即增加其应摊总数的十分之一。增加六十亩者即增加其应负担总数的十分之二。

8

其余每三亩地另一级但不得超过十分之五.

但这个办法也不是普遍通行仅沂南使用.

从一九四一年麦季征粮开始废除甲种实行了乙种合理负担 这虽有很大的进步 但仍有缺点 首先是免征人口太多 免征户也超过百分之二十至三十(后又修改一般的不超过百分之二十) 其次累进额太小 使公平合理的作用不大 从下表即可证明.

原有亩数	二亩	四亩	六亩	八亩	十亩	十二亩
负担亩数	二亩	四亩二分	六亩六分	九亩二分	十二亩	十五亩

当时实行的地区有沂南也县现县及沂水莱芜等县 直到1942年夏省临二会明令取消甲乙种合理负担改用按产量征收的征粮新办法 在鲁中区也就取消了甲乙种合理负担 但因环境特殊的关系 不能使用征粮新办法 随即决定保留甲种合理负担之累进部分 取消其他一切杂捐部分实行征粮 在未实行合理负担的地区仍按地亩摊派或按户摊派 绝大部分是用摊派的.

总起来说 在四二年前的是比较进步的合理负担 但是就没有公粮的这个观念 更不清楚办法.

目前鲁中区征粮一般所采用的办法 可分下列数种:

9

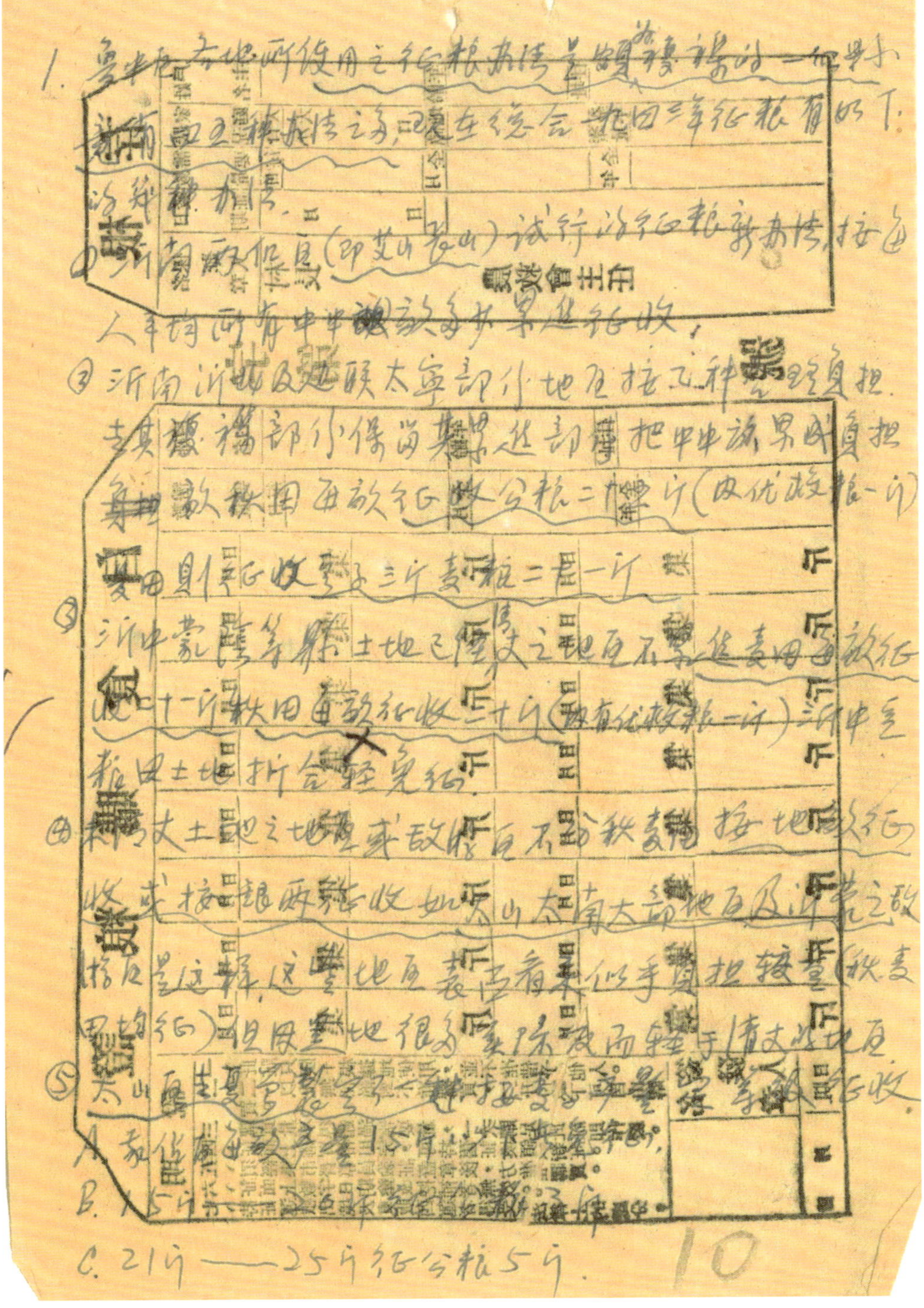
1. 鲁中区各地所使用之征粮办法差额[illegible]一般来
[illegible]自五种办法之后，已在总会上把四年征粮有如下：
沂蒙[illegible]办法。
①沂南县（即艾山县）试行的征粮新办法，按每
人平均所有中中亩数多少累进征收；
②沂南沂北及莒县太宁部分地区按三种累进负担，
其[illegible]部分仍按累进办法把中中亩累进负担，
每亩秋田每亩征收公粮二十斤（内优救粮一斤）
[illegible]则仍征收麦子三斤麦田粮二十一斤
③沂中蒙阴等县土地已按丈之地区不累进麦田每亩征
收十一斤秋田每亩征收二十斤（内有优救粮一斤）沂中至
[illegible]土地折合轻免征。
④未经丈土地之地区或按亩地区不分秋麦按地亩征
收或按银两征收，如沂山太南太部地区及沂蒙之敌
占区是这样，这些地区表面看来似乎负担较重（秋麦
两均征），但因其地很多系隐瞒而轻于清丈后地区。
⑤太山区夏季[illegible]按麦子[illegible]征收。
A. 每亩产量15斤[illegible]
B. 15斤
C. 21斤——25斤征公粮5斤。
10

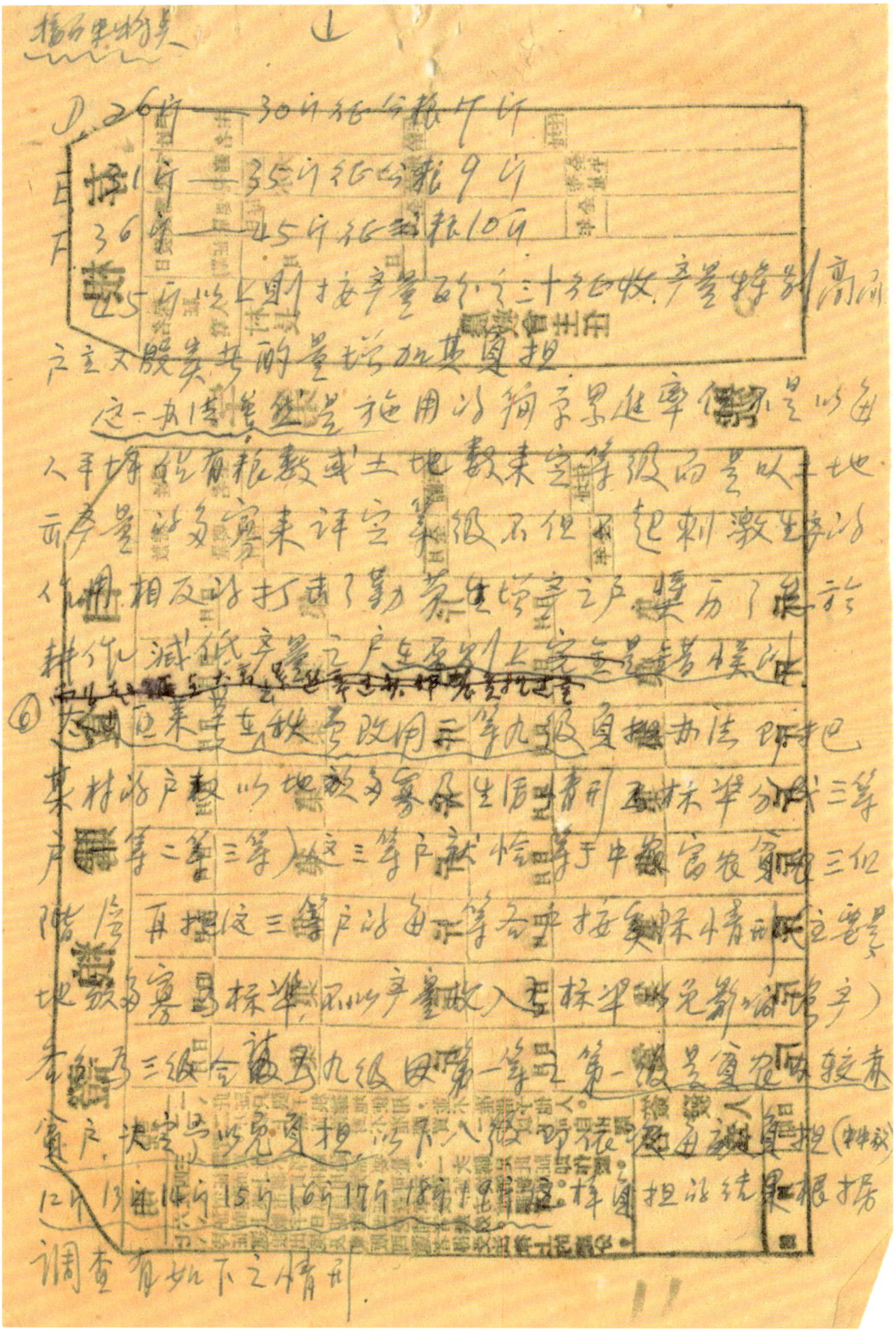

摘录要点

①26斤——30斤征公粮7斤

31斤——35斤征公粮9斤

36斤——45斤征公粮10斤

45斤以上则按产量百分之三十征收，产量特别高的户主又酌量增加其负担

这一办法的缺点是施用以前[illegible]是以每人平均的有粮数或土地数来定等级，而是以土地产量的多寡来评定等级，不但不起刺激生产的作用，相反的打击了勤苦生产之户，奖励了懒于耕作减低产量之户，这是一个很大的错误。

⑥今年秋季改用三等九级负担办法，即把某村的户数以地亩多寡及生活情形为标准分成三等（一等二等三等），这三等户就相等于中农富农贫农三个阶层，再把这三等户的每一等各再按照情形（主要是地亩多寡为标准，不以产量做为标准，以免影响生产）分为三级，合计为九级，由第一等之第一级是负担较赤贫户，决定可以免负担，从下八级开始负担（负担额）12斤 13斤 14斤 15斤 16斤 17斤 18斤[illegible]，按负担的结果根据调查有如下之情形

1943年　华山区秋粮负担统计表

类别／等别	户数	人口	亩数		全年收入粮数		全年每亩负担数		共应负担数目		负担数佔收入的百分比	備攷
第一等	26	154	130	27	16283	0	11	125	-		8.9%	
第二等	59	280	560	85	50109	5	15	65	8606	0	12.2%	
第三等	4	23	145	29	18153	0	19	5	2833	0	15.53%	
合计	89	457	836	41								
説明												

12

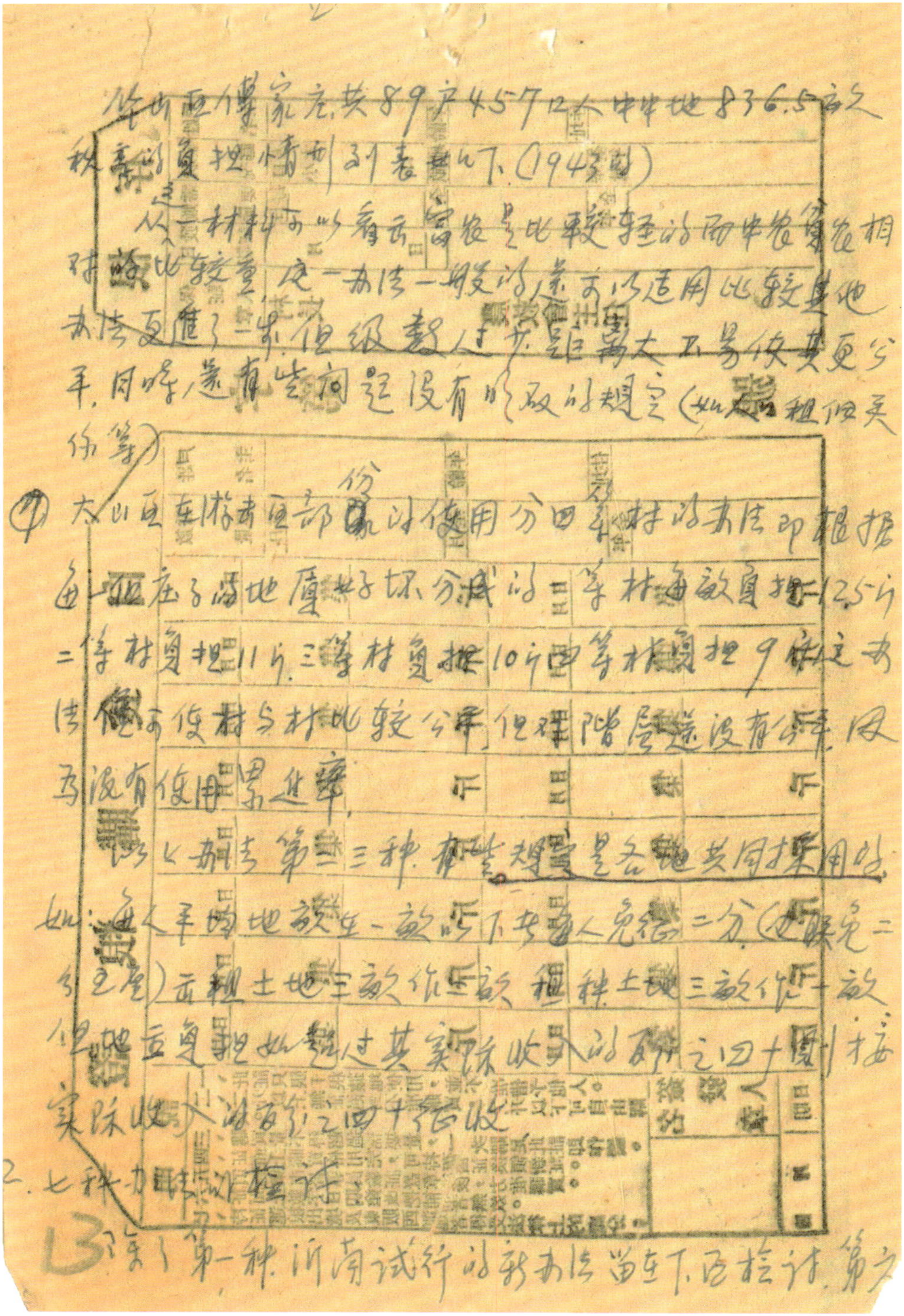
临山区傅家庄共89户457口人，中地836.5亩之秋季的负担情形列表如下（1943年）

从这一材料可以看出富农是比较轻的，而中农贫农相对的比较重。这一办法一般的说可以适用，比较其他办法更进了一步，但级数过少，距离太大，不易使其更公平。同时还有些问题没有明确的规定（如租佃关系等）

④太山区在沂南区部分的使用分四等村的办法，即根据各村庄土地厚薄好坏分成的，一等村每亩负担12.5斤，二等村负担11斤，三等村负担10斤，四等村负担9斤。这办法可使村与村比较公平，但对阶层还没有分开，因为没有使用累进率。

以上办法第二三种，有些规定是各地共同采用的，如：每人平均地亩在一亩以下者每人免征二分（也有的免二分五厘），出租土地三亩作二亩，租种土地三亩作一亩。但地主负担如超过其实际收入的百分之四十，则按实际收入的百分之四十征收。

2. 七种办法的检讨：

除了第一种沂南试行的新办法留在下面检讨，第六种。某县依用之三等九级，因无具体材料，不再作检讨。

外，其他四种办法，第三种不如第二种，第四种更不如第三种，第五种在原则上是有错误的，第七种比第六种精好。

① 第二种办法是按"乙种合理负担办法"累进税的，似乎已经公平合理，但实际上因为累进差额太小，几乎未起作用，下边原有亩数和负担亩数的比较可以证明这点：

原有亩数	二亩	四亩	六亩	八亩	十亩	十二亩
负担亩数	二亩	四亩二分	六亩六分	九亩二分	十亩	十五亩

② 第三种办法没有累进，如果富农中农贫农每亩平均收入都是一百五十斤，那末他们的负担便都一样，但实际收入贫农每亩只有一百二十斤左右，只有亩数一亩以下的贫农因免二斤可以稍稍减轻，是不够公平与合理的。

但是仅就以上第二三两种办法而论，实际上据去年的调查，在实行第二三两种办法的地区（如沂南沂中）中农的负担一般低于富农，贫农的负担一

14 般低于中农（列表），这其原因除了每一亩地以下免

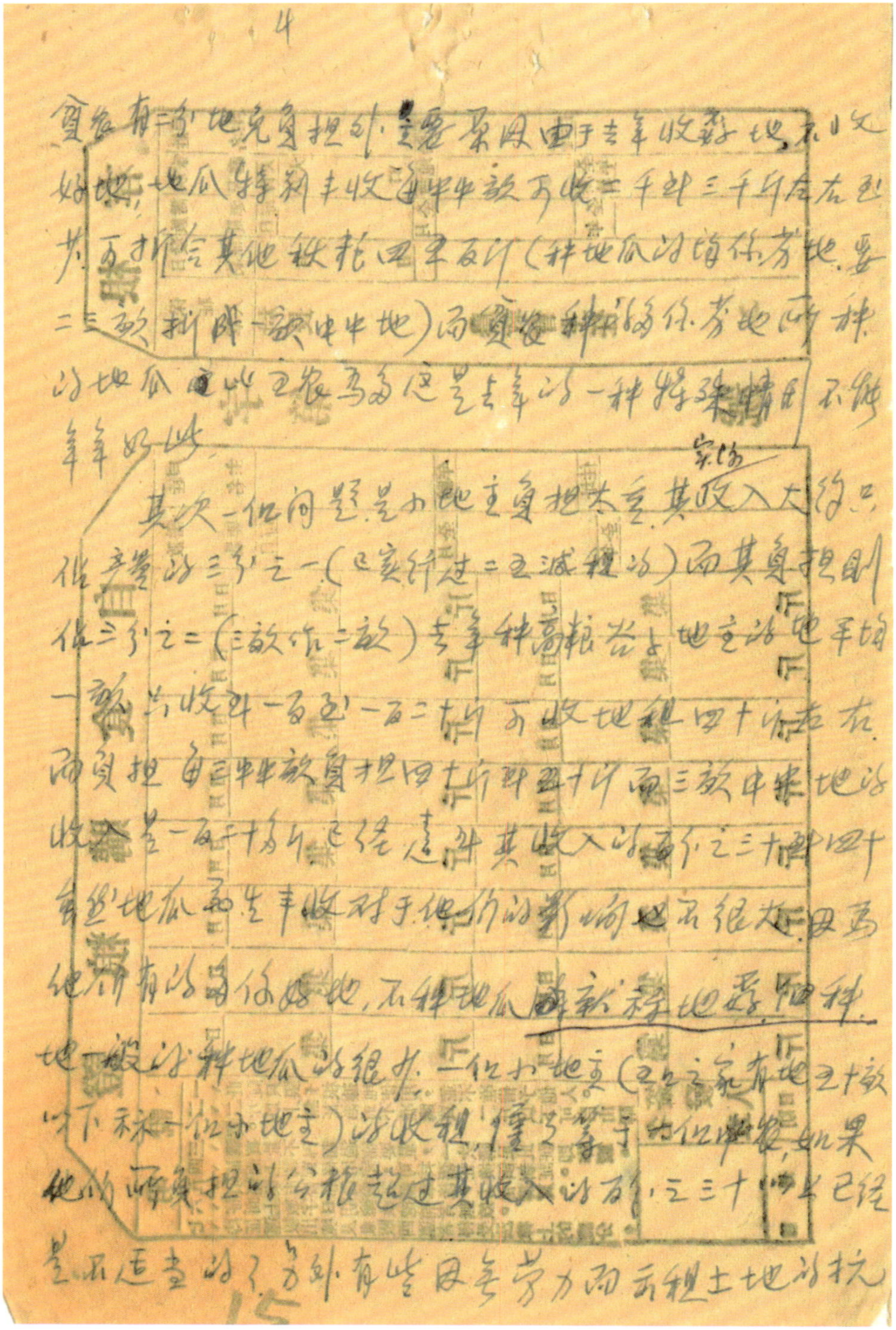

4

贫农有二分地免负担的。主要原因由于去年收获地瓜收好些，地瓜特别丰收，每半半亩可收二千到三千斤左右，至少可折合其他秋粮四五百斤（种地瓜的皆係劣地，要二三亩折成一亩中中地），而贫农种的係劣地，所种的地瓜更比中农为多，这是去年的一种特殊情形，不能年年如此。

其次一个问题是小地主负担太重，其实际收入大约只係产量的三分之一（已实行过二五减租的），而其负担则係三分之二（三亩作二亩）。去年种高粱谷子，地主的地平均一亩只收到一百至一百二十斤，可收地租四十斤左右，而负担每三半半亩负担四十斤到五十斤，而三亩中半地的收入是一百二十多斤，已经远超其收入的百分之三十到四十，至于地瓜虽也丰收，对于他们的影响也不很大，因为他所有的多係好地，不种地瓜，解放后土地要细种，地一般的种地瓜的很少。一个小地主（三口之家有地二十亩以下称一个小地主）的收租，仅可等于一个中农，如果他的所负担的公粮超过其收入的百分之三十，也已经是不适当的了。另外有些因无劳力而出租土地的抗

15

屎秋孤寡贫农也有些这样的征收更是不恰当的。

最后是免负担地亩太少，免负担户不超过总数的百分之十，虽然参考米豆粮食以而数云不得不使人民忍受比较重一点的负担，但是收入只有几十斤的贫农民也来负担而且一征就是二十五斤以上，太重了。因此农民说这是过去的负担，对地主虽然有些过左，但对基本群众又显然是负担不够。

③ 第四种办法最不公平的，因为：一则按自然产征收富农好地多产量大，贫农劣地产量少，但其负担均为二十斤或二十五斤，贫农负担显然重于富农；二则有地多银钱，有银钱而无地者很多；三则地主富农的黑地很多，大地主减轻了他们的实际负担，而贫农黑地很少而每亩一样的负担，其负担就重，自然而然落后了。

④ 第五种办法，虽然不但不公平，而且违背奖励生产的原则，根本不能用。

⑤ 第七种办法，仅作为村与村平衡的一点，也毛病还是很多的。

以上四种办法的一个共同缺点，~~都没有坚决采用~~是都没有坚决采用累进征收的基本原则。16

⑫

⑬ 13. 都没有达到公平合理的程度。

⑭ 14. 对贫农基本群众与中小地主照顾不差，特别是对基本群众。

⑮ 第一种试验过的征粮的办法

沂南蒙山艾山两区所试行的新征粮办法是根据大众日报社论（救国公粮征收办法评议）和民主导报公粮征收办法的一个建设要文所提示的原则而制定的。它按每人平均所有地亩数（中中亩）的多少分成十级累进征收，估计沂南每年收成规定秋田每中中亩的平均产量为一百八十斤（不论是种高粱、谷子、花生、地瓜）按照征收率计算每亩秋田应负担的公粮，麦田也是每亩征实三斤，各级征收比率及征粮斤数列表如下，根据此表所征的公粮是与每中中亩征二十五斤不相上下。

每人亩数	征收率	每亩征粮数
0.四亩以下	免征	免征
0.四一—0.六亩	百分之二	三.六斤
0.六一—一亩	百分之五	九斤
一.0一—一.五亩	百分之十	十八斤
一.五一亩—二亩	百分之十三	二十三斤半。

17

1

二.0—	二.五亩	百分之十六	二九斤
二.五—	三亩	百分之十九	三四.五斤
三.0—	四亩	百分之二三	四一斤
四.0—	六亩	百分之二八	五0.五斤
六.0亩以上		百分之三○	五四斤

出租地三亩作二亩，租种地三亩作一亩，地主负担不得超过实收入的百分之四十，这些规定仍与前同。但出租地要先定等级，决定征收率，然后折算负担亩数。例如某地主全家五口，共有地三十亩，完全出租，先照三十亩计算，平均每人有地六亩，列入第九级，征收率是百分之二十八，然后把三十亩折成二十亩，每亩征收五十斤半，共征一千零十斤，这样一来，负担便更加重。就以上例，即使每亩出产量真有一百八十斤，除掉地租六十斤半，他的公粮负担（三十四斤）也已经超过其收入数的百分之五十。[illegible]是一件小[illegible]地方[illegible]。

这个计算办法在原则上是比较妥当，实行的结果，是更加减轻了贫农的负担，并使富农的负担稍稍

18 加重，（列表）完全合乎累进征收的原则，所以它是……

引起大数贫农的不满意，但多数贫农是热烈拥护这种办法的，而且富农负担既未超过收入数的百分之三十，在今天来讲尚不算过份，他们的不满意是无理由的，不应过于顾虑。其次一个优点是计算方法不算怎样麻烦（与滨海区的按产量征收比较简单得多）。而且在各地丰歉不同时候，可以定出不同的每亩平均产量，这样征收率虽相同，而负担数目却相异（在地亩大小不同，地级高低不同去确定不同的产量，使其负担相当公平）这一点又兼有按产量征收的一部份的优点。

当然这个办法也有某些缺点，首先是前面所说的好地负担太重，大多数好地（收租地）之负担公粮已超过其收入数的百分之四十，这是不合理的。其次是因为地级太多，是跳得太快，如一级地一亩要一斗即缴九斤（百分之三），二级增加至十八斤（百分之十）这七级加以负担远超过一层地的全部收入，这还是有缺点的。

19

①

(三) 总结与检讨

综合以上两部份来看 所以我们鲁中区对负担政策的掌握上是有他部份的成绩的但还存有若干的缺点与错误

一、首先在负担办法方面 正如薛暮桥同志在民主导报上批评的一样 鲁中区的征粮办法在各根据地中是比较落后的 因为一则它还没有一个完整的征粮办法 还但太山太南沂蒙各有各的征粮办法 即在同一专区中也是各县不同 二则除极少数地区外 一般尚未采取累进的原则 地主富农中农贫农均按同一标准征收 即有累进亦是差额太小 未起多大作用。这一批评我们检查完全接受并应作进一步的检讨 此次鲁中区的征粮办法是非常复杂 不仅一个专区各县不一 就一个县内也有四五种办法 这并且还是带有历史性 [illegible]

二、没有坚决的执行累进征收的原则 首先表现在办法上是一套 没有统一累进率的办法 所以各阶层人民负担没有达到合理公平与合理，

三、正由于没有按累进的征收办法 所以首先对其

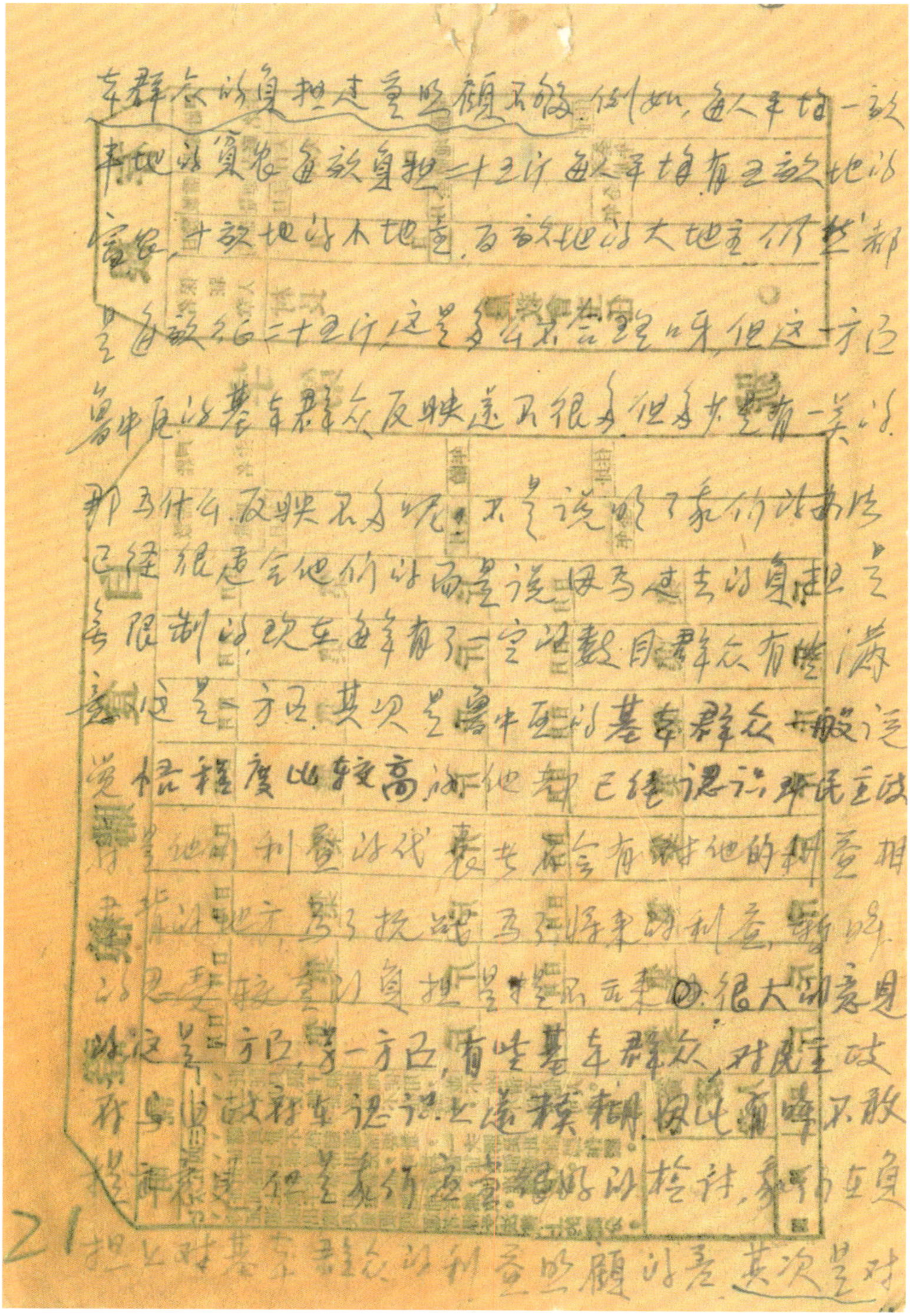

本群众的负担是量照顾不够，例如，每人平均一亩
半地的贫农每亩负担二十三斤，每人平均有三亩地的
富农，廿亩地的小地主，百亩地的大地主，们都
是每亩给二十三斤，这是多么不合理呀，但这一方面
鲁中区的基本群众反映还不很多，但多少是有一点的。
那为什么反映不多呢？不是说明了我们的办法
已经很适合他们的，而是说因为过去的负担是
无限制的，现在每年有了一定的数目，群众有些满
意，这是一方面。其次是鲁中区的基本群众一般觉
悟程度比较高，他们已经认识了民主政
府是他们利益的代表，是会照顾他们的利益相
当的地方，为了抗战，为了将来的利益，暂时
的忍受较重的负担是可以的，这是 [illegible] 很大的意见
的，这是一方面，另一方面，有些基本群众对民主政
府与政府在认识上还模糊，因此有的不敢
提意见，但是我们应当好好的检讨，我们在负
21 担上对基本群众的利益照顾的差，其次是对

②

孤寡或无劳力之抗属照顾的也不够，对他们的负担也往往是与大地主或中富农一样的负担

四、在执行政策上忽左忽右，一般的在中心区（特别是沂南）对地主是过左的，地主有负担超过其实际收入的百分之百及百分之八十，仅在一九四三年才确定地主最高不得超过其收入的百分之四十。但在边沿或未清算土地之地区一般对地主是右的，都按地亩征收，地主地与地好与贫中富一样负担，甚至于轻于贫农（因他是好地多），而对军属、抗属依然一种办法上（如三条的检讨）或者执行上根本没有照顾到群众的过重的负担

五、不仅在各阶层的负担不公平不合理，在专区与专区、县与县的负担也是不合理的，例如沂蒙重于大店区，鲁南重于胶东一倍以上，这就有损于某些地区的群众，这一方面今年已经纠正了。

六、富中农的负担，虽然今年一年来有很大的减轻，但仍然还是相当重的，还没有想尽一切办法使负担

22

减轻到最低限度，首先表现在党的浪费浪费上，致未能达到相当多量生产节约，建设适当工作，建立限于实在没有切实深入去检查，精兵简政，又有某些地方会因此扩大机关，增加不必要的人员，这些方面都是使负担不能减轻到应有的程度的一些重要原因。

七、对奖励农民生产，在以上办法当中都是不同程度的与奖励生产相反的，在某些地方甚至违背奖励生产的原则，如上列办法的第五种太山区所用的按地亩产量的征收办法，就是违犯这个原则的。本来上列几种办法除第五种外，都对奖励生产上并不违背，但由于没有明确的规定，一致使群众观念上模糊，也就不易提高生产。

以上就是鲁中区在执行负担政策上的几种基本缺点，再进一步检讨为什么造成这些缺点与错误，而没有及时纠正，为什么不能把办法改善的很好呢，我们的检讨是有以下的几个原因：

1. 首先从认识与观念来检讨，而是自上而下的缺

15

之政策观念或者说政策观念不够（这一点尤为特别严重）因此为了适应变更改造办法的麻烦，因而也就放弃了累进的原则，采取简单的办法满足一时需要

2. 对上级指示重视研究讨论不够，上级每次的指示执行累进办法，规定征粮办法等，执行一再强调环境困难，比如去年秋季完全可以实行新办法，但在环境困难保证征粮了军食等的藉口下，没有规定与实行新的累进办法。当然这样不是说环境根本没有困难，困难是有的，但完全可以克服，这又表现了在困难底下低头

3. 是领导上的官僚主义作风。主观主义，不深入下层实际了解群众的负担问题，更没有深刻了解到群众的力量伟大，每一件办法只要有了广大群众的拥护，任何困难都能克服。我们过去在领导上是主观主义的，认为群众文化水平低，不易教育与计算，办法或过于复杂向防碍 所以就采取了宁肯不公平对甚至群众利益也不顾的

24

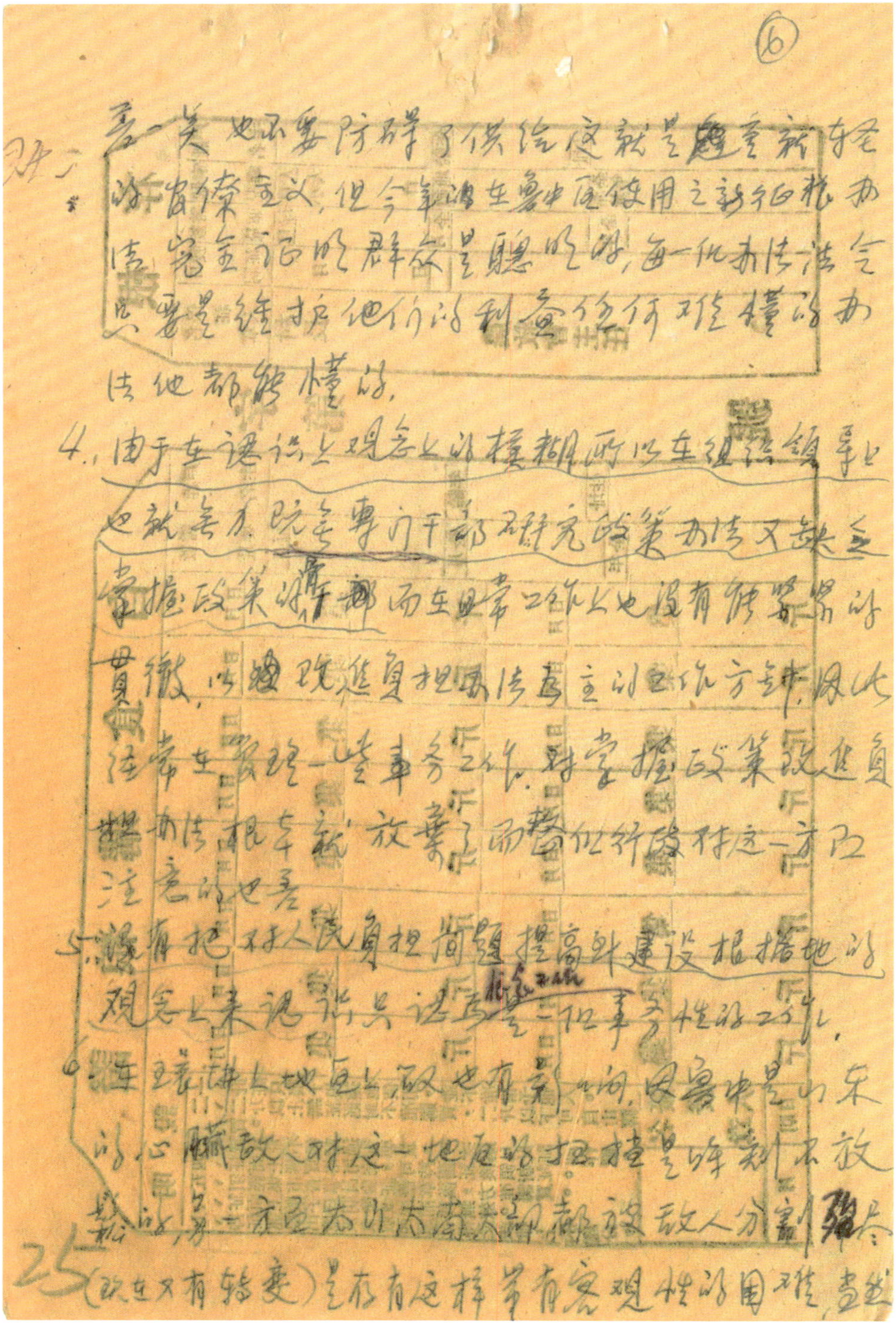

⑥

差一点也不要防碍了供给，这就是过去[illegible]的官僚主义，但今年在鲁中区使用之新征粮办法完全说明群众是聪明的，每一征粮办法只要是经过他们的利益，任何难懂的办法他都能懂的。

4. 由于在认识上观念上的模糊，所以在组织领导上也就无专门干部研究政策办法，又缺乏掌握政策的骨干干部，而在日常工作上也没有很紧紧的贯彻，以致使改进负担办法变为主观工作方针，因此往常在处理一些事务工作上，对掌握政策改进负担办法根本就放弃了，而[illegible]许多村这一方面注意的也差。

5. 没有把人民负担问题提高到建设根据地的观念上来认识，只认为是临时的一种事务性的工作。

6. 在环境上地区上说也有影响，因鲁中是山东的心脏，敌人对这一地区的扫荡是频繁不放松的，另一方面为了太南大部都被敌人分割（现在又有转变）是存有这样某些客观性的困难。

①

也正因为这样给我们以很多犯错误的机会，不能好好的贯彻政策方针，但这些困难并不是没法克服的。

总结以上的缺点错误仅是一种表现形式，并不是本质，还需要我们再进一步的从领导干部的思想本质上来检讨我们。认为在党内及政府干部首先在思想意识上存在着一个最基本也是最严重的一个问题，就是缺乏群众观念或者是群众观念不强，缺乏政策观念与官僚主义的作风等等都是由于缺乏群众观念的基础上产生的。其次在思想上存在着一个保守落后的满足现状的不良意识，以为这根据地是大后方，满足于现状，满足于没有大的错误，满足于单纯的供给而有错误也是强调客观理由而不作思想的检讨。

再：检是主要不懂得缺乏全面的联系基层群众的政治观念（特别是县区级干部）强调了些领导阶层的利益，[illegible]基本群众[illegible]

2 表现在即是忘本，政权的基础就是基本群众利益

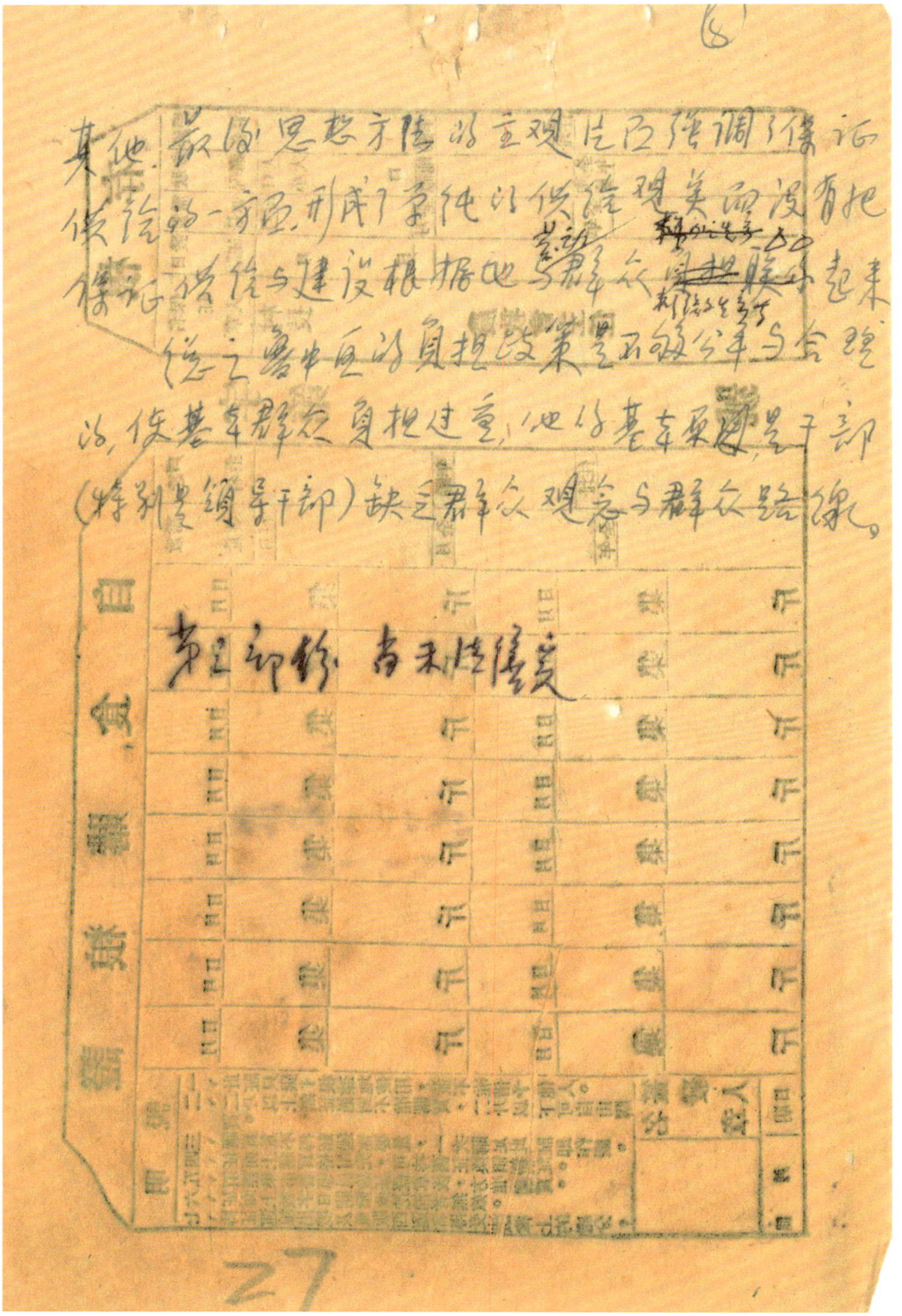
(8)

其他：最后是思想方法的主观片面强调了供给的一方面，形成了单纯的供给观点，而没有把供给与建设根据地与群众联系起来。

总之，鲁中区的负担政策是不够公平与合理的，使基本群众负担过重，他的基本原因是干部（特别是领导干部）缺乏群众观点与群众路线。

第三部份 本来经济情况

27

第三部份 一九四三年粮食工作的概况与经验及今后工作方针

（一）地亩人口与负担地亩比较

一、各县总地亩数与耕地、人口数（我游区）及对我负担耕地亩比例（附表五）

二、我控区地亩人口数（分别敌我区）每人平均占有地亩数与全区的比例（附表六）

三、各县农作物所占之比例（附表七）

（二）过去工作之检讨

1）组织机构之变更及干部状况

1. 在一九四三年前组织状况是各专署县设有粮食科，区一级各县设粮食委员会，机构不健全，工作单纯化，征收

[illegible]工作改变为各县政府之财粮科，[illegible]

为了配合[illegible]简政策，在一九四三年冬根据[illegible]

第三次精简指示与政权编制表，将各级粮食科与

财政科合并工作，设正副科长，合作社[illegible]财粮科

[illegible]工作之进行，因此一九四三年冬

[illegible]财粮科分开工作，以后又

28 [illegible]

又[illegible]

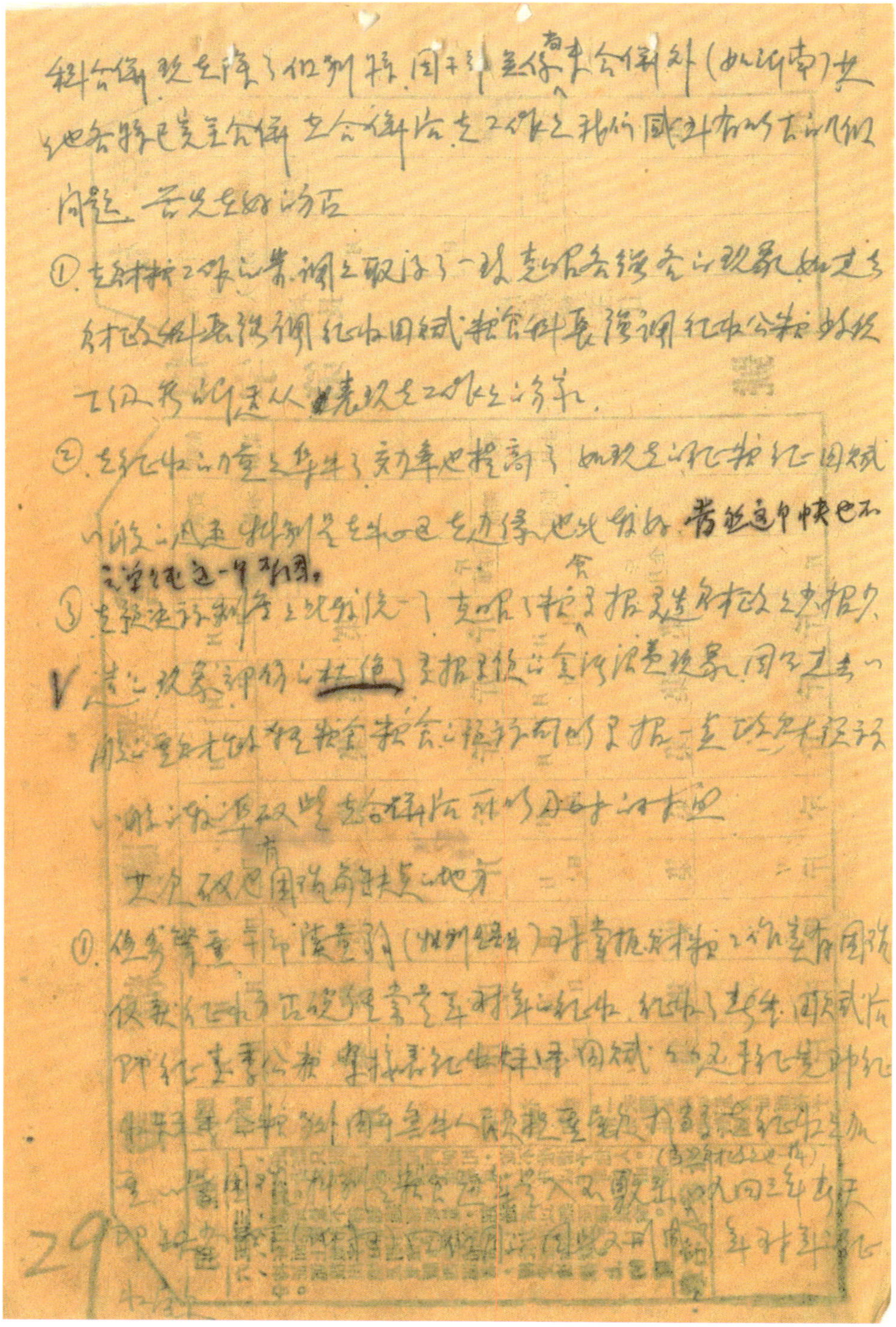

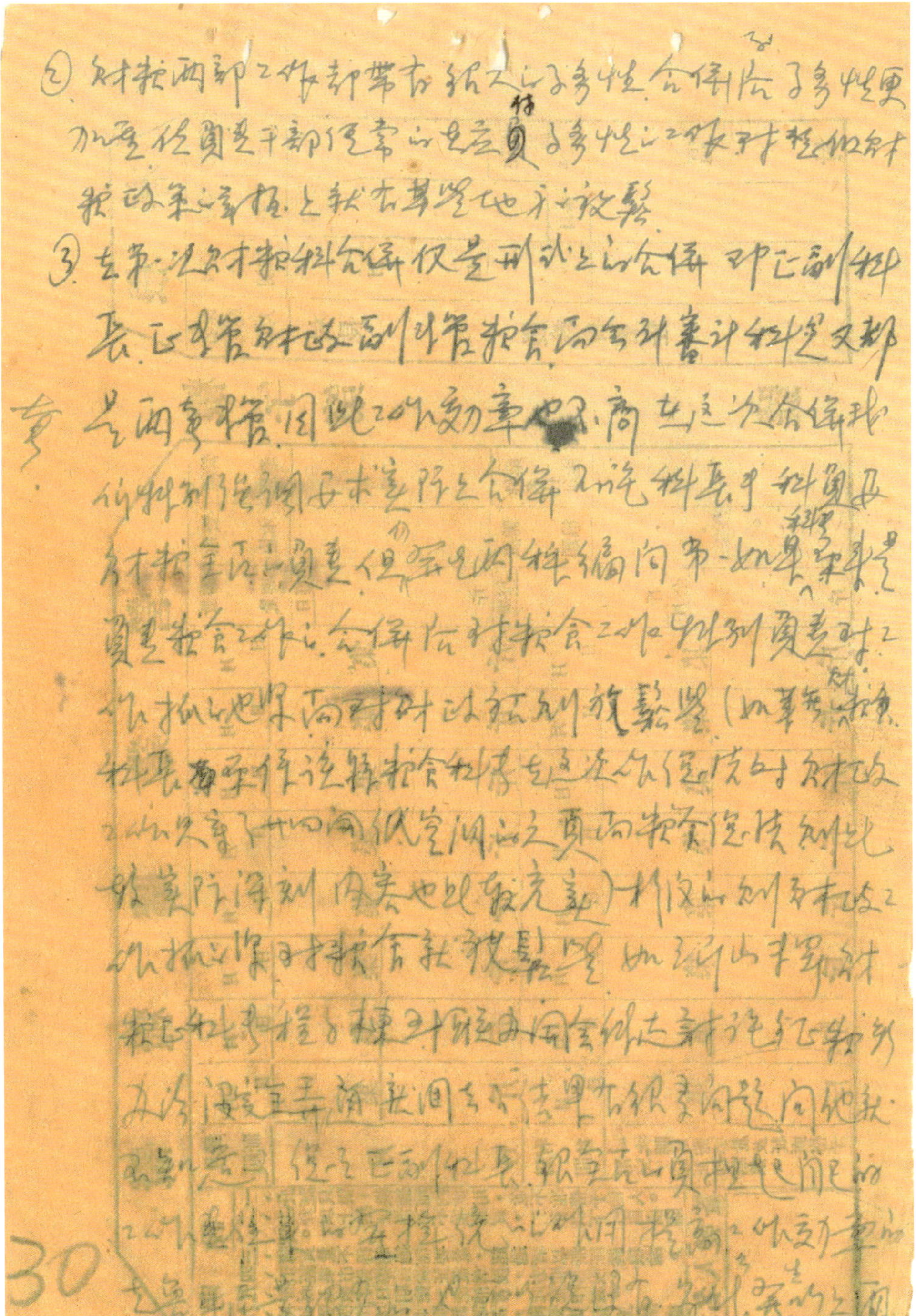
② 财粮两部工作都带有组织上的多样性，合作社的多样性更
加重，经员受干部经常的去应付多样性的工作，对于整个财
粮政策的掌握上就有些放松。
③ 去年第一次财粮科会议仅是形式上的会议，那正副科
长正掌管财政，副的掌管粮食，而会计审计科只又都
是两重掌握，因此工作的效率也不高，去这次会议我
们将科别从组织上实行了合并，不论科长、科员及
财粮全体人员，但分为两种编制，第一如果财粮
员是粮食工作的，会计队对粮食工作必须负责对工
作抓得紧，而对财政就列放松[illegible]（如革命财粮
科长……[illegible]）
[illegible]
[illegible]
[illegible]
[illegible]
[illegible]
[illegible]
[illegible]
30

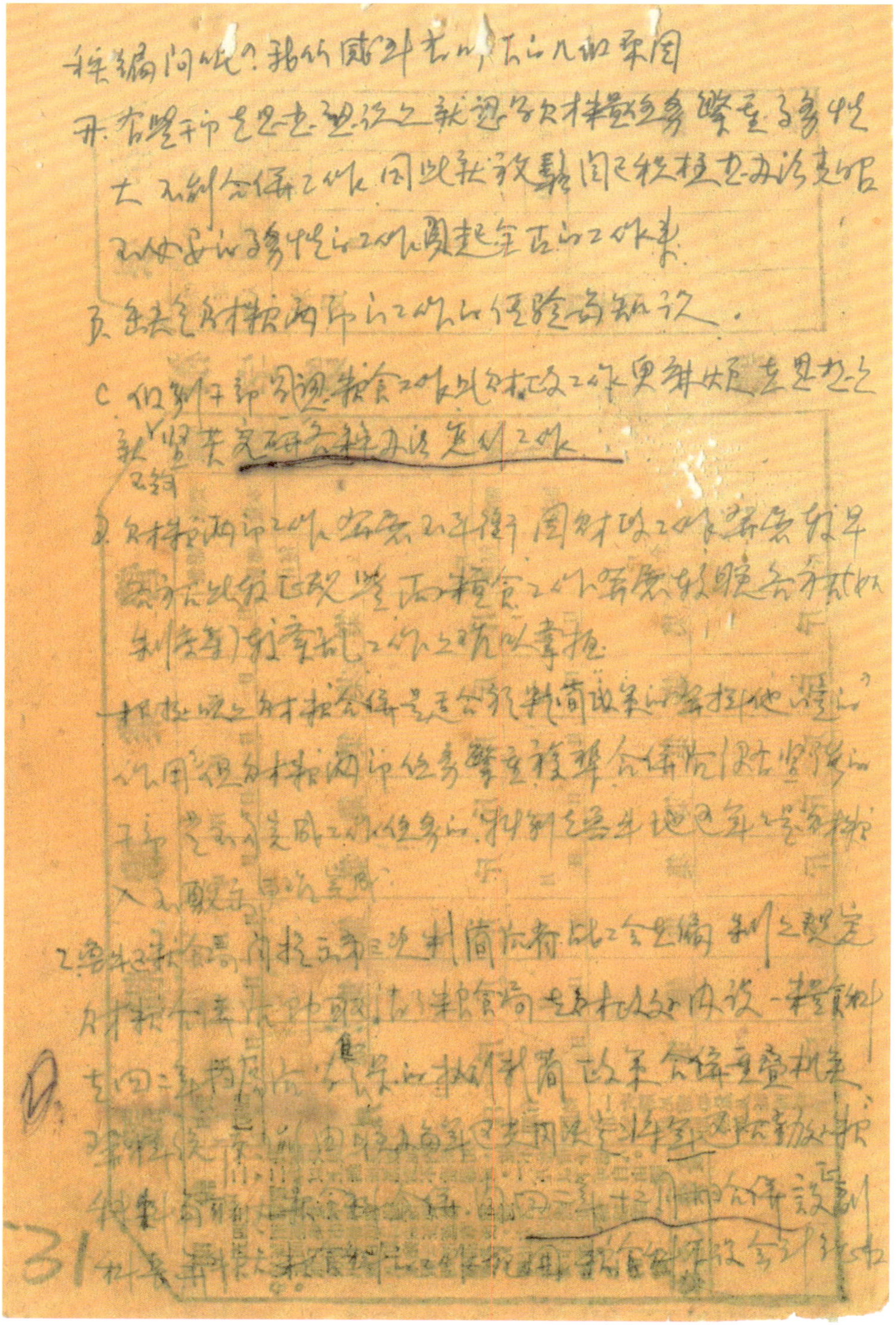

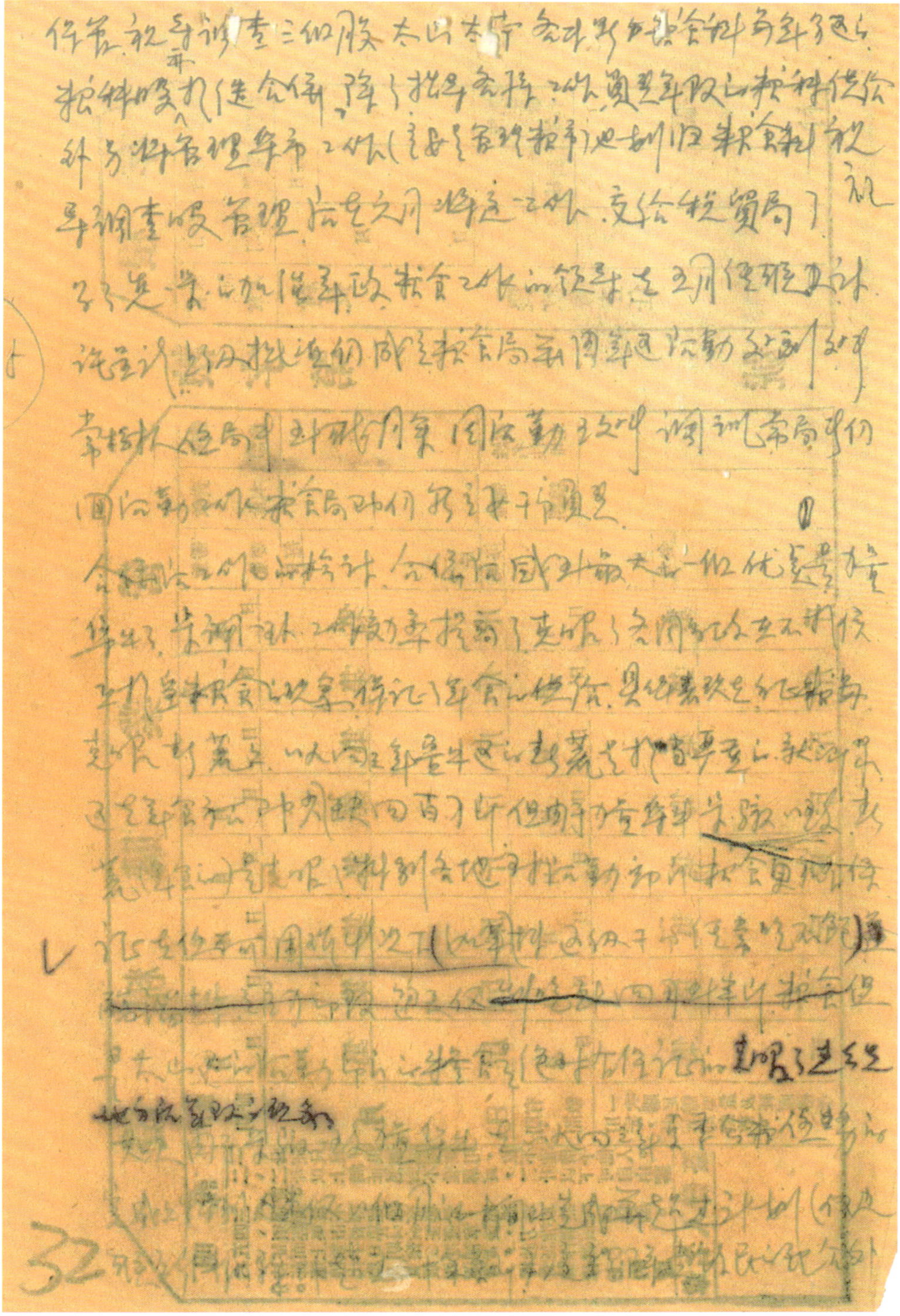

[illegible]

了一批干部帮助工作。

②. [illegible]了机构，加强了[illegible]工作，提高了干部[illegible]

[illegible]

机构[illegible]

[illegible]十余人[illegible]

[illegible]提高[illegible]

[illegible]

[illegible]

[illegible]

[illegible]

[illegible]

[illegible]

[illegible]

[illegible]

[illegible]

[illegible]

[illegible]

[illegible]

[illegible]

[illegible]

33

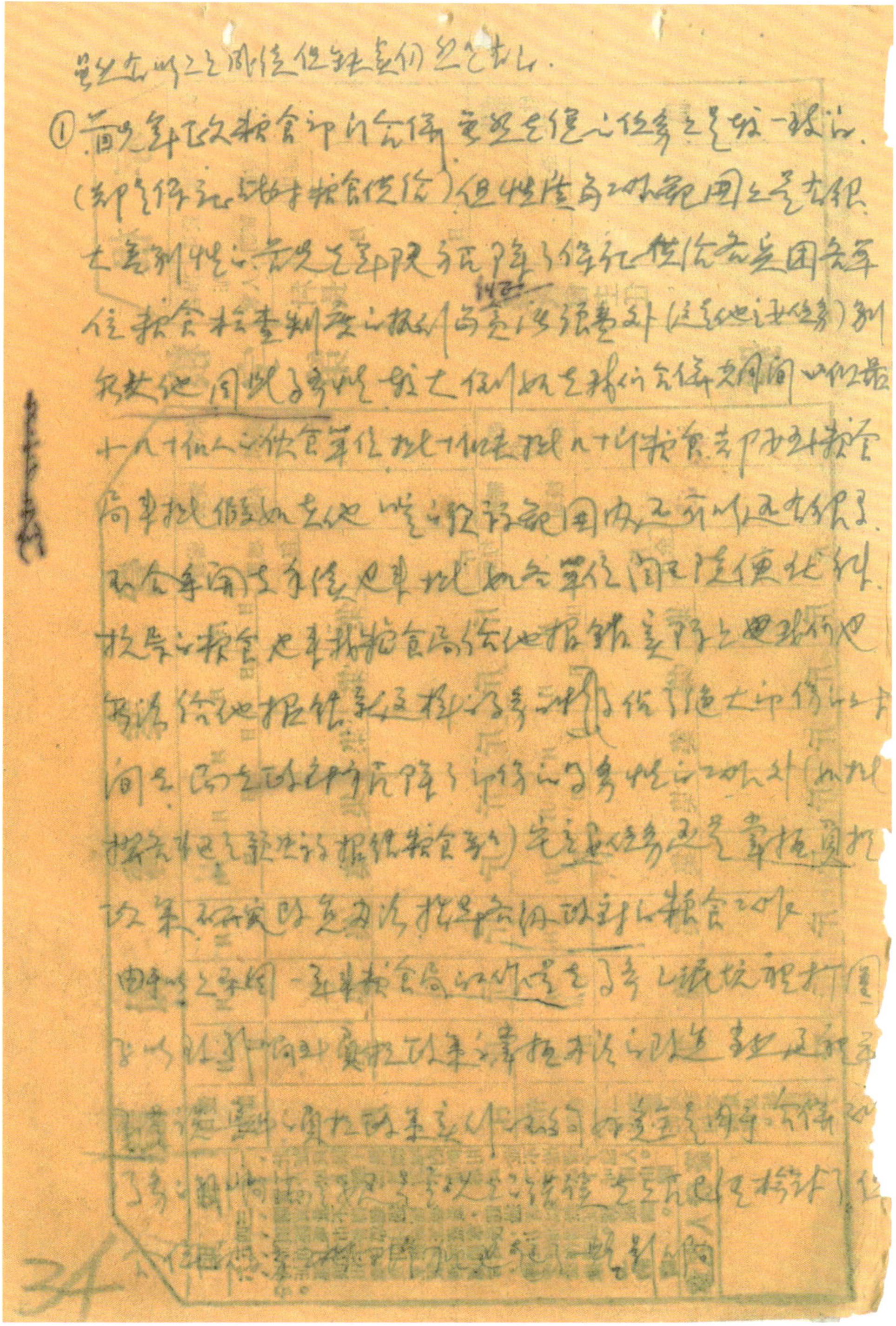

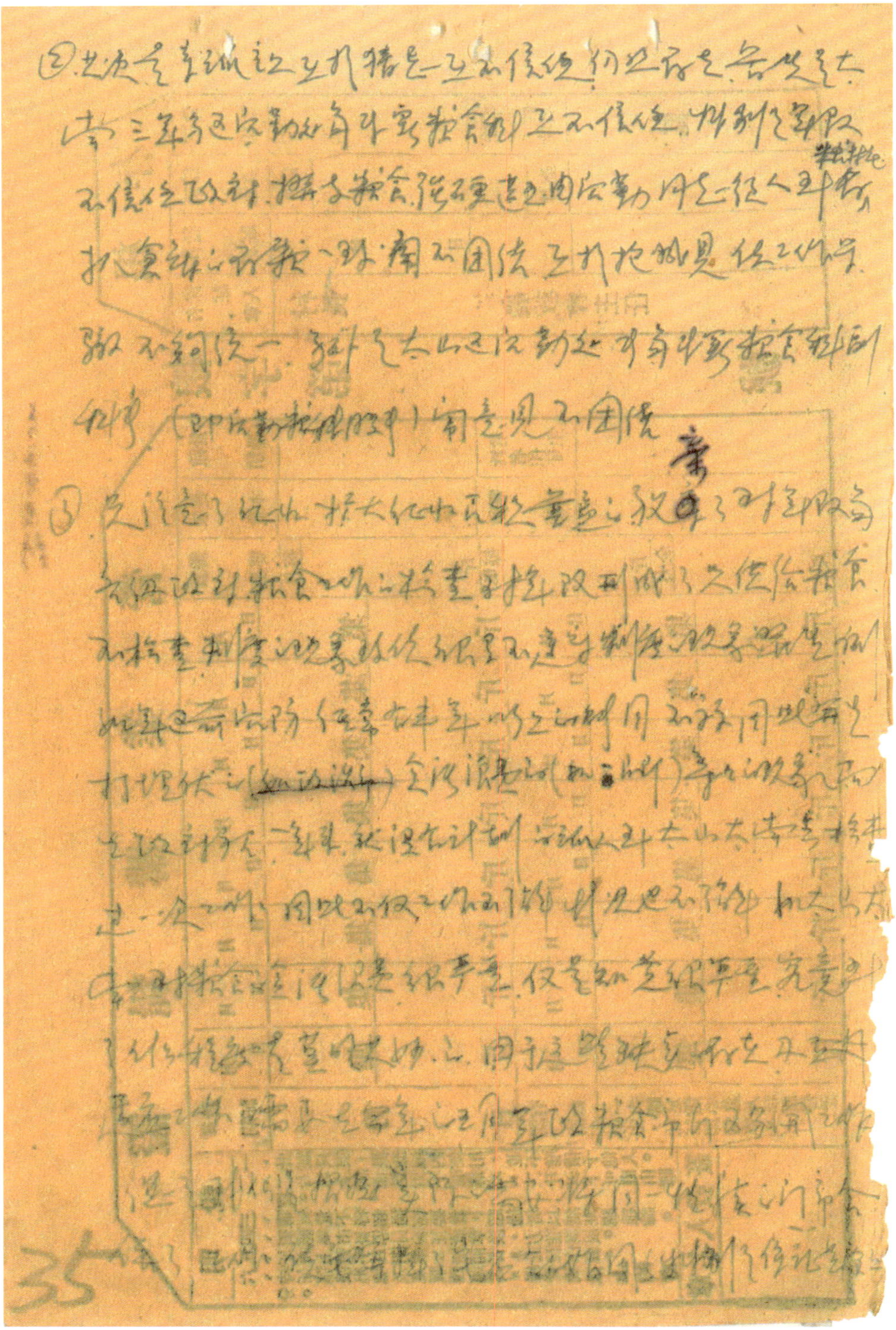

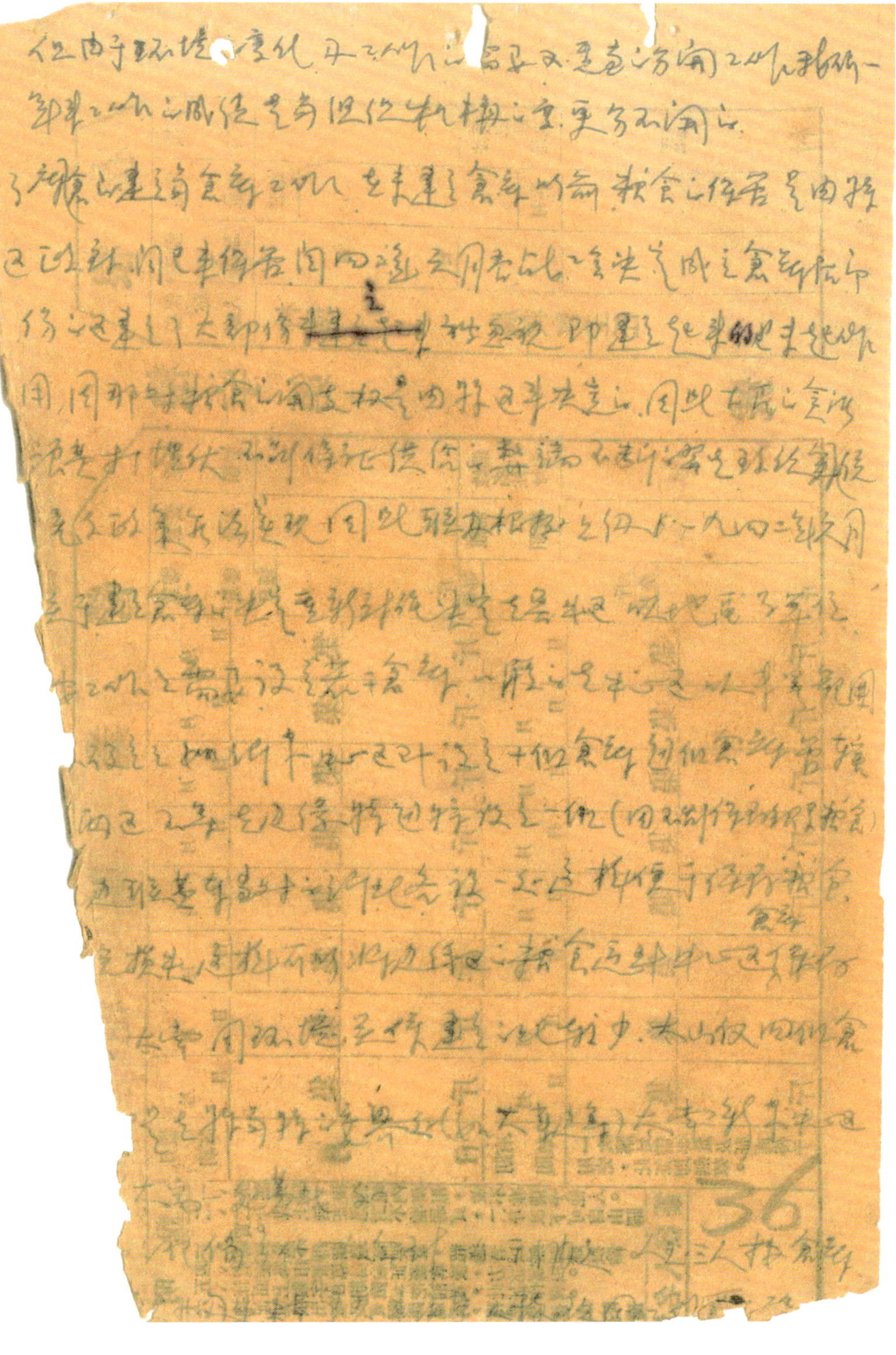

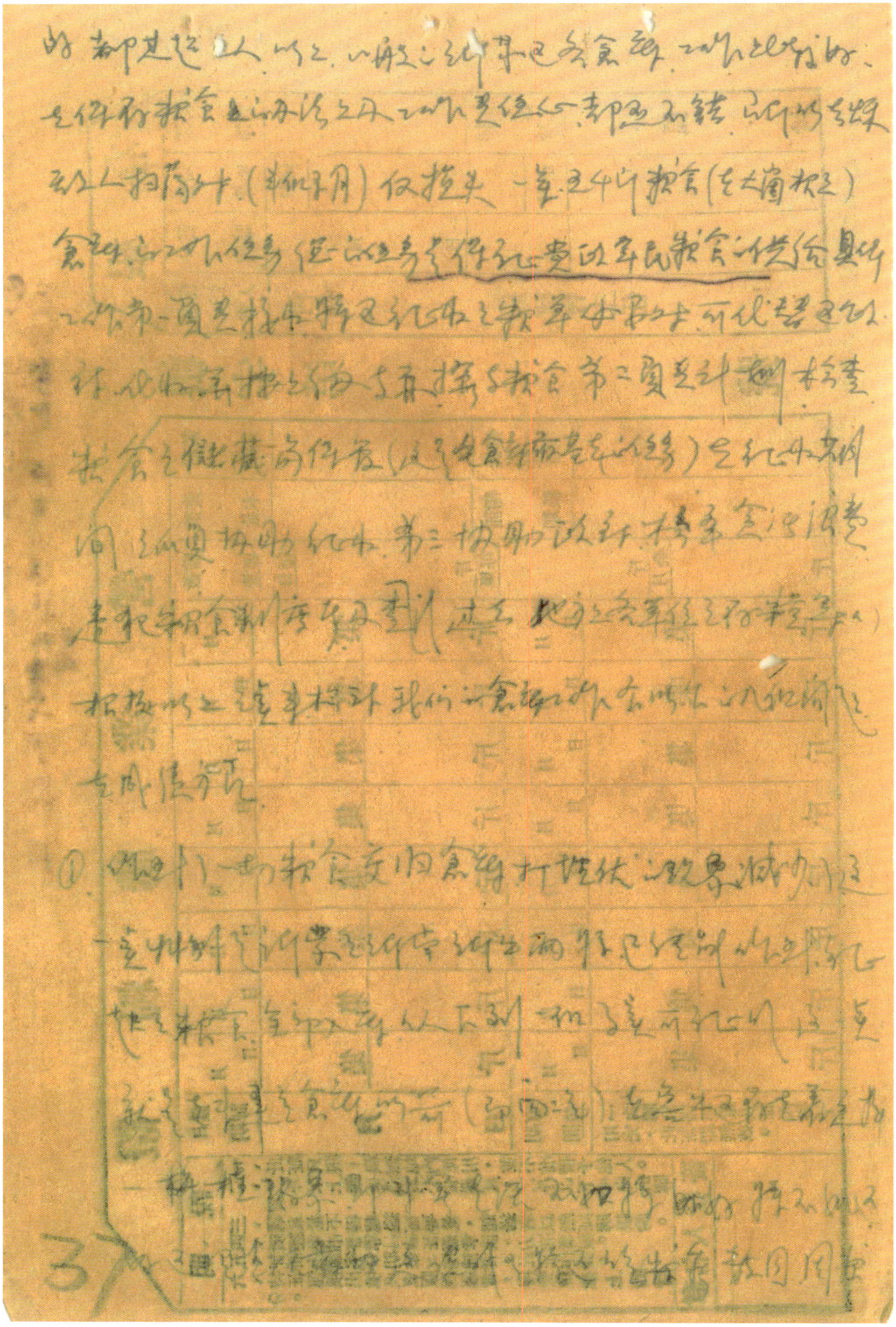

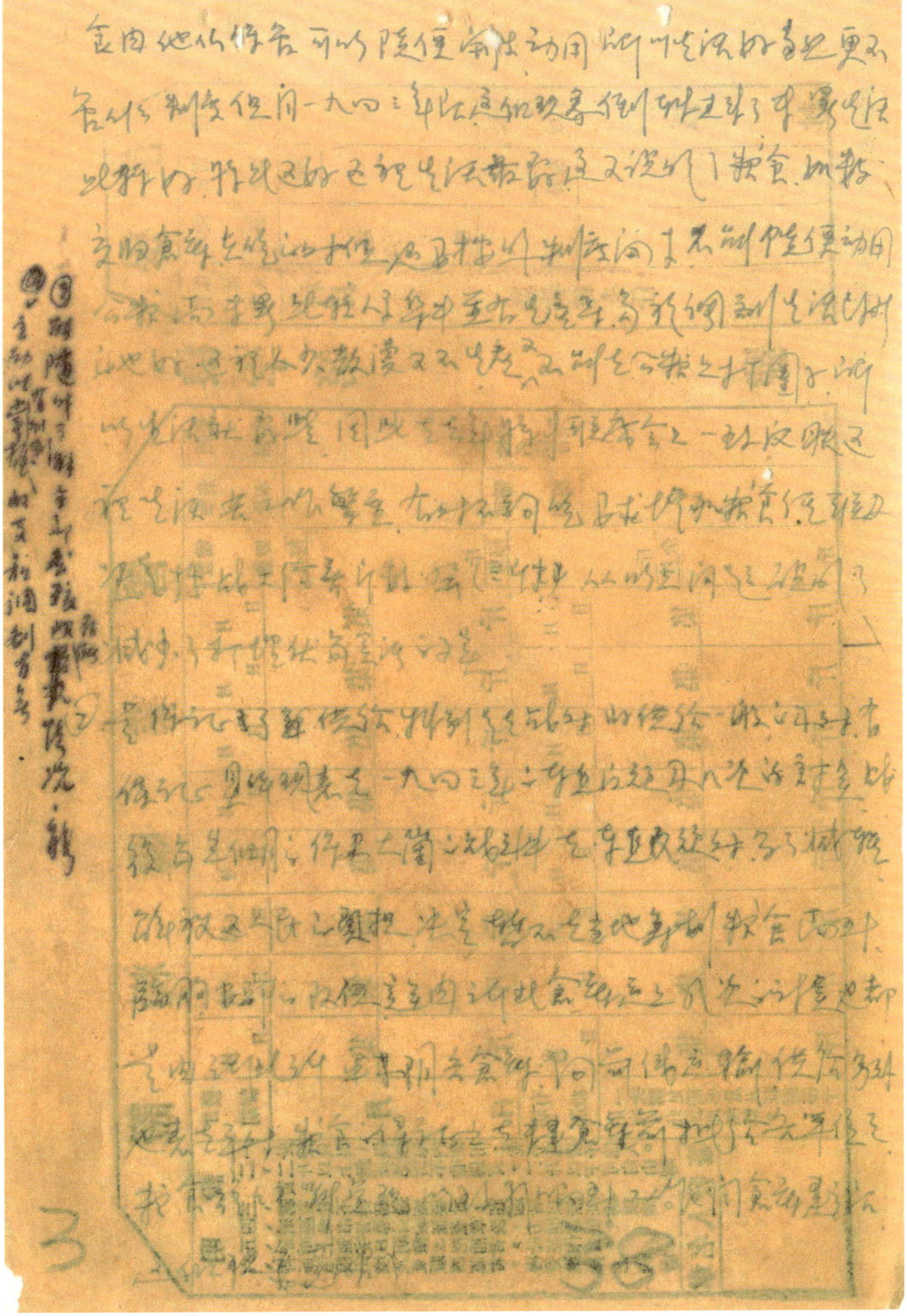

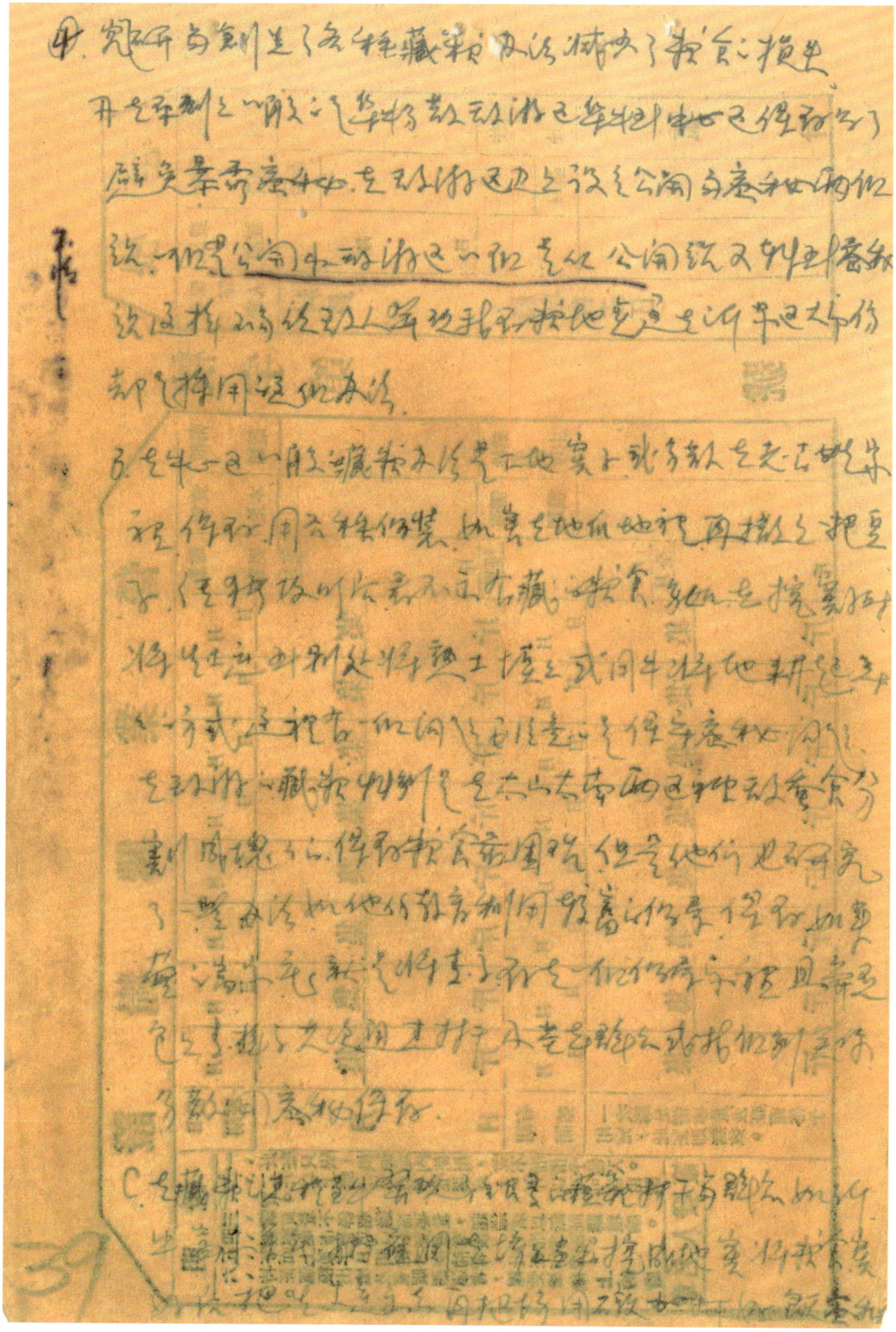

又很险。另外柳村食堂之王大爷(互惠)开动了把自己的粮食 [illegible]

[illegible] 公款 [illegible] 这样 [illegible]

[illegible] 这种思想一个问题就是我们 [illegible]

[illegible] 团结 [illegible] 模范 [illegible] 我们 [illegible]

[illegible] 他们以前之经验 [illegible]

[illegible] 公款已向 [illegible] 运动

[illegible]

[illegible]

[illegible]

[illegible]

[illegible]

[illegible]

[illegible]

[illegible] (附 [illegible] 报告) [illegible]

[illegible]

[illegible]

[illegible]

[illegible]

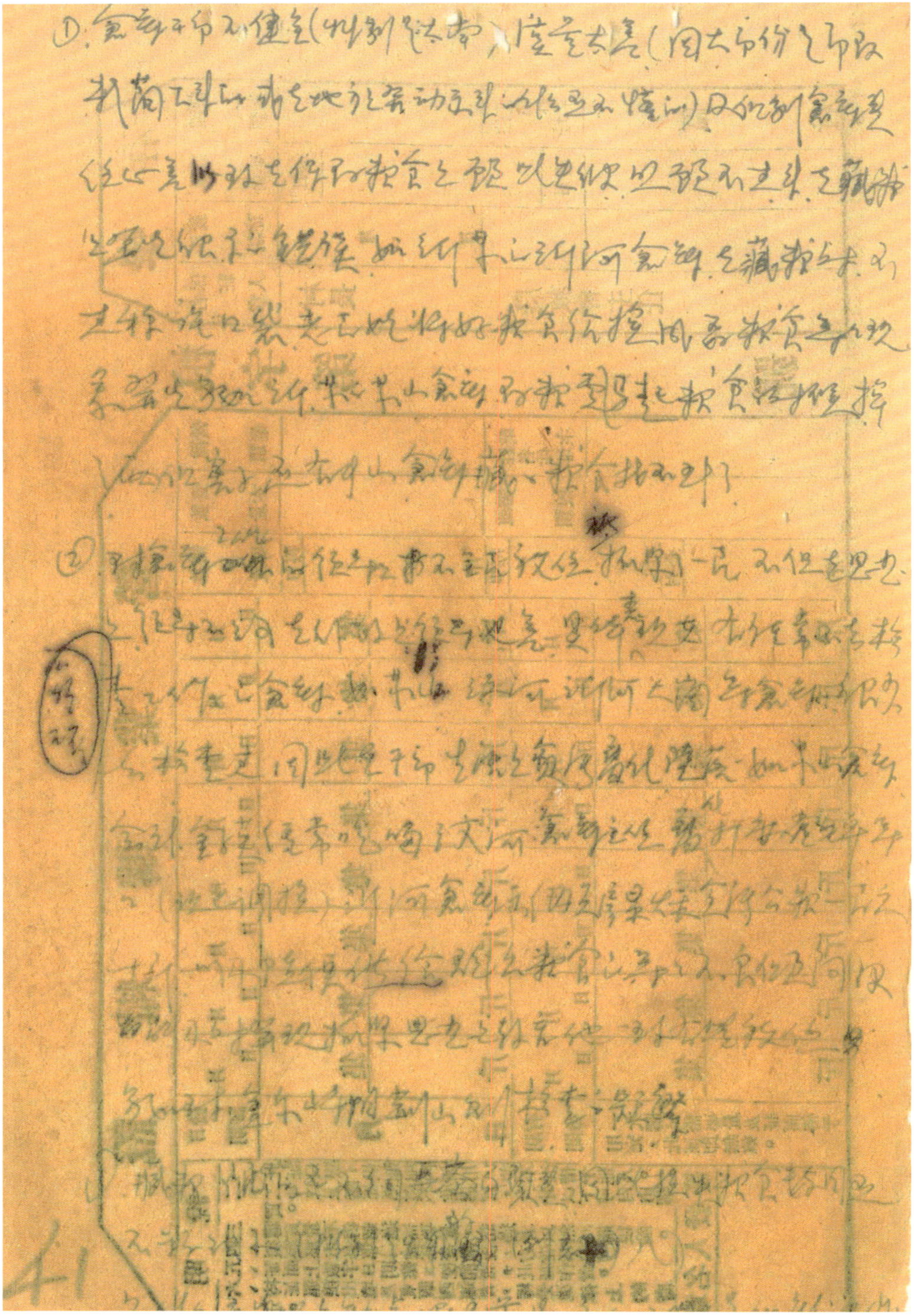

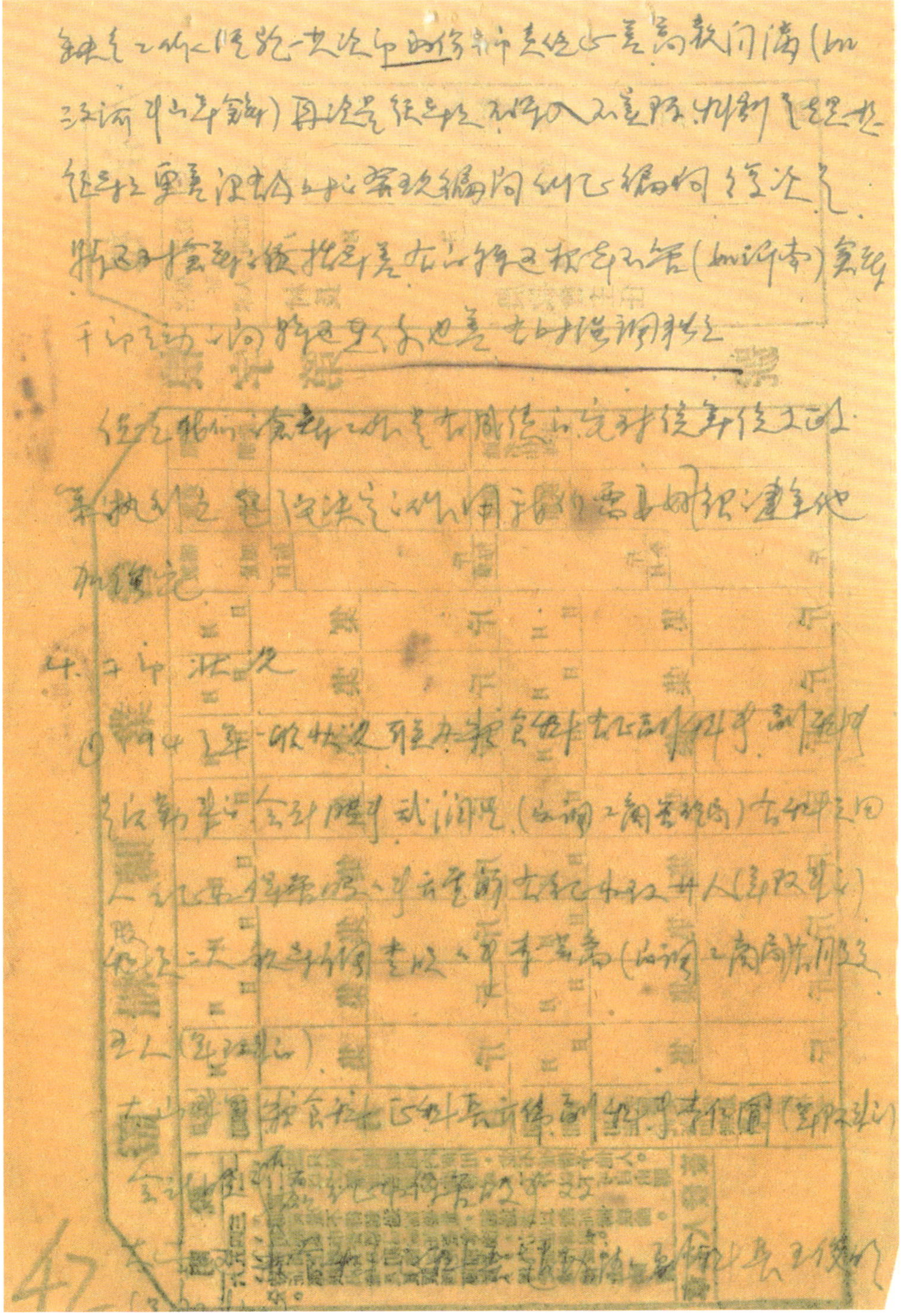

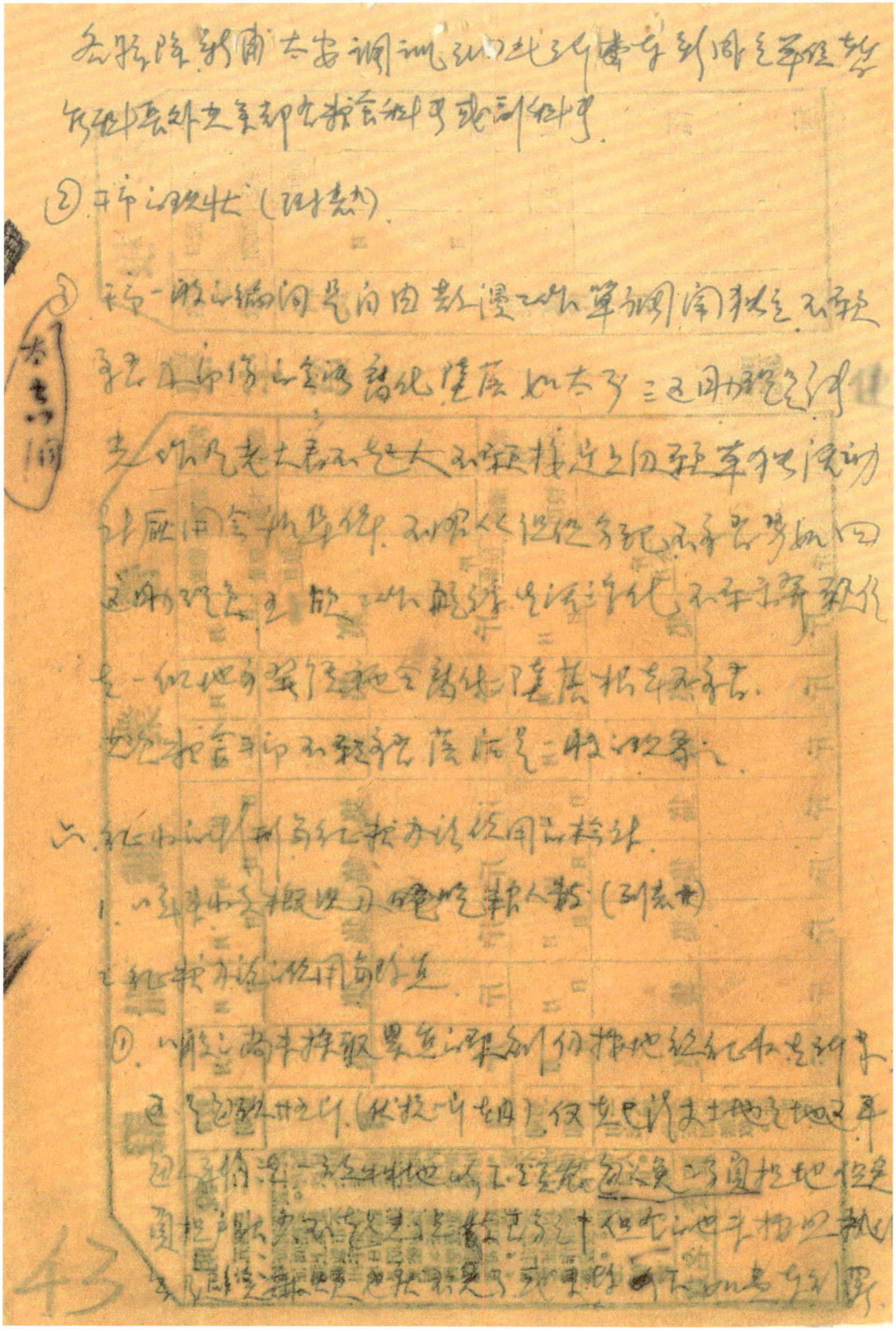

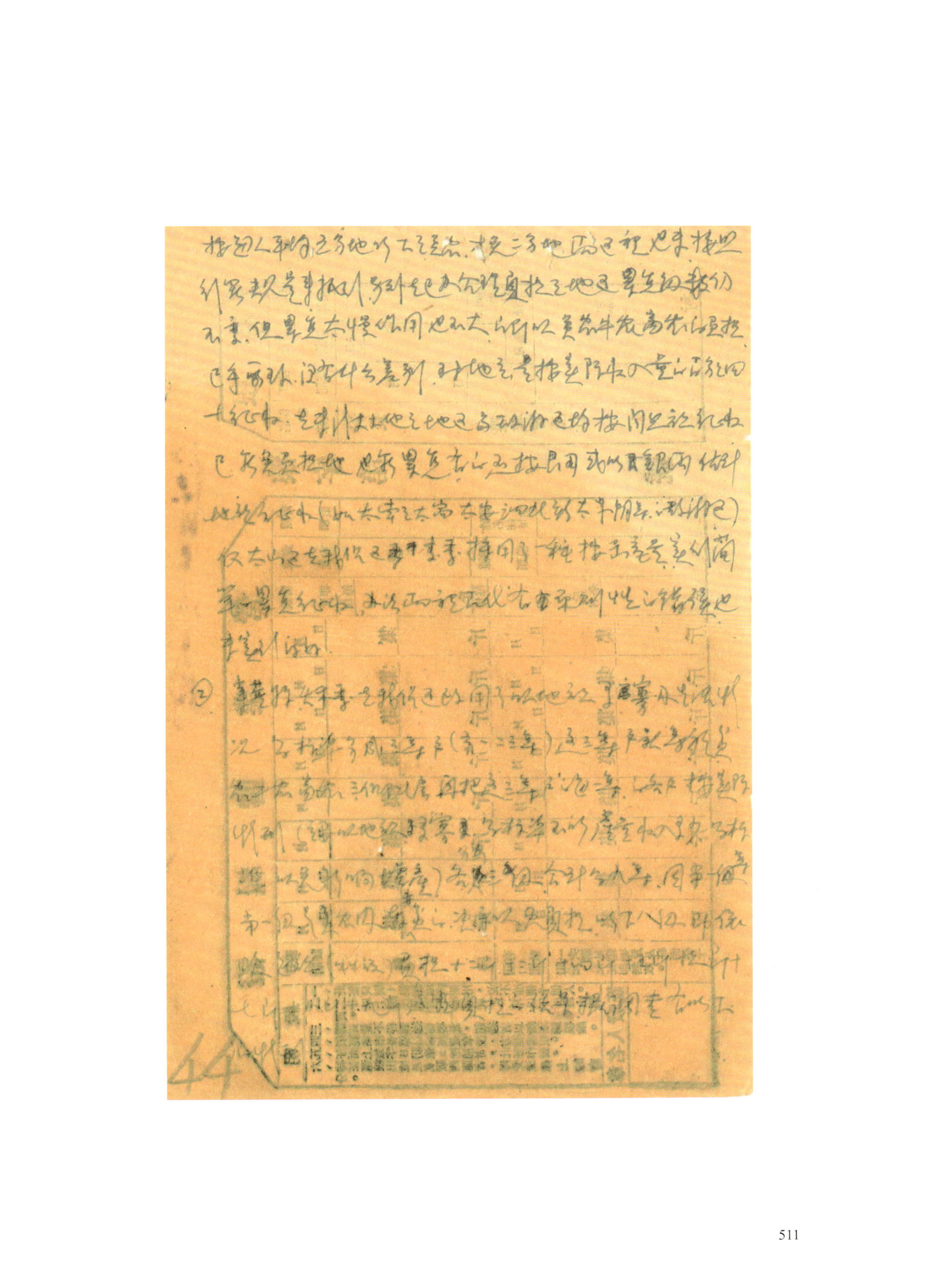

[illegible]

[illegible]（1943年）

等别＼数别	户数	人口	地亩数		共来防收入粮食数	[illegible]应负担数	共应负担数	负担数	占收入百分比
第一等	26	154	730	27	16283斤	11.125斤			8.9%
第二等	54	280	560	95	70109.5斤	15.625斤			12.2%
第三等	4	23	[illegible]	29	18173斤	19.5斤			[illegible]%
合计	[illegible]	[illegible]	[illegible]	[illegible]					

[illegible]

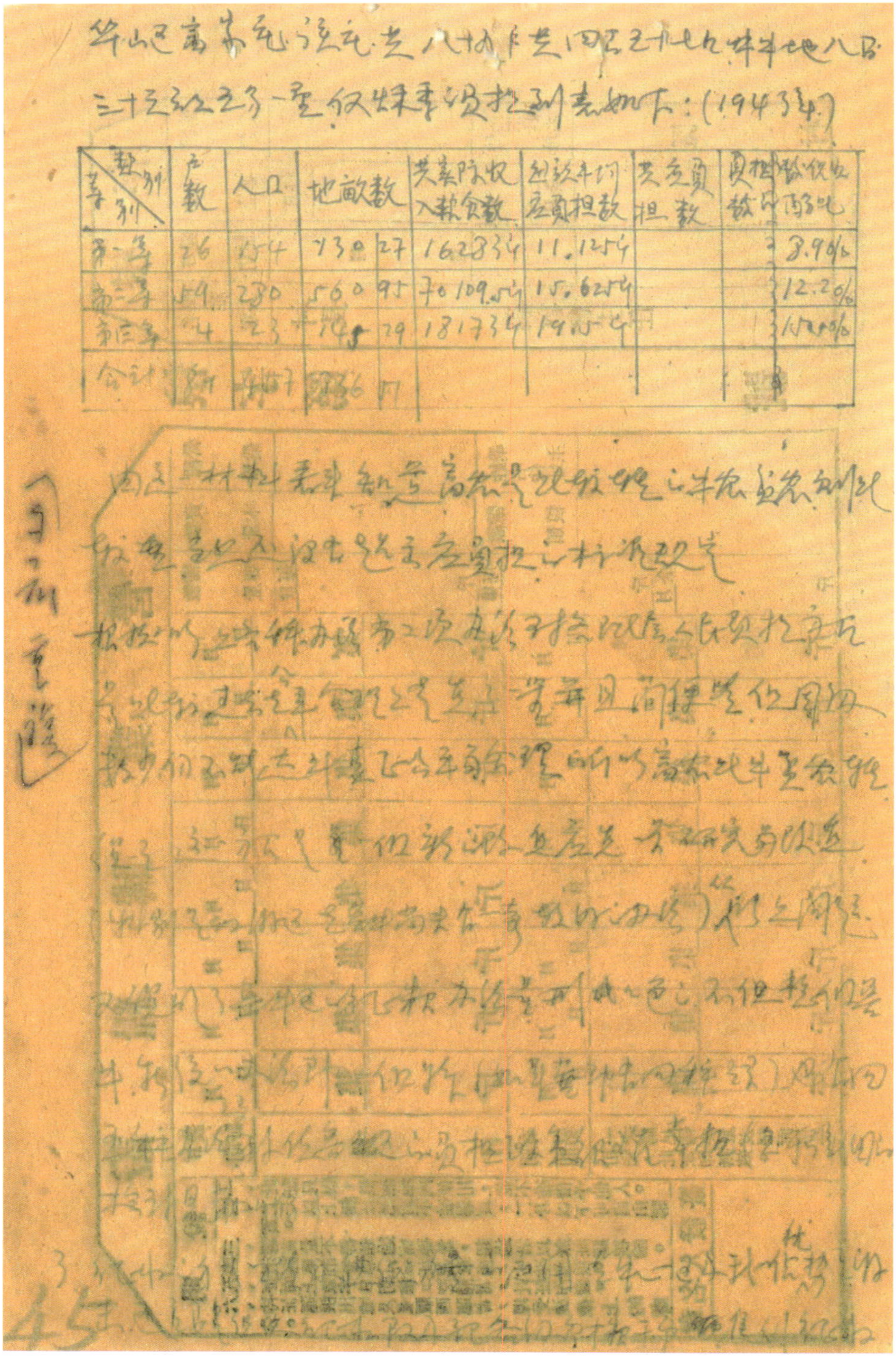

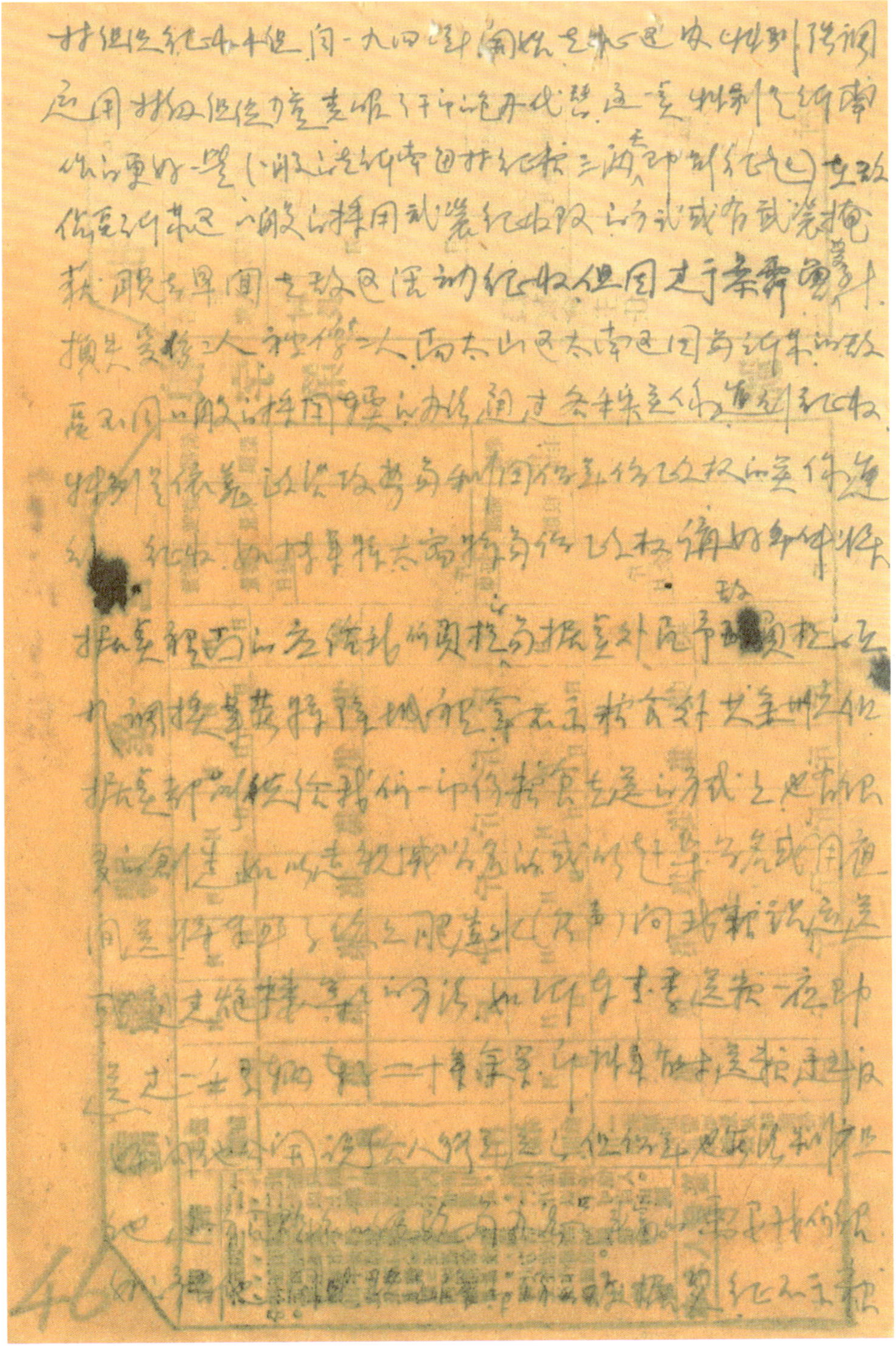

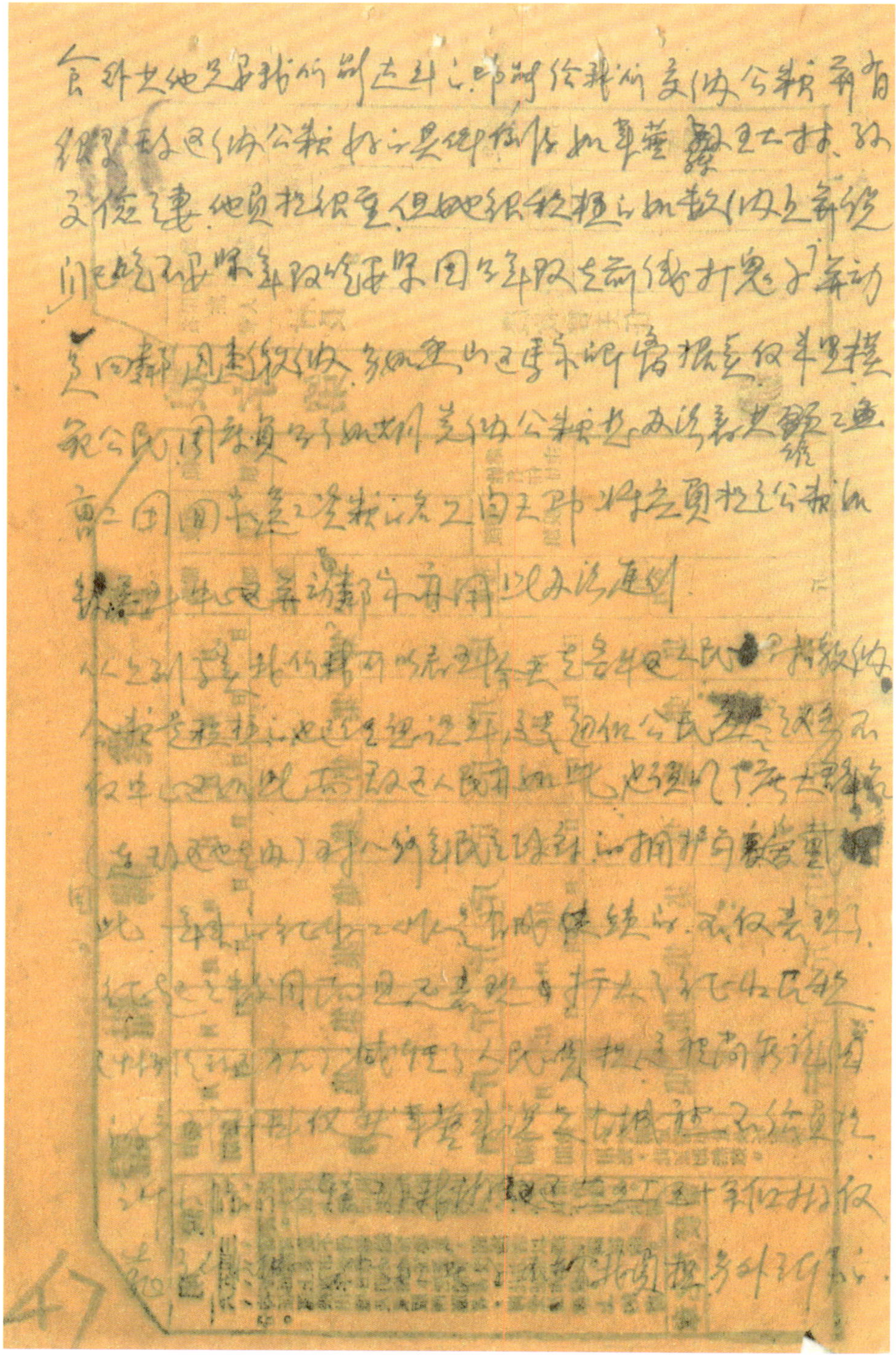

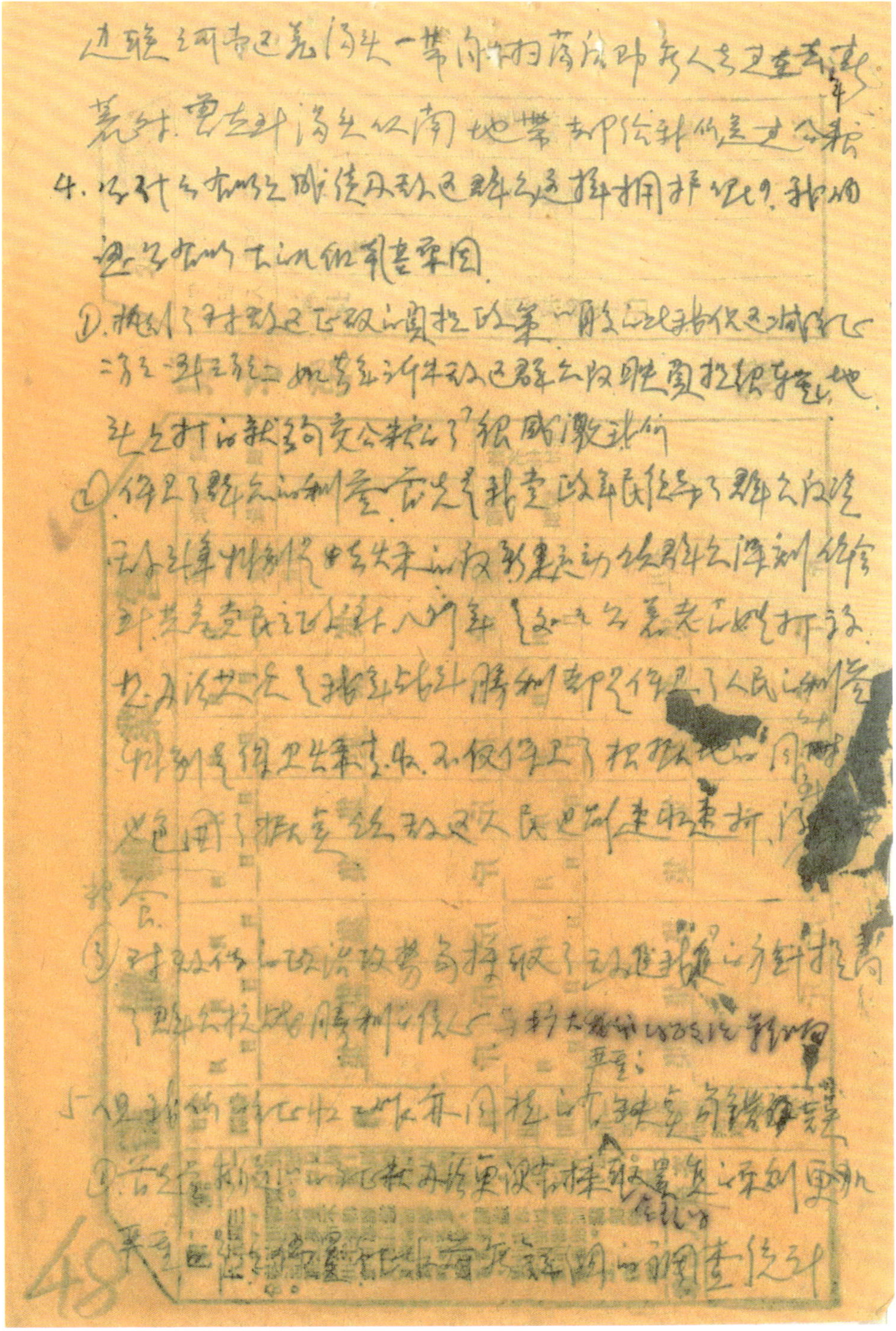

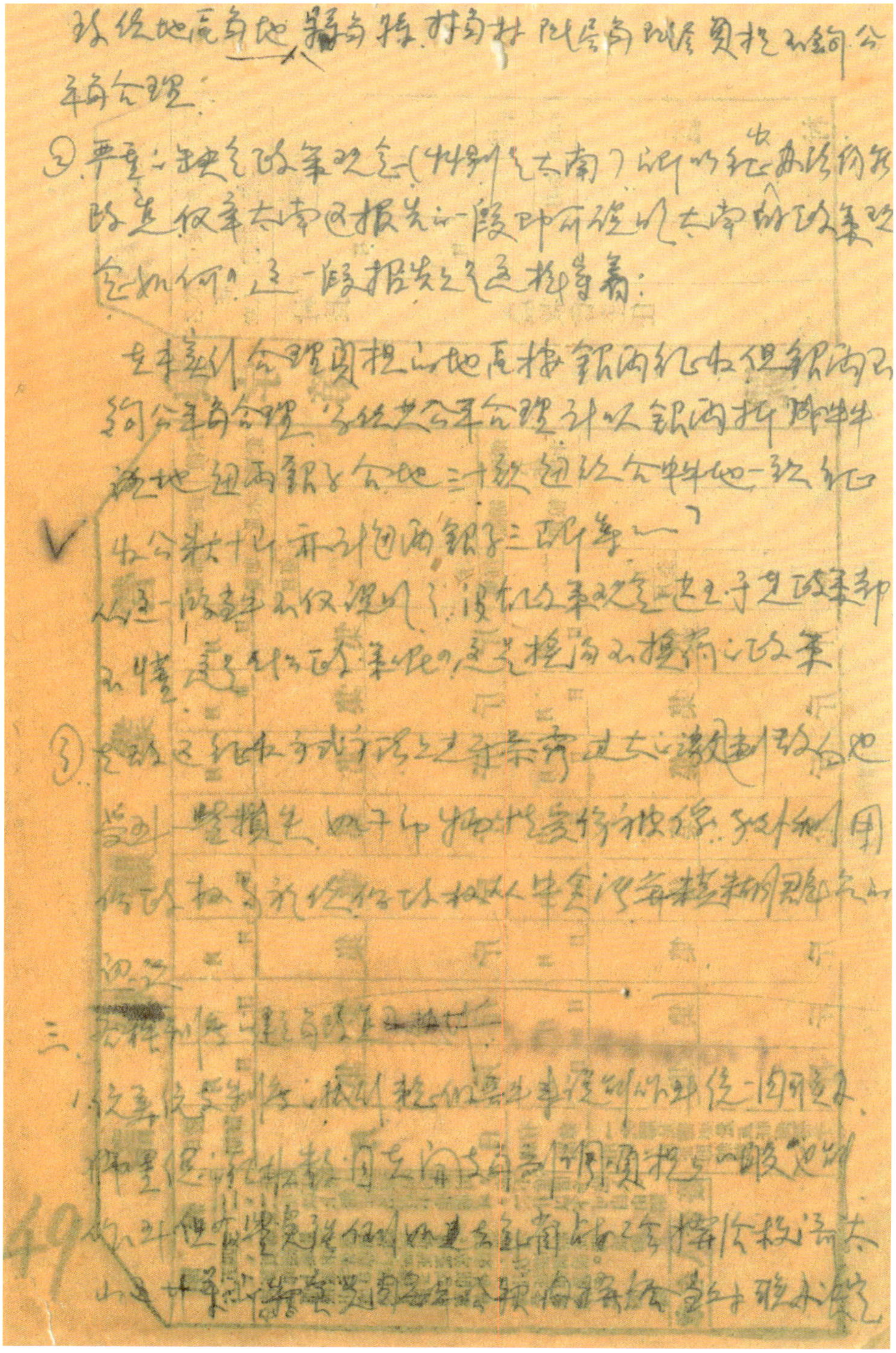

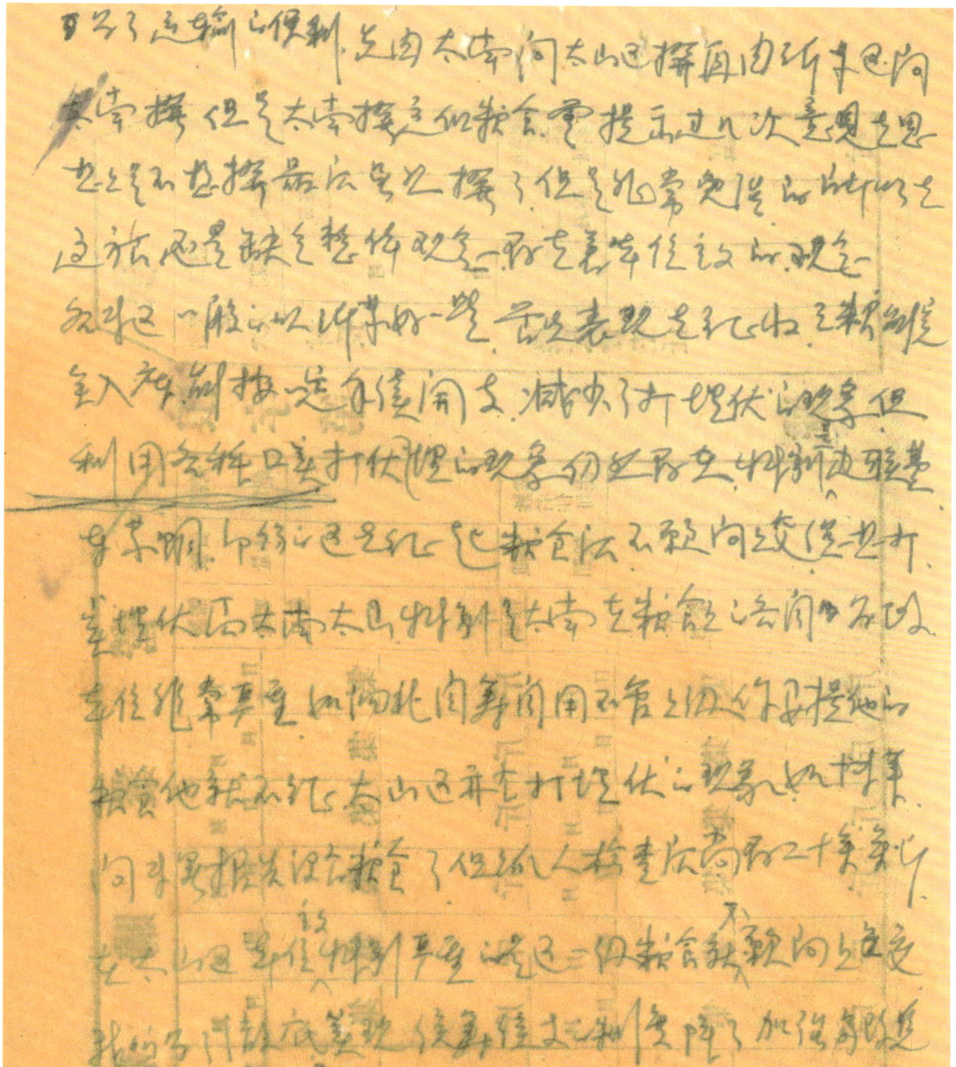

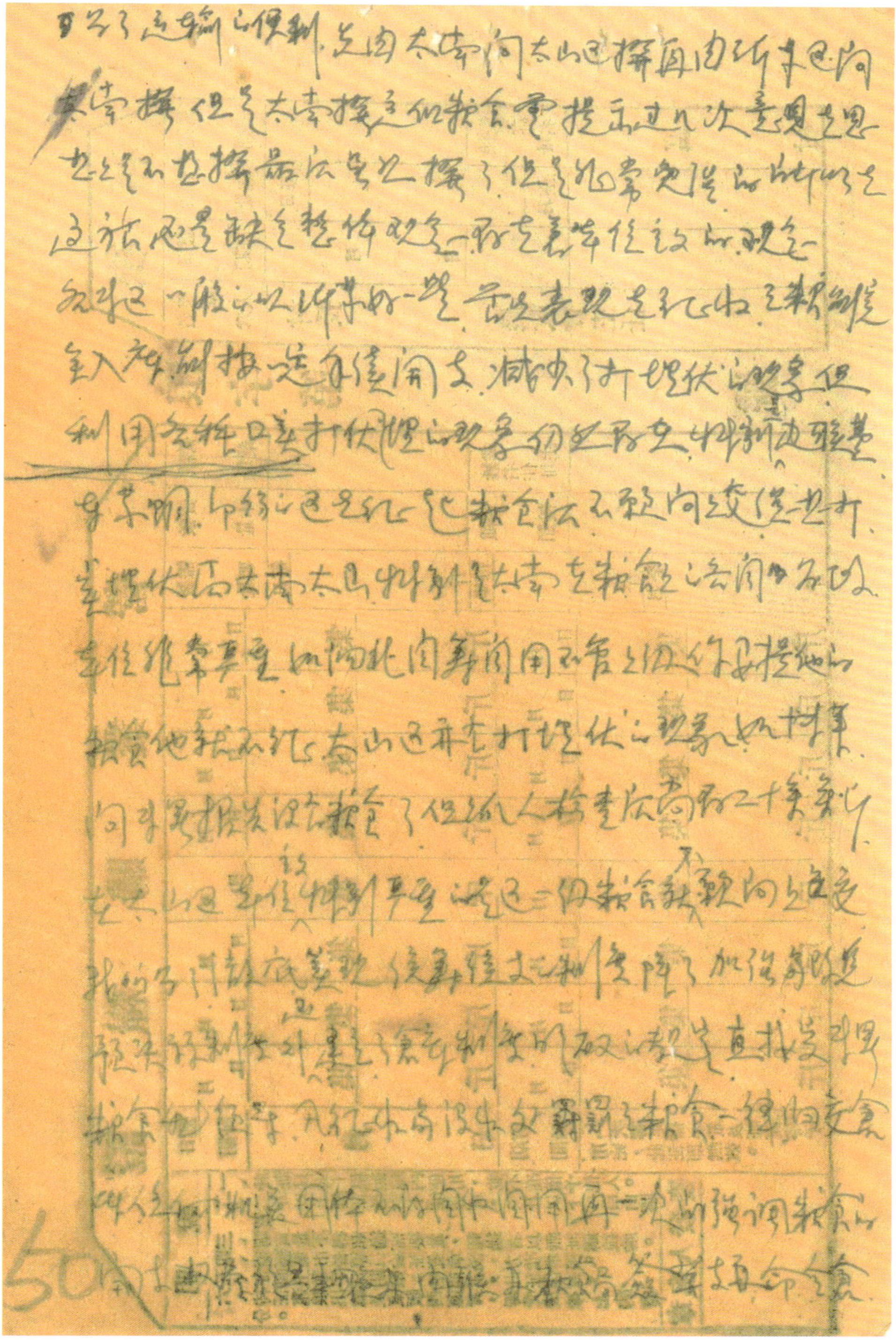

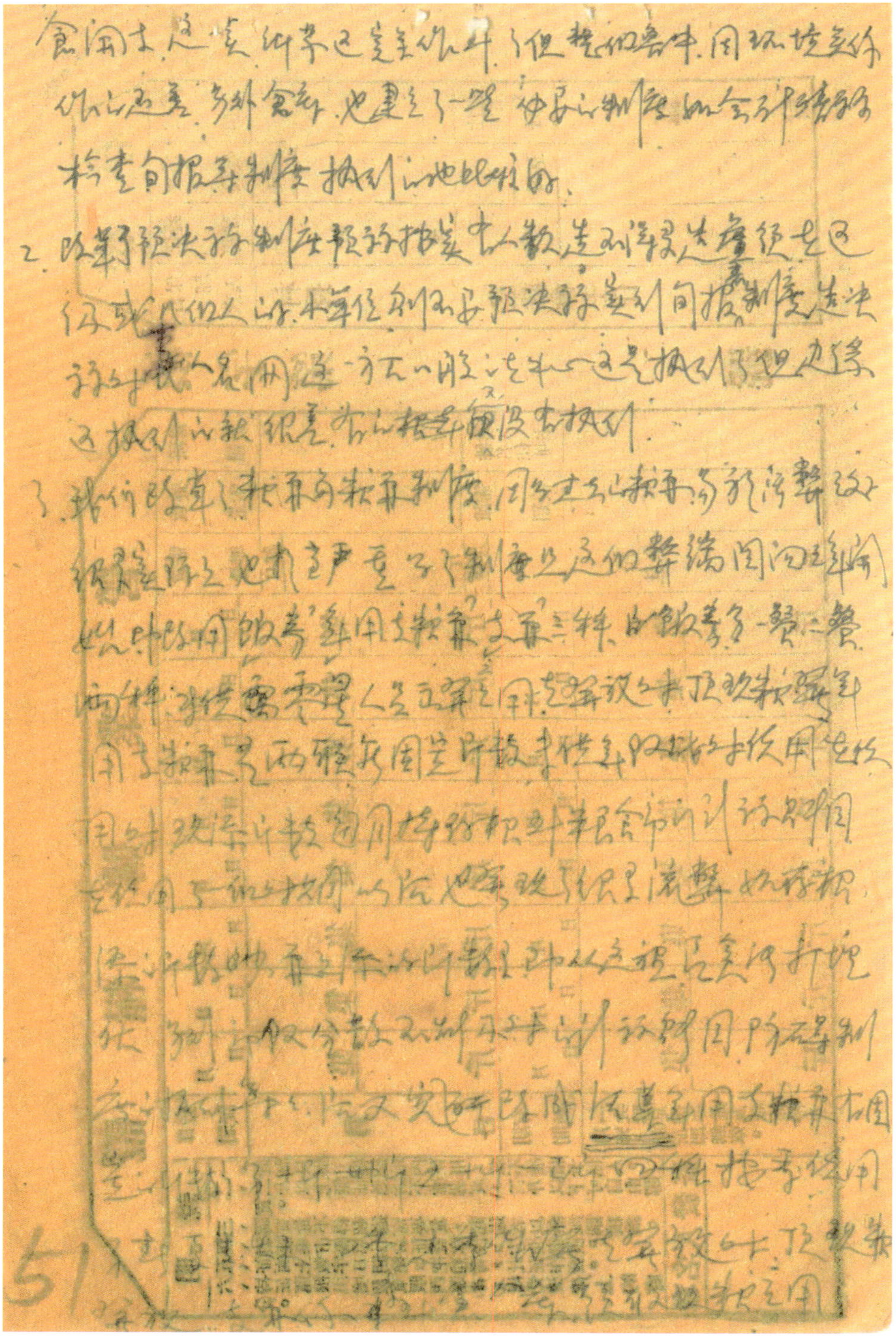

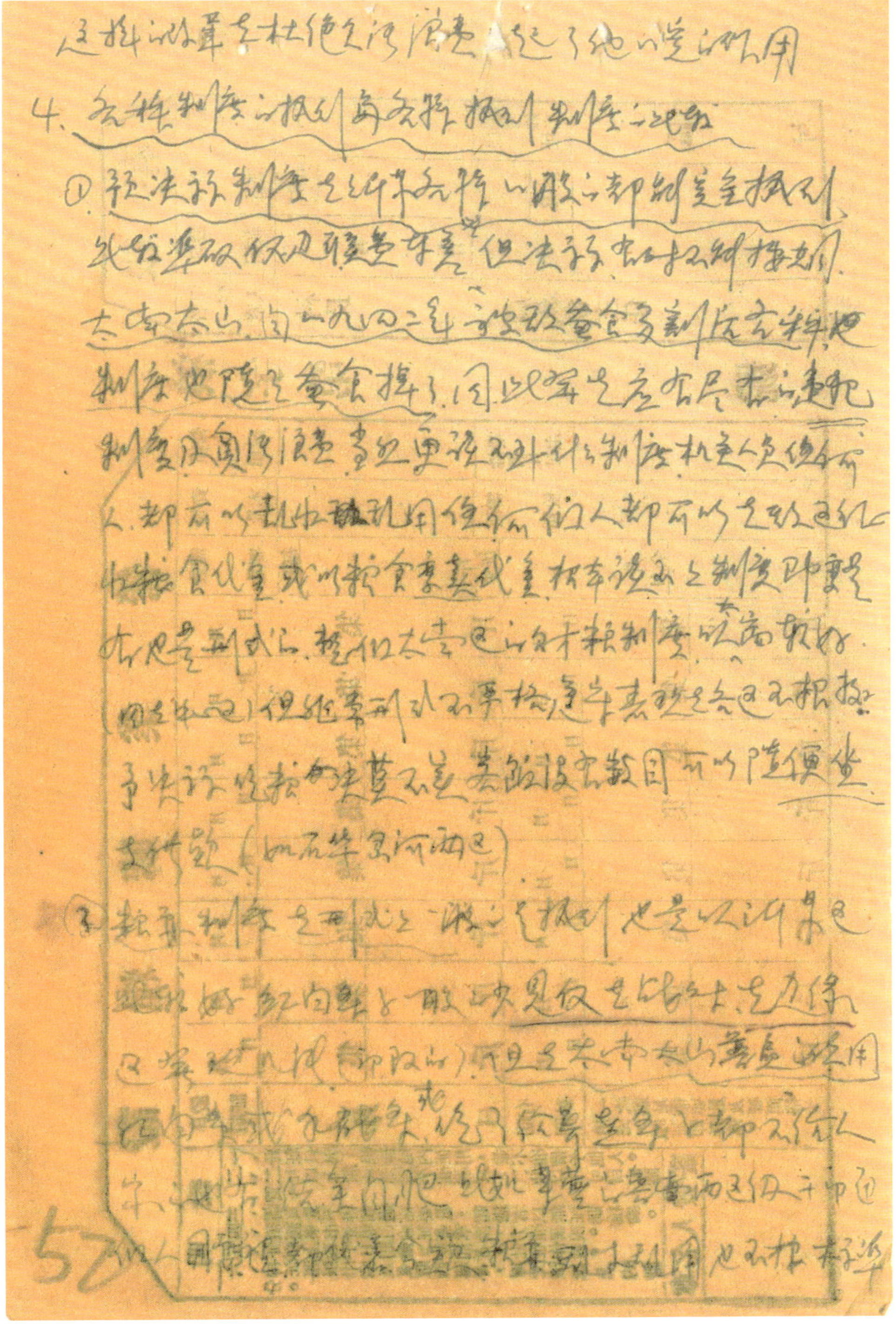

这样做算是杜绝了浪费，起了绝大的作用

4. 各种制度之执行与各种执行制度之比较

① 按法行制度之条件各种以后之都能完全执行，并能普及，及时免去浪费，但法行出于执行制度的。太岳太行山，自一九四二年十二月设立粮食局，制定各种制度也随之普遍推行了。因此浪费之度大为减少。而速把制度及负责浪费查出，更换不执行各制度机关人员，使各个人都有所敬畏[illegible]，使各个人都有所[illegible]。粮食代金或以粮食票代金，根本改正之制度即要[illegible]式的。但太岳区[illegible]制度以前，[illegible]（但[illegible]不要检查[illegible]）。事实证明[illegible]不能[illegible]数目可以随便[illegible]（如石[illegible]河西区）

② [illegible]制度之[illegible]之执行也是以[illegible]（[illegible]）。但是太岳太行山[illegible]用[illegible]

57

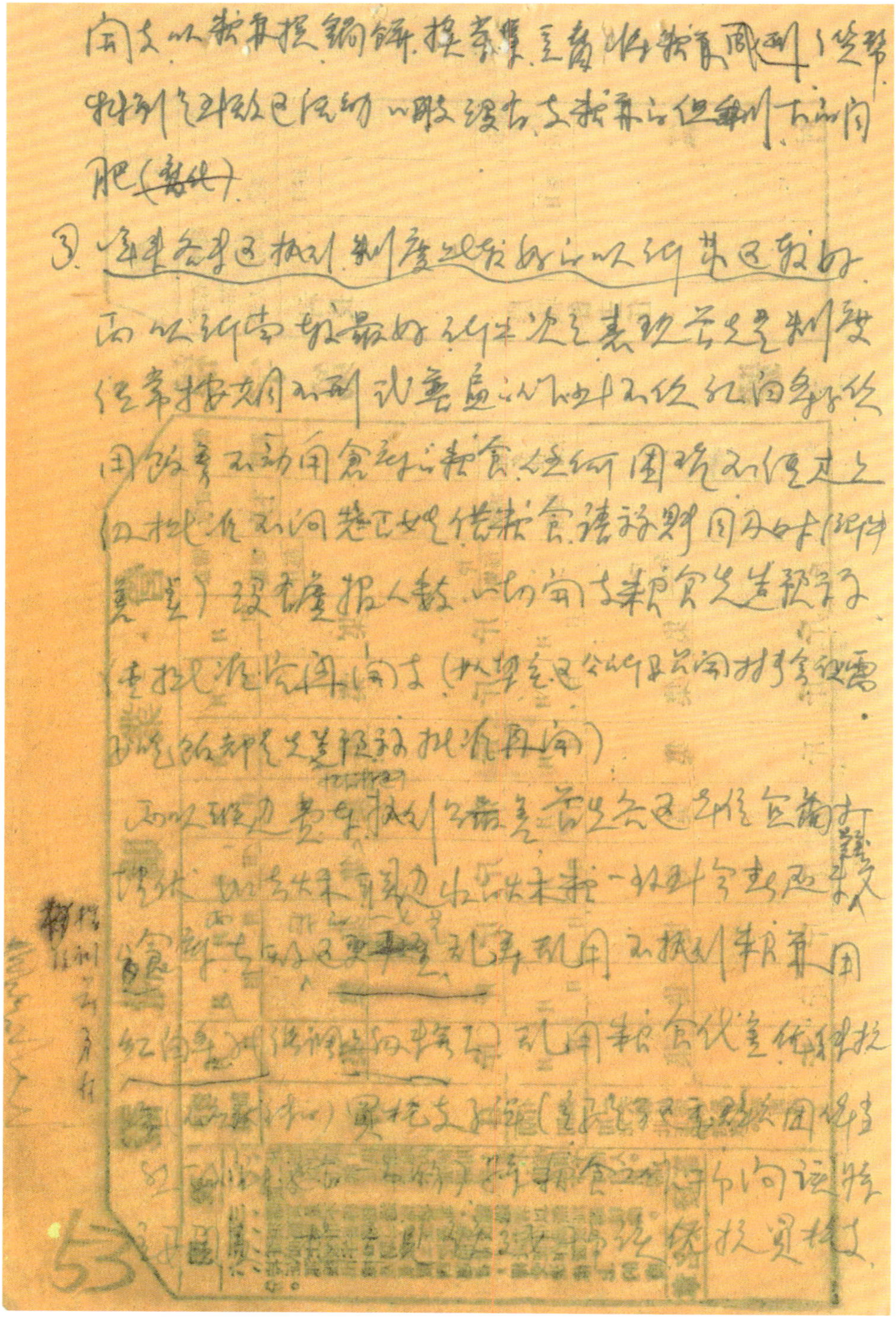

都是为了革命工作，制度不健全，[illegible]工作，[illegible]思想

之，就没有制度的观念，因此浪费也最严重。

如兴国X区因办理公粮收代金三万元，之代之换了浪

的粮食耗费了，米浪费很大，即用也浪费

了（没有公粮制度）。

长冈区粮食制度较好的是[illegible]，收支比较

统一（但也村上没打埋伏），乎决定领粮食须经

钱，作没有粮票不发粮食，工作人员平各机用公

粮的随即留下粮票或写证明来，消灭了用粮无用

红白条的不良现象。同时~~[illegible]~~生开发经

常加紧干部制度的教育，并经常到下区检查制度。

以大石影执行最差，根本没有制度，普遍的以

粮食换吃，任何东西都可用粮食换，上至县科员

各机关干部下至区干部都是如此，普遍浪费粮食，如

七区区中队仅十五人，计二十人在三个月内用去米谷

380斤，平均800斤（这仅是有数字的）。又八区在去年一年

粮食[illegible]未算清，一区粮仓的收了公粮代金不交

[illegible]时间[illegible]机关买手枪使用

代金600元，七区指扣罚不经批准买匣子枪支代金6000元

用代金作生产如三区区长用4000元作生意，用3600元买羊（这种仍仍是拿不胜拿的）这说明制度紊乱已到了相当程度。

太南区执行比较好的是费北，但在1943年以前同样是无制度或不执行制度，在43年经过一度的斗争再检查已初步走上执行制度，现已经能作到统一收支（过去也是自收自用）各部门按时造预决算及清算账目并作到经过批准，但个别人员仍有用假条据及报谎账。（如部区[redacted]）其余太宁新蒙泗北太安新泰根本谈不到制度，有也是形式的也不执行，特别以新蒙泗北太安最为严重，如新蒙×区分区全得收代金三万余元无开支下落。

5. 会计浪费的情形一般的以太山太南沂蒙之地联最东区发严重，除一般会计浪费公粮的主要部分以外，以招待费和办公用的会计，有以下的几种典型的：

550 十项[redacted]将公粮送

给他親家140斤，又应该给他家裡110斤，拆償给别人公粮代金两千元，其他不少方面没详细统计。

②太厉二区指导员[redacted]将公粮代金私自给他家1000元（名义是借），后经数次才要回来，未经批准用代金买手枪一支用600元。

③蒙阴就连区区级干部集合起来凑了四十五元会餐，春节请客所，边联沂东区三个人吃了两顿饭给了人家十七斤粮食，新甫干部除了大的贪污浪费外，每人平均每天吃三斤粮食

④费北[redacted]外说卅二更贪污公粮代金一万九千余元（交八九千元）

以上各种浪费现象实非少数，到处都有

6. 为什么会出现制度这样紊乱（除收到新较好外）贪污腐化这样严重呢？我们认为有以下几个基本原因：

①在一般干部中自上而下缺乏制度观念，一般干部认为制度是防碍工作的，是限制工作的，因此只要是为了工作就可不管制度怎样（如联络秘书部长说是为了工作用去枪

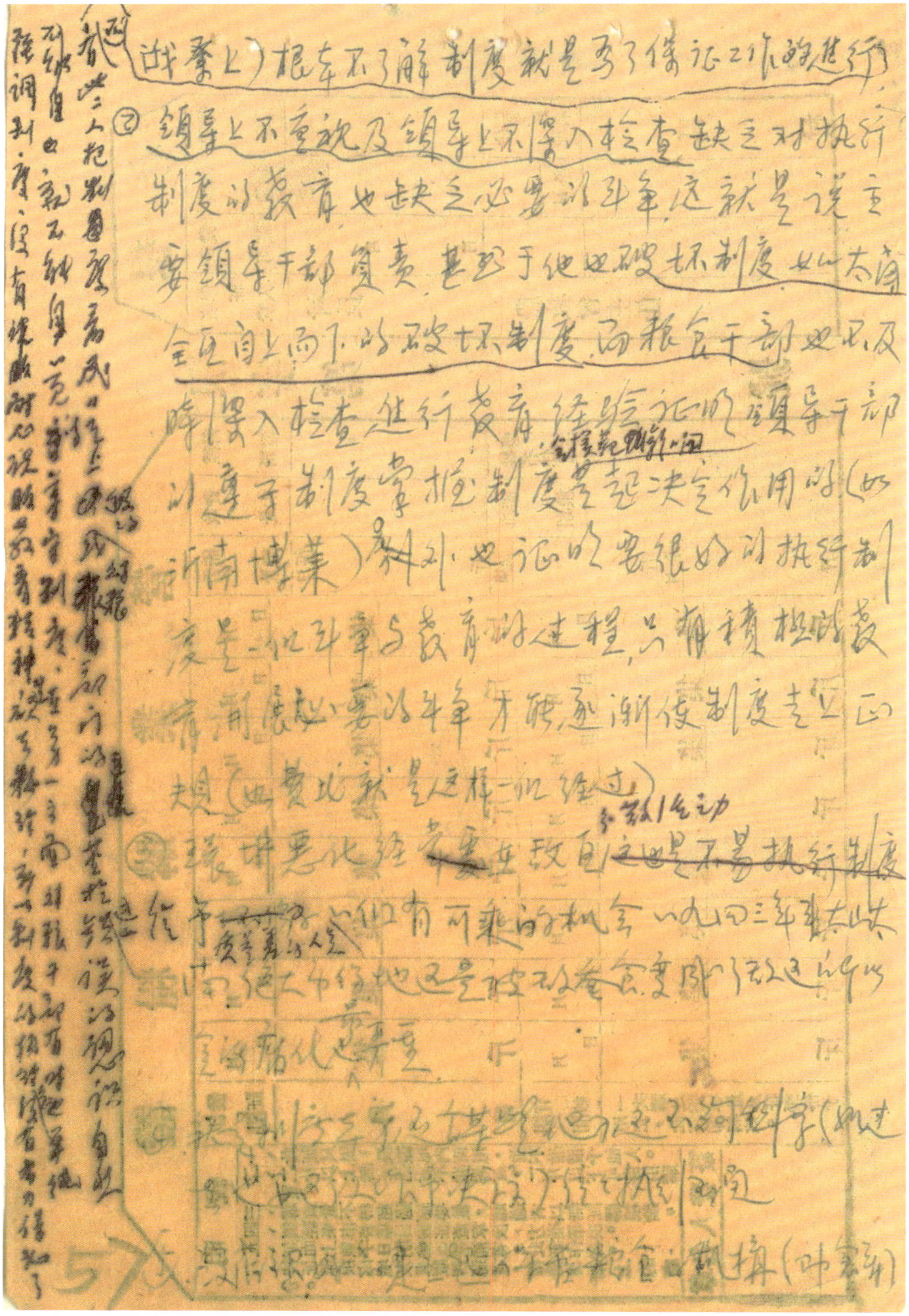
战争上）根本不了解制度就是为了保证工作的进行
② 领导上不重视及领导上不深入检查缺乏对执行
制度的教育也缺乏必要的斗争，这就是说主
要领导干部负责，甚至于他也破坏制度，如太宁
全区自上而下的破坏制度，而根本干部也不及
时深入检查进行教育，经验证明领导干部
的遵守制度掌握制度是起决定作用的（如
沂南博莱）另外也证明要很好的执行制
度是一个斗争与教育的过程，只有积极的教
育耐心的斗争才能逐渐使制度走上正
规（如费北就是这样一个经过）
③ 环境恶化经常在敌占区也是不易执行制度

如太山太岳，虽也有贪污但终但数目不大，所以这种的可打埋伏问题。如江苏这么贪污比较重之打埋伏的现象也就减少了。

从一个县来看的教育判断这是它建设和建立的过程之这个过程当中会形成浪费是难免的。

6. 节约的检讨：生产节约是老生常谈，但县中之年队并区内一九四二年冬林助政以县做的提出会第经针明年（即四三年）春季前要节约半个月的粮食半月不算粮食之路针与区也要下达指示但并未的强续更没有具体的作业的，所以又到[illegible]一个空口号。在四三年夏重新政治提出坚决执行，[illegible]每区二个半月[illegible]节约半个月的[illegible]交回粮会机关这一段[illegible]计划[illegible]是[illegible]任务（[illegible]），[illegible]节约[illegible][illegible]一步[illegible]节约[illegible]利[illegible]

（[illegible]）[illegible]机[illegible]（12月[illegible]）

58

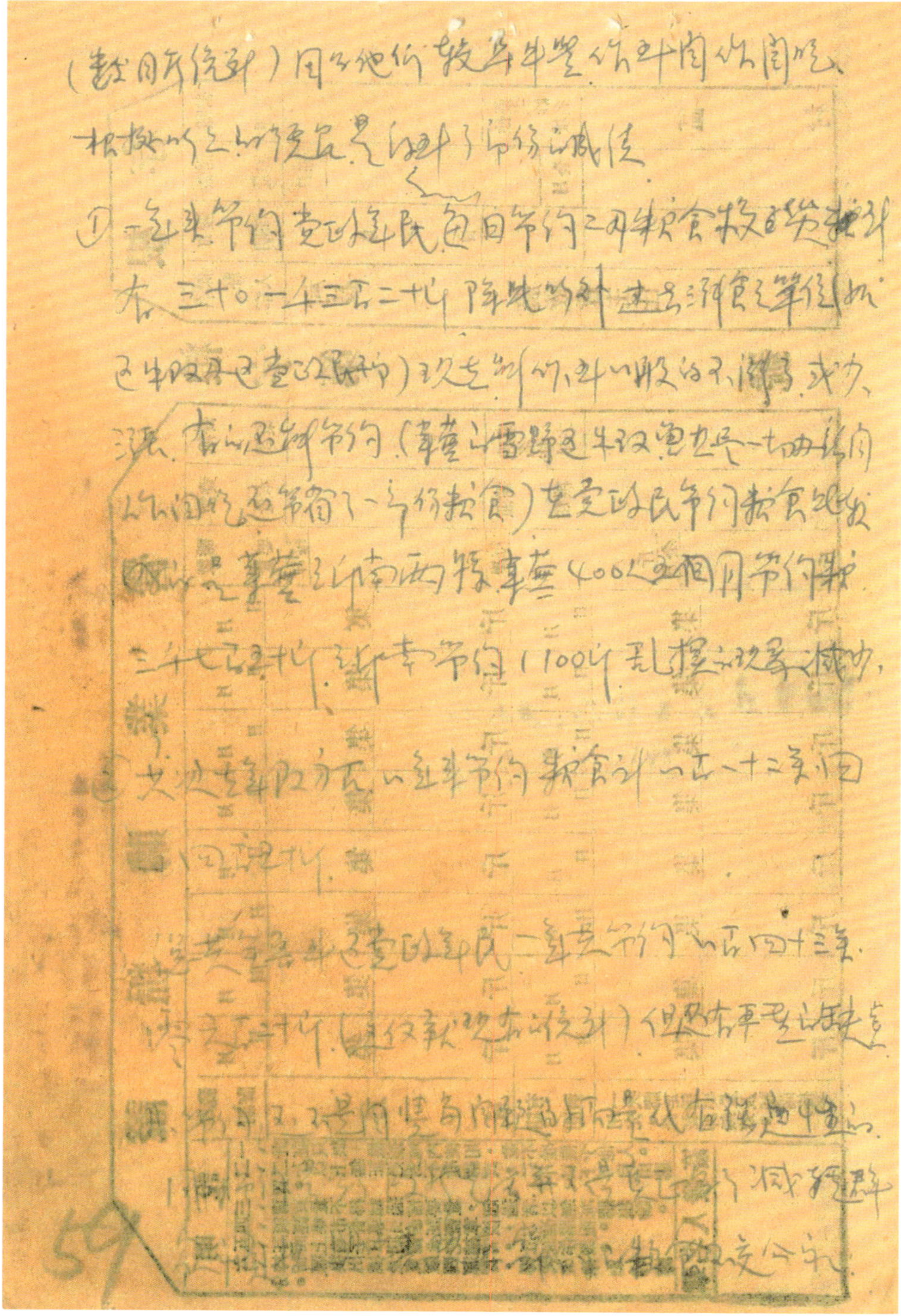

你們已戒除生活 世道是不懂得不能信就不動 推一推

動一動 如果推也推不動 以群众自己提出来而他們

（如停闲多些等）

另一方面我們的經驗不仅是組織起來的作用就是

解决一切群众的问题，在群众中推動群众自己的工作。

要組织起来

從这里我們經驗仅在開始組織起來的时期

要把工作组织起来。

四、對民食的管理

這一工作一般的說起來，作的也最差，並且带有

很大的性質的說起來，仅自去春才開始檢查，首先從食糧

的粮市調節來進行禁粮出口的工作。由于一九四二年

的歉收造成了四三年春的严重春荒，同时敌人也利

用这机会在全靠近根据地的边缘地区設有各

种各樣洋行收買我们區的粮食及土產物，因此自

一九四二年冬（十一月）開始粮食統制……以

……並且粮食……抵制敌

……春荒保証民食

……華東贩运……

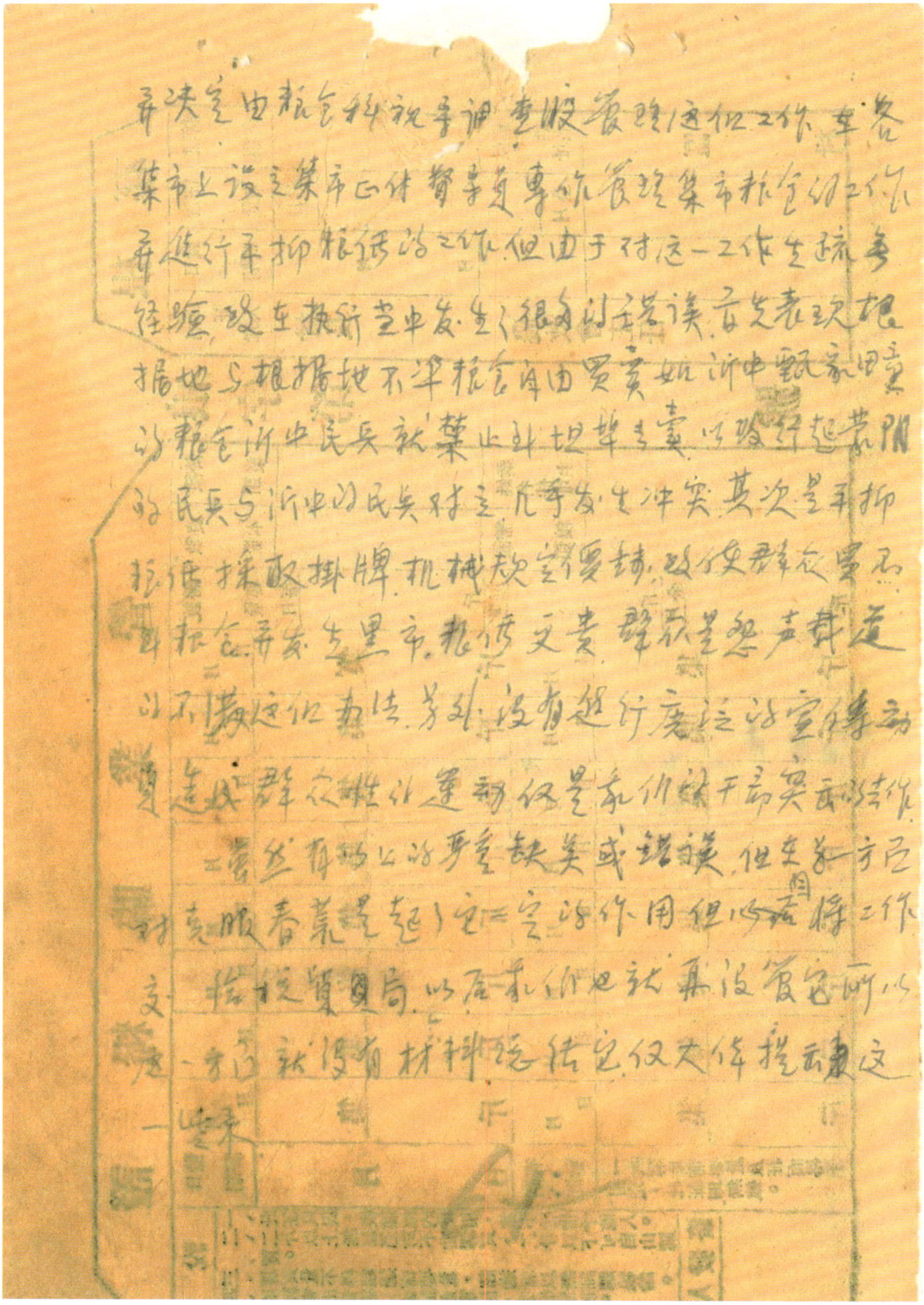

并决定由粮食科视察调查股管理这个工作，在各
集市上设立集市小组，帮助专作管理集市粮食的工作
并进行平抑粮价的工作。但由于对这一工作生疏，无
经验，故在执行当中发生了很多的错误，首先表现根
据地与根据地不准粮食自由买卖，如沂中瓦家田卖
的粮食沂中民兵就禁止到坦埠去卖，以致引起莒
的民兵与沂中的民兵对立，几乎发生冲突。其次是平抑
粮价，采取挂牌，机械规定价钱，故使群众买不
到粮食，并发生黑市，粮价更贵，群众是怨声载道
以不满这个办法。另外，没有进行广泛的宣传动
员，造成群众性的运动，仅是我们干部实在的工作。
虽然有以上的严重缺点或错误，但在另一方面
对克服春荒是起了它一定的作用，但以后因工作
交指挥员调回，以后我们也就再没管它，所以
这一方面就没有材料总结它，仅大体提出来这
一些。

（三）总结与检讨：

一、以上几个问题，就是我们一年来粮食工作的基本概况。经过这当中可以看出，总的说来我们的工作是有成绩的，总结起来有以下几点：

1. 及时的改善了组织机构，克服了各自为政、互不相顾的偏向，保证了战时粮食的供给，在这一方面对军事胜利就保证上是起了些一定的作用（特别表现在几次战斗中，讨吴战役及东进反顽的战斗中），这方面是组织机构上发挥了它的效能。

2. 扩大了征收面积（主要是深入调查，改进了［illegible］）［插入：扩大土地清查减少了黑地］，开展了节约运动，减轻了人民的负担，［illegible］减轻了［illegible］

［illegible］

斯诺与段君，［illegible］

62

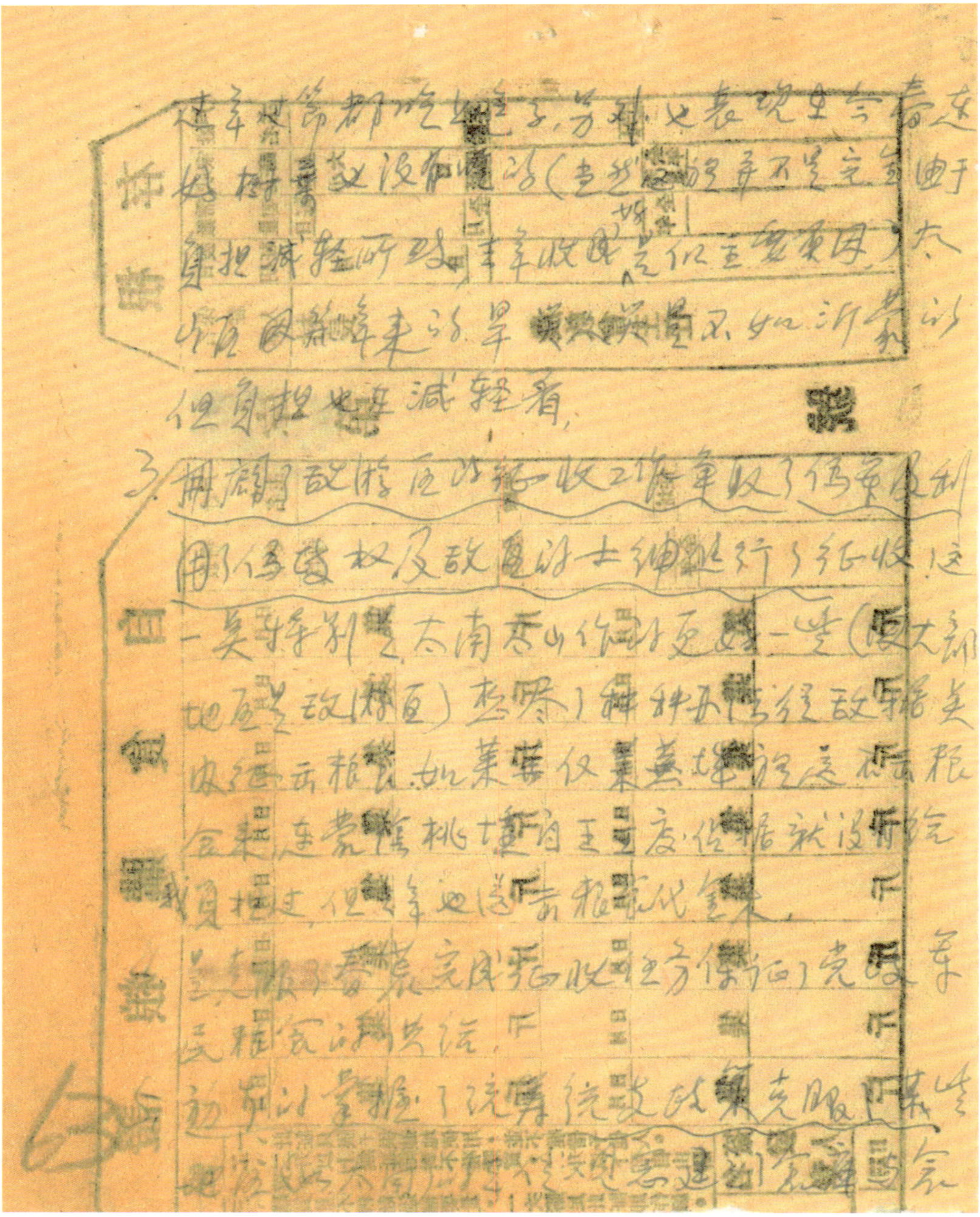

[illegible]
但负担也未减轻着，
3. 开辟敌据区的征收工作：争取了伪军及利用伪政权及敌区的士绅进行了征收，这一点特别是太南泰山作得更好一些（很大部分地区是敌据区）[illegible]
[illegible]

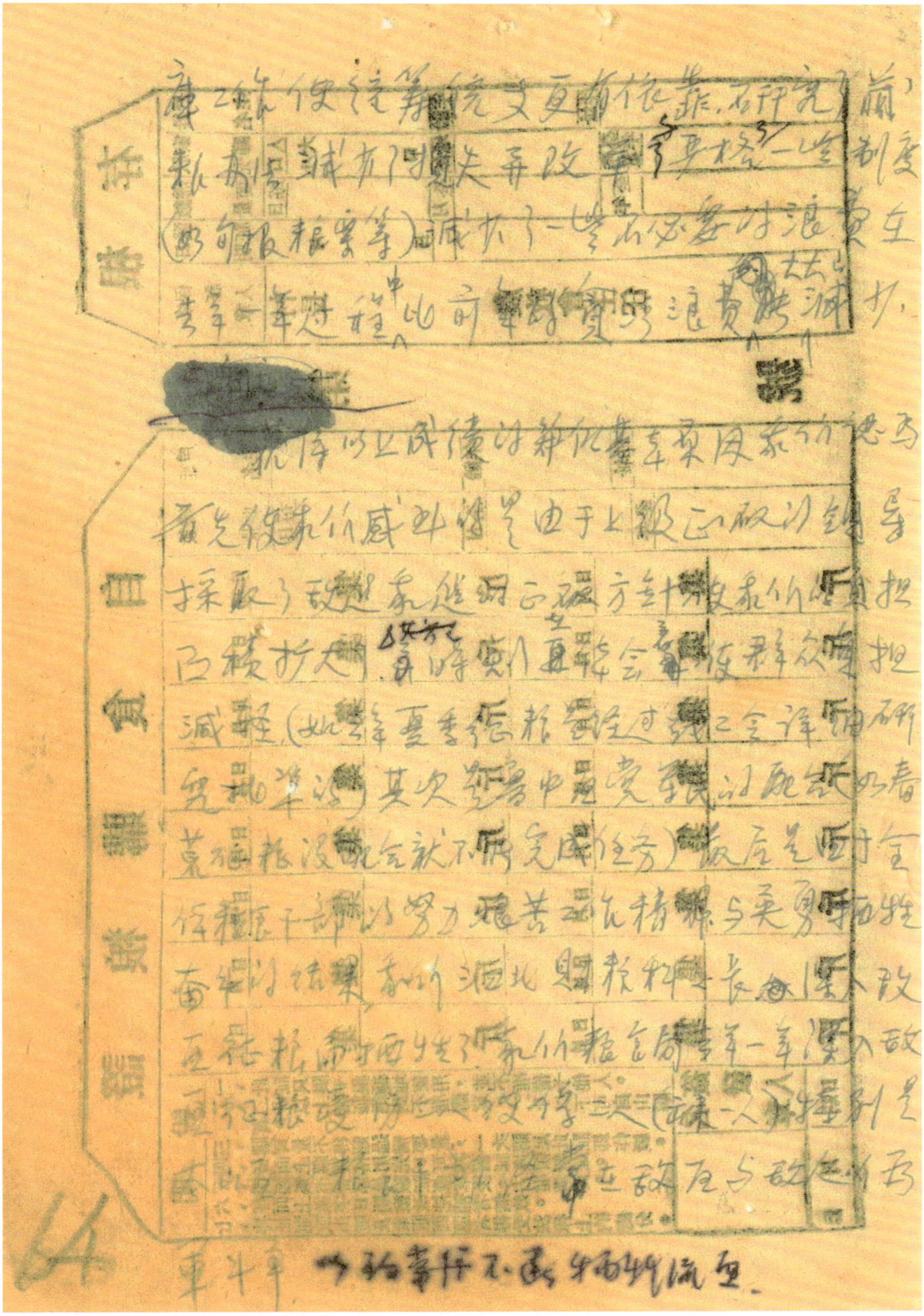

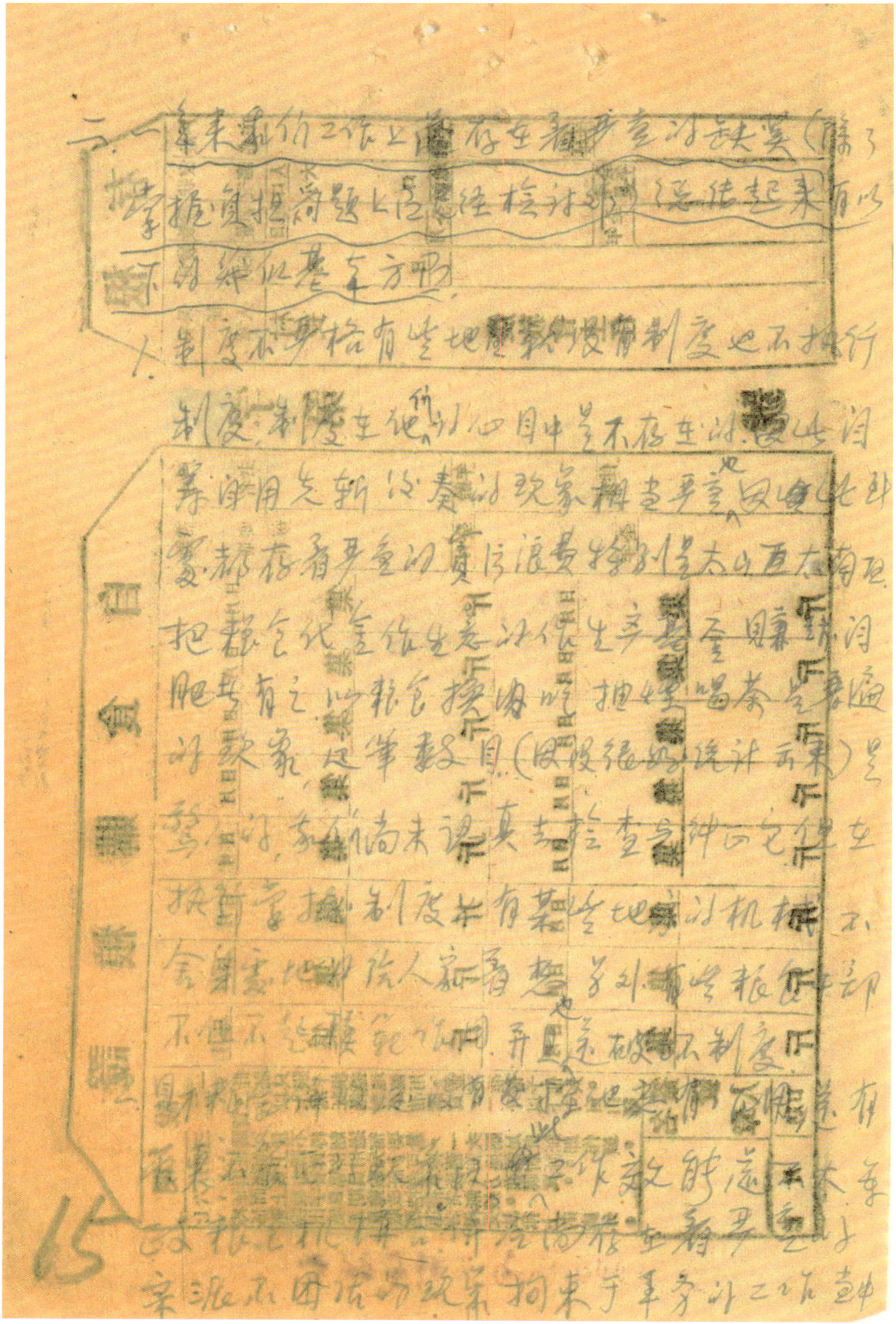

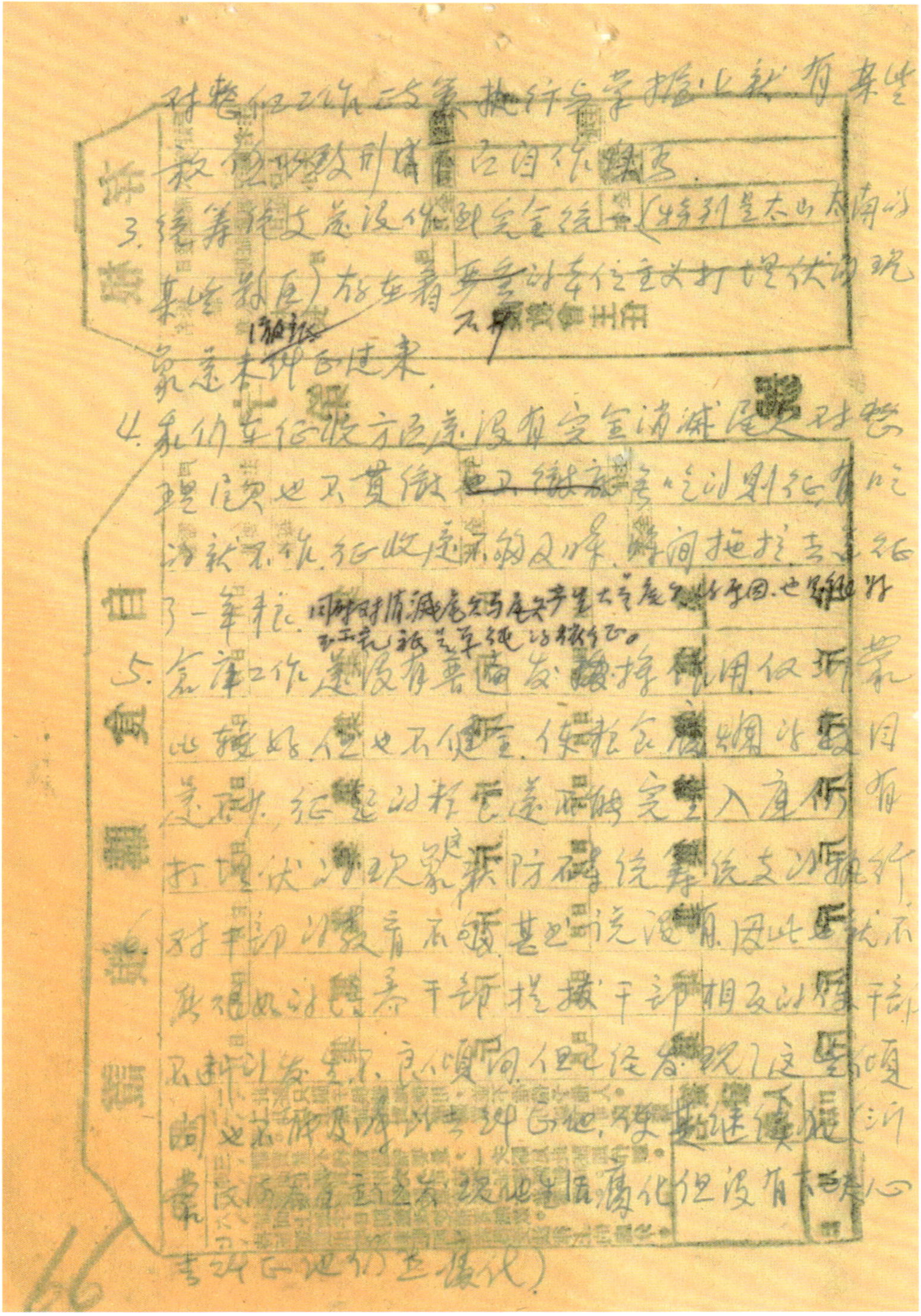
对整组工作政策执行与掌握上就有某些
教[illegible]偏[illegible]别情[illegible]
3. 统筹统支虽没做到完全统一（特别是太山、太南的
某些县区）初步看着[illegible]对各位主义打埋伏的现
象遂未能纠正过来。
4. 在作风上行政方面虽没有完全清减尾巴，对整
理区更也不贯彻[illegible]
[illegible]
了一年粮。[illegible]
5. 仓库工作还没有普遍发展[illegible]用仍然[illegible]
[illegible]
[illegible]入库[illegible]
[illegible]
对干部的教育不够，甚至说没有，因此[illegible]
[illegible]干部[illegible]干部[illegible]
[illegible]
[illegible]
[illegible]但没有[illegible]
[illegible]

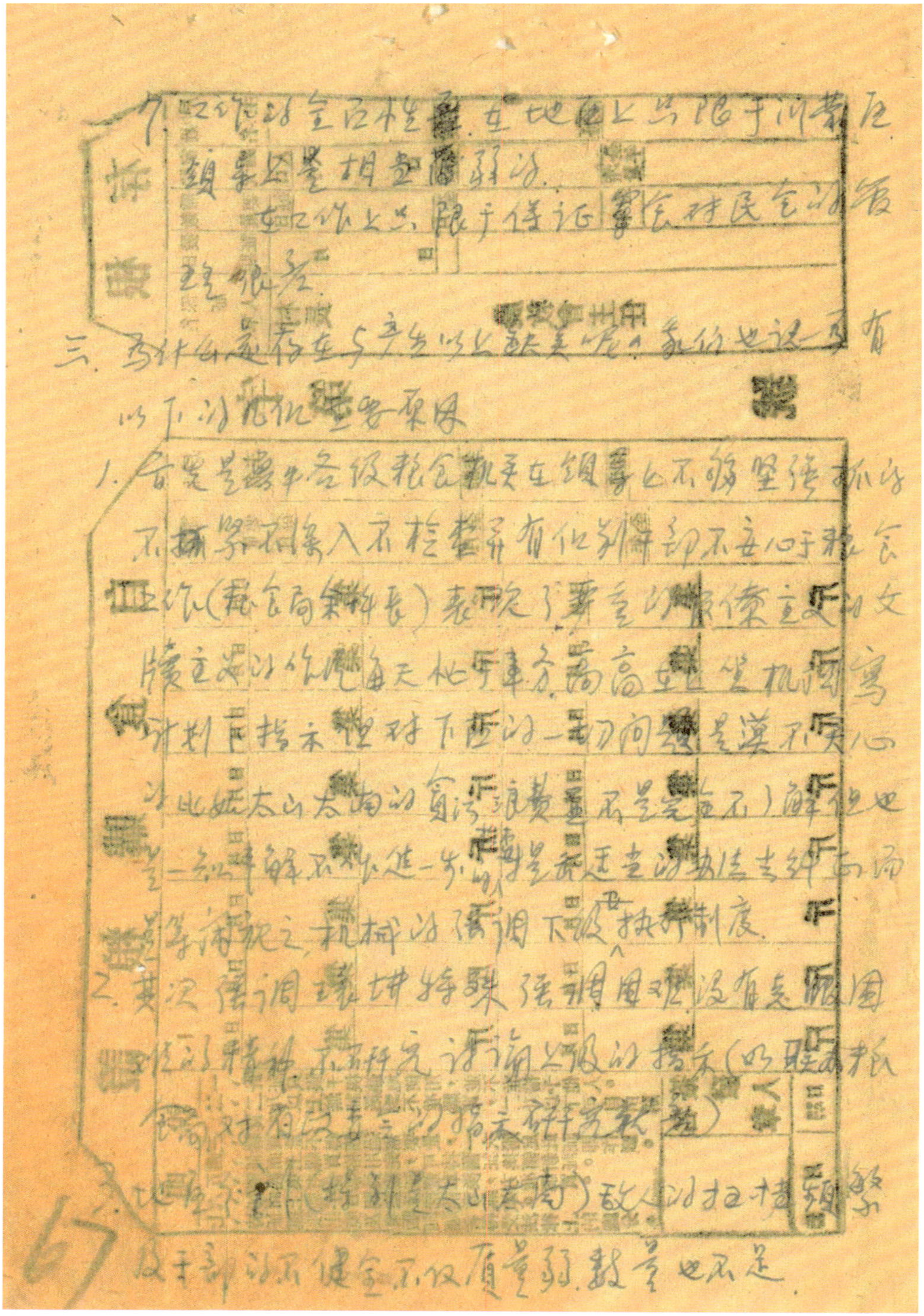

7. 工作的全面检查，在地区上只限于河东区，领导上照顾全面的，在工作上只限于保证军食，对民食的管理很差。

三、为什么还存在5项以上缺点呢？我们也认为有以下的几个主要原因：

1. 首先是县各级粮食机关在领导上不够坚强，抓得不紧，深入不够，尤其有的干部不安心于粮食工作（粮食局长），表现了只重视依靠主观的文牍主义的作风，每天地坐在高高在上的机关写计划、下指示，对于下边的一切问题是漠不关心的，比如太山太南的贫穷情况不是完全不了解，但也是一知半解，不能进一步的掌握并深入的办法去研究而消极等待观望，机械的强调下级执行制度。

2. 其次强调环境特殊，强调困难，没有克服困难的精神，不去研究讨论上级的指示（如照顾粮食），对于指示的精神研究不够。

也因为（特别是太山太南）敌人的扫荡频繁，粮干部的不健全，不仅质量弱，数量也不足。

67

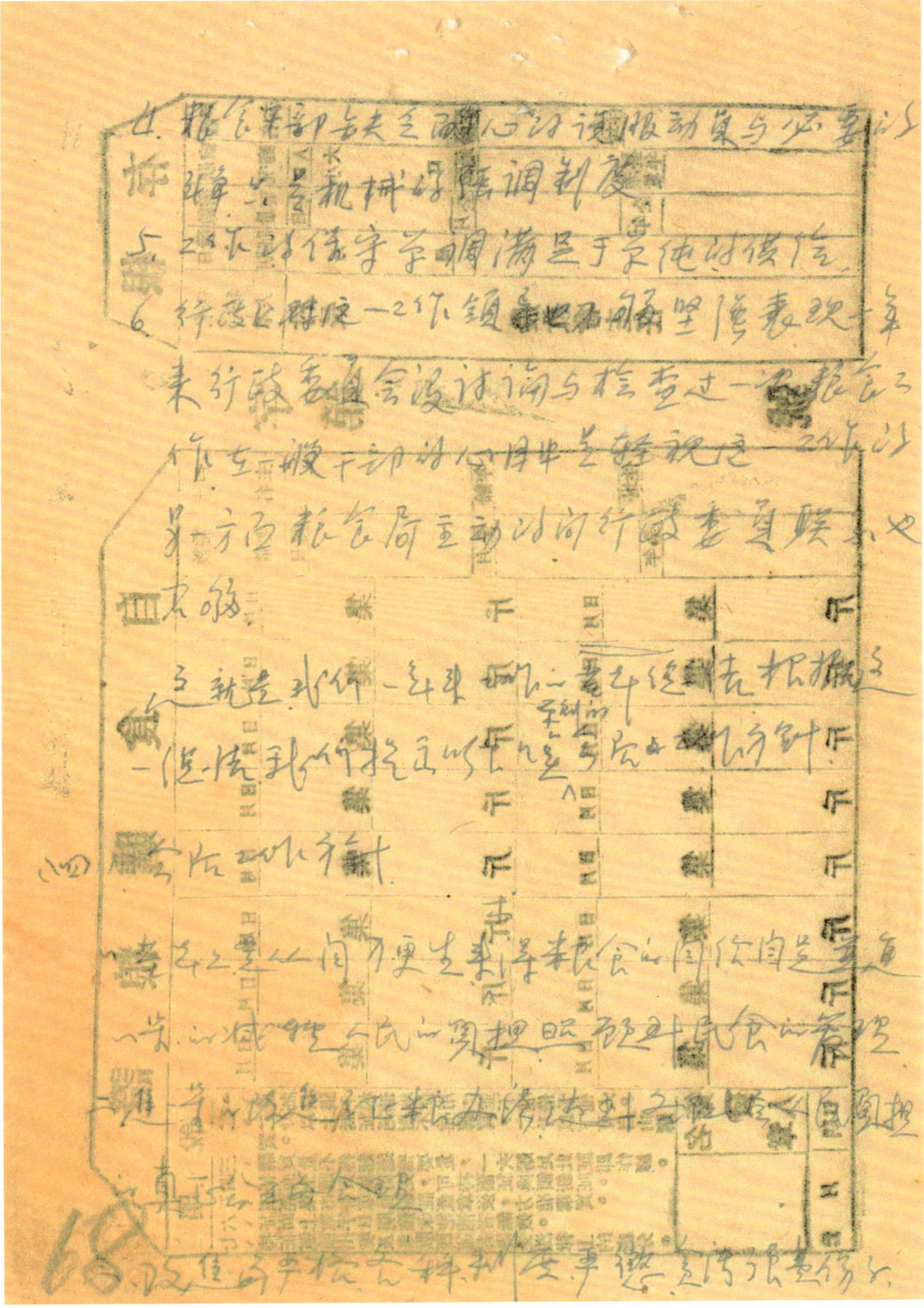

4. 粮食部门缺乏强有力的调度机动粮与必要的储备，与机械的[illegible]调剂制度。

5. 工作计划保守，[illegible]满足于[illegible]的供给。

6. 领导上对粮食工作领导不够，坚决表现一年来行政委员会没讨论与检查过一次粮食工作，在干部分配上并无重视，工作计划方面粮食局主动的向行政委员会联系也不够。

三、新区我们一年来的工作总结根据这一总结我们提出以下[粮食的]方针：

（四）今后工作方针：

（一）基本上是从何方面来解决粮食问题呢？是通过一步的减低人民的负担，照顾到民食的管理

（二）进一步改进粮食工作，加强对人民负担真正公平合理。

68 改进我们检查的精神，改革与节约，[illegible]

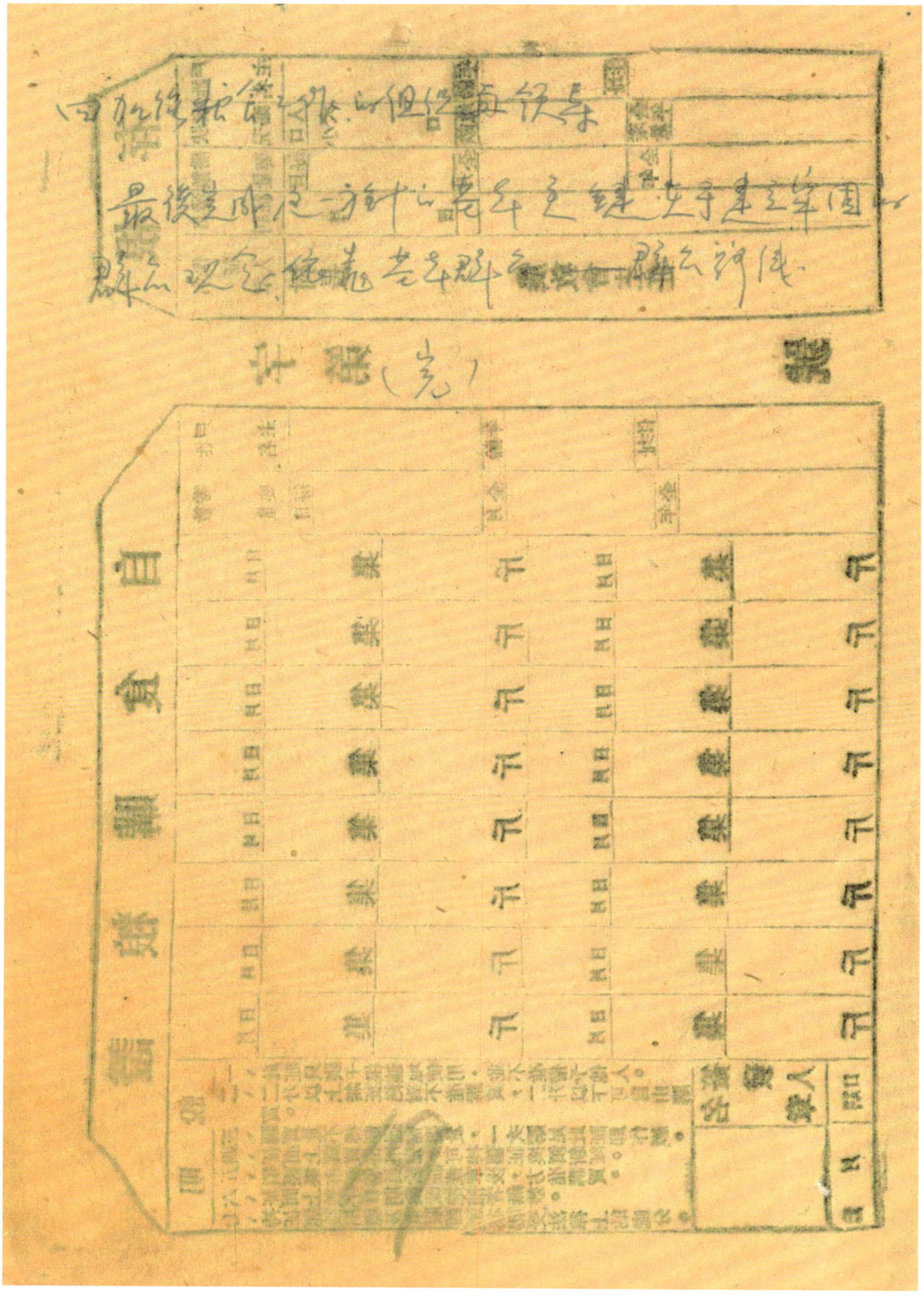

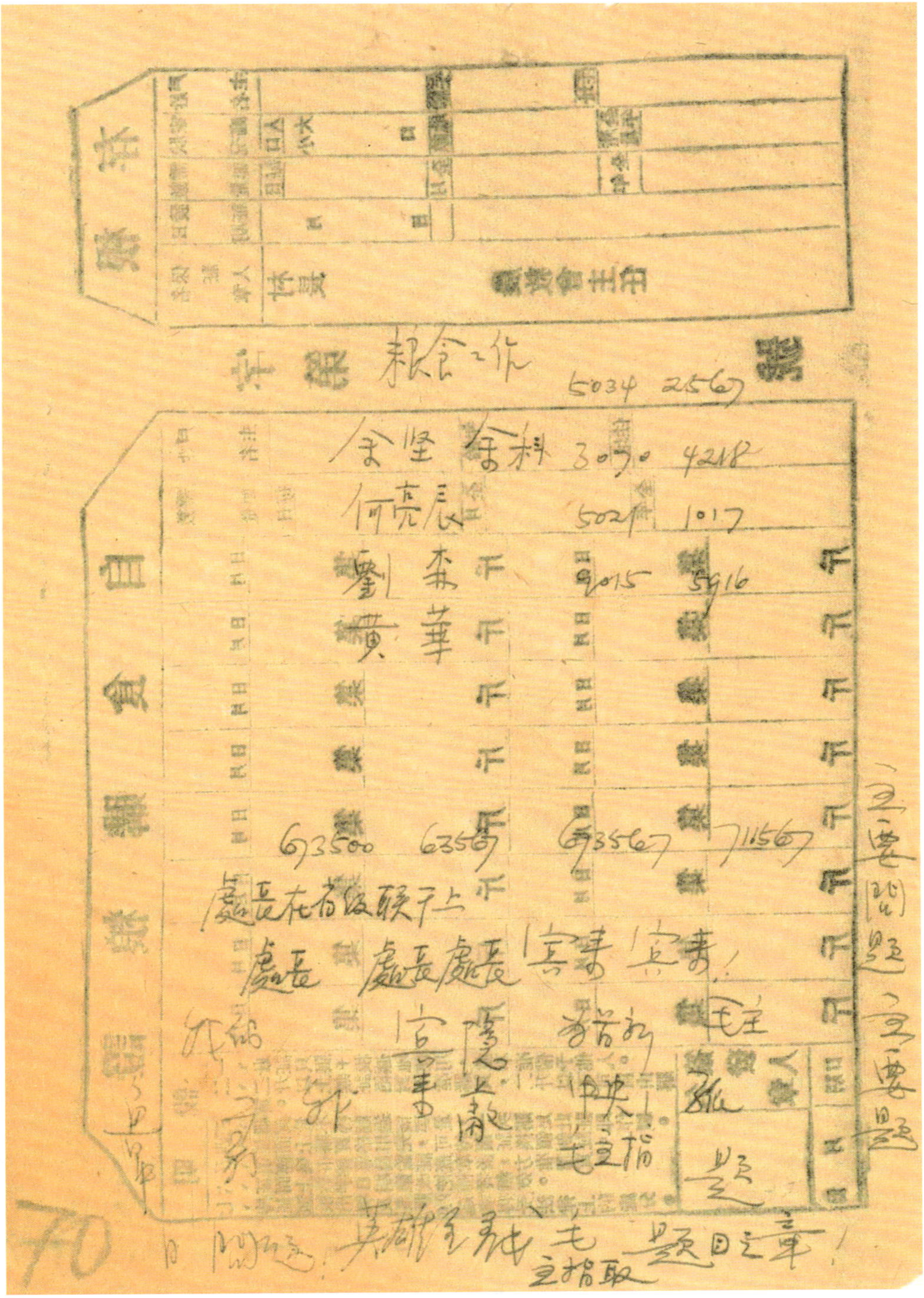

粮食工作
5034 2567
3070 4218
何亮辰
5021 1017
2015 5916
63500 63567 635667 71567
70

	敵佔區																		
	地主			富农			中农			貧农									
	产量	負担	百分比	产量	負担	百分比	产量	負担	百分比	产量	負担	百分比							
沂北縣	7618.6	1538	20/8	4564	731	13/9	1946	288	14/88	1752	151	9/8							
合計																			

71

1943年

	泰佔區											
	地主			富農			中農			貧農		
	产量	負担	百分比	产量	負担	百分比	产量	負担	百分比	产量	負担	百分比
新泰縣	7000	1400	20%	1500	1105	17%	2800	420	15%	1350	162	12%
泰寧縣				6380	312	5%	3030	1518	5%	492	11.13	25%
費北縣												
平均	7000	1400	20%	12880	1417	11%	5830	5918	10%	1820	173.13	7.25%

	游擊區											
	地主			富農			中農			貧農		
	产量	負担	百分比	产量	負担	百分比	产量	[illegible]	百分比	产量	負担	百分比
新泰縣								14[illegible]4	21%			
泰寧縣									14294			
費北縣												
平均								14[illegible]4 →14294	21%			

	敌佔區											
	地主			富農			中農			貧農		
	产量	負担	百分比	产量	負担	百分比	产量	負担	百分比	产量	負担	百分比
新泰縣	3150	1530	49%	2100	850	40%	1700	680	36%	780	189	24%
泰寧縣												
費北縣				4000	3600	90%	1900	1406	74%	400	340	85%
平均	35150	1530	49%	6100	4450	60.5%	3800	2086	55%	1180	527	54.5%

72

1943年、泰山区各县各阶层负担百分比统计表

区别 / 阶层 / 县别	敌佔区												游击区												敌佔区											
	地主			富农			中农			贫农			地主			富农			中农			贫农			地主			富农			中农			贫农		
	产量	负担	百分比	产量	负担	百分比	产量	负担	百分比	产量	负担	百分比	产量	负担	百分比	产量	负担	百分比	产量	负担	百分比	产量	负担	百分比	产量	负担	百分比	产量	负担	百分比	产量	负担	百分比	产量	负担	百分比
博莱县	2400	288	12%	1567	164.4	10.5%	2513	351.8	14%	1305	136	10%	2780	250.2	9%	2100	147	7%	[illegible]	55.2	4%	218	6.8	3%	1390	111.2	8%	2101	107.4	5.3%	1750	70	4%	627	22	3.5%
莱芜县	3500	545	15%	1903	[illegible]	15%	927	111.4	12%	315	22	7%	3100	310	10%	1361	117.10	8.6%	2100	147	7%	328	8.2	2.5%	3570	249.14	7%	1982	103	2.5%	1200	63.8	5.3%	600	22.13	3.8%
淄川县	2000	240	12%	1567	156.12	10%	800	83.4	10%	400	20.4	5.1%																			1260	185	2.5%			
章邱县	3250	227.8	7%	1307	78.8	6%	683	27.4	4%	191	5.8	3%	2028	142	7%	1605	80.4	5%							4206	336.8	8%	1130	56.8	5%						
泰历县													1902	152.8	8%	2050	102.8	5%	[illegible]	46	5%	210	10.8	5%	1980	237.8	12%	2110	189.8	9%	730	22.4	4%	350	17.8	5%
益临县																																				
平均	11150	1350.8	12%	6344	684	10.5%	4923	573.4	10.1%	2214	183.12	6.4%	9810	854.10	8.5%	7116	443.6	6.3%	6219	372.6	5.2%	756	25.2	3.3%	11146	939	8.4%	7323	458.4	5.8%	4740	538.10	3.4%	1577	62.5	4.2%

73

1943年 沂蒙區各縣各階層負担百分表

區別/階層/縣別	鞏固區 地主 產量	地主 負担	地主 百分比	富農 產量	富農 負担	富農 百分比	中農 產量	中農 負担	中農 百分比	貧農 產量	貧農 負担	貧農 百分比
沂水縣	8851	1657	18%	4186	738	17%	5200	950	20%	1450	154	11%
沂南縣	6126	1415	23%	1827	551.4	31%	5375	1024	19%	2080	367	17.6%
費東縣	4146	1195	28%	200245	13635	6.8%	6808	453	6%	959	51	5%
沂東縣	3806	1586	40%	3445	1064	30%	3838	607	16.3%	622	88	12.8%
边聯縣	1850	730	56%	6900	1760	25.5%	1890	370	20%	770	87.2	[illegible]
蒙陰縣	8000	2152	26.9%	4650	765	16.5%	1080	146.8	13.5%	682	126	18.3%
平均	32279	8695	32.8%	41032.8	6245.12	24.8%	24491	3540.8	16.5%	6603	944	16.9%

區別/階層/縣別	游擊區 地主 產量	地主 負担	地主 百分比	富農 產量	富農 負担	富農 百分比	中農 產量	中農 負担	中農 百分比	貧農 產量	貧農 負担	貧農 百分比
沂水縣				3820	1596	41%	1500	912	60%	2150	532	25%
沂南縣	4515	926	20.6%	4400	277	6.3%	1818	190	10%	880	48.2	5.3%
費東縣												
沂東縣	13880	5060	36%	6090	1419	26%	4000	920	26%	800	184	23%
边聯縣												
蒙陰縣	3550	542	4.8%	2210	144	6.5%	1530	109	7.3%	225	17.5	7.8%
平均	23945	6528	29.8%	1643	3438	9.6%	8848	2131	25.6%	4055	38.10	15.3%

區別/階層/縣別	敵佔區 地主 产量	地主 負担	地主 百分比	富農 产量	富農 負担	富農 百分比	中農 产量	中農 負担	中農 百分比	貧農 产量	貧農 負担	貧農 百分比
沂水縣												
沂南縣												
費東縣												
沂東縣												
边聯縣												
蒙陰縣												
平均												

1943年 魯中區各專區各階層負担百分比

區別 階層 區別	我佔區				游击區				敵佔區			
	地主	富农	中农	貧农	地主	富农	中农	貧农	地主	富农	中农	貧农
沂蒙區	33.5%	21.4%	16.5%	4.7%	22.1%	26%强	26%	15.3%				
太山區	17%	10.5%	10.1%	6.9%	8%	5%	5%	5%	12%	9%	4%	5%
太南區	20%	11%	10%	7.23%			21%		45%	60.5%	55%	54.5%
沂山區	21%	17%	14.8%	9%								

75

1942年1943年魯中區各專區征收減輕比較表

No. I

專署 \ 年度 / 糧目	一九四二年 麥季糧	一九四二年 秋季糧	一九四二年 合計	一九四三年 麥季糧	一九四三年 秋季糧	一九四三年 合計	負担比較 一九四二年全年收入	負担比較 一九四三年全年收入	負担比較 減輕數
沂蒙區	5288060 00	13403280 00	18691340 00	6360000 00	11403331 00	17763331 00	18691340 00	17763331 00	928009 00
太山區	2820000 00	7800000 00	10620000 00	1968440 00	6351714 00	8320154 00	10620000 00	8320154 00	2299846 00
太南區	1011035 80	6560154 00	7571186 80	1177000 00	2077423 00	3254423 00	7571186 80	3254423 00	4316763 00
沂山區					3644357 00	3644357 00			
合計	9119095 80	27763431 00	36882526 50	9505440 00	23476825 00	32982265 00	36882526 50	32982265 00	7344118 00

說明：①太南區僅有太寧費北新蒙三縣。②太山區僅有太北章邱博萊淄川萊蕪新甫共八縣。③沂南也[illegible]……[illegible]1942年的，1943年沂蒙區除了蒙陰沂東外，劃出沂北為沂北專區，[illegible]太山專署除了新泰泗北太寧三縣。④沂蒙區[illegible]因在1943年春荒[illegible]。⑤沂山區係沂北[illegible]。

05.8 弱

21.0 強

54.0 強

[illegible]

98.0

沂山區未在內

76

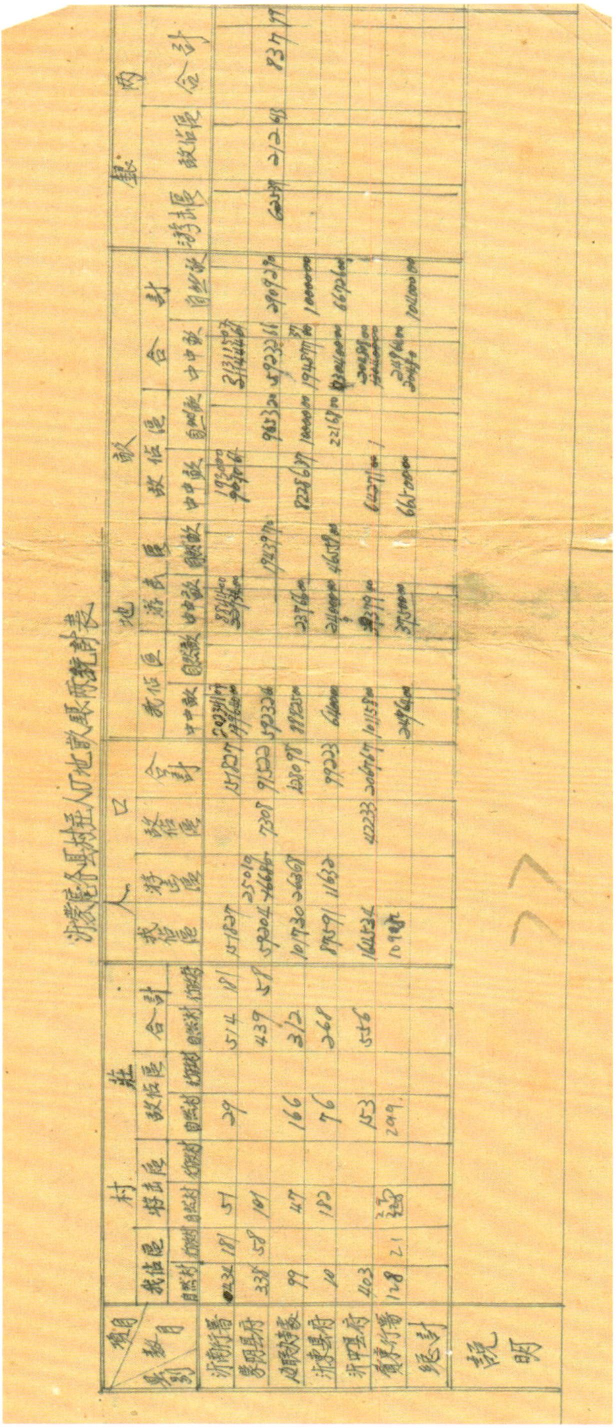

沂蒙区各县村庄人口地亩银两统计表

县别	村庄 我佔区 自然村	村庄 我佔区 行政村	村庄 游击区 自然村	村庄 游击区 行政村	村庄 敌佔区 自然村	村庄 敌佔区 行政村	村庄 合计 自然村	村庄 合计 行政村	人口 我佔区	人口 游击区	人口 敌佔区	人口 合计	地亩 我佔区 中中亩	地亩 我佔区 自然亩	地亩 游击区 中中亩	地亩 游击区 自然亩	地亩 敌佔区 中中亩	地亩 敌佔区 自然亩	地亩 合计 中中亩	地亩 合计 自然亩	银两 游击区	银两 敌佔区	银两 合计
沂南行署	234	181	51		29		514	181	151827			151827	202341.07 / 179640.00		88411.00 / [illegible]		193000 / [illegible]		313115.07 / [illegible]				
蒙阴县府	338	58	101				439	58	59204	25010 / 46686	7308	91522	592326			194397.70		9653.20	592322.61	290929.70	623.39	212.63	837.99
[illegible]联办事处	99		47		166		312		101730	26368		128098	88825.00		23766.00		82286.37	10000.00	194877.37	10000.00			
沂东县府	10		182		76		268		87591	11632		99223	64000.00		24000.00	46659.00		22168.00	[illegible]	66726.00			
沂中县府	403				153		556		162534		42233	206767	101158.00		[illegible]		64271.00		[illegible]				
鲁东行署	128	21	[illegible]		209				[illegible]				24964.00		37500.00		66500.00		24964.00 / [illegible]	104000.00			
总计																							

说明

1944.6.製

太山區村莊人口地畝銀兩統計表

項目 數目 部別	我佔區			游擊區			敵佔區			合計		
	村莊	戶數	人口	村莊	戶數	人口	村莊	戶數	人口	村莊	戶數	人口
萊蕪县	168.00	15454	60449	80	8932	44859	26	750	3750	274	25133	113058
太歷县	83.00	4250	12480	330	18200	120051	133	3931	84500	546	26381	217031
章邱县	146.00	10289	56615	41	1906	9448	100	232	1275	287	12427	69388
淄川县	144.00	8163	41329							144	8163	41329
博萊县					11122	85899		20604	131244		31726	217143
益臨淄博												
總計												

項目 數目 部別	我佔區			游擊區			敵佔區			合計		
	中市畝	自然畝	銀兩數	中市畝	自然畝	銀兩數	中市畝	自然畝	銀兩數	中市畝	自然畝	銀兩數
萊蕪县	49378.00	65915.00	2082.00		10529.00			9608.00		49378.00	207185.00	2082.00
太歷县		769.00			96358.00			107597.00			216845.00	
章邱县		54709.00	1368.00		38304.00	1568.00		113982.00	5245.00		207313.00	8181.00
淄川县	24219.00	28997.00						57789.00		24219.00	86964.00	
博萊县											327599.00	7407.00
益臨淄博												
總計												

說明

78

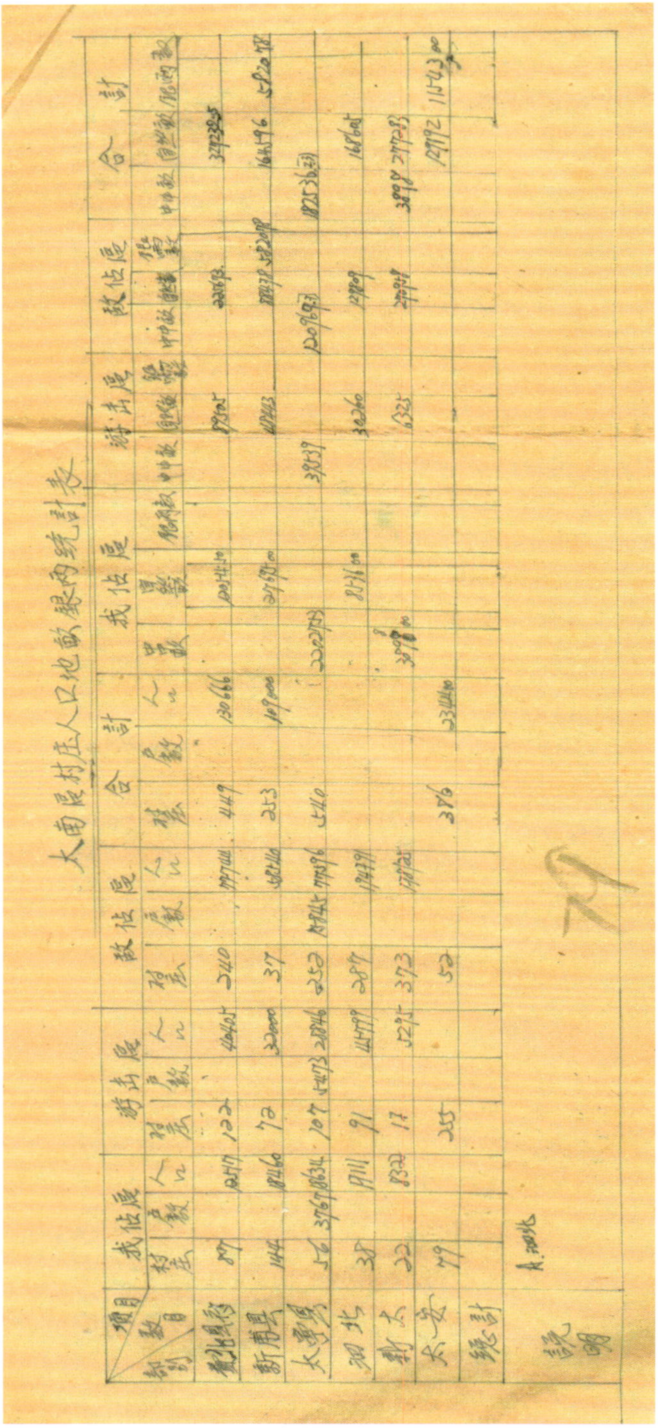

大南区村庄人口地亩银两统计表

项目/数目/部别	我佔区 村庄	我佔区 户数	我佔区 人口	游击区 村庄	游击区 户数	游击区 人口	敌佔区 村庄	敌佔区 户数	敌佔区 人口	合计 村庄	合计 户数	合计 人口
费北县行	87		12417	122		40405	240		77744	449		130666
新甫县	144		18460	72		32000	37		58540	253		109000
太宁县	56	3767	18634	107	5473	28846	252	13845	77396	540		
泗北	38		19111	91		45799	287		194791			
新太	22		8322	17		5295	373		178125			
太安	79			255			52			386		234400
总计												

项目/数目/部别	我佔区 中中亩	我佔区 自然亩	我佔区 银两数	游击区 中中亩	游击区 自然亩	游击区 银两数	敌佔区 中中亩	敌佔区 自然亩	敌佔区 银两数	合计 中中亩	合计 自然亩	合计 银两数
费北县行		120545.50			87505			225673.			327232.5	
新甫县		27695.00			118443			88478	582078		164596	582078
太宁县	220275.3			39539			120969.3			182536.3		
泗北		8536.00			30260			129809			168605	
新太	3098.00				6325			270958		3898	277283	
太安											129192	11543.00
总计												

说明：A.泗北

79

1943年沂山專署莊村人口地款銀兩統計表

縣別 \ 區別 \ 人口莊村	莊村人口												地款銀兩											
	我佔區			游擊區			敵佔區			合計			我佔區			游擊區			敵佔區			合計		
	村莊	戶數	合	村莊	戶數	人口	村莊	戶數	人口	村莊	戶數	人口	中中款	自然款	銀兩	中中款	自然款	銀兩	中中款	自然款	銀兩	中中款	自然款	銀兩
沂北縣	348		132046	17		16060	45		13500	410		161606	753563	406529		77978	369564		171615	660581		1003176	1436713	
臨朐縣	305		53039	63		16044				368		69083		238663									238663	
莒沂边	300		116895	60 116895		24000	176		30400	536		211275		350625			72000			211200			633825	
安邱縣	300		81500	95		28500	20		6000	415		116000		171150			59850			12600			243600	
合計	1253		383460	235		84604	241		89900	1729		357964	753563	801089		77978	188836			[illegible]		1003176	1894763	

沂山區各縣一九四三年村莊人口地畝銀兩統計表

項目 / 數目 / 縣别	村莊：家佔區 村莊	村莊：家佔區 戶數	村莊：游击區 村莊	村莊：游击區 戶數	村莊：敌佔區 村莊	村莊：敌佔區 戶數	村莊：合計 村莊	村莊：合計 戶數	人口：家佔區	人口：游击區	人口：敌佔區	人口：合計	地畝：家佔區 中中畝	地畝：家佔區 自然畝	地畝：游击區 中中畝	地畝：游击區 自然畝	地畝：敌佔區 中中畝	地畝：敌佔區 自然畝	地畝：合計 中中畝	地畝：合計 自然畝	銀兩：游击區	銀兩：敌佔區	銀兩：合計
沂北行署	348		17		45		410		132046	16060	13500	161606	75356.3	406653.9	7799.8	36986.0	17161.5	66038.5	100316.6	1113677.9			
臨朐縣	305		63				368		53039	16044		69083		238663						238663			
莒沂边	300		60		176		536		116895	24000	70400	211295		350625		72000		211200		633825			
安邱縣	300		95		20		415		81500	28500	6000	116000		171150		59850		12600		243600			
總計	1253		235		241		1729		383460	84604	89900	557964	75356.3	801091.9	7799.8	168836	17161.5	289838	100316.6	1259765.7			

81

太南區各縣一九四三年村莊人口地畝銀兩統計表

項目 數目 縣別	村莊 泰佔區 村莊	村莊 泰佔區 戶數	村莊 游击區 村莊	村莊 游击區 戶數	村莊 敌佔區 村莊	村莊 敌佔區 戶數	村莊 合計 村莊	村莊 合計 戶數	人口 泰佔區	人口 游击區	人口 敌佔區	人口 合計	地畝 泰佔區 中中畝	地畝 泰佔區 自然畝	地畝 游击區 中中畝	地畝 游击區 自然畝	地畝 敌佔區 中中畝	地畝 敌佔區 自然畝	地畝 合計 中中畝	地畝 合計 自然畝	銀兩 泰佔區	銀兩 游击區	銀兩 敌佔區	銀兩 合計
黄北縣	87		122		240		499		12517	110405	7744	130666		12054		89505		225673		327232				
新甫縣	144		72		37		253		18460	32000	58540	109000		27695		48443		88478		164616			582078	582078
太寧縣	56	3767	107	5473	252	15845	540	25085	18634	28846	77596	125076	22027		39539		120969		182535					
泗北縣	38		91		287		416		17111	45799	194791	257701		8536		30260		129809		168605				
新太縣	22		17		373		412		8322	5295	178125	191742	3898			6325		270958	3898	277283				
太安縣	79		255		52		386					234400								129192				1154300
總計	426	3767	664	5473	1241	15845	2506	25085	75044	152345	586796	1048585	25925	48285	39539	174533	120969	714718	186433	1066928			582078	1736378

說明

82

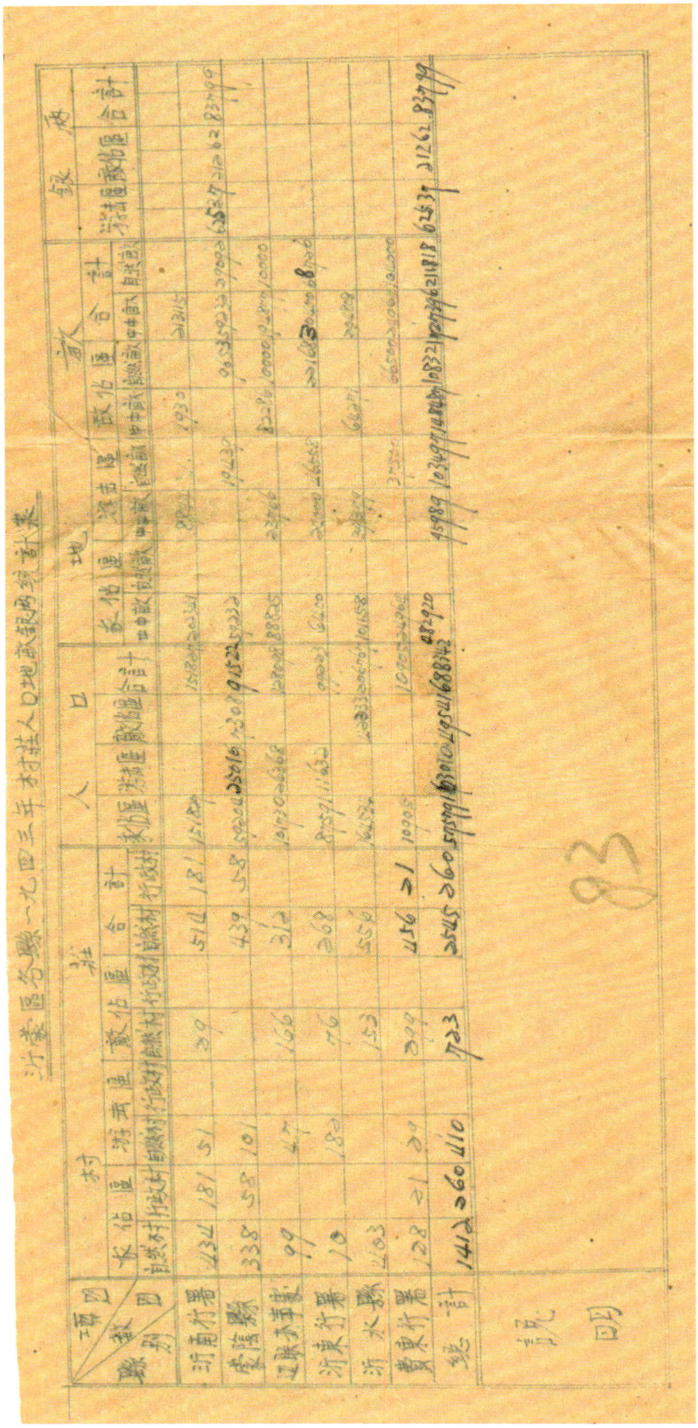

沂蒙區各縣一九四三年村莊人口地畝銀兩統計表

縣別＼數目＼項目	村莊 根佔區 自然村	村莊 根佔區 行政村	村莊 游击區 自然村	村莊 游击區 行政村	村莊 敵佔區 自然村	村莊 敵佔區 行政村	村莊 合計 自然村	村莊 合計 行政村	人口 根佔區	人口 游击區	人口 敵佔區	人口 合計	地畝 根佔區 中畝	地畝 根佔區 自然畝	地畝 游击區 中畝	地畝 游击區 自然畝	地畝 敵佔區 中畝	地畝 敵佔區 自然畝	地畝 合計 中畝	地畝 合計 自然畝	銀兩 游击區	銀兩 敵佔區	銀兩 合計
沂南行署	434	181	51		29		514	181	151804			151804	203321		8842		1930		213115				
蒙陰縣	338	58	101				439	58	59004	25016	7308	91522	59232			19430		9653	59232	29092	62537	21262	83799
辺联办事處	99		47		166		312		101730	26368		128098	88825		23766		82286	10000	194877	10000			
沂東行署	10		180		76		268		87591	11632		99223	6400		22000	46558		22168	30400	68706			
沂水縣	403				153		556		162524		42833	206767	101158		[illegible]		66271		[illegible]				
費東行署	128	21	29		299		456	21	10905			10905	24964			37500		66500	[illegible]	104000			
總計	1412	260	410		723		2545	260	575791	63010	49541	688342	482920		45989	103497	148487	108321	427396	211818	62537	21262	83799

說明

83

太山區各縣一九四三年村莊人口地畝銀兩統計表

項目 / 數目 / 縣別	村莊 我佔區 村莊	村莊 我佔區 戶數	村莊 游擊區 村莊	村莊 游擊區 戶數	村莊 敵佔區 村莊	村莊 敵佔區 戶數	村莊 合計 村莊	村莊 合計 戶數	人口 我佔區	人口 游擊區	人口 敵佔區	人口 合計	地畝 我佔區 中中畝	地畝 我佔區 自然畝	地畝 游擊區 中中畝	地畝 游擊區 自然畝	地畝 敵佔區 中中畝	地畝 敵佔區 自然畝	地畝 合計 中中畝	地畝 合計 自然畝	銀兩 游擊區	銀兩 我佔區	銀兩 合計
萊蕪縣	168	15451	80	8932	26	750	274	25133	64449	44859	3750	113058	49378	65915		105490		96280	49378	267685		2080	2080
太歷縣	83	4250	330	18000	133	3931	546	26381	12480	120051	84500	217031		7690		96358		107597		211645			
章邱縣	146	10289	41	1906	100	232	287	12427	56615	9448	1275	67338		54781		38554		113982		207317	6813	1368	8181
淄川縣	144	8163					144	8163	41329			41329	24219	28997				57987	24219	86981			
博萊縣				11122		20604		31726		85899	131244	217143								329599			7407
益臨淄博																							
總計	541	38153	451	40160	259	25517	1251	103830	174873	260257	220969	655899	73597	157383		240402		375846	73597	1103230	6813	3450	17670
說明																							

敵 5245 游 1568

84

魯中區各專署區人口地畝每人平均數目表 1944.[illegible]

部別	項目 數目	人口		地畝		每人平均畝數	
沂蒙區	沂南行署	151827	00	211444	61	1	32
	沂中縣府	206767	00	204808	00	1	00
	[illegible]	128098	00	204877	37	1	60
	費東行署	127450	00	232964	00	1	82
	沂東縣府	99223	00	99126	00	1	00
	蒙陰縣府	91522	00	88325	46		96
	合計	804887	00	1041545	44	1	27
泰南區	費北縣	130555	00	327232	50	2	50
	新甫縣	109000	00	164616	00	1	51
	萊寧縣	125076	00	182536	25	1	45
	泗北縣	267701	00	158505	00		65
	新泰縣	191742	00	286081	00	1	50
	泰安縣	234400	00	127192	00		56
	合計	1948585	00	1258262	75	1	363
泰山區	萊蕪縣	113058	00	357063	00	3	103
	章邱縣	67338	00	207313	00	3	073
	太歷縣	217031	00	211645	00		973
	淄川縣	41329	00	111303	00	2	69
	博萊縣	217143	00	329599	00	1	033
	益臨縣						
	合計	655899	00	1216823	00	2	715
沂山區	沂北行署	161006	00	114685	00		90
	臨朐縣	69083	00	238663	00	3	40
	[illegible]	211275	00	633825	00	3	00
	安邱縣	116000	00	243600	00	2	10
合計		557364	00	1230773	00	2	36
總計		3066735	00	4747404	49	1	927

85

魯中區各縣農產物統計表

No. 7

縣別 ＼ 糧類 百分比	農產物									
	麥子	高粮	谷子	豆子	地瓜	花生	玉米	稴子	棉花	其他
沂水縣	26%	8%	20%	7%	30%	2%	1%	1%	·5%	
蒙陰縣	20%	25%	30%	2.5%	10%	10%			2.5%	
邊聯縣	30%	15%	5%	25%	5%	4%		15%	1%	
沂南縣	28%	11%	15%	10%	10%	5%		7%	14%	
費東縣	20%	13%	30%	16%	3%	6%			4%	
沂東縣	28%	10%	10%	10%	2%	35%		5%		
博萊縣	20%	15%	24%	13%	8%	12%	8.5%			
太寧縣	30%	28%	20%	10%	10%	10%				
新太縣		14%	35%	30%	8%	10%	3%			
淄川縣	11%	38%	26%	15%	1.5%	2%	·5%		1.5%	

86

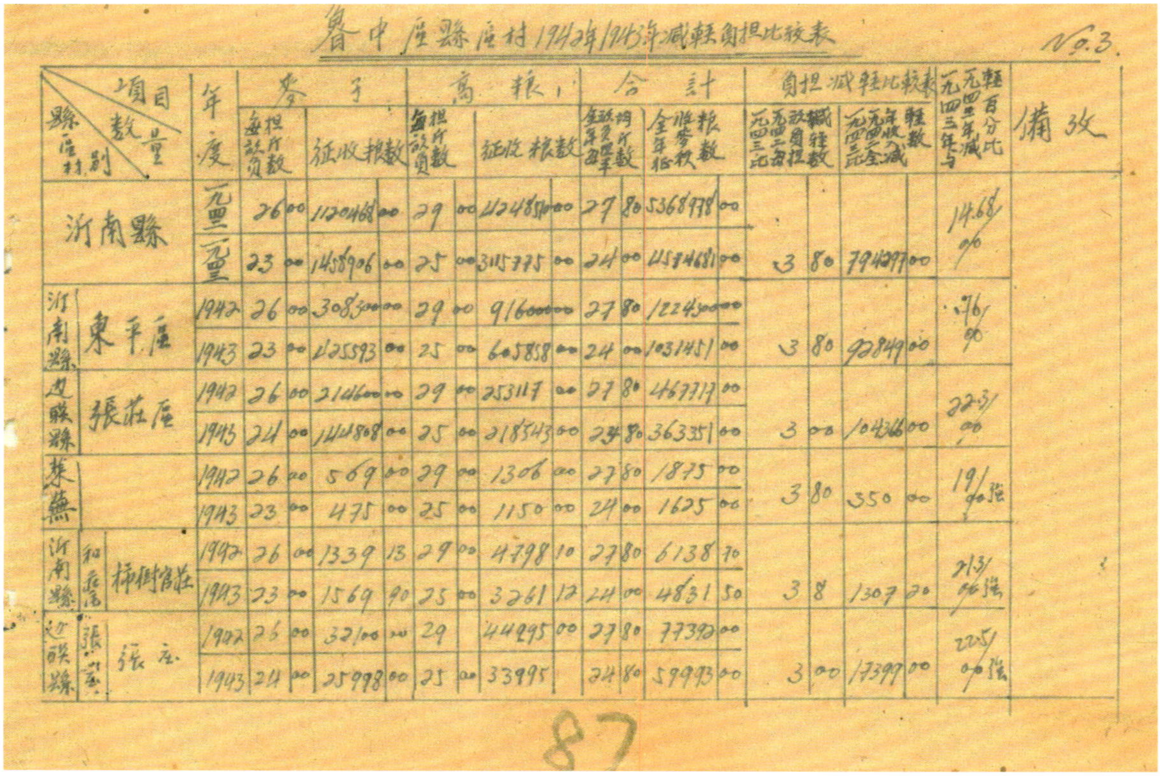

魯中區縣區村1942年1943年減輕負担比較表

No.3.

縣區村別　數量　項目			年度	麥子 每畝負担斤數		麥子 征收粮數		高粮 每畝負担斤數		高粮 征收粮數		合計 全年每畝平均負担斤數		合計 全年征收粮數		負担減輕比較 一九四三比一九四二每畝負担減輕數		負担減輕比較 一九四三年比一九四二年全年征收減輕數		一九四三年與一九四二年減輕百分比	備攷
沂南縣			一九四二	26	00	1120468	00	29	00	4248510	00	27	80	5368978	00						
沂南縣			一九四三	23	00	1458906	00	25	00	3115775	00	24	00	4574681	00	3	80	794297	00	14.68%	
沂南縣	東平區		1942	26	00	308300	00	29	00	916000	00	27	80	1224300	00						
沂南縣	東平區		1943	23	00	425593	00	25	00	605858	00	24	00	1031451	00	3	80	92849	00	.76%	
邊聯縣	張莊區		1942	26	00	214600	00	29	00	253117	00	27	80	467717	00						
邊聯縣	張莊區		1943	24	00	144808	00	25	00	218543	00	24	80	363351	00	3	00	104366	00	22.31%	
萊蕪			1942	26	00	569	00	29	00	1306	00	27	80	1875	00						
萊蕪			1943	23	00	475	00	25	00	1150	00	24	00	1625	00	3	80	350	00	19%強	
沂南縣	和莊區	柿樹官莊	1942	26	00	1339	13	29	00	4798	10	27	80	6138	70						
沂南縣	和莊區	柿樹官莊	1943	23	00	1569	90	25	00	3261	12	24	00	4831	50	3	8	1307	20	21.3%強	
邊聯縣	張莊區	張莊	1942	26	00	32100	00	29		44295	00	27	80	77392	00						
邊聯縣	張莊區	張莊	1943	24	00	25998	00	25	00	33995		24	80	59993	00	3	00	17399	00	22.5%強	

87

区别 \ 项目 数目	村庄		百分比		地亩		百分比	
	对抗战负担村庄	对抗不负担村庄	对抗负担村百分比	对抗不负担村百分比	对抗负担地亩	对抗不负担地亩	对抗负担地亩百分比	对抗不负担地亩百分比
太小区	1164	87	83.05% 强	6.95% 弱	1529195	777732	84.62% 弱	15.38%
沂蒙区	220	96	99.15% 强	0.85% 弱	796229.32	24520	85.9% 弱 (76.05% 强)	14.1% (23.95%)
太南区	1918	314	85.9% 弱	14.1% 强	1301032.9	473223.3	73.32% 强	26.68%
沂山区	1869	160	90.75% 强	9.25% 弱	1156416.9	204666.4	85% 强	15% 弱
			92.2125%	7.7875%			79.747%	20.283%

此表系将中中地分组纪地保存，还将银两报数放是每两折地30

计算

88

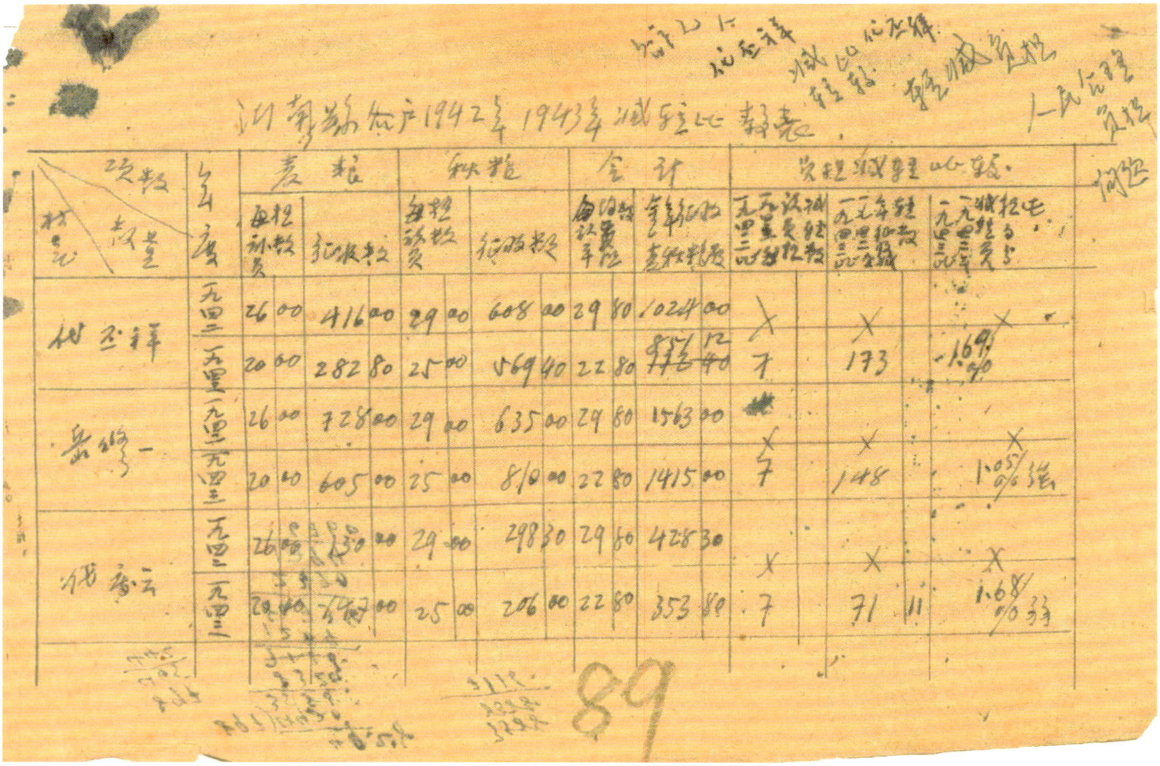

1942年1943年减轻比较表

姓名	年度	麦粮 每亩	麦粮 征收数	秋粮 每亩	秋粮 征收数	全计 每亩	全计 全年征收数	负担减轻比较		
[illegible]	一九四二	26.00	416.00	29.00	608.00	29.80	1024.00	X	X	X
	一九四三	20.00	282.80	25.00	569.40	22.80	851.12	7	173	1.69%
[illegible]	一九四二	26.00	728.00	29.00	635.00	29.80	1563.00	X	X	X
	一九四三	20.00	605.00	25.00	810.00	22.80	1415.00	7	148	1.05%
[illegible]	一九四二	26.00	[illegible]	29.00	298.30	29.80	428.30	X	X	X
	一九四三	20.00	[illegible]	25.00	206.00	22.80	353.80	7	71 11	1.68%

89

各阶层1942年与1943年收入负担百分比

户主 \ 项目 / 数目	人口	成份	折合地数	年度	全年收入负担数：数量	征收负担数	负担与收入的百分比	一九四三年比一九四二年减轻百分比
任伯喜	14	贫农	35	1942	4000.00	428.30	10.5%	5.9%
				1943	7626.00	353.80	4.6%	
吴贞	3	富农	17.66	1942	1827.00	551.00	[illegible]	3.9%
				1943	3400.00	674.00	15.9%	
李存福	12	中农	30.00	1942	3370.00	~~465~~ 537.00	15.8%	6.4%
				1943	4930.00	465.00	9.4%	
岳修一	6	地主	70.60	1942	3350.00	1563.00	46.6%	23.5%
				1943	6126.00	1415.00	23.1%	
						90		

沂南縣1943年實行新辦法各階層負担調查表

No. 4.

姓名	人口	成份	中中地畝		全年收入		全年負担		全年負担佔收入百分比
隋守本	5	富農	21	68	4550	00	925	00	20.3%
吳 楨	3	””	17	66	3400	00	674	00	19.8%
劉方聰	9	中農	22	03	3850	00	708	00	18.4%
李存福	12	””	19	64	4930	00	465	00	9.4%
祖樹德	8	貧農	8	03	2750	00	168	40	6.1%
劉樹芳	4	””	3	60	650	00	38	15	5.8%
說明	@地主是按其實收產量，百分之四十征收的								

91

鲁中區一九四三年各區地畝村庄增加比較統計表

	一九四三年上半年村庄土地數			一九四三年下半年村庄土地數			土地村庄增加數目		
	村庄	地畝		村庄	地畝		村庄	地畝	
沂東縣	288	97126	00	338	207859	40	50	110733	40
沂北縣	283	158229	46	464	243995	30	181	85765	84
臨朐縣				368	238663	00	368	238663	00
莒沂邊				535	633825	00	535	633825	00
安邱				415	243600	00	415	243600	00
沂水縣		301370	88		412027	08		110656	20
合計	551	556726	34	2120	1977969	78	1569	1422324	44
說明	臨朐莒沂邊安邱三縣，俱係新闢地區。沂水沂北沂東三縣，一部份係新闢地區，一部份係原區地增加的。								

92

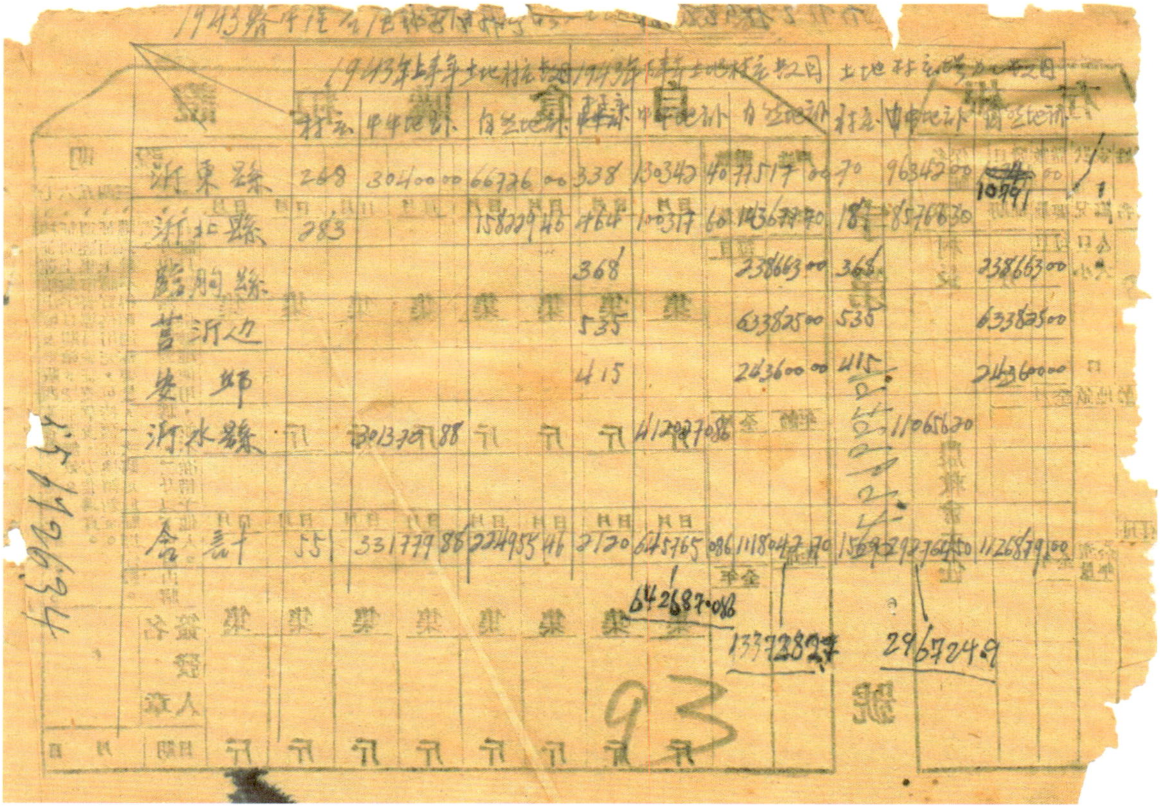

1943年鲁中区各县……

县别	1943年上半年土地村庄数目			1944年上半年土地村庄数目			土地村庄增加数目		
	村庄	中平地亩	自然地亩	村庄	中平地亩	自然地亩	村庄	中平地亩	自然地亩
沂东县	268	304000.00	66726.00	338	130342	4077517.00	70	96342.00	10791
沂北县	283		158229.46	464	100317	601436777.70	181	85766.30	
临朐县				368		238663.00	368		238663.00
莒沂边				535		633825.00	535		633825.00
安邱				415		243600.00	415		243600.00
沂水县		301379.88			412927.086			110656.20	
合计	551	331779.88	224955.46	2120	645765.086	1118042.70	1569	292764.50	1126879.00

642687.086

1337283.27

2967249

93

沂蒙區一九四三年倉庫損失霉爛風耗統計表

項目 數目 倉庫	損失	霉爛	風耗短損	合計	備考
丁江			1947 7		
沂[illegible]			4846 6		
蒙山			3567 [illegible]		
[illegible]華			1610		
[illegible]山			5056		
峰陽		932	[illegible] 6		
[illegible]山			922 6		
沂西			3175		
懿山			496		
[illegible]山		872			
大崮	15691 00		212 00		
汶河		8740 00	49770 00	58510 00	94
艾山		374	6202 00	6570 00	
金泉		198	1909 6	2107 6	
新山	109 13		6793 12	6903 7	

鲁中区工商管理总局一九四四年上半年工作总结报告（1944年7月）

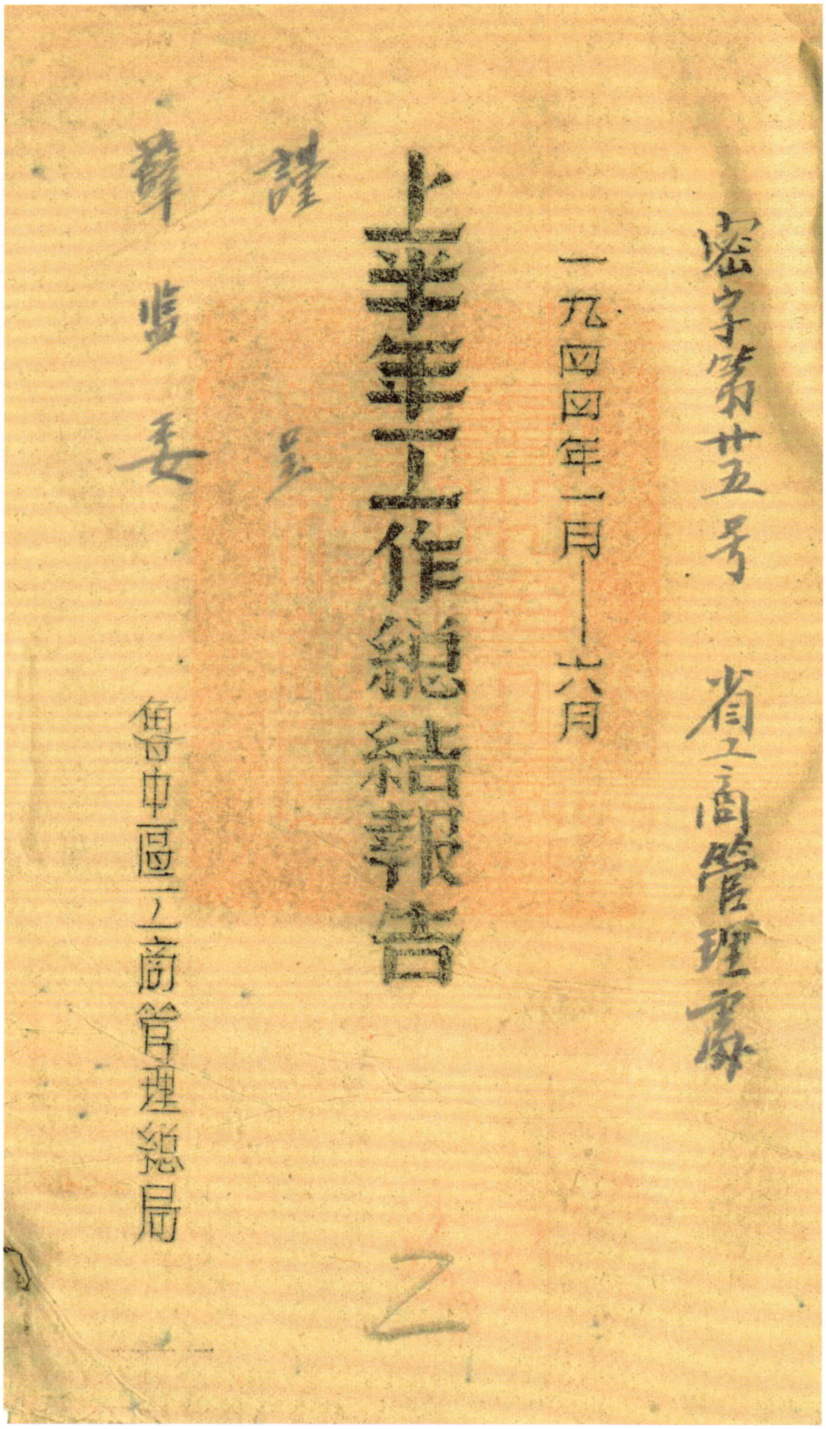

密字第廿五号 省工商管理局

一九四四年一月——六月

上半年工作總結報告

謹呈

薛步委

魯中區工商管理總局

乙

目次

3

(一) 各級机構的建立

一、總局：

經貿同籌備於一九四三年十月十五日由魯中貿總局紡織局及所屬經建處與軍區財科科生產科之各一部而正式成立魯中區工商管理總局遵照□□□省公佈之組織稍有變更即經營科下在一九四四年二月份為工作須要分設經營會計出納三股秘書室下設總務文書兩股又經濟工作隊因平部決定及作用不大於一九四三年十二月份即行撤銷總局直屬商店已於一九四四年一月份分別合併與專局。

目前組織機構：

- 局長
- 副局長
  - 經營科
    - 經營股
    - 會計股
    - 出納股
  - 秘書室
    - 總務股
    - 文書股
    - 收發
    - 通信班
  - 幹部科
  - 稽征科
  - 合作指導科
  - 統計調查室

監委

工矿科

利源同興昌工厂
金矿局
纖厂
煤矿
烟厂
陶器厂

二、分局县局：

在地区上是以经济条件划分的在组织上是以各地区税局為基础合政府之经建科及個别地区之纺织局（太山太南）而組成兹分述如下：

1.直县县局：

南沂蒙县局——包括沂临边联全县沂東全县及沂南县大部地区沂中县之一部地区於一九四三年十一月份正式成立該县局是直属原局内最大者東隣沂水県々城舊県々城之敌区匯联滨海区南西临沂県城接魯南地区西靠蒙阴县城地区包括着重要敌加临对此县局的格和创造经验以用於如其他地区工作因而干部配備亦較他处强和多些以后南沂南之兵山区以西地区一度划去但為時不久即又復歸。

北沂蒙县局——包括蒙阴全县、沂中县之大部地区（除南沂蒙县局划去外）於一九四四年一月份正式成立。該县局東南靠沂水县城，西靠蒙阴县城，西北係通太山区交通大道，北西東北西均临沂山区之沂临县局，南西接连南沂蒙县局地区[illegible]外当大集市，當一度将敌據之沂中县行政区划归沂中专署，又接收南沂蒙所辖之长山口以西地区，下到三月又复原状。

蒙山县局——原包括鲁东费北二个全县，及沂南垛庄界牌两个行政区，於一九四四年一月份成立县局；后垛庄据点撤退，蒙山前后据点撤退后克服了此地区工作大大开展，复将费北县（此县自沂蒙专署划到太南专区）划归太南区而费北县工作亦随之交代与太宁县局。

沂临县局——包括沂北临朐两县为沂山分局所辖地区。因沂山分局尚未成立，决定先建立此县局，由总局直接领导，於一九四四年一月份正式成立。

沂中县局——为了加强对沂水城支敌区的工作，决定将沂中县划旧北沂蒙所辖之各行政区划去，於一九四四年一月份下旬成立沂中县局。因领导不便，作用亦不大，故又撤销，地区仍划旧北沂蒙县局。

太宁县局——为太西区所辖地区，该区所辖各县大部敌占，惟太宁县犹佔区域大，故先成立太宁县局，县局其他各自有贸税局改为事务所，归县局领导，事宜等於太南分局。该县局於一九四四年一月份以太南贸税局、纺织局为基础而遂告成立，由总局直接领导。

2. 各区分局直属局

沂山分局於一九四四年三月份正式成立，现因青沂公路东西该局所辖地区已形成一块，为领导便利，即撤销沂临县局，由分局直接领导各事务所。

太山分局於一九四四年五月一日正式成立，並與此同時成立太历县
與其他未成立县局之地区由分局直接掌握各事务所，及商分店。
鲁山县局於一九四四年五月份下旬成立，包括鲁山全部地区，直属总局
掌握，

㈡目前鲁中全区五局管理机构已普遍建立，沂山太山两区已建立分局、
太商店，鲁山区以县局名义掌握该区工作，沂蒙区、南、北沂蒙、蒙山三县局均县
总局直接领导，切各地事务所亦次第建立，县商店均已建立分店，亦随事务所先
后成立起来，列表如下：

鲁中总局
- 太山分局
  - 太历县局
    - 商店
    - 事务所
  - 各事务所、商店
- 沂山分局
  - 各县事务所
  - 各县商店及分店
- 北沂蒙县局
  - 各区事务所
  - 商店及分店
- 南沂蒙县局
  - 各区事务所
  - 商店及分店
- 蒙山县局
  - 各区事务所
  - 商店及分店
- 鲁山县局
  - 各县事务所
  - 各县分店
- 太莱县局
  - 各区事务所
  - 各区商店及分店
- 直属区：博、可山

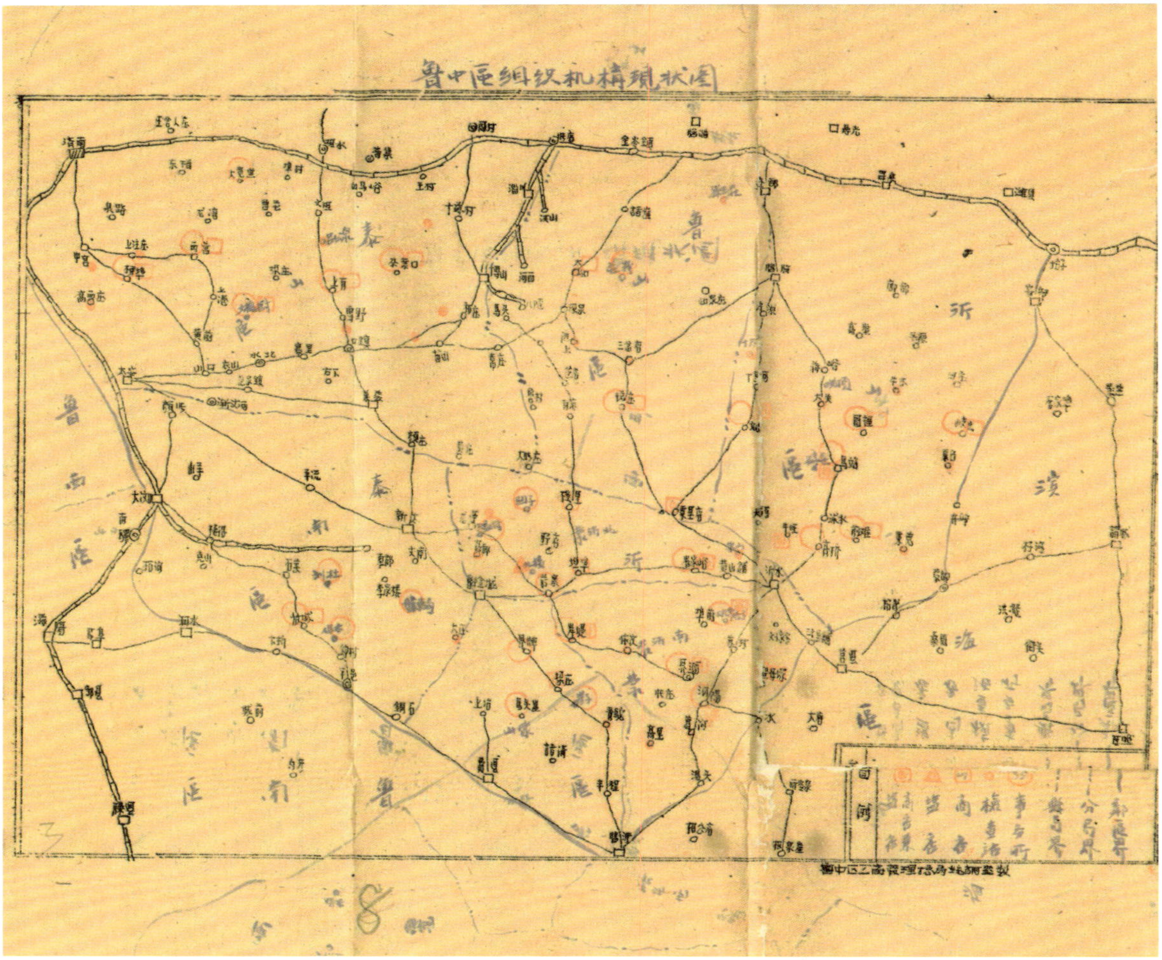
鲁中区组织机构现状图

(二)半年的統調工作

一、历史状况：

过去在留根局時代就有統調科的組織，当時对於物价貿易根据地內資源以及敌偽經濟情况作调查，但过至本局成立以后此項历史材料並未留下一点作参考。

一般說統調工作之在經济工作中之重要性是为負責同志所了解的，因此說，總的方面說来历史上沒有给我們留下什么材料或有关的工作經驗教訓。

二、本局成立后統調工作進行的概况：

1.在思想認識上由上而下的負責同志極大部份是体会到这一項工作的重要，因而都很重視，反映在：

2.組织领导上：

①在干部極端困难的條件下，配備統調人員（如太山、沂山、北沂蒙、蒙山）。

②統調工作的佈置和經加督促，以使的一些經常工作（如物价報告、汇兑報告）部大部作到經常，普遍及時。

③提高統調員的政治待遇（尤以南沂蒙召開一般的会議都叫統調員参加）。

④個別地區則能主动的分配統調員而作当地具体的經济情况的調查（南沂蒙之調查木板及汇兑情形食塩之运銷等）。

⑤部份的建立了敌佔區情报关係（魯中、北沂蒙、蒙山、沂山）。

三、具体工作及其成績之估計：

1.物价現在已極大部份作經常及時，使在了解各地區差額和价值上以及按時製定指数上起到决定的作用。

2.汇兑行情一般也能經常。

3.專门調查上曾作了一個區及四個區的調查（蒙阴區坦埠、常石盛泉等區）一個紡織局調查。

4.在物价調查上曾作了生油豆油羊毛黄丝的調查。壹般的說这些材料都还实事求是，供給於初步了解情况决定对策之需。

5.其在各個區和分局都对当地經濟情况作了初步和大致的了解（程度深淺不同），具体成績則表現在各地區的物資統計之中。

在搜集工作上

1.对内的部份搜集了物資生产方式、土地、人口……有关經濟和国計民生的材料（一部很零碎）。

2.对敌則搜集杂誌、报章等材料，但也不經常（現有偽报兩份，其他片断材料一部，如棉花、工商、叶通訊等文十余册）。

研究工作上

1.按期出了行情通报共十九期五万八千字（平均五百字一期），在指切行情上作用不小。

2.工商通訊十四期共十四万二千余字（平均一万余字一期），在政策掌握上和工作中心指导上也一般起了作用（也並有工作之指切問題以解答）。

生产方式之介绍都为一般实际工作干部之欢迎，而在商业总部缺经验由播批评供建议也都使实际工作同志有所遵循而进行工作（如鲁家峪事务所及对奖业务商品外流的消息能马上讨论具体办法进行，新地区的币、货斗争进行，有些同志反映得到西部的帮助不少）

西部小组所起的作用：

共组织稿件二七三篇（由五月份起），计：北沂蒙总局一〇一篇，南沂蒙总局七四篇。

个人来稿最多的计：沂山分局牛一东同志廿九篇，北沂蒙总局刘镜符同志廿七篇。

其次来稿最少的：沂临边区一篇，太山分局三篇，鲁山边区二篇（以上各局均未按照指示成立西部小组）。目下所以北沂蒙总局较为经常但稿件内容零碎（小消息多）

1. 按时制了物价指数汇兑情形和米的变定了和了解了币、货与物价之间的经常变动情况和规律。

2. 统计了各地土产品使我们在经济力量上有了大致的了解。

3. 部份的统计了手工业生产和三时品的生产状况如纺织等。

4. 根据具体的任务研究了专、问题并下达了通报或指示（如货币比价变化之规定）个别税率。

5. 统计了出入口粮食材料明了了敌我之间物资流通的状况、出入口的比例。

6.此外如对敌伪经济掠夺的计划的搜集（如生油），与研究，使在对敌进行价格斗争上和决定对策上有了充分的根据。

以上这些工作搜的成绩估计有如下几点：

1.由于这些具体工作的进行使在对敌经济斗争上一反过去的单纯简单化的现象，因为有了这些数字（虽然还很不完善）在我们进行工作中提供了根据，因而决定工作任务时减少了主观主义的成分。

2.也由于统计工作的某些成绩，因此使敌的经济工作[illegible]所同志部重视这一工作，这样也就打下了工作基础，便利今后工作的进行。

3.由于这些材料的搜集与研究（虽然还很粗枝大叶）使我们在纷纭繁杂的现状中能够逐渐走向理论研究，为经济工作准备下一点理论基础和确[illegible]实的根据。

四、缺点和经验教训：

1.从思想上来说虽然极大部分的领导同志都重视了这一工作，但是还仅限于机构上，且有些机构这现象，以至：①敌情观念不强，敌情不明，麻痹敌情报不重视，②己情不明，没事处之下大个数没有明确的认识，唯心观点思想，愿恃于搞脑实际，因此就形成了组织上的软弱无力，推不动工作，其实不尽是材料的来源之短，而这一个主要关键我们没有掌握住，所以使的统计工作很少数人来做，在全体人员中思想没有打通。

因此得到经验教训是：

统制工作好坏，与否不是单纯的技术问题，主要的还是个思想问题。思想打不通，对于不敢下手，必然会形成了是关外员担，必然会停滞于上层的空洞思想机构而没有广大群众力量的支持。

上去显然思想上重视了，但还有個同志还以老一套的和商业化来对待统制的统制工作的调查研究，目的不明，有调查无研究，产生这种现象的原因一方面是历史上从来就不重视这一工作，而主要的还是经验主义的思想在作怪，因此反映在具体机构上拖拉迟缓老一套，不彻底。

由此也得出经验教训：

统制工作的坚强是和旧经验主义的斗争分不开的，只有克服了思想上的经验主义，才能使统制工作战斗化，推陈出新而不至于一事无成，或仅流于形式。

三、组织领导上不能坚强有力表现在：

（1）干部配备（主要是政治质量）

（2）机构上具体办法指示，一般的原则要求多，强调了思想而忽视了技术方面，忽视了运用去改造的商人善。

（3）在机构部内（统调室）存在着自由主义的现象，不重视吴滴的反映对外主动的寻找工作，并和各方面的配合是非常之不够的，

根据这些现象也得经验教训：

统制工作是一个新的工作，虽大家思想上都重视了它，但没有坚强的组织机构依然是不行的，思想机构是无法实现的，因此不下本钱不配备坚强的干部而企图白手成家是困难的，同时担任这一工作的全体必须深入实际重视具体

材料之搜集与运用，便使东拼西凑翻书拳承，必须会做不好的，因此工作态度必须老实，必须认识这是个无名英雄的事业，任何个人主义和英雄思想都必须加以清洗。

4. 统调工作的方针任务是明确的，但具体执行中是模糊的，因此统调工作未贯彻到各种工作中去，在指导工作进行上限于被动，使执行者无所适从，因此所得材料不是过了时，不能指导工作，就是与当前的中心工作脱节，而形成了事务主义的偏向。

因此也得出经验教训：

统调工作是有它独立性的，因此必须有方针有步骤的进行工作，但统调工作不能与中心工作关键脱节，忽视了任何方面都不能指导工作而陷于事务主义。

以上这些缺点就其思想的方面说来，依然是思想问题，而危害这一工作的中心环节，乃是认识问题的单纯与狭隘，缺乏远大的政治眼光，其实质乃是机会主义的思想（不自觉的），因此不能如何从大处调查研究，如何重要，但一接触实际就变成了敷衍和空谈。

因此要想建立起巩固的统调工作就必须：

1. 思想上真正的重视，

2. 组织指导的加强，真正作到首长负责亲自动手，由上而下的发动全体人员参加这一工作。

3. 配备政治质量较高文化程度较好的同志担任这一工作，下本钱下决心。

4.也应重视技术方面如科学的组织料材之搜集经常的研究和整理材料相切工作，经常研究便集材料的方式方法。

5.最后，但也要是最主要的是要求每一個同志認真從实际中與正認識到了解情况掌握材料的不可分割性，了解調查研究工作是一切工作的起点和前提，是貫串於各個工作之全过程思想上任何時間都不容許鬆懈的。

（對外秘密）

魯中區土產統計表

一九四四年六月二十四統計

種類 數量 地區	沂蒙	沂山	泰山	泰南	費山	總數	總值	出口總數	出口總值	出口佔總數	備註
棉花	100,0000	20,0000	20,0000	10,0000		150,0000斤				%	
花生	2500,0000	2500,0000	500,0000	1100,0000	100,0000	6700,0000斤				%	
烟叶	350,0000	50,0000	20,0000	10,0000	10,0000	440,0000斤				%	
黄丝	36000	2,0000	2400	5000	7000	7,0400斤				%	
羊毛	8,0000	10,0000	5,0000	2,0000		26,0000斤				%	
山菓	1500,0000	450,0000	300,0000	100,0000	200,0000	2550,0000斤				%	
麻	20,0000	40,0000	30,0000	20,0000	10,0000	110,0000斤				%	
花椒	1,0000	5,0000	11,0000	5,0000	1000	22,1000斤				%	
銀花	5,0000			10,0000		15,0000斤				%	
桑皮	36,0000	20,0000	2,0000	5,0000	7,0000	70,0000斤				%	
煤	1000,0000			2000,0000		3000,0000斤				%	沂蒙出口[illegible]，泰南出口[illegible]
木炭	10,0000		300,0000	1,0000		311,0000斤				%	
木廠	800	1000	500	100	100	2600付				%	
蓖麻子	1,0000	5000	20,0000			23,5000				%	
金子	1000					1000兩				%	

魯中工商管理局統計室

四、货币斗争与货币问题

一、三敌货币斗争未展之前，各地货币流通情形和货币的比值：

1、沂蒙区的沂南、边联、蒙阴、沂中的中心地区已於四三年停用法币，本币已全部佔领市场，但由於单纯的依靠行政力量未与经济力量结合，未掌握物资调剂外汇，法币黑市仍严重存在。此外因联共沂中的七个区（即现沂东与边联的河东一），费东、费北两个区，蒙阴的大崮、野店、高都三个区，沂中的三区、东里两个区的一部份是）（部法币流通的地区，既有本币的行使，也是作用不大的，当时法币（币）现已五折兑换，但因于停留旦方在黑市上保留自己小小沂南伪钞区，根据地从来佔有地位，但由於缺乏调剂对汇单纯的抵制，造成贸易上输出输入的困难，当时伪钞一元高价兑本币四元至五元之比值。

2、太山也去是本币流通的地区，自敌人蚕食后政治形势日趋恶化，本币已随之退出市场，由於沂蒙区的物资大量向太山区流，故本币大部份沂蒙区来，当时各种货币流通量百分比如下：

(1)博莱县本币佔百分之廿五，法币、汪钞佔百分之七十，伪钞佔百分之五。

(2)莱芜县本币佔百分之卅，法币汪钞佔百分之廿，伪钞佔百分之五十。

(3)淄川县本币佔百分之七十五，法币佔百分之五，伪钞佔百分之廿。

(4)淄河县本币佔百分之廿五，其余大部伪钞。

其他各县除少本币外，绝大部份是伪钞，货币的比值因受沂蒙区的停用的影响及政治形势的好转，本币短久大数与沂蒙区同，法币一折，伪钞一元二三角

（四月份）。

3.沂山区沂北的大諸葛郭王一带是老地区以前是本币流通的地区但伪钞黑市严重，其余都是新地区货币流通法币占百分之八十，本币占百分之十，伪钞占百分之十。货币的比值法币一折伪钞一元五角（一三月份）。

4.大峰：沂蒙区停用法币，敌方亦禁用法币，都折到不停，影响到物价上涨，根据地法币占百分之七十（伪还钞二分之一到三分之一，一本币伪钞却甚大，由根据地变成的敌伪区伪钞占百分之七十，法币百分之廿，还钞百分之十，本币很有。田赋税收都使用法币或伪钞。比值，法币两元七元顶伪钞一元。本币一元顶法币二元，伪钞一元顶本币三元五角（一月份）。

以上是各地区货币各种流通的概况，但情况发展也有新的变化。

⑴太山、太南敌人进行蚕食分割本币退至市场，但军事、政治上又是好转的开始。

⑵沂蒙区秋季丰收，物价由上涨开始下降。

⑶滨海区敌人已开始禁用法币。

⑷滨海区工商管理局成立后货币斗争已初步的胜利。

二、工商管理局成立后各地进行货币斗争的经过：

1.沂蒙区：南沂蒙区是于去年十月成立对沂西各主要集市兑换所，对黑市法币书立告通宣布商外排折，又组织缉私队，打击谣言外汇，从兑换中提高本币比值，法币十一月二日却跌至入三折，逐渐下降至四折三折二五折二折一五折一折，至四月开始时伪钞更转换生关系，基本上打断了法币掮作用很快改为八扣而至停交。河東（沂河東及边联的河東）本年三月七八日敌伪据点大部撤退后，即在軍事政治勝利的影响下进行貨幣斗争，斗争前法幣佔百分八十，其中一半是伍鈔，其余是伪鈔與民生券、操票。三月十二日左右进行停用法幣驱逐伪鈔的宣傳，同一時实行停用，主要採取排擠法压低兑換价格，用本幣五十万元收買主要物資（鱼子等）並規定一切交易與公款收入必須使用本幣，严禁法幣，坚決执行正确的没收政策。不到廿天即将法幣全部排擠出去，換回必需群众用品（如蓄布匹……等）。

北沂蒙專署於今年一月正式成立，於二月份開始停用野店與大店兩個区的法幣，先由政権动員，未到半月即完全停用，也是採取排擠的办法，兌換价格比黑市低，兩個区共八万余元，本幣获得除兑换外，又吸收部份棉花粮食貸區基金，二月在本幣佔領市场，经三月初大检查法幣黑市貿價。由于這兩個區的停用，法幣价格下降影响了莒部一带的價格，也自行暫停用。沂東中東里王庄兩個區的停用也是配合政权先动員宣传，採取压渐低兑换排擠办法於二月中旬开始，二月即完全停用。

蒙山專署於去年十一月間成立。停用法幣係分區进行，先进行梁庄区，后进行界牌、青石、岔泉区，继之在到湖田区王沟白埠、諸满崖庄各区的区沿，在費縣停用時，敌人亦进行禁用法幣，唯恐全部擠到費北，遂於費北亦开始停用法幣，从去年十一月到今年五兩月，在根据地内已完全肅清，於由区亦很大見了。停用時掌握主要物資，發行本幣與各方面配合的差，人員大而傳弱因此收效較慢。

19

2.沂山区：沂临县局于今年二月成立即进行停用法币，从中心区逐渐向外推行，后马站据点撤退，即向新地区扩展。三月份分局虽未成立，但布置收买物资，发行本币大十万元，打下停用法币的基础。四月分局成立后，上半月宣传准备将法币向外推销各地（沂北、沂临、沂东、安丘）一律不准使用。向外排挤的办法，从十六日开始执行没收（推不出去者查证）。四月在市场按资定许到完成。中间曾经过波折：①带字本币事前未见通知，当时曾一度不便，影响群众对本币的信仰。②限区流通。至作向长后本币不足使用，山东敌的大量流入，物价上涨三分之一，唯恐是货币膨胀，要始执行了分区流通。③小票二元的五角的（一银元）影响贸易的成交，有的私用法币找零，有的商人投机去小票找零用。现都已纠正。

3.太宁：今年二月县局成立后，以排挤法币驱逐伪钞同时进行，三月份先停用两个区，逐渐达到太宁五个区的完全停用，又两个区自行排挤对没有了。停用过程共余天伪钞开始汇兑时没有差额，主观定价一元兑一元，企图截住本币向滨海区与沂蒙区流通，同时没拿物资以致伪钞使不出来表现斗争无力。在停用中本币小票准备的不够，以致法币与伪钞的角票又在市面上流通。现除停用地区本币已全部占领市场外，而游击区的一切征收已完全使用本币，只新甫县商未停用。

4.太山区：五月份分成立后中心区工作即停法驱伪。

①莱芜野华山区之全部，香山、王里、山口区之一部，淄川县东叶、台头区之全部，新二区、青山、金寨区之一部，于五月廿一日开始停用，约合全县

20

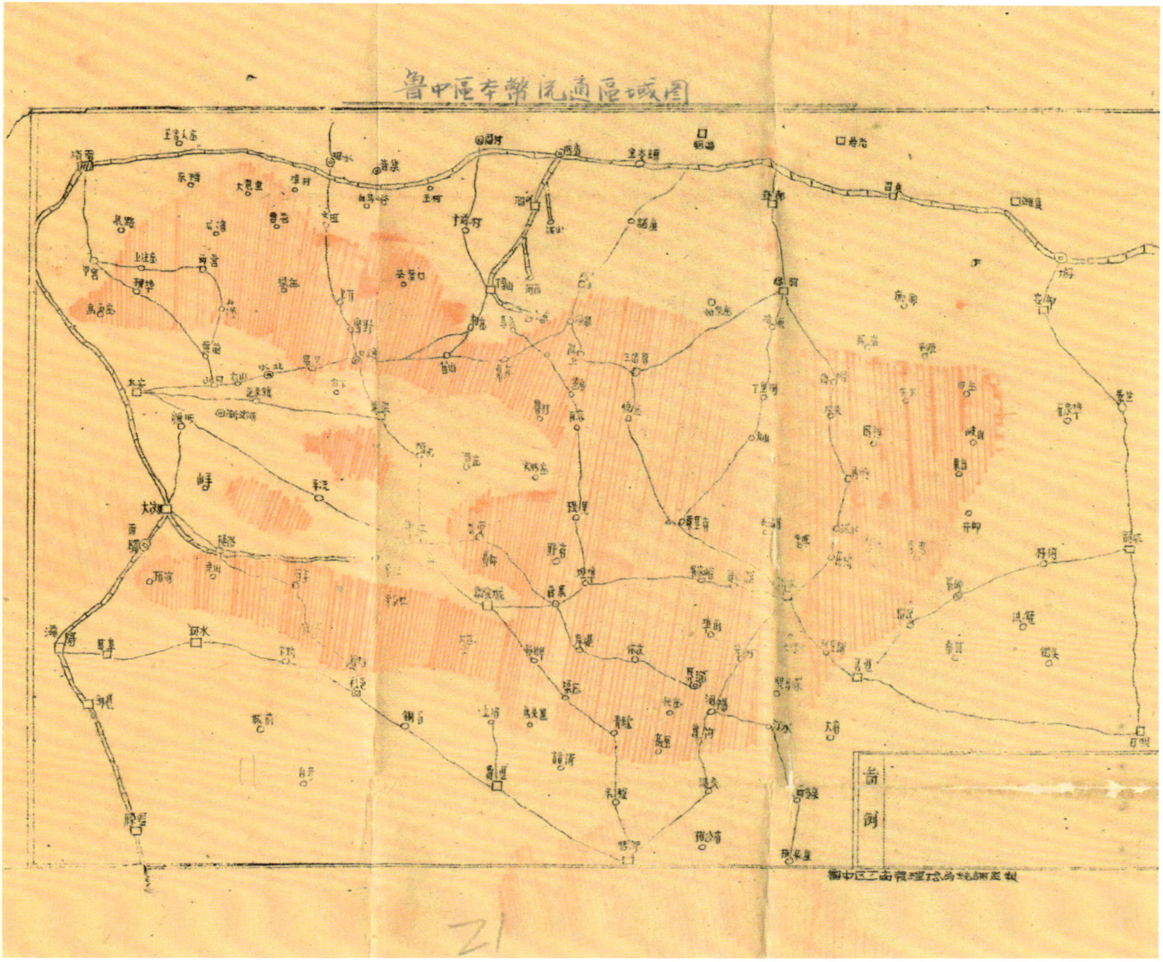
魯中區本幣流通區域圖

区三分之一。

㈤博兴县东左区全部，下左区一部，淄河县峨庄区全部，池峰区一部。太历县祝山、富饒区之一部，当第二期，於六月十五日开始停用。

㈢貨幣斗争的方針

开展貨幣斗争，巩固和提高本幣，排挤法幣，打断其桥作用，直接与偽鈔发关係，以打击偽鈔。

㈣半年来的檢討

收获：

1. 驅逐了当敌利用掠夺我物資的法幣，統一了根据地本幣市场，扩大了本幣流通范围，稳定物价，提高了本幣信仰，打破了群众对法幣的正統观念。

㈠益恒县中区，今天凡政令能达到的地区，已全部停用法幣。半年停用的地区，計南沂蒙县局所辖，有沂東與也联的河東七個区，蒙山县局所辖四個区，完全肃清，四個海岳区本幣占半数。太寧县局所辖五個区完全停用，两個区自行排挤的沒有了。北沂蒙县局所辖五個区的停用完全。太山分局所辖六個区完全停用十個区（海岳区一）一部份停用。沂山分局所辖两千五個区子完全停用。

㈢本幣流通範圍比过去扩大兩倍以上，不仅在根据地内佔領全部市场，而且深入到敌区集市與据点内（新太的右庄、敖陽，太寧的流郡本幣佔百分之五十，太山的口鎮與淄河区的大和田暗中流通亟漸达到公開使用）老百姓以本幣作儲蓄手段很多，老百姓自动要求停用法幣（沂山区、沂蒙区等）因此在停用中用力小而收获大。

⑶货币斗争胜利后摆脱了通货膨胀，一般的物价是稳定的（详见物价指数表）

2.建立了外汇，打击了伪钞，冲破了敌人对我们的倾销与封锁，争取了有利的交换。

⑴各地建立了汇兑与伪钞直接发生关系，打断了法币的桥梁，（在外汇上对伪钞不断的进行打击）黑市的价格大部份随着我们的牌价变动，伪钞与本币的比值，伪钞逐渐下降，本币逐渐提高。（参见比值变化）

⑵因为掌握了外汇，冲破了敌人的倾销与封锁，输出了根据地内不甚必需的与剩余的物资（羊毛、黄缕、白油等）换回了一些军需品（炸药、子弹、硫磺、被带、钞带、洋马等）。又为刺激与发展根据地内的生产事业，在外汇上配合贸易管理停止吸收某些物品甚至禁入（如洋布、土布、化妆品、清醒药等）。

⑶在未建立外汇前因外汇的供给不足，外来品的价格比土产品价格高得很多，形成不等价的交换，自掌握外汇与管理物资后，能夠主动的与敌作价格斗争（当然还不够）提高土产品的价压低外来品的价格，影响了敌人不等价交换，并部份的争取了主动（如浙票的掌握和发生商的交流）争取了有利的交换。

3.扩大了对外贸易，增加了政府的财政收入，由于本币比值的稳定奠定了根据地内正当工商业发展的基础，繁荣了内地市场，削减了部份奸商操纵囤积，改善了民生。

23

四田赋外汇糖皮時供給，給敌我区商人很大的便利，都须到根据地貿易。在貿易上争取了主动，扩大了对外貿易，并增加了政府的財政收入。如南沂蒙全县以前每日税收不过十五万元，現每月平均税收則当四十万元，七個月共收入二百八十一万五千五百六十元。增加到两倍以上。沂東以前每月原不过五万元，現每月平均二十五万元（包括地区扩大也是主要原因）增加到五倍。蒙山去年全年共收廿三万元，現半年已收廿一万元，增加將近一倍。沂山区一、二、三月份平均每月收入不过卄万元，現四、五、六月份平均每月五十万元以上。北沂蒙坦準以前每月只收二万元，現增加到六万元。

五由於幣值的穩定，尊重了內地正当的工商叶，繁荣了內地市场，各地發合合作社，扶植紡織（紡油叶生产。南沂蒙發展合作社一百二十处，每月面布一千五百疋，此沂蒙供給棉花二万六千余斤。各地举行油叶貸款，沂東用十万斤元的外汇支持油叶生产。如沂蒙的坦埠集以前只有七千余人赶集，現增加一倍到二倍，依汶、泉湖等较大的集市都不到兩居子，同时重修居子也很多。各地此前油坊几乎全部倒叶，还有些新成立的。

六商减了部份好商操纵居奇，改善了民生。在物价下跌典穩定中，投机取巧的商人都吃了虧，打破了他那操纵居奇的思想，照顧了大多數群众的生活。物价下跌，互滇上升，根据地內没有多地包丐。沂東以前的紡工，每斤織造幣四十元，至廿五元，合本幣三元至六元，現最低的十二元。界爾事务所地区合作社面何多月（四月至六月）的争到为一斤，千大百卅元，社员的紡织工資为卄二万一千〇十二元。百分之九十是劳动群众。难民的生活也得到改善，都不願回家。此沂蒙的區盟每人每天能賺廿元，每個牲口每天能賺六十五元，每個小車每天能賺七十元。除自己生活外還能照顧到三四口或四五口人的生活，（但現已不運）。其他地区人民生活都得到改善，糧食一般落價一半，布也落到三分之一（當然去年的丰收也是重大的关係）。

4.由於貨幣斗争的勝利，提高了群众对八路軍與民主政府的信仰，更增加了敌人对敌区人民統治的困难，配合了軍事政治的勝利開展。

在停用法幣以前群众对我们的态度还有半信半疑的，特別是一部份地主、資本家與旧的統治阶级内心裡是不佩服我们的。表現在我们停用法幣时还有大量的保留，老是覺著我们不如中央軍行。但貨幣斗争勝利后，把这种幻想激底粉碎了，認为我们是有办法，真行，事前政府曾告訴人民：法幣将一文不值，伪鈔的价格也是逐渐下降的。最后果然应了这個預言。一般人民对於民主政府更加信任了，就是敌伪区人民竟到八路軍、民主政府有办法，伪鈔的前途，最后也像法幣一样的完蛋。这些在敌人的压制下，但也偷偷的将本幣存起来，厭倦敌人的欺骗，並使时時刻刻在盼望我们去解除他们的痛苦，所以敌人的統治上增加了不少的困难。

优点

1.在貨幣斗争中能隨、跟法幣的变化（採取排擠方式）在停用中未受到損失。

北沂蒙、沂山、蒙太南、魯山等地都是採取排擠办法，即有兌換也是压价，达到排擠的目的，兑入很少，達到兑压。

2、对伪鈔採取了穩、紧、縮打的办法，在貿易上阻碍。

价格是逐渐下跌，每次的差额不大，并照顾到黑市的价格一般商人没受，出口商人贸易上利润上没有受到暴跌的损失。

3. 個别地区利用外来物资支持货币斗争。

沂山、沂东掌握住外来生油与外来棉花的交流。太宁掌握外来食盐不仅從中获取利润，而且支持了货币斗争。

缺点：

1. 管理外汇不严密，是将登记外汇不灵活。

外来商人还有带伪钞到区中心区来的（界湖），予商人以可乘之机，难免制造黑市（三日月时）。对掌握物资不够，某些主要物资出口不登记外汇，登记外汇亦未根据不同的商人（敌、伪、我、平素的信仰）履行不同的保证（保证当押金）与要面不同的外汇（伪钞与物资）。

2. 对伪钞的正确估计不够，因此在外汇上表现忽左忽右，尤其在有利条件下没有大量吸收。

各地依钞暴跌時不敢吸收，太宁到开始時硬要元顶元汇兑，以致使不追求表现无力。

3. 各地对登记外汇表现怀疑，执行上不坚决，这与管理不善，恰有密切联系的。

沂临、太宁、蒙山各地只管登记不管执行。不交回外汇亦不追问，只顾及小商人的困难，唯恐影响市场繁荣，使一般投机商人钻空子。不了解贸易上的规律。

4 有些地区在停用法币時，事前準备不够，没有掌握物資，支持外汇（太岳、鲁山、部已犯了这种毛病）。

5 本币発行量小，没有掌握物資，以致工业品與农产品，外來品與土产品造成很大的差额，如沂山的粮食的出口與土产价格的下跌，外來品花運布與洋火則上涨。

発行量與流通量兩者不平衡，各停用法币時，本币発行量三千五百万元，现地区扩大两倍而発行量仅五千万至五千五百万元，还不到一倍。

6 货币斗争與貿易斗争結合不够，有時因依赖低外汇影响貿易的输出，有時只顧吸收物資，而忘掉了对物价的打击，没有积極的組织物资輸出，增加外汇的力量。如沂蒙野店物价一般价格一元时，压低成八角，影响生产输出。

7 货币斗争與积蓄物资结合不够，对外来品與土产品的积蓄不够，单纯強調货币斗争。

大岳开始汇兑時，主观強調元顶元，提兑，没掌握主要物資换取外汇，来支持外汇，以致不久仍欸回涨。南沂蒙物价下降時不敢蓄存廉价入口的物資與经营生产互依赖的。

8 统一的规定外汇价格與统一灵活的调动外汇不够。

经验教训

1 开始管理外汇與掌握物資是巩固货币斗争胜利的关键，太岳鲁山没有掌握物資，货币斗争胜利便不能巩固。

2 掌握外汇不仅要注意经济情况的变化，同时要注意政治形势的变化。

由於各個地区政治和经济条件的不同，同時所起的变化也不同，因此，在全区的掌握情况，灵活的调动外汇，是货币斗争的主要一环。亦只有全面的掌握情况调动外汇，才能更有利的打击敌人。

3、在货币斗争过程中要根据不同的对象采取不同的办法，方能保证斗争的胜利，使经济上不受损失。

法币没有力量的支持，目的在打断这一桥梁，因此应采取排挤的办法。伪钞今天还有一定军事力量的支持，使掌握着一部分我们需要的物资，目的是压低他的流通範围，使降低他的价格，便利廉价吸收我们的必需物资，因此应采取稳紮稳打的办法。

28

16

鲁中区工商管理总局　　　　纸币分类报告表　　　　1944.1.1——6.30.

纸币名称	单位	本期收入 数量	单价	本期收入 金额	本期付出 数量	单价	本期付出 金额	本期余额 数量及其差额 数量	比价	金额	存货原值 单价	存货原值 金额	损益 损失	损益 收益
伪币	元	64,756,079		7,085,750.92	45,133,605		6,168,645.98	13,024,433	4X	1,399,044.98		1,304,865.39	1,233,7[illegible].59	
法币	〃	17,833,332		449,091.35	17,819,172		264,406.30	141,600	〃	9,444.05		143.40	94,511.64	
边币	〃	3,825,800		409,441.00	3,061,970		424,132.00	963,800	45	178,691.00		113,014.86		130,805.86
金条	两	869.6426		2,796,268.84	823.466		2,810,619.81	46.1796	4X	205,649.13		201,436.00		115,786.88
滨币	元	262,515		24,309.80	165,565		16,456.80	96,950.00	〃	7,853.30		9,006.65		1,253.35
鲁南币	〃	3,980.00		3,542.50				3,980.00	〃	3,442.50		3,442.50		
沂山分局														
伪币													100,000.00	
法币													320.40	
合计				11,163,384.41			9,685,360.48		4X	1,491,023.96		1,632,020.78	116,969.64	248,746.06

79

（表一）

沂蒙区1944上半年物价指数表

种类	单位	一月一日	一月末	二月末	三月末	四月末	五月末	六月末
小麦	斤	100.00	81.81	75.75	81.81	69.69	72.72	57.57
高粱	斤	100.00	28.26	86.91	78.69	69.59	73.91	78.59
谷子	斤	100.00	60.00	72.00	84.00	64.00	64.00	72.00
黄豆	斤	100.00	35.00	60.00	70.00	65.00	86.00	80.00
土布	疋	100.00	108.09	139.73	104.69	134.00	126.09	121.73
食盐	斤	100.00	144.00	139.00	96.16	120.00	104.00	89.00
洋火	封	100.00	250.00	150.00	124.00	120.00	130.00	120.00
[illegible]	领	100.00	102.94		110.23	110.99	110.29	110.29
生油	斤	100.00	83.33	100.00	75.00	76.67	67.67	91.66
豆油	斤	100.00	100.00	100.00	87.50	60.75	67.50	75.00
烟叶	斤	100.00	80.20	100.00	70.00	90.00	90.00	110.00
棉花	斤	100.00	160.00	144.00	144.00	160.00	152.00	152.00
总平均		100.00	119.16	114.63	101.85	96.02	95.24	106.08

30

（表二）

沂蒙區貨幣比值表

1944.1—6

种类	法幣		偽鈔	
	比值	指數	比值	指數
一月	0.25	1.00	2.00	100
二月	0.15	60	1.80	90
三月	0.10	40	1.40	70
四月			1.50	75
五月			1.20	60
六月			1.00	50

太南區貨幣比值表

1944.1—[illegible]

种类	法幣		偽鈔	
	比值	指數	比值	指數
一月	0.50	100	3.50	100
二月	0.30	60	1.50	42.86
三月	0.20	40	1.30	37.14
四月	0.10	20	1.00	37.14
五月	0.10	20	1.00	31.71
六月	0.10	20	1.00	31.71

濟南金價变动表

1944.1—7

項目	一月	二月	三月	四月	五月	六月	七月初旬
價值	1600.00	1800.00	2100.00	2600.00	3000.00	3600.00	4800.00
指數	100	112.50	131.25	162.50	187.50	225.00	300.00

濰縣金價变动表

1944.1—7

項目	一月	二月	三月	四月	五月	六月	七月初旬
價值	1800.00	2000.00	2400.00	2600.00	2700.00	4000.00	5200.00
指數	100	111.11	133.33	144.44	150.00	222.22	288.88

（五）貿易管理

一、上半年工作方針

1.普遍建立公营商店，並逐渐健全工作，全鲁中區为扩大资金五百万元而努力。

2.掌握主要物资实行专卖专买。 3.有計劃的组織物资输出。

4.管理土産。 5.加强对商人的检查，组織内地商人，组織会商或同业公会，加强商会的领导，实行商号與流動商人的登記，發給营业許可証，团結與帮助商人。

二、优点

1.建立公营商店，掌握物資，支持貨幣斗争。

（1）商店共建立二十六個。計南沂蒙五個，北沂蒙四個，蒙山一個，太山五個，太南二個，沂山七個，鲁山二個。

（2）掌握物資：食盐、生油、棉花、羊毛、蚕丝、蔗、过境牲畜。食盐沂山、太山起的作用較大，蒙在太山区起的作用大，棉花、生油、过境牲畜在沂蒙起的作用較大。各地掌握羊毛時，仿效黑市，都自动依於牌价，沂東由一元一角压到九角，除行政決定外，还用经济力量掌握了物資，组織输出，支持貨幣斗争。

2.输进原料，推銷成品，获得了生产事业的前展。

因太阜、太山等地输进棉花，解决了紡織的原料，使紡織事业没有因原料缺而受到影响，同時所出成品又尽量吸收，合作社的市场几乎全部由商店承費。只南沂蒙部收一斤尾，沂東北沂蒙的小油坊也因我們收買生油而剩余了他的主产。此外並經常吸收軍區東科，被服製科，及印刷器材等。

3.禁入部份的外来品，保护了内地生产

洋布、土布、洋線、紡紗禁入，保护與發展了内地紡織事业，燒紙、錫箔等迷信品的禁入，發展了内地燒紙錫箔業（南沂蒙八十余家，沂山五十余家）。机製紙烟與外來工製烟的禁入，發展了捲烟生产，其目的是要發展土製品禁用外来品，爭取貿易上的主動。

4.初步奬励人民進行价格斗争。

对莘县的收買增加貿易上的主動，與群众的收入。沂山做的好，把多得的剩余給群众，說明凡與群众利益結合好，則斗争一定会勝利。

5.個別地区調剂了市場，穩定了物价。南沂蒙去年棉花奇缺與涨价時，曾由一部份廉价分配出货，涨的价格很快就平抑下来。

三、缺点：

1.对在貿易上只注意了对主要物資的掌握，对零星物資的組織輸出不够（金銀、花生、土产、药材）。

2.内地物資的互相調劑與交流不够，如沂蒙區的调剂與山区的调剂不够，大量的棉花與沂蒙区的油類的交流不够。

3.掌握物資机械，有些物資在不影响民生下不敢大量的輸出（不掌握花生等的禁出）内地的調剂太机械執行（如沂蒙區粮食調剂粮食的限制一定数目）。

4.团結教育商人不够，没有將一大部商人組織到我們的貿易斗爭中来，如对敌斗争力量因此使我们有時处於孤軍奋斗，力量单薄。

5.商店本身的经营有不够健全的地方，沒有達到财政任务的要求。各地商店一般不賺錢，沂北……一次，……一次。

20

（六）專賣專营工作

一、食盐

1.未專賣專营前食盐的输出输入的情况、区销路线与盐价的变化。

①沂蒙区食盐的来源大部分是红石崖的与王家滩的，大部分是涛雒与石汪的。由东边崔家峪、铜井、界湖、桃庄一带盐市入口。除当地销售外，还向新太蒙阴去一部分，每集不过五六百斤。

②盐路：：由崔家峪经坦埠向西集（西蒙阴）野店（西新太），由铜井、界湖向西经岸堤出口西蒙阴，由桃庄向岸堤或埠庄区销。

太山、蒙山、沂山以前大部分是经石崖盐，羊角沟盐很少数，自敌人倾销后几全部是羊角沟的盐。盐路：：A、由九山到三三岔店过去区销很多，每天约五百小车，现敌人封锁每天只有十几车。B、由蒲崖（益都）至源泉（博山）到陪镇。每天约三千余斤。由源泉至邢家庄每天约三千余斤。这两条路全部销於夏张而区销肥城、莘阳、东平等县。C、由王村（淄川）至莱芜口，每天约二千余斤。以前每天三四千斤，现因受汉奸的封锁而减少。D、由埠村至上游每天约二千余斤大部销於本地。只

北沂蒙历年粮价盐价变化比值表

年	高粱每斤价		食盐每斤价	
1937		05		05
1938		16		08
1939		45		20
1940	1	20		45
1941	2	20	1	00
1942	7	00	1	80
1943	3	00	1	60
1944	1	50	1	45

34

由曹庄至临沭、两营、五莲，天约进万余斤，大部销於稗埠、中宫、东上下港一带。

2.专买专卖后的情况：

由於滨海区货币斗争的胜利，食盐起了决定作用。我们即组织商店使用不卖，解决本币分区流通的盐款，已经取得大量发动与组织起来。於二月间开始，沂蒙区之牲庄全部是滨海盐，界湖三分之一滨海盐三分之一私盐。据前庄达於峪几全部是私盐，仅一个月时间南沂蒙即吸收五百□五万四千一百四十八斤（内有滨海一百大十万斤）。北沂蒙吸收一百四十九万六千一百廿一斤。在区输中滨海盐价逐渐上涨（由一百元涨至一百廿元）机械的保证了区输利润。因此我们盐的成本加大；又因敌人用倾销办法来破坏，事前缺乏调查研究，要估计的不够，以致亏累很多。在起很大资金消耗了不少的人力，在货币斗争上未起到应有的作用。

3.收获：

(1)个别地区支持了货币斗争。

太山、沂山、太亭因食盐专买专卖，每款买卖完全使用本币，扩大了本币流通范围，压缩伪钞的流通地带，依它的价格。

(2)增加了群众的收入。

盐销利润保持固定的数目。小车每天三十元五元至四十元，牲口每天廿元至廿五元，小担每天十五元至廿元，小担贩子也能保持一定的利润，绝不赔本。沂蒙区共吸收盐约六百五十万斤左右。由滨海区至沂蒙区一段每百斤运费四十元，沂蒙内地运销一半，每百斤运费廿元，共运费约计三百二十五万元左右。这是群众的收入。

（3）稳定了盐价。

过去小盐上市、雨季、农忙時一般是上涨，今年不但没有上涨还降低了些。

4.缺点：

（1）对情况的调查研究不够。

未事先前就知沂蒙区的盐每集不过五六万斤，又未按照当地的地理条件与运输条件，详细研究销路的大小与今后可能发生的困难，更忽视了量出为入与量入为出的原则，只看着滨海区食盐在货币斗争胜利作用的一方面，而盲目的去计划的发动运输，及发生大量的运输，造成经济上的困难。

（2）对食盐的处理不果断。

了解当地与周围的情况，发现出口困难与敌人进行倾销来破坏后，仍犹疑幻想，不肯赔钱压低价格出售。

（3）对盐价掌握的不稳。

各商店起初都存赚利观点，出口定价过高，内地调剂价格还额外加耗，消耗按原价调剂。

（4）内地运盐時运费过高。

组织运盐没及時机械保证每百斤四十元运费（由滨海至鲁中），这個劳动收入比任何劳动收入都高。又运的过多不顾继续运時不能利用压低运费去减少运输，单纯强调群众利益而忽视了政府的损失。

（5）统一的计划不够，本位观点、利润观点严重存在。

北沂县区销沂山的盐，沂山提价，北沂县即不区分，仍又低价吸收私盐。沂山既不能照顾北沂县将一定利润降低一点，而北沂县亦不能照顾沂山大赚点利润。

⑥对滨海区的食盐保护不够，推销不够。去滨海区盐价高昧，我们即低价吸收私盐。正作观念去。

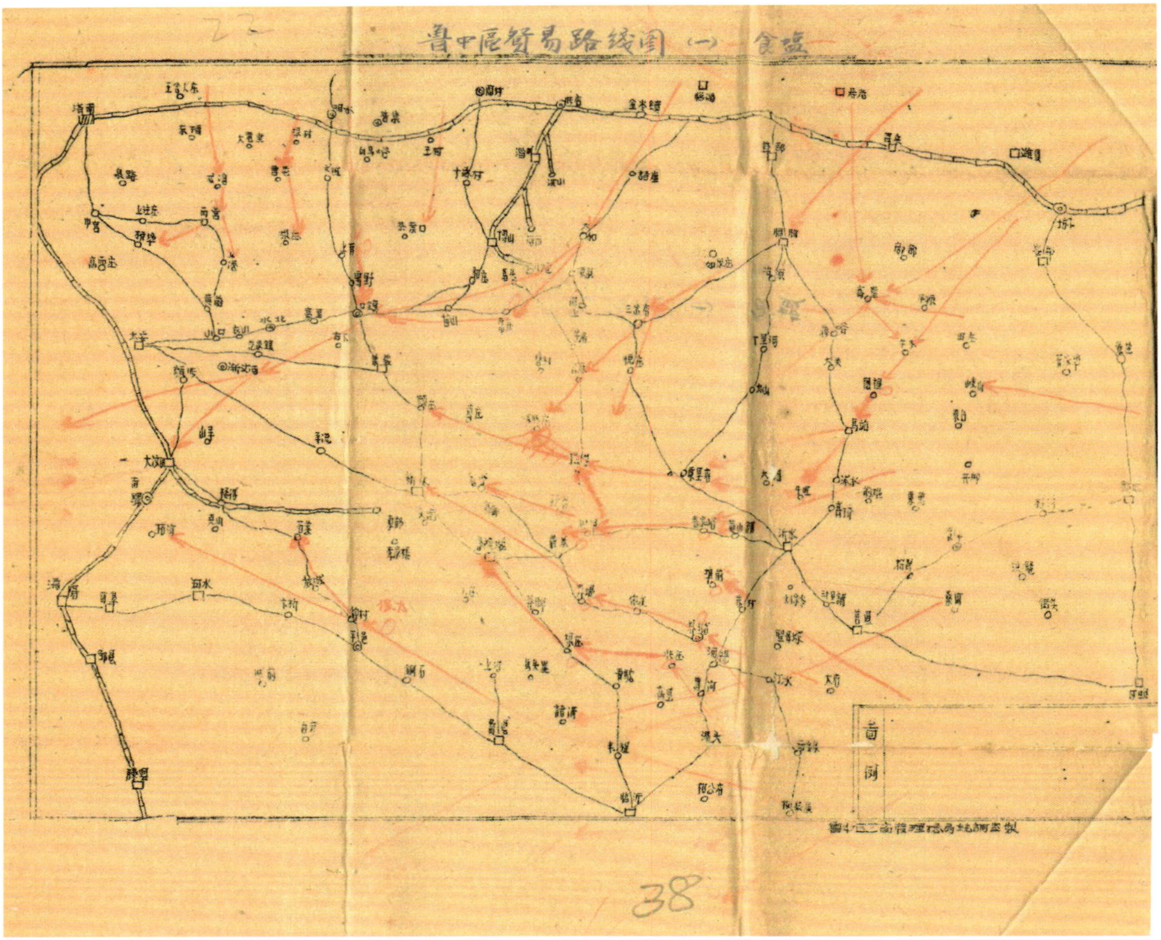

鲁中区贸易路线图（一）食盐
38

二棉花

专卖专卖经过：鲁中区的产棉地是沂蒙区，沂蒙区的产棉中心是南沂蒙与蒙阴。销棉最多的地方是沂南，也就是沂中和沂临的纺织区，由沂东也多靠南与西北方面调剂。在开始的时候先在沂河西岸的张店(沂联)界湖(沂南)南店(沂中)三个纺织区专卖，内地仍是自由买卖口登记外汇，以备沂东款购猪造啟区亦实行专卖。以上地区专卖后，由於根据地的大量洋布的来入，纺织事业的萎缩，感到棉花不够供给，又在南沂蒙的岸堤、北沂蒙的各产棉区实行专购专卖。部不零售，所收之棉部供给商组织之合作社、典当区的商店，每百斤棉手续费百分之三。在四月份时棉花最缺，各地供不应求，华前庄曾有棉十余天没有棉花，其他各商店也时有时去的。此时派人到太宁方去买，开始登记，下资调剂内地之用，外面棉花不久即向始输入，市面价格方由稳定而下跌，由每斤市二元落到廿二元。但由于掌握的不够，过低压低棉价影响收入，沂蒙商始出口后以致又告缺之。

各地吸收棉花。南沂蒙十四万二千一百廿斤，北沂蒙四万七千八百十八斤，蒙山一万九千七百〇二斤，太宁六万余斤。

3.花价

①稳定了棉价——自从专卖以来因棉花缺乏棉价不断的上涨，但一般的是稳定的，当涨到每斤三十七元时，按当时情况还在上涨，由于不顾钱甚至以赔一点的原则没有再往上涨。又当依次棉价陡涨至每斤四十七元时，又舒出一部每斤只卖四十元，价格又趋于稳定。

②限制了走私——自专后手续严格，每一定手续者不准卖，并限制一定数量，不易走私。

㈢刺激与扶助了合作事业的发展——合作社买棉花给予优待（每斤减五角）并按时供给棉花。

2缺点

㈠确定的棉价脱离了自然价格的规律，造成调剂上的困难与走私棉花和黑市。——在专买的集市定价较低，老百姓不愿卖，在其市上成交的逐渐减少，未能达到吸收的目的。因为手续繁，大买的感觉化钱多，以致造成黑市。

㈡商店没有点蓄棉花一些投机商人，则去违法进行专卖——事前有计划的积蓄不够，半年随买随卖，为价格不敢大量收买，涨价时即跟着现象跑表现力量微弱。

㈢专卖的利润太大，易使群众模糊了专卖的政治意义——稳定价格，扶助生产与支持货币斗争。

㈣当棉价降到每斤廿二元时，界湖集商店仍卖每斤三十八元，比临近每斤三十五元，不仅没有反映当价，同时价格亦不统一，以致使的界湖一带的老百姓有的为省钱而跑到临县去买。这样既浪费了人力，又降低了专卖的威信。

㈤全省的基额不够——强调刺激与发展合作社，供给合作社或有组织的群众，一般的群众则基额不够。

營業費統計表

魯中區工商管理總局　　　　1944.上半年

科目＼金額＼機關	南沂蒙工商管理局					北沂蒙工商管理局				沂山商店	蒙山商店	太亨商店	沂中商店	汇通酒店	工礦科			統計
	界湖商店	張庄商店	沂東商店	岸堤商店	埠前商店	垣埠商店	野店商店	崔家峪商店	撲里商店						利源工廠	利東烟厂	利魯皂厂	
伙食費	29,43330	22,82110	15,43605	15,83680	22,44314	30,73332	17,29260	13,45660	11,51090	46,08820	16,52930	6,82850	35,78556	17,70140	17,94565	17,32030	20,08800	335,70267
薪金	16,72000	13,55000	7,40000	11,68000	12,68270	16,64000	7,73800	7,78500	6,37000	30,32600	8,31300	5,58000		6,40530	5,49835	5,36800	13,21200	229,82835
雜支費	8,00750	36200	4,90250	5,67600	86200	13,11700	4,33750	2,73450	4,44000	8,70899	8,93800	4,68400		14,94558	16,66480	4,23150	8,82000	96,13613
特別費	2,68960	38375	4,48460	35750	98000	27000			50750		33700	15780	1,65000	5,38350	43,74011			57,94106
辦公費	1,26300	63825	1,14850	92500	99930	50150	94150	58010	44100	41500	1,30400	2600		61300	9,72170	68250		20,20055
運輸費	133,68635	58,96000	30,92520	5,78610						43,77530	22,99310	4,10630				62850	1,75000	303,61085
合計	192,79973	96,71510	58,33685	40,26140	37,66698	61,30182	27,30960	24,55660	19,93374	129,31044	49,12110	18,38270	37,43556	99,64900	93,57065	25,23080	43,87000	1064,74261

25

鲁中区工商管理总局

商品分類報告表

1944.1.1——6.30.

商品名称	单位	本期收入 数量	本期收入 单价	本期收入 金额	本期付出 数量	本期付出 单价	本期付出 金额	本期余额 数量及其差额 数量	本期余额 数量及其差额 收付	本期余额 数量及其差额 金额	本期余额 存货原值 单价	本期余额 存货原值 金额	損益 損失	損益 收益
棉花	斤	622,449.12		11,671,200 52	561,974.6		10,935,297 77	60,169.3	收	695,902 35		1,785,105 98		1,089,203 23
食盐	斤	5,080,683.12		6,344,289 025	3,298,636.5		3,790,067 82	1,782,793	〃	2,554,222 205		1,954,833 83	596,387 375	
烧酒	〃	145,942.3		4,878,755 86	144,928.11		2,239,357 35	1,013.8	付	360,601 52		12,164 77		372,764 29
粮食	〃	449,461.5		1,150,418 20	212,797.12		544,040 85	236,663.12	收	606,377 35		464,403 88	141,953 47	
布疋	疋	16,526.5		4,684,714 92	13,289.5		4,017,401 90	3,237	〃	667,313 02		896,504 14		229,191 12
军用品				194,013 50			124,721 60		〃	66,291 90		71,436 90		5,145 00
必需品				988,984 60			568,445 95		〃	420,538 65		468,145 62		47,606 97
医药				89,360 10			81,523 70		〃	7,836 40		14,277 26		6,440 86
杂品				3,081,746 87			2,141,705 52		〃	940,041 35		944,460 38		4,419 03
工矿料				2,673,221 14			1,684,823 63		〃	988,397 51		1,168,153 81		179,756 30
沂山分局														660,425 13
合计				32,350,704 335			26,163,386 12		收	6,583,318 615		7,779,506 57	738,340 845	2,594,953 93

42

資產負債表

商店名稱 [illegible]商店　中華民國33年1月1日起33年6月30日止　第1頁

資產 科目	資產 金額	負債 科目	負債 金額
[illegible]商店	9,441,917.80	北海銀行	42,308,607.58
北沂[illegible]商店	3,473,237.65	大安號	95,200.00
經營科	833,609.65	二軍分區	35,057.10
[illegible]商店	275,000.00	應付款	269,596.15
[illegible]山縣商店	934,250.00		
沂州分局	8,039,520.00		
泰山分局	4,500,000.00		
[illegible]分局	2,213,000.00		
[illegible]通銷店	510,000.00		
皮革廠	100,000.00		
工礦科	2,584,683.60		
財政處	3,976,760.95		
應收款	2,997,601.60		
暫記款	993,338.71		
現金	7,719.20		
本期純損	1,783,821.66		
合計	42,708,460.83	合計	42,708,460.83

經理　　　　會計員

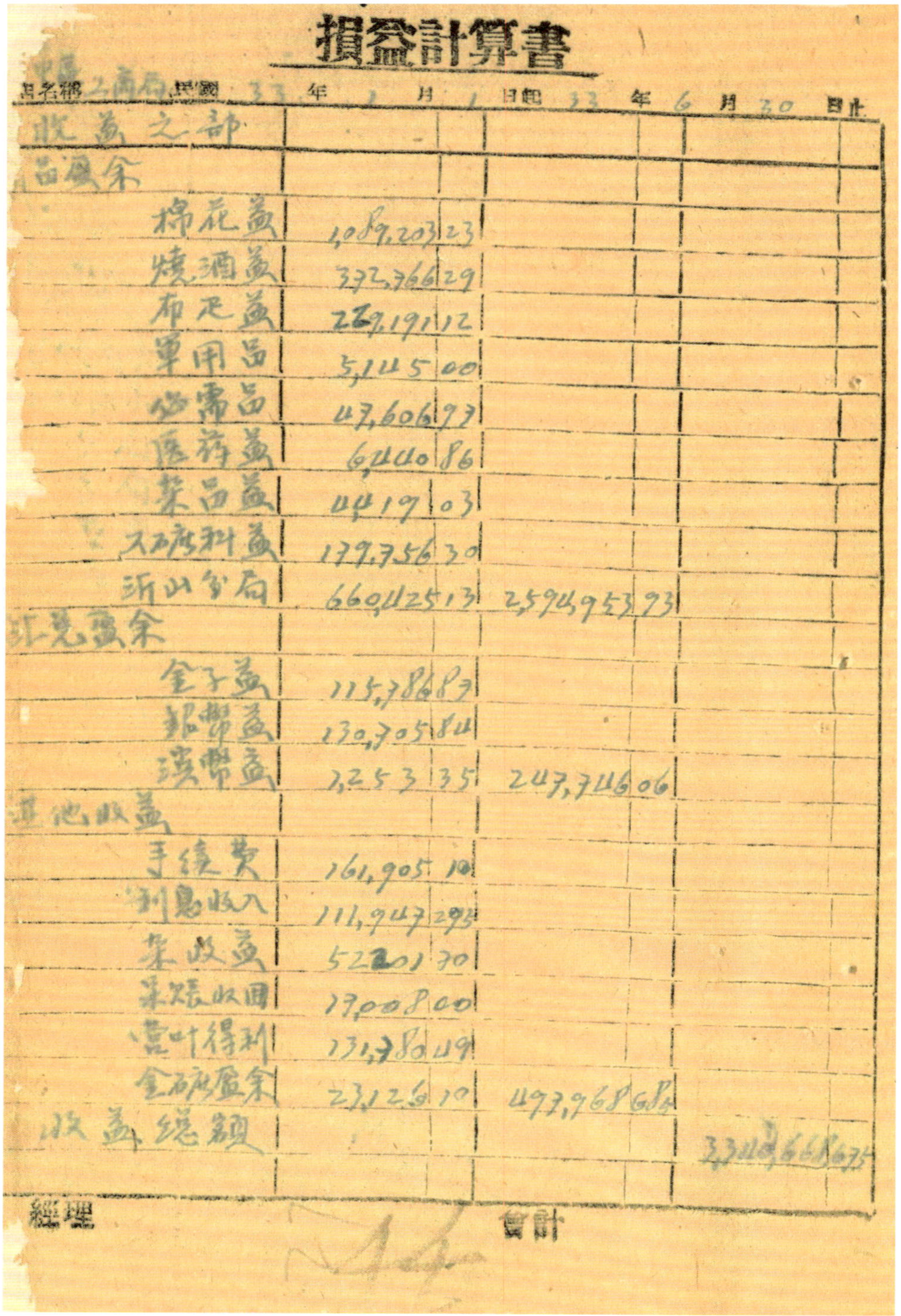

損益計算書

店名稱 [illegible]商店 民國 33 年 1 月 1 日起 33 年 6 月 30 日止

收益之部			
商品盈余			
棉花益	1,089,203.23		
燒酒益	372,366.29		
布疋益	269,191.12		
軍用品	5,145.00		
必需品	47,606.93		
医药益	6,440.86		
杂品益	4,419.03		
石炭料益	179,756.30		
沂山分店	660,425.13	2,594,953.93	
兑換盈余			
金子益	115,786.87		
銀幣益	130,705.84		
法幣益	1,253.35	247,746.06	
其他收益			
手续费	161,905.10		
利息收入	111,947.29		
杂收益	52,201.70		
采矮收回	17,008.00		
賣叶得利	131,780.49		
金矿盈余	23,126.10	497,968.68	
收益總額			3,340,668.75

經理　　　　會計

損益計算書

店名稱 [illegible] 民國 33 年 1 月 1 日起 33 年 6 月 30 日止

損失之部				
商品虧損				
粮食損	141,953	43		
食盐損	596,387	335	738,340	845
汇兑虧損				
伪鈔損	12,239	59		
法幣損	94,511	65		
沂山幣損	10,220	40	116,969	64
其他損失				
損失款項	32,994	81		
交待手本	253,407	95		
粮耗	22,077	95		
器具折旧	51,952	65		
付出利息	298,922	10		
棉耗	162,258	50		
金子跌价	62,348	24	923,962	20
营业费				
伙食费	357,025	67		
薪金费	229,828	35		
办公费	20,200	55		
杂支费	96,136	13		
特别费	57,941	06		
运输费	303,610	85		
过次頁	1,064,742	61	1,779,272	685

經理　　　　　　　　會計

45

損益計算書

店名稱 [illegible]　民國 33 年 1 月 1 日起 33 年 6 月 30 日止

承前頁	2064,342	61	2339,232	68½		
採擇費			473,320	43		
上期虧損			2803,154	61		
損失總額					5,124,490	335
本期純損					2,783,821	66

經理　　　　會計

46

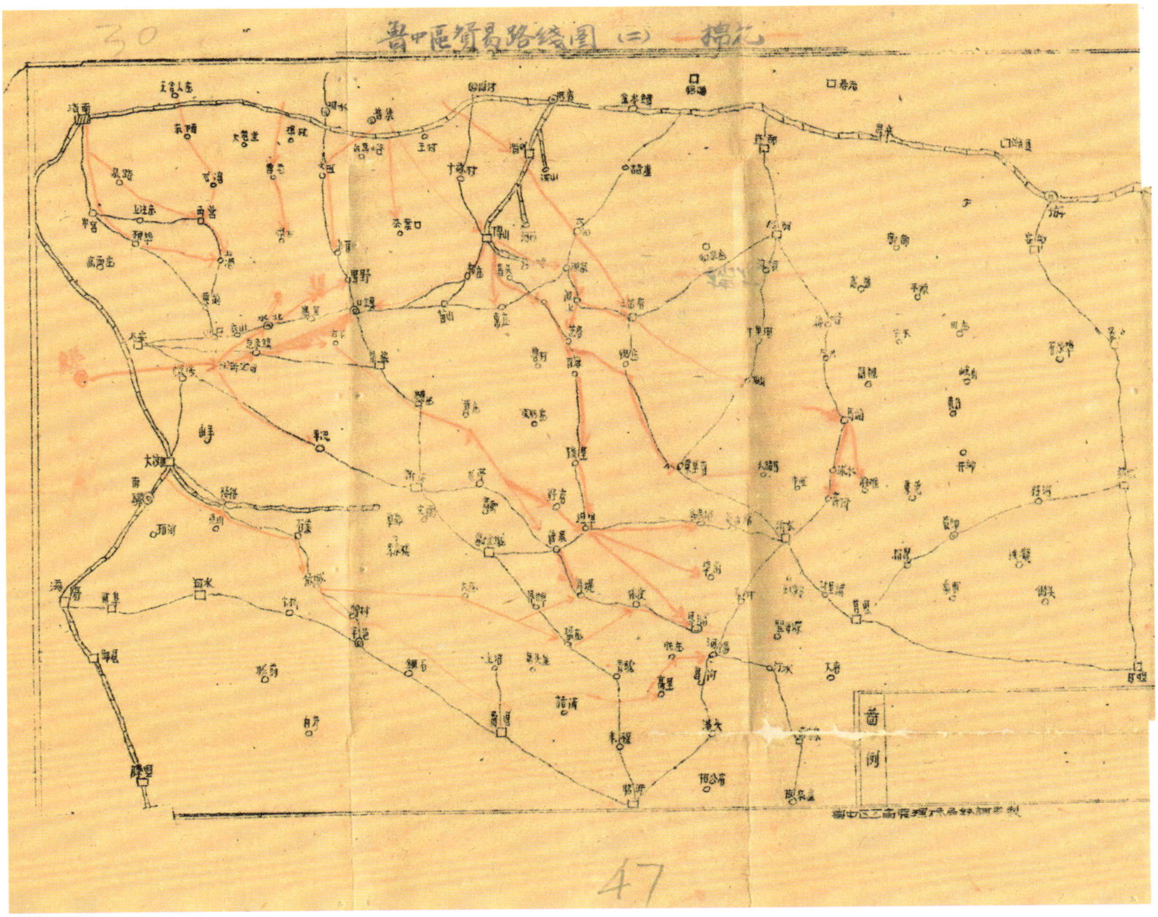
30
晋中区贸易路线图（二）
棉花
47

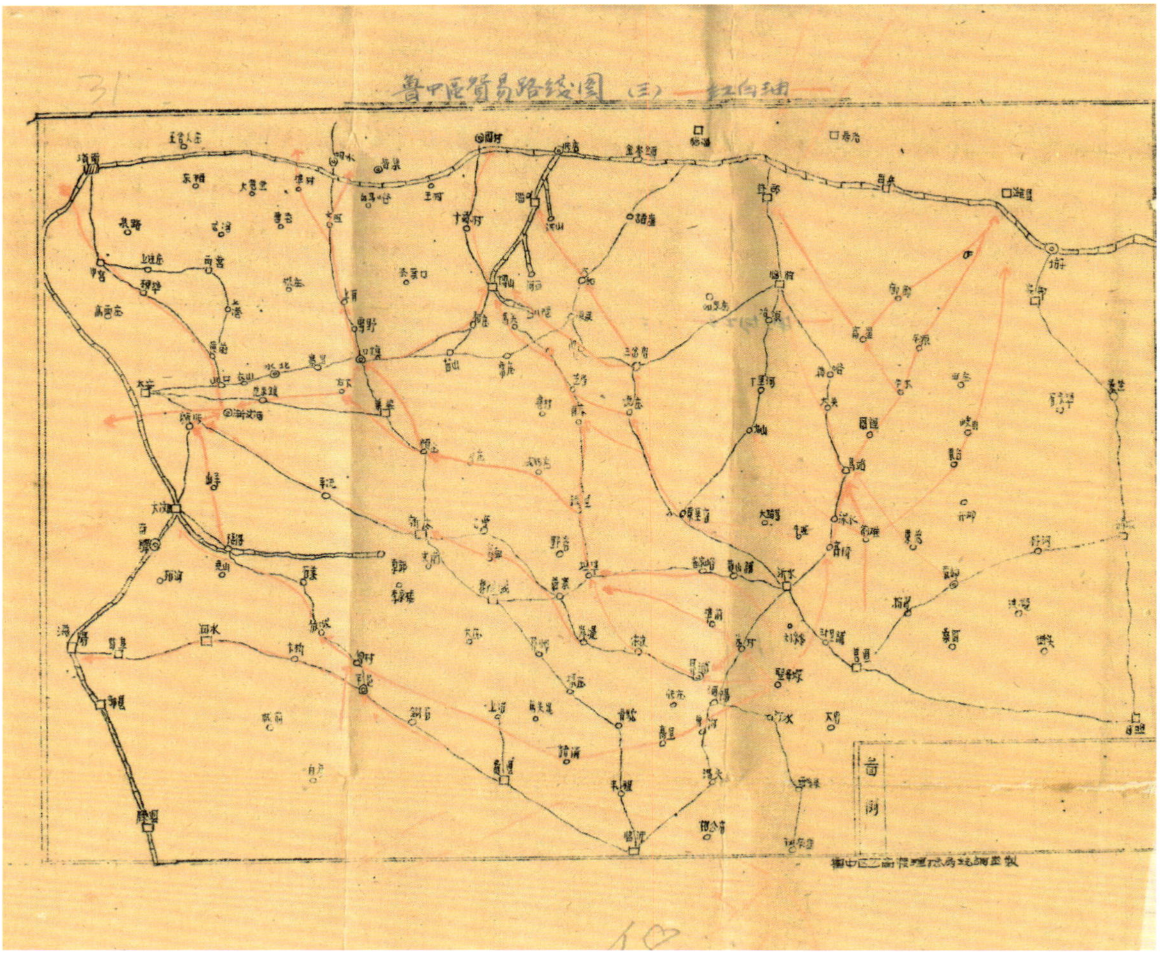
鲁中区贸易路线图（三）——红白油

七、货币斗争与贸易管理总的检讨

缺点

1. 对各种情况周密的调查研究不够，在指导上存在着主观主义，表现在：

①对敌区的各种情况调查研究太差——如对敌区物价变化不能及时了解，尤其对敌人经济上的各种措施是漆黑一团。

②对我根据地的各种情况调查研究的不够——如对我根据地内的各种物资的产量现在尚未有正确的统计；对输出输入的物资亦未作正确的统计。

③在进行某一工作时对敌区的情况作细密精致的调查研究不够——因於我们对各种情况缺乏细密的调查研究，因此在工作指导上必然是主观主义的。以致工作上遭受损失。表现在：

甲、货币斗争上：未根据贸易输出输入的情况，过低的压低伪钞价格，结果影响了贸易上的输出，更造成伪钞黑市的上涨。

乙、贸易管理上：食盐與麦、棉花的出口，羊毛生油的管理都未根据实际情况，结果增加本身的困难与未达到既定的目的。

2. 由於对情况的调查研究不够，预见性很差，以致工作被动，不能掌握先机之利——（各地对伪钞、食盐、棉花、生油均有这样的错误）。

3. 领导上的集中性与计划性不够——集中性不够表现在工作上的统一指挥差，缺乏统一的步调、一致的行动，如外汇的价格没有统一的规定，外汇的统一调剂不够，商店工作没有统一的计划，统制物资没有统一的标准，内地物资的调剂与输出输入的计划不够、以上三点主要应由总局负责。

4.货币斗争与贸易斗争与积蓄物资的有机结合不够。

①过低压低外汇，影响贸易的输出。

②没有积极组织贸易上的输出，更加强外汇力量，支持货币斗争。

③在物价下跌时没有积蓄物资，物价回涨时则表示软弱无力。

5.各地区的互相配合联系不够，——物资交流，情况供给，交换经验均不够表现本位主义。

6.单纯的利润观点——表现在外汇的调剂食盐的调剂上，反对不照顾整体观念与政治影响的单纯的利润观点，来去掌握住正确的利润，注意资金的周转与周围增加收入解决财政困难，因此也应反对单纯不要利的观点。

7.我们的政策法令向群众作广泛深入的宣传动员不够，增加工作上的困难与群众对政策法令的误解，

开始食盐专卖时，边沿区的老百姓不敢来买，以为像粮食一样的禁运。开始登记外汇时，有些商人不敢带回货物，唯恐被没收了。为了加强缉私工作某些商人或某机关的东西实行收没，但部分的政权干部还不了解。

经验教训

1.一切工作的开始要有明细周密的调查研究，在工作上才不犯主观主义。

2.货币斗争与贸易思想必须协调一致，行动上要密切配合，意志上要正

停觀念，指揮上要有高度的集中性，

3.下級及時的正確的供給情况與上級及時的全面的正確的指揮是不可分離的。

4.貨幣斗争與農業生產、貿易管理、积蓄物資必須密切的結合起來。

5.坚决执行上級的指示，才能保証步調的一致。

51

（八）公營生產經營及管理

一、公營工廠

據局直接領導下設有三個公營工廠，一是利源工厂，主要生產是手巾肥皂。二、利魯帶厂，專门試製及改進文化帶；三是利東烟厂，其他如煤矿金矿鋁矿硫磺矿及試驗純鉄事均係試驗性質，分述如下：

1 利源工厂主要为肥皂手巾袜子，嗣因袜子在我根据地需要量不大，又以成本太高，于四月份已將織袜組停止，移云力量另設織布組，專織織花条色布自由布及縧綢，肥皂組原只有老华皂一种，嗣又到渤海區学來用花生油作主要原料的一种肥皂名之曰明华皂，五月間又添製香肥和卫生药皂两种，除上述外还有綫織及綫織背心，只有一個机子，工作日出一打，該工厂半年來生產显著的转变有三：

①转变了以前小摊贩小作坊的作风，進一步了解了公营工厂所負的任务因工作的計划佈置方式態度上改进了一些。

②初聞花花油能製肥皂，技师工人都不相信，并对此不感兴趣，到渤海區学習回來試驗製造成功，从此打破了墨守成規的观点。

③工人的研究性加强了，半年來各种产品之式样各方面都有改進，其袜子肥皂系巾等。茲上半年生产和下半年生产計劃如下：

甲 利源工厂上半年出品統計：

品名	產量	品名	產量	品名	產量
手巾	一二九六打	袜子	一六三六打	系巾	一七六疋

十七

品名	産量	品名	産量
肥皂	四三六箱	香皂	八八箱

利源五厂下半年生产計劃：

品名	産量	品名	産量	品名	産量
手巾	三八五〇打	背心	一八〇打	绢	五〇疋
麻布	三八〇疋	肥皂	一二六〇箱		

（正在添設的生産未計劃在内）

乙、利豐帝厂——本年四月下旬正式開始，以前是文化帝試驗階段，因剛設立，工具尚缺，人員均須次第補充，所以五月份只一個池子開工，六月份兩個池子開工，兩月來只産文化帝十万片，產量也未显著改進，只是工厂建設方面粗具規模，打下了下半年的基础。準備下半年計劃生產一二〇万片。

丙、利東烟厂——自四月開始正式開办，有工人及練習生共五十余人，職員及伙夫八人，捲烟机十七個，开始因不熟練，每月出三千到三千五百盒（十枝）。六、七月後，已能日出五千合了，上半年出烟三十万合，下半年計劃產为一百万盒。

丁、硫磺矿：界湖西八里地白石崖后，有一种硫磺矿，据稍開矿李知識的人談，此种硫磺矿石能含硫磺百分之一。远眼店附近安界閣東商山均有发現铅矿，二月间即派人探採，至今尚未發現大宗的，只夾在地下石缝之小部份不斷發現，仍继续探採中。四月间曾派人至太南及汗山太山各處勘查煤矿金矿，太山豆煤矿金矿均有，致電伯不能同深入區查勘。……金矿及汗山煤和金礦山、三甘店以北（一之组所在地[illegible]）到未入去探採，現尚未見成績，據有經驗者談沂山周圍和附近有八十余方里之煤區，但估計此區水勢很大，非機器設備不能防水力。

從去年冬天即在沂南之里沟、王山二处探採煤矿，鑿井六個，界牌附近也於六日向鑿井一個，至今半年未見煤遇層，六尺王山矿，煤深无空气流通区也滞，三者停。里沟本有四個井，因久不見煤，費用浩大，为了集中力量突破一点，也停了三個，只留了一個井工作。據有經驗者談里沟有煤不成問題，只是不能確定其深度。王山煤不是大片煤層，即見煤也蕴量不大，一个俗称窝炭，即随到一窑器即在一家，不是普通煤層。所以秋后天凉，王山一处有决定不开工，集中力量加强里沟的工作，以期早日出煤。至界牌一处是群众恳群众探採，公家帮助一部份社務食堂，今五個月尚未見薪。

沂东之珍珠山自敌人撤走后，我们即通过当地政权找到原来挖炭工人，又从当地找工二人，财东规定出煤公家提成三，财东得三成，工人得四成，自五月初出工，两個月共产煤七五万斤，公家提成二二万斤，現仍继续，月产五〇万斤。不过此地离莒县城很近，敌伪时常出扰，扬言挖掘炭矿，所以对矿尚不能做久远计划，须看情势之变化，而随时随决定取舍。

二、半年来之矿工作之扩大与发展

1、利源工厂由十余人至六十余人，利东烟由五六人增至十八人，利磨带厂由五六人增至二十五人，探採煤矿由二个井增至七個井，在煤矿方面一时計劃庞大形成领导時，当時計劃三四月准能見煤，到了五六月份仍未見煤，乃改变方法集中力量缩小范围，以期一点見成效，再行扩大。前一段之急于求成急于求功，将探採工作看的太易，完全是一种不老实的态度，不切实了解探採工作万是须要有决心耐心比較長期的艰苦工作。须从实际工作中不断教育提高工作情绪，不断檢查研究，并提高工作效率来完成它。至於工厂方面人員扩大，虽然必需，但未从其工作中及時檢查研究，致未能及時的改進管理办法，這並大有向好轉變。初步改進。

試驗紡車已久，自五月由捻局直接於初，后始又換款繼續試驗製，現在已初步成功，唯仍須改進，現所製成者係廿四個头，將來推广時，可製四十五個头的，每天能紡一斤線，現已開始設厂建造，如能採用即是生產方式上一大改進。

乙、工厂经营概况：

①二厂经营半年来可称寥寥，帶厂烟厂都是初設，銷路未打開，西邑县凡五月各結賬時，只烟厂賺利万余元。而帶厂虧本三万元，即有厂史茲础之利源工厂言，营業亦不見佳，一、二、三月是計划發展建設時期，化費比較大，人員增加，慶設不起，績所以云貨不多。直至四五月，目前叶即藏上軌道，每月賺利二万五千元上下。除抵补前虧外，五月底結賬尚賺万余元，不賺錢的原因除上述各外主要是：工人待遇太高，開支太大，它款工資制又失明确，獎懲办法未表，以致工作不积極，責任心不够高。（以后詳述）至六月以后各厂逐渐開始走上軌道。

②半年工厂出品，如捲烟、手巾、袜子等均為一成至二成利，肥皂則為三成利。最高時曾到五成利，但與外来貨价格相比較，則除肥皂外价格均高，如帶烟、手巾等外来品之价格有時比我們的成本还低，尤其捲烟，推其原因，4.丢外貨

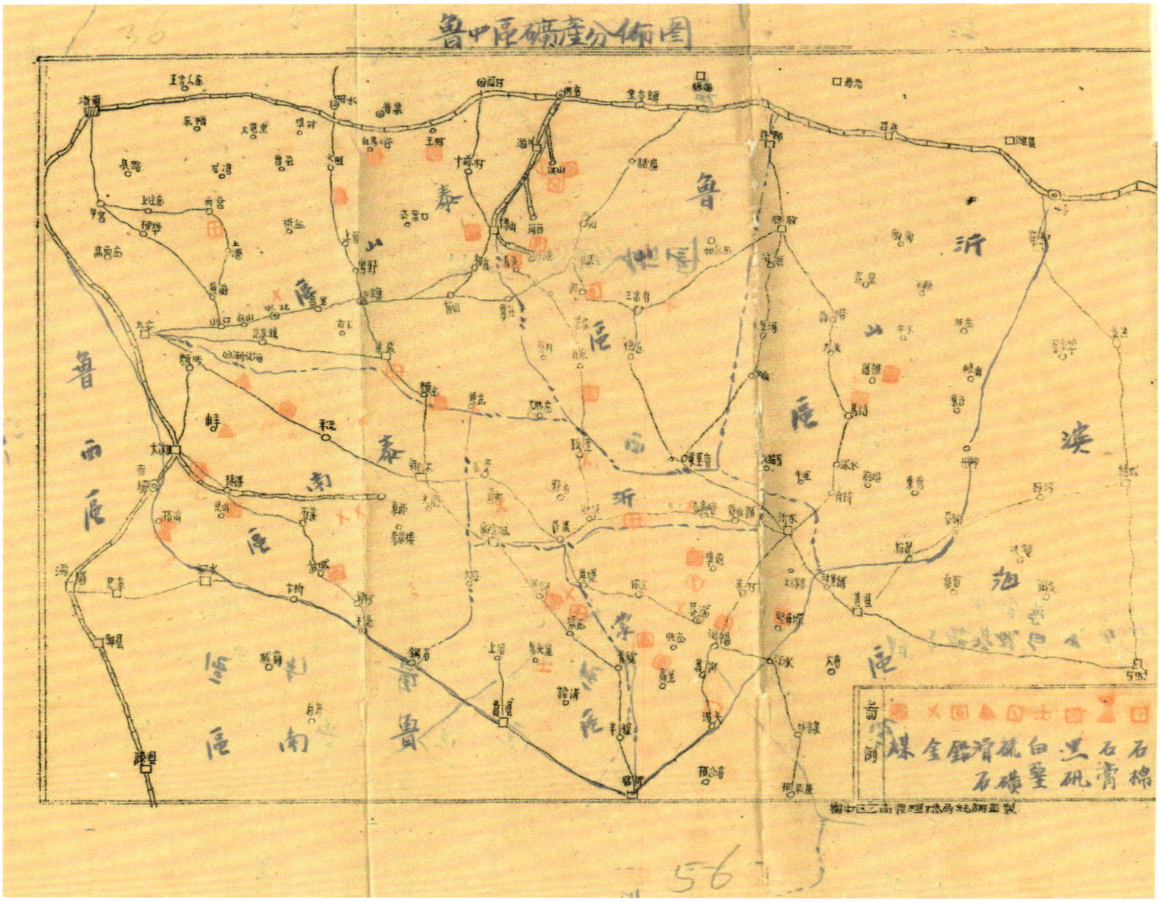
鲁中区矿产分布图
图例
煤
金
铅
滑石
硫磺
白垩
黑矾
石膏
石棉

不真，自產品質與。B.外來品裝璜適合一般中人盲目崇拜，外來品之心理。C.敌区勞動力賤，根據地勞動待遇高。自製文化帶成本不高（每小張三角至叁角五分）但質量不及外來品。

③利源工厂資本規定一五〇万元，利東烟厂資本規定五〇万元，但因有十万民股，故公股只四〇万元。利魯帶厂資本規定二〇万元，以上三工厂共有資本二一〇万元，均已撥足。至於試製紡車採採全煤矿等費均係逐借，實報實銷。只煤矿採探費半年已將近六〇万元。

B.工厂管理办法工人勞動報酬（津貼，工資分紅）关於工厂管理面缺的一套办法，因旧的一套办法不甚明了，也不願尽数採用。而自己又無一套新明的的輸幫，只有現行的零星办法，如十天一休息，每天十小時工作，每天一小時的學習，二小時的游戏，練習生制度等。

利源工厂以前像一个小作坊，作風半年来這种作風糾正了，但在形式上又發現一种偏向，即太机关化了。如关於生活管理也搞上管理員，上士，班長，炊事員等一套至六月份即糾正了。

关於工人待遇五月以前各工厂均係定額工資制，如利源工厂每人月支一〇〇至三〇〇元，利東烟厂每人月支五〇至二三〇元，利魯帶厂每人月支四〇〇至五〇〇元每人每日糧食二斤二兩，菜金一五元至二五元，六月開始將三個工厂的工人待遇取到了原則上一致的办法具体規定如下：

①厂内人員每日糧食二斤四兩或二斤半，不另支菜金，由工人組織伙食委員会管理伙食。

②工人职員每人月支薪資五元到一〇〇元。

③除职工伙食資、薪、生財、折旧及其他营业開支外所得純利按职工三鋒七分配之。（职工分三成，公家得七成）

④分红标準：1.以各人所得資、薪数目，比例分配。2.将职工作为若干劳动股由各人得伯劳动股数目身比例分配（如利東烟厂資本股五〇万元等劳动股二〇万元，每人奎伯股数由经理工人及工会民主决定）

⑤由厂方規定一定之生产数量及工資数目，由工人自己認定（如月织毛巾一百打者，工資一百元，织一百打者工資八十五元等）。月終結算其超过生产标準者，超过之数目，按件给資奖。其额一般為該生产，生产品純利的五分之一。

⑥练習生练習期为三個月至一年，（烟厂三个月，帶厂半年，利源工厂一年）练習期内只管伙食不分红，一個月或三個月，由厂付给工資，工資数目按月增加五元至八十元。

⑦职工有病一個月不能到工厂工作者，只補助其伙食、薪資，不分红，两個月不能到工厂工作者只補助其伙食，三個月須另行撥置，短期的病医药由厂負责，职工等醫費由厂内支付，每月每人不能超支相當一時抗莲帶之費用，実報実銷。

这种办法自六月间始实行，实行情形尚未总结。

4.公营工厂与群众生产的联系：

①利源工厂对群众生产关係的不密切，肥皂一项群众会生产者只听說也

58

亦有一家要向本，但亦未進一步與其聯系，或加帮助；手巾一项民营者歉泉亦未有什么联系。

②烟厂：烟厂、帝厂與群众关係还很密切，如烟厂經常供給民营製烟小组以原料器具，並吆其來人学習，学好后回去自製。烟厂自本年即吸收私人資本，現私資佔1/6，下半年拟還吸收民資至擴資本的1/2，使烟厂逐漸変為民营事业。

③帝厂对群众存必須密切，有些地方本只起了帮助推动作用，如貸給民营帝厂原料，为民营帝厂購買工具及技術工人，造去向民营帝厂配备工人，或召計划的分配訓練工人到民营帝厂实行指拆，允許民营帝厂派人来学習及自身培养了七八個練習生等，或以公营帝厂为中心召開了四次帝叶座談会，对技術研究，成本計算，价格規定，统一購料有計划的分配及使用原料等问題，切加討論。而以帝叶的公私关係，較其他的生产事业公私关係密切的多。

④界牌探探本像煤礦本係民办的，实際上他们民主劳力，大部資本由公家帮助。

五、本地區急待開展的工叶生产：本區紡織造帝、日用品等已能全部或一部份自給，今后只是巩固提長的问題，至於解决燃料的困难，則煤礦的普手探採陶器叶已開始製作。至於進一步的向農化学工叶及矿叶，須大量的技術人員，非短時間可能办到，現所感覚極須而又很易着手之问題，即为工具的製造及改進，如紡織工具之改進，各种文具之製造，一如粉筆、石板、水筆或水筆头等一补食上碾石之凡事所用，煤燒爐所用之瓦匣等等東西，不大推广起来作用不小，举办此种事業須各方条件而定，不能預計其功。

二十

6. 其私营工厂的关係本区成立工厂之工作很大，年更为农家副业性質，附作時毅，成本不须大，利得也不多，有工厂选择之工作，只德和祥鞋厂还是公私合作的，几個手中小工厂，对其他为着何指导○○性，沂蒙金矿局自本年以来全为民营，对其指导帮助还经常垂范，宣力如去年曾拿出贷款五万元，今年又投资三幾万元以助其成，矿井内用炮药很多，公家则以二万元之数成立利民製药社，係便云表以利打金工人，使他的减低提成，以轻负担，取消签子証，善全自治以减轻对立，並鼓励其生产情绪，在这上面还起到了相当的作用，至於文化帮三时则以廿万元作为帮助贷款，以帮助其获展。

半年来之各分区局地区之群众生产缺乏指挥，以致各地生产情况参差毫不了解，此为工作上一大损失，下半年須立即纠正此缺点。

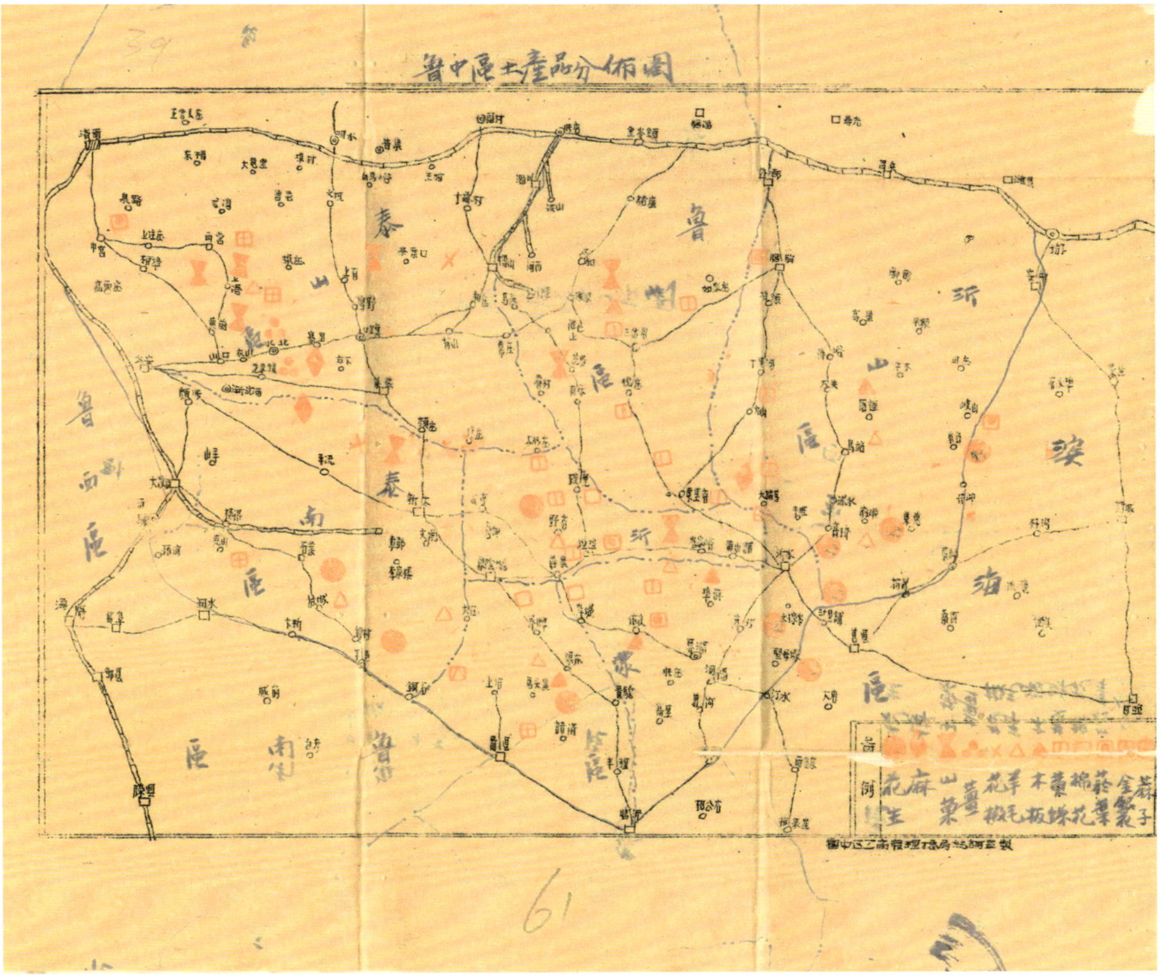
魯中區土產品分佈圖

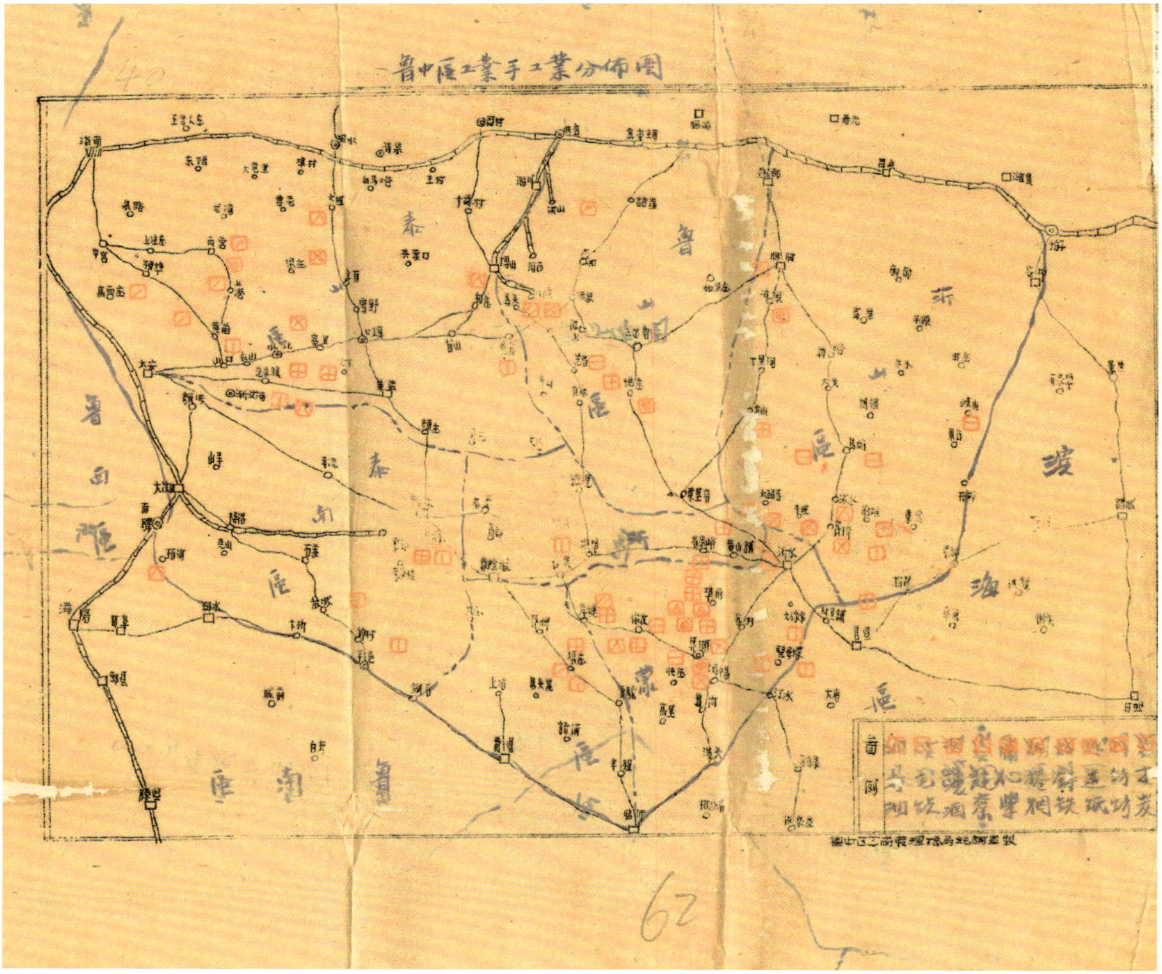
魯中區工業手工業分佈圖

一、发展的概況：

晋中区合作事业的形式和发展，虽已有较长的历史，远在一九四〇年至各地即有生产消费合作社的组织，到了百五十处之多，十之八九为消费合作社，但多是貪多花名合，具体说来作用不大，到一九四二年初，只剩下十五六处了，以后发展纺织事业，於是合作事业，又随之发展起来，可是在领导的方针上，却没有明确的提出，又因是群众性的生产事业，所以在组织领导上，就形成了自发的错误现象。

去冬三商发建局成立后，根据党委及政府的指示，提出发展纺织生产运动，领自由经营，自由交易为原则，同时克服了摊派强迫，做到平等自愿与之后，在民办公助的方针上，合作事业的发展，主要是纺织合作也由大量正确与广大群众的利益相联系，而走上了新的阶段。

据统计今年上半年统计，共组织二万八千多纺织小组（比去年上半年增加一倍半），七千七百辆纺织机（增二倍半）二百余合作社（增六倍）和几百个纺织小组，发动民资一百〇九万元（增二倍），共有社员五万五千人，使三万五千纺织五人，参加生产，获得了四千七百亿边民和抗属（注参加纺织的四生产不在内）。共出布三万五千余匹，共得净利达一百万元，群众劳动收入则超过五百三十四万元，同时也说是减少了财政负担，一千〇六十八万元），这一数目字，生产品和盈余都抱括原有合作社所固定的表内数目字不算，

二、作用和成绩的估计：

概括的說來，由於合作互惠與广大群众利益的結合，因此顯而易見的是：

1.新的生產活躍起來，也增加了群众的收入改善了生活。

2.刺激了部份的群众解放。

③改進了生產方式（舊與生產）

合作互作既由以前的形式主義下解放出來，而群众的智人的創造力，就開始得到發揮，過去倘使說，但有機件管理和民意公員的簡單的原因的，生產方式的話，則及今天已有大批不同的方式在群众中採用和改進着這三種方式是：

a.統一購進原料和統一推銷成品，b.按件結算，c.以棉換布，F.集體買分紅，E.以勞買分紅，I.逐次貸款，逐次收买成品，與零銷和公共結合。

以上所舉的方法，它的說明了一切的問題，群众是有創造性的：證明的形式不夠完善。（至于這些方法的平頁性那点是有研究的）

④.提高了成品的數量和質量。

由於生產方式的改進，所以成品的質量，也在不斷的提高着如：——a.在联合基點時，制出棉綢是的合作社，最初的四布，每尺是四斤四兩，而在採用第三種生產方式之後馬上就提高成品至四布只三斤十兩，或三斤六兩。b，以曹的利東烟厂，在按件計工資和分紅

—48—

64

制衣與行以前五人的手生產率是不高的，在棚烟台上，或熱烟上調白日最快的僅棚裝到五百但到七百多但，而現在則实被一千二百台以上了。（。鋼井全部，在現在仍有二种生产方式，一种是舊的小股子制，生产效率日漸低下，，情緒又非常不高，獲酬很多但報酬不多。另一种新的方式名叫大戽子，这是有利合作，集体生产，其效果非常顯著，使以生产效率而言，試較之小股子制，高出一倍以上（平均小股子每人每日勞動收入為五元至七元，大戽子為十元至十二元），同時还免除了失業的困碍更多的推覺了全脈。四、説纺织上而言，去年書中区所的布在，平均在每匹出斤二両線左右，而在今且平均為三斤十二両線左右，但別三斤六両線，太學的布在市場供不應求，沂北的布則為其他地区所規定，而沂蒙区本年來，亦力求進貴，收到成績本很快好，如前舊庄的紡织成的布，过去沒有不便假的而總最近的了解，已全部取消了使假的現象，从自分之十是二尋以下的布就要為百分之九十是一等布了；

日.在正確的理論指導下，心他互已融而了單純的紡织的圈子。过去在从事合作互作的同志中，以致于干部中間都不自覺的，或多或少存在着一种不正確的观念，與相合作互作，以為合作互作，就是單純的紡织，这顯然沒有認識到，这是生产关係的改革　現在这一不正確的观念，開始在打破，因此合作互作，就很自然的才泛的应用於一切生产互作上。說農村生产上諸有勞力互助，就現有合作社種類上講，則有紡织，连绸、棉纱、丝、打油、纸烟、综合的「生产销费」所有应当合作社，他们的计划也不是一成不变的，比起第一下来，就有五处改成植丝由、沂中，岸堤都有这种现象，在沂蒙刘家店的合作社，起初是单纯的纺织，以后发展要求有他会织的才好，马上就变了一个织工，一边织一边带着徒弟。

从以上几个简单的事例中，也说明了一个问题，就是保守的陈旧的观念，已经在被抛弃，代之而起的是群众情绪和不甚最时，因此目下所有的合作社，都没有感到单调之感，因而也不会垮台。

四、群众们组织起来了。

四 过去的合作社多是在命令下强迫下，按股摊派的，群众认为是负担，而今天呢？：群众是自动要求组织或加入合作社。

比如由沂蒙县局的一批合作指导干部，到了蒙平区，在沙沟裡帮助了几大的五作应当整理了六個合作社，临走时一些老大娘送出村外二里地，还不回去，还领的把蚕茧放在回去他们的口袋裡，并嘱咐今后，在春夏初交的时候，大々有人上门找合作干事，要来去帮他们应理，希望组织合作社。

沂山分局的合作互作干部，应接不暇，结果群众自己组织好了来请来，北沂蒙刘家庄合作社的负责人，不好，社员们成天跑着找同志来信会解决。

66

这些例子说明了由於我们正确的执行了合作工作的要素，克服了和正克服着形式主义，所以群众都很自愿的团结到我们的周围了。

5.群众组织起来之后它们伟大的力量就体验了出来如：

①改进了生产方式

②在区输食盐组织起之后共区盐

③纺织业仅半年前时间就供给了所蒙部队和政权所需布已够全数並争取到禁止洋布入口。

④铜井金矿前大家子工人的影响更推动了该村各种建设工作，如民兵自卫队改造了二個二流子，

⑤现在烟叶正以惊人的速度在所蒙区发展着，所发展的基本方向是群众性的合作事业。

⑥珍珠山煤矿实行劳资合作，工人收入增加，生产效率比私人搞的提高了一倍以上，打煤合作集体生产了和发展了，收入平，普遍提高，因此产量日增。

所以说群众在生产过程中被组织起来之后就不是软弱无力，而是生产中的大事，而要想组织起来的基本关键就是毛主席所说的群众观点和群众情绪，这就是要照顾群众需要，离开这一点是没有法组织的。所以就总的成绩上说来，晋中区的合作事业基本上已脱离了主观主义和形式主义的圈子，开始依靠群众观点和群众情绪"来进行工作，所以在群众性合作工作上一般的是收到了预期的效果。

三、農民中的偏向要糾正

農民中的不够依然是表現在認識的问题之反映在具体事实上有如下几点。

1.貸款的方式和对象问题：

今年上半年貸款，規定为三百万元，经过这些貸款之後有貸已收款部是貸下了在需要但得貸不到的地方。如：

北沂農民局規定凡系貸款的個人去找殷实商号保或富农地主作保，否则不貸。这样就使得一般的基本群众降低了在社会上的地位，另了在貸款的对象上有些同志愿意小到所謂有声价的人以为可靠，但每所謂有声價的人都把錢不用在生产上，却作了私人经营，北沂農民刘家莊戴家莊部是因为如此，社员对社中不满产生这种现象的原因是由于群众观念不够强。

再就是貸款也貸下去了，可是规定每三个月就收回来（实际上未做到这一点）我们该考虑一下，倘是它正是时节农民需要款子又如何呢？是否非到期不肯呢？当然不能因此这一规定是主观的，是没有照顾到群众生产情绪。总之上半年的貸款合作在刺激群众的生产上所起的作用是不够大的，有些能大量号召动员资入股合作社是稀现象。

2.合作社的人选（干部）问题：

经验告诉我们，一个合作社的好坏起决定作用的是社内干部，经验又告诉我们工农份子很可靠，虽然这些缺点依然较不够。我们作指导一些的同志却忽略这种现象，但看过问题之后有时

—52—

以代替試是改造当中：缺欠：指那的"式"。

另一种现象是不信任工农份子，所以北沂家庄家店就找了個老行贩做社长，结果他将款子作私人营利，沒沂北用了小商人作社长，以为会買賣，结果账上数目字都不错，就是瞒了本查文書不去個同一地的另一個合作社大胆的运用了工农份子负责，结果账是没有，但帮他計算起来一点账也不差。

3、利润观点和群众观点问题：

一般的說今天所有合作社都已初步的与广大群众相联系，但群众思有落后性的所以唯利是图的现象就很严重，如市场上土布缺时合作社就提高市价，總的抄初上由其他地区调剂物资时合作社就叫言，这种现象以南沂最为最厉害而指初合作工作的同志不在这些地方教育群众提高群众的認識個别有做着自己的现象，这就是保，说不自觉的把合作社和广大群众隔断起来。这种现象表面上好似群众观点，而实际上正是相反。

也由於缺乏对群众的教育，以致在开展合作事业上还不能真正做到提高群众对合作工作具有政治目的的经济斗争相结合，这种结合基础是不稳固的。

4、原料供给和成品的销售问题：

去年由于没有贮存足够的棉花，所以使的今年纺织季节中不得不以较高的价格购进原料。

也由于发展的不平衡，以致南沂县的布存下来影响到资金周转和面生产。

因此在今后的发展上就应该注意：

⑴保証原料的供给（尽可能争取低价供给）
⑵适当平衡的发展生产（指地区）和调剂市场
如果能够做到上述的两点，则对平衡价格上是有很大的作用的。
（目下南沂蒙纺线一斤工价十六元，沂山仅十元，太山八九元，原料供给南沂蒙较好，所以主要向蒙县生产太集中毛病）

5.关于创造典型

在向长合作事业上我们注意了平衡和全面的发展，要求是组织一个就要巩固一个，这点一般是做到了，但是我们忽略了对典型合作社的创造。也由于我们存在这样一个缺点，所以我们合作事业还不能创造出经验来指导其他，这是是不合於中央所指一般与个别相结合突破一点取得经验这原则的，惟有如此我们没有摸索出一套有系统的经验来，走了不少弯路。

四、两个基本的经验教训：

1.鲁中区的合作社已初初步的联系群众，因此能够为顺利的向前发展，因为合作社，便为群众自己的事，群众对之要爱护，合作社也就不会垮台，其所以能如此，不是什么技术问题，而是思想上具备了群众观点，行动上照顾到群众利益和群众情绪，走群众路线的原故。

2.今天存在的缺陷的基本根源是：

⑴研究政策和业务不够，群众观念尚不够十分牢固，发展上并不清主要方向和原则，对於具体的困难的解决办法也就不多。

②指切干部的領而弱，経驗既少，数量亦大，同志工作的空气亦不浓厚，这样不仅在推动工作上受到阻碍，且有流入单纯主义方向的危险。

③合作工作既然是政革生产三大保障的工作，因此也就是一個社会问题，但是实际作这一工作的还仅限于经济工作部门，甚至仅限于合作干部本身而形成孤单奋斗。

因此今后应该：

加强合作指切干部的政策和业务的教育，并从组织检讨上解决干部领而弱的困难。

党政军民一齐下手（当然一有检讨中心）克服孤单奋斗的现象，合作事业才能全面的依照王震同志所指示的内容全面的开展起来。

（附合作社統計表）

合作社統計表

項目		沂蒙	沂山	太南	合計
數目		138	48		186
組織情況	社員	20863	7378		28216
	織工	999	250	166	1415
	紡工	7928	7748	806	1460
	紡車	7946	7748	908	16602
	木機	950	350	166	1406
	鐵機	3			3
資本	股金	1027273	331060		1358333
	投資	57000			57000
	貸款	918142	106000		102414
成品	線	39692	24480	2207	66379
	布	6461	6120	693	13274
盈餘	營業收入	803443	489600	96150	1369193
	社方紅利	21399	163300		184699

說明

一、此表至本年度六月底為標準，所有合作都是新組織的，原有的未包括在內
二、太南縣合作社共有紡織小組八十一個
三、各縣會員項下缺少南沂蒙的統計
四、南沂蒙縣所有各社會員統計不在表內
五、紡織情況內僅有紡織的，其他的三區未計在內，但社員人數是包括了
六、運輸合作社未統計在內
七、太南只有一區之統計

72

紡織生產中几種生產方式的研究

1合作社購買原料和推銷成品：

社內向當地商店購買棉花，商店則按市价自行減低五毛以示优待社員，由社內購賣棉花按一斤較市价，社員紡的線由社內統一定售价每斤織手織費一元（有細一元五角的）一下余全交原紡線者。

織布的社員其線的贈進布的來源都由社內負責，成品都是社員的，每匹抽百分之二（或三）的手續費（照原价）

社方所得的這些手續費除去日常開支必需品開支外如有多余均由紅利按「合作大網」規定分配之。

這一办法的优点是手續簡單易於計算而首要力（如買來作用一人社員即可）缺点是錢為落后，无以正常勞动力分的少，而每紡一斤線就得差下一元，而不正常勞动力也分這一元。

但是近因合作社中採用這一种办法的佔百分之五

2合作社採件給資。

紡織按照等級向支工資，而非社員的工資一般都支的低些，而和社員相等的基本上是以紡線好坏的標準而定的。

成品是合作社的。

這一办法好的地方不显明，而缺点則與第一种相同，此外由於社員和非社員的不一样价，会限制了社內與广大群众的联系，而成品由社內收買類受了又卖不出去影响资金周转因此会使社员有特殊恐不易提高成品的质量。

这种办法由於过去一贯採用我们亦未加以纠正，故在开始商定百分之三十。

3.以棉换布另付工资：

织布工资同上述的两种（按市价）一般是四十元至五十元）纺线是黄花一斤三两支工资十一元（或黄花一斤三两支工资十三元）一般市上的价格由纺户保证给布一丈，剩下棉花不管多少都归纺户。

这办法的优点是由於依纺的细者下棉花多，所以大家愿纺细线，这样提高布的质量很快，在大峰、店子区部份地区採用这一方式。缺点是成本高，如不是黄棉一斤二两或一斤三两黄一斤则头等线价为十五或十六元，而黄棉一斤三两另付工资十一元，实际上为十七元，有合作社者可以保证经常没有合作社的便没有保证。

另外由于线的好坏工资另於便照此香颗黎（这是纺者与织者的矛盾）或纺的补以香蕉丝，这是应加以注意的。

总之这是一种我们熟悉的生产方式，它一面提高了大家的生产积极性，合力及储蓄钱资。另一方面能提高生产品的质量，如东富胜合作社仅在一个半月之内採用此办法每疋布由四斤十两提高到三斤十两。

但因这个办法易为群众接受，应注意的是纺织两者在各个地区照顾群众还不易接受，因此仍只补了由纺到织的全过程。

4. 劳资分红

纺工、织工除条件给资（按市价）外，社内所得之红利，劳资和分股平均按二份分红，钱股不算，名誉劳力股方面，纺工以纺线四斤为一股，织工以织一疋布为一股，股员以三天工作时间作为一股以分红利。这种方式能使产量增加，和能照顾到劳资者的利益，使两方的社员不仅关心工资，就是了他们关心社务，照顾到分红问题。

这一劳资结合方式应用的不久，是沂中尊庄、××由群众自己创造的。就总的方面说来是比较完善的进步的，值得采用的，它的缺点可以补救的。

5. 逐次贷或赁棉逐次收买成品。

这一方式是由合作社每次赁棉一斤，纺好后卖给合作社，如棉要卖给市场上，则还给合作社棉价（按市价）。

如果社方强迫低价收买成品，或把社方和社员形成了直接的剥削关係，这是不很好的。这种方式如加以改造，可采用，因贷西棉（纱）便利穷苦妇女，能团结更多的社员群众（如难民、外来妇）。

上述的这种方式只在沂北有一处，群众反映很好。

6. 劳资结合公私兼顾

这种方式现仅在公营工厂中试验，但成绩很好，兹介绍莉更新厂的办法如下：

资本五十万元，作为五十万股，工人及职员作为二十万元的股劳力股。工人及职员的股份多少，依照生产数量及质量，节省原料，爱惜工具技术备件等由厂方合同工会决定，不是一成不变的。

工人及职员的待遇每日普通补二斤四两，每月最高的工资不超过三十元。

这一规定并没有妨碍了工厂与工人的生产关系——剥削关系，但是：①公私兼顾了，②劳资互相结合了。因此工人生产的多寡质量的好坏直接关系到他本身的经济利益，因此在刺激生产上作用很大，生产效率提高一倍以上，而人员则减了十分之二。

这是一种劳资合作的形式。

76

六、幾個合作社的介紹

向南區合作社方向前進的水簾坪綜合性合作社

去年五月向各地區公所和群众团体討副善观纖一旦緣一方面是为了配合經济工作上的要求，防止鮮蛋出口資敌，而主要是借此作为生产。去時以刘進川同志为首討副番暖收更多的資金於是就以合作社的方式開始工作了。由於人員在去地有联系所以隱上一动員就組织起来了。成立之初共有社員七十一人每股十元共有股金九千元。去時有些人将取观望态度的。如說咱看々再說吧。

鮮蛋一下共買了四千四百八十五斤羊毛絨計九塊又買了羊一三百十五斤羊絨二百九十斤。

十月间第一次结賬計得纯利二万六千四百元每股分到六元（因此時股子已扩大为二万二千三百九十元）去時大部股東都在场经过一致同大家都感到社裡真是不錯刘社長也提出了今后要办紡织於是去两扩大股金一万八千四八十元。以后社員们回去又纷纷說合作社不錯办事公道全靠真於是一時區成入股熱潮如固峯間一庄不滿八十户六七十個社員股金二千五百二十元其余如個人投資最多的竟达二千元。

以后因为刘社長使远用警匿犯了政府法令被没收了他不但隱瞞匿自我批評表示今后一定要遵守政府法令。又提出纺织計劃到區食群众听了之后更加拥护於是又扩大股金一千五百六十元共買棉花八百五十五斤三布一百疋，買子棉三千〇五▪斤，共押花一千〇十五斤。

当時頑軍所盤區的地方，如東里店一带正是十宅九空，群众都寒衣，自社方說在配合南長新地區住戶下，向那裡發展紡織，以些社長推派下去的但是社紡織价完全按市鈴坊自由价格，每斤紡工十四元，很受当地群众欢迎。總計在紡織区裡中共支示紡工工資一万〇一百二十元（三一大部社員）工資一月二千二百八十五元，在这样的情况下，新地区的群众团结在我们的周围了，合作社信仰空前提高，計共二個月中，共得純利一万一千元，每股又分二元。

今年一月起，大生产运动開展了，基本群众願意多上股，生產这，社裡叶務，除了紡織外又添上個油坊，又云豆弁作肥料，計共買豆子三十二石〇八合，又打外，精豆子十七石七斗三升八合，也待社員和抗屬，他们打油每稭子丈要三合豆子，社員用豆子換弁，每一斗二升換弁十斤。非社員加二合豆子，比向外西換當豆一升，因此有从八十里以外的都来換弁的。

这時候正是大批难民飽經憂患而到了我根據地的時候，刘社長为了救剂这一群散佈在附近村裡的难民，給紡綫車給他们紡織，又看难民小秩没事干，就又动員他们去拾柴火，供給合作社的油坊用，同時每担又比市价要給五元。由于这样的照顧它们，所以难民把合作社当成他们的家了，時常說「今年春上要不是刘社長，咱還咱活的来？不是給咱想法給紫紡线，咱今天手上那裡剩下还能買上兩担地瓜乾何家挑」！一現共救濟难民四十户，一到了今年五月社員们有些反映說，到外边染布又貴又不好。於是合作社又籌設了一個染坊，仅一個月内共染布三千三百尺，又替染社員和抗屬的布二千八百尺丞梧

78

[illegible]每人分頓到一元六十九元。

已定区個合作社能照々为群众打算，所以社員们都反映説：「多分几个錢，少分几个錢算不得什么，就是覺得怪便利」，群众也反映説「咱区個合作社自从有了这些社員，想其都不吃虧，就下心去趁作集者不力气神差錄」。到現在为止（一六月底）總社共拥有社員六百〇六名，共有資金十万〇五千二百元。較之成立之初共计大社員近十倍，資本金十一倍以上。

該社的活动現在已经超越了經濟範圍而成立了为全和附近地区的一切活动的中心了。

如救济滏河和太行的災荒，他首先經过這裡号召全體捐出五百六十元作榜样。

在拥軍参軍运动中合作社也是走在群众头裡，发起慰劳。討吴战役中社員燒水做飯，群众都欢迎。

社裡這些很熱鬧，尤以在晚上，你来我往，有社員也有非社員，上至国家大事、市价物价，下至张三和李四私人小事都有説的。

合作社既能排难解纷，又能代写文書信件，所以群众都很爱戴他们的合作社。

現在上面有什么任务到了村裡，村長就会同各個組织上的負責人到合作社来商议怎么办，所以合作社無形中已成了全村和附近村的领导的中心了。

檢討這個合作社能如此發展的原因約有如下几点：

1.抡打上坚强有法也多。如刘社长过去曾任过副区长。

2.他们的工作不教条，民主作风也好，善于倾听群众意见，如群众需要肥料，他就向油坊买，要染布就向外染去。

3.能照顾基本群众的利益它也能团结地主富农，在他们的股子里就有不从富农的股子，但主要是照顾到基本群众的利益，所以能得到大多数群众的拥护。如今年一月至五月的账目中光支给染价和纺织工资四万二千五百五十三元三毛。此数能买高粱二万五千斤，买地瓜干可买五万五千斤。

4.该社各种组织。如理事会监事会都很健全，既能按时算账，

5.和各方面的联系也好，政权群众团体其他合作社他们相处都不错。

6.对社员的教育也很好，大部份是利用村里的夜校和会议上进行，而每天晚上的读报即是现实的教育时间。但是缺点是：

1.社员中有一部份商人，所以他们的营利观点还很浓厚。

2.抡打力量还单薄些，支持抡打的积极份子还不够。但是这些都是进步中的缺点，如能加强帮助此种抡打是有前途的。

補充材料

1.该社股金除群众的外由县区公所解五千五百元成立之初银行又贷款一万元，现比所发股贷三万元。

2.其目下资金的分布状况为油叶五万元，染房一万元，纺织四万元，一现在储存股然一。

3.社内制度，理监会各五人，互助每工作十天休息一天，分经理合作社大

82

织之规定公积金百分之十公益金百分之五职员酬劳金百分之十五，股红百分之七十。

4.现在工具纺布机四张，纺车四二辆，丝拐子九套（酒坊、染房不算）。

宋富晓领导的后交良纺织合作社

1.该社情况：

该社是路庄联之中心区，群众互作有基础，共有一百五十户人家，去年起才有纺织的机匠五六人，纺织情绪一般不很高。

2.成立经过：

本年三八节群众下了挑战书成立合作社，於是村里任来富号召了妇女动员村子自入了千元股，县联社也入了千余元股，群众们没信心只集了股金七百元，成立后公家又贷了二千元。区年劳动模范朱富晓当了社长，此外老区的几个织布的工人没有妇女参选。

3.经营方式：

纺工按件给资，纺线是每斤洋十一元另加二两花，织工布一丈，如有余线四两作产品，因此刺激生产的作用很大，五的布由四斤的可提高到三斤十两。

4.怎样巩固的：

一是及时发觉问题解决问题，宋社长工作很忙，因此社内的事他就很难照顾下来，上的口头领导机匠们反映纺工们光看着棉花赚钱，纺的线太粗太不匀又不够织，因此就选了两個女委员担任查线，教育纺户收线，并规定这個原准就完成了。

以后朱社长又留意织工有些觉他们多挣钱，织工的职员偏向成旧线，织工反映向委托商，所以又改进了一次，织工自身的职员主由职员分工四人，教育纺户和织工不断的解决一些小的问题，以纺户与织工间的矛盾就减少了。

一是加强政治教育。

该社初成立时赔了本，因此光会赚钱的就不愿意，朱社长就加以说明今天的合作社不是为了光赚钱，主要还是发展生产，生产多了群众生活改善了也是好处，不过赔本也是暂时的，以后一定会赚钱，布卖的好还怕不能兴好布吗，经他一说大家也就安心了。

一是动员入股和培养人才。

在社员会议上，动员纺户们不要支工资而作为股子，因此就又增加了千余元的股。

以后动员妇女参加学织布，按他们的成品好坏来支工资，因此现在已学成的有三個，工作都很积极。

因为这一社的工作很有朝气，所织的布在市场上很受到妇女欢迎，所以现在又扩大了四十多個社员，和一千二百元的股子。

5. 该社的特点：

是個新成立的合作社，领导人工作积极，有处理问题的能力，并能教育社员，也能为群众谋利益，他们成立不久就创造了以棉换布另支工资的办法。

在成品质量的提高上起的作用不小。也因为是宋富胜领导的，所以各级组织都能帮助他的发展。但也由于新立的领导人工作多，照顾不过来，经验也欠，积极份子尚未培养出来，因此如不加强领导的话，业务发展是受到限制的。

从改造中巩固发展的前营庄织布合作社

1. 该庄一般情况：该庄共有九十户，因接近敌伪区，群众基础不很好，但群众均有织机，在事变前大部以织洋线维持收入，事变后洋线来源断绝，以致大部停止，群众收入锐减。一九四二年我提倡纺织事业，即开始复兴（织布）营计划，它一直到去秋始有個人从事於经营。

2. 成立之经过：当浙家庄商号经理处成立后配合政权动员该庄成立纺织的组织，但群众最初认识是不够的，因此成立的动机是为了购买棉花发红利，余外利！甚不知，所以对外名义是合作社，以便贷款和购买原料，而对内仍然是分散的個体经营。这一公会经加数当也就变服了。但是群众情绪很低，又召开社员大会二次，反复说明合作社利益和群众利益的一致性，下去帮助的干部对账目的指划，小组的划分，会议制度的建立，都一一进行教育，情绪渐渐提高。

最初有（共）社员七十二人，织机七十二张，股金四万〇五百元，平均每张机不到六百元，这就是有困难的，因此再贷款二万元，此刺激了生产情绪乃很踊跃。

3.經營方式：原料成品均總由社內統一供給與推銷，每售一匹布純利抽三分之二手續費，以作社內開支之用，如有贏余作為紅利，剩餘不攤費何。這一方式因為可以節省很多的勞力用於生產，如未成立合作社前個人去買線賣布平均每一集都得去六十余人，而現在最多僅去三四個人，計算起來每月可省三百個至三百五十個勞力，省費用两千元至千五百元，反之如以三個勞力織一匹布計，每月能增出布一百匹，共增加總收入約為四千余元。

4.收獲：未成立合作社以前工匠有時停業，即使開工而中間剝削也很利害，成立合作社后原料供給便利，公家又貸了款，資金統一使用，因此全庄織工經常都能有工做，不愁生活維持不了，尤以較窮苦的織工更為滿意。

缺点事項：前織洋紋以后又為當时單位復員号召布成品不由市场推銷，盡有組織經驗，因此善於使假，如在紋經上很多的摻糊而降低了布的質量，但現在成品須到市场上自由競爭，因此也就很自然的克服使假的現象。三月份之初，所出的布得到各方的好評，称為头等布。該庄地土不多，大多数过着貧苦生活，自从成立合作社之后，以每戶每三天出布一匹計，每月可增加工資收入四百元（其他盈余在外）無失业之虞，因此目下都过着中农的生活了。

5.經驗教訓：缺点是由旧的织布工組織而成，其旧的生产習貫不易打破，因此獎懲之類教育内容就顯很重要，否則他不会接受的。现已打破其旧的生产習慣，就应與你加以帮助，使其得到长足發展，这样就才能巩固，并使工作开展起来。

—82—

84

（十）稅徵工作及其檢討

物資管理：

一、出入口貨物情形

這一工作自一月份即開始佈置，但在時沒有估計到下層的困難（各事務所人員不懂全沒有三商干事）領導上的主觀表現，及至三月份还沒有很好的執行起來其原因：

1、基本上下層（事務所）無人負責，都是兼職干事兼着，形成了附屬工作，開始未建立起一定手續來。

2、沒有明確的規定登記貨物的種類形式（行入口貨物要全面的登記（如北沂東入口的陶器都登記事務所要個個干子登記）。有的干部缺乏節未執行（如魯山縣區）。

3、对登記的手續沒有深刻的研究，與他区，以致事務所的干事都不了解登記的意义，在執行中存在着模糊的觀点，抓不住中心進行。

由於这样在三個月当中沂東處各县未作到一致的執行，有四月份根据重新提出研究这一工作，同時明确規定了出入口貨物登記的種類，各地都普遍的執行起来，執行的手續是一般較前簡捷了，对貿易管理上收到了如下的效果：

1、各地限制了一般非必需品的入口，提倡了必需品軍用品供給了需要，保护了生产。

2、加强了物資管理，支持了貨幣斗争，（如開沂東对過境往番登記外汇，只四月份一個月共登記牲畜二千七百零九头，收偽鈔卅三万一千六百四十七元）。

除了以上的收获以外，目前存在着的缺点有一，放行机构增加了商人的困难（如太平放城事务所、南沂蒙沂东事务所外来商人交上外汇买回生油区四人家要备钱或棉花）。另二检查不严格（如和缉私配合不起来，以致商人有的会用外汇或过期不交外汇来作到及时追究保人是缺手续）。

二缉私工作：

1 成绩与收获：

①扩大了缉私队的组织：

南沂蒙县局二十人

北沂蒙县局四十五人

蒙山县局十四人（计取合检查站）

太南分区太平四十九人

沂山分局二十九人

②秘密经济网的组织：

沂蒙区南沂蒙县局桥瓦事务所秘密网员三十九人，界湖事务所秘密网员卅二人，埠前庄事务所秘密五人，岸堤事务所秘密九人，北沂蒙县局封山屋师家庄王一带秘密十二人，崇山屋贾家庄秘密四人，太平县局东边事务所在边缘区利用了缉私关系调查情况。

③运用民兵动员群众缉私：

南沂蒙县局界湖事务所在东平屋沂河一带动员十余村的民兵经常配合缉私人员站岗检查（在棉花走私严重时民兵彻夜坚持站岗）。岸堤事务所

86

动员民兵一百卅余人在边缘区经常帮助缉私、蒙山边区界牌检查站缉私人员动员西稗庄包重田经常检查行商，只十次曾查获违法滩币一万四千元、沂蒙缉私队与民兵配合在边缘区不断查获走私货物，同时控制了东部岸行的商）奸活动（未色服指具以前）粉碎了敌人吸收物资的阴谋。沂山区各边缉私队都能配合民兵查获走私粉食羊毛生油烧酒等物品（未统计起来—也一起很大的作用。

④缉私工作的检讨：

甲、优点：

a、以上的成绩证明这半年来的缉私工作已由单独的缉私的方式转变到教育群众动员群众，抢打民兵开展了群众性的缉私运动。

b、注意了配合主动的进行了宣传动员工作，如鲁沂蒙的给民兵训练班上课讲缉私工作，同时能及时的提奖与处理没收问题，提高了群众的缉私情绪，蒙山区为利用民兵换商会友座谈进行宣传教育。

c、加强了对缉私人员的思想教育，不断的纠正了缉私工作中的不良倾向及错误，破坏法令及违背群众利益的行动是较前减少了。

d、封锁了内地物资外流，制止了违禁物品的入口（查获走私物品附表一）。

乙、缉私人员表现的不良倾向：

a、为了提奖而缉私，一般的现象提奖少了即消极，自己查的说是民兵查的，为了提奖多。

以破坏政策違背法令如打罵商人，包庇走私，以致商權遭到敵偽沒收烟酒等。

乙、权威观点，只但命令人。如沒收了物品不按条例強制处罰，并称的貨物即要沒收等。

丙、有不遵守制度扣留沒收物品自己从中貪污。

三、商号登記及征收营业税：

这一工作是二月份开始布置，至时計劃三月底完成沂蒙区商号登記由於我們对这一工作沒有周密的計劃，提出时中心不够明确（只提出登記商号沒說明如何征收营业税）。并且限期太短（一个月）沒顧及到下層当时的工作（正在开展货币斗争建立商店）及干部水平弱的情况，首先在干部思想上沒有打通，这次下去的时候，一般干部对这一工作的認識上有两种偏向：第一是把这一工作看的太輕，認为商号登記只是統計資本很簡单很容易。第二是看的太重，認为商号登記資本无法使它确实，表现了畏难的态度，恐起来这两种态度都是对这一工作認識上的不够，所以对这一工作的进行上发生了很大的障碍，当时形成了試办等待的现象，从上而下的沒有一套但的办法来推动这一工作。

由於宣傳解釋的不够明确，只說登記要資本，不提征收营业税，引起了商人的怀疑，不知将来要收多大的税，破坏分子乘机造謡（如說資本拐来由工商局統，老百姓不能作買賣，即使賣水飯的也得納重税等）引起了一般商人的恐慌，当时都極力的隱瞞資本，計劃分散買賣，表現了害怕失望的态度。且

些当時各級县把这一諮言提身了，但一方面由於对这一工作没有經驗甚低

進行另一方面对各部门的配合不够未作到全面动員起来以致限於停頓的

状态。只南沂蒙作了一点，到了四月份總局对这工作曾经檢查并在梧征

工作会議上又提出具体的討論標準佈置五月份各县（沂蒙區）正式的進

行登記評議，到現在只蒙山県局完成評議叫已征收，曾叫魏南沂蒙北沂蒙南

县局尚未全面完成登記（已評議的叫已開始征收）对这一工作的檢討是

1 在冷初上未作到深入的調查研究突破（创造）經驗，来指导一般，克服進行中的困难，以致造成等待各方法的現象。

2 缺乏周密的計划，失掉中心方向，且由不够明确引起了商人的怀疑，影响了工作的進展，（如沂李公府以后商人了解了税率不重，才敢报告資本）

3 事先的調查工作太差，表現在商人不受評議，我們沒有办法来證明他们資本数量，在評議資本時缺乏佈置典型研究。

4 評議資本表現了忽左忽右，會理不穩的現象。表現在有的資本估計过高，就商了事，或資商人要求要減少資本已至適当的程度而不接受評議，我們作到执行法令及時的处理。

5 运用民主斗争提群众斗争不灵活。表現强調民主去法解决問題；向一如政汶报福商人对它不負满評議資本一百五十万元作报復，我們沒有根据他現存有管叫状况向群众解释與區当的处理）

6 組织交流經驗太差以致在進行当中缺乏研究和克服困难的精神，障碍了工作開展。

得到的经验教训是：

1.要首先打通干部的思想，提高干部对这一工作的明确认识，才能贯彻政策，不致发生左右的偏差（如认为商人去多纳税形成敌对立，或者不加调查地予放纵）。

2.主动的與各部门配合，才能全面有力的开展工作，不至专在强调或等待配合的观点。

3.依靠群众力量，也只的掌握群众斗争，才能有力的解决问题，不致形成我们和群众对立，影响了商业的发展。

4.动员宣传执行政府法令应当切结合起来，只靠宣传动员，在执行上表现无力，单以法令的制裁形成打击，达不到教育意义。

5.加强事先的调查與研究，才能适当的进行评议（一切分配税各种行业内均应掌握一个商号為标准调查作為一般的资本估计标准）。

四、管理集市工作：

1.整理集市的数目：

沂蒙区——南沂蒙整理了三十一个，迁移了七个，取消了小集九个，成立了两个交易所。

北沂蒙整理了九个，迁移了一个，取消了小集市九个，成立了九个交易所。

沂山区——蒙山整理了七个，迁移了一个，成立了一个交易所。

沂临边区整理了七个，迁移了一个，成立了两个交易所，普

沂也與安丘二區大部份的集市都整理了（沒有統計一

太南區——太平區取消了十一個小集，遷移了兩個，整理了十一個，成立了四個交易所。費北區遷移了兩個，取消了一個，整理了八個集市，成立了一個交易所。

太山、魯山二區及太南區沂北、新南、新西、新太等區均未進行整理。共計已整理的集市七十三個，遷移十四個，取消了三十個小集，成立了十六個交易所。

2 收穫：

⑴整理市場的行市安定了秩序，克服了紊亂現象，便利商民交易。

⑵設立了標準秤斗，取締與改造了經紀，減輕了交易中的中間剝削與欺騙。

⑶建立了交易所，統治了內地出入口物資，加強了貿易管理，同時擴大了稅源，增加了收入。

⑷組織與教育了商人（如市場上按市分組及組織各種行業公會，及時討論時事等），提高了商人對抗敵的認識與進一步的團結。

3.存在的缺點：

⑴對市場的檢查不夠緊密，表現在出入口貨物檢查的鬆懈，取締中間剝削也不澈底。

⑵對整理的集市未作到再進一步的要求與貫徹，貫澈到底，表現了形式主義。

⑶在整理當中缺乏研究與創造的精神，形成一般化。

五、敵佔區工作的開展：

十六

1 在半年当中，各地着重了政治上的开展，在干部思想上纠正了过去对敌伪单纯收税观点，在我们解区到的地区范围内执行了取消伪包商，征收敌伪过高商号营业税，虽有个别地区执行的尚不够彻底（如太南区仍有到用伪包商收款的）但在总的方面来说，对照顾群众利益与政治影响上已有了初步的转变，表现在不完全建筑在经济观点上去征收，进行了宣传动员，纠正了强制收税的方式（如过去大路硬收重税）同时在新扩大的地区以内进行了稳定市场，取消苛税，保护商业的发展，增加了财政收入。

2. 缺点方面表现在对敌游区检查的不够严格，未作到及时纠正发生的错误，典型经验转变工作方式同时对敌游区的情况了解不够，未能深入的研究向长工作的方法，形成保守的现象。

六 总的检讨：

1. 优点：

(1) 增加了财政收入。去年全年收入约八百二十四万元，今年半年收入约九百九十五万元，增加一倍以上（附税款统计表）。

(2) 广泛的开展了缉私工作，逐步走向群众性的运动，粉碎了敌人吸收内地物资与倾销奢侈品的阴谋。

(3) 普遍的整理了集市，加强了贸易管理，调整了税率，保护了内地生产（如禁止洋布、土布、烟捲、烧酒等入口）。

(4) 对各种制度重纠正了过去紊乱现象，打下了初步走向正规的基础。

2. 缺点：

56

①忽视了掉培养税源与开辟税源，表现在对开辟敌游区工作及内地的税率未作到及时的调查研究，向发现税源进行征收。

②对执行新税率上不够查税与统一（有的地区未经总局批准即随便增减税率）

③执行制度尚不够坚决与严格（如报告周回报等都不够坚决）

④对执行没收与处罚不够实在缺乏法治精神（表现在没收材料不详有不应没收而没收处罚不按条例忽轻忽重以感想去处）。

（附表）

93

57

没收物品統計表

（表一）　　　　　　　　　　　　　　　　　　　　　　　　一九四四年上半年度

部别 / 数量价值 / 科目	南沂蒙县局			北沂蒙县局			蒙山县局			沂临县局			沂中县局			太宁县局			統計		
	数量	单位	價值	数量	单位	價值	数量	单位	價值	数量	单位	價值	数量	单位	價值	数量	单位	價值	数量	单位	價值
法幣	55968370		74616.10										104255.00		20000.00				6639392.0		94616.60
烧酒	4371	斤	41186.80	457	斤	2872.20	737	斤	7460.00				436	斤	2418.00	84	斤	476.00	6085	斤	51713.00
棉花	900	斤	28835.90	89	斤	6508.00	36	斤	216.00				4459	斤	11851.50				5484	斤	47611.40
迷信品			9947.90			4908.00			2494.00												17350.40
鸦片	23	两8		378															2786		
伪钞	11963880		105616.93	603.00		723.60							599.00		599.00				12000460		106984.53
机製烟	2407	合		1238	合		18	合	10.80							58	合		3721	合	10.80
化粧品			276.00																		276.00
食盐	1614	斤	[illegible]	547	斤	839.90							2001	斤	3001.90				4160	斤	5608.40
粮食	1335	斤	1834.50	1138	斤	2276.00	1350	斤	1478.00				388	斤	619.00				4509	斤	6207.50
花生米	678	斤	940.00	243	斤	339.00													921	斤	1279.00
布匹	2113	尺	7478.50	1054	尺	6508.00	1752	尺	7601.60										4919	尺	21588.10
金子	8393		23039.40																8393		23039.40
豆餅	16	斤	480.00	5	斤														21	斤	480.00
银元	349.00		8273.20												15.00				349.00		8288.20
匣枪弹	43	粒																	43	粒	
手枪弹	10	个																	10	个	
牲畜			8760.00																		8760.00
烧紙	2804	斤	467.50																2804	斤	467.50
碎铜	86	斤														49	斤		135	斤	
洋手巾	33	条																	33	条	
黄丝				3	塊	4080.00									3609.50				3	塊	7689.50
洋火				33	合	30.00													33	合	30.00
小花生餅				1020	斤	1517.20													1020	斤	1517.20
没收拍卖款						60256.50						11180.00						10275.90			81712.70
合計			3352023			90658.30			16560.40			11180.00			29114.20			10751.90			48698523

說明

一、此表只有沂蒙各县局的太宁县局，其他分局均未统計来，因此未統計完全。

二、烧紙係罚给敌人送的，被我们查获予以没收。

三、洋火係從敌、偽地區的，因而没收。

94

（表二）

税款統計表

魯中區　　　　　　　　　　　　　　　　1944.上半年度

部別 金額 科目	沂蒙各區局	太寧各區局	太山分局	沂山分局	統計		說明
貨物税	2398055 10	2500000 00	1025506 70	1418573 28	9342133	18	一、沂山分局之沂臨邊區一、二、三月份税款在沂蒙區税款内。 二、太山分局税款一月至五月份的，因六月份的未來報，所以未統計在内。 三、牲畜税有出境牛驢一部，有内地活猪出境一部。 四、酒税是查獲應收的。
牲畜税	466894 70		101052 31	80091 00	658055	01	
營業税	278941 90			116259 70	395371	60	
罰款	121112 10		16156 50	72650 50	209919	10	
沒收款	122213 14		69390 05	222698 79	414492	18	
拍賣款	371971 95				371971	95	
手續費	447088 60				44708	60	
酒税	98326 10				98326	10	
敵佔區轉口税	128083 55		34027 00		162110	55	
其他雜品	182730 53			33691 00	216421	53	
合計	4215251 67	2500000 00	1246106 56	1952144 57	$9913509	80	

58

95

（二）干部情况

一、干部的来源和干部的分配：

工商局的干部是以纺织局、金矿局等机关为基础，后由军区、区党委、联办等机关的补充，再加本身的扩大，干部是这样凑合而成的，故来源是複杂而对工作认识及熟练程度亦不健全，兹统计数目如下（只沂蒙区一）：

原来留在局各机关者	二四六人
联办	三四人
军区	三六人
区党委	一四人
区委	二四人
区政府	三四人
新调协者	一七六人
合计	五六四人

由于干部成份的複杂，质量的不健全，特别是机关是一个新成立的，初期对干部的了解是很差的，有些干部甚至一点不了解，故在分配工作和使用上增加了一些困难和不便，由于这些特点故我们对每个干部的使用是比较慎重。这时干部方针是：首先以纺织局、贸税局……等干部为基础，以军区、各机关调来的政治质量比较强成份比较好的干部，充实到各机关去作为骨干，如南沂蒙一般干部较强，其次在蒙山、北沂蒙也充实了一部份，沂山、太山、太宁均也以贸税局等机关为基础，后由区政干部配备组织而成立，负责干部由总局指

忘、主觀急了干部各級質理能力，照急重。

后來時間長些了，干部一般的做了熟悉以來的了解，在干部配备上，確實有適當的分配和調動，如重局的事務所主任和商店經理及個別區局長、科長。根據具体情況做了必要的提拔、調動和調劑。

因子干部普遍不夠工作任務的需要，一些干部只能耐心的教育和改造逐漸的提高其質量。對干部的調動和配備根據每人的政治質量和能力去配備是不够的，一般干部也能称职，也有少数的是比較能幹的。

二、干部的各种錯誤及不良傾向：

原來領導局做干部多數係不健全的，長期分散在地方工作，已經四廿為自由散漫無人管的生活，得到的教育差，本身更不努力學習，還經注意質量的提高思想的教育，但由於負責干部人員的太少，致負責管理限於顧此失彼，致錯誤和不良傾向在各地不斷發生。

其次由其他机关調來的干部質量更差些，認識問題也比較尖銳，但由于數量的太少，主要是對業務不熟練和政府業務关係弄不清楚，因而在執行工作任务時處理問題時也有些不適宜的地方。

在我們扩大的一些人員一般說尚能掌握政策的原則，故這些人較好，可是因他們的鍛鍊差，又兼政治上教育注意差，工作中也同些大大小小的毛病和不良傾向的产生。

這些錯誤和不良傾向的表現是：

1.與政府配合的不密切，甚至某些地方有闹独立性，個別區局與政府大

97

众至相轻视，政府自己没把工商局看成是自己的一部份，而因在工作态度与干部的配合上是冷淡的，不关心的，看不起，以不管不问的这三种态度对待工商部门。另一方面在我们个别部门干部思想上存在着轻视政府的观点感觉，我政府能解决了什么问题吗，如家山县局和政府形成了对立——互不协调，互相争权，以致造成工作上不配合，意见不一致。例如在停用法币上，完全由工商局自己干，由于方式個别很生硬，结果引起群众不大满，也不满是由于没收他们的钱，损害他们的切身利益，而造成的。可是政府也不满，如說："工商局莫不要护群众利益，没收商人的钱，实害他们的会吃……乚"在县局本身不但不好々的加以检讨，反而說："政府是施仁政的机关，这是给敌施仁政的……乚"再如事务所感觉区公所认为感情，反映问题不确实，看不起工商人员，一个同志这样說："事务所以后参加区公所会议时，我一定好々的教商区去一下乚"又由說："区长只说一個区，我们一個事务所就增设個行政区，看谁的大，他们有什么资格看不起我们乚。"

五、不要护群众利益，而要护群众像眼睛似群众看成是我们的母亲乚做的不不够，每一件工作处々应为群众打算的，著想是差的多。甚至某些地方站在群众的头上，脱离群众的现象都有。如我们的没收有些过左，一部份同志单纯的为缉私而缉私，为提成而缉私，形成乱没收一阵，個别地方叫写人真是令，寿别是把敌区群众以殖民地眼光对待，如没收法币，没收货物的不立谈没、收的而没有了。另如打税票時，给商人打白条，使人家找麻烦，或重新再纳税，有時竟說人家违犯政府法令而去罚人家，如家山县局的一個税收员就在这种情况下卖了人家五百元。但有人要礼物的也有，除此以外，在我们营业上也犯了单纯的发财观点。在我们进行食盐专卖专卖时每一斤盐赚群众的三毛钱以上，特别惊人的是沂中县局每一斤盐赚商人一半以上，情况是食盐未专卖专卖以前太山高一商人驮负到滨海局去卖，因来那时我们食盐专员这时就以前口价百元。每斤发盐只过一下称就赚了一半的利润，商人对我们很不满。棉花专卖专卖了，每斤也只过一下称就加上利润也一元。这些事情，虽由工作开始缺乏经验，今天检讨起来不能不说这是一种单纯的发财观点。也可说这是严重的脱离群众观点。

3.丧失立场：个别人员发生比较严重，北沂县县局事务所付主任郭[redacted]女人南小姜，蒙山县局稽征股长孙[redacted]医，在男女关系上乱搞，徐接二连三发生[redacted]关系以外，并一度企图[redacted]回家过他们人享乐的生活去，把革命几年的光荣历史抛掉了，他在[redacted]关系上有不少的问题。

4.赌博：个别税收员对赌博看成不算一回怪事，在他们工作环境允许下，赌博是经常的发生，如南沂县和蒙山的个别税收员不顾工作而去赌博，沂中县局一税收员输了钱，地痞流氓跟在腚后追着要钱。这种不良倾向今天已逐渐消灭着。

5.顾私情，感情用事。在二月份以前较严重，以后由于政治教育的加强工作抓的紧，已渐々的减少。特别是一些新发动的当地人，亲戚朋友多，他们不好意思的去认真工作，另外一些同志为个人享乐起见，也在明知故犯的犯着，如给商人打票少估价或者以替々的放走甚至互相包庇走私……损公利己的老区对待人草率。如区去沂中县属处理棉花和借款，在感情用事上公家的吃了贷二千六百余元，这区是個别负责人处理的一件事。在税收员说，随便接收商人礼物，何意介不一致，这类的表现较多。

四、贪污腐化：贪污腐化的人很多，他们专门去为个人打算和享乐打算。如多集报粮食，变卖公粮（蒙山县局某事务所六人，伙集卖粮每人分一百元）卖粮票、南沂县一税收员卖了六十余斤粮票，买了一枝钢笔。）损公利己，假公济私（太宁县局某税收员叫商人送鸡、肉、礼物）颠倒账目，吞没公款，（蒙山县局一税收员吞公款四千元以上），他们毫不估计政治上的损失，大吃大喝，嫖赌弄女人，违犯政策到敌区贩细布等。個别同志在地方上拉据点所谓「成家立业」——还有一些同志感觉年纪大了，革命数年老婆没解决，他们要求回家。如蒙山县局某事务所主任与某税收员就是这样。又如沂山分局個别同志私存款钱数千元，终日省吃俭用的把钱弄的越多越好，企图买上几亩地，说上个老婆准备将来过好日子。现在已有在暗地组织的自想和民女订婚的。

这些错误现象或不良倾向已在开始低头，这与整风效果是分不开的。就大致说已感动了好多同志反省，而能在检讨中改正自己的错误和偏向。

十二 半年工作總的檢討

一、半年來魯中區是變化很大,在軍事政治方面已獲得很大的勝利,在經濟工作方面我們也取得了不大勝利,基本上完成了任务。我們的收獲是:

第一:統一了組織,統一了對敵經濟斗爭的步調,建立了工商管理机構(分局二、貿易五、事务所三十五,商店廿七。),工作人員增加了兩倍以上,工作幹部人員在工作上也有显著的進步和提高。總局举办訓練班二次,分局、县局也注意并部份的進行了干部的望部輪訓。

第二:貨幣斗爭得到了空前的勝利;全家区大部份停用了該幣,貶低了敵幣的价格,八法幣在根據地內已成了历史的名詞(對偽鈔的打击也是空前的),壓縮了偽鈔流通範圍,使之彭漲,敵區物价上漲,初步獲得了貨幣斗爭的主动权,扩大了本幣流通範圍,本幣不仅在根據地內完全流通,還能達到游击区,并部份的打入了敵據点內,提高了本幣的威信,貨幣斗爭的勝利對農民經濟上,農民與工商業起了很大的作用。

第三:貿易發展與貿易斗爭,初步獲得了勝利,打击了敵人掠奪物資的陰謀,破了敵人傾銷政策,爭取了出超,初步改變了敵區貿易上不利的出入口形勢。

第四:群众的手工業生產與公營工業有了初步的規模;日用品需方面有的已部分或大部份達到自給,同時減少了對敵人對敵區的依靠。

總之,在半年內魯中我們已積累了一些經濟斗爭與敵工商業的經驗與規律,對敵經濟斗爭取得了初步的主動。因此我們具有下列的具體成績:

1.在经济上予敌人以打击，虽也致对敌人的掠夺物资给了很严重的打击。粉碎了敌人经济的封锁，保证了大部军需品必需品及时与低价收，在敌我伯区贩卖的商人，从根据地走私现象也大大减少了，从敌区向根据地走私也大大减少。

2.保证财政上增加了收入，此唐去年增加百分之一百四十强，这就使政府的财政向上减少了困难。经和三化方面在许多地区已形成了群众性的工作，改变了过去散漫微弱的现象。

3.稳定了市场的物价，消灭了市场囤积居奇的现象，普遍整理了内地集市加强了物资管理，投机取巧不敢从意，個投机渔利的商人是吃不开了。

4.改善与稳定了人民生活，活跃了各此阶层人民的经济生活，刺激与提高了人民生产的情绪。

5.停用法币，贬值从五折至一折，打破了群众对法币的正统观念，也打击伪钞从一元换本币三元到元顶元；由于货币斗争的胜利，抗日民主政府的信仰与地位提高了，由此不仅是经济斗争上的胜利，在政治上争取了人心向我，收获也是很大的。

6.达到了建设自己，破坏敌人，破坏敌人建设自己的目的，打击了敌人的工商业，我们发展与繁荣了根据地的工商事业。敌区物价飞涨，敌区人民反对敌人者也日益增多起来。

7.我们组织了二百多个生产合作社，和几百个生产小组在纺织生产上取得了新的成绩，使我们有力量来禁止了外来布入口，而於手工业生产的发要群众增加了收入，改善了生活，特别是参加纺织生产的妇女。

由于以上的收获和成果，我们总的认识是：我在对敌经济斗争胜利下，冀中国民经济又向前发展了一步，农业工商业有了新的面貌，削弱了封建的经济，对敌经济斗争初步的争取到主动。建设新民主主义经济的基础又奠定前一步，使信心也加强了。

这些成绩的收获是由于：（一）我们全体的努力研究与改进业务，虚心学习生产建设贸易斗争与贸易管理，坚决执行上级任务。（二）主要的是我军不断的胜利，根据地日益扩大，力量日益上升，政治形势有利于我，不利于敌。（三）上级的正确领导。（四）农业生产的丰收，未受较大的灾害。但还存在着不少的缺点和错误，有些工作任务没有完成或完成的不好：

第一：部份同志在货币斗争中对伪钞缺乏正确的认识，管理外汇缺乏组织性，不善于根据自己的需要与打击敌人的需要灵活调剂外汇，对伪钞的斗争有时是不利的，不会掌握敌人的机会，因此我们吃了不少的亏。

第二：调剂物资的认识模糊，未能根据人民的需要组织交流调剂各种物资。各专区间，县与县区间的物资往来还没有计划。

第三：违犯群众利益与损害群众利益的现象普遍存在。某市商店的业务人员对商民乱行处罚，在证明我们工作人员中群众观念是不强的，各单位中脱离群众的官僚主义是严重存在的。

第四：对于群众手工业、公营工业生产是缺乏计划性的，商店对扶植生产不够，事务所对扶植手工业是不大关心的，主要原因是由于干部的生产观念是

不強的

第五：貪污腐化的現象普遍存在，艰苦樸素的作風沒有很好的樹立起来。政治教育工作很不深入。

第六：領導上高度的集中性不够，上下級关係不夠一致，各地区之間存在着本位主义，互不援助。正确观念亦不強，領导上既有隨便下决心的現象，下級亦有隨便執行的缺点。商店與事务所的关係不明确，常闹不团结的现象。

第七：商店工作運用資本的經驗缺乏，不夠灵活，週转速度太慢，单纯的經濟觀点不好，但对財政任务保証太差，也是不对的。

第八：商店人員商人習氣比較严重，行政干部個别亦存在，单纯利润观点，專在老百姓身上打圈子，不向敌人方面着眼，表現在感情拉攏，形式主义，而不接近群众，「制度」太多，存在衙门口作風。

第九：商会工作作的太少，登記與收稅用的精力大，組織商人，區內商人力量沒有注意太差，因之不能很好爭取大多数商人和我们一条心对付敌人。

第十：我们工作人員法治观念不強，有的处理问题以感情出发，忽左忽右，（罰款、没收）根据領導上成分居多，根据法令少。对于工商干部又有执行沒有变更法令的权力，沒有很好的認識也未能做到在不違犯法令原則下，儘量給商民各种便利，

第十一：工商管理各种系统的制度，各种工作制度有的建立不夠健全，有的执行不够坚决，或陷于停頓，或不經常。故工作上科学化、組織化，很不够。

產生这些缺点的东西是什么呢？

1 思想上仍有单纯观念存在，真正群众观念不强，缺乏生产观念不强，对生产，贸只贯彻三者缺之一致的认识，主要是理论与实际没有结合起来，干部思想教育，业务教育不够，不足，干部缺乏一般的知识与能力。

2 在斗争策略上不善于随机应变，不能灵活表现出不善于掌握时机（政治的与经济的）打击敌人。不善于与其他工作配合，应表现防守多进攻多，被动的多，主动的少。积极性不够，感觉不够敏锐，认识上不解疑，执行上患左忽右，和过左过右，现象不断发生，另外某些干部存在保守与战胜观念。

3 调查研究工作未被重视，还未成为经常的大家动手的工作，敌情观念和除已观念不强。

4 领导方式方法不够充分，与群众结合，一般与个别结合的领导方式还未被采用。

5 工商工作理论学习太弱，与政策理论结合不够，工作经验未很好提结起来。

6 干部数量不断增加，而质量提高很不够，今后应加强查对思想领导。干部缺而弱，因此更需要培养是十分必需的。干部对上级的执行上还不够坚决，今后应有希望有信心来诚恳坦白的去培养与领导。

以上这些缺点和错误是不大的，在缺点发展只要主观努力是可以克服的是发展中的错误和缺点，有的在发展中已经得到纠正，我们思想也应该很好的了解我们已有的成绩。如何认识呢？

1 我们必需承认这些缺点和错误，以老老实实的态度来考察揭正确

105

确的成绩和克服存在的错误和缺点。

2.工作成绩是有，但还赶不上，各项形势的需要，均不要自满自足要虚心领会向群众和下级学习。

3.成绩特别重要一定数量和一定质量的干部，因而培养并训练提高领导骨干的工作是十分的重视。

4.今后形势的将更有利于我，要善于掌握，很好的接受经验教训，把斗争艺术提高，学会灵活的掌握经济斗争策略。

5.要在发展中求得巩固，今后工作是大量发展的。只有继续过去的成绩方能迎新的胜利，只有工作上有新的发展才能够是巩固了已有的成绩。

鲁中区行政联合办事处：民主善政通讯（1944年7月）

35 1 2 1

鲁字第拾捌號

魯中區

民主善政通訊

魯中區行政聯合辦事處

泰山区

莱芜 华山区

民主善政通讯

自从抗日民主政权诞生那天起，就没有一件事不是为了老百姓的，在环境较好时是如此，在环境恶化时也是如此，在基本地区如此，在敌游区也同样是如此。因此党——民主政府在群众中的信仰空前的提高了，党和群众的关系已是血和肉的关系，他们生活在一起，斗争在一起，正因为如此，党就成为不可战胜的力量，党就成了群众的救星！

党的一切，无一条不是为群众谋利益的，因此无一不是善政，兹将其荦荦大者的两件政绩摘录如下：

第一是在基本地区的民主文化运动，这一运动的开展，使几千年来被压迫、被奴役、被卑视、被剥削的无产阶级大翻了身，也敢挺起腰板说起话来，抬起头呼吸口新鲜空气，吐吐自己肚子里历年积累的苦水，管管自己的大事情了。

这一运动是在党政军民集中力量的领导之下开展起来的，当时我们提出了"学习蒙阴向莱芜区看齐"的具体口号，作为我们建设该区的奋斗目标，从全区二十个村子中确定以独路、傅家庄两个村为典型，以便创造经验，推动一般村，经党政军民五个月的努力，共同完成了十九个村的民主改造（典型村完成选举时间需四十天左右，一般村则需十五天左右，每村开会次数达20次以上），空前提高了群众的政治觉悟与抗战积极性，奠定了华山区建设民主根据地的初步模型。

在这次民主文化运动中的主要收获：首先是群众对政府的认识空前提高了，以这一运动为分水岭，华山区的群众前后简直是判若两人，抗战的积极性大大提高了，不仅自动组织了民兵，而且不止一次的打击了抢粮敌伪，缴纳公粮，更是一个有力的考验，半天可以征完一个村子，争先恐后的送公粮，送好粮，贫民都积极要求公粮劳动组织的活跃，很之自动增资都说明这一点。

其次是改造与健全了村政权机构，纠正了村长突出的现象，民主制度民主生活开始贯彻于日常活动中，如拥军、良心检讨会、小学的开展与恢复、冬学、民校的开办，特别是查减工作的初步胜利，都是与民主文化运动的开展分不开的。这里告诉我们民主不是空的，而是有丰富的具体内容的。正如高岗同志所说“民主就是要农民有饭吃，有衣穿，把日子过得更好”，这一真理我们从实际工作中深切的体验与领会了。

再其次纠正了过去村政权机构改造的公式主义、为改造而改造的形式主义、千篇一律的教条主义，如今开始采用了多种多样的与群众实际利益与要求相结合的斗争方式和实际主义，有的从借粮救荒，有的从减租增资，有的以反恶霸，有的以放债行，有的以号召生产，有的以救粮……民主斗争的导火线是根据各村具体情况决定的，克服了过去机械老一套的毛病。

最近的四个把月以前，为了把滨山区的村政建设再提高一步、巩固一步，在整个大运动中开展了民主大检讨，对去年的民主文化运动给以更高级的发展与充实。如马家庄的检讨会，首先村长自我检讨，不民主、好欺人、凡事包办不商量。主农王永明在大会上自己检讨自己顽固、拿公粮、拥土、不拥军，军队到他家住，就厌烦麻烦。有的检讨自己过去就是不愿参加会，有的检讨自己过去曾经偷过人家的茄子和甜瓜……大会上表扬了拥军模范刘大娘（军队去不管早晚，跑到头里弄铺草、做衣服、烧汤慰劳……），表扬了拥军交粮的模范公民毕景先（他因缴公粮起模范，政府奖他100元钱，他自己不要，捐给民兵买子弹打鬼子），更奖励了生产模范侯玉吉。同样也撤换了信神信鬼不负责任的农救会长崔有明，斗争了打骂老婆、虐待媳妇不当人（逼他媳妇在狗窝子里睡觉）的徐王氏，斗争使路更加到更深刻了。其他如官庄、石佛、红杏子、杨家圈、宅科、胡家庄子等村也同样的这样普遍深入的进行过，尤以三河婆石子村

3

进行的最好，整整闹了一天两夜，把过去的一切不民主的事情，不光面的人都揭发出来教育了。

这可以清楚的看到，鲁山区的民主文化运动是更加深入了群众对民主的认识，其政治质量是大大提高了，特别是老百姓都于会后反映：这可真是民主了，以前那能办到这样呢，村长的不是咱也敢说，财粮的不是咱也敢道呀！老百姓这可是真抬起头来啦，真敢说话啦。

这些事实我们认为是几年来坚持斗争的最大成果，这种果实也只有在抗日民主根据地的老百姓才能享受到得到呢！

第二是在敌游区的反资敌斗争，这一斗争的开展大大的减轻了敌区人民的负担，相对的改善和支持了群众生活，进一步提高了群众认识抗战热忱和对我们的依靠，打下我较巩固的群众基础，在抗争斗争中明显的教育提高了干部依靠群众的观点和坚持斗争的信心，通过反资敌开展了各种工作，打破了过去之工作上脱离群众的严重孤立现象，找到了斗争开展敌区的关键，不仅减轻了敌伪对我敌区同胞的经济盘剥，更打击了敌人血腥的政治统制。

这斗争的开展是在42年大蒙山蚕食后莱芜大部份地区被伪化，一面敌人西般(?)残酷敲榨，群众负担加得苦于应付，~~一面我们在领导上强调了应付忍受，不了解造成有求必应要多少有多少的无限度资敌现象，群众负担~~无前加重，生活极度困难，我工作陷于可怕的危险境地，从下一个自然村的调查中便可见一般了。

1. 西上官资敌前后情形：

伪化前：全村共地285大亩，530人，牛70，驴11，骡1，每年负担抗日（公粮田赋）平均每大亩80斤，每人47斤，别无负担，人民生活自足的能有余者8户（富农），自给自足者58户（中农），须余粮者21户（贫农），乞丐4户（赤贫），一般生活较富裕，每年全村总进十亩地。

伪化后：年负担粮食51146斤（敌X14863斤），村内公费浪费20499斤，钱3504元，平均每人担160斤，钱23元，每亩地负179斤，钱12.4元，民夫3100个，零星外勤索未统计内，人民生活引起巨大变化：

全村因饿新增32户，全村讨饭之13户（下关东），491人饿死8人，兜揽逃的流落者14户，中农余粮者21户（贫农），乞丐28户，牛15，驴4。

羊山集村——全村144户789人，地346大亩，折中垧地1162亩，牛68頭，驢16頭，豬224

偽化前阶層生活情形：富农三户，耕二余一，富裕中农十三户，自給有余，生活与富农差不多，一般中农94户，能自給，貧农32户，赤貧8户。

偽化后阶層变化情形：富农一户也吃粗粮，一般中农28户，貧农56户，赤貧（乞丐）26户，流亡5户（16人），餓死9人。

以上簡單統計中可以看出敵偽摧残剝削是如何的残苦啊，為了挽救群眾自益走向飢餓的死亡線上的災難，同胞就開展了這一斗争。

首先針對着群眾的切身利益与要求進行深入的反資敵斗争的思想動員，各村建立了反資敵聯防，继教給群眾一切軟的硬的、暗的明的、合法的非法的種種的斗争方式，拖延應付反抗敵人，對偽華職員偽公人員接頭也都以此為中心，捐款減輕人民負担就是表白心跡，幫助抗戰的具体表現，我们則領导与掌握這一斗争的發展規律与斗争要有利有節的原則，曾領导群眾的進攻，也有時領导群眾讓步，甚至退却，總之是為了一個目的：少資敵不資敵，減輕人民負担，改善人民生活，達到脫離偽化的也不少（封宿野三山四里羊里久），這些則完全從敵人鐵蹄下解放出來了。

配合這一斗争而同時開展的是反貪污浪費的斗争，因為地區偽化之后，村政权落在一般土豪劣紳地痞流氓等反動势力手中，據此區四個鄉的調查，48個偽公人員中就有12個失意学者，11個個自商份子，7個新民會員，2個投敵商人，14個富农，這些傢伙就把握了

5

政权便不顾人民死活大肆吃喝分赃剥削如上屯家圈以三十来户人家的小村子（67亩地195口人）半年工夫竟浪费粮食1400斤钱四千余元西上崮村半年浪费粮食3380斤钱2180元，贪污粮7075斤钱2188元这种现象各村都有把无辜村民断送在黑暗的地狱中了。

這樣累累的罪惡根下，高呼打倒吸血鬼敵人的幫兇等口號下斗爭熱烈的開展了計捲入斗爭的人數達3000余人改造三十多個村子的村政，這一斗爭的勝利的結合不仅把羣衆生活上較前改進了一步同時相对的增加了敵偽的困难也保証了对敵斗爭的勝利轉換了敵我斗爭形勢！

當今年敵偽被迫撤退后我地區大塊收復的時候我们立即進行了取締偽政权，恢復抗日民主政权的緊急措施在這民主改造的刺激下羣衆認識提起來了過去的積累的滿腹苦楚如今要清理一下了。在過去斗爭中的漏網溜走過的羣衆，如今又開始了反投降的斗爭。

山區的青石橋的偽村長張元福倚仗敵勢百般压榨人民，强姦婦女，貪污粮食4000斤，崔家莊的偽村長劉兆祥是個二十余年的統治者，外號叫土皇帝，投敵後勾結過偽軍迫害人民、貪款數字擅場的事很多，貪污粮食3240斤公款7000余元，燕松峪的偽村長崔學丙、劉兆乾，除了貪污浪費外，便是捕打罰人，逼死人命，罰羣衆游街、插鬍鬚了81件，東山區程家花的偽村長程學瑞貪污粮4900余斤，張家花的偽村長張祥林貪污粮4056斤，這些都經羣衆斗爭，送縣拘押審訊處理，結果罰粮包粮取消公職，並向羣衆道歉低頭。此外這樣的事還多着呢，如朱石橋的張維太、燕家花

6

的的很粒器籌出的這些糧款大部份都是作了优抗救濟撫卹之用這樣不仅使群眾大大吐了口气改善了生活也使那些認賊作父的民族敗類一個嚴重打击亦實在是一個最好的民族教育永被踩躪了一二年的災难同胞們也復活起來了——這種幸福也是有民主政府的幫助與領導下才能獲得吧!

此外我們的政府還進行了以下各項工作:

一、救濟災荒：去年偽化后天災人禍相迫而人民生活臨于不可形容的慘境，災害區第一區即餓死了13又人流亡者佔全區人數25%而敵偽壓榨依然有加無已，交不上錢糧，漢奸就要捕去拉牲頭搶鍋搬鏊子更是常見的事我們為了救濟她們蠲免災害區公糧40000斤(計全部蠲免的七個村 2/3的四個村 3/5的六個村 1/2的三個村 1/4的五個村共計25個村子並撥糧3000斤予以急救，山口區蠲免14個村公糧35000斤又另蠲免640斤撥糧1241斤救濟256户1180人每到春夏荒期間政府没一次不救濟並號召群眾自动借糧以發揚互助友愛精神，這樣以來就使今年春荒勝利的度过了。

二、貸種貸款：提高生產幫助抗屬貧民解决了生產中的困难，只就去今兩年共貸種32420斤，另種子麥子2864斤，共貸款25万000元幫助農民解决耕牛農具肥料等困难尤其是在春荒中施放春種596斤救活貧重春荒

三、生產節約(保衛秋收備戰在生產節约運動中我們已有了深刻的認識每人每天節約糧食二兩五個月共節约糧食了7350斤作了貸種幫助了農民的耕種。尤其是在大生產運动中干部親自动手拉犁拾糞耕種

了284亩地，帮助农民春耕1560个工，提高了生产情绪。

四、减租减息和公平负担：实行了减租减息，减轻封建剥削，改进了征粮办法，逐步走上了统一累进税，照顾阶层利益。不仅减轻了群众负担，而且刺激了生产，既提高了抗战积极性，又提高了生产情绪。不仅照顾了基本地区，而且掌握了游击区的负担原则，改善了游击区人民的生活，对接敌区之赤贫无能力负担者进行豁免或减轻，照顾他们的生活。

由于以上这些善政的开展，使群众生活初步的改善了，群众运动开展了，群众武装活跃了。由于群运的开展，反转来保证了抗日民主根据地建设与巩固，扩张了民主政府的壮大与发展，也支援了抗日的神圣战争，就在这种相互作用下，政军民亲密的结成一体了。~~最近正在日益有利的国际环境中为消灭国内外法西斯统治争取自由幸福的斗争~~

但是我们认为这些成绩仍是不大的，缺点仍是不小的，我们并不因此自满而骄矜，起来我们可以在努力的实践的学习中，继续使我们的工作向前提高推进一步。

鲁中区行政联合办事处：新民主主义下的一位模范区长韩迪生

（1944年7月）

新民主主義的一位模範區長
韓迪生
魯中區行政聯合辦事處

新民主主義下的一位模範區長——韓迪生

擡起筆桿能寫作，舉起槍桿能打仗，摘起鋤頭能生產，他是文化戰綫上的戰士，是革命陣營中的英雄，是生產隊伍中的模範。他有農夫的身手，有鋼鐵的意志，他有視群眾如母親的觀點，他有廉潔奉公的品質，他有老老實實的態度，為革命也曾流過血，為大義也曾滅過自親，言語不苟，質樸純誠，這是韓區長的短短寫照，以下再寫他的事實：

寫野區區長韓迪生，化名葉尚宜，是本區下有莊人，小學教員出身，成分是貧農，事變前任初小教員，事變后任中心小學教員，曾得過模範教員獎勵。于一九四一年任寫野區區長，他為人態度和藹，生活樸素，從沒有官場中的不良習气，待人接物自然大方，對待群眾態度藹然可親，在寫野區的群眾裡面威信很高，穿衣吃飯從不計較好壞，不識者常以為他是個不辭勞力的農人。一九四二年寫野上游被敵人盤據，奸特燒殺搶，征暴斂，造成一九四三年的大飢荒，四月遭災已發生，災民有寫野下個區十室九空，餓殍遍野，據調查白座的某一村即餓死四十余人，不渦外者竟50余户，韓區長親身挑着賑粮菜種去救濟，有又親往寫野上游偽據點征出粮食1000斤賑濟了災民，他家亦在災區內，家屬挨餓也不能例外，有人提議將賑粮优待他家屬一部份，他堅決不受，並且說："同是有地賣不至餓死，先給別人吃吧！"

韓區長由事變前就當教員，但他毫無酸文人的習气，"四體不勤"……反覺為榮，"放學回家，家中一切生活他都幹，推車担水，鋤地，掃場，即在家長下苦力的也沒有跟上他的，有人說他"看這先生真能下力"，但他態度自然，不驕傲亦不覺自大，現在仍是然不變。上級提出大生產號召后

他拾粪拾柴拉犁锄地，在他区干部中是模范，亲身领导干部的西北岔的沟
早起拾粪不怕，以前不会拾的啦。

文化水平不算高，但他个人学习努力，在文字方面也能自己写白话，通达明顺，经常为党报写通讯，对文化工作也非常关心，发动文化人争取团结文化人也有他的成绩，每到一村必先到小学看看，问教员的生活情形及有什么问题，在他区教员会发起组织合作，最近又发动建立完全小学。

一九四二年雪野区敌人接设雪野上游据点后，区全部干部为他区的干部大部份要协接敌的前，区中队亦全部调出，但他并不因此灰心动摇，仍坚决不拔的干下去。他的家庭也曾被敌一度威胁，他父亲用种种办法迫他不干，但他终不动摇。以后不多他父亲就接谈过几个亦不入后他是第接敌。他亲身带人去挑，在这种艰苦环境下，重新组织了区中队，亲间亲身抗枪同队员诚心生活在一起，该区中队，云落在章莱公路两旁，创造了光辉战果，在太山区争得了模范区中队称号，韩区长与有力焉！

一九四三年雪野上游敌人疯狂的出来扫荡合击包围村庄，韩区长仍带队出没于敌人的周围，X月X日他带队与武装队配合宿营于石泉，被奸细探知报告上游敌人，敌人立即出动包围石泉，但这时全部人员还有知道都睡着，韩区长自己起身到上游探察情况，而敌人已进，在望他马上回去叫醒他人，敌人已将石泉包围，突围时受伤二处，流血过多不能行动，遂被伪军俘去。当时有很多人劝其投敌，他坚决不允，伪军采施怀柔办法，一面为其治伤，一面劝降，他自始至终不允。后来将其囚于小屋内，被我部队利用间隙将其救出，

11

一九四四年当野上对於敌人被迫撤走了，这位模范韩区长仍然在那里
坚持他的岗位，因此时期不免饥饿挨冻，好转了参备给过来，亲见自动手，以5
身体则不过在领导上也有些事务，只要克服这一点弱点，真是新民主主
义的光辉照耀下的一位不可多得的模范干部。

12

鲁中区行政联合办事处民主实施总结报告（1944年7月）

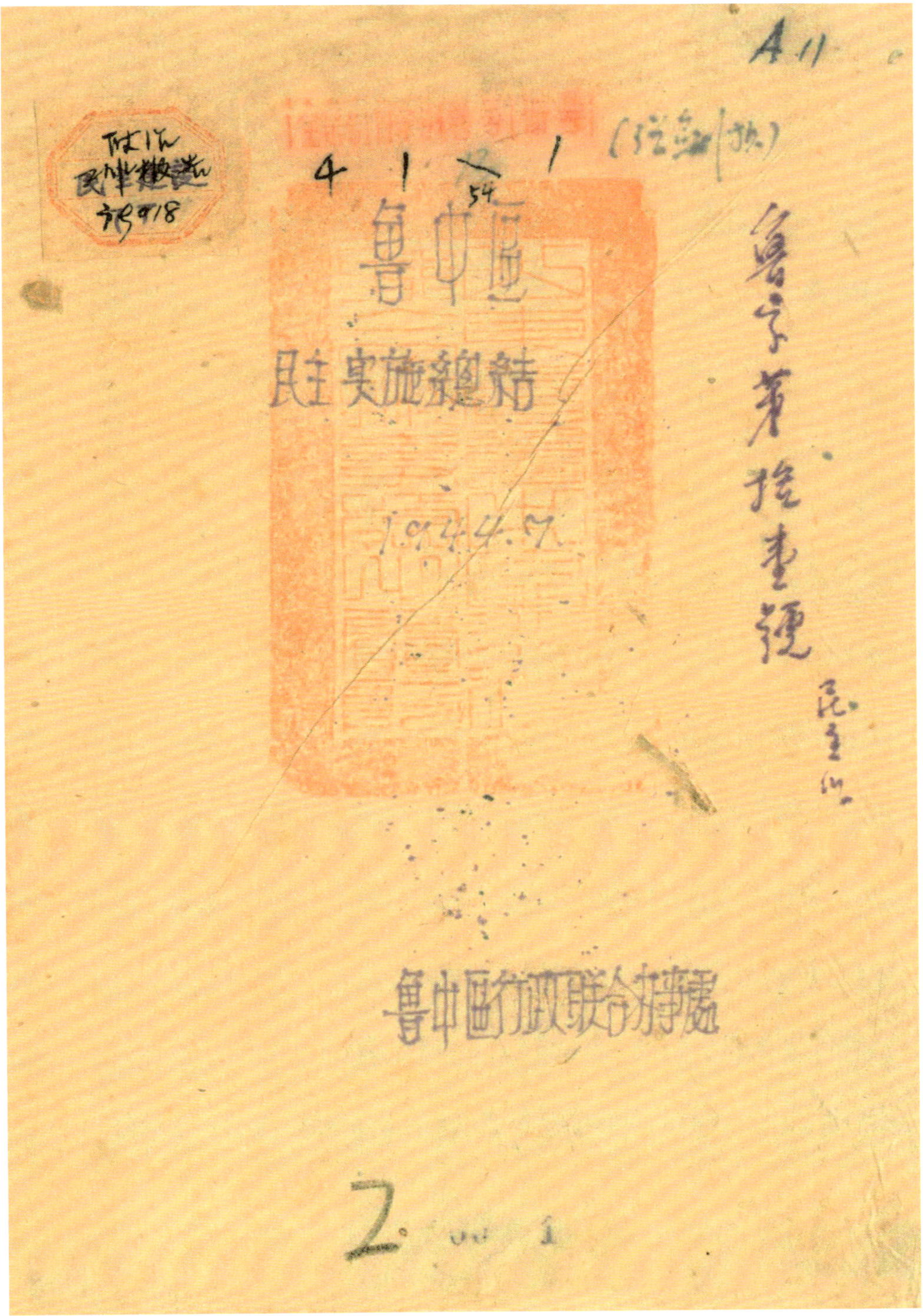

民主实施总结报告

远在一九四〇年、一九四一年鲁中区的人民即配合全国宪政运动，普遍建立各级参议会，进行民主建设。那时候参议会的性质还没有被明确的确定，参议会的组成多未经正规的选举，其主要的作用则在于团结各阶层抗战人士，征询意见，以辅助根据地内各种工作之推动。同时民主政治的建设，也须建筑在广大群众的基础之上，与群众运动结合起来，才能巩固健全，而那时的群众生活还未得到初步的改善，群众的政治觉悟和参政的热情也无由提高，因之当时参议会的群众基础是不够巩固的，与群众运动的结合也是不够密切的。及至一九四一年敌后环境日益严重，一九四二年贯彻减租减息、增加工资运动之积极发动群众、组织群众的工作任务提出以后，各地参议会大部未能开会，按期改选，积极配合发动群众的任务，参议员有的埋头于自己的工作岗位，有的隐居于自己的家乡，与参议会的联系甚少，只有少数的驻会议员还能同政府保持联系，反应意见，辅助工作，发挥一些团结的作用，所以参议会一时呈沉寂之象。

3

…00 2

经过一九四二年减租减息、增加工资的群众运动的深入发展，以来群众生活初步得到改善，从而启发了群众的政治觉悟和参政热情，配合着对敌伪斗争的几次大胜利，根据地扩大了，继之以去年民主文化运动的提出，启发了民主思想，首届参会一届二次大会的召开，推动了晋中区的民主建设往前大进了一步，走上了一个新的阶段，现在分别叙述如下：

一、民主教育（重要是中心地区）

（一）我们怎样进行的民主教育：

我们除掉运用一般教育的组织形式（冬学夜校、识字班、大课堂）和教育方式（上课讲话、座谈讨论等）进行民主的教育，灌输民主思想，提高群众对民主的认识以外，更主要的是使民主与其他的各项工作结合，在各项工作中贯彻着反封建的内容，实际教育了广大人民，消除封建意识等级观念，建立民主思想、民主作风。在这一方面我们抓紧了以下的几个环节：

甲、改善群众生活。

4

改善群众生活和群众的政治觉悟、参政热情是密切联系着的，没有群众的政治觉悟和参政要求，群众便不能参加积极抗战活动和民主政，從一九四二年以前我们的民主工作雖然曾熱鬧一時，但廣大群众都無興趣，隨後接着消沉下去，一九四三年春正鬧春荒的時候大家都沒有飯吃，我们却進行民主工作，有的老百姓說、"肚子貼在脊梁上了，再講民主就餓死了。"都可以說明這一点。

另一方面改善人民生活，就是在經濟上削弱封建勢力，使封建勢力削弱对群众的剝削，使群众在經濟地位上上升，提高参政熱情和政治覺悟、

在實行减租增資，改善人民生活及反貪污反浪費，减輕人民負担的時候，我们提出了"民主就是要大家有飯吃"的口号，啓發了群众的積極行动，在今年四月至六月间救濟夏荒，配合民主，就借出糧食四萬三千八百八十七斤，款子一萬三千八百八十四元，募捐糧食四千九百〇五斤，共救濟难民一千四百二十八户，并整理村政廿九個（行政村）。

乙、反貪污，反惡霸。

未改造的村政和初步整理的村子有70%以上貪污浪費，加重了群众的負担，惡霸無惡不作，壓得群众抬不起頭来，都是使群众敢怒而不敢言的。沂南提出了"民主就是敢說話"的口号，啓發了群众自動的組織斗争会，在牛王廟反惡

霸，满庄反不民主的斗争胜利之後，使群众建立了相信[illegible]真能实行民主，而敢说话了。各区各村普遍热烈的展开民主斗争，反贪污、反腐化、反退地、反虐待童养媳、反恶霸，不下五六十次斗争会。並且也提出、有话就说、有冤就诉"的口号，鼓动群众大胆说话。

丙．民主座谈会，民主检讨。

在民主座谈会上实行民主检讨，是群众重发扬民主思想的良好办法，特别是干部以模范作用，自我揭发自己不民主的思想和行动来引导群众敢说话，敢揭发，在这种方式下，不少干部得到群众的帮助，在群众中提高了自己，同时在村中也检讨出不少的坏分子和坏行为，清算了不少的贪污腐化问题，如新南阳家庄在检讨会上提出了村长收公粮不给仰条，检举了一户村长把存的军粮吞没了，揭发了刘日英刘为元说破坏话，挑拨村干与群众的关系，指出妇女会长作风不民主，报复，办事不公道等行为，同时揭发了用军的人家和一九四一年大扫荡时欢迎敌人做主谋，到宪兵队告密揭发出来了，经过争论，被检讨的都一一承认了，虽然在检讨的方式不够好，但教育的意义是很大的。

5 6

丁．改造村政（见村政报告部份）

戊．公民登记，审查公民资格，划分公民小组，实行村代表制。（详见民主选举民主制度一项内）

（二）我们遇到的偏向和纠正的办法。

甲．偏向：

① 极端民主化的偏向，有的因为叫小孩子请主席，小孩要和他娘讲民主不推，自己回家去不愿去的就提不民主来，有的干部也是选择总以为才来组织他们的意见就是民主，忘掉了集中的方面。

② 注意民主形式，忽视民主实质，以致一些本质很好而工作方式不好的村干在检讨的时候因掌握不好，受到打击后反映说："抗战五六年了挨打挨骂的，没功劳也有苦劳"！都认为民主是对付村干的表现，消极应付，有恐惧不安。

③ 坏分子与封建势力投机取巧，上台，以后封建势力曾乘此次利用机会大肆活动，挑拨干部的毛病，拉拢人，企图重新掌握政村。

④ 过去的斗争，在斗争中掌握不好，发生"左"的偏向，~~有的地方斗争会上~~要．在斗争会上绑人、打人的现象也有。

6 7

乙、纠正的办法：

①提出了"民主就是讲公道说实话"的口号，指出民主集中两个方面的结合问题。

②强调以反不民主实质为主，反不民主形式为次的方针，使干部在掌握斗争中正确的运用。

③运用村干的典型的检讨来消除群众的成见。

④明确指出了向封建势力落后分子斗争的方针，团结坚决的，争取中间的，孤立打击教育落后的。具体运用是：对为群众不满又难以挽回，而必须更换的村干，不要顾惜而果断的改选，以适应群众的要求，并引导群众走向反对封建势力乘机取巧的斗争上去。对本质好而工作方式不好的村干，则动员村干主动召开会议，作自我检讨，并表示改过的决心，以消除群众对他的成见和不满，粉碎坏分子的企图。

⑤根据有对象的组织斗争会，达到教育的目的。

(三)我们得到的基本收获：

在民主教育中提高了干部和群众对民主的认识，克服了干部轻视民主和群众对民主无兴趣的偏向。

8

在民主教育中发扬了群众的民主思想，反对损民主的倾向，反对贪污腐化，削弱了封建势力。

在民主教育中发扬了干部的民主思想，实行民主检讨，改造了领导方式与作风。

在民主教育中开展了社会统战，扩大了民主政府的影响，提高了民主政府的威信。

二、民主选举

（一）在广泛的开展民主教育的基础上，我们由去年四五月份起，在各县建立参议会，改选各县政权机构，截至目前为止，鲁中的二十四县中除新地区、游击区的县份因环境关系及工作基础薄弱尚未建立外，计完全建立者有博莱、费北两县，新建立者有太宁、太历、淄川、莱芜、章邱、淄河、费东、蒙阴、沂水、沂南等十县，正筹备建立者有边联县；鲁中区参议会亦正在筹建中，现在有数县份已选出鲁中区参议员，准备在不久期间成立。

（二）民主选举工作，应特别注意以下几个问题：

甲、选举委员会的运用。

选举委员会是包括党、政、军、民、各界代表（最好能合三三制）领导选举工作的权力机关，应该包括各界人士，才能代表各界意见，应该经常开会，才能领导推动正的选举工作，才能结合其他工作，运用各方面的力量，进行选举工作。

在我们这次选举中有的选委会组织不健全又不经常开会，所以把选举工作弄成政府自己的工作了；不能很好的得到其他部门的配合和其他工作的结合；在候选名单的审查上不够细密，所以有的县在三三制的掌握上不够好；也有的县参议员已经选出了又为大会所否决了的。

乙：审查公民资格。

审查公民资格不但是为了使选举工作庄重，而且主要的是为了在选举中进行民主教育，使群众了解"怎样才能作一个好公民"："公民有什么权利和义务"。在这次选举中只有在沂南的长山、艾山，莱芜的華山、雪野、高山、山口、淄河的何庄、口头等八区及太平区的一部分实行了普遍审查公民资格，及数村庄张贴了黑红榜，其他大多数地区实行代表选举，也部分的采取了有对象的审查公民资格，就是在村民大会上用检举的办法提出个别有问题的人来，交大会审查，这样也对群众进行了民主的教育。但也有不少县份没有注意这一步骤，作的非常草率，只是限定日期选出人来，甚至连被选的公民代表还不知道是干什么的；在审查当中也发生了一些偏向，不该取消公民权的也给取消了。

丙、选举方式、候选人提法。

1.直接选举——即普选，由公民直接选举参议员。在工作基础最好的地区如沂南、蒙山、艾山两区，太山区一部份地区试行，吸取经验。候选人是先由区选委会提出交各投票单位（村）讨论，记取讨论意见（如增减名额、赞成人数等），由区选委会综合各投票单位的意见，最后确定候选名单，交至各投票单位选举，不得再行更改。

2.间接选举——即代表选，由公民（每七十人至一百人选一代表）选举公民代表，以区为单位组织成公民代表会，再选举参议员。这是鲁中此次选举中采用的基本方式，大多数间接选举的地区都是采用这种方式的。候选人系由区选委会提出三分之二或三分之一，代表会上提出三分之一或三分之二，全部交由代表会上讨论选举，也有的县全部候选人由县选委会提出的。有的个别县区不能完全间接选举公民代表者，则由区选委会根据此种地区公民意见，聘请代表参加全区公民代表会选举参议员。

3.在敌占区或新开辟地区则采用聘请的办法。此外为了照顾到相当的人通过选举不一定能当选，或照顾到三三制的配备有的县区留少数名额，由大会聘请议员以调剂的。

1.

各县参议员产生情形如下表：

县名	议员总数（候补在内）	选举方式				性别		备考
		土世区			团体	男	女	
		普选	代表选	聘请				
莱芜	75	42	22	3	8	67	8	
淄川								
太宁	61		18	30	13	57	4	候补不在内
沂南	75	13	44	3	15	67	8	〃 〃 〃 〃
沂水	95		39	37	19	87	8	
蒙阴	57		39	5	13	52	5	
蒙东	55		42		13	48	7	
淄河	73	19	12	36	6	68	5	

12 11

丁、参议员大会的召开。

参议员大会是三级政府的最高权力机关，具体的表现在同级政府的行政委员会要对参议会负责，遵守和执行它的决议案。因此参议员大会的召开是一件大事，并且必须定期召开，才能行使其职权。

参议会里包括各阶层的代表，是三三制的，必须通过讨论研究种种方式，才能使参议员的意见趋于一致。下级参议会议员的意见，好像零碎片面的，具体执行工作限于小范围的，因此在大会的领导上常常感觉困难。今次沂南参议会充分的运用了小组的活动，对问题先经小组讨论，由中心发言，归纳大家意见，在大会上提出，然后由别人补充、选择，才能把问题讨论得热烈充分。

大会选举时大会提出之候选人应尽先提出，主席团负责提出者放在后面，这样主席团可以斟酌大会提出候选人的情形予以适当调剂，对于三三制配备、少数民族、妇女议员之选举等应注意的问题，才能全面照顾。

参议员大会闭幕后参议员应注意的工作及参议员同驻会的联系办法，在大会上应作详细讨论和规定，特别是关于研究宣传政策、执行法令中的障碍等各项，才不致於使得一般的议员感觉无事可作，而发生工作上被动应付，驻委会的工作也可以具体不致落空。

13 ~~12~~

(三)各阶層人民对选举工作的态度：

在这次选举过程中从以下几个例子中可以看出各阶層对选举工作的态度：

①莱蕪下村庄，有一位老大娘听说选举了，讓她到[illegible]去都不去了，在家等着选举。

②沂水有一劳动模範参加縣参議会成立大会时说："現在可是民主了，在以前我怎能到这个地方来呢"！

③沂南有一位士紳積極活动希望被选为公民代表，到区裡选他心目中的人，及至区里选举完畢，他心目中的人当选为縣参議員了，他说："只要××选上了那就行了"！

二、民主制度：

(一)村級政权開始廢除鄰閭制，改設村代表会。代表由公民小組选出（可隨时撤換），負責領導公民小組，公民有事即找其代表幫助解决。代表会下設村政委員会，按民主集中制的原則，分村長副村長、民政、財粮、教育、生產、公安、調解等委員外，必要時应設各种委員会。

鄰閭制的廢除是去掉以户口为单位的封建行政制度，使全村公民的权利完全平等。現在除物力征發仍以户口为單位進行外，村中一切行政，一律通过代表經常以公民小組为單位去進行。这种進步制度的推行剛開始，現在已知道沂南一百四十九个村子成立了代表会，沂水

14 ~~13~~

实行的，据五十八个行政村，大都运用的还不熟练，必须要提起重视和研究。

（二）中心地区的县级政权，已经有十二个县，由全县公民直接或间接（大多数是间接的）的选举（必要时还可以后迎）参议员成立参议会，再由参议员大会选举行政委员，并决定县的施政大计及其他应兴应革事宜，交行政委员会执行。新地区或游击区的县份，虽未成立参议会，大都聘请行政委员，组织委员会，或组织科长联席会议（有的县称县务会议或署务会议）领导全县行政工作。会议日期都不一定，一月、半月、二月不等，在坚持会期间会议都很差。

（三）专署、区公所虽然其不是一级完全的政权，未建立行政委员会和参议会，但为了集体领导，分工负责，都建立了政务会议或联席会议，会期不一定，如有的区公所几个月不开一次政务会议。沂南在每个工作任务布置和完成时区公所都开会讨论，准备传达或总结。

（四）联席会议，和民主检讨。各级政府，有时（不定期）召集下级政府干部开联席会议，除传达、布置总结工作外，对上下级的领导问题，或某一具体问题，进行检讨，改进领导及工作。沂南县按每一工作的传达总结召开区长联席会议，区公所召集村长开联席会布置工作后，在各分为

15 ~~14~~

若干小组，在布置工作的经验，都可以介绍。

（五）临时性或专门性的座谈会及委员会 在新的工作任务或专门的问题提出后，召开各界座谈会，或成立包括各界的人士的委员会，把这工作任务变为广大群众性的，运用群众力量完成任务，如救灾募捐、优抗、土地陈报、选举生产等。

在实际运用上还是很差，只是近年来成立的土地陈报委员会、选举委员会等，还起了一些作用，其他更形同虚设。

四、对三三制的执行与检查。

（一）对三三制政策的认识：

三三制政策虽早已提出（一九四〇年），并在各县都作了普遍的传达，只是个别县份比较注意些，一般的说，各地区干部对这一政策的认识都很差，群众更不用说了。在初期听到三三制时，不但不了解其重大作用，甚至有些干部发生许多误解，如太岳区某一区将三三制布置为三个村干完全是党员，三个村干是进步分子，三个村干是中间分子，还有的认为三三制是敌我顽的，如太岳某边沿地区乡配备乡长三人，一人应付敌人，一人应付我们，一人应付顽固。那时一般县的干部虽然多数了解，但认识上也有偏差的，有的认为这一政策是共产党欺骗的手段，表明共产党不

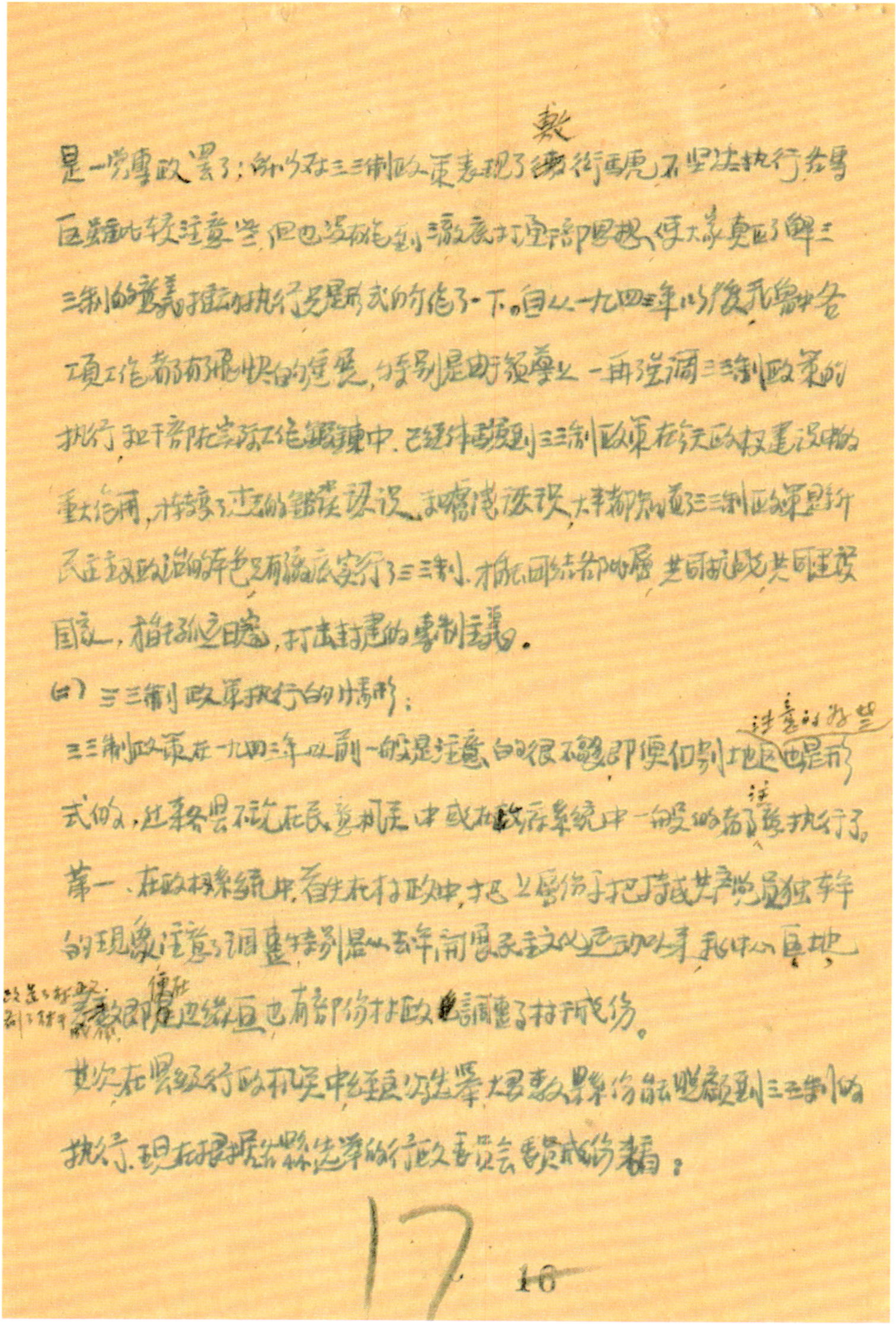

是一党專政罢了；部分对三三制政策表现了敷衍马虎，不坚决执行，各县区虽比较注意些，但也没有作到彻底打通干部思想，使大家真正了解三三制的意义，把它的执行只是形式的介绍了一下。自从一九四三年以後，我们各项工作都有很快的进展，特别是由于领导上一再强调三三制政策的执行和干部在实际工作锻炼中，已经体验到三三制政策在民主政权建设中的重大作用，改变了过去的错误认识，和糊涂看法，大家都知道三三制政策是新民主主义政治的特色，只有彻底实行了三三制，才能团结各阶层，共同抗战，共同建设国家，推翻日寇，打击封建的专制主义。

（二）三三制政策执行的情形：

三三制政策在一九四三年以前一般是注意的很不够，即使个别地区也是形式的，近来各县不论在民意机关中或在政府系统中一般的都已注意执行了。

第一、在政权系统中，首先在村政中，把上层份子把持或共产党员独办的现象注意了调整，特别是从去年开展民主政治运动以来，我们各区地，多数即是边缘区也有部份村政权调整了村干成份。

其次在县级行政机关中经过改选，大多数县份能照顾到三三制的执行，现在根据各县选举的行政委员会委员成份来看：

17

2

项目/县别	行政委员数目	共产党员		进步分子		中间分子		备考
		人数	百分比	人数	百分比	人数	百分比	
沂南	7	3	43%弱	2	29%弱	2	29%弱	
沂水	9	6	67%弱	1	11%	2	29%弱	
费东	7	4	57%弱			3	43%弱	
莱芜	9	4	44%强	4	44%强	1	11%强	
淄川	9	3	33%强	3	33%强	3	33%强	
太历	11	4	36%强	3	27%强	4	36%强	
淄河	9	4	44%	3	33%	2	22%	
博莱	9	3	33%	4	44%	2	22%	
太宁	7	3	43%	3	43%	1	14%强	
费北	9	4	44%	4	44%	1	11%强	
合计	86	38	44%强	26	30%	22	26%弱	

18 ~~17~~

19

在上述十个县的行政委员中，按平均数说来，共产党员占44%，进步分子占30%，中间分子占26%弱，虽不完全符合三三制，但比以前共产党员占多数甚至包办的现象是好的多了，这样各阶层都参加到行政机关里来，调整了各阶层的关系，团结各阶层，共同建设根据地。

第二，在民意机关中对三三制的执行，各县经过选举成立的参议会，除个别县执行的较差外，一般的说大都都能掌握三三制的精神，根据下几个县参议会的成份来看即可以证明：

3.

县别＼项目	参议员人数	共产党员		进步分子		中间分子		备考
		人数	百分比	人数	百分比	人数	百分比	
沂南	75	35	46%弱	21	28%	19	25%强	
沂水	75	34	45%	22	30%	19	25%	
莱芜	75	29	39%	31	42%	15	19%	
淄川	75	27	36%	28	37%	20	27%	
太历	51	18	35%	17	33%	16	32%	
淄河	63	21	33%	20	31%	22	35%	
太宁	61	24	39%	15	25%	22	36%	
合计	400	154	38%强	132	33%	114	29%弱	

19

18

从上表可看出共产党员虽然在县参议会的比例较大平均佔38%强，而中间份子比例较大平均佔29%强，但以这几个县来说，共产党员佔比例最多的（沂南）是46%弱，也没有超过半数，而中间份子佔比例最大的莒县是19%，在比以前大大增加了。

（三）检讨：

甲、执行三三制，首先是团结了各阶层人士，使之彼此都发挥力量共同抗战，一方面克服了过去关门主义，同时也纠正了放任下级政权的右倾现象，如莒县县长大胆的吸收各阶层人士参政，对推动政权的进步⊜改造等。

乙、从执行这一政策以来，证明了三三制政权是巩固抗日根据地发展及抗日政权的有利武器。如沂南有一士绅见到在这次参议会成立时某士绅（同一阶层）被选为参议员就说："××人被选为议员这就好了，有说话的人了，"而扩大了政府的影响，提高了群众人民对民主政府的信仰，并且使政府法令得到更普遍的推行。如莒南有一位士绅，素日对政府不满，对政府法令阳奉阴违，在征粮时成立征粮会聘他参加工作，他的态度就开始转变，现又选他为参议员，他不但对政府态度更好，并且成了执行法令的模范，因而影响了一大部分群众，特别是上层人士也对政府好转，而且顺利执行法令了。

4、

丁、对三三制政策重视和执行尚不够周密，表现在各县选委会的成份大多半没有注意到三三制，根据七个县选委会的统计即可看出：

项目 县别	选委会数目	共产党员		进步份子		中间份子		备考
		人数	百分比	人数	百分比	人数	百分比	
沂南	13	7	55%强	2	13%强	4	31%强	
蒙阴	9	7	78%	1	11%	1	11%	
费东	9	5		2		2		
莱芜	7	4		2		1		
淄川	11	8		1		2		
淄河	15	7		3		5		
太宁	7	4		2		1		
合计	71	42	59%强	13		16		

从以上表看出各县在选委会中都没有注意三三制的原则，共产党员的比例平均占59%强，其他进步份子中间份子还不到½，个别的县共产党员占78%，进步和中间份子只占22%，这样在提候选人时很难完满的照顾到各阶层，而且在推动去选举时也会受到影响。

20 21

戊、三三制政策的执行，在人民有了相当组织和政治觉悟的基础上，采用群众直接选举的方式最适宜，以两者配合的这次选举大多是间接的，草率的（如以太宁是在临时间决定复选数县代表选，和聘请的）虽然是一般注意到三三制，但所作的动员教育工作，不确实和的经过了一些艰苦过程。

己、在各级政权中几乎普遍的存在着对中间分子进步不够，或有新发动起来的干部要求过高，在态度上不够诚恳，不够相信，使人家精神不够安定、不能去发挥工作积极性，而另一方面积极帮助在各方面提高人家工作的程度（在新地区特别明显），这样就影响了吸收新成份新分子参加政权工作，也给三三制政策的执行增加了困难。

鲁中区行政联合办事处四个月来民政工作总结报告（1944年）

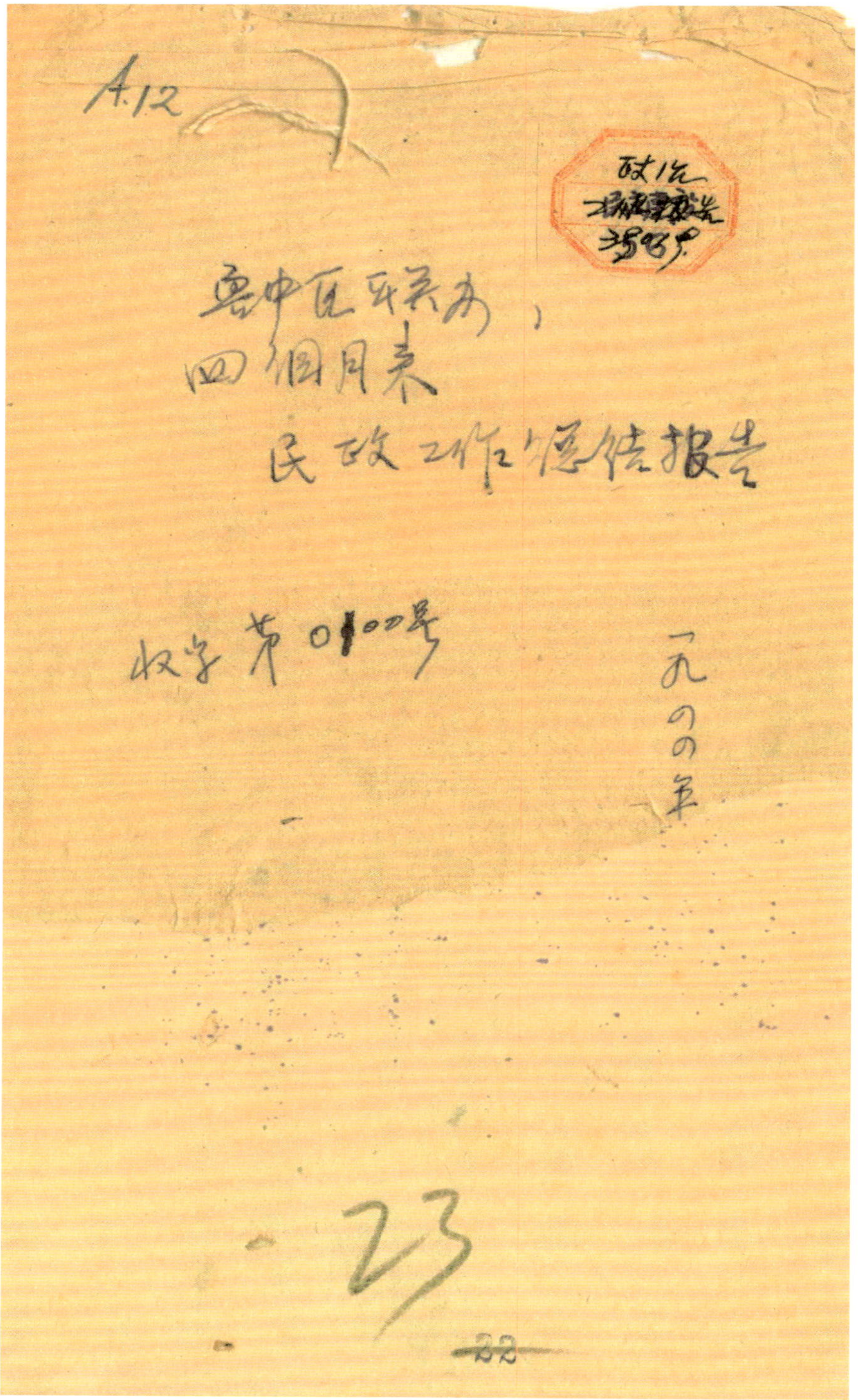
A.12

鲁中区行联办，
四個月来
民政工作總結報告

收字第0100号

一九四四年

23

優抗工作

同

优抗工作在我蒙区今年已初步作到统一办法同一时进行

一、春节优抗

(一)办法确定

今春节优抗办法，在物质方面是根据战工会所颁布优抗范围与优待数量，在布置这工作时，即明确的对各县指示优待范围与标准。必须是抗日军人直系家属，或必须依赖参军者赡养始能生活之抗属，而又是最困难者，才能享受物质的优待。优待的标准不能少过战工会所规定的春节暂优待全数之一半。

等级的划分是按抗属社会成分确定，为了更切实照顾抗属之困难，特别注意抗属人口多少，并将十二岁以上确定为大口，以下者为小口。

具体规定：主力甲等家属每大口48斤，乙等每大口36斤，丙等24斤，地方武装家属甲等每大口36斤，乙等24斤，丙等16斤，各等小口为大口之一半。

按以标准将每户总平均起来，相当于战工会所规定全年之一半。

对抗属之贫困者已规定了救济标准，总的原则是以最多不能超过地方武装家属甲等为标准。具体规定甲等大口24斤，乙等16斤，丙等12斤，小口为同等级大口之二分之一。

对荣誉军人家属贫困者，全按主力甲等优待。对外籍流浪之抗属，优待与本籍同。若经机关证明现在蒙粮后抓可補发。

对较富裕之抗属由所在地驻军机关及当村群众举行各式各样的慰问，由在政治上提高其地位。

(二)布置：

春节优救工作在去年十二月即发出指示各县，一方面澈底调查统计，另方面配合归队扩兵工作，在冬学里在群众大会上村干会议上进行宣传动员工作，教育群众敬重抗属、帮助抗属，如何去具体拥军，更特别號召各村群众在年关时对抗属进行慰问、帮助，这一指示是引起各区公所的注意，在工作基础较好的村庄有的上几次课，开几次会，传达讨论，这工作的进行是由各县优救委员会负责，但实际上主要依靠政府部门。

因各县统计表未能及时送来，出浙家决定具体优救数目时，距春节不足十天，因此在发粮时很仓促，但大部地区都借发粮时机进行慰问，说明今后对抗属优待办法，绝大多数抗属在春节前都受到物质的优待。

在太山区太南区因接到指示较晚，所环境又特殊，在开初时有的按战工会公布的办法，有的将全年优待数一次发下去，以后又改照联办所拟定办法进行。

发粮的办法是由专署决定通知各县以区找正几个发粮所，规定一日期发领粮證，凭證领粮，不到者分别補發外籍抗属是隨到隨發。

(三)收獲：

优抗工作已開始变成了群众性的，特別在沂蒙区。

1、在春節時工作基礎較好的村庄，各群众团体、士绅自动的捐粮、捐菜、捐豆付、捐煎餅，给抗属送礼，儿童给抗属拾柴，壮年给抗属担水。在春節也有不少给抗属拜年，或開慰问会，請抗属講話，群众表示今后怎样帮助抗属。

模範例子：在沂南張家峪妇女識字班八人，組织起来给病老抗属刘某作饭、推磨、縫衣、輪流煎药，使抗属受到很感动的説："比小孩在家还好，大姐们对我这样好，政府给我送粮食"。在沂北有给参军者寄儿子的。

2.贫困抗属的生活得到有效的帮助，在春節的归队工作中，仅在沂蒙区即优待了四萬余万斤粮食。(列表)(统计不全待后補报)

3.直接配合了归队扩新工作，沂蒙区归队与扩新工作成績优良，而优抗工作也是其中主要原因之一。

4.開始纠正过去的偏重於地方武装家属

26

~~25~~

机工属而忽视主力军属的观念，以优抗竟成奇轻奇重无原则的现象。在沂蒙区今春作到对优救粮统一收支。

5. 这次优救工作不但注意贫困抗属的物质，而且提高了抗属政治地位，普遍的提高对当兵者抗属精神上慰问外，在太南尚边联并送茶送肉进行慰问，在一般大会上都特设优抗席，在春节时各驻军与机关除进行慰问外，都招待抗属随同会餐，在抗属本身，现在都感到是无上的光荣。

（四）缺点：

1. 调查统计工作不够精确完善与及时，有很多地方没有将直系与旁系抗属分开，也有不少抗属至今还未调查上，特别是接敌区对调查日期过于拖延，以至春节的还有些区没有作好，以致进行这工作有些仓促。

2. 在宣传上过于强调物质的优待，造成了抗属的依赖观念，完全依赖政府与群众优待与帮助来解决问题。在鲁中区检讨过去优抗的缺点，确为各部门各级干部以及群众所注意，跌到单区将每年每户优抗粮初步决定后，为各部干部所依据，对对强调过去归队工作以二百五十斤作号召，不少的干部公开提出归一个二百五十斤，再与还给多优待。在边联更有的归队者还赌博账。

因过于强调物质的优待与数目的夸张，在今春节引起抗属的怀疑，认为宣传与作不一致，有些失望，甚至有些干部也提出意见为何不发二百五十斤？

3. 忽视对抗属政治教育，具体帮助抗属参加生产增加生产工作。虽是也强调指出这点，但是全乡成绩很少，主要原因是县级积极于帮助抗属教育少，抗属认识不够，长期被忽视。

4. 优抗的领导机构不健全，虽然各县都有优救委员会的组织，个别村成立优救小组，但多是挂名，至多不过接粮时帮帮忙就算完事。在平日很少研究与解决抗属的优待问题。在各村成立的优救小组没有抓紧检查，使其积极逐渐消沉下去，特别模范者表扬不够。

六、春节后的优抗工作。

在民政科长联席会上与会后的指示上强调把春季优抗工作提出，得到材料各村对贫困无力抗属的地，大部分是村代耕队耕的。抗属在春荒贷款

28 ~~27~~

程节他们获得了优先权，在扩新工作中仍按春节优待标准给新抗属以优待。

因今年春荒严重，敌区逃来难民抗属很多，对沂蒙区的抗属中止普遍优待，只拨出三万斤粮食分发各县作临时救济之用。

除有不少的村庄给抗属代耕地外，政府群众团体也自动捐助抗属，政府群众团体也还在发动他们普遍的这样做。

在今春各县是注意了对外籍抗属的优待，凡是入境的不论明的在四月十五前都按春节标准优待。优待的数目尚无详细统计。

在四月十五后是除按救济难民办法（见后）外，每天每人加发四两粮食。在刚来时都经过招待谈话，有的直接介绍职业，如打金、或纺线、做饭，但多半是无劳动者，大部分散讨饭来解决生活。

他们对政府对救济他们的措施还是满意，有很多的抗属说："我早知道这样我就来了。"

关于太山区与太南区春荒期间的优抗工作，因未来报告，详细不知。

29

28

救济难民工作

在沂蒙区今年春荒还不十分严重，除春贷款外主要是发动各村互助。

在太山区太南区春荒十分严重，特别接敌区敌占区在敌人压榨下，已无法生活下去，扶老携幼络绎不绝向沂蒙区逃，据不完全的统计由临朐博山莱芜淄川泗水一带逃来者在七千人以上。

起初我们忽视救济问题，只注意了对抗属的管理，指示各县要对难民登记与盘查，同时也指示各村应发扬民族友爱，并尽量给以帮助。

继又发起节约四两粮的号召来救济难民，在五次行政会议上决定对群众继续每户四两粮捐募运动，号召鲁中区党政军民凡脱离生产人员每人每日节约粮食一两，（自四月——五月底）公家另外拨救济粮三万斤作急救用，自四月廿五日起凡五十五岁以上及十五岁以下之难民与妇女难民每天每人发粮四两，难民的住处走各村负责迁移，由村写介绍信，到区由区写介绍信。

除号召群众对讨饭的难民不要拒之门外，并开放树头。

为了认真执行这一决定并确实使难民得到救济特

5、鲁中区成立救济委员会分赴各县帮助抢救救济工作。

募捐工作有些村庄表现非常踊跃，如依汶一村即捐洋万余元，各村正在积极进行中，鲁中各机关除粮食踊跃捐助外也踊跃捐助，鲁中贸税局现已捐出一千七百元。

除急救外已给难民介绍职业，现在主要还是纺线，由村中借给纺线车。不久春苗長大还需大批短工。

对这工作的初步检讨

虽对救济难民工作已引起党政军民的注意，并在实际行动已给难民很大的帮助及很好的影响，但敌区同胞与根据地的人民的关系还是存着如下的缺点：

1、個别干部对难民的認識很差，还是不够，有事不关己的观点还很浓厚，在群众方面还没有造普遍的运动，就是舍出粮食还不了解救济的意義，歧視难民的观点还是严重的存在着。

2、对难民介绍职业工作做得不够，除少数介绍到金矿及放牛外，主要还是討饭为生。

3、对难民教育注意太差，除领粮时個别談之外，几乎没有教育，根据地内各种政策的介绍与抗

31 30

战信心的坚定很好去作，

对代赈粮的管理，

1. 在去年已规定以专员区为单位由各县保管，但各机动性仍很大，随意的开支。现在又规定除各县留五万斤作临时代赈外，余交仓库保存，由专署民政科实际通过粮食科拨支票才得开支。

2. 制度虽然逐步严格，但各县执行程度仍很差，特别是太山、太南各县，

3. 在沁源在今年本来还剩十万余斤代赈粮，但是因余粮缺乏都被借用了，因此影响各县的春救工作。

4. 各县代赈粮至今没有精确的统计，粮食科也没有数目，特别是在沁源县在代赈多少粮食亦没有一定数。

5. 代赈粮随着粮食制度的严格与仓库的建立也逐渐严格起来了，所以制度的严格而节省了不少的粮食，这也是今后在代赈中应注意的一项工作

～～～～ 完 ～～～～

32

~~31~~

6

民主文化工作

（一）工作布置：

一、在二月的民政科长联席会议上，即将选举工作做为中心工作提出，随着即正式指示各县。

① 在地区上要求各县中凡未经过民选政权、任期已满之民意机关、政权机构及区联保组织不合"三三制"之政权机关都由选举来改造之

② 在时间上在四月底前各中心地区至少三分之一行政村（已整理的在内）实行选举，五月底前须由分区分别以联四县选举完毕，对他区也继续实行。

③ 要求把民主工作变成群众自觉自愿参加的要求，选举至少有百分之三十选民参加。

④ 强调提出在形式上和实质上真正民主的，反对包办代替等玩弄民主的现象。

⑤ 对三三制问题要求是各阶层真正代表各抗日阶层利益而不是形式上数量上的要求，配合说服党员正确掌握这一政策，及反对忽视及应付的态度与对形式的运用。

33

32

⑥选举办法的具体规定是根据战工会过去所颁发的选举大纲及区村选举条例编印成单行本。

二、三月份正是拓新工作的紧张时期，因为春耕、生产两个中心工作，各县均未将选举工作放在一边，虽几次督促但都未动起来，直到四月初才开始进行。

三、在四月初将民主工作搞得更紧凑，又重新决定将民主与文化工作结合起来成为一个运动，使其互相推动。

在时间上以五天时间内集中力量推行村选，在数量上没有限制，因为一个新的民主工作，决定在四月份内为村选的试验期间，各县要选定配合党与民众集中力量进行，把试验结果作出总结，将经验推广到其他地区。

四、上级的配合上党与民都指示所属配合民主工作，并派出大批干部百余人到各县帮助试验，并下干部，在领导上统一指导县区。

五、各县接到新的决定后，都已开会议，具体配备了力量到各区去，在济南家山东平区为试验区。

六、最后具体布置工作中具体指示将民主与文化运动与群众切身要求的问题联系起来进行，通过墙报，民校上大课开会灌输群众以民主思想，以民主精神，贯彻到各种工作中去还是过去所忽视的，而在四月份佈置工作强调提出的。

(六) 民主文化工作的进行：

这工作现在还未接各县的会报，仅把沂南进行情形报告如下：

一、一月来工作的收获：

1、成立各级选委会及选民委员会，数前民主各阶层都有人参加，对不民主的现象在区长中心村的干部会议上村民会上都进行检讨，注意了改进不民主的现象。

2、在民主民化运动中扩大恢复到156处民校，134处识字班，人数民校原2305人扩大到3272人，识字班由1546扩大到1675人。

3、户口调查已进行了总的人口的二分之一，选民尚要在到统计约在三分之一。

4、干部在民主思想上有了初步认识，并才认识民主工作是个艰巨工作，开始觉到民主的重要，这不但表现在自我检讨上，而是注意对问题的处理，在个别村级干部里也注意争求村民的意见，对大问题提出会议上讨论，从对教员聘任民校毕业伤兵公粮问题，有不少村庄是经过民主的讨论的，在某村用不民主方式强摊派毕业伤员公粮而

35

~~34~~

天不成，而召開群众大会討論一晚，將应缴公粮顺利的攤派下去。村級干部高兴的說：真有民主也要搞出来啊！某個村妇女說等一年村長推諉不給找房子，而由群众檢討过去不民主不注意民众数而后，房子立即得解决。

二、缺点：

1、在認識上：

㈠一般的干部把民主文化运动看成突击工作，把民主文化运动简单化，想一鼓而成，因此工作中仍引起群众的怀疑，認為是形式，并以為十八個字又轉来轉去还不是那几個人。

㈡、对民主文化工作認為是個輕而易举的工作，特别是这工作刚提出的時候，没有認為这是民主思想與不民主思想斗争的，必须经过複杂的長期的教育与改造。

㈢在干部中個到今还没造成個热潮对这工作，还是感到平淡無味。

2、在佈置指導上：

①没有造成個群众运动，而造成了区委会，各村很少由区委会来指導群众改造不民主现象，以致在选举委員

会本身就是形式的。

② 由以上原因村里工作中仍是存在生硬的处理问题，生硬的讨论，生硬的进行登记，不经群众同意即成立选委会等现象。

③ 不能按各区各村具体要求来布置工作，只有个别干部注意这问题。

④ 区级干部不能及时研究指示，联系实际，有很多工作脱了不少，

⑤ 领导上机构不灵活，如粮公粮、救济难民等工作都影响了民主文化运动工作的进行，而不知将民主精神贯彻在这些工作中去，将这些变成民主文化具体工作的一个部份。

3、宣传动员工作：

① 宣传上普遍是说八股，不能联系实际，特别是联系本村问题，只会读读报或将上级会议所听的原封搬给群众听。

② 教材不生动，不简单，平淡枯燥，教时不注意群众情绪，当一个干部讲完后，第二个站起来补充，第三个又站起来，第四个又作个最后的补充，村长再来个工作报告，就把群众闹得头昏眼花，打盹，提前回家睡觉，群众给个外号是

37 36

麻烦。

③没有把村级干部教育好，就叫他们领导群众进行检讨，因此结果最好的是检讨过去不民主别人不民主某些小事不民主，而不检讨现在自己些大事不民主等问题。④负供材料不及时，不实际，没有能给工作干部以具体帮助。

在这二个月中和在总结工作中主要检讨，针对这些检讨工作中的缺点提出纠正，确定在五月份内将民主文化工作进一步的与群众生活问题联系起来，以民主方式给群众解决切身的要求，而进行民主教育，在大民校识字班上大课讲历史进行民主教育，使民主文化运动真正造成个热潮，继续调查研究工作纠正过去的偏向，

在村选的程序上五月主要完成划分公民小组，审查好公民小组。

现在是敌人扫荡前夜，为了服从反扫荡紧急任务，把民主文化工作备战活动结合起来积极进行

—完—

衛生工作

1. 成立了卫生所，将直属以下各机关伤病号（直属各机关、及沂蒙专区、校政干部、民兵自卫、抗属小学教员）共收容病号二百〇七名，治愈一〇四八

付設平民診施療處共施診590名

2. 施行春季直属机关普遍健康检查，如山东公学、联中、直属小学、税务局、北海银行、郵政管理局、直属机关办公室等。组织了巡回治療隊。

3. 普遍的接種牛痘，除直属各机关普遍施行種痘外，并整个沂蒙区各小学村政干部、抗属小孩、贫苦民众均普種了牛痘，另並捐第少部份药品，给各区贫民施診送药，以行為成教東边联防区进行中的有沂北沂中沂牛，因数目尚未总结

4. 对难民实行宣传及診治：由巡回治療隊，到各村庄给难民診病，並给以药品

6. 各县配備了卫生干部，整理了組織，各县卫生人員無常缺乏，现在先将沂蒙区七县配備補充

7. 組織了中药合作社，為了提倡中药，与使用中药，打破敌人封锁，由政府与人民投资组织中药铺一座，一律所售中药。

39 ~~38~~

鲁中区文教工作总结（节选）（1944年）

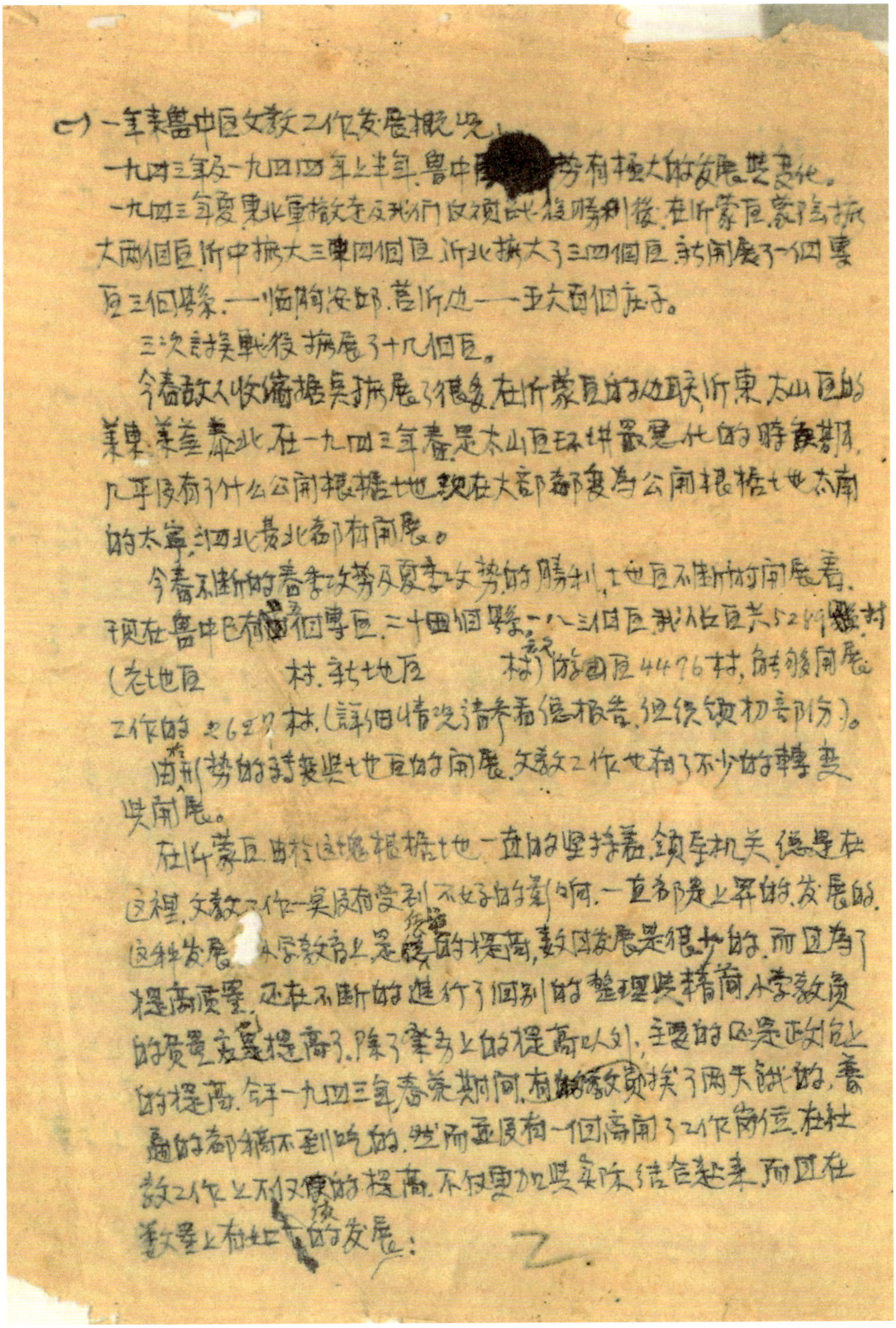

（一）一年来鲁中区文教工作发展概况

一九四三年至一九四四年上半年，鲁中[illegible]势有极大的发展与变化。

一九四三年夏东北军投敌及我们反顽战役胜利后，在沂蒙区较为扩大两个区，沂中扩大三东四个区，沂北扩大了三四个区，新开展了一个专区三个县——临朐、安邱、莒沂边——一五六百个庄子。

三次讨吴战役扩展了十几个区。

今春敌人收缩据点扩展了很多，在沂蒙区的边联，沂东、太山区的莱东、莱芜、泰北，在一九四三年春是太山区环境最恶化的时期，几乎没有了什么公开根据地，现在大部都变为公开根据地，太南的太宁、泗北、费北都有开展。

今春不断的春季攻势及夏季攻势的胜利，地区不断的开展着。现在鲁中已有五个专区，三十四个县，一八三个区，我们地区共5284村（老地区 村，新地区 村），游击区4476村，能够开展工作的2627村。（详细情况请参看总报告，但须调切部份）。

由于形势的转变与地区的开展，文教工作也有了不少的转变与开展。

在沂蒙区，由于这块根据地一直的坚持着，领导机关总是在这里，文教工作一点没有受到不好的影响，一直都是上升的发展的。这种发展[illegible]小学教育上是很快的提高，数目发展是很少的，而且为了提高质量，还在不断的进行了个别的整理与精简，小学教员的质量更是提高了。除了业务上的提高以外，主要的还是政治上的提高。在一九四三年春荒期间，有的教员挨了两天饿的，春[illegible]的都搞不到吃的，然而并没有一个离开了工作岗位。在社教工作上不仅质的提高，不仅更加与实际结合起来，而且在数量上有如[illegible]的发展：

2

年/数/名	冬学 处数	冬学 人数	识字班民校 处数	识字班民校 人数	剧团 处数	剧团 人数	俱乐部 处数	俱乐部 人数	读报组 处数	读报组 人数	读书会 处数	读书会 人数
一九四三年	九六〇	25600	455	10495		无统计						
一九四四	2611	96259	1128	31569	162	2031	51	224	409	2488	98	505
增加百分比	276%											

在太山区一九四二年底到一九四三年春，这是环境最恶化的时期，正值地区游击化，对教育工作则採取了取消主义的政策，全太山区仅有的教育，也不过就只有六十处小学。由於政策的转变，採取了敌进我进并进行思想检讨（1943年秋开展了文教工作），我们对敌游区的文教工作大大的开展了，加之环境的好转，现在已恢复了文教工作，现在有抗日小学五百三十七处，我们所掌握的灰色小学两百六十六处，今年冬学也开展了四百八十三处，吸收了二万三千二百一十二人入学。

在太南区和太山区亦有同样的情形，许多干部轻视教育，由於文化运动时期进行了思想检讨以后，大大的有了转变，太宁费北都有了发展，新甫开始恢复，新太、太安、莱芜以吴掌握了敌区小学，至今年也开展了冬学运动。现有抗日小学一百七十九处。

灰色小学一百零六处。

冬学一百一十处。

在沂山区除东沂北二区外，大部是新开展地区，经过开办几次训练班，在现有的308处小学中，三十多处是沂北老地区在上半年恢复的，其余全是下半年新建立的，冬学298处，剧团亦有开展。

在沂蒙区的沂中蒙阴沂东边联，由於新地区的开展，文教工作亦开展了，小学149处。总计现在鲁中区有

小学1645处，学生56741人

民校识字班，1128处，学生31566人（12个县的）。

3

3.

读书会58处，505人（只沂南沂中临沭三个县的）

读报组409处，2488人（沂蒙四县安邱（全人数）太历章邱太宁共八个县）

俱乐部34处，224人（沂南全人数，沂水临沭三个县）

农村剧团162个，2031人（沂蒙四个县，沂山二县，太历一县，共七个县）

小学教员2049人。

与一九四三年春比较：

小学发展近四倍。

民校识字班发展两倍半。

剧团发展两倍多。

（二）组织机构与干部情况：

组织机构的变动与检讨

1. 首先谈县级教育处，按一九四二年前政府的编制，县教育处只有处长一人，下设学校教育及社会教育两个科，各科设科长一人科员二人，后来从未再讨论过，然而实际上县级教育处，县一个科也没建立起来，在一九四三年时还有一个科长名义上也没确定是学校教育科或社会教育科，而实际上就是一个综合的教育科，再加一个科员，整个教育处就是一帅一将一兵，一九四四年春，科长调去代理山公校长，处里就一帅一兵，因此处里什么制度也没有，会开不起来，工作也无从分，所以机构也就谈不到[illegible]。教育队领导下，有一个实验区（三个行政），现在一人调动了，一人受训去了，还剩一人。今年四月才成立的印刷厂。按照教育处的工作来说，过去的编制是不合理的，这种编制是跛脚的编制，因此在工作上就必然导得半身不遂，健全的机构必需具备以下的几个方面，即第一掌握政策原则方向，制定方针计划办法，推动执行的，这就是行政工作。

4

4.

第三由于教育工作上的特点，工作推动起来以后，必需有深入督促检查的，这就是督学辅导工作。第三教育工作是個具体细微工作，必需有实验研究的工作。第四，教育工作不能说空话，首先就要有教材，这就是必须有编辑教材和印刷教材的机关。然而按照县政的编制，就是只有出谋定计的机关，和实验研究的机关（但还换不得本钱，不许人多），而督促检查的就没有，编辑出版机关也没有，尤其是因为没有编辑教材印刷教材的机关，五年以来大多数都是唸的空，使教育工作受到极大的损失，教学效果之减低一半以上，这是個特殊的经验。

另外由于我们的糊涂观念，轻重倒置，把小学教育放在第一位，所以在组织机构上，也是着重了这一方面，没有干部教育。首先建立整理小学教育的机构，虽曾几次提出要设专任干事（管理干部教育的），均未得通过。

2. 其次是专署与县的组织机构，专署文教科按编制的规定是一個科长二個科员，但实际上各专署也还是不健全的，沂蒙专署没有文教科长，只有一個科员，泰南也没有科长，也只有一個科员，泰山区沂山区，已有一個科长二個科员。

县的编制一個科长，大县三個科员，中等县两個科员，小县一個科员，故边县没有教育干部。事实上这种编制是太少了，所以联办依据实际情况去决定，首先在沂蒙区各县又增加了一個文书兼会计，因为一個县一百多到二百個小学教员的生活费、粮票、书报教材的分发等是非常麻烦的，一個人做不了的。现在大县就有四個科员（沂南、沂中），中等县就有三個科员（边联），实际上干部缺乏，沂中只有三个，沂南只有二個，边联蒙阴只有两個，沂东只有一個科长，费东蒙山只有一個科

5

5

長。現因該科被选為參議長，該科長也沒有了。忻山區所屬有一個科長二個科員，昔陽一個科長一個科員，安邱只一個科長，臨縣到現在連個科長已沒有，只新近才調出一個科員來。太南、太岳、冀北、太北、新府都只有一個科長。新太四北沒有干部。太山專署一九四三年春，把文教與民政科合併，實即取消。到民主文化運動以後，又開始轉變，又開始恢復文教科。現在太岳還沒有科長，共集也只有一個代理科長。

按照職工全精簡的編制，縣文教科一等縣只有一個科長兩個科員（實際上魯中還沒有合乎規定条件的一等縣呢），二三等縣只有一個科員。這種規定是不合理的，因為小学在農村的作用，實際上就是掌握着思想陣地，而小学教育是抗日陣營中最落後的一部份，又是分散在鄉村，這一工作又是最薄弱的一环，誰也不會不同。而且教育工作的政治任务與技術性又與一般工作在性質上不同。一個縣百多個學校只有一兩個人，實際上聯机关工作都應付不了（做文書會計就是一個正人才能干了），那裡還有可能去掌握這一思想陣地去呢？現在上就是放任自流，讓那些落後份子去適運，傳播落後與反動的思想。因為簡政政策是與提高工作質量不能分開的，教育行政干部少了，但对小学整理撑提高就放鬆了。根據簡政原則，應当是減少一部份小学充实行政部門，来提高教育效果與教育工作在抗战中的質量與作用，才是合理的、正確的。其次是过去的教育行政組織，實際上仅仅是單纯的小学教育行政的組織，社会教育就沒有人問，而小学教育也仅仅只顧到了小学行政，只能顧到小国设备（不安（一））備置工作，但研究輔導工作就無力及之。

再說区的編制，由於精簡，把区的文教助理員減去了，这就使区裡文教工作无人管，更造成区裡对於文教工作不重視的现象。

6

另一方面，教育工作不通过区直接领导学校长中心小学校长，把中心小学校长这一辅导组织，变成了行政组织，是不合理的。使中心小学校长放弃了辅导工作，还天天忙着搞给养等任务，有问题就去跟在区长村长的屁股后也解决不了，形成了教育工作脱离政府的孤立现象，也发展了教育干部的宗派主义倾向，还会养成中心小学校长对教员的官僚主义，以上对下的倾向。後来在政委会指示是中心小学校长兼区助理员，我们讨论的结果，认为中心小学校长兼文教助理员，主要的是中心校长的辅导工作，行政工作是次要的。另外估计到可能因为兼了助理员，区里就认为他是区的干部之一，分配他一般工作任务，搞的他不能作辅导工作。同时又考虑到边缘区敌佔区的特殊情况，我们的决定是中心区中心小学校长兼文教助理员，但中心小学校长是主要的，助理员是兼职，生活待遇还是中心小学校长的。其次是边缘游击区设专任助理员，不设专任的中心小学校长。这种编制，在沂蒙区一般的都执行了。其他地区有的因为没有适当的人选，还有没配备的，有的地区是区长兼的，有的地区还有专任助理员的，但一般都执行了兼职的指示。根据这一阶段执行的了解，我们感觉得这种中心小学校长兼区文教助理员的决定，是不能解决问题的根本办法，因为执行的实际结果，中心小学校长去辅导工作就足够他做的了，现在一兼助理员，不要说工作，就是开会就将他应付不了的了。结果是行政工作没做好，辅导工作也没做好，乡里耽搁了，城里也误了。另一种情形（就是比较消些不积极的中心小学校长，就是中心小学校长也是比较落後些的）对区就说他辅导忙，行政工作放着不干。

对小学就说区里行政工作忙忙，不去辅导，结果辅导空了。第三种是太山区一部分也区因为工作组的工作方式还没克服，中心小学校长一兼助理员都被区里分配到[illegible]里去了，动也不许动，不仅辅导工作不能做，就联教育行政工作也没有做。第四方面，中心小学校长兼助理员，实际上就是秘书，区里只有人管小学，而没人管理社教。事实上在教育干部及行政干部的思想上也必然产生这样一个结论：社教工作无人管。当然社教工作到区里就必然垮台。因此中心小学校长兼区文教助理员的组织机构必须予以改变。

8

发现了小学教员普遍的工作不安心。根据实际情况的分析研究，认为这是思想问题，于是就提出了开展教员的整风学习运动。

在新地区有新地区的工作方针，因此各地在每一时期每一工作都有了方针，有了计划、步骤与要求，各县一般的也都能根据既定的指示，定出每月工作计划，比较好的县，还能把每月工作计划有步骤的分成几个阶段来完成，使得区分中心小学能够更好的执行与完成任务。

检讨起来，基本上那些指示与布置基本上是正确的，但方针与要求一般都是太高的，都是超乎主观可能完成程度之上。一九四三年小学半正规化与模范小学条件是没有完成任务的，社教工作也是没做到的，民主文化运动的要求也是离现实很远的。这说明了我们提出的方向是正确的，但要求是主观主义的，没有根据客观力量及各种工作联系起来。

其次是方针计划要求提出以后，继续推动执行计划是不够的，督促检查是几乎没有的。一九四三年除在沂蒙区各县还多少有点检查之外，其他地区执行的情形究竟怎样，是完全凭了来回几封信，太山、太南、沂山区从来没派过一个人去检查过，因此对各地的具体实际情况了解的情况就非常不够，就不能更进一步的在实际工作中对各县加以指导与推动，只凭他们的报告，甚至每一个工作都无法做出确实的总结来。这就表现在许多工作是有头无尾的。

2. 能够时刻注意掌握政策，提出问题，从实际出发研究与创造工作。

一九四三年春天我们研究了振生面生问题，因为实际上需要解决这一问题，我们曾进行过研究讨论面生振生问题。

9

我们认为一方面是教学内容生活脱节的问题，另一方面又认为是"我们不是为老百姓办学校"，而"老百姓是为我们办学校才上学"。因为学生坚持，我们提出了关于学校的社会化与群众化问题，并在寒假中心小学训练班上进行了讲授。在民主文化运动开展时期，我们进行了俱乐部、农团、见物识字等的研究。在民主文化运动过程中我们发现了许多问题，发现了其中的规律性，做了初步的总结。根据两年冬学的经验及民主文化运动的经验，我们总结社教的规律即七条方向的经验。当冬学运动中妇女识字班不仅没有发展而且还倒流起来，我们又进行了妇女识字班的研究。对于冬学的一般的教学管理方法，我们也进行了研究，并提出了初步的意见。我们试验的半日民办小学、儿童识字班、小学的回复问题上，我们也进行了研究实验，并提出了初步意见。春节以后教员工作不安心，像瘟疫一样的发展着，我们进行了研究提出了整风，不仅克服了不安心倾向，而且认识了教员整风对于在农村里发展民主思想以取得优势与掌握思想阵地的重要作用。

问题我们提出了，但我们提出的不够尖锐而不够坚决，贯彻执行是很差的。关于小学教育的改造问题，一九四二年夏天我们就提出了，并且也进行了实验，但因为没有立即得到各方的赞助与推动，从原则立场出发，没有从为什么提出问题，所以虽然提出了，但自己还是不够明确与坚定的，于是后来就放弃了，没有贯彻下来半途而废，这个改造的道路走到另一个形式主义的道路上去了，而且仅仅只是从小学教育本身认识小学教育提出改造的意见。

10

9

还没有从整个教育工作去考虑，提出全面的改造意见，又如关于民办小学的问题，一九四二年底我们就提出了小学教育社会化与群众化的问题，然而这一问题的提出，还保留着官办小学的本质，也仅仅只提出我们要改变"老百姓为我们上学""我们不为老百姓办学校"的现象，还并没有提到今天农村社会的特点，没有明确民办小学的方针，更没有了解小学教育的多样化是改造小学的，是从实际出发来改造小学教育克服形式主义的关键，而因此就是社会化与群众化的方针上也还没有贯彻执行。

又如关于干部教育、群众教育、成人教育（社会教育）、儿童教育的问题上，在四三年初我们也曾提出了"为现在，为将来"，但在实际执行上，并没有贯彻这个已经意识到的方针。今年春，也曾提出了干部教育放在第一位的意见，但对这一问题认识，过去也曾把干部教育当作教育部门的业务，在布置工作时也曾列入工作计划之内，但还不明确、不坚定，不能从"为群众"的观点出发去提出问题与解决问题，即令提出了也不能在执行中实现与贯彻起来。这充分的说明在政治立场的薄弱不明确、不坚定，受到旧教育的思想影响，与旧思想残余还没有完全摆脱。

空谈主义倾向

（五）3. 实行了一般号召与具体领导相结合的领导方式，纠正了任务坚持推动了全盘。

教育工作是一个细致的建设工作，新民主主义教育的方针，我们都还没有真正掌握住，具体内容更没有着落。

11

10

那么这一工作的開展與進行，就不能是一纸空文佈置下去就算了事。我们在一九四二就認識了這点，必須建立實驗區，創造經驗，领导全盘。到中共中央领导方法的决定發表以後，更加明確了这一方針，並在工作中執行起來。民主文化运动時期，我们进行了几個村的劇团、俱乐部的直接领导，进行研究，冬学运动，我们抓紧了長山區吸收經驗，發现偏向随時提出在報上發表，以傳播經驗，糾正偏向推动其他。但實驗區的工作领导上抓的不緊，建设不够，干部太少，仅仅关於一般的问题能够提出研究，並收到结果，一些更深入更具体的问题，如剧乐部问题，教学管理问题，辅导问题等研究的不够深入，不很普，不能老老实实的去一滴一点的作長期打算的去研究，仅仅在長山區去研究，而没有從實际出發，在其他地区發现典型的新的材料，抓紧去研究，在原来的基礎上加工改造與發展，这就是说在實驗研究工作的粗枝大葉與主观主义作風还未克服，群众路线还未被很好的运用起来，抓住中心推动全盘上来說，因為及時的整理材料與傳播經驗不够，在一般的推动上也是非常不够的。思想上还存在着輕視点滴的零星的經驗，还認為这又不成套，等搞出成套的或成熟的東西，再寫大部头的東西發表吧！如一九四三年寫計劃出几本小册子，这都是工作中的實际經驗，因有的同志認為不够成熟，没抓紧而没實现。運用報紙也是非常不够的，各级文教干部在思想上，

农村俱乐部、农村剧团、文娱活动，加以调查研究，以作出方针，交流经验，交流结果的。

对实验区的工作，不够深入，不够细致，没有典型的材料，一个一个的做，粗枝大叶。

12

141

还没了解根据最好的领导推动工作的推动工具，手工业的方式，还保留着不肯抛弃。

在一般与具体领导相结合的问题上，我们曾经决定（1943年初）县文教科长一律要兼一个中心小学校长，具体深入实际上，这虽然是我们的进步，但实际上的贯彻执行的就没有，我们也没有很好的督促检查领导上的群众路线，在干部的思想中还未明确的认识这一问题，这充分的说明了文教干部主观主义形式主义的思想方法还相当浓厚，而群众观点则非常薄弱。

4 (四) 领导上抓紧了沂蒙区，但照顾全面不够。联办兼沂蒙专署，而且经常在沂蒙区活动，对沂蒙区的工作抓的紧，沂蒙区的文教工作是有了进步与发展的，质量上大大的提高了，甚至在整个工作中有些突出的。然而在领导上不全面，主观上对太山区、太南区（不仅太南区而是对滨海地区）就是放弃的，因为太山区太南区大半是敌占区，那里的干部一般的忽视与轻视文教工作，于是就避难就易，不能从思想上去纠正与克服他们的观点，反而放弃不管，任其自流。同时对敌斗争的观念是非常不够的，起码在工作表现中是这样的，三分之二的敌占区，今天我们处的是敌我方对敌斗争是全面的，多少有在文化战线上逃避对敌斗争而想安坐根据地去建设的倾向，这不仅在鲁中区的领导是如此，在各县也是如此，每一个都有敌游击区，但每个县的对敌文化斗争几乎都是被轻视或放弃的。沂南的孙祖区、垛庄区，在教育工作是落后的，但这些区县文教科就不常去人，这在别的县份上多少也有这种照顾不过来或领导

13

12.

不平衡的现象。

(四) 5. 组织机构不健全，联中教育处长期的只一個处长一個科员，部门建设工作太差，没有很好的建立起一定的制度来，没有形成部门领导民主精神不够，多半都是处长一個人說什么就干什么，工作有時抓的很紧，有時搞的别的事情来了就放任不管了。深入检查了解情况非常差，仅靠纸片子领导，虽然在联中这個机关来說，教育工作的指示訓令等，比起其他处裡还是少得多，但仍免不了文牍主义的作风。指示发出去，就算完成了任务。在有些县份裡，如沂南文牍主义的现象，还是非常严重，据一個区的统計，全县各部门的訓令执示，合起来也有数十件之多，这說明了文牍主义的严重。各县的思想领导太差，组织领导也不健全，但近一年来还是有不少的進步，主要的是沂蒙区，都能注意從思想领导解决问题，在组织领导上也能研究划分辅导区，分别领导的办法。

[illegible]

(五) 6. 在整個政权对文教工作的领导上，是放任的（县裡比较好些）文教工作一般的很少有人注意，行政会议上很少有人討論，联中文教会议~~多半無人参加~~，别人多半是不参加的，好像文教工作最好做，因為多做也好，少做也好，早做也好，晚做也好，做也好，不做也好，这样做也好，那样做也好，誰也不会来过问你的，只要你的工作中和要錢要粮没有关系，这一点给了文教工作一個很大的方便，可以放手去做，但另一方面，在工作中发生了困难，也一样没人給你解决，这是联中的现象。沂蒙区一方面由於教育工作抓的紧，尤其是干部，有的也有些保守主义，另一方面由於一般的对教育工作轻视的观点，也未徹底克服，造成了有些独立关系，個别强调系统本位的倾向。文教干部

[illegible]

14

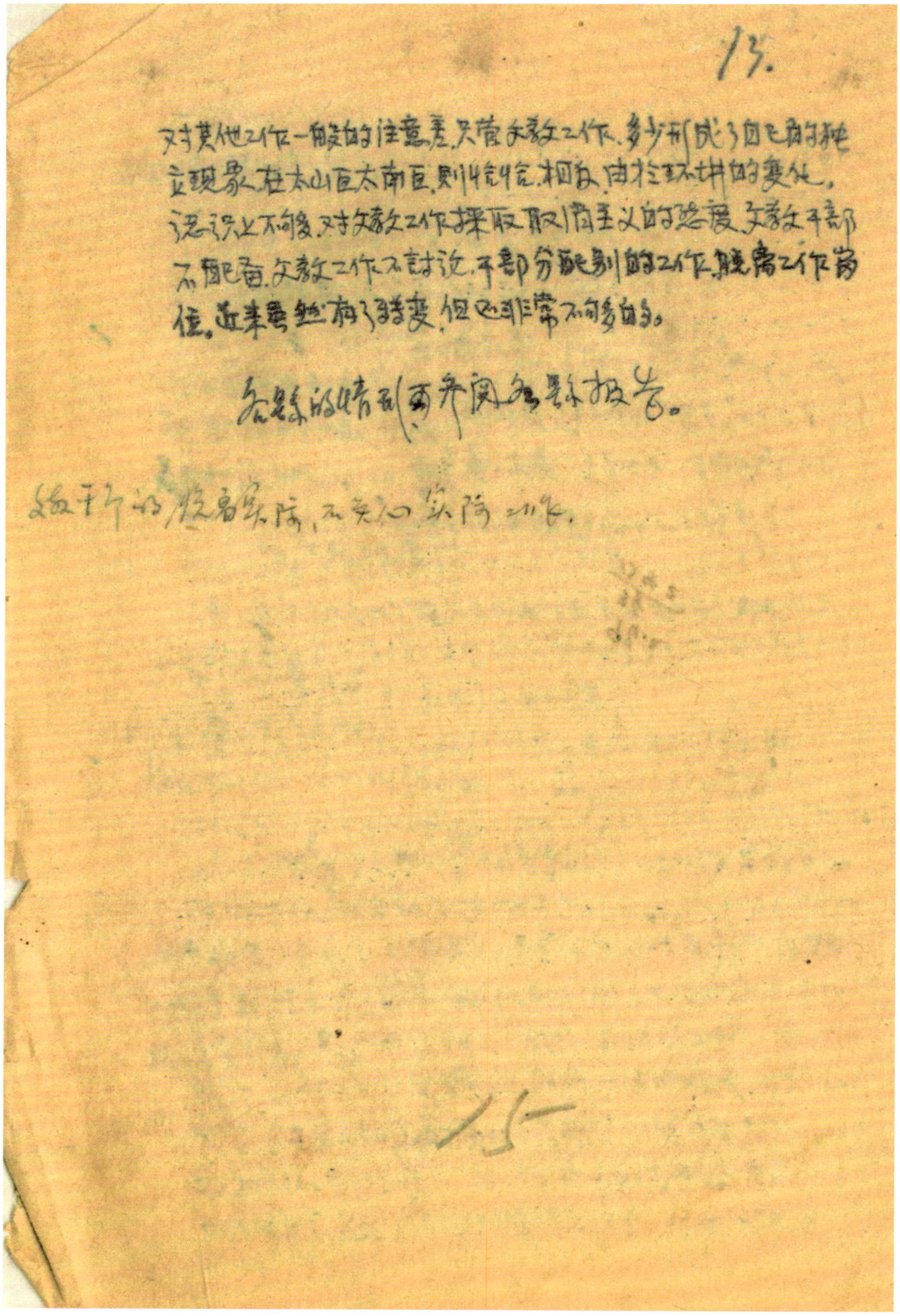

13.

对其他工作一般的注意差，只管妇救工作，多少形成了自己的独立现象。在太山区太南区，则恰恰相反。由于环境的变化，认识上不够，对妇救工作采取取消主义的态度，妇救干部不能专，妇救工作不讨论，干部分配到别的工作，脱离工作岗位。近来虽然有了转变，但也非常不够的。

各县的情形参阅各县报告。

妇干们的脱离实际，不关心实际工作。

15

(四)教员情况：

1. 鲁中区现有小学教员2099人

⑴ 职别分：

沂南蒙阴费县新泰[illegible]四个县444教员中的统计：

- 高级教员 17人 3.8%
- 初级教员
  - 正教员 129人 29%
  - 副教员 134人 30.2%
  - 试用教员 164人 37%

134.2%

这个百分[illegible]数字[illegible]错了。

⑵ 文化程度分：

沂蒙沂山鲁区泰南四个县145[illegible]教员中的统计。

- 中学(包括师范高初中在内) 306人 21.05%
- 高小 763人 52.47%
- 初小 169人 11.63%
- 私塾 205人 14.04%
- 其他(包括大学) 11人 0.75%

⑶ 阶级成份分：

沂蒙沂山泰南三地区[illegible]的[illegible]个县1821教员中的统计。

地主	125人	6.34%	7.03
富农	247人	13.67%	13.75
中农	789人	43.32%	44
贫农	602	33.06%	33.6
其他	29人	1.5%	1.62

16

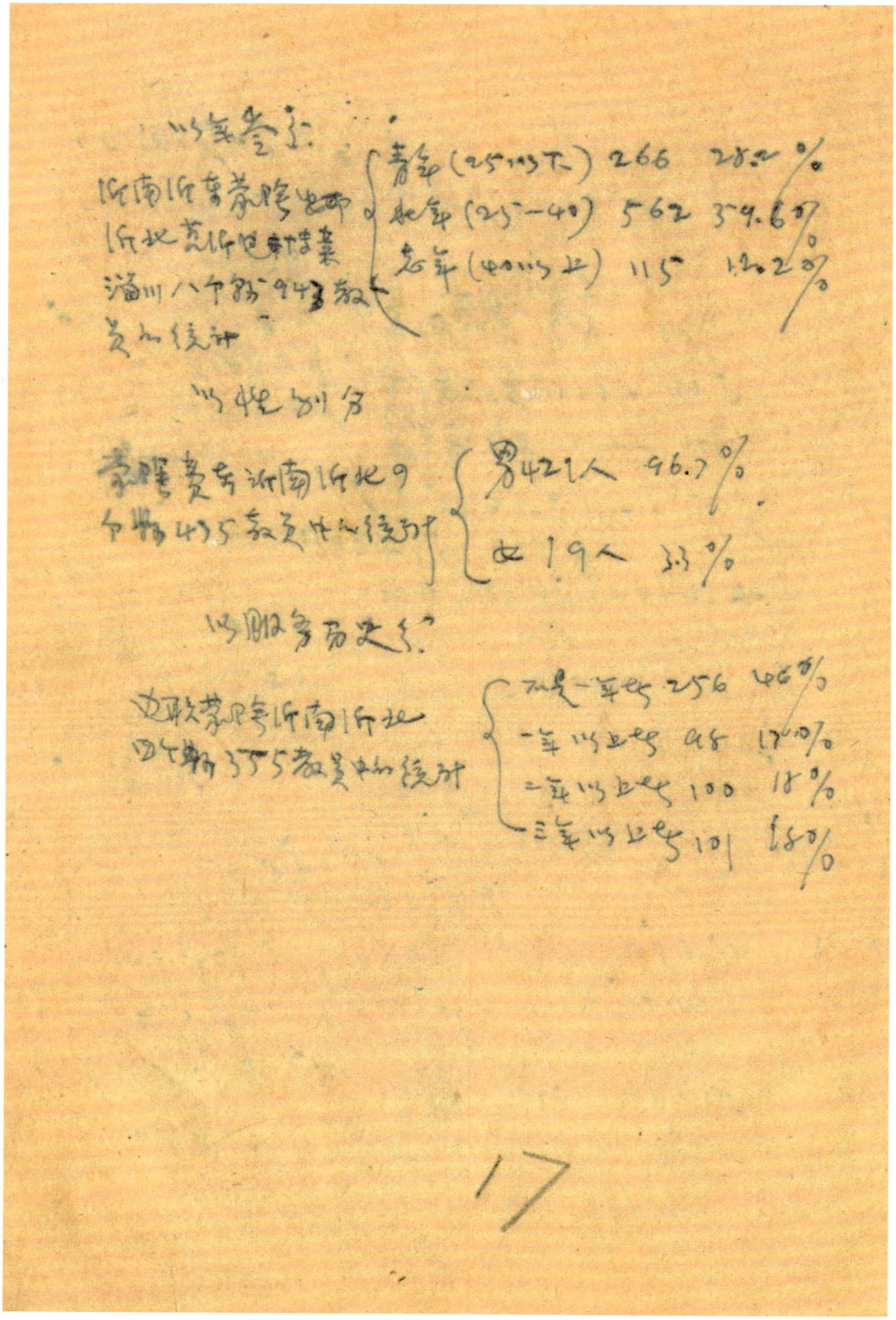

以年岁分：

沂南沂东蒙阴边部沂北莒沂边新泰淄川八个县943教员的统计

青年（25岁以下）	266	28.2%
壮年（25—40）	562	59.6%
老年（40岁以上）	115	12.2%

以性别分

蒙阴莒县沂南沂北四个县435教员中的统计

男421人	96.7%
女19人	3.3%

以服务历史分

边联蒙阴县沂南沂北四个县555教员中的统计

不足一年者	256	46%
一年以上者	98	17.0%
二年以上者	100	18%
三年以上者	101	18.0%

17

沂山区行政专员公署关于征粮工作和负担政策执行情况的总结
（1944年）

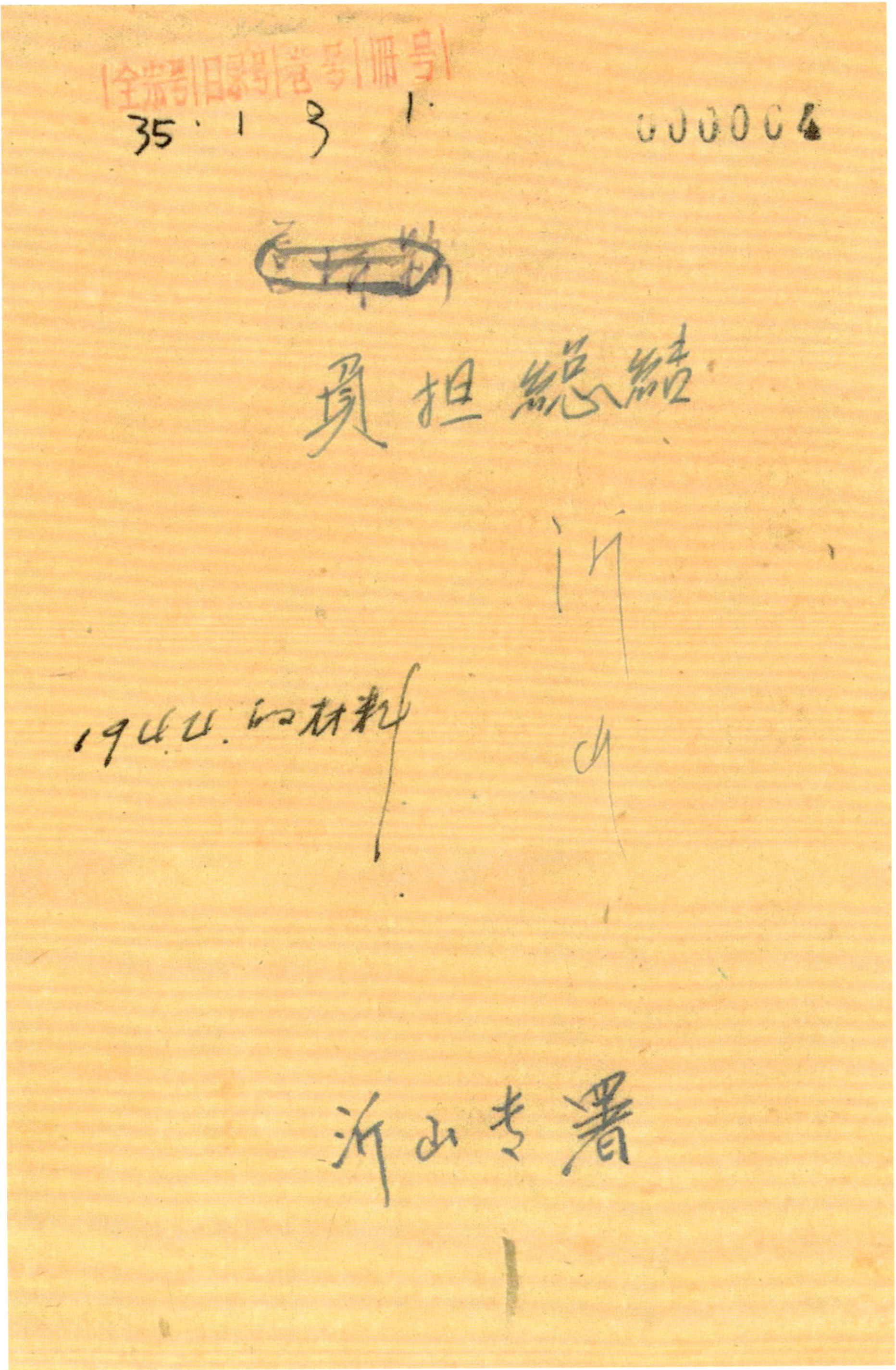

征收工作總結

I. 第一次在新地区执行負担政策的情形（1944年的）

①對政策的認識

在新地区执行征粮新办法是第一次，大家都無经驗，這一工作的进行是在摸索当中而創造去進行的。在認識上是比較模糊的，一般的認為有了征粮新办法，有了标准，有了尺度了，以后就好作了；有的認為今后征粮有了依靠了，好作了，簡單的認識了征粮新办法，因此在执行中也就簡單化了。

②执行的程度

A. 全区征收最高數380万斤，最底數340万斤，按照全有地畝百分之卅五执行了。当时专署布置各縣都有最高最底两个數目，在此比例上不准超过百分之卅五。

在已陳报区按照百分數征收，在未陳报区估計數目繳納公粮。因里地前反正，所以在陳报区有意識的加重，容易如土地陳报按照产量征收（当然加大）。

在麦季夏收以前，特别平原前面一般的說比一般年成減收四成以上。

B. 执行的結果——地主达到地收入量的50%，富農40%，中農20%，貧農5%。為什么這样呢？——陳报区地级不很合理，机械的按照了百分之卅五征收，对未报陈区乡调查研究，再加上有意的加重数目这大一点，干部在征收时对区没有信心，致区分的这少，都分在县区了，最主要的各级组织随便加添数目，葛岭县增加了四拾余所，秋北增加了陆拾余所，明所之称这大不准确，每所大五斤到七斤，所以各地农民的负担都重了，群众反映这一情况，经我们的调查，杨家坪子、刘家崖洼发现了以上的问题。

对力量的组织。

A. 各级部门组织了征收队进行征收，统一指挥。

B. 单独征收也给区吃也给区。

C. 大量聘请地方人士协助征收。

③发生的偏向。

一、採取了自由主义态度执行了政策。

各县区在征收问题上，虽然讨论了些政策问题，研究了些办法，不能使群众重视来执行，恐怕完不成任务增加数目，不按上级决定的问题随便更改，忽视了组织检查。也有按由想像中去执行负担政策，各县各区增的数目均不知道，也有根据这个情况有一种思想支配着，多征收一点，多吃一点，在群众的疾苦上关心是很差的。

3

二、他們觀點上忘了軍食怎樣了民食，這裡充分表現了農債主義的統治思想，政府要群眾就應當繳，完成數目字是主要的，因此在下邊的征收人員、助理員整天跑，如不知群眾負担的程度是怎樣了。

三、機械的执行了政策。

年景不好產量減收，再按平年產量群眾負担会重的，同時又沒估計到觀點條件，莠地幾分年成、窪地幾分年成，在已除报了那些地很高，有些地被底忽略了這些問題。

四、群眾呼声除貧農之外，地主、富農有一部分的中農都說負担很重了，有些地主富農買來繳公粮，原因是麥地少，去年麥地佔全有地畝不到三分之一，均按一样的比例數征收，造成了有重有輕的現象。

（甲）為什么發生這些偏向。

一、主要在政策思想上不明確征粮新办法，在思想上沒有打通為誰為什么服务這一觀點不明確，因此在执行上未是技术眼光去看他，在政治上的意义是不了解的。

二、政府是以事务性質看他，在口头上經常的說這是政策，究竟怎樣去执行，算是执行了政策呢？特別是財粮幹部對於這种工作是孤立行的去作，不知配合各部门去作。

4

三、官僚主義严重的存在着，首先表現在工作佈置下去自（下）事大吉了，不知道群众接着檢討我們的政策表現問題，各县各區在數目上都增加了，不知道。

四、我們的幹部比群众幹部大些，都沒有注意到，這是政策問題，只是說掌握不准確，沒提到政策的認識。

⑤如何糾正的。

一、在政府方面專署召集各縣幹部總結工作，檢討思想，以檢討出來的材料為学習材料，着重打通幹部思想。

二、在党政軍民大会上也普遍進行了教育，樹立政策思想，各級幹部發動了教育与評批，由此開始警惕了政策，特別是主要幹部注意了。

？ 三、為了貫徹我們政策，使群众了解我們，依靠我們，凡超過租者（比例）統統一律退還，召區長會研究，河北退了捌百餘斤。

退還后的反映：群众都這樣說：民主政府說什么是什么，你看說了他就給退還你，由此政府在群众中奠定了基礎，更進一步的信仰政府。可惜這一工作在幹部思想上沒有打通，幹部嫌麻煩，有的這樣說：往收了又退，人家总是往麻煩呢？真糊塗。因此這一政策也就不能好好的貫徹下去。河北县

5

经过几次督促秋天才到执行了这个任务但並没有作完。

⑥我们的检讨

一、政策的简单化，就是只注意大事不注意小事，觉得大的问题才是政策，那就是空喊，将政策看成抽象的东西。缺大多是影响政策的，打保存条子单家自吃自征，群众有些什么困难不知道，觉得按照征粮新办法布置下去了万事大吉了。

二、执行政策的麻烦如退还工作，有的说已经征了为何再退呢？在思想上想多吃几天，没有照顾到群众没有饭吃，但是有很多群众等着我们退还他们好吃，但是我们的同志是没想到的。

三、觉得政策是保证军食的，这是主要的，在思想上好像於群众无关的，这是向群众要东西的法令条例，不去体会为什么要用征粮新办法，因此在执行起来就是单纯的任务观点。

四、执行政策是千篇一律的，这里就是脱离群众的要求去执行政策，特别在今年麦季征收用一样的比例一个方式去执行政策是完全错误的，应当按照年成的好坏分别比例去征收去执行政策，将政策看成死的东西。

⑦我们的体会

一、政策不是抽象的空洞的，不是机械呆板的，是科学的如数大了在政策上会发影响的.

数目大了　　退粮问题.

按照地区收成的好坏确定比例,及租佃关係的解决之.

二.执行政策要贯彻到群众身上听从群众的呼声采取不同的方法方式达到政策的目的.

7

第二個時期執行負担政策的情形

A、目前的情况：

a、去年秋季年成歉收，並且在各縣各區都不一樣，有的可以，有的極壞，在這种情况下，我们应以现实情况以不同方式去执行政策，我们再也不能千篇一律了。

b、扩大了新地區，在新地區群众的生活是很壞的，敌人造言説八路来了你们就不能過了，群众对我们是抱着观察態度，我们對新地區不能看成我佔區，雖然要減輕，但這時注意到舊保長餝我们的名義对群众敲詐勒索。

C、土地陳報雖然辦了三分之二，但在地级上不很合理，如果不管他千篇一律的去征收，那就会在負担上有重有輕，那必須在征收前要了解地質，高者比应有產量高多少，低者比应有產量低多少，因此在征收確定比時要注意。

D、貧农多山嶺地，主富农多平川地，在未辦土地陳報之村莊，我们应照顧基本群众之負担不能過重了，因此在方法上須變更，雖然没有土地陳報与地畝登記，仍須做到比較合理。

E、新開展區黑地成份佔三分之二，辦土陳的有百分之一。

B、秋收前的準備工作：

一、我们为了找出我區土地人口一般的規律来，因此我们親自调查了四拾莊子（土地集中与土地分散的也要注意），得出了我區平均每大畝地折標準畝為二畝，官畝折标准亩一亩半折一亩那就是三宜亩折标准地二亩。

人口应佔土地数 每人大亩应有一亩 宜亩应有二亩 标亩应有二亩。

村庄在我区是山岭岭畜平原每村顶多60户 每户四口五.5口.（顶高的五口）临朐除外多者三口.

我们从这一规律去衡量一般的村庄地亩 当然有些地方还不能尽善尽美.这一规律确代表了我们区的情况.

（二）调查群众负担的轻重的原

前边已经谈了.去年麦季是有些奇重奇轻的现象.我们从奇重奇轻里面找出些问题 在陈报土地的不很合理 在未报出山岭地平川地都是宜亩摊派的.不合理负农吃亏同时地主的黑地特多贫农较少.

（三）重新修标亩与群众之标相差不很大基本接近联办
按.来之称.

四.为了节约民夫 使群众减少出夫的负担.在征收前先确定机关在何处住的时候多在驻的地点多蓄存粮食以免吃时再由别处运输.

C. 政策的执行程度.

（一）因为年景秋季欠收各县区好坏不等 故确定各地区按在稼長的情况确定征收比例全区全年负担按照百分之九十所以不同的地区分配不同的地区

39

8

比例进行征收 农本除外

二、未陳報村莊估計数目以村為单位.折合标畝征收這樣基本群众不至負担過重 因此我们只得产與产的公平 要全區合理是不可能的 因為貧农多山嶺地 地主多平川地 這一办法引起了群众自發的斗争 反出了黑地 打下了办土地陳報的基础.

三 在没办土地陳報之地區 土地多数（会）黑地多 按照土地人口折合規律進行征收

四、按照年景的成数 確定今年收入量比一般年成的收入量低幾成 將全縣各區分配数並用征收比例数乘年成比例数 得出繳公粮数

五、新解放區是用三等户 按照產量分配最高数与最低数進行征收

六、群众的反映說 倉庫過秤不準 有些法這裡確实有些新同志不大好 給我们搭上架子過秤.群众說政府真是（是）民主的呀！

七、租佃關係有分担的 有合理（担）的分担与合理的办法：

9、 A 佃户將自己之地 計產量計人口去負担 不與租种（地）混合按等級交公粮

B、租种地在二五減租之後 按照二一負担 看看他在那一級裡 就（同）按兩個户負担一樣

八、對敌區游击區的征收都按着 但是兩兆 每次佈置時照例的都隐埋有 但在思想上沒打着去征收 10

四、群衆的負担情形与反映：

(一) 去秋負担表与征收数目列後。

(二) 在負担上虽然没有達到我们的願望他總是給我们想辦法如粮大了他就改用民夫多了他不用民夫運輸調劑着吃年景好壞他不確定一律的比例征收多了他會退給我们

(三) 據群衆負担反映燒柴在負担上没有好好的去處理這一點確实没有注意因此在燒柴方面負担的懸殊常駐軍隊的地方燒柴負担重不駐軍隊的地方輕，如沂北的官莊 楊城子書堂（?）高桥區的劉家山宋 等是如此的。

五、完成的原因：

(一) 黨委對負担問題上比以前加強了領導在這一問題上經常研究特别在打通幹部思想方面地委先指示各級黨委整理了群众观念之後緊接着就是全体動員征收秋粮因此群众干部也知道這是軍食民食的重大问題政府幹部也主動去争取他们如何配合進行

(二) 幹部自上季征收麦粮總結了之後都警惕了負担政策并在些实際问題上去打通思想如藏粮大家都是不很関心的我们提出了這是群众观念公粮是群众的血汗同時又整了群衆观念所以幹部的政策思想提高了 接受了過去經驗。

(六) 各部门在配合當中發生的偏差

一、縣大隊臨朐安邱他强調系統他不配合征收他說這不是我们的任務

二、臨朐自縣到區群众團体有說的拴尊机关覺得向群眾要東西就是沒有群众观念因此他们起了阻撓作用財粮幹部去征收他们向群眾說這些征粮腿子你们不要听特别是臨朐沂北昌沂安邱都有眾不適少輕一點因此公粮田賦尾欠特多形成政府人員特别是財粮幹部單獨跳舞

三、財粮人員在解決關係配合工作上是相當差的他在征收工作上有的不爭求其他部门的意見聘請了些人員往往能散採取孤立主義的態度

七、我们的檢討

一、在負担上注意了粮食沒有注意燒柴沒有研究一畝地究竟出多少燒柴一斤粮食是否能產出二斤柴草來同時在燒柴的調劑上沒有去做造成在燒柴上負担奇重奇輕

二、財粮幹部對相信組织力量去执行負担政策完成任務還是不明確主要表現在配合工作解决問題爭取人家的意見上

? 三、聘請的人員是違犯政策的老祖宗他沒有受過教育他沒学習過政策叫他去执行政策那才是

12 胡鬧的事哩他起了阻碍作用臨時有個任務是可

以的 但依靠他去完成任務是錯誤的

四、尾欠尚留一部份多半是在敵游區 形成這一原因主要是退缺思想作怪

五、我們在征收上刺激了土地陳報 因此我區辦土地陳報成了一個継續不斷的群众的經常任務

八、我們的體会：

一、要在民主的原則下 建設政策思想更從複雜的具体的問題上掌握着時間去执行政策

例如 A、抗屬多係貧農他減少生産力在他的負担上应當注意

B、調劑燒柴

C、打通幹部思想如聘請的征收人員是以技術去看他們沒有從政治上去看

D、兼佃關係的負担上应當注意佃户住了房東的房子但歸佃户去修理 修理应當注意 在公草上应当注意

二、負担政策他是發動群众有利的武器

A、在新地區的開闢工作上他起着決定作用

B、在比較老的地區他穩群众是相當有利的

13

第三個時期在負担政策上执行的情形

一.征收前的工作。

1.一切工作貫澈到民主精神裡去進行

①.各級都召開了干部会議了解了各地年成找出若干類型定出若干產量要照顧到邊區負担的一致由專署到區都是這樣的他們反映了過去的困难與各方面的关係

②.檢討過去的工作及省過去的执行政策的偏向阻碍政策的思想究竟在那裡我們得出如下的結果。

A.處處是以技術觀点對待了政策缺乏真正的战爭觀念與群众觀念.

B.衆群团体以假像的的群衆觀念佔了統治地位覺着要東西就是沒有群衆觀念忘掉了群战爭觀念單純的恩賜觀点.

C.政府幹部这种觀点比較厉害如敌游區公粮照例的佈置在思想上没打算去完成免征者減征者也没有处理以困难去遮掩對敌游區不征收這是退缺却思想不知道要這是在敌游區实行我們的政策.

D.地方武裝只有吃的任务没有配合征收的任务强調統一

14

③.我们強調指出另外各級組織以战争观念、群众观念去测量我们的負担、改革我们反對退却思想、消滅尾欠征收散漫

④.澈底討論了征粮新办法。

2.征收的办法。

?

①.在征收上全區以百分之二十五為根据、以五百一十萬為奋斗目标、各縣亦以百分之二十五、群众負担過重可以各縣分配数目為根据、在合理的原則下多征收了例外、

②.全區以实有地畝進行征收、起初大家不同意、認為以实有麥田征收是不合理的、但他们忘記了我们没有那樣的基础、今年在麥田上有三分之一的数目、但在產量上比去年減低一成、未忽視了現实條件、先出执行尽善尽美的办法、就会起相反的作用、下边执行不通、由此打通了他们的思想。

③.專署提出原則、各縣自己討論征收的数目、這比較更適合現实條件、與發揚民主、這一点奠定了征收完成的基础。

④.以不同的地區不同的年成分配不同的比例與数目進行征收。

⑤.租佃关係要执行合担的原則、要以他的经济情况以他的土地的多少确定他的征收比例

15

No. 3.

⑥.新解放區实行七等類型村五等户。

七等類型村：

一等免征。二等每大畝二斤。三等征三斤。四等征四斤。五等征五斤。六等征六斤。七等征七斤。

五等户：

一大畝折二分的免征。一大畝折四分。一大畝折五分。一大畝折八分。一大畝折一畝。

這個办法以富農為标準，将其全有地被五等户的五來除開，就得出最高差数，以此為标準，将全村各户都這樣除一遍，就是負的級数。

⑦.我们要使用組織力量去征收，反對單纯的技術观点。

A.群众一齊动員，在已經定了公约的地方，大家重新檢討公约，誰是交公粮的模範者。這樣的地區不少，如沂北的古村群众多交了很多。

B.有組織的群众與村級干部起了带頭作用，推动了廣大的群众，勇躍的交公粮。

C.各部門分工：村政幹部专管掌握負担，計算数量；農救会審查誰家的年成怎樣，誰家交，免負担，誰家應減免；妇救会管看檢查粮食；青年管看收粮食；民兵管看保存；小學兒童团担任宣傳工作。

16

No. 4.

⑧.在新解放区我们提出反對殖民地观点，但征收重点放在解放区，特别是武装一方保護征收一方与敌开展粮食斗争，

⑨.反對假像的群众的观念，站在政策以外，起阻挠作用，

⑩.强调财粮部主动争求其他部门的意见，争取配合工作，使用组织力量，

⑪.县区之间与临战略区为達到負担上的一致，事先商讨交换意见，按着地级的高低，按着年成的好坏，在专署都确定了比例，

⑫.注意到灾区的負担，注意到抗属的負担，各县要创造典型推动工作，

三、各县各阶层負担的情形：

1.莒沂負担到百分之十九，沂北安邱到二十，临朐二十五

2.各阶层負担的情形：

地主，

富农，

中农，

贫农。

四、工作检讨：

成绩：

17

10.5.

1.發揚了民主打通了干部思想消减了敛游我区的尾欠提高了政府干部使用组织完成任务的信心。以前尾欠多的原因就是没有發揚民主~~機~~械的給他們数目，

2.各村予先討論了誰应免或半免誰的地收的年成最好，使劳力者在外、誰的最坏、減免的早先、裡确定好所以没有等待的滑頭的人也没了借口，所以交的快了

缺点：

灾区的照顾仍差，敌人烧的村庄、有螞虫的村庄在負担上搞的不细致，

五、我们的体會：

1.發揚民主整理合理的負担增加收入減輕負担是完全可能的，

A.征收数與去年比起增大了在根据在負担合理的地方收入的就增大，

B.我们發揚了民主解决了困难，打通了思想因此我敛游区的公粮没有尾欠了

C.村裡農救会發揚了民主在減免的及早減免所以公粮沂北五天完成了莒沂七天完成安邱半月完成了我區，

18

沂山專署

財粮幹部登記表

民國三十四年七月份（八）

項目 / 數目 / 部別	職別									成份					出身							統計
	科長	倉庫主任	科員	幹事	出納員	助理員	征收員	陳報員	合計	貧農	中農	富農	地主		工	農	兵	学	商			
專員公署	1		2	3	2		3	1	8	5	8	1				12		6	2			2000
浙北行署	1	2	2	1	2	7	7	30	3													7500
莒沂縣府	2	2																				
安邱縣府	2	1			4	8	20	61	6													5200
沂[illegible]縣府	1	1	1			1			1													3000
臨東縣府	1	1		2	2	8	13		5													1200
臨朐縣府	1	1			2	7	5		4													2000
合計	9	8	5	4	12	31	48	62	27													
說明	陳報員完全不脫離生產																					

19

鲁中区地亩人口、公粮收入及各阶层负担统计表（1945年4月10日）

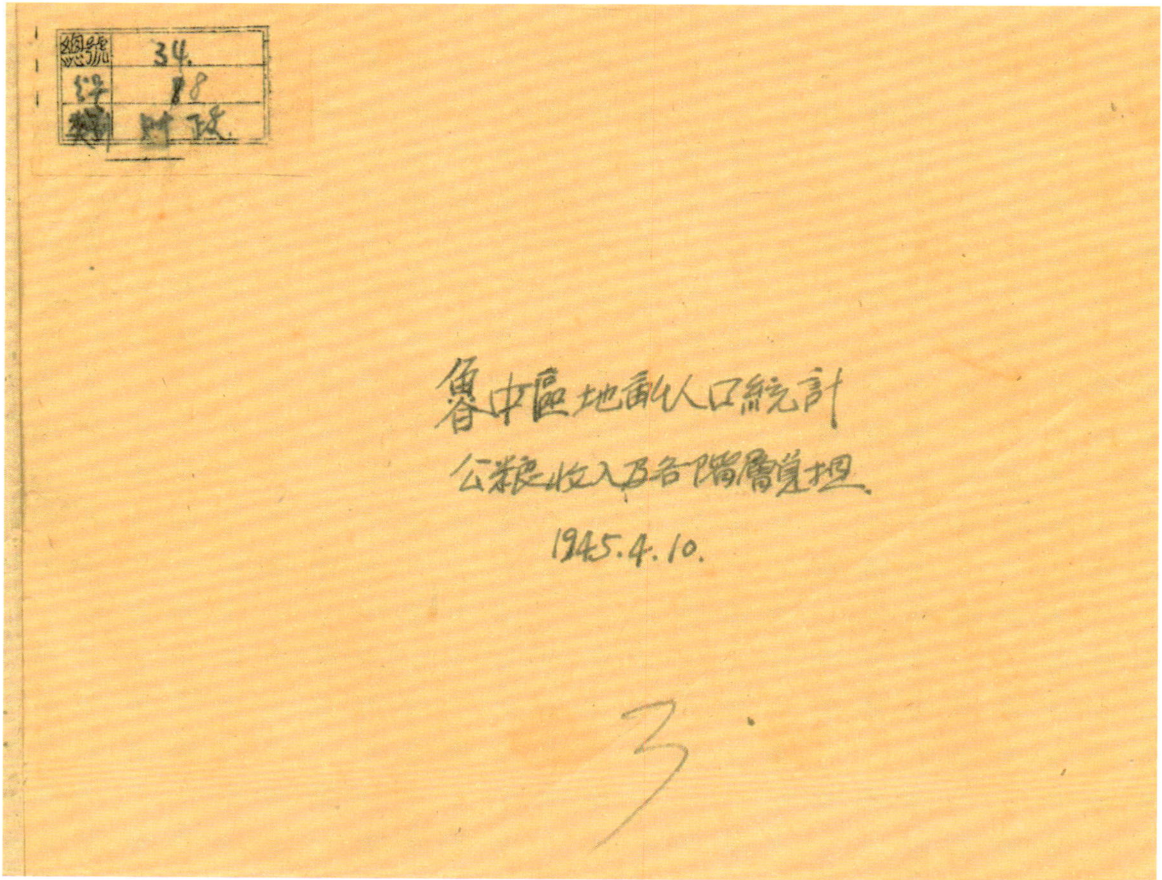
總號 34.
號 18
類 财政
魯中區地畝人口統計
公粮收入及各階層負担
1945.4.10.

鲁中区村庄人口地亩统计表

区	县	村庄 我佔区	村庄 游击区	村庄 敌佔区	村庄 总计	人口 我佔区	人口 游击区	人口 敌佔区	人口 总计	地亩 我佔区 折市地	地亩 我佔区 调查亩数	地亩 游击区	地亩 敌佔区	共计 折市地	共计 调查亩数	总计	备考
沂蒙区	沂南	514			514	161884			161884	225224.80	18847.00			225224.80	18847.00	239071.80	[illegible]
	沂水	539			539	218606			218606	301052.97	59515.38			301052.99	59515.38	360168.37	
	沂临	364	10	25	399	151578	15000		166578	257564.22	10000.00			257564.22	10000.00	267564.22	
	沂东	471			471	180000			180000	182736.23				182736.23		182736.23	
	蒙东	173	233	15	421	7975	95754	5387	109116	27735.38		98082.75	6207.00	27735.38	104289.75	132025.13	
	蒙阴	183	150	67	400	96481	46191	15661	[illegible]	80991.94	3211.00	40466.77	13324.81	80991.99	57002.58	137994.17	
共计		2244	393	107	2744	816164	156945	20848	999957	1075305.59	86573.38	138549.52	19531.81	1075305.59	244654.71	1319960.30	2860575
沂山区	沂北	440			440	184581			184581	304456.15	37145.25			304456.15	37145.25	341599.40	
	莒沂	423	46	26	495	170614	18113	5890	194617	293264.50	26904.50	13744.40	5307.00	293264.50	45955.90	339220.40	
	安邱	236	70	70	376	92507	37279	2500	132286	122171.65	29790.21	27279.60	4350.00	122171.65	61419.81	183591.46	
	临朐	382	155	123	660	81571	46500	38100	166171	38688.52	15294.00	13500.00	11430.00	38684.52	40671.00	335403.52	
共计		1481	271	[illegible]	975	[illegible]	[illegible]	[illegible]	[illegible]	758578.82	96964.96	18524.00	122957.00	758578.82	551835.96	1308147.78	6991286
鲁山区	博山	133	36	86	255	40263	18980	41695	100968		57062.00	17842.00	35912.00		104817.00	104817.00	
	益都	158	63	165	386	48452	22746	87700	158998		45515.00	28880.00	206100.00		275995.00	275995.00	
	沂源	250			250	90000			90000		188414.00				188414.00	188414.00	
共计		541	99	251	891	178865	41720	129995	349900		240992.00	46222.00	242012.00		529226.00	529226.00	
泰山区	莱东	168	135	73	376	44850	26500	52152	123502	92100.60		92465.00	53254.00	92100.60	98758.00	190858.60	
	莱芜	227	97	3	327	122298	67596	9625	199519	86755.19	11885.20	10004.60	11856.00	86755.19	214146.70	300901.89	
	淄川	128	67	81	276	40789	31411	70759	142909	24814.00	33135.86	128580.42	68164.20	24814.00	229884.48	254698.48	
	章邱	143	68	57	268	62471	28486	38585	129482		87460.00	89884.75	43557.70		220902.45	220902.45	
	泰历	83	330	133	546	12480	120051	84500	217031		7690.00	96385.00	107597.00		211672.00	211672.00	
	历城	132	118	43	293	40975	61145		102120	12468.95	49463.30	32086.00		12468.95	81549.30	94018.25	
共计		881	815	390	2086	338819	325809	255681	914569	216138.78	296608.36	475878.67	284428.90	28605.71	1086411.93	1342867.68	
泰南区	泰北	399	34	71	504	136527	9290	25365	171182		177600.10	17099.90	31390.00		226095.00	226095.00	
	太宁	377	69	75	521	166768	20244	40894	228000		22738.00	31185.00	59693.00		312251.00	312251.00	
	泰泗宁	118	103	216	437	57770	63374	138074	259218		90593.00	73623.00	295811.00		459927.00	459927.00	
	新泰	210	124	275	609	83682	63382	130686	277750		85973.00	82061.80	279067.00		447101.80	447101.80	
	泰安		165	163	328	144761	128580	16281	291655			144373.10	182993.00		327366.10	327366.10	
共计		1044	495	800	2339		881970	497762	1287685		581457.60	348942.80	848944.00		1779340.90	1779340.90	
总计		6191	2073	1991	10255	2300956	910652	950184	4161800	2050093.19	1452382.84	1190116.99	1518873.71	2050093	4161393.50	6211398.69	

备考：[illegible]

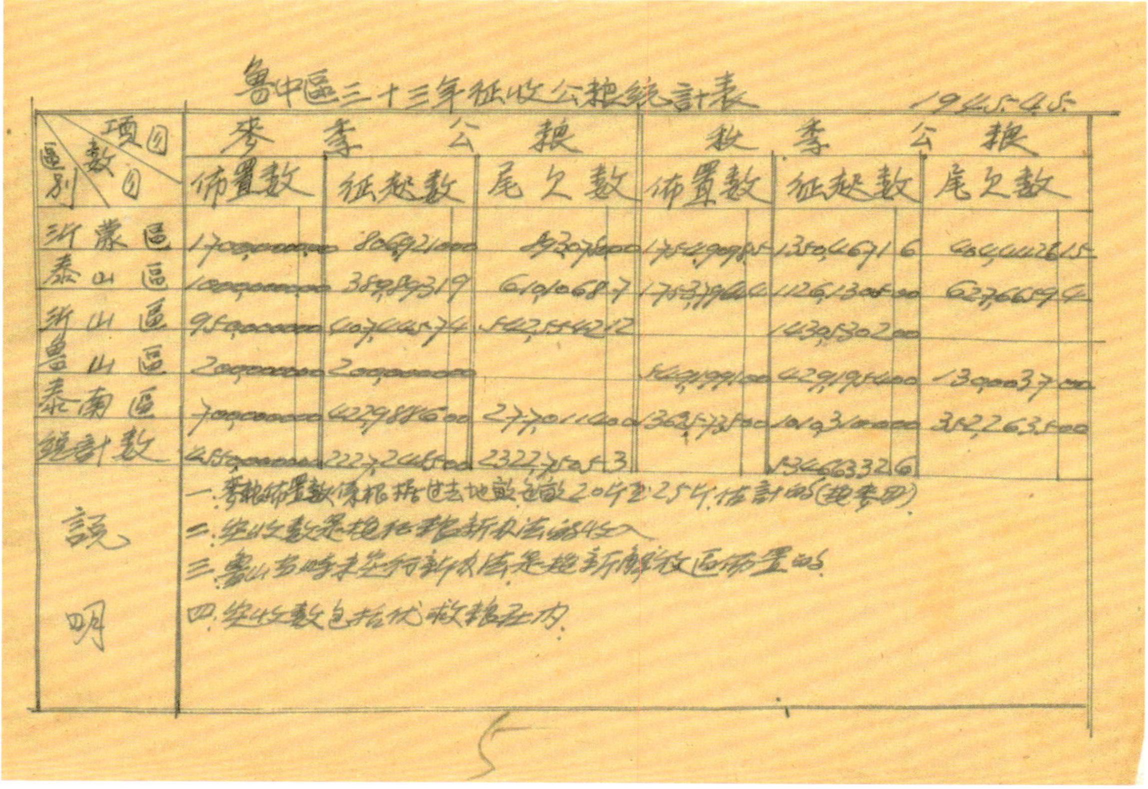

鲁中区三十三年征收公粮统计表 1945.4.5.

项目 数目 区别	麦季公粮			秋季公粮		
	布置数	征起数	尾欠数	布置数	征起数	尾欠数
沂蒙区	1700000000	806921000	893079000	1754490985	135046916	684000815
泰山区	1000000000	38989319	61010687	[illegible]	112613050	62766594
沂山区	950000000	407445774	542554212		1430530200	
鲁山区	200000000	200000000		560199100	429195400	130003700
泰南区	700000000	422988600	277011400	[illegible]	1019310000	382263500
总计数	4550000000	2227246500	232275353		134663326	

说明

一、麦粮布置数系根据过去地亩每亩20斤至25斤估计的（按麦田）

二、征收数是根据新办法的征收

三、鲁山当时未实行新办法是根据解放区布置的

四、征收数包括优抗粮在内

魯中沂蒙區三十三年度各階層負担調查表

縣別/出例/階層	沂水縣			費東縣			蒙陰縣		
	最高數	最低數	平均數	最高數	最低數	平均數	最高數	最低數	平均數
地主	54.04%	11.33%	45.6%				37.5%	23.0%	28.93%
富農	61.5%	15.8%	32.62%	6.665%	5.208%	6.293%	36.0%	10.0%	29.0%
中農	20.25%	14.0%	17.05%	2.641%	.992%	1.819%	25.0%	6.0%	13.2%
貧農	19.10%	1.8%	7.08%	1.592%	.752%	1.163%	56.0%	3.4%	4.02%
說明	蒙陰游击區，对我負担，地主9.2%　富農12%　中農3.0%　貧農1.18% 对敌負担，地主10.2%　富農10%　中農5.1%　貧農3.4%								

6

魯中泰山區三十三年各階層負担調查表

階層＼數量＼項別	人口	地畝	全年收入	全年負担：麥季公粮	比	上期田賦	比	秋季公粮	比	下期田賦	比	総比
富農	9	61.5	11.000.00	718.00	6.52%	140.00	1.3%	1.725.00	15.6%	504.00	4.6%	28.03%
中農	6	23.8	3.660.00	96.00	2.62%	53.00	1.45%	240.00	6.56%	126.00	3.44%	14.0%
富農	1	5.8	1.000.00	54.50	5.4%	135.00	13.0%	128.975	12.6%	37.50	3.7%	23.%
貧農	4	11.3	800.00	20.00	2.5%			53.00	6.6%			9.1%
説明	1. 以上統調材料是泰山區淄川縣我佔區											

1

魯中區三十三年各階層負担調查統計表

項別 / 戶主 / 數目	人口	地畝		成分	全年收入						全年負担						
					麥粮		秋粮		合計		公粮		百分比	田賦		村公費	
劉多壽	15	706	03	地主	4179	00	22037	8	26219	8	14834	00	56%	$9078	00	$1417	6
紀会言	4	598	7	地主	720	00	2109	8	2809	8	1215	8	43%	$867	1	$95	2
紀故言	10	57	89	富農	1650	00	6051	00	7701	00	1780	9	23%	$812	9	$92	6
程功文	10	119	1	富農	1260	00	9112	00	10372	00	2913	5	28%	$1030	8	$344	8
程書生	3	10	32	中農	180	00	1078	00	1258	00	332	00	26%	$108	6	$35	2
張古品	3	5	85	貧農	90	00	399	00	489	00	70	00	14%	$50	8	$13	6
高常修	9	33	68	佃農	670	00	2289	00	3459	00	696	8	20%	$95	00	$7	00
徐景文	8	25	51	佃農	399	00	2781	8	3170	8	558	9	17%				

說明

一、此表係沂山專區莒沂县之人民負担。

二、地主、劉多壽係該縣最高負担之地主。

三、佃户、高常修地畝數内自有地4.51畝。

8

鲁中区三十三年各阶层负担统计表

1945.3.30

项目 户别	户数	地亩	人口	全年收入			全年负担			
				麦粮	秋粮	合计	公粮	所比	村公费	田赋
贫农	57	348 6	261			89301 00	4721 5	5%		4480 8
中农	41	388 73	129			74727 8	759000	10%		3719 8
富农	11	189 97	37			30811 00	4765 00	15%		1786 6
贫农	10	64 88	55	311000	2246000	2557000	55800	5%	22400	520 1
中农	10	169 72	58	443000	3421500	3864500	35400	11%	143900	1847 5
富农	7	125 8	35	475000	2417000	2892000	555800	19%	225300	1975 00
地主	2	37 11	12	144000	706800	850800	127300	15%	50000	63000
说明	一：此表系沂山区临朐县南郎村和大老子村两个村的调查统计可以看出各阶层的担负情形。									

9

鲁中區三十三年各階層負担統計表

1945.3.30.

項目 數目 姓名	人口	地畝	成份	全年收入			全年負担			
				麥糧	秋糧	合計	公糧	百分比	田賦	村公費
李光春	7	8 36	貧農			229500	67 5	3%		
李永桂	6	1400	中農			243000	26600			
李連嵩	8	2557	富農	88300	363500	451800	58900	9%		
鹿光太	21	98000	地主	1450100	3840200	5290300	1958900	13%		
陳西恩	6	11400	〃			649500	247600	34%		
徐象榮	8	41 4	富農			432100	160800	37%		
紀四然	10	31 4	中農	88000	347000	435000	50700	37%		
許淨才	9	5 08	貧農	27500	72600	100100	17 1	11%		
								1.7%		

說明

1、此表係沂山及沂北縣之人民負担。
2、地畝均是折中畝。

10

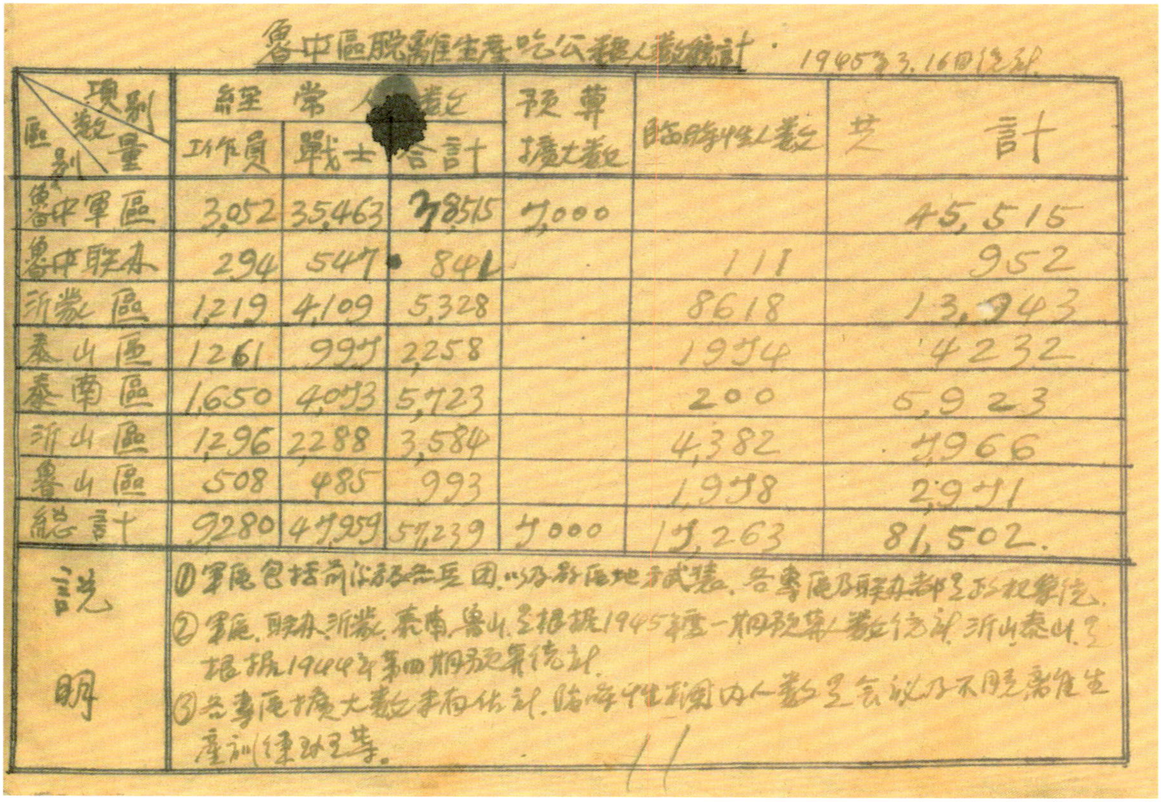

魯中區脫離生產吃公糧人數統計　1945年3.16日統計

區別 \ 項別 數量	經常人數			預算擴大數	臨時性人數	共計
	工作員	戰士	合計			
魯中軍區	3,052	35,463	38,515	7,000		45,515
魯中联办	294	547	841		111	952
沂蒙區	1,219	4,109	5,328		8618	13,943
泰山區	1261	995	2258		1954	4232
泰南區	1,650	4,093	5,723		200	5,923
沂山區	1,296	2288	3,584		4,382	4,966
魯山區	508	485	993		1,958	2,941
總計	9280	47,959	57,239	4000	14,263	81,502.
說明	①軍區包括前沿各兵团以及分區地方武装，各專區及联办都是机关人数统计。 ②軍區、联办、沂蒙、泰南、鲁山是根据1945年第一期预算人数统计，沂山泰山是根据1944年第四期预算统计。 ③各專區擴大數未有估計，臨時性的內人數是参议及不脱离生产训练班等。					

鲁中区行政联合办事处关于开展民主运动的指示（1945年6月6日）

魯中區行政聯合辦事處

關於開展民主運動的指示

民字第一八四号

目前國际反法西斯战争在西歐已告結束，战争重心已開始移向遠東，在我魯中区在配合盟軍登陸進行即將到来的反攻具有極其重要的地位，在團結全国一切抗日力量，反对國民党反动派集团的独裁专政，促進联合政府的成立上亦負有重大的責任，新的国际國内形勢都要求我們更廣泛的推行民主，團結魯中各階層抗日力量迎接此新形勢的到来，當政委会五月一日的開展民主運動訓令各專區選擇區面：为今年要普遍開展普遍性的民主運動，在查減工作的基礎上，在不妨碍生產與对敵斗爭的原則下，配合各級縣級團体的整理與改造，深入改造村政普遍建立或改選各級參議会與政府，為此，本處根据特根据魯中區具体情况作出如下的決定：

一、魯中区臨時參議会的建立：本区臨時參議的建立原定於去年召開，大部份地區的參議員已選出，但由於战爭頻繁工作緊迫未能如期完成，以致拖延至今，現因形勢的發展工作的需要，不容再行延長，決定於七月十日召開魯中区參議会成立大会，并選举行政机构。因此：

1 各專署、縣立即通知各參議員并轉告各界團体所選举之參議員屆時參加出席，并先期將選舉參議員的姓名年令履歷及被選的票数呈报專區彙表登記。

2 新解放区及因他故未选举的地区按以下三种办法迅速选举以便如期开会。

一、有参议会的县，召集参议员大会选举之。

二、未建立参议会的县，可由县选委会提出统一候选人名单，以区为单位召开公民代表会议选举之，然后将选举结果呈报县选委会由县选委会汇核公布，至于公民代表的产生以行政村或自然村，按每一至十至一百公民选一人的比例选出。

三、如县游击区如不能直接由公民选出代表时，县选委会遴选荐举该地的群众领袖战斗英雄劳动模范或社会名流等以备将来由临时参议会聘请该荐举之人员与其他参议员一同出席参加议会。

以上办法如因时间迫促实在来不及选举时，可以县为单位由县各团体机关及地方武装代表选派三人至三人的代表到席参加县中区参议员大会，但各县仍须按照选举手续选举参议员补报参议会以准备再来会议召集参加，

3 出席大会的参议员或代表们在未来以前应有计划的搜集群众所反对的所喜欢的意见以作为发言的依据，专署与县应实行比较隆重的欢迎，并将干部与一般食住等问题，反对浪费，为了使议会更加隆重起见，可预先发动各机关团体与群众送贺帐、贺礼或慰问信等。

二、建立与改选各区乡参议会与区乡政府。

为了更好的开展自下而上的民主运动，省政委员会训令我们于七月在以前建立与改选各区乡参议会，要求各乡区参议会已届期满者实行改选，

同时在县参议员大会上成立县政府，不建立参议会的县份非全县辖境大部份为游击区者，应可能的建立之。根据粤中区的具体环境特将建立办法与时间规定如下：

1 县区建立选举委员会进行领导这一工作的进行。

2 为适应战争环境与工作紧张可採取代表间接选举的办法，首先由行选委会将全村十八岁以上之男女作一统计，将不合选民资格者提出村民大会讨论通过，并可获得群众的自由检举，不合格之公民如发生争议不能解决时必须呈请县或区政府批准，不得轻率取消一个人之公民权利。

3 县参议员的名额定为四十五人至七十五人，每选民五百人至一千名人可选举参议员一人。

4 县参议员名额对各区分配比例由县选委会根据各区的需要情形及其人口的多少决定。

5 以区为选举单位，由行政村或自然村按五十至一百选民的比例选出代表，由区选委会召开选民代表大会选举参议员，再由县选委会召开参议员大会由大会选举县政府。

6 从少数民族选举参议员的比例，根据具体情况规定之可放宽至百人至一千人的原则，以县为单位各自召开代表会议，选举他们的参议员。

7 在时间上不论是新建立或改选的，至迟在八月底以前一律完成参议会大会，会期至多不得超过七天，并呈报参议员履历表。

8 为使每个的选举过程，都要获得民主，进行民主教育，发动群

74

众或群众代表参议员等反映说出他所赞成与反对的意见，检查政府工作真正使群众的意见反映到参议会上作为今后政府工作依据。政府必须有准备的报告过去的工作计划与方针受大众的审查。另外要求讨论时事对全国民主运动表示意见，这一切都是为了更有力的和大生产运动的推动，加强关系的团结，各种力量的团结，也就是为行政委员会强调对我们指示的。另外选举参议员及选举专署专员委会，并从中群众团体与党派推出参议员为十分之二，地区公民选出参议员为十分之八，群众团体推出公民资格参加地区选举及妇女参议员不得少于十分之一的规定。

过去以前的政府干部对参议会的尊重是不够的，未能使这个全县最高的民意机关真正发挥其应有的作用，有意无意会使工作遭受到不应有的损失，这也说明了我们政府干部对民主的认识及与民主作风的贯彻是不够深的，因此在此次各县参议会的建立与改选以后，县政府应切实由思想上纠正过往的偏向与做法，和参议会建立成能尊重他的决定接受他的督促，使其成为名符其实的民意机关，尤其在选举前选委会要注意到候选人的成份与群众的联系如何，要会同县委机关很好的掌握"三三制"使参议会能成为各阶层大多数人的代表机关，严格的防止过去包办代替不良作风的产生。

三、改造村政工作：

鲁中区的村政，在中心地区曾几次进行过普遍性的改造，并打到遗了不少模范村政，有些新解放地区，对村政的改造上也是比较及时，但一般检讨起来，我们对这工作还存着严重的形式主义与官僚主义，对改造村政运动之来自群众为了群众的劳团观念，而多以命令包办代替了群众路线，一再改换人员代替了教育与具体帮助，结果被改造的村政，真甚至改造数次的村政，仍在工作上与在群众中孤立，形式的为封建势力所把持，就去年的查减运动说：虽然强调指出结合中心工作改造整理村政，但截至今日止改造的还是少数，这种说明了一个问题：我们政权干部还没有真正把村政当成政权的基层组织，还不了解改造村政的基本目的与要求是为了每一个村庄脱离开几千年来的封建势力的羁绊，充分实行民主政治，变成抗日民主的坚固战斗堡垒，而还停止在为征收摊派而改造村政。

现在大部份地区查减工作基本上已完成，今后村政改造与建设有了完成群众依靠，我们根据省政委会五月一日的开展民主运动训令的精神与要求对村政实行普遍的改造但改造并不等于像过去一样的单纯的改造村长而是[illegible]根据各地区的群众运动发展实际情形而应区别分不同的类型，作出具体计划与步骤，结合着中心工作——大生产运动，组织结合查减、在边沿区应好很结合对敌斗争，由今夏开始即配真行动起来，首先在干部根据省行政工作会议上的民主建政部份与村政总结进行深入的动员与检查，以身作则建立民主作风与民主制度，在今夏重点是放在打通群众思想，进行群众性的民主教育部份的改造村政，创造经验，秋季普遍进行村政的改造。

改造村政的办法：应根据行政主任委员在行政工作会议上报告对改造村政与健全村政的机构部份，这里将其如下几点：

1、首政委会在训令上指出改造村政是件精细深入的工作，须县长脱离去进行，因此必须以冷静的态度有准备的进行调查研究工作，一要虚心听取群众意见，根据群众迫切要求的去处理问题，通过群众路线去改造村政，应切实警惕预防对村裡的问题熟视无睹，或片面夸大事实，以致不能掌握群众的要求与群众情绪，而脱离群众。

2 在改造村政中斗争与团结的问题应适当的运用，在改造与改选村政中，村干部不可避免的有的群众不满意，在领导改造村政时，应掌握的一点就是不能将基本群众出身的干部因工作上方式上态度上不好或因某些贪污浪费等群众所不满与反对，[illegible]封建势力一样看待。前者应当重教育批评使自觉的改正错误；後者在群众斗争中专门打击其在群众中的统治地位，永远不能压迫群众。

在基本群众已占优势的村子，应教育群众，主动的向展上层统战工作。

在新解放地区对被斗争之保甲长，事後也应好好团结他，帮助他痛改前非，不再作犯罪抗战利益的事情，不应採用封锁无限打击的手段。

3 对村政机构不应作机械的规定，根据由简而繁的原则与工作需要，各地区可灵活的规定。

4 改选与改造後，村政重要工作是件经常性的工作，而应当训练与教育村干会应用集中领导负责分工，不要把工作堆压在一个村长身上，也不许连带大家忙，应更好研究村裡的商政工作。

5 村裡的负担问题：关于村财政方面，本区已有个决定训令各地，但各地执行很差，以致乱支乱派现象仍很严重，群众负担无限的增加，各地今後除急需执行前决定外，应根据实际情形协同群众团体深入估计，作有效的计划，对支差问题，各地也按生产重偏向，如村干部不五一夫，民兵不五夫，剧团不五夫，结果五夫者寥寥，而五夫负担都加重超出人负担，以致影响政府工作与村民间的团结，须根据支差办法具体执行。

（六）公民登记普查公民，公民代表会的建立等在晋中心地区已普遍的进行，

七 村政的改造是政权工作各部门的工作与各项工作的进行部分不开的，因此地全体政权干部须作村政工作关心村政工作，改造建设村政更主动与群众团体密切进行配合，不要一意孤行。

这一些工作都是改造村政时所注意的，总之，村政好坏的标准基本标准要看能否发扬民主作风与为群众服务，与具体执行上级的指示与法令的工作。

将行区发扬民主运动合全部施工半年计划，并呈报来函一份。

此致

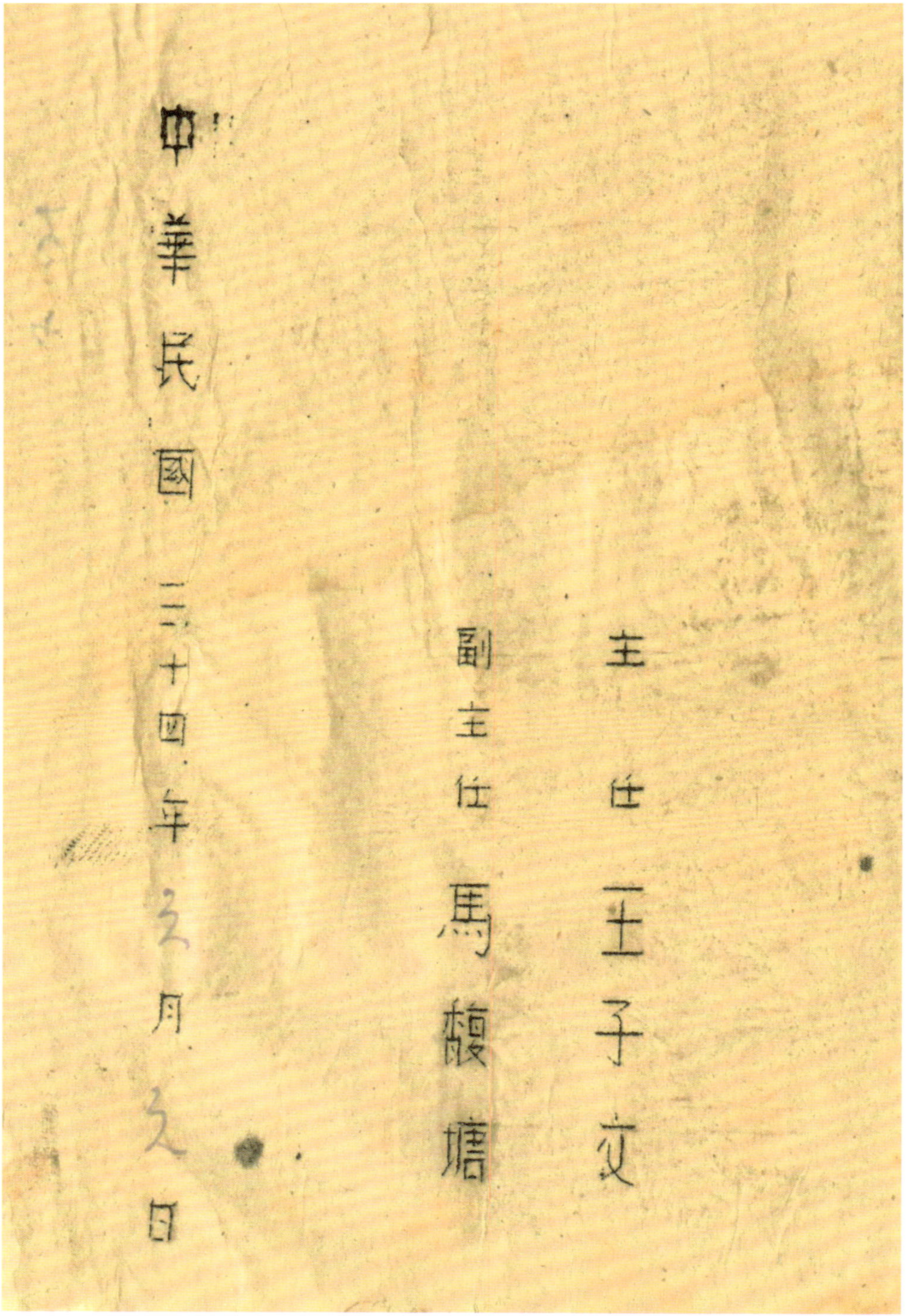

主任 王子文

副主任 馬馥塘

中華民國三十四年五月五日

鲁中区抗日民主政权建设七年来的基本总结及今后基本任务——马馥塘在鲁中区第一届参议会上的施政报告（1945年7月）

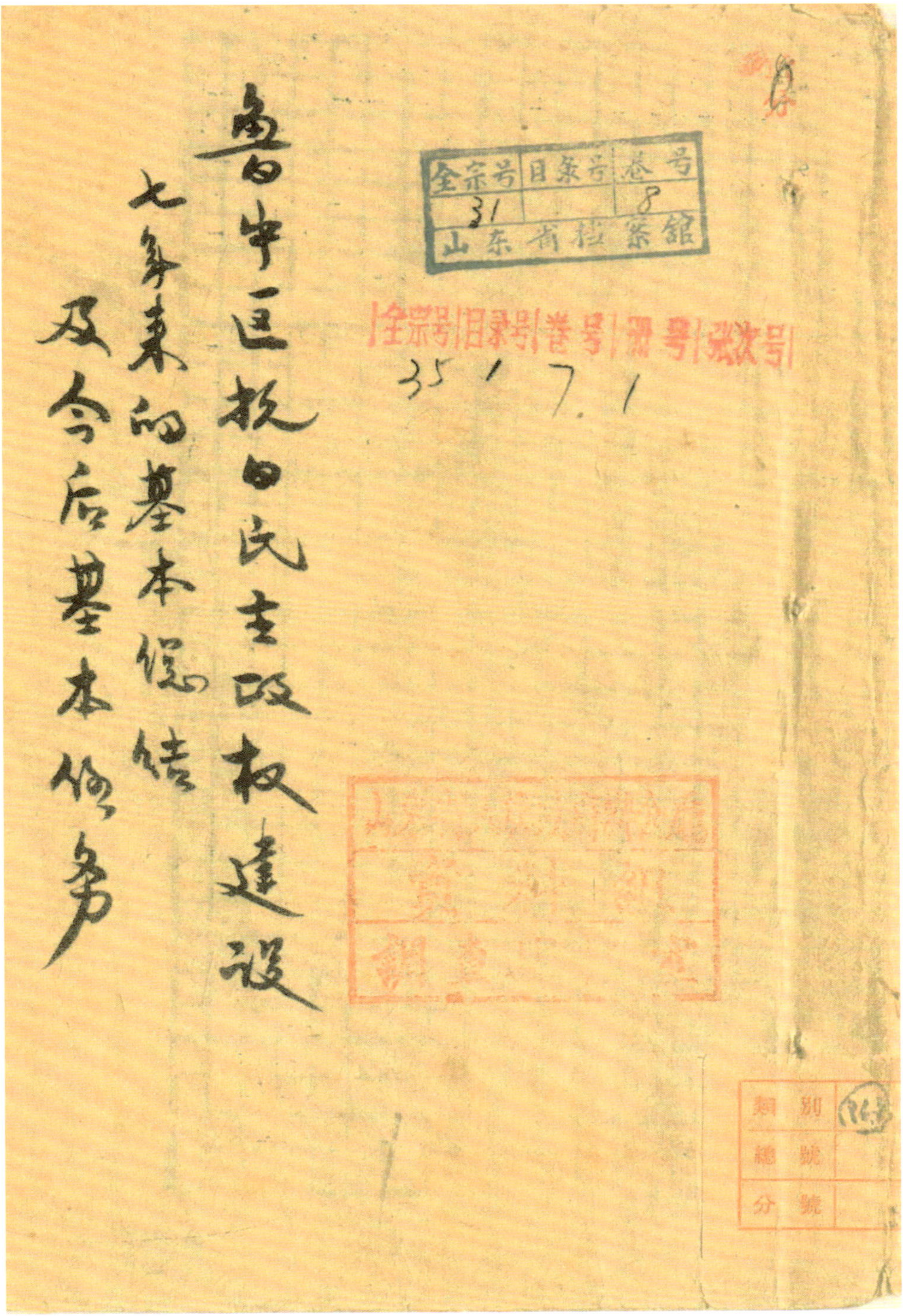
鲁中区抗日民主政权建设
七年来的基本总结
及今后基本任务

全宗号	目录号	卷号
31		8

山东省档案馆

全宗号	目录号	卷号	册号	张次号
35	1	7.1		

鲁中区抗日民主政权建設七年来的

基本总结及今后基本任务。

2

目錄

3

魯中區抗日民主政權建設七年來的基本總結及今後基本任務

——馬主任在魯中區第一屆參議會上的施政報告，一九四五年七月。

各位參議員先生，各位來賓同志：

今天我代表魯中區行政委員會向魯中區第一屆參議會作幾年來的工作報告，但準備的不够充分，因過去工作上不够科學，檔案未能建立，因之材料不够，也不容易搜集，所以這個報告只能是基本方面的。希各位多多予以指正和批評。

報告的內容分爲三個部份：

第一部份　魯中區過去鬥爭形勢與抗日民主政權建設發展的歷程。

第二部份　魯中區抗日民主政權建設的基本總結。

第三部份　今後魯中區抗日民主政權的建設任務。

第一部份　魯中區過去鬥爭形勢及抗日民主政權建設發展的歷程

魯中區抗日民主政權的創造與發展，是在中國共產黨山東分局正確的政治路線和軍事路線直接領導之下，是在山東省戰時工作推行委員會和山東省戰時行政委員會先後直接的行政領導之下，是在魯中區黨委政治領導之下，由於人民自己的軍隊八路軍山東縱隊求得鬥爭的勝利，與全魯中區黨政軍民，抗日與民主的各階層人民的共同奮鬥堅持，逐步由下而上，由小而大，而創造與發展的。因此，這個抗日民主的政權是與我們上級的直接領導，以及魯中敵我鬥爭形勢的變化發展是不能分離的。為了說明這個問題，我分以下幾個階段來說：

【甲】第一階段——以徂徠山起義到魯南首次大掃蕩。（一九三七年十二月到一九三九年）這一階段是政權的誕生時期：

【一】這一階段的敵我鬥爭形勢，在敵人方面，自七七以後，大踏步向我正面進攻，主要的是佔領並控制各大中心城市與交通要道。國民黨軍隊則一觸即潰，或望風而逃，平日耀武揚威，欺壓、剝削群衆，在國難當頭，則席捲搜刮所得，匿跡和逃亡；或留於城市，充當奴役走狗。津浦膠濟等等鐵路、公路，都被敵人控制，真是人心恐慌，大局無主。這時候，山東人民為了保衛自己的生命財產和挽救民族的危亡，首先在山東共產黨「脫下長衫，加入游擊隊」的緊急號召與佈置下，組織游擊隊，開展反日反漢奸的游擊戰爭。魯中區的人民，也在共產黨的直接領導下，於一九三七年十二月到一九三八年一月一日徂徠山起義，這是八路軍山縱四支隊的起義。一開始，就以戰鬥的姿態，不斷的打擊敵偽，如東梁莊的抗擊敵人的進攻，四槐樹的埋伏襲擊，津浦路的數次出擊，都給予敵人以打擊，阻礙了敵人的運輸，同年曾出擊到魯南山區，擊破了中逆從周對抗日人民的進攻，鞏固了魯南抗日陣地。同年也曾出擊過膠濟張博鐵路，襲擊了八陡，禁礦，金嶺鎮，予敵人前進以嚴重的打擊，這樣展開了廣泛的游擊戰爭，不但配合了正面戰場，保衛徐州和武漢的戰鬥；且振奮了群衆的抗戰信心，安定下人心慌慌的局面，打下領導人民抗戰的基礎，造成了抗日民主政權建立的先決條件。群衆起來了，一面抗擊敵偽，一面自然要求打破封建統治，求得自由解放，所謂中國人民現階段的兩個要求，打倒民族壓迫和打倒封建壓迫，目前更具體些說，打鬼子求民族解放；老百姓富家，求社會解放，就逐漸認識到是不可缺一的兩種大事情了。因此主政治的逐漸成爲廣大人民的迫切要求。

但同時，抗戰一開始就是兩條路線的鬥爭，一個是共產黨領導的人民戰爭路線，發動人民，武裝人民，抗日民主的路線；一個是反對人民戰爭的消極抗日，積極反共，維持舊統治的，反民主的路線。後者在山東及魯中的代表人物有秦啓榮和沈鴻烈，他們製造摩擦，殺據抗戰進步人士，萊蕪事件，圍擊苗山，驅逐八路軍出山東，限制發展等，對我們抗戰民主事業起了大的阻礙。我們就在這兩條路線的鬥爭中發展壯大的，我們是積極組織武裝，積極戰鬥。

〔一〕這個階段，後期在一九三九年三月裡，太山區就逐漸建立了一些鄉區政權，因爲我們對政權的意義與作用認識不够，掌握政權的經驗太差，失掉機會，未能完全適應群衆的要求，（如萊蕪政權的放棄及未能適應當地人民的要求）故未能更多的建立起來，及至石友三率部北來，與頑固派秦啓榮矛盾，所到之處，紛紛樹立政權，我們爭取的合法政權也很少。一九三九年春，沈鴻烈由北南來，又普遍加強其舊政權，並在國民黨頑固派限共反共政策下，「公開聯合，秘密限制」的方針下，使發動群衆組織群衆、增強抗戰力量，受了極大的限制。我們的部隊也受了造謠破壞，限制活動，限制給養，使民主政治遭受了若干的阻礙和艱苦，一直到魯南大掃蕩後，即更明顯的開展了民主與反民主的鬥爭。

這一時期，一般是抗日力量初步發動與生長的時期，民主政權建立是在點滴緩慢的誕生時期。

〔乙〕第二階段——從一九三九年魯南夏季大掃蕩到一九四一年冬季大掃蕩，時間爲二年，是民主政權建立的初步大發展的時期。

〔一〕這一階段，敵我鬥爭形勢：

敵人方面，因爲這一時期，正面國民黨還在遵守抗戰的正確政策，也還比較積極的阻擊敵人，更

6

加以敵後八路軍新四軍和抗日人民積極出擊，廣泛展開游擊戰爭，因此，敵人前後受到打擊，停止正面進攻。武漢失守為一個分界點，抗戰進入相持階段後，敵人調回師華北，掃蕩敵後方。其主要作戰方針，是鞏固佔領地，擴大佔領區，軍事上採取瘋狂的輪番掃蕩，分進合擊，囚籠政策，按設據點，修築公路，佔領次要城市，及重要村鎮，開始分割山區。政治上開始治安強化，挑撥國共關係，引誘國民黨投降，擴大其「以華制華以戰養戰」的無恥陰謀，在敵人的進攻之下，中國的大資產階級又顯露出來他們的軟骨頭的原形，對日態度，開始反共進攻，因之國民黨發動兩次反共高潮，分裂倒退，投降危機極其嚴重。敵則採取「集中對共，放鬆對國」的毒辣手段。在魯中的國民黨反共頑固派投降派首領沈鴻烈、秦啓榮及其爪牙在一九三九年夏季敵人大掃蕩潰敗之餘，更變本加厲，許多變成了日寇的第五縱隊，頻繁進攻八路軍，摧殘抗日民主政權，屠殺人民，製造了慘無人道的太和事件和雪野事件。尤可痛心者，頑軍在國民黨特務份子日寇第五縱隊掌握之下，部份由頑固直接走上投降之路，企圖進一步勾引敵人實行對我兩面夾擊。

我們的基本方針：堅持抗戰反對投降，堅持團結反對分裂，堅持進步反對倒退。展開了兩條政治路線的劇烈鬥爭。

在這種投降危機極為嚴重的時候，我們軍事上粉碎了敵人的一九三九年首次大掃蕩，和一九四〇年九一八的敵人對我沂蒙山的掃蕩，擊退了反共頑固派的無數次的進攻。群衆運動蓬勃發展，民主政治也如朝日之東昇，蒸蒸日上。

即在一九三九年夏季敵人掃蕩中期，兩條路線結果，沈秦頑固派當敵逃亡，張里元也倉慌逃竄，無所措手足，他們二次重新壓在老百姓頭上的舊政權，又逃亡一空。即使社會上的統治階級，也都為之失掉了信心。

我為適應戰時的需要和人民的要求，在共產黨八路軍領導支持下，開始大踏步的建立了民主政權。如在泰山區，一九三九年六月，成立了淄川縣政府，太安四鄉聯合辦事處，七月，成立泰萊歷章四縣聯合辦事處，成立萊蕪縣政府和萊南行署，八月底成立博萊蒙辦事處，九月一月成立泰萊歷章淄博新七縣聯合辦事處，（這是泰山專署的前身）接着建立了益都、新太、章邱、博山、泰安縣政府，一統一了行政的領導，一九四〇年七月，聯辦改建專署，是年秋又建立了泰北行署，這時泰山專員公署已經有了八個縣政府。

在沂蒙地區，也於粉碎一九三九年夏季掃蕩之後，由鄉區政權的建立，接着於是年十一月先後成立南北沂蒙辦事處，成立了參議會，并選舉成立了沂水縣政府和沂南行署，接着又建立了費北、費東和沂臨邊聯等縣政權，於一九四一年一月沂蒙專署成立了。

一九三九年七月，八支隊到達了臨朐，克服了治源，建立了臨朐五區，九月建立了四區，十月建立了一區，一九四〇年四月，建立了臨朐縣政府，建立了參議會。

在泰南地區，這時也成立了太寧和新蒙兩個縣政權，於一九四一年十月，成立了泰南辦事處。

在這個階段，魯中區先後已有泰山、沂蒙、二個專員公署，一個泰南辦事處，已有益都、章邱、新太、泰安、淄川、萊蕪、泰北、博山、太寧、新蒙、沂水、沂南、沂臨邊、蒙陰、費東、費北十天個縣政權，這一個時期，可以說是抗日民主政權大刀闊斧的建立發展階段，這是與我們軍事上的偉大勝利分不開的。

需要特別指出的，這些政權的大部份，都是鄉區民選的，關於民主政權的開展，如鄉區參議會，縣參議會，專署參議會，群衆都積極參加的。同時進行國大代表的選舉，憲政運動之開始，人民對民主政治的要求是空前提高了，使廣大群衆更進一步體會到抗戰勝利與民主發展是不可分離的，要勝利就要民主，就要摧毀盲統治，建立自己的政權。

【二】適應全一時期客觀形勢的發展，求得山東抗日民主政權的普遍平衡的發展，建立了統一的有力的領導機關。一九四〇年八月，在中國共產黨山東分局直接號召領導之下，與許多抗日民主人士共同商定，在我們魯中青駝寺召開了各界代表聯合大會，和第一次行政會議，並相繼產生了山東省臨時參議會，與戰時工作推行委員會，第一次提出了山東戰時施政綱領，並通過了各種法規條例，解決了各地區工作原則上的分岐，山東抗日民主政權從「人治」到初步「法治」，從不統一到統一，從對民主政治模糊認識到民主政治之普遍發展。魯中區在上級直接推動之下，特別是在一九四一年共產黨山東分局提出了十大建設運動，各地普遍掀起了民主建設的熱潮之後，和由黨政軍民的努力，魯中區的民主政權，才有了以上所說的大發展。

【三】這一時期的工作，現在因爲缺乏材料，難以詳細總結，舉其主要的有下列一些：

（1）進行民選，開展民主政治，廣泛的聯系各階層的抗戰民主的人士。

（2）各級政權之民主改造，尤其村的改造，初步的打破幾千年來的封建統治，使群衆認識民主的力量。

（3）强化機構，增强效率，劃小縣小區，取消鄉，推行中心村與行政村，使群衆直接參與政治。

（4）施行公平負担，改善人民生活，提出了減租減息，但未普遍切實執行。

（5）發展民兵，組織自衛團，初步走上了人民武裝的道路。

（6）初步建立了財粮制度，有計劃的供給戰爭，糾正了抗戰初期的募集辦法。

（7）培養幹部。

【四】這一階段的政權工作，雖有很多建樹，但並非說已經令人滿意，問題缺點也很多，主要的是：

（1）民主建設不够，嚴重的存在着（治人）的觀點。

（2）工作上的形式主義，還存不實際除有些轟轟烈烈的鋪張表面，深深的受了舊型正規化的影響，並有些地方有意識的模仿，擺官場，擺門面。

（3）領導上的官僚主義，與實際脫離。

（4）政策觀念模糊，如鋤奸政策，會門政策，都曾發生過嚴重的錯誤，遭受了很大的損失。

（5）募集辦法的長期未能糾止，又加上敵特國特的挑撥，引起了社會的不安。

（6）群衆運動未能實際發動，因之一切工作的基本不能鞏固。總之，這時期的抗日民主政權雖已有普遍發展，但還十分幼稚，缺乏堅強的戰鬥力。

（丙）第三階段——從一九四一年冬季大掃蕩到一九四三年東北軍離魯，是抗日民主政權的堅持階段。爲期二年，這兩個年頭，形勢的發展變化更大也更嚴重，雖然國際形勢對我有利，太平洋戰爭爆發，同盟國的團結，但我們則處在黎明前的黑暗，處在一個艱苦的階段。

【一】敵我鬥爭形勢發生了嚴重的變化：

（1）在敵人方面：對我根據地進行了頻繁的掃蕩，積極推進蠶食分割，大量發展僞軍。國民黨持其誤國政策，所謂『曲線救國』，更增加了一些降將叛兵，擴大了僞軍的數目。敵人同時配合其政治上治安强化陰謀，以總力戰向我進攻，這樣就一方面造成我根據地的嚴重損失；一方面造成敵佔區民不聊生的悲慘狀況。從下面材料就可說明：

魯中區從一九四一年冬季敵人五萬人大掃蕩被粉碎後，接着一九四一年。十二月份六千餘人掃蕩蓮花山，蠶食蓮花山區。二月份一萬餘人連續掃蕩沂蒙我軍與東北軍。三四月份爲鎮壓陳三坎反正，六千人掃蕩章萊路一帶。三月初，因爲我軍在孫村一帶的勝利，敵舉行四千餘人的報復掃蕩。五六月麥季掃蕩，蠶食邊聯。七月份六千餘人蠶食徂徠山，接着蠶食太北。十月中六千餘人合圍茶葉口。十月底，六千人蠶食掃蕩萊北。十一月初，一萬五千人對沂蒙大合圍。總計以上，除五萬人大掃蕩外，共有九次比較大的掃蕩，共用兵力五萬人，共用時間一百三十七天，佔全三分之一的時間。就是說每三天內就要一天在備戰中，這樣政權的民主建設等工作就自然要受影響了。

在這些大的掃蕩之外，如一九四三，蒙陰的掃蕩，和博萊的掃蕩，同時許多小的出擊、奔襲、包圍、合擊，尚未統計在內。

其次敵人除掃蕩外，更積極的推行蠶食，設據點，修公路，挖封鎖溝，築封鎖牆，企圖由點線推行到面的佔領，縮小我佔區，擴大敵佔區。截至四三年底，魯中區設有敵偽據點：在太山區，敵據點八十四個，偽據點九十六個，在太南區有敵據點三十三個，偽據點五十五個，連沂蒙的敵佔據點共約有敵偽據點四百三十餘。太山太南已大部被蠶食分割，在沂蒙根據地也接上了埠莊土店、據點，企圖打通臨蒙路，分割蒙山沂蒙，在沂河沿岸更進而接上了哀城子、葛莊、嵩山舖等據點，壓縮我佔區。

再次，敵人的蠶食都是配合其「治安強化」的陰謀而進行的。在此陰謀下，首先對物資的掠奪，以達其「以戰養戰」的目的。並施行其三光政策。（殺光、燒光、搶光）企圖毀滅我根據地，其次就捕捉壯丁和招募壯丁，據敵人勞工協會計算，在山東捕捉和招募壯丁年約七十萬人，只濟南敵統計，一九四三年十一月份壯丁出國即達十六萬四千七百二十九人。

【二】友頑軍方面：在這階段亦有極大的變化，抗日情緒時弱時強，或高或低，本身困難增加，部隊的分化，投敵減員都是空前的，但對我仍未停止磨擦。沂蒙北部五一軍與我對抗，有時趁敵偽對我掃蕩，侵入我根據地，破壞我民主政權。吳化文在萊蒙與益臨淄博邊沿，對我也時用搶掠騷擾。泰山區章歷邊則有國特武裝王連仲，萊蕪則有國特劉伯戈，沂臨邊費東則有頑匪漢奸與國民黨特務的劉桂棠和王洪九的騷擾。

但敵頑矛盾，頑與頑之矛盾瑣碎也且錯綜複雜。互相牽制的，其變化從以下幾點說明：

（1）太平洋戰爭爆發，友頑軍中產生了速降論，情緒低落。李仙洲入魯，引起敵人對他們手段的改變，改拉為打，進行普遍掃蕩，目的仍為達到壓迫他們投降，因此他們又有部份悲觀失望以至於投降。

（2）友頑軍力量日益分化減員削弱。

（3）友頑間的矛盾的發展，于李矛盾，引起于之出魯。吳于矛盾，敵人挑撥，引起了吳化文投敵。

（4）友頑軍敵後根據地不但不會建設，由其紀律的敗壞，姦淫掠奪，黨務人員特務化，官吏腐敗貪污，偽鈔橫行，法幣貶值，壓榨群衆，「創造」了無人區。

【三】我們在這個階段的鬥爭，雖然在上邊的敵友頑變化多端的客觀情況下，但許多條件對我是有利的。平原雖被敵分割零碎，但基本山區仍為我們控制，根據地是向着鞏固的方向發展，尤其在減租減息、增資、群衆運動開展後，更有了堅實基礎。在政治上，毛主席號召整頓三風，中央指示的十大政策及七七兩大文獻，分局四年工作總結，都給了我們新鮮有力的鬥爭指示，對於一年來政治軍事鬥爭的開展上，有着重大的意義。

我們在這個形勢變化複雜的鬥爭局面下，我們不但是長期的三角鬥爭，而且錯綜複雜，對敵採取敵進我進的方針，展開群衆性的分散性的游擊戰爭，對頑偽找尋有利機會，疏通團結，在我民主政權，由於形勢日益嚴重，地區被分割縮小，我們的方針是鞏固深入；堅持民主，開展敵偽工作，改造偽政權，堅持分點的政權鬥爭。因此，我們民主政權雖然地區縮小，形勢嚴重，仍然堅持工作，政權單位並沒有減少。如太山區博萊蒙僅餘狹長的幾個小區，淄川僅有茶葉抬頭兩個小區，章邱在嚴重的時候僅有六個村不資敵，蒙臨博淄在最嚴重的時候，僅保存了兩三個山頭，整個太南，在嚴重的時候僅圍着一個貫山轉，雖然這樣嚴重，民主政權也還在堅持下來，打下以後重新開展的基礎。

【六】在這一時期，我們上級的領導，是在統一的政略下，發揚各地區獨立自主，堅持民主鬥爭】在這一時期的主要工作與政權建設的主要標誌是：成立聯辦，加強民主建設的領導，領導堅持鬥爭。

（1）精兵簡政縮小與合併機構，保存幹部，充實下層提高行政效率減輕負担，堅持陣地，適合戰鬥化。魯中區在四二到四三年連續進行三次精簡，全魯中區根據不完全的統計，減少與充實下層的幹部有二二八二人，佔當時原有三分之一強。

其次精簡機構，集中領導，工作效率提高，也有一些收獲如：

A，貿稅局合併，使貿易稅務更加結合起來，）

B，部隊政權糧食機關合併，統一公糧的徵收管理與檢查，減少浪費，工作效率提高，保證軍食，渡過春荒　使糧食工作幹部有了一種正確認識。

C，被服採買人員與經建處部份人員合併，成立紡織局，開展沂蒙區的紡織工作，解決用布的問題。在四三年由紡織局直接管理的單位，不算群衆自己生產的，即有32758疋，組織起來的紡車9632輛，織機1198架，全年支工資29638，812元，使群衆生活也得到了部份的改善。

（2）主動的開展對敵鬥爭工作和偽政權工作，改造偽政權為革命的兩面派，與開展反資敵工作。

我們主動的開展對敵鬥爭，在敵佔區游擊區不斷的進行了反對敵人的新建運動，不但阻止了敵人的蠶食，堅持了我們的抗日根據地；而且擴大了根據地，使某些敵佔區變為我們的蔭蔽游擊根據地。由于偽屬的登記，紅黑點的登記，許多大股小股偽軍部份的反正了，未反正的也給以瓦解削弱的打擊。

其次，也團結了敵佔區各階層力量反資敵，替群衆出主意，減少對敵負担，所謂少資、零資、跳資、斷續資，以至不資。

（3）繼續開展民主運動，改造村政。

（4）進一步修改合理負担，實施乙種合理負担，克服甲種合理負担的不合理，厲行土地政策，啓發動群衆，進行減租減息，改善群衆生活。

（5）加強小學冬學，開展文化運動。

（6）更加加強人民武裝的建設，開展群衆性的游擊戰爭。

（7）有計劃的加強了財糧工作，建立自給自足的國民經濟，嚴格建立各種制度，特別是統一了糧庫和金庫，開展節約運動。

（8）初次有計劃的開展擁參軍運動，動員歸隊和擴軍。

（9）加強整風學習，反官僚主義。

（10）於一九四一年五月底，成立了魯中區行政聯合辦事處，在魯中區政權工作初步有了一個統一的領導機關，原則上樹立了魯中區行政工作的中心，在上級正確領導之下，基本上是掌握了客觀情況，而有步驟的有計劃的推動民主建設的各種工作。

【五】這一階段的政權工作，也存在着很多的缺點，主要的有以下幾點：

（1）聯合開始建立，機構不健全，領導上是不够有力的，下邊情況不够了解，在指示上計劃上存在有主觀主義的成份的。

在中心任務的掌握上是有些偏差的，在具體指導與原則領導的結合上也不够及時和密切

（2）精簡政策上也存在有嚴重的偏差，如形成單純的減人，過份縮減，取消了工作，注意提高工作效能是不够的。

（3）民主文化運動和改造村政，仍然嚴重的存在有教條主義的認識，沒有與群衆運動的規律一致起來，因之，有些脫離農村群衆的實際要求，形成工作任務有許多地方是從幹部出發的，不是從群

衆出發的。

（4）執行土地政策，進行減租減息，雖然有上級的明確指示，但由於群衆觀念不強，掌握政策不穩，開展的不夠積極。

（5）自給自足的經濟建設，進行的不夠有力。

〔丁〕四階段——1943年夏季到現在。

這個階段，國際形勢對我更加有利，蘇聯紅軍反攻勝利正逐步開展着，同盟國更加團結，進行反攻，太平洋美軍亦初步開展進行戰略反攻。因此國民黨部隊部份深入敵後，大批僞軍反正，敵僞矛盾日漸深，敵軍戰鬥情緒逐漸下降。更由於我們堅持對敵鬥爭，採取敵進我進的積極政策，粉碎了敵人的分散配備的政策，使之收縮據點，採取重點配置。

我們一方面進行疏通友頑軍關係，一方面爭取先機，對敵主動出擊，收復了廣大的地區，抗日民主政權又形成開展的階段。

現在分敵僞友頑軍幾方面敍述于下：

〔一〕敵人方面，在1943年，對我魯中區舉行大的掃蕩兩次，主要由於我對鄰地區的收復和控制採取報復，和扶持僞軍[illegible]崩潰。九月份對沂魯山區進行萬餘人的報復掃蕩，十一月份敵人與僞二萬餘人掃蕩北沂蒙，（我軍英勇保衛岱固，山東軍區贈予我軍連隊以「岱固連」的稱號）及其他對我邊沿區小的出擾和搶掠。

其次，敵人的主要變化是：由於我們根據地日漸鞏固，對敵人開展強有力的政治攻勢，和敵進我進的政策，武工隊在此有其特殊功績。僞軍在我有利的形勢下，也恐慌動搖。敵人感覺其分散配備的失敗，收縮據點，集中於大的重要點，採取重點主義的配備，加強特務活動的政策。

近來，敵人更進一步的發動對我政治攻勢，以實現其九分政治，一分軍事的陰謀。這種政治攻勢，總的方面是以軍政會社的一元化力量，求得政治力之劃時展開，首先將軍點向鐵路交通沿線之要城地區，其工作要點是破壞剔抉我地下工作，摧毀我之邊沿區各種組織，展開全面特務活動。敵寇目前軍事上的重點配備，特務活動，長期襲擊、包圍、以及在太山區、沂山區，會門的策動，是一連串的陰謀活動，我們必需增加警惕與重視。

在敵人這種政治陰謀的活動，由於形勢發展，我之反攻的威脅，及其兵力單薄與不足而迫使敵人不得不採取積極性的防禦，以達其確保城市交通線及控制資源區。更兼歐戰結束，同盟國軍事力量集結遠東，積極準備反攻，因而使敵人採取縮短防線，加強重點，佔領沿海，設縱深配備，控制大陸，以保證其沿海的安全。重要城鎮和鐵路及主要公路，可能屯駐較大的兵力，構築工事加強防禦，防止同盟國及我之反攻。

這樣鬥爭形勢逐漸緊張，有如大衆日報指示出「國際形勢有利山東形勢緊張」。今年五月間敵人三萬多人的對山東普遍性的掃蕩，是帶有偵察性質的，是我們堅持鬥爭，擴大解放區，加強對敵鬥爭·準備反攻所應該有正確認識和警惕的。

【二】在友頑方面：在四三年初，友頑一方面由於在堅苦階段力量的削弱，部隊的減員；一方面由於我於有利時機，進行了疏通團結，已初步改善關係（主要是東北軍）。接着李仙洲入魯，國民黨地方實力派的勾心鬥角，相互拉攏與排擠，惟個人勢力擴大昇圖，又加派系不同，頑頑之間，吞併合編，因之造成極大矛盾。東北軍離魯放棄了陣地，我們又從敵偽軍手中奪回來，改善了陣地。

其次李仙洲入魯，集結匪偽劉桂棠、梁麻子、王洪九…………爲其前鋒而喊反共第一，抗日第二，提出向人民向八路軍「收復失地」，進行反人民反共的陰謀活動。所謂中央大軍，「今天盼中央，明天盼中央，中央來了一掃光」。結果遭受了人民的反擊，立足魯南，侵入魯中的陰謀企圖完全失敗。

大部份國民黨在敵後的部隊，在嚴重形勢之下，遂奉國民黨「曲線救國」保存實力，在反共爲主的指示下，大部投降。魯中區也不例外，吳化文于一九四三年一月投敵，由國民黨的新四師變爲漢奸的方面軍，四三年七月在我軍一次討伐後，更進行收編國民黨縣長許樹聲以及沂蒙博山當地的國民黨投降派，于四三年十一月配合敵人掃蕩北沂蒙，侵佔大山崮區及東里店西北。四四年春，吳逆又收編了國民黨投降派高松坡、許建超、譚洪均，在整個國民黨曲線救國謬論下，集結大批國民黨投降派，擴大了僞軍的數目，長期分割我太山、沂蒙，搶、掠、燒、殺，摧殘我邊沿區的各種機構和群衆，扎在臨朐三八區創造無人區，眞是十室九空，蓬蒿滿目，數十里無人烟。他們被打垮後，遺下了長期的病災。

反共頭子秦啓榮及其餘孽潘樹勛、楊錫九、劉鎭聯合僞厲文禮部隊，在安邱、昌樂、臨朐一帶，施行其統一方式，托庇敵人，進行反人民反共的專門業務，姦淫擄掠有如土匪，黨務即特務，官吏貪污枉法，群衆處於水深火熱之中，更不時伸入我根據地進行破壞工作。

太山區，在萊蕪淄川邊區則有國特王玭仲、高松坡，萊蕪則有國特劉伯戈，太南國民黨部隊後來投敵的有萬金山等部，投敵反正又投敵的有陳三坎，都是經常配合敵人進行破壞工作的一群。

【三】我們在上述的敵僞友頑形勢變化的情況下，根據地是更加鞏固了。認眞實行減租減息發動群衆，開展了生產運動群衆生活改善，開展了雙擁運動，軍民軍政更加團結。掀起了鬥爭熱潮，在緊縮之區，又重新擴大了。撤除指揮更加統一，主力兵團地方兵團人民武裝更加有經驗有辦法。對敵鬥爭上，粉碎了敵人的分割封鎖和蠶食掃蕩，在毛主席的「擴大解放區縮小淪陷區」的號召下，這已階段軍事鬥爭開展上有很大成績。在一九四三年七月發動第一次討吳，攻克九山、白沙寺等據點。十一月發動二次討吳，又收復大崮山區，攻克刁村等據點。一九四四年更是勝利的一年，進行了六次有計劃的較大的戰役攻勢，使各戰略分區聯成一片。擴大解放區27000平方里，收復了沂水城，解放村莊4800個，人口二百萬。有計劃的進行五次大規模的政治攻勢，瓦解偽軍近七千餘。主力的發展等於四三年的一倍半，地方武裝發展等于四三年65%經過查減組織群衆達五十三萬，現在總計已達九十萬。民兵發展達94000人，佔人口的39%強，自衛隊二十六萬，佔人口8.4%。

一九四五年又發動蒙城戰役，收復蒙城，太南沂蒙更加密切聯系起來。五月粉碎了敵人的普遍性的掃蕩，打死一田板旅團長。六月又向盤據在安昌臨益地區的厲逆文禮、張逆步雲、張逆天佐展開攻勢，現已勝利結束。擴大解放區6800餘平方華里，解救同胞52萬，解放村莊1274個。

吳逆化文殘部，經三次討伐後，在長期的圍困下，不能在博萊蒙邊立足，於六月二十日率殘部向安徽南撤。

【四】、在這一時期，在軍事政治勝利局面開展之下，除具體工作另有較詳盡的報告外，我民主政權又有很大的發展。

一九四三年夏，太南辦事處在正確政治指導方針之下，深入太南地區，開展工作。在第一次討吳後，沂山地區也設立專署及莒沂、安邱、臨朐三縣。三次討吳後，建立魯山政權：魯山專署、沂源、恢復博山，健全了益都兩個縣政權。

據最近的情況，我魯中抗日民主政權，已有沂蒙、太山、太南、魯山、沂山五專署。沂南、沂東、沂臨、費東、蒙陰、沂中、（以上是沂蒙專署所轄）萊蕪、萊東、淄川、章邱、歷城、太歷、（以上是太山專署所轄）太寧、費北、新太、太安、太泗寧、（以上是太南專署所轄），沂北、莒沂、臨東、臨朐、安邱、淮文、（以上是沂山專署所轄）沂源、博山、益都，（以上是魯山專署所轄）共二十六個縣政權。

以上共有二百餘個分區政權，（如幹部不缺還需再立幾個分區）比四二年增加兩個專署，九個縣政權，七十個分區政權。

其次，就目前全魯中區地區，分我、友、敵、三種面積、村莊、地畝，人口約計數目比例如下：

目前魯中區我游敵三種地區村莊面積地畝人口比較表　1945.7.1日

項目 區	面積	百分比	村莊	百分比	地畝		人口	百分比
解放區	69198 平方華里	%61.5	9796	69.2			345，9540	62.6
游擊區	16887	15	2704	19.1			105，1185	19.05
敵佔區	26422	23.5	1642	11.7			100，6455	18.35
魯中總計	11，2507	100/100	1，4142	100/100			551，7180	100/100

總之，由上面所述，魯中區抗日民主政權的建設，是隨着鬥爭局勢之發展，在對敵堅苦鬥爭勝利的局面下，在國內兩條路線——民主的與反民主的鬥爭之下，堅持下來建設起來的。

追本思源，我們能堅持下來，能勝利，能建設起來，我們深深感覺到，我們所以能渡過困難，得到現在這個勝利局面，沒有中國人民領袖毛澤東同志的思想指導，沒有中國共產黨提出敵後堅持抗戰

19

的方向，我們是不能做到這樣的。沒有中共山東分局歷次所指出的堅持山東抗戰的方針的指導，和魯中區黨委的具體指導，我們也是困難的。

沒有我們山東八路軍一一五師，山東縱隊子弟兵團及其他抗日軍隊的堅持奮鬥，英勇犧牲的苦鬥，打擊敵僞，抵抗反共反人民反民主的頑固派投降派數萬次的進攻，數萬將士拋擲了自己的頭顱，流盡了最後的一滴血，換取民族與人民的自由，收復國土創造根據地，堅持根據地，我們要建立民主政治是不可能的。他如國民抗敵協會，各群衆團體，各進步人士，及廣大人民的支持，都是給予我們政府堅持下來，建設起來，以很大的幫助。

同時，我們也必須指出，我們之所以勝利的渡過了困難，有此成就，還依靠了省臨參會和省戰工會，所製定頒佈的法規條例，與政府工作同志的執行政策，抱着英勇奮鬥的決心，努力實施，堅持工作，與敵僞政權和舊統治者展開了劇烈的政治上和政策上的鬥爭。因此，許多政權崗位上的戰友和我們許多子弟兵團的戰友一樣，一塊共同艱苦奮鬥，英勇犧牲，或被俘受苦，或因勞成疾，首先應該沉痛的向大會說明的，我們上級政權，領導我們在政權工作上有了大的開展的，戰工會副主任委員陳明×同志爲民主鬥爭，於一九四一年冬季大掃蕩，在蒙山與敵人搏鬥中間犧牲了。另一副主任委員李澄之同志，也於同時被俘不屈，受盡熬煎，於一九四三年脫險歸來，現仍爲民主事業而繼續奮鬥。我們的戰工會秘書長兼民政處長，又是參議員的李竹如同志，也於一九四二年冬，蘭峪戰鬥中犧牲了。對於我們民主事業建設的領導上也不能不說是受了重大的損失。

我們魯中區政權崗位上的戰友們，也因民主的鬥爭，犧牲了不少的好戰友好同志。如我們魯中公安局長朱玉幹同志，於一九四一年大掃蕩犧牲了。聯合民政處付處長譚克平同志，於一九四二年在馬安山與敵人堅持鬥爭，彈盡糧絕，壯烈殉國。教育處付科長李浩同志，與科員陸景、李義文二同志，於一九四二年秋季後掃蕩中英勇犧牲了。沂南縣代理縣長趙效平同志，公安局長劉來之同志，同時在一九四一年大掃蕩中，對敵堅持鬥爭，突圍中一同犧牲了。我們的山東公學校長朱明楷，在一九四二年敵人拉網掃蕩中被俘受苦，至今下落不明。沂蒙專署經[illegible]科副科長李藹民，魯中公安局股長郭文遠，也都在一九四二年敵人的拉網反掃蕩中，分別在沂蒙區太山區英勇犧牲了。萊蕪縣參議會參議長郭子郁同志，縣財糧科長王子和同志，於一九四四年在反掃蕩中英勇犧牲了。沂北縣財糧科副科長傅文同志，一九四二年對敵[illegible]犧牲了。章邱縣財糧科長郭傳文同志．費北縣經建科長唐相九同志，太泗寧財糧科長杜仲明同志，太安縣公安局長高明鑑同志，[illegible]縣郵政局長潘有年同志，武裝科長孫同山同志，或被俘不屈，對敵鬥爭而死；或被頑軍捕去，遭到殘痛的活埋；或因深入敵友區開展工作，被俘犧牲；或因積勞成疾而病故；或因領導民兵，襲擊敵人而殉職；都是為了民族的解放，人民的解放而犧牲了。如區長陳光同志，楊雲同志，亓惠東同志，范×同志、陳克同志、劉紀清同志、尹坤之同志、楊志孟同志等等也都是為了民主事業的開展而英勇犧牲了。其他如對敵開展經濟鬥爭，自工商局成立以來，也犧牲總局統調秘書賀標同志，文書股長曹可秀同志，以及我們的劉林事務所主任孫格同志．太歷事務主任孫公甫同志．沂東檢查站長張福元同志，溫村商店經理孫剛同志等等十餘幹部，這些為了對敵經濟鬥爭，為了革命資財，不顧自己生命與敵搏鬥而犧牲了。為了開闢財源進行能夠供給戰爭而犧牲的稽收人員一年多的工夫就有三十一人。

以上這樣英勇奮鬥為民主事業而犧牲的，現在根據極不完全的統計，區級以上已經有了一百餘人，其他尚不在內。

這中間有許多是可歌可泣的事蹟，表現了偉大民族氣節，為人類為民族國家流盡了最後的一滴血，如淄川六區區長一川同志，礦工出身，單人獨馬開展張店附近敵人交通三角地帶的工作，被敵捉去後仍利用舊關係，組織九十支匣槍想拉出來，不幸事洩，被敵人活埋。太山區郵局六十二歲的交通員劉光明同志，為完成越過膠濟路，通往清河的任務，曾被捕過兩次，均以靈活的鬥爭方式躲過。在吉山戰鬥時，他叫其他同志突圍，自己守文件被俘後，絲毫未洩露祕密，不屈而死。最近太山區的專署所主任孫公甫同志，和會計員亓子峯同志，在被俘後，遭受了極殘的酷刑，而未暴露資財，孫公甫同志先被敵人砍去一隻手，仍至死不屈；亓子峯被捕後，與敵人講道理，表現了高度的民族氣節，在臨死時還高呼「共產黨萬歲」！這不過是幾個英勇範例。

以上這些統計，是極不完全的，仍有待我們以後的收集事蹟舉行登記，以表誌念。現在遺漏的很多，這些犧牲的同志絕大部份是共產黨員，他們用自己的血和頭顱，換得了我們現在的局面。因此，他們的犧牲是光榮的，是有代價的，我們應該永遠繼承他們的遺志前進。

第二部份　魯中區抗日民主政權建設的基本總結。

我們的抗日民主政權的建設，是在第一部份裏所說的極其艱苦複雜的鬥爭中來進行的，是從人民的需要，抗日工作進展的要求，逐漸建立起來的，因此有一些建樹和收獲。但由于地區的分割，工作的不够科學，檔案沒有建立，所以這個工作總結是基本方面的，在時間上是着重於最近的，一九四三年四四年到今年的上半年。

現以基本收獲，缺點檢討，和總結認識，三部份加以說明：

27

第一節　政權建設的基本收獲

分下面幾方面來扼要的說明：

（甲）關于民政工作方面

民政方面的建設是民主政治的基本，其主要工作和應有的指導方向，是在群衆的一定政治覺悟、文化水平、和經濟生活的基礎上，與群衆運動配合，有計劃的進行民主運動，改造與建立民主建設的行政機構，掌握民主制度，進行民主教育，貫澈民主作風，實施正確的土地改革、勞動政策、內務政策、精簡政策、動員人力物力參戰，開展優抗撫卹擁軍參軍，動員備戰，指導堅持邊沿，開展敵僞工作，以及救濟賑災，按置災難民等等。

在這些方面，一方面有上級的各項條例法令遵照執行；一方面我們根據實際情況，製定了一些辦法，在工作過程中有「專門性質的指示和決定」，近來在這方面主要的有以下收獲：

（一）一般的建立了民主建設的行政機構和民意機關，并一般的實現了三三制的組織形式，扶持了基本群衆的優勢。

❶目前的政府組織機構現況：

這在上面已說到一點，在此再補充一下：

四二年五月，成立了魯中區行政聯合辦事處，在上級統一政略指導下，負責魯中區行政上的領導

專員公署是代表聯辦的執行機關，在統一方針的指導下，在統一的中心任務的要求上，根據具體

環境，適應目前的戰爭情況的急劇變化，和交通阻隔的情況，來靈活的推動執行。縣政府是一個縣的行政執行的權力機關。區公所代表縣政府督促村公所推行工作機關。和行政村爲政權的基層組織。

這些機構，是在幾年來的堅持對敵鬥爭中逐漸建立起來，都採取了民主制度，或者由黨政軍民各界代表者產生的。成立了行政委員會，或者成立參議會選舉產生的。在戰時求得黨政軍民的一致，又提出了政治上一元化領導的方式。並劃小縣小區，取消鄉，減少行政層次，便於行政工作之推動。

目前魯中區行政機構，有專署九，縣二十六，區有二百以上，村有九千七百九十六個，游擊區村有二千七百零四個，（據一九四五年五月統計材料）。按目前解放區擴大的要求，尚急需我們補充組織。

②民意機關的建立及目前概況：

魯中區的民主政府，有不少一開始就成立了參議會，由參議會選舉成立政府，其他未成立參議會的，也採用人民代表會來選舉政府，個別的由各抗日團體部隊推選的。雖然方式不同，一般都是採用各種民主方式來產生的。一九四〇年魯中各縣都響應上級號召，試選國大代表。敵後各根據地開展憲政運動，普遍成立各級參議會，連鄉區公所都有參議會的建立。至四二年，普遍進行了減租減息和查租查息後各地群衆生活得到初步改善，基本群衆參軍參戰熱忱亦空前提高。因之，在四三年提出了民主文化運動後，普遍進行了民主教育，群衆對民主認識與覺悟亦大提高。在去年四、九、六月份內中心地區的縣份，多數成立，正式的參議會，改造了縣政府。截至目前爲止，魯中二十四縣（新成立的臨東淮安不在內）成立參議會者已有十三個縣。魯中區參議會原擬去年選舉，因戰爭關係，延至今天召開成立。在基本區，已有很多實行了村一級的民意機關爲公民代表會議。而且有不少的基層群衆的代表，如勞動模範，民兵英雄，及各種群衆領袖，都被選爲議員，使參議會氣象爲之一新。沂臨縣參議會議長王寅同志爲婦女領袖，副議長朱富勝是魯中的勞動英雄，以婦女與勞動者，而能爲參議會議長者，在中國民主史上尚屬創舉。這也是民主政權的特色。雖然我們的民主運動開展的不够，現在還是存在很多的缺點，有的仍是形式表面，不能很具體的反映人民的意見和要求，但與以前的參議會是有基本的不同。這與減租減息，發動群衆工作之成功分不開的。

③一般的實現了三三制的組織形式，三三制是體現抗日民族統一戰線的，是新民主主義政權最高的基本組織形式。我們在參議會與行政委員會內也執行這一政策，根據沂南、沂水、沂蒙、萊蕪、淄川、太歷、淄河、（即在益都及博山大部）太寧等八個縣的統計，縣參議員四百五十六人中，共產黨員佔百分之三十八，進步力量佔百分之三十三，中間力量佔百分之二十四。沂南、沂水、淄川、費東、萊蕪、淄河，（即益都之前身）太歷、萊東、費北、太寧等十個縣的行政委員八十六人中，共產黨員佔百分之四十四，進步力量佔百分之三十，中間力量佔百分之二十六。至於新地區及邊沿區縣份，由於環境動蕩和工作基礎不鞏固，多未建立參議會。但政府的行政委員會，一般是都建立了，而且都是根據三三制的精神來建立的。幾年以來，或因對三三制認識模糊，或因客觀環境所限制，或因在實行中發生偏差與實際困難，直到今天這一工作雖已有了不少的收獲，但仍待我們繼續努力。

即根據這已有的材料來看，我們還可以看出一個問題：三三制還沒有完滿徹底的實現，共產黨員佔三分之一以上，進步力量與中間力量也都未作到各佔三分之一。其原因，對於根據地政權的建設發展規律是有關係的。在工作剛開闢的地區，各種政策尚在初步提出與執行，三三制配備是困難的，在工作基礎較好的地區，共產黨員在廣大群衆中創造了鬥爭的歷史，建立威信，故不覺其多。但工作基礎更好的地區，又都強調了各種法令，切實執行三三制，共產黨員超過三分之一的現象又逐漸克服。在工作基礎尚較壞，環境惡劣，鬥爭相當殘酷的地區，共產黨員也往往超過三分之一，是一方面由於那些地區民主工作尚未很好開展或鞏固；一方面由於環境的惡化，實際情形又多半是共產黨員在那裏堅持鬥爭，因之，三三制配備也比較難。

但三三制是可能而且是必需實現的。但也要說明，三三制不是法律，是政治上的實現新民主主義政治號召，不是絕對一個不多，一個不少，而主要的還是民主集中制的制度的實現，切實照顧各階層利益的各種政策的內容。統一戰線的基本方針，只有在政府和參議會的籌備會上注意的加以調整，既然要人民民主自願的投票選舉，誰也不能夠勉強人民完全按照我們的主觀意圖湊數目字。

最後我們民主選舉——由人民代表選舉，到參議會選舉，各級行政委員的選舉，以及公民代表會議選舉村幹部，我們是完全按照四三年十月山東省臨參會通過，由山東省戰時行政委員會頒佈的，各級參議會組織條例，及各級政府組織條例，以及最近四五年六月，省戰時行政委員會公佈的行政區的參議會參議員選舉辦法，及縣參議會參議員選舉辦法進行的。我們只要有這些條例作根據，我們在減租生產基礎上，民意機關的建立與健全，我們是能完滿實現的。

（二）改造村政，奠定民主建設的基層組織。

❶村政改造的經過及數量：

（村政權是人民民主參政的基礎。抗日民主政府的一切法令政策，是通過村政與廣大群眾結合的，沒有村政的改造，一切政令是不會貫徹的，人民的民主也無法實施，無法保證。自一九四一年十月，省戰工會頒佈了「村政組織條例與工作的新規定」，決定村為政權的基層組織，劃行村政，在村政建設上有了依據。到一九四二年減租增資工作的開展，群眾運動初步真正開展，政治覺悟提高了，村政改造工作是有收獲的。一九四三年又開展了民主文化運動，比較普遍的進行了民主教育，魯中區村政改造走向了一個新的階段。經過這兩年的努力，魯中區在四二年，就改造三千六百零八個村，佔當時的總數75%，但在這以前，僅就沂蒙區來說，就把所有我佔區的村範圍全部改造了，有的甚至改造過二三次的。根據目前的統計，十八個縣共計改造了31848村，我佔區佔村莊45%。

❷改造村政與公民登記：

公民登記，是民主運動中的政治要求的具體步驟。因此，公民登記工作在改造村政中，已成爲群衆性的必要手續。且從這個實際的民主鬥爭中，提高了人民參加民主鬥爭的熱情，和養成人民運用民主習慣。在進行民主運動的時候，各村討論公民資格問題時，引起了熱烈的鬥爭。在討論公民資格會議上，沂蒙區有許多村平均到公民80％左右，選舉大會已達到80％左右，而個別好的村莊有達到93％至95％的，其他地區也有同樣不少的例子。

沂蒙區在四三年村選運動中，也出了不少的典型例子，有一個莊裏的一個婦女，丈夫與其全家都壓迫她，她會在村民大會上提出取消其丈夫的公民權，引起熱烈的爭論，在討論公民資格時，不管老的、女的、都不願放棄自己的一分公民權，眞是中國歷史上未有的現象，同時也說明了過去的了草從事，形式主義是在克服了，還說明了民主政治是在開展。

❸民主運動在各種實際政策，如查減、生產任務等執行中，更有了民主的，無窮的內容。

❹村選中也開展了農村統戰工作，建立抗戰的核心——基本群衆的優勢。根據目前沂南、太寧、費北、新太、萊蕪、章邱、萊東、沂臨、八個縣所改造的村3471個，村幹的成份的統計，貧農佔56.4％，中農佔36％，富農佔6.2％，地主佔0.8％，其他佔0.6％，比四三年春天的統計材料是不同了，那時的太山區，村級幹部成份比例是：工人2％，僱農1％，貧農5.5％，中農35％，富農15％，小商人5％，其他8.4％，沂蒙區沂南縣村幹成份比例：工人2％，貧農46.3％，中農37％，富農11.3％，地主1.2％，商人2％。這樣，一方面說明了我們的農村民主勢力是佔了主要地位，而開展了農村中統一戰線的方針；一方面也說明了，由於推翻封建統治剝削和壓榨，而走上了由廣大工農佔優勢的眞正民主政治了。

❺由于村政改造，村政委員會實行簡政分工之後，村政幹部質量和工作效率提高了。堅持鬥爭的

精神增强了。在搖蕩中的村政工作，如堅壁清野，領導民兵，襲擊敵人，堅持工作，都進步了。徵收出賦公糧，也有許多村子，在幾點鐘內可以完成一個行政村的徵收工作，這在過去是辦不到的。村幹經過了人民的選舉，實際工作的分工，訓練班的培養，是提高了。

㊀村政改造工作，也逐漸克服了孤立主義，如改造村政採取多種多樣的與群衆實際利益和要求相聯系的方式；如從減租減息，增資運動中，在整理民兵自衛團的鬥爭中，從民主文化的民主教育中，從反貪汚反官僚的新鬥爭中，都創造出村政改造的範例。

（三）實行土地政策和勞動政策，調整階級關係，改善工農生活。

抗日民主基本力量，是工農勞苦大衆，他們的數目字佔85%以上，如他們不能積極參加戰爭，參加民主建設，階層關係不合理調整，抗日民主事業是不可能成功的。因此，改善人民生活，扶助民衆組織，開展民主運動，是抗日民主政權，爲人民服務的基本任務。

我們在執行山東戰時施政綱領，和依據遵照省政委會所頒佈的減租減息條例，二五減租分半減息，增資以養活一個人，合理負担辦法及扶助群衆生產，以及救濟災荒，救濟難民……的各種指示，來進行了一些工作。在這些方面，我們也獲得了一些成績：

㊀減租減息，交租交息；增加工資，努力生產。

關於這一政策的執行，除了有上級頒佈的條例和訓令外，我們也按照具體情况，製定了計劃，頒發了些訓令和指示，張貼了佈告，各階層群衆均依法進行鬥爭。幷派有大批政府幹部，親身去參加了這一工作。

在政府這種政策法令的扶助下，幾年來由於群衆的自覺，經過了群衆有組織的自身的努力，在去年秋季運動，獲得了如下的成績：

根據不完全的統計，在減租減息增資中，在經濟上有如下收獲：

28

減租收獲——(44年)糧321737 8斤，(42年)149372斤。
款879484元。

減息收獲——糧(四四年)11229 8斤，(四二年)25343斤，
款570762元，15072·80元

增資：糧(四四年)4162681斤，(四二年)505473斤
款72054元 4875元。

由于群衆自覺，由于群衆本身的鬥爭與要求，不但在經濟上削弱了封建剝削，并經過這種生活鬥爭的運動，在政治上也推翻了農村中的封建統治，其中當然也有不少自私、狹隘的行爲，因此，各階層關係也調整了，達到經濟上，政治上眞正民主的地步，參戰參政的積極性更加提高了。因此，今年參軍運動，主力地方武裝，就達到九千五百人之多，民兵發展到十萬，群衆組織估計現在達九十萬。生產工作也掀起熱潮，創造了勞動英雄和模範。根據地是鞏固了，堅持鬥爭的力量是空前提高了，這不是偶然的。

②調解特殊土地糾紛。

這種土地糾紛，大部份是新解放區之普遍情形。因新解放區，我們未達到以前，敵僞頑盤踞，剝削壓榨，搶掠勒索，人權、財權地主均無保證。民主政府成立之後，人民有了依靠，對過去特殊情況所引起的土地糾紛，要求合理合法的解決。這些特殊情況，不外業主無力負担，超量之負担，而將土地放棄逃亡，或將土地交與保公所或其親友代管，而保長或親友未經業主之許可，將土地收歸己有或轉售與轉押於他人者，或者敵僞頑威脅强迫奪去之土地，逼業主訂立契約，地價頂負担，或保長辦公人等將負担戶之土地頂名代交負担，或强迫訂立契約，售於他人等等情況。在災荒區農民爲了當時救亡而忍痛賤價賣去自己的土地。年景好轉，群衆組織起來後，又要求贖回，總之這裏邊情況複雜，對

緩不一，前面一種在沂山區多，後一種情況在太山區多。

民主政府在處理這些糾紛時，都是根據各個具體情況，合理的保障人民的地權，以團結各階層爲原則，根據眞實情況來處理了。沂山專署和太山專署，在處理這些問題時，都盡了應有的力量。

（四）擁軍優抗與歸隊參軍。

擁軍優抗。歸隊參軍，是爲動員一切力量上前綫，爭取戰爭勝利，這是抗日民主政權的進行戰爭動員的主要工作。雖然過去也做了一些工作，但一般的不够重視，也是沒有計劃的，根本沒有成爲群衆性的運動。到了一九四三年，擁軍優抗才進一步有了認識，有了計劃和佈置。四三年三月省戰工會頒佈了「擁護抗日軍隊運動的指示」與「擁護抗日軍隊的決定」，同時發出「動員潛逃及逾假不歸的戰士歸隊暫行辦法」「優待抗日軍人家屬暫行條例」等等法令和辦法，配合群衆團體，使擁軍優抗歸隊參軍等工作，造成群衆性的熱潮。也得到了不少的成績，在四三年魯中區動員歸隊三千人，四四年夏季在討吳後半月的時間，沂蒙區擴新一千多人。到四五年年關，擁軍優抗工作更成了一種普遍的群衆性的運動，除了政府按規定物資進行優待外，送光榮匾掛光榮燈，年節群衆送禮，以及幫助抗屬生產，挑水拾柴等，成了很普遍的運動，和各種群衆團體，訂立自己提出的擁軍公約，政府群衆團體按期進行聯歡相互檢討，更進一步的開展擁軍，加強軍民團結和軍政團結，這是群衆運動掀起後必然的結果。勞軍與慰問傷病號已成了群衆的習慣，戰場勞軍，季節勞軍，都自動的普遍進行了。現在說，一般的幹部和人民，一般的都在思想上明確的了解了：沒有主力與沒有根據地的關係，從我們政權建設的過程中，更易了解沒有主力就沒有根據地，就沒有自由的人民，就沒有民主政府，不管大部門小部門或沒有你的工作崗位。

從參軍成份來看，包括各階層，但主要的還是貧農和中農。據現有材料太山區統計在630人中，貧農佔百分之九，中農佔百分之二十五。魯山區統計，在747人中，貧農佔百分之八十一，中農佔百分之九，因此，基本群衆是我們抗戰的主要力量。

因此，在今年（四五年）的春季參軍運動，收獲了很大的成績，主力和地方武裝，有九千九百九十一個人民的好子弟參軍擁上了前線，計太山區六百三十人，太南六百六十四人，沂山六百三十人，沂蒙區八千一百一十一人。

此外，物質上的優待，幾年來已爲數不少，茲將今年春季一次不完全的統計，列表如下：

類別 數目 地區	戶數	糧數		備考
沂蒙區	22276	325，6036	00	缺沂南戶數
太山區	6701	20，3497	56	缺縣城
太南區	12991	85，7725	50	
沂山區	8900	66，7638	00	
魯山區	1952	17，8949	00	
總計	52820	516，3955	00	

每年分三次進行，每戶按其經濟情况，從一五〇斤糧食到三百斤。

現在又提出優抗的新方向，就是幫助抗屬生產，進行群衆性的優抗，一方面使其自己能解決生活問題，減輕群衆負担；一方面創造模範抗屬影響其他抗屬，也初步的作了一些成績如：解決抗屬土地問題，沂北九個村即給抗屬解决了四百二十八畝，太安的山陽，茅茨兩個村，即給抗屬八十餘畝地，沂南的梁莊區郭莊，佃戶拿出二十一畝半地，宅子一所，給貧困抗屬，基本地區每莊都有這種義舉，但未有完全統計。

其他如合作社，幫助抗屬生產基金和原料，代耕代種，這是普通的現象。

外籍抗屬因受敵頑摧殘，無法營生，流入根據地者爲數不少，據二十個縣的統計，即有一千〇十六戶，四千〇二十五人。尤其每年春季，更是數量加多，成了政府的經常工作。對他們要特别照顧，幫助他們按家，發給一至三個月的按家糧，再幫助他們找職業、和生產。一九四四年春，沂蒙各縣設有招待所，專門負責招待安置。並辦理抗屬生產，使其紡線，工資即有五十餘萬元。今春在沂南設有外籍抗屬工廠一處，分散經營，統一領導，廠方與抗屬三七分紅，按件給資，三月一次結賬，也解决了一部份抗屬生活問題。

撫卹工作方面：

對榮譽軍人的按置，成立榮譽軍人教養院，當地榮譽軍人願回家者，和外籍個别願到地方休養的，由鄉安置歸當地，由鄉負責管理，有一部份參加了工作，亦格外照顧其生活，並分組領導和進行教育。烈士家屬除按季節進行救濟撫卹外，並特别予以表揚，一九四四年各縣普遍建立公墓烈士碑，舉行了公祭，按時掃墓植樹，以紀念他們對民族對國民的不朽事蹟。

由于以上這些優救撫卹工作的進行，抗屬的社會地位提高了，生活有了保障，鞏固了戰士的情緒，但也有些因此產生了依賴觀念，這是我們以後要努力糾正的。

32

（五）救濟災難貧民。

救濟災難貧民的工作，是在這幾年以來經常進行的。每年春季，有春荒救濟，掃蕩後群衆被燒搶者，也馬上救濟，有的群衆在敵三光政策下受到嚴重損失，情緒低落，但經過政府救濟後，馬上又提高起來，並以人力代牛力，幫助群衆春耕。在救濟工作上，黨政軍民各團體均積極響應，群衆自己也發揚了民族友愛，競相效募，施行救濟，如沂蒙區群衆救濟了淄河災荒，沂源災荒，和臨朐災荒，在一九四三年也曾募捐過糧食二千五百斤，七百三十元，救濟來到根據地的難民一百二十八戶，沂中富農借糧二千〇八十斤，一千六百元給貧民，太山區許多災民流入沂蒙區救濟者，約兩萬戶，而且黨政軍民都進行這一工作，其他地區也有同樣的事蹟，這是新民主主義的根據地裏高度民族友愛的表現，互相依助，堅持戰爭，渡過困難。至於有計劃有組織的救濟，更是繼續不斷的進行了，有以下的材料可以說明：

❶ 一九四二年及一九四三年春季救濟淄河、博萊一帶，政府撥糧三十萬斤，無利貸款二十五萬元。即在我中心地區的災荒的情況下，進行群衆性的募捐，部隊機關也節約二兩糧，四個月共捐款1.0000元，進行該區的救濟。

❷ 一九四三年春，難民流入沂蒙，沂蒙黨政軍民，成立救濟委員會，各縣設難民招待所，再次發起四兩糧募捐，黨政軍民各機關每人每日節約二兩糧，共計三萬斤，政府撥糧四萬斤，難民每日四兩，抗屬加倍，使兩萬難民得救。並開辦難民紡織事業，沂南的依汶、岸堤、界湖、及蒙陰的垣埠四處統計，共開支工資二十餘萬，能購十餘萬斤糧。

❸ 一九四二年的借糧運動，救濟難民，雖然發生了不少偏差，但基本上是對的，根據不完全的統計，借糧十二萬〇七千一百二十二斤，太南、太山兩區即救濟了一萬一千餘戶，五萬六千七百五十七口人。

④一九四四年對臨朐「無人區」的救濟，撥糧二十五萬斤，麥種兩萬斤，耕種貸款二十五萬元，農業貸款六十萬，沂北並組織了代耕隊，幫助他們耕種，部隊機關也都下了最大的決心，盡了最大的努力，來恢復臨朐的生產，當年消滅熟荒即達百分之八十。

⑤一九四四年春，討吳後，解放了魯山區，對沂源撥糧十萬斤，貸款七萬元，救濟性的農款二十三萬元。

⑥一九四四年春，太山區在敵人掃蕩後，遭受嚴重的破壞，當即撥糧一萬五千斤，款五萬元進行救濟。

⑦沂蒙兩城收復後，先後也撥糧兩萬斤，救濟性的貸款十五萬元，今年春對沂臨縣的河西區、沂東的高里區，費東的汪溝區，蒙陰的張莊區，亦特別照顧他們，撥給籽種貸款二十萬元。

⑧今年春季，（即四五年）發了貸款，開展大生產，必須與救荒同時進行，因此，決定沂山區撥糧七十萬斤，魯山區五十萬斤，太山區五十萬斤，作為貸糧，秋後歸還。

⑨今年五月，敵人對沂蒙掃蕩，使汶、岸堤兩區損失嚴重，軍區慰問，政府撥款八萬四千元，糧食五萬斤，並進行了群眾性的募捐慰問，幫助他們蓋房子、製農具、幫助難民恢復工作，給群眾一個很大的鼓勵，同時也提高了群眾的民族覺悟。

（六）培養幹部。

進行新民主主義的民主建設的幹部，是從群眾中湧現出來的，培養教育幹部，提高他們的政治文化水平，進行思想改造和業務研究，就是很重要的工作。過去的是無案可查了，僅就一九四四年下半年到一九四五年上半年，這一年的過程中，即有以下的成績。當然數目還不夠完全，為期有十天的，一星期的，有一個月的，二個月的，三個月的，最長的還有八個月的。內容有整風、財糧、文教、查減、土地陳報、會計和工商等等性質。舉作，有區長、助理員、和村幹。太山區二十六期，訓練了有二千五百九十六人（內有區級幹部三百人，其餘爲村幹）。

沂山區七期，一千一百人（區助理員與村幹）。

魯山區十三期，九百四十人（區幹村幹等）。

太南五期，二百九十人（科員幹事助理員）。

沂蒙區（缺）。

聯辦二期，二百三十七人（區長、科員助理員幹事）。

工商總局一期，南沂蒙縣局二期，北沂蒙縣局三期，蒙山縣局二期，沂山分局六期，太南分局二期，共訓練事務所主任，商分店經理，幹事會計合作人員，稅收員等五百五十三人。

十九期訓練了幹部四千六百一十六人。

（七）社會衛生工作：

㊀組織了巡迴治療隊，搶救了各地病災，主要有：

A、臨朐米山、嵩山、九山等三個區，過去被國民黨省政府壓榨統治，成了無人區。群衆除餓死逃亡外，還被那些壞蛋們留下的惡性瘧疾的迫害，死傷很重。米山區國民黨未來前有人口22819人，後來只剩下3425人，王廟莊365口人，只剩下六口人。一九四四年七月，災情最嚴重，東義山莊死絕了五家，西義山莊四家全絕了，三個區共死亡1324人。根據這個情況，我們協同省政委會組織治療隊，前往搶救，費時三個月，基本上搶救過來了。

R、臨朐米山等地病災，發展到蒙陰大崮區一帶，嚴重情形不下于臨朐的九山等地區。樸里莊160餘戶只二人未病，丁家莊樸里南村五天內死了34人，二十個莊的調查共死了326人。搶救後治療的共有2349人，並停止了蔓延。

C、今年三月間，沂南岸堤近五十餘村流行腦膜炎，最厲害時，十天內死亡九名，當即配合群衆及地方中醫西醫進行搶救，并對群衆進行了教育宣傳，二十五天內共治療850人。

❷初步組織了醫救會，（還不普遍），團結與改造了中醫，使他們更好的爲抗戰爲群衆服務，并漸漸走上科學的改造。

（乙）關於文化教育工作方面：

我們的文化教育事業，也是在舊政權垮台之後，隨着游擊戰爭的發展，民衆運動的興起，和民主政權的建立而產生發展起來的。尤其在民主政權建立後，才開始注意到小學教育工作的建立與發展。但由於敵人的頻繁掃蕩，物質的困難，師資的缺乏，使我們在重新建設這一工作時，受到了不少的限制。

我們的文化教育工作，是根據新的鬥爭形勢，新的政治任務，爲戰爭的勝利，民主建設事業的需要而服務，這就要求我們創造一套新的辦法，來適應這種需要。但由于思想領導的薄弱，舊教育遺毒的束縛，孤立主義的作風，而妨礙了這種創造。雖然如此，經過我們幾年來的艱苦建設，我們還是有一些收獲與成績的。

（一）小學教育工作的發展與成績。

一九四〇年魯中區已建立起抗日小學，當時統計：

沂蒙區	五九八處	學生一八八七三人	教員七四二人
太山區	六二五處	學生二一一六〇人	教員六四〇人
太南區	七二處	學生一九八七人	教員一八七人
總計	一二九五處	學生三五〇二〇人	教員一五六九人

經過了一九四一年冬敵人的大掃蕩，全部小學被掃光了。因之，到一九四二年二月都是在整理與恢復當中，三個月的時間，才僅恢復起二分之一。但經過這一次掃蕩，給了一個嚴重的考驗。鑑定了

36

幹部，部份質量太差的小學教育，經不起這種浪潮被形勢所洗刷了。而恢復起來的小學，質量却相反的提高了。

這一時期的主要方針，沒有能隨着鬥爭形勢的變化而轉變，我們的教育方式沒能完全適應客觀的要求，而只強調針對着學生少，教員情緒低落的情況，提出了精簡合併，充實學額，提高教學效率廢除體罰，實行民主管理，鑑定教員，改善待遇，建立輔導制，提高小學質量的方針。

這個方針的執行，也有一些收獲：

提高了小學的質量，節省了教員，減少了開支，并在擴生運動中，充實了學額，只沂蒙區的統計即擴大了原有學生數目的百分之二十四在戰爭的春荒夏荒底下，保證了學生數量的相當穩定。

普遍進行了編級測驗，劃一了程度，提高了教學效率，改善了管理方式，廢除了體罰，注意了教育說服，用學生檢討會，互相批評等的民主方式來管理學生，調整了師生間的對立現象。

鑑定教員百分之九十利用了假期進行了教員集中整訓，以提高教員的質量。建立了中心小學區的輔導制，組織了教員的參觀，互相學習，對教員的管理領導上也提高了一步。

總之，這一時期的小學教育是粗具規模了。

一九四二年，我們提出了新教育方案，加強學生的生產勞動與生產勞動的教育，採用半日上課半日勞動的辦法，來解決學生學習與生產勞動間的矛盾，本年的七月在沂蒙區實驗的結果是失敗了。主要原因是我們只從主觀願望出發，而沒有從戰爭的需要群衆的要求出發，以及佈置的不週密與宣傳動員的不澈底所致。同時，我們又根據省政委會「改進小學教育的指示」，製發了模範小學條例，其中有些要求是從舊型教育思想出發的。

二九四三年底，文教工作的總方針，是通過小學教育進行社會教育，對小學教育，要求澈底執行省政委會改進小學教育指示完成初步正規化，達到模範小學條例所規定的標準。在這一方針之下，小學教育便強調了技術的改進，形式的建設，而脫離了群衆現實的需要，走入了舊型正規化的歧途去了。

一九四四年秋，經過了整風，戰爭觀念群衆觀念的轉變，陝甘寧邊區文教工作總結關於文教工作新方向的提出，以及其他先進地區新型教育典型的介紹，使我們接受了教育的新方向。在當時召開的全魯中區文教會議上，根據這種新的精神，提出了教育改革，要求在冬學運動中打下小學教育轉變的基礎，明確確定成人教育為主的方針，把兒童教育降至次要地位，并強調走群衆路線，一切設施要經過群衆的討論商量，由群衆自己辦，公　幫助，即向民辦公助的方向發展。

一九四五年，根據省二次行政會議的總結，去冬冬運工作的檢討，提出教育為政治服務，與當前的生產、擁軍、任務結合。貫徹新教育方針，有步驟的轉變小學教育。但執行中仍發生許多偏差，仍須繼續不斷的糾正。

據目前統計全魯中共有小學二〇三三處，學生七一三六二人。

（二）社會教育工作的發展與收穫：

社會教育是群衆運動的一部份，因此，社會教育在抗戰剛開始，在機關部隊的民運宣傳工作中就已經有了。它啓發了群衆的文化活動，唱抗戰歌曲，講抗日的大道理。

一九四〇年，在群衆運動大發展的基礎上，提出了冬學運動的號召，在工作較好的村莊就有了夜校識字班。當時只側重於識字教育，掃除文盲，政治教育是為了堅定群衆抗戰勝利的信心。

一九四〇年，國民黨造成的反共高潮，以及一九四一年敵人的冬季大掃蕩，我們的政治教育，曾在打破群衆的正統觀念，與堅持陣地堅定抗戰勝利信心上，起了它相當的作用。

一九四二年的冬運，在一九四〇一九四一兩年的原有基礎上，在減租減息增加工資的群衆運動開展的條件下，遂有更進一步的發展。當時我們主要要求是：冬學與群衆運動密切的結合，以政治教育為主，識字教育為輔。

38

「這一時期我們的具體成績：」

沂蒙區	二八一八處	四九一五八人
太山區	五〇三處	四四一三二人
太南區	七九處	四四〇九人
共　計	二四〇〇處	六四六九九人

不僅如此，同時冬學與中心任務的配合上走一致了。如緊隨着擁軍、歸隊、優抗、禁止壯丁出門等任務的進行，都有了適應內容的像樣的文娛活動，群衆都普遍熱烈的參加了。到了一九四三年春，」冬學告一段落，我們隨即號召轉變爲民校・從季節性的學習到經常性的學習。轉變情形如下：

沂蒙區：	冬學一八一八處	四九一五八人	轉變民校三六六處	九〇八八人
太南區：	七九處	二四六九人	二六處	二九四人
太山區：	一〇五處	八六一一人	六三處	一五九三人

一九四三年冬的冬學運動，我們又進一步的提出了以下的要求：

(1) 全面開展夜校。

(2) 普遍建立俱樂部、劇團、秧歌隊。

(3) 教育的內容是戰鬥、生產、和民主。

這一年的冬學運動發展的情形：

沂蒙	一六七〇處	五〇八九九人	轉變民校八八一處	二四九八二人
太山	七四六處	二二三五三人	五五處	一三〇三人
太南	一一〇處	一六〇九人	四二處	七九〇人
沂山	二八二處	九二五二人	二二〇處	四四八五人

39

共計　二六〇八處　八四一一三人　二一九八處　三一五六〇人

一九四四年的冬學運動，是在新教育方針底下進行的。即貫澈成人爲主政治教育爲主，普及爲主，以及群衆自願等方針。並强調以當時的中心任務——貫澈二五減，組織群衆大多數爲教學的主要內容。由於我們執行了新教育方針和從群衆的要求出發，因此有五倍於一九四三年的發展，有四五八一八七人入冬學。

據今年（一九四五）的統計，全魯中區共有冬學一三六二五處，男女學員四五八一八七人，讀報組：沂蒙太山兩區，九六四組，（一九四四年冬的統計）讀書會：沂蒙太山兩區共一五八處，一一九四人，黑板報：沂蒙沂山兩區共一〇九一個。

在這些群衆性的冬學組織裏面，文化活動中間，一般是結合了當時的實際工作與中心任務。使群衆在政治上，在實際活動上，都能及時的了解任務，提高了他們的覺悟，幫助與推動他們更好的執行任務。並且能根據不同地區不同時期不同的政治任務，來進行不同的文化教育活動。

丙、關於財糧工作方面：

〔一〕財糧政策與方針：

我們財糧政策，也是隨着抗戰民主的發展而逐漸完備，逐漸爲我們所認識與體會的。

抗戰初期，發動部隊的時候，也就是我們前一部份所說的第一階段的時代，當時民主政權尚未建立，所謂抗戰的供給，有以下三個特點：

❶軍隊直接向人民征集捐募。

❷人民負担無定，財政陷於紊亂狀態。

❸根據有錢出錢，有糧出糧，有槍出槍，有知識出知識的原則，偏重向富有者征集，負担雖不公平，但也有其政策意義。

到了抗日民主政權建立的初期，由政府經手，用攤派的辦法，走到初步的合理負担政策。在財政制度上也有了一些規定，如提出了統收統支，整理財政的計劃和制度，開始有計劃的征收公糧，克服了人民負担無定時無定量的缺點，但當時魯中地區仍沒有統一的計劃的。

一九四三年春，魯中區行政聯合辦事處成立後，雖然在形勢嚴重的局面底下，仍分別召開了財糧會議。根據了山東分局提出的財糧政策，和職工會公佈的第一次施政綱領，提出了適合於魯中區具體環境的財經工作方針，是比較全面的認識了財糧工作財糧政策，認識到財政問題與經濟建設對敵鬥爭，三者的不能分離。這個方針就是：統一戰線，對敵鬥爭，發展經濟保證供給，建設新民主主義的經濟。

在目前我們的政策是：

❶清丈土地，進行土地陳報，折合標準畝，按標準地畝累進原則，征收公糧和田賦，使群衆負担公平合理。爲獎勵生產，規定了按標準畝的標準產量征收，不得因多施肥、深耕細作、增加產量而提高其負担，亦不得因怠於耕作減少產量而降低其負担。爲提倡擴大耕地面積，規定凡開墾之荒地，及因修堤築壩所增加之土地，一律五年內不負担公糧公柴。爲照顧各階層利益，規定赤貧戶平均每人不超過四分地者免負担，地主的負担不得超過百分之三五，爲獎勵富農生產，在人口計算上僱工列入僱主家的人口計算，爲兼顧主佃雙方利益，出租地與租種地的負担，均以二畝折一畝計算，同時對不同的地區——基本區、新解放區、敵游區、規定了不同的負担辦法，特別是減輕了敵游區的負担，照顧到敵游區同胞的困難，原則上是減輕了三分之一到二分之一。

❷、建立了統一的金庫與糧庫，實行了財糧制度，」在統一收支的原則下，禁止自收自用與亂開亂用的現象。並作到各地區調劑有無，使根據地的財糧工作走上統一。

❸加强銀行工作，掌握貨幣政策，以大量資金發展生產事業，掌握物資，以便開展對敵經濟鬥

争與貨幣鬥爭。并與加强邊緣區緝私工作，組織經濟自衛線結合起來，以粉碎敵人的對我傾銷與掠奪物資的陰謀。

❶ 勵行節約，緊縮開支，反對貪污浪費，以便休養民力，積蓄物資準備反攻。

【三】財糧工作的建設與收獲：

❶ 實行統收統支，公私合作，軍民兼顧，保證戰爭供給。

一九四三年與一九四四年兩年來，財政總收入爲一，三九一，六八四〇，六七。各項費用開支比例爲：軍務費百分之七五，行政費百分之二五。

a、田賦徵收。

經過整理後，大部份地區已按畝徵收，糾正按舊銀兩徵收的不公平現象。在已進行土地陳報的地區，按標準畝徵收，即含有累進原則，使負担更加公平合理。并力求逐漸減輕群衆負担，如一九四四年，上期每畝徵收六元，下期每畝徵收八元，一九四五年，上期每畝則減爲五元，這是由於平均負担普遍負担的政策執行而得到的結果。

b、稅收工作。

我們的稅收與舊政府的稅收是有着根本的區別的，舊政府是爲了搜刮民財與重壓群衆，而我們則是爲了戰爭與群衆的需要。

一九四〇年我們就開展了這一工作，并將出入口貨物按必需品、非必需品、通用品、奢侈品，分成禁止、獎勵、允許、專賣等四種規定稅率。

稅收的原則：

④ 保護內地生產事業之發展，防止敵人的傾銷。由於敵人是帝國主義的國家，而我們則是落後的農業國家，敵我經濟力量懸殊，爲取得對敵經濟鬥爭的勝利，就必須與政治力量結合。因此我們採

取了保護內地貨物生產的方針，獎勵使用土貨，（土布、土紙等）對外貨入口，根據具體情況，確定提高稅率或取締入口，以防止敵人的傾銷，保護內地土貨的生產。

Ⓑ保衛物資，防止敵人的掠奪。如專賣、（生油等）禁出、（糧食、耕牛、等）等。

Ⓒ滋抵取消苛雜，凡與收入無補，與民無便的均予取消。

Ⓓ配合軍政力量，圍困敵人。

Ⓔ保證貨幣鬥爭之進行，貨幣鬥爭的勝利，掌握物資，開展生產，管理貿易是基本的，但稽征工作亦進共相當大的作用，如維持相當的出超與出入口的平衡。

Ⓕ保障貿易鬥爭，增加了因戰爭關係而取之於敵的收入，供給戰爭。

收入情形如下：

一九四三年	上半年	二四〇、九三九二、〇〇元
	下半年	三六二、九三一〇、〇〇元
一九四四年	上半年	九九一、三五〇六、〇〇元
	下半年	二一一七、九二六七、〇〇元
一九四五年	上半年	一三八二、〇二三六、〇〇元

c礦產收入、

所謂礦產收入是說的我們的金礦。在我們金礦管理中，廢除了舊政府的稅收辦法，而改用累進法，並較諸舊政府時代減輕百分之十二的稅率，廢除封建剝削，發展成群衆性的開採，成爲群衆自己的生產。政府方面只是負責管理和解決糾紛。年來的收入佔總收入的百分之一，三。

d此外，財政收入中尚有契稅、官產、行政司法罰金、等收入。爲數雖不大，但部份的補助了財政的開支。

e、生產節約糾賬，停止了大部份的開支，減輕了人民負担。

只有發展經濟，才能增加財政收入，保證供給。目前，我們的供給，仍是取之於己和取之於民。」我們使兩者結合起來，成爲公私兩利，軍民兼顧。開展生產節約，緊縮開支，減輕人民負担，積蓄物力，以支持長期戰爭，準備反攻，就成爲我們必要的措施。

去年和今年上半年，我們的部隊和機關，在這方面有了偉大的成績。

除了衣服、糧食、藥品、彈藥、電料、及部份特別開支外，辦公費菜金雜支費除邊沿區的機關及區一級的機關，一律停發。

地方工作人員全部停發菜金辦公費，如按每人每天一斤菜、五錢油、五錢鹽、每月二斤肉的標準計算，只菜金一項，十八個月即節省公款約值七百萬元。

部隊生產節約，根據一九四四年的統計：種地五九二八畝，產糧三九、九二六〇斤，合本幣四九、一三五四元，種菜園五八九畝，產菜一〇二六二三八斤，合本幣六八、五二八七元。副業生產二二、六八二八元，作坊收入五五、七一八四元，合作貿易一六三、二五三〇元，運輸贏利八、五四六二元。節約糧食折價二五七、二七七二元。節約被服折價六七、七六九八元，各項總共計六九一、九二二二五元。（一九四五年開荒一、三九五九畝，尚未計算在內。）

各級政權，開展省政委會節約一件物運動。據去年一年不完全的統計，縣與直屬沂蒙太南沂山等各級政權一關，即節約了衣服、鞋子、手巾等共四七四三件，加上千餘人節約了「一至三個月的津貼七三〇八、五元，共合本幣二六、二六六〇元。

據以上的統計，我們在年半內生產節約共本幣一四一八、一七七五元。

由于大家鬬爭，公私合作，軍民兼顧的財政供給的方針，不但改善了自己的生活，而且減輕了群衆的負担。按去年魯中區地畝四〇〇萬畝計算，每畝即減少負担三、六元。否則，如不採取這個取之於已與取之於民相結合的方針，即使加重群衆負担，完全由上級解決，也是不能保證供給的。因此，這個方針就成爲抗戰時期財政問題上最好的方針了。

f、整理登記公產。

一九四三年一月，聯縣頒佈了公產學田管理暫行辦法，統一進行了整理，雖然不够澈底，但是也有些收獲。

我們審查了租戶的成份，避免壞份子的把持。并爲照顧榮譽軍人，貧苦的抗屬及農民的生活，確定他們有租種的優先權。與土地陳報配合進行清丈，以劃一干丈，確定等級。按減租規定確定租額，實行定租制。明確規定由財政部門負專責整理，租穀收入，統歸倉庫保存，不得隨便動支。

經過整理，去年收入租穀共合五七、一〇一七元，只沂蒙區即整理出七二〇三畝，可收租穀二六九四三一斤。

㊁建立各種制度、

a、實行了統收統支，確定了統收統支的科目。

b、預決算制度，初步做到了財糧收支的計劃性。

c、會計制度，「劃分」供給系統，建立了會計科目。

d、審核制度，建立了縣，專署，聯辦，等三級的審核制度，以掌握開支，實行統一待遇。

e、金庫糧庫制度，明確規定財糧收入統歸倉庫金庫，無一定手續，不得隨意開支，以保證統收統支的執行。

f、報告制度，縣向專署旬報，專署向聯辦月報。邊沿區季報，各地大部建立，只沂蒙太南執行較好，其他地區較差。

（三）銀行工作。

A．銀行工作，自成立工商管理局後，關於貨幣鬥爭，發行本幣，掌握金融變化等工作，歸屬於工商管理局。魯中支行及各專署設立之辦事處一律撤消。在近三年來，發行本幣，驅逐偽鈔，停用法幣，保護生產繁榮市場，掌握物資等起了很大的作用。同時在本幣勝利威信提高後，敵偽經常製造傾銷偽造本幣，破壞我的金融與本幣，我們的銀行工商機關，政權機關，通過了群衆的力量，隨時進行鬥爭，打擊敵偽這種無恥陰謀。

B．執行了正確的貨幣政策。根據各個時期的經濟狀況，確定本幣的發行量，絕對禁止作爲財政的開支。並掌握市場規律，掌握物資，管制貨幣的發行與緊縮，行政力量與群衆力量相結合，掌握物資，便是最可靠的貨幣之基金。

在發行貨幣的用途方面的正確與否，對貨幣鬥爭的勝利也有其重大意義，因此，我們曾以相當大的數量的貨幣，投用于幫助根據地工商業的發展，從以下分配比例可以說明：

農業貸款	百分之一四．八（佔總發行數的百分之七）
生產貸款	百分之三．七
工商貸款	百分之四九．六
匯兌總行	百分之八．七
積存生金銀	百分之三．七
材料費雜用及破損	百分之五．四
政府往來	百分之七．八
兌換假幣	百分之三．六
現存款	百分之二．七

根據以上分配比例看來，以工商貸款爲最多，農業生產次之，這基本上是符合於發展根據地農業

工業商業與貿易的政策的要求的。

（丁）關于工商工作方面：

一九四三年，魯中成立了工商管理局，合併過去的貿易、稅收、紡織、及部份的部隊總歸生產單位與部門，目的是求的統一領導，有力的開展對敵經濟鬥爭。

幾年來的努力，我們有了很大的收獲，關于稅收、礦業、手工業生產，已分別在財糧及生產建設部份內說過，不再贅述，現在只說到貨幣鬥爭和貿易工作：

（一）貨幣鬥爭：

我們知道，貨幣鬥爭是經濟鬥爭的前衛戰，是我們保護生產，發展經濟，保證戰爭供給的重要工具。在一九四一年大掃蕩後，由于敵人殘酷摧殘，我根據地經濟遭受嚴重困難，農村經濟起了大的變化。當時敵曾以大量吸收我的物資，達其以戰養戰的陰謀，具體辦法：在太平洋戰爭爆發前是吸收法幣，套取外匯；太平洋戰爭爆發後，則向我根據地大量傾銷法幣，掠奪我們的物資。一九四一年下半年及一九四二年上半年，敵在各地以大量法幣收買物資，即其實例。當時我們根據這種情況，確定對策：即在法幣仍有用途時，就發行本幣，保護法幣，爾後法幣無用，即大量發行本幣，驅逐法幣，打擊敵人的傾銷法幣吸收我物資的陰謀。使得法幣空前跌價，我們的貨幣鬥爭得到了初步的勝利。

在法幣跌價後，本來我們的方針應該是掌握物資，管理外匯，深入宣傳，限期兌換，以驅逐法幣，打擊偽鈔，以提高本幣，以達到貨幣鬥爭的更大勝利，但還在工商局未成立前，還沒能很好的做到。

工商局成立後，即停用法幣，開始於沂南、沂臨，隨後為蒙山區，其他地區則在一九四四年才開始，據估計，一九四三年十月至一九四四年五月底八個月內，流通於我根據地的法幣及雜鈔（民生銀號），約有九千萬至一萬萬元，被排擠出魯中市場，而本幣流通範圍則大大的擴大，過去只流通在南墨縣莊，北至坦埠很小的一片地區，而後來停用法幣的地方，都成爲本幣流通的範圍了。

法幣鬥爭的結果，可從下面本幣法幣比值變化看出來：

年月	1943年9月	10月	11	12	1944年1月	2月	3月	4月	5月	6月
比値	·75	·70	·50	·36	·30	·20	·15	·15	·10	·10

（註：從一九四三年九月爲例，法幣一元折本幣七角五分，一九四四年七月份以後停用法幣）

在打擊僞鈔上，由於軍事、政治上的勝利，群衆的擁護，以及我們掌握以掌握物資管理外匯的方針，敵人雖竭力支持僞鈔的價值，但並無收效，從下面本幣與僞鈔比值的變化可以說明：

年月	1943 9月	10	11	12	1944 1月	6	1945 1	2	3	4	5	6月
比値	8	5·5	3·5	1·5	2·0	1·0	1·2	·15	·20	·20	·10	·09

（註：以一九四三年九月爲例，本幣八元才換僞聯幣一元）

由於貨幣鬥爭的勝利，克服了我市場的蕭條現象，物價下降并日趨穩定，改善了軍民生活，繁榮了根據地的經濟。如：

（一）集市的擴大與繁榮：以坦埠集爲例，過去頑軍盤踞時，趕集人數不過五千，貿易額十餘萬元，貨幣上的勝利，趕集人數增至二萬多人，貿易額達三千萬元以上。

（二）我根據地物價之穩定與敵佔區物價之飛漲比較：

根據地內·本幣物價指數表

年月	1944年1月	2	3	4	5	6	7	8	9	10	11	12	1945 1
指數	100	101.4	93.74	86.67	85.9	96.71	90.07	95.85	93.86	84.32	88.80	72.65	69.31

敵佔區僞聯幣物價指數表

年月	1944 1	2	3	4	5	6	7	8	9	10	11	12	1945 1
指數	100	43.6	34.9	47.68	134.5	164.07	169.78	211.40	249.84	277.5	429.84	603.8	9,396

根據上表看出，我根據地物價一九四五年一月比一九四四年降低三分之一，而同一時間，敵佔區物價則上漲三十九倍。

另外由于貨幣鬥爭的勝利，物價下降的結果，也打擊了奸商的囤積居奇，幫助了根據地生產的發展，擴大了本幣的流通範圍，擴大了掌握物資的範圍。

但我們必須指出，貨幣鬥爭乃是由于我軍事政治上的勝利與經濟鬥爭的結合，而軍事政治上的勝料則是基本的。

（二）貿易工作：

這一工作是通過商店工作來進行的，他的任務是：掌握物資進行專賣，調劑內地市場需要，扶助生產，對敵鬥爭。並從中吸取因戰爭而產生的差額，供給戰爭。在這方面，我們有以下的收獲：

（1）掌握重要物資，進行專賣專買，吸取差額，取之于敵，據估計只以羊毛、生油兩項，因專賣而增加的公私收入，即達二千五百餘萬元。

（2）積蓄物資調劑市場，扶助根據地的生產事業，如去年我們吸收了棉花四百萬斤，對根據地紡織業的發展是有很大作用的，但這一點必須從群衆利益出發，如今年我們調劑有時沒做好，單純營利觀點，以致將近百分之六十的紡織車停了工，是今後應該警惕的，引以爲戒的。

（3）在穩定本幣上，由于我們掌握了物資，管理了外匯，也起了很大的作用。這樣不僅支持了貨幣鬥爭，而且穩定了物價，使人民生活不致因貨　物價的跌落而受到影響。

掌握物資，配合軍事政治力量，對敵進行封鎖圍困，打擊了敵人掠奪我物資的陰謀，並使敵人經濟上受到大的打擊。

（4）因爲我們爭取了巨大的差額供給戰爭，而大大地減輕了群衆的負担，近年來負担的逐漸減輕，這是重要原因之一。

（戊）關于生產建設工作：

我們的生產建設工作，1641年前後是處於自流的狀態，作了些工作，但基本上未能脫離舊政府那一套思想。在點農場試驗，辦些水利，大部份是出風頭，標新立異，脫離群衆。當時主要的還是軍需工業生產，雖在物質條件極端困難下仍積極的進行，並且是比較實事求是的。到1943年，環境惡化　地區縮小，進行精簡，經建部門合併于財政部門，工作就陷于停頓了。因此在1942年以設，除了少數的紡織生產，日用品生產。及領導春耕運動，武裝保衛夏收秋收等外，我們的生產建設工作並沒有有計劃的開展，並沒有使之成爲群衆性的運動。

1943年魯中聯辦成立後，開始有計劃的初步的開展生產工作。如土布生產，有計劃的領導春耕夏收和秋收等。

1944年，在二年來減租減息增資改善群衆生活的基礎上，有計劃的提出了大生產運動，在總的方面，提出以農業爲主，不同地區提出不同的要求。中心地區提出組織起來，發揚互相幫助，深耕細作，訂立按家計劃。邊沿區提出團困難點，保衛春耕。災荒地區提出消滅熟荒。一般號召山地增產糧食五至八斤，平原地八至十斤。並決定三四兩月份以開展大生產運動爲中心任務，并建立各級政府的農林科來主持推動這一工作。

今年在去年生產運動、貫徹查減、組織群衆大多數的基礎上，又提出了繼續開展大生產運動，并確定今年的中心任務，總的方針還是發展經濟保證供給。因此，我們生產的具體任務就是發展農業生產，推廣植棉；另一方面發展合作事業與紡織事業，發展公私經營的日用品軍需品的生產，以達到基本上自給，耕三餘一，或耕四餘一，并使各種生產與戰鬥結合起來，反對敵人的掠奪與破壞，以保證我軍民生活年年有餘，積蓄力量準備反攻。在這個方針下，我們召開了生產科長會議，具體佈置了工作，并爲統一合作事業的領導，將合作工作歸屬于生產科負責。

1944年到現在一年來的收獲與成績：

（一）農業生產：

❶組織變工，調劑勞動力，這是開展大生產運動的中心環節。

1944年上半年統計，全魯中有變工組9009組，60946人，平均佔總人口百分之九．二，個別地區，佔總人口百分之十七，個別的村莊如沂臨縣的交良莊，沂南的李家莊子，組織起來的人數佔全村勞動力的百分之九十六，並在組織當中，改造了二流子574個，一九四五年上半年變工組共15877組，122014人，另外有開荒隊187隊，967人。

這樣，不但大大的提高了生產力，而且由于節省了勞動力，還開展了其他副業。如李家莊子在組織變工後，利用剩餘勞動力推磨，春天賺了千餘元，還作了其他的副業。並且團結友愛和集體主義的精神是增高了。

②開墾荒地，增加生產。

一九四四年上半年八個縣的統計，開墾了熟荒101081畝，十三個縣的統計，開生荒19213畝，部隊開荒地5028畝。

今年上半年根據不完全的材料，群衆開荒137418畝，地方機關開荒1971畝，部隊開荒13950畝，以上共開墾生熟荒146648畝。若以年產每畝60斤計算，約增產糧食9798880斤。

沂蒙區的老百姓也打破了不鋤麥子的老習慣，大多數的村子都能鋤一遍到二遍，若以平均每畝多打9.5斤計算，績亦相當可觀。

特別應該指出的，去年我們會通過貸款貸糧，動員組織恢復臨沭無人區的生產，消滅熟荒97838畝。國民黨反動派製造了無人區，而我們則搶救了無人區。

③興辦水利，修堤築壩，開渠洩水與植樹造林。

這個工作年來也有些成績，尤其是今年在我們發放水利貸款之後，開發水利已初步形成了群衆性的運動。

在一九四四年，興辦水利規模較大者有沂臨縣、黃泥堰，開洩水渠一條，長二十一里；西流湖開澆水渠長七里，高里閘暖水溝三條共長五里，白石埠築河堤一處長二八〇尺，寬一二尺高四尺，用石料三二〇〇車，土一〇〇〇〇車。以上工程都是組織勞動力集體修築的。共用人工一一三〇〇個，計有七〇八二畝，湖地不被水淹而變成三季的良田，並擴大耕地五九四畝。寶邱修水道長一五里，用工八〇〇〇個，解決了埠莊至明莊一帶八個莊數十年來缺水吃的大困難，每天能省出挑水用的工夫達五〇〇個。沂南的界牌村築河堤長九五〇杆子，寬五．五尺，高四．五尺，用工五八〇〇個。

打井方面，八個縣的統計共有一一八二眼，能澆地九〇〇〇畝，沂南李家莊由勞動英雄王允一參議員，領導群衆打井一三眼，澆地增產四倍，是我們的好榜樣。

今年上半年由于政府貸款幫助，與勞動英雄、勞動模範的典型示範的推動，在素無利用水利經驗與習慣的沂蒙區即打井一三八二眼，引水道六三條，儲水池一四個。太山區打井一五〇〇眼，儲水池四〇〇個。太南打井六一眼，築堤一五一〇丈。魯山打井二六眼。

植樹：一九四四年上半年的統計共五八，五〇八一株，封山一九〇處。

今年上半年造成植樹的群衆性的熱潮，沂蒙區群衆植樹一一一，〇九一三株，太南區植五七七四六株，魯山區三八九五二株，太山區六四九，七株，沂山區一〇〇〇〇株，據估計今年植樹能活到百分之六十到百分之七十。

❶推廣植棉。

今年爲了發展紡織，克服布貴求賤，以解決軍民穿衣問題，普遍號召與推廣植棉，要求全魯中達到植棉三八、〇〇〇畝，并爲了獎勵與刺激群衆植棉，發行無利貸款千五百萬元，每畝三十—五十元。據統計目前完成數目，計、沂蒙區一五、九四七二畝，魯山區一四、九二一畝，都超過原佈置畝數。太南區四六、六〇三、八畝，太山區二、三八六六，五畝，目前共計完成二四、四一三四．三畝。（內缺沂山及沂東、太泗寧、太安三個縣的統計。）

⑥農業生產貸款。

自一九四二年夏聯辦成立以來，爲了發展農業及副業生產，即曾不斷進行了貸款。但以農業爲主有計劃的貸款，還是自一九四四年開展大生產運動開始。

幾年來的貸款情形，列表說明如下：

a．一九四二——一九四三貸款分配表。（多由銀行直接貸出）

區別 類別	沂蒙	太山	太南	合計
農貸	991470.30	119262.00	104270.00	2287842.3
油貸	507850.00	缺	313550.00	821400.00
救荒生產	50000.00	50000.00	209950.00	309950.00
總合計	1449320.8		627770.00	3419192.8

b．一九四四年爲了開展大生產運動，又進行了農業生業貸款四百萬元。討吳戰役後，又爲扶持新解放區人民的生產，又增貸了八十三萬元。

一九四四、農業生產貸款分配表：

地區	數目	備考
沂蒙	151.0000	
太山	126.0000	
沂山	123.0000	
魯山	33.0000	
太南	50.0000	
總計	283.0000	

C，一九四九年繼續開展大生產運動，進行了植棉水利牲畜種糧農具等貸款。

一九四五年農業生產貸款分配數：

地區	數目	備考
沂蒙區	590·0000	
太山區	370,0000	
沂山區	520·0000	

魯山區	140.0000
太南區	380.0000
總計	3000.0000

總起來說，近幾年來，我們用於發展生產的貸款共達二八二四九一九、八元，必須說明，我們的貸款完全不同於舊政府時代的貸款，過去貸款是爲的盤剝農民，從中取利，今天則是爲了幫助農民翻身，因此我們的貸款，是有方針的，有重點的，如一九四五年强調植棉水利，在災荒地區則着重農具耕牛，對象明確提出貧苦抗屬及貧農有優先權。

⑥幾個問題的提出：

Q根據上面的報告，今年的生產運動，比較去年收獲大些，主要原因是在去年生產運動的基礎上來開展的。在組織起來的形勢上說，也比去年提高了一步。在變工組織中，已經發現了十八個農業合作社，這是從舊有的個體經濟，走上了新的以個體經濟爲基礎的全面合作，採用了科學的按股分紅辦法，即將一切舊有的勞力、畜力、土地、肥料、副業完全作爲股份，投入互助組織的合作社，收獲按股分紅。不過在群衆文化程度很低的條件下，會計人材缺乏，是個大困難。對這些新發現的群衆的自發的生產組織，政府應好好注意加以領導和扶持，經常的幫助他們，萬不要一般看待。

b今年大生產運動的成績，是由於我們運用了新的組織形勢與新的領導方式，特別是應當指出的，是去年聯合召開的全區的勞動模範大會，起了很大的作用。經過去年黨政軍民一齊努力進行了一年的大生產，就產生了大會上選出的二位勞動英雄，朱富勝和王兌一，五十位勞動模範，由于這些英雄和模範，在大會上交流了經驗，豐富了自己的鬥爭知識和生產知識，在今年繼續開展的大生產運動中點，起了積極的示範推動作用。這一點，我們不要有絲毫的忽視，我們應對他們的勞績表示謝意，並祝賀他們的成功。他們回去後還創造了新型家庭與模範村莊，如我們勞動英雄朱富勝參議員的新家庭，家事由家庭會議決定，統一領導，科學分工，並實行了獎勵制度，在今年的參軍運動中，夫妻倆也舉行了競賽，尤家埠子李家莊子，和交良，都經常的保持了變工組織，幾乎全人口參加勞動，訂立生產公約，生產計劃等。在根據地各種工作中，這些英雄都起了帶頭作用骨幹作用，和政府與人民的橋梁作用。無論參軍運動、反掃蕩、領導民兵、備戰工作、供給戰爭，文化教育民主運動……等他們都是領導者，這些應引起我們大家注意的。

今年各地接受了經驗，都有計劃的培養勞動模範對象，這是新的組織形式與新的領導方式，希望不要虎尾，要堅持下去。

C勞武結合：

這是敵後堅持抗戰進行生產的一個主要方式無論根據地的中心區或邊沿區，勞武結合是第一個問題。在這方面，我們也創造了不少的範例。如沂臨的張修海領導民兵封鎖河口，使許多村子的群衆安心生產，太寧的馬守勤領導民兵堅持邊沿，逼近據點，保衛群衆生產，在今年的掃蕩中，我們的王兌一參議員領導全村，在掃蕩中不誤生產，太歷的江衍明也是這樣。各地區民兵組織起來，一面生產，一面戰鬥的例子還有不少，至于我們的主力，地方武裝，更是有計劃的出擊，保衛春耕夏收秋收保衛群衆生產，也是這一政策的具體實施。

D、沂山區的捕蝗和益都的捕蝗，更是我們今年的大生產運動中特別值得提出的。

在沂山區今年五月初在安邱臨朐莒沂三縣交界的地方，近七十個村莊的一片地面，發現大批蝗蝻，當即領導群衆開展捕蝗運動。自五月初至六月上旬，歷時一月，這一場人和虫的鬥爭才勝利結束，計用工二十萬個捕獲蝗蝻八批共約一百五十萬斤至二百萬斤。絕大部份的莊稼得免於患，而濱海沂蒙魯山等地，也賴以避免威脅，特別應該表揚和介紹的，他們為了防止敵人的掃蕩破壞，在山頂上設瞭望哨調集四中隊，堅持蝗區邊沿，防截敵人，保護群衆。為便利領導與指揮，設立了總指揮部與分指揮部，並設立情報站，一遇敵情即行傳遞，以穩定群衆情緒，這樣捕蝗運動能够在緊張的備戰中，實濟勝利的完成了。

在益都的慶河區，蝗區面積長十三里，寬十六里，我們動員了十五個莊子的群衆，用了工四萬餘至五萬個，經過四次的捕打，完全消滅了。

（二）合作社：

一九四〇年，我們已開始這一工作，因缺乏群衆基礎，而犯了主觀主義的毛病，失掉群衆信仰。一九四三年春紡織局成立，在推廣紡織中，發展了紡織小組，（紡織組與獨立組）特別是獨立小組，實質上就是合作社的雛型，如加以發展提高，即發展成合作社。但因幹部認識不足，未能引導走上這個方向，而當時的紡織局也就成了紡織與土布銷售的機關了。

工商局成立後（一九四三年下半年）才有了統一管理的領導機關。當時大量的發展，并接受先進地區的經驗，頒發了合作社規程，才初步走上合作社正常發展的軌道。

今年春天，合作工作統一于政府生產科領導，是為了統一領導，密切配合。方針提出了：鞏固提高為主，發展為副。

幾年來，我們的收獲也不少，他保證了土布的自給，增加了農民的收入。特別是許多婦女參加了紡織合作社生產，提高了經濟地位，并從而提高了政治地位。並且由於大部份地區禁止了外布的入口，有力的支持了對敵經濟鬥爭。但因為工作中群衆觀念、群衆路線的不够明確，營利觀點、脫離群衆，而致還不能得到更大的成績。

目前不完全的統計，全魯中共有合作社九七八處，社員一一〇九四九人，（缺沂南數字）參加合作社的紡車三六六七三輪，木機二一八九張（缺沂南數字）增加群衆收入達一九九三九三三一・六〇元。（缺沂蒙區五個縣的數字，今年三月份的統計）而尤以尤家埠子的村社，大諸葛的聯合社，南桃花坪的村社，在各方面都比較完備，可說是我們典型的合作社。

（三）手工業生產：

❶紡織手工業自一九四三年春紡織局成立，對群衆性紡織作有計劃的推動以後，魯中區的農村紡織事業，才又從衰微的狀態走上復興，不但供給了根據地軍民的需要，且隔了外來洋布，減少我們幾千萬元的漏卮。

我們的紡織生產，仍在不斷的發展着，一九四三年一年中，僅在紡織局直接管理下的紡織小組和紡織合作社，就出產土布一九七五八疋，一九四四年上半年，僅合作社的出產有三五六〇〇疋，一九四四年十一月的統計，魯中區紡織合作社共有四一三處，七月至十一月五個月內，土布產量即達：二七〇〇〇〇疋，發展數字相當巨大。

❷日用品生產據今年上半年的統計，公營二十餘家，民營五十餘家。

（四）機關生產：

為減輕人民負担，改善機關生活，鍛鍊幹部的勞動意識，我們在農業為主的方針下，掀起了生產熱潮。今年上半年機關的菜金、辦公費、雜支等費，均能作到自給，減少公家開支，減輕人民負担。一今年上半年的統計，魯中機關及三個專區（缺沂蒙沂山）的各級政權，共開荒一九七一・〇五畝，種熟地九四四・九畝，並在養豬貿易等副業上，也有一些成績。

（已）公安工作：

我們的成績與收獲：

（一）群衆性的防奸，初步的開展，在農村各種群衆組織中，進行了防奸教育，普遍建立了防奸放鬆，中心地區建立起相當大數量的與群衆存密切聯系的村公安員，初步配合各個時期各種中心任務的進行。（如大生產、擁參軍、反掃蕩的反謠言反特務活動等。）並在這方面個別的培養了防奸模範了，如太南的馬端群，沂蒙之梁紅玉等，這一些說明了我們已採用開始打破公安工作的神秘觀點，而採用群衆路綫。

（二）組織機構的建立，全魯中計有五個專署公安局，二十四個縣公安局，（除臨東縣外其他均已建立）一百三十四個區公安員，村公安員在中心地區亦已大部建立。僅據沂蒙區今年四月份前的統計共有八百九十六人。並實了統一領導加强工作，執行了山東軍區與省政委會關于軍隊鋤奸部門與公安機關合併的決定。

（三）訓練了幹部，有二百二十一個區以上的幹部受了訓練，村公安員受訓練的亦在百分之七十以上。

（四）進行了根據地內外的反特務鬥爭，鎮壓了破壞根據地的特務份子活動，結合了各個時期的政治攻勢，進行反敵特別警備隊及反敵政治攻勢隊等的鬥爭，打擊敵特奸細的活動，鎮壓了罪大惡極死心塌地的敵特奸細。寬大爭取了可能爭取的悔悟脅從份子，對保衛人民利益，維持社會秩序，堅持邊緣，起了重大的作用。

據一九四三年冬到一九四四年秋末的統計：共破獲案件二二四七件。執行了省政委會山東軍區的聯合決定，鎮壓與寬大的結合，破獲案件中，採用鎮壓辦法處理的，不到百分之二十五，停止了刑訊。與一般結束「公安工作的紊亂現象。

（庚）司法工作：

司法工作是政府部門工作之一，不是獨立的，而是在行政委員會領導之下的，與舊政府與資本主義國家司法獨立的情形不同。

60

在民主政權建立初期，由于群衆對民主政權的認識不足，而還不感到司法工作的需要，政府幹部本身也對此不够重視，以後由於形勢發展，根據地擴大，政權的威信提高，群衆感到依靠政權解決問題的迫切需要。爲了適應群衆要求，爲群衆解決問題，才開始建立機構，又由於幹部嚴重的受到舊法的影響，及對新法的精神實質認識模糊，談到建立機構，就只去找懂得舊法的人材等，這一些使得我們的司法工作建立健全的較晚較慢，一般的落在其他工作的後面。

一九四一年冬大掃蕩後，各地環境惡化，司法部門僅有少數縣份還能保持，其餘大半垮台。

從一九四四年開始，司法工作有了新的較大的變化，這個轉變可分兩個時期來說：

（一）去年（一九四四）由於省政委會不斷的指示，延安廣播了馬錫五的審判方式，和民間調解工作兩篇文章，以及聯縣對調解工作的指示，對於我們的司法工作起了很大的推動教育作用。根據這些文件，太山區專署召開了司法會議，開始糾正了幹部的舊法思想、官僚主義、形式主義、脫離群衆等壞作風。自從這些文件發佈之後，不論開過會研究過的或只是個別學習的，都有了轉變和進步。表現在：

❶開始注意了走群衆路線，審理案件注意到深入的調查研究，走群衆路線，聽取群衆的意見，通過群衆去調處（如沂南處理下里莊三審終結的牛娃祭田案）這是馬錫五審判方式的採用。處理案件强調了群衆觀念，民主立場，這是八十訓令教育的結果。民間調解已逐漸普遍採用，特別是沂蒙區。

❷注意了調委會成份的調整，過去的配備大部份操於上層份子手裡，在查減發動群衆的運動中，他們不但不爲群衆利益服務，相反的自私自利，撥弄是非，歪曲法令，壓迫群衆，成爲群衆運動開展政策法令執行的障礙。因此在去年的下半年，着重改造調委會的 份，大胆提拔工農份子，經過改造後，據統計沂南縣長山 、界牌兩區原有調委六十七人，地主十人，富農二十人，中農十八人，貧農十七人，商人二人，改造後成份地主一人，富農×人，中農十五人，貧農四十四人，商人一人，工

大一人，改造前中農以上成份佔百分之七十一强，改造後僅佔百分之三十三，其他如沂蒙的沂中、新泰、費東，太山區的萊蕪等縣，也都進行了改造成份的工作。

（二）自去年省行政會議總結了過去的司法工作，明確指出今後的方針以後，我們的司法工作，有了劃時代的轉變，幹部方面思想上有了新的認識與轉變，初步打破了舊法思想的囚籠，但對省政委會這一總結，除沂蒙專署在今春二月間召開司法會議，傳達討論與清算過去舊法思想形式主義官僚主義的壞作風外，其他地區尚缺乏這種有組織的學習與討論。單以沂蒙此次會議來說，收穫相當明顯，開始掌握了多調解少判決的方針。如：二審案件半年內處理三十六件，都是調解成功的，沒有提起上訴的。初審案件沂南半年內處理了九十六件，判決的二十四件，調解的七十二件，佔總數的七四七，一與去年審理二百一十三件，調解成功的僅一百三十三件，佔總數百分之六十二，比較起來有了進步。一在審判方式上也有了轉變，如過去判決多憑呈狀供詞，而以後開始體會與運用調查研究，走群衆路線的方針。在審訊方式上各地有些新創造，如沂中對犯人反復解釋寬大政策，使犯人深信不疑後，採用集體反省的方式，太南對犯人實行懲獎辦法，能坦白反省的改正錯誤的提前釋放，挑皮者，當面批評表動員互相批評等。

其他

八路军山东纵队第一支队防区附近敌伪友军情报（1940年1月30日）

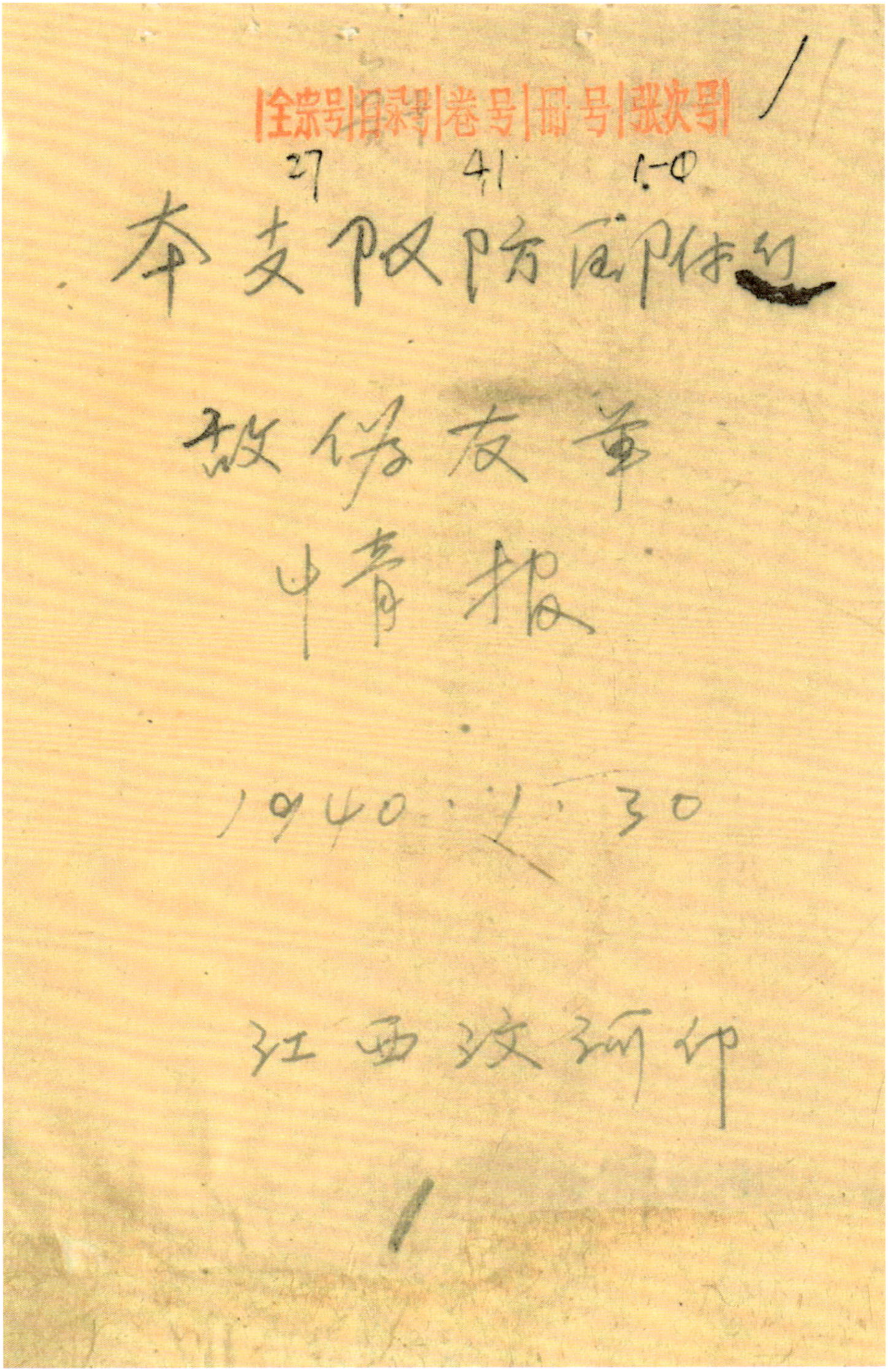

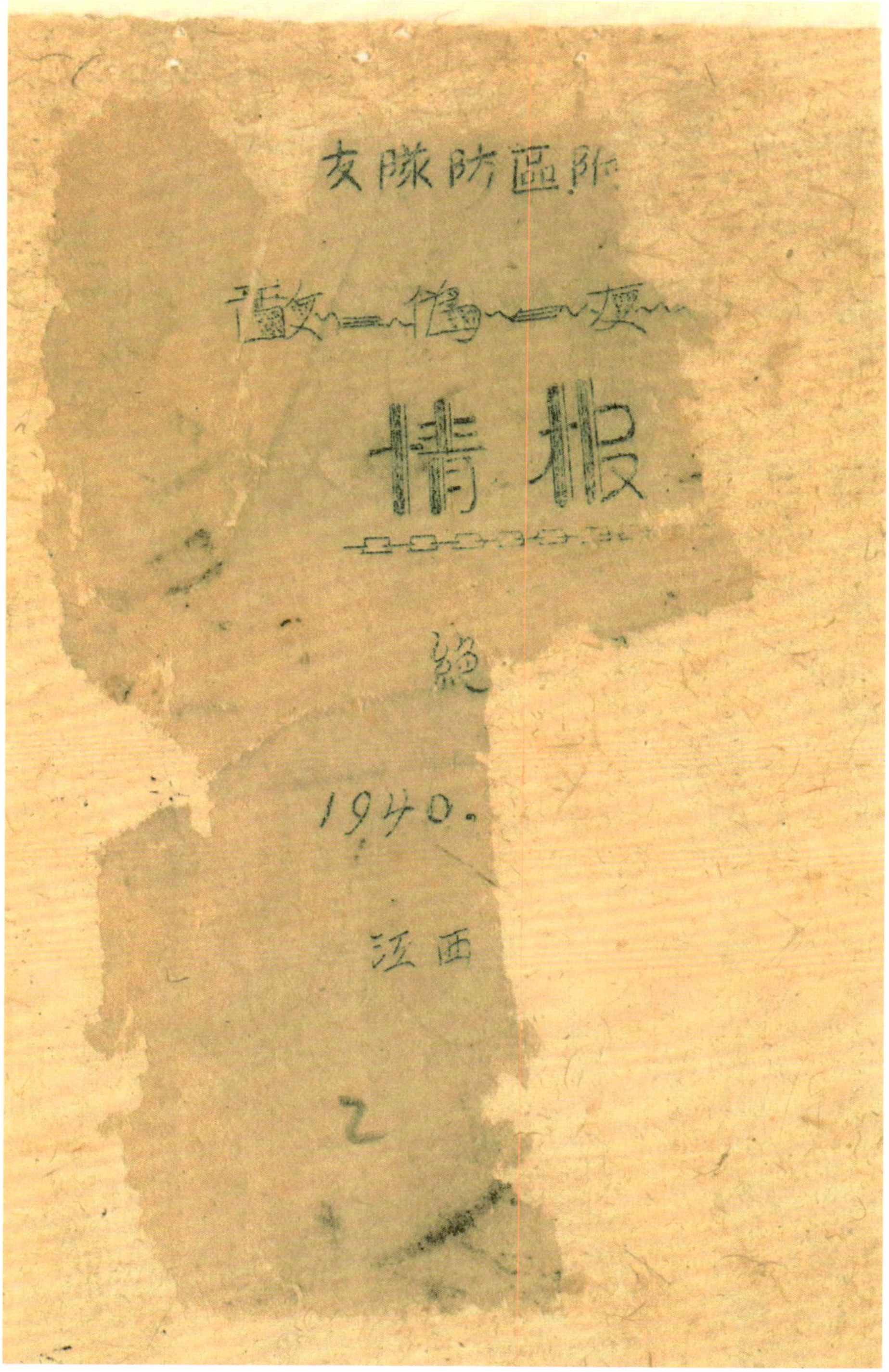

支隊防區附

敵—偽—要

情報

絕

1940.

汶西

2

報供各部處各營連官長

注严秘保存，對外須要

密，至内中有不確实与

之情事，應即随時具報

以便改正与补充，庶收織

洞芥恙之效。

3

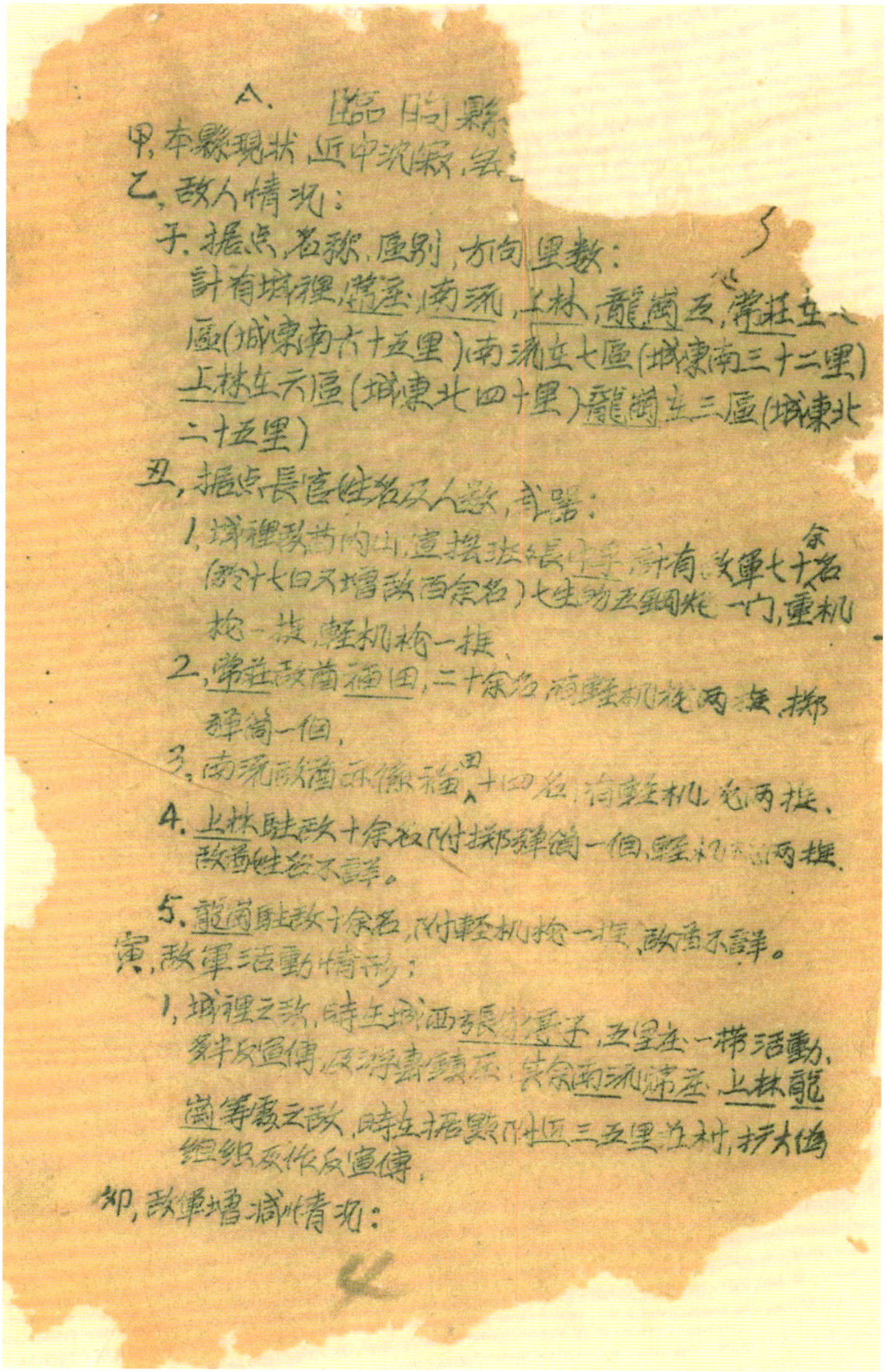

A. 臨朐縣……

甲，本縣現狀，近中沉寂，然……

乙，敵人情況：

子，據点名稱，區別，方向里數：

計有城裡、蒋峪、南流、上林、龍崗五，常莊在八區（城東南六十五里）南流在七區（城東南三十二里）上林在六區（城東北四十里）龍崗在三區（城東北二十五里）

丑，據点長官姓名及人數，武器：

1，城裡敵酋內山，宣撫班長中手，計有敵軍七十余名（於十七日又增敵百余名）七生的五鋼炮一門，重机槍一挺，輕机槍一挺。

2，常莊敵酋福田，二十余名，有輕机槍兩挺，掷弹筒一個。

3，南流敵酋係福田，十四名，有輕机槍兩挺。

4，上林駐敵十余名，附掷弹筒一個，輕机槍兩挺，敵酋姓名不詳。

5，龍崗駐敵十余名，附輕机槍一挺，敵酋不詳。

寅，敵軍活動情形：

1，城裡之敵，時在城西張家寨子，五里庄一帶活動，多半反宣傳，及游擊鎮压，其余南流、蒋峪、上林、龍崗等處之敵，時在据點附近三五里之村，打大偽組織及作反宣傳。

卯，敵軍增减情況：

4

……增援之敌，概来自益都，平素十余人或二十余……不等，伪军系临朐县之伪军，增减无常，多系调动性质。十七……百六十名，炮二门。

辰、据点距离附近各地点方向里数：

县城在冶源正北，相距二十五里。南流在冶源东南十五里。常庄在冶源东南四十五里。上林在冶源东北四十五里。龙岗在冶源东北五十里。

巳、粮台、火药库地点：

临朐之敌粮台火药库，均在城里书院小学。

午、敌军防御工事：

临朐城上围(围)筑有碉堡，百余公尺即是一处，在城里书院小学东西两门外，均建筑碉堡，墙上挂有铁刺条，四角均筑炮楼，并在东围墙下挖有地窖，常庄围墙很坚固，四角均有炮楼，敌军驻房当已连通，并筑有炮楼一座，上林围墙，筑有马头敌处，并里不详，龙岗距我七十余里，工事情形不明。

未、交通情形：

原修的公路名称，里数，及经过地点：

1、益临公路系由益都东站起至临沂城北汤头止。在临朐境内，北起赤涧庄，南止穆陵关，计长九十五里，途经石沟河，城里，青堆子，辛寨，龙岗大关等处。

2、博临公路系由博山城至临朐县。在临朐境内者，西起琅邪，北至县城，计长八十四里，途经

5

三岔庄、暖水河上、下五井，大小庄，纸房……

路由璞邱至纸房一段，业经破坏，不能通車，由纸房至城一段，虽属完整，但未通車。

3. 臨益縣道，由縣城北关起，西至王坟，計長二十五里，途經樊里、陳哈、郭莊等莊，該路現由郭莊南崎至宋家莊子，不过該路基全在石沟河中，且經雨水冲刷，坎坷不平，僅能通行人力車暨脚踏車等，尚未駛行汽車。

4. 臨冶縣道，由城至冶源長二十里，現已被我軍全部破坏。

通車情况：

益都公路，自益都至臨朐一段，每日往返通車四次，時间係上午六点由益都開抵臨朐，十點二十分駛回，下午一点由益来朐，至两点駛回，貨車經常一輛，客車一輛或两輛不定，軍用車駛行無常，自臨朐北关至益都東关，僅需一点五分，（四十五里）至車站八角，自臨朐通常庄一段公路，前曾不通車，現經我軍数次破坏，已不駛行汽車。

修復公路情形：

益都公路自縣城至長庄一段，所有桥梁涵洞及路基，虽屡經我軍破坏，但敌据長沟流、長庄之敌，均继将其通过完整，并随時征民夫修復，惟目来未曾通車，其他公路在敌伪區域者，大致均修

6

集青堆，準備脩通公路，扫蕩便利，僅有益臨博臨兩段公路。

破坏公路情形：

1. 博臨公路在本縣境内者，西自璞邱起，北至紙房，所有橋樑涵洞及路基，均經我軍破坏，路長計長七十四里。博臨公路由青崖关至長庄一段敌修復，但先經我軍破坏，自来迄未通車。由長庄至穆陵关一段，早經破坏，從未通車。

電話：

1. 益臨段電話由益都城通臨朐北关，城裡，長四十五里，係單條十二号鐵線。
2. 臨朱電話：由臨朐北关通朱位，朱家庄子，並有支線由北关經過屯子庄，亦係單條十二号鐵線。
3. 臨長段電話：由臨朐城通青崖关、南流、辛寨、長庄，該段線路經我破坏數次，敌旋即脩理，長三十五里，係單條十二号鐵線。

電台：

該縣有無電台經詳細調查，尚未證明。

丙 1. 偽軍組織系統番號，主官姓名，及所駐地點之番號是魯南道警備隊，該隊共有两大隊，每大隊分四个中隊，此外尚有直屬三個特务隊，騎兵連、机槍連。

隊長趙益增，現住北关北首陳某家，籍係本縣朱家莊子，出身土匪，第一大隊長譚培東

7

5

係壽光西南戴家樓，出身土匪，第二小隊長王德
平辛集人，理髮匠出身，

2、偽軍駐地點情形：

一區北子莊在城西十里（係偽軍單獨駐防）一區
盌峪在城西十五里（係偽軍單獨駐防）宋家莊子
在城西二十五里（偽軍單獨駐防）三區東□澗在城
北二十五里，青崖頭在城東南十二里，辛寨在城
東南三十里，均係偽軍單獨駐防，三區龍崗在城東
北二十里，六區上林在城東北二十二里，七區長莊在
城東南四十八里均係偽軍與敵軍配合駐防，

3、各據點偽軍長官姓名、籍貫、人數、及武器情形 三

1、魯南道警備隊第一大隊第一中隊長黃士奎，籍
隸濱州，行伍出身，年四十歲，現駐莒縣，所
部九十余名，大部土造步槍，平均子彈二三十粒，

2、一大隊二中隊長劉連三，臨朐人，四十五歲，土匪
出身，百余人，槍枝大部土造，子彈平均二十五
粒，現駐北關，

3、一大隊三中隊長紀芳亭，臨朐人，三十七歲，土匪
出身，八十余名，槍支大部土造，子彈不缺，現
駐常莊

4、二大隊四中隊長魯保榮，兗州人，三十五歲，行
伍出身，七十余名，槍支大半土造，子彈平均二十
余粒，現駐臨淄。

5、二大隊五中隊長〔李〕道琳，臨朐宋家莊子人，三十

二歲，行伍出身，百余名，枪支大部土造，子弹平均二三十粒，有土造輕机枪一挺，現駐七[illegible][illegible]。

6，二大隊六中隊長鄭元增，益都人，三十二歲，行伍出身，九十余名，枪支大部土造，子彈極不充實，現駐臨淄。

7，魯東遊擊偹隊特務一大隊長孫[illegible]臣，北平人，三十九歲，行伍出身，五十余人，有輕机枪两挺，步枪大部土造，子彈不充實，現隨联隊部駐北关。

8，特務二大隊長，祝績長，益都人，三十七歲，行伍出身，四十余人，枪支不佳，子彈不充實，現住青崖头。

9，特務三大隊長楊勝英，益都人，三十四歲，行伍出身，四十余人，枪支大部土造，子彈平均二三十粒，現住南流。

10，机枪連長姓名不詳，百余名，輕机枪步枪大部土造，平均子彈二十粒，現由第二大隊長王德丰率領駐宋家庄子，淀江，釣魚台。

11，農民連長張[illegible]奂，益都人，行伍出身，三十二歲，四十余名，枪支不整，子彈平均十余粒，現駐石沟河，三十余名，东涧十余名。

12，北关联隊部，第一大隊部，特務一大隊，及第一大隊二中隊，共二百余名，南关駐二中隊一個班十余名。

9

6

4、偽軍發展歷史，主官姓名、籍貫、出身、來歷及能力、
第一大隊一中隊（黃士奎部）係民國二十六年成立，其余五個中隊係二十七年成立，特務一、二、三大隊係二十八年成立，學兵連係二十八年秋成立，機槍連係二十八年冬成立，所有負責人籍貫、出身已述，指揮戰斗能力均差。

5、偽軍活動情形：
本縣偽軍，時在據點附近活動騷擾，对組織民眾，並不關心重視，只是催索給養，繳取糧款及搶架勒贖，有時為敵巡視交通而已。

6、內部情緒與訓練情況：
本縣偽軍大部係農民，余皆土匪、流氓及軍人、份子亦複雜，故以升官發財為目的，只有少數愛國者，因環境壓迫，亦不敢稍露頭角。訓練偏重軍事動作，政治教育，从不講求。

7、輜重分存三七營及家家莊子，兵工廠現在屯子莊。

偽政權情況：

1. 縣長冀吟新，籍[illegible]人，四十余歲，事變前曾充魚台縣府科員，係由日寇所派遣來朐，主持縣政權。
2. 偽縣政府現駐臨朐城裡，內分一、二、三、四、五科，一科長高子明，籍歷不詳，二、三、四科長姓名不明，五科長蘭廷贊，臨朐北關人，六十余歲，管理教育。

10

3、偽一區公所現在比子庄，區長王西符，比子庄人，家產頗富，二區區公所現在青崖头，區長張永福，青崖头人，商販出身，家無田產，自任區長後，搜羅資財頗多，時駐城裡，三區公所現駐石湖河，區長蔡學孟，本縣人，家係中農、

4、縣府所屬武裝，1.警務局，現在城裡，舊公安局地址，局長周述章，扶縣人，商充方泉區鄉下警長，該局五十餘，手槍一支，其餘大部土造步槍子彈不充實，2.縣警備隊，隊長趙文慶，本縣宋家庄子人，土匪出身，該隊八十餘名在城裡合作社舊址，槍支齊全，子彈平均二十餘粒，3.一區自衛團長趙益發，土匪出身，六十餘名住比子庄，槍系土造，子彈平均十餘粒，4.二區自衛團四十餘名，團長由張繼長兼任，5.三區自衛團住石湖河，團長姓名不詳，人數三十餘名、

5、偽縣府直屬道尹公署，各區公所隸屬縣府，於二十八年春成立。

丁、友軍情況：

1、楊開甲舊編第一旅，竇[illegible]（本縣二區人，曾在山東省立[illegible]術學校[illegible]）團長國民黨（CC派）參謀長劉三亭（一區[illegible]莊人，曾任中央軍營長本縣大隊長）秘書長高卓範（二區桂家河人）副官長馬香坡（一區孟家莊人）軍需長梁蘭生（二區人）有匣槍四支，子彈平均每支七十餘發，馬

11

四十余匹，旅部以下有副官（添"队"）四十余名，事务编余干
部皆有短枪，队长高宪微（三路军人家俱）队副李
姓（寧陽人）旅部驻二区孟阳东刘家庄，该旅

直属两个连，一个团，其：

1、第一连长高莽千（莱县人，受过高等教育，曾任东北
军营长，对军事有特长，背景不明）全连百余人，有盒子
枪五十余支，土造枪三十余支，七九工厂枪二十支，匣枪
八枝，弹药充足，该连之干部均系黄之国术学生，
战士除介绍系工农，有战斗力，纪律尚好。 五

2、第二连长[illegible]仁山（背景不明，系[illegible]之[illegible]弟）全连一
百二十余名，有机枪两挺，匣枪十余支，盒子枪二十余支，
[illegible]枪三十余支，七九枪三十支，土造枪二十余支，弹药不
足，战斗员系工农，有老兵少数土匪，有战斗
力，纪律次于一连。

3、第一团长（[illegible]）团副[illegible]（[illegible]人，曾任[illegible]
县[illegible]）[illegible]团部有
匣枪十余支，七九枪十五六支，马五匹，团部驻黄
山南之[illegible]庄，分三个营，其：

（一）第一营长郝[illegible]（三[illegible]人）[illegible]，
[illegible]，二十余岁[illegible]）[illegible]，有匣枪
十余支，步枪十余支，驻[illegible]阳北王大[illegible]庄，分三个
连，其：

1、三连连长丁立三（外县人，三路军人，老祖[illegible]
[illegible]）全连百余名，有匣枪五六支，工厂枪三十余支

12

土造七十余支，成分工農、土匪，有戰斗力、

2、四連連長林保吉（陆丰信仰待農，忠实，中農）全連百余名，工厂枪二十余支，余皆土造，子弹平均每人五六十發，紀律不甚好。

3、五連連長郭益功（二區郭家四人，无知流氓）性刚直，粗通文字，曾当農中農，曾一度作匪，手有欵）全連百余名，有匣枪十余支，钢枪二十余支，土造八十余支，成份多係地痞，有戰斗力、

（二）第二營長張官廷（五區潘家埠人，老軍人，曾作匪，颇有声望，有軍事經驗，吸大烟）營部有大小枪十余支，分三個連，即：

1、六連連長高丕坤（一區高家庄人，粗通文字，為人颇好，中農）全連百余名，有匣枪二十余支，工厂枪三十余支，土造枪六十余支，戰士成份是兵痞及工農，戰斗力大，為全旅之冠、

2、七連連長李殿奎（一區白楊口人，无知光棍）全連百余名，有匣枪三支，工厂枪二十余支，土造枪七八十支，戰士成份為工農，紀律尚好（其中有一排係偽軍反正之一部）

3、八連連長刘振國（七區人，CC团，教育界人，官僚气颇大）全連五十余名，有匣枪五六支，工厂枪二十余支，土造枪七八支，戰士成份工農，戰斗力不强。

（三）三營營長[illegible]（益都人，教育界人，[illegible]对我部不好）該營係張景月部起义之一部，共有二百余人

武器不詳。

4、該旅有兵工廠一座在石家峪，工人四十余名每月出七九步枪一枝，成績不坏。

2、五縱第二支隊長楊錫九（五區大河人，本人出身性格暴虐，頗有能力，对我極不好，对下屬言言满打八路的洗打日本的次等言语）参謀長董品三（石桥人）秘書長高×（東纪庄人）副官長許润三（一區宋宿人）軍需長楊善甫（[illegible]善人）有迫炮二门（不能用，在修理中，炮弹百发）工厂在山粟庄（工厂主任张汇宾）支队部驻西安，该部内極為矛盾，各营连不一樣，有一八两個团，一個特務連，其： 六

1，第一团改為第一大隊，团長李凌云（商人出身，勇敢有謀，本縣七賢庄人）团副張庆堂（長山商人，炮兵出身）参谋[illegible]三（楊三庄人）团部駐西安，分三個營，其：

一营营長刘凤岐（軍隊出身有谋略）兵四百余名（其三四两連係二區民团組成，[illegible]），驻雷村以西張庄一带）其：

一連連長王文堂百余名枪全（但其中二八係土造、

二連連長楊同茂（楊家集人）兵百余名、

三連連長馬吉祥兵百余名，枪全，多土造、

四連連長馬立蘭兵百余名枪全、

二營營長王文尉（本縣吕家庄人）營副李光玉，駐河南庄（在冶源南十里）該營為四區鄉農学生放夫[illegible]係

土造，子弹不足，其：

五連連長陳傑，連副郭×，全連共計六（七）十名駐崔家峽，

六連連長王日諸六十余人駐五丈溝（冶源東南）

七連連長李春官六十余名駐家峽。石家庄子。

八連連長張學清六十余名駐石灣店子（冶源南）

特务連長（不詳）計六十余名，一排長張世俊，二十余名

駐袁家，二排長苗永增二十余名駐石河店子、

三營營長徐子謙（李縣南照人，行伍土匪）營付馬玉

蘭共二百余名（内部不詳）營部駐寺頭部隊分駐刁

窩南照一帶。

2，第八團團長刘金鑲（安邱墨山后人，無知）現改為第二

支二大隊（七區民團编成土匪很多）團部駐楊家河

（七區）分三個營，其：

第二營長張子忠（李縣柳家圈人，土匪出身）營部駐

潭头河，營部有連枪四十余支，分四個連，其：

一連連長倫亭（九旭人）連付王月青，駐王家河）全連

六十余名，枪全，子弹平均三四十粒。

二連連長王占富駐尹家峪，全連五十余名，枪全，子弹

不足，

三連連長高明兰，連付鄭玉龙，駐郭家峪，全連五十余

名，枪全，但土造多，子弹不足，

四連連長刘×（綽号刘老虎）駐李家庄，全連四十余名，枪

多（土）造，子弹不足，

第三營營長刘维九，向帶二十余人駐譚家溝（七區）營

15

部有匣枪六支步枪二十三枝，只有一個五連連長刘
全友十六八九係土匪，枪全子弹平均三十余发
第三營營長侯月駐後左、（匪）刘文基本隊其：
九連長刘兴汴駐界首曹家庄、卞家台子等庄，
十連長于培海計七十余名，枪全土造数子弹平均
五十余发
十一連長王金三計七十余名，枪全（有匣枪三十余支）
子弹平均五十余发。

3，四師師長吴華文，共分六個团，四個主力团，特务团，
补充团各一個，第一個共六百余名团長為于怀
安，第二团共四百余名，团長為徐延滋，第三
团共五百余名，团長為楊友伯，第四团共五百余
名，团長黎樹勳，特务团長張精德，（人数不
詳）补充团（不詳）現駐本縣常家城子部，營部分
四連駐黄崖头，五連駐東大河，一团三營營長白
姓带二十余人駐寿光，八連駐馬眼池。

4，楊專員煥彩於十七日率四個営住在師部，駐本縣
八區之石佛堂，蒲庄、寺頭，一带。

5，新編一師師長吴自盛，旅長許振声（以前益縣县
長）人数武器不詳。現駐本縣之独立營三百余
名，（營長姓楊）駐丙縣及人仙宮一。

10

B、益都縣

甲、本縣現狀：自本支前往一部隊伍去後，[illegible]稍[illegible]

乙、敌人情况：

全境敌在一百五十余名左右，首長小林（[illegible]、[illegible]由真田大尉升充說）的驻北关（[illegible]）[illegible]城（十余名）車站（五十余名）楊家庄（五名）郑母（二名）辛洋站（七八名）譚家坊（五十余名）朱崖（二十五六名）刘家崖（十余名）堯溝（十余名）苏良（二十余名）口埠（十余名）等处。[illegible]譚家坊有炸彈爆炸，毁火車一辆，[illegible]对城[illegible]一带控制頗严。兹將各据点分述於下：

1、車站有憲兵隊（[illegible]）[illegible]此，於[illegible]並有兵站，隊長山本，共五十余名，有机枪五挺，大枪五十枝、砲一门、（另有存枪無数）

2、譚家坊首長真田大尉，此人甚毒辣蛮横，善拉攏游擊隊，直轄十余站敌人，並管理寿光、益都、昌乐之偽政權云。

3、朱崖首長大贩，此处有砲一门、轻机枪三挺。

4、刘家崖有轻机枪三挺。

5、辛洋站，係新設立之站，在青州、楊家庄之间，敌人由此修鉄路至羊角溝，現客貨車至此均停。

丙、偽軍情况：

17 全縣偽軍在千名左右，首長為方永昌，其編[illegible]称，有道尹公署、縣署、道保卫团、縣保卫团、新民会[illegible]、警训所、道德会武装部、便衣偵察部等。

其六、单独驻防者，为西山、大阎堡、杨[illegible]、文卜庄、富[illegible]庄、马[illegible]、[illegible]、口埠、南营陵、[illegible]（内有驻寿光、[illegible]胸、潍、[illegible]、广饶等县者）等处，武器不齐全，多[illegible]子弹尤不充足，训练不好，稍有[illegible]，分述如下：

1.[illegible]敌：驻防地点，各有三二十名不等。单独驻防者亦同。

2.[illegible]东[illegible]路，铁路东张家河[illegible]楼子、北关镇武庙、马路西面[illegible]公司、北关西门[illegible]公司等处，各驻十余名，枪全，弹足。

3.[illegible]长[illegible]，共三十余名，有机廿余枝，驻[illegible]。

4.[illegible]十余名，枪全。

5.道尹公署，驻县府道尹方永昌、（[illegible]）[illegible]人[illegible]善[illegible]，共七十余名，有[illegible]十枝，短枪二十枝。

6.道保卫团，共六百余名，在本县城六百余名，团长方道[illegible]，驻[illegible]府街，首长郭慎，有大枪百枝，短枪四枝，有机枪两枝，一在本县北关，一在西[illegible]北关。

7.县长[illegible]（河北省人），[illegible]一名，有枪大四十枝，短枪十枝，共四十余名，驻中所巷街。

8.警察局局长刘振英，共四十余名，有大枪二十枝，短枪五枝，驻中所巷，[illegible]黑色红[illegible]。

9.县保卫团，[illegible]，共[illegible]十余名，[illegible]枝，短枪[illegible]，驻[illegible]。

21

11

10、新民会駐西皇城，有十余名，有手枪三枝。
11、警訓所有尼泉駐中隊營，共三百余名，有枪二十枝，手枪五枝。
12、興德会武装部，七八十名，有枪五六十枝。
13、楊姑橋首長為[illegible]（本縣東家庄人，性凶劣）
14、楊[illegible]庄首長為王恩[illegible]（本縣北方西坡[illegible]）
15、[illegible]在[illegible]内[illegible]閑游不[illegible]出[illegible]。[illegible]為人[illegible]不[illegible]。
16、[illegible]首長為尹效[illegible]（[illegible]
17、刘家岘首長為楊景山（本縣东关[illegible]人）性恶劣，綽號楊勾軍，有枪彈鉄衣。
17、文卜庄首長為陳天成，（本庄人）[illegible]小林、頗負[illegible]，有枪彈鉄衣。
18、當肝庄首長為楊尭子，現[illegible]（前[illegible]縣府班長）在北关鎮武廟受訓。

丁、友軍情況：
1、駐李[illegible]楼（城東廿余里）之隊諸部与駐[illegible]边境之[illegible]，現状不明。（[illegible]廿余名，[illegible]十余名）均对我不好，[illegible]。

戊、敌人交通：
1、已修公路：城西[illegible]庄至[illegible]路長四十五华里、[illegible]至[illegible]兩城，路長十五华里，[illegible]城至刘家崖路長卅华里，均全部通車。城[illegible]至[illegible]林路長五十五华里，至[illegible]路長四十五华里、

19

谭家坊至[illegible]路长五十五华里，至上林路长四十二里，县城至郑母长四十华里，均全部通车。城北：由县城至宋良路长五十华里，至口埠路长七十里，至临淄路长五十余里，至普通路长卅余里，谭家坊至寿光路长卅余里，杨家庄至口埠路长卅余里，均全部通车。

2、半坏公路：城西：南仇至大庙路，长廿余里，高家[illegible]至[illegible]路长卅余里，南仇至郭庄路长卅余里，未通车。

20

12

D、安丘縣

甲、本縣現狀：

1、自張步雲反正後，上竟內幾处偽軍，敵特撤撤，偽政权只建設几處又係地痞流氓組成，民众怨恨，而去筆既表回考，民众以敵據傾向於我

乙、敵人情況：據点總共約五百名左右，甚恐慌，牟山敵晝夜啼哭，可見一斑。茲分述如下：

子、據點：

1、城裡駐敵三十餘名，其編制系統以及首長姓名武器皆不詳。

2、牟山駐敵十五名，有輕重机枪各一挺，掷弹筒一個，

3、白石岺駐敵十八名，有迫擊炮二門，輕机枪二挺，重机枪一挺，大盖枪六支。

4、安丘駐敵十五名，炮與机枪與白石岺同，大盖十支。

5、旦山駐敵二十餘名，有迫擊炮一門，輕重机枪各一挺，大盖十枝。

6、景芝現駐敵四十名，武器不詳。

7、以上2、3、4、5據点均有烏亮工事。

丑、活動區域：

1、安黄公路至安潍公路，自一區白石岺至大區安丘，再由城西至牟山黄旗堡至旦山（黄旗堡

21

至和尚山十五里，集[illegible]城六十里，旦山至牟山十五里，崇山至白石岭三十里）

乙、交通：

1. 从城至沂牟山、白石岭、旦山均设有电话。
2. 在敌人活动区域内，所有公路完全破坏。

丙、伪军情况：境内伪军共约二百六十余名左右，且有转变思想者，略述于下：

1. 敌各据点伪军五六名八九名不等，而以景芝（卅余名）为最多。
2. 城里伪县长姓徐（名不详），警卫局长周锦堂（六区八土匪出身）与县长杜家均有转变思想，曾派人谈话，不但倾向于我，且要求出路。伪周部约二百余名，枪齐全。
3. 公安局局长姓名与武器不详，共有八十余名驻城里。
4. 其伪组织尚有民团、学校、青年会、妇女会等名义，但只在敌占区内，且系强迫，不发展。

丁、友军情况：分两个系统，一、杨专员，一、厉司令，该两部极不调协，原因厉依仗行政权不愿受节制，杨武力不足，只得俯就。至属本部，亦有矛盾，十八、十六团与一、二旅交恶，原因是互相不和，情强凌弱，而厉对嫡系部下待遇不平均，有本部队伍每月四元，而地方部队数月不发，情事现呈上下互相应付状态，该两部子弹极度缺乏，战斗力薄弱，兹分述其人数、武器、驻地、活动情形如下：

22

子、八區專員楊煥彩公署駐五臺溝河子，只一個團，團長姓金（綽號金麻子）共三百余名，枪齊全。新房集新补充部队三百余人分駐附近各莊。

丑、蘇魯戰區游擊第二縱隊隊長厲文禮部（以前之八區專員）分三個支隊，其：

1. 第一支隊長胡鼎三（以前特二团）駐積溝，共千余名，有机枪四挺（内土造二），枪全但十之六七係土造，共分二個營，第一營長（不詳）副營長徐拆東，第二營長張順，分駐留山東坡一帶。
2. 第二支隊李永平部（以前十二团）内情不詳。
3. 第三支隊長趙鶴三部（以前特务一团），内情不詳，以下系新編部隊：
4. 特务隊（由游擊隊編成）有三百余人（主霍上以，武器不詳）駐陽旧一帶。
5. 保安八团王子寿部共六百余名，前被高部及張步云部繳械百余支，余四百余枝枪，有十分之八，駐代城一帶。
6. 保安十团陳青臣部共七百余名枪，有十分之八，分三個營，每營四個連，一營長杜陳，二營長張廷河，三營長劉金友，分駐吴家沟一帶。
7. 保安十六团李瀛仙部团付周某（係一一三師之旅長三荊）只一個營，營長孫紫番共百余名，駐吴家沟。
8. 一旅長申集安，有迫炮三门机枪三挺，枪全（一团長張廣三，二团長不詳）

23

每团三百余名分驻南墕温泉（大安山近附）

9、二旅長岳X，有机枪六挺，枪全，共分二个团团长姓名不詳，共八百余名分駐東鄉一带。

寅、活動情形唯厲司令現办有民团，已正式开始，但虎头蛇尾毫無成績云。

卯、对我態度：公開施行反共反八路政策每月下一次訓令，飭屬严防共产活動。

24

C.昌乐縣：

甲.本縣現狀：

敵數較少友軍亦只有張天佐一部、民众反战情緒頗高、經此次扫蕩後、張部化整為零、散駐各区。

乙、敵人情况：全縣敵在百二十名左右、其番號及主官姓名不詳、兹分述於下：

子、據点：

1、城裡駐四十余名、武器不詳。

2、盪下(三区)駐六名、有輕机枪一挺。 十二

3、喬官(四区)駐十二名、有輕机枪二挺、迫擊砲一门駐本街東西街路北徐家楼、並在庄東西兩頭築有兩層楼兩座、南頭之西式楼尚在修築中。

4、古城(七区)駐十一名、酋名佐藤馬田

5、朱留店駐六七名、酋長元谷、車站周围有鉄絲網。

6、鞋山駐六名、上有鉄絲網、石围子。

7、辛駐駐六七名、有輕机枪一挺。

8、車站駐十四名、有輕机枪二挺、周围有鉄絲網。

丑、交通：

1、由城經喬官至古城公路長六十华里。

2、由城經北岩至喬官公路長三十五华里。

3、由城經辛駐至喬官公路長四十五华里。

4、尚有由古城經濰二区望留至濰縣、由古城經濰二区大柳樹至大汗河路二条。

25

5、由城由东移修路一条。

丙、偽軍情况：全縣偽軍在二百名上下。分述於次

成程偽縣長王瑞周、(本縣南流泉人) 警務局長王东元、(本縣人)

[illegible]隊長王心康、周汐海、共六十余名，枪全，子弹平均六十粒，駐城東门裡路南。

3、喬官駐三十余名，隊長不詳，維持会長李楷、区長刘子天、鎮長郝彦，均土棍，但对我民众尚好。

4、邊下駐三十余名，區長為秦光祖，枪全，子弹均平四十余粒。

5、古城駐四十余名，隊長馬山、(坊子人)

6、朱留店維持会長張其元、(前任本縣縣府二科長)

丁、友軍情况：張部三個营各自為政，其中以張营長為傑出人才。軍食軍餉，全自民出。对我不好。兹将其内部述下：

1、第五团团長張天佐、計千余名、有步枪六百余枝、短枪三百余名、机枪一挺、土造机枪卅余挺、分三個营，一营長侯聚五、二营長張振桓、三营長謝××、团經扫荡移防，目下駐地不詳。

26

15

E、沂水縣

甲本縣現狀：軍隊甚多民情翻復

乙敵人情況：番號及主官姓名不詳，茲略述於下：

1、城裡駐八十余名，有輕机枪三挺，重机枪一挺，顧問名松崗。

2、朱位(距城八十里)駐卅余名，有輕机枪三挺，擲彈筒二個，現在五一軍四師張襄營各一部包圍中。有偽軍六十余名攜枪反正。 十三

3、沭水(距城六十里)有輕机枪兩挺，擲筒彈二個，有被五一軍攻下竄入鳳凰山説。

4、葛庄駐卅余名，現將周圍之樹木砍掉，就在周圍作障碍物。

5、東里店(距城九十里)駐九十余名，有輕机枪四挺，重机枪二挺，砲一門，西北唐山有崗二名。

6、黃山堡駐四名(内朝鮮人三名)近修築砲樓。

丙、偽軍情況：

子、楊吳：

1、城裡駐百余名，

2、黃山堡(距城卅里)駐方永昌部卅余名。

3、朱位駐六十余名，(已反正)

4、沭水駐卅余名，

5、葛庄駐一名，

6、東里店駐卅余名，

27

、伪政权

、一区三城乡、葛子铺乡、黄山乡、都设有乡区公所

三区之东里乡、韩王乡亦设有乡公所、已开始收粮。

、敌伪情况：

1、省府驻八区悦庄东南七里许浮峪、外有教导队三百余名、八大处驻黄山子、医院驻对崮峪、造币厂在小崮尖、

2、五一军〻部驻悦庄东南水泉庄、部属分驻黄连峪北庄、大泉庄、半车汪、野场、赵庄、葛庄、大部在胡家庄一带、

3、茹太团王九锡部、人数不定、有武装者三百余名驻七区。

4、廿一旅队属之杨克俊部五十余名、驻杨家河一带。

5、周林晨部百余名、驻秃峪一带。

6、四纵手团驻张家庄、(二百余名)凤凰河(三百余名)补充团驻黄山子、(百余名)北石臼(百余名)南石臼、(六十余名)、八林集(八九十名)沙沟(二百余名)朱家庄(百余名)中院(六十余名)南麻(七八十名)悦庄(百六十余名)

78

[illegible]蒙縣：

甲、敵人情況：

1、城裡駐七十余名。日女支卅四人，有石砲二門。

2、寨子（七区）駐卅余名。

3、汽車經常早九点晚三点左右，往返於汶南蒙城之間。

4、城裡旧衙门小药房駐翻譯官，敌駐文庙，偽軍駐崔家館子，宣撫班駐衙门西甜水井。 十四

乙、偽軍情況：

1、城裡駐四十余名。

2、陳三坎部二百余名，駐七区黄庄、寨子。

3、一区偽区長名于㭎子，双峪鄉長王光義。

丙、友軍情況：

1、張專員部千余名，駐六区上、下東穴、柳樹頭、大嶺、尖窪、坡里。

2、第九旅二百余名，張三秀部，十余名，駐五区之野店、南、北燕子一帶。

3、崔手彬部二百余名，駐三、四区交界十二連城一帶。

29

4、省屬保安隊，駐大、小山口一帶。

5、鄭小溫部百七十余名，駐柏頭、李家樓、南吊一帶。

6、李大信部卅余名，駐一二区。

博山县

甲，敌人情形：首长姓名及番号不详。　　17

子，1，城里驻敌四十余名，

2，四门驻敌二十余名、

3，八陡驻敌十余名，

4，源泉驻敌二十余名、有轻机枪二挺，迫炮一门，

5，蛟龙驻敌十余名。

6，东石马驻敌三四名、木夫洋湾驻五六名。

丑，交通：

1，博山至蛟龙、源泉路全长五十里，通车时间不定，临博公路已被破坏。

2，由博山至蛟龙、源泉电线都是已安好，

乙，伪政权情况：

1，伪县长为曲化洲（掖县人）其警务局共四十余名、

2，警务局长为伊司裕（伊号伊来好）临朐人，

3，一二区区长姓名不详。

4，三区区长岳崇喜（本区岳家庄人）队长亓五田（蒙阴人）驻八陡共十余名、

5，四区区长于居廉（本区朱家庄人）此人甚好时供给我情报，

6，五区区长李希章（本区庵庄人）此人亦为我担任情报工作，

7，六区不详，

8，七区我伪区

30

[illegible]队長郭德善、[illegible]三元庙駐二十余名[illegible]3，小辛庄駐四十余名，[illegible]潭云芳，4，大庙[illegible]駐四十余名，队長[illegible]盛老四 5，闫家楼駐二十名，队長[illegible]6，華豐公司駐二十余名队長張希文，7，西[illegible]駐二十余名队長吴冠军 8，八陵駐伪军十余名队長王立田、9，辛家庄駐二十余名队長孫[illegible]、10，圆山駐二十余名队長[illegible]方立良 11，[illegible]余名[illegible]
12，源泉駐二十余名队長刘冠英、13，天[illegible]駐十五六名班長[illegible]。

丁；友军情况：

1，五一军一個营現住[illegible]庄以南各村。

2，五纵队[illegible]李景治，部分兵人現住七區淄[illegible]一带，有投敌人之企图

3，四區夏庄駐有情報站人員三名，情報站長[illegible]。

膠濟路沿綫情况：

1，火車通行次数，白天六次，夜间十三次，貨車東去者[illegible]運粮[illegible]天二次

2，[illegible]三里以内村庄民众[illegible]

[illegible]有茅屋一所每屋三人內班

長一名[illegible]二盏狗一隻每人持木棒一根班

[illegible]敌人查崗时距二十步均

[illegible]將木棒举起，[illegible]。 建 议

[illegible]屋之毁，敌崗屋均係

[illegible]但[illegible]。鉄路兩邊挖有深沟。

罗舜初：鲁中区民兵突击工作总结（1942年11月）

魯中區民兵突擊工作總結

羅舜初

我們接受了中央軍委關于開展羣衆性的游擊戰爭，廣泛發動群衆武裝鬥爭的指示以後，在分局縱隊直接領導之下，在魯中區八九兩月份進行了有組織、有計劃的民兵突擊運動。經過兩個月的期間，基本上已完成任務；這是這一時期武裝鬥爭工作的很大收獲。下面是根據沂蒙全區材料及泰山、泰南兩區不够完全的材料總結如下：

第一部份　民兵突擊的收獲

兩個月來的民兵突擊與動員，經過許多同志的艱苦工作，深入到群衆中去，實際參加民兵突擊，收到了不少成績，這表現在：

（一）整個魯中區已經完成將近×萬×千人的民兵數字，按照要求

49

說，已完成原定計劃三分之二，除了這個數目字以外，還可看見在民兵突擊過程中，充分表現在黨與群衆中初步造成了人民參加武裝鬥爭的熱情。不管泰山區、泰南區、沂蒙區，全有成千成萬的人民參加到民兵中去，担負起保衛家鄉的任務。

下面是三個地區的民兵與人民的百分比：

沂蒙區：百分之四·六

太山區：百分之三·八

太南區：百分之三·五

（二）經過兩個月民兵突擊過程，不僅完成新的隊員數目字，同時在此期間還從組織上、領導機構上、重新加以整理與調整。這是因為過去對于民兵黨政軍都管都不管，致帶有自流現象。突擊完後各縣工作基礎較好的分區，如沂南的××區、××區，博萊縣的××區、××區，萊北的××區，新甫縣的××區、××區，新蒙縣的××區、××區，都成立了武委會，沂蒙區村團部已全部建立。太山區大部份村莊也建立了

189

村團部，各縣一律刷新編制，建立了指揮領導機構，大、中、分隊部。對于隊員亦做到了有組織，改變了過去自發鬥爭，缺乏領導與組織不嚴密的現象。同時對過去那些固定、造名冊等形式的數目字，亦給以整理，完全根據人民自衛武裝條例，做到完全是民主自願的參加，群衆大會上自動報名或舉手參加。這裏更反映出過去太山區太南區的嚴重現象，太南區過去有民兵七千九百餘人，現在則爲×千×百餘人，太山區××過去報告有民兵一千一百九十七人，今連新發展的數字在內，才×百零八人。過去是何等形式，而經過整理後，已做到完全自願，質量精幹與組織化。

（三）經過組織上的整理，民兵質量的提高，與領導機構的加强，說明了各地人民武裝的戰鬥能力與戰鬥積極性是更加提高了。不少地區的民兵真正發揮了群衆性游擊戰爭，保衛家鄉，保衛根據地，配合主力作戰的任務。舉例說：博萊的民兵在掃蕩時能抓緊時機，恢復陣地，樹立了不少的成績；小南峪的民兵小隊長劉振林能接連打死七八個鬼子，

51

190

掩護了政府機關轉移，而自己壯烈犧牲；蓮花山的民兵能營救四五十餘難同志安全脫險；土門梁莊界牌的民兵眞能圍困據點，阻敵修通公路；新蒙的民兵能不斷的與漢奸戰鬥，並捉到日兵……並在戰鬥中取得不少勝利品，武裝了自己。過去許多薄弱的地區的民兵，亦均以行動證明戰鬥力的提高。如：敵人『掃蕩』中沂蒙民兵能堅持鬥爭，南牆峪突圍戰鬥中，民兵眞正能領導群衆突出敵人層層的包圍，北沂水的游擊小組能破壞敵人的交通，並收得電線；邊聯民兵能在沂河西岸結成防線，不斷打擊出擾之敵僞；新蒙民兵能在反掃蕩中阻擊敵人、打漢奸隊……。

（四）由于民兵的發展與發揮了眞正群衆性游擊戰爭的效能，對于保衛根據地起了很大作用，同時對于減輕主力負担也起了一些作用。如太山區××縣××區的民兵經常在山頭上守衛陣地，萊東民兵在主力轉移時能配合地方武裝完全担負防衛與維持地方治安的責任。又如沂南××區、××區的民兵，經常監視敵據點打擊過往的敵僞，使敵人只能困居據點，不能出外活動。新蒙縣民兵不斷追擊漢奸隊，防備頑軍搶刼抓

191

壯丁，保衛根據地。過去主力是裸體跳舞，今天有了各地人民武裝的支持與堅持，減少了主力到處過份的分散堅持的任務。

（五）人民武裝鬥爭的結果，在人民中奠下了人民武裝鬥爭勝利的基礎。人民從實際經驗中認識到民兵真正能保衛人民的利益，保衛根據地；如：南牆峪突圍時，被包圍的群眾許多跟隨民兵突圍；太山區××縣各村莊都有因民兵站山頭而轉回家中睡覺。因此民兵與群眾的關係進一步走向密切；在太山區沂蒙區人民均曾自動慰勞民兵，如：萊東古德範的老頭子『掃蕩』後，募捐小豆腐慰勞本莊的民兵，沂南緣莊區的民眾，給民兵送猪肉白菜等。尤其是以實事揭破了些奸細和壞蛋的『拔兵』謠言，群眾是親身看到民兵是在保衛老百姓自身的利益，而未被拔去當兵。

（六）這一時期在軍隊中抽了三百以上在職幹部，親身到農村中實際幫助組織民兵，給軍隊幹部很大鍛鍊。同時在此時期亦使軍隊與地方之間的關係，更加密切。同時亦糾正了過去一些不好傾向：如認為『軍

53

192

隊幹部到地方去是躲難」。從此次實際工作中證明不是躲難，而是眞正幫助工作，解決問題，在反掃蕩中堅持了民兵鬥爭。

我們這些成績是怎樣獲得的呢？

一、軍區在分局與縱隊直接領導下，魯中區黨委在中央與分局統一領導下，黨的領導加強了，在此次民兵突擊中，黨內能共同一致向一個工作目標奮鬥。

二、在分局領導下改善群眾生活的群眾運動發動起來了，眞正進行了減租減息增資，人民生活得到改善，對此次進行武裝動員有決定意義，沒有這群眾運動，進行此次大突擊是不會有這樣大的成績的。只有在此條件下，使群眾感覺到共產黨八路軍眞是給群眾謀利益，群眾才覺得跟着共產黨八路軍走不會錯，如在沂蒙區有許多這樣的事實，在這個莊中並沒有黨的領導與保證，也沒有工農青婦各救的組織，但發動其減租借糧後，隨即提出組織民兵自衛，群眾經過動員後，即成批的參加基自幹衛團或青抗先，起來保衛自身的利益。

193

三、也不可否認，軍區本身集中力量進行這一工作由于認識到人民武裝動員是根據地軍事建設之一，故從組織領導上加強了直接對下幫助，不斷介紹與傳佈經驗，起了應有的作用。這表現在：

1、從接到「八一訓令」前後，即積極的從事佈置動員、與區黨委研究、討論和規定具體數目，和軍分區商討進行步驟與搜集方式方法。經此民主集中的研討後，才開始寫計劃下訓令，中間並經幾度修改；在進行中，又多方徵求意見，隨時指示糾正，自始至終，從未有一刻兒放鬆。

2、抽調大批幹部，只軍區及×團就抽調一百多名，加上一二三軍分區合計在三百名以上。並且都是在職幹部；絕大多數是連級以上，他們都脫下軍裝脫離現職深入農村，受地方黨領導，過着統一的組織生活，成為完成此次突擊任務的有力支柱，雖然一三軍分區由于認識不够，只採用工作團的方式，和地方黨配合也差，但終因肯賣力氣，亦能完成突擊任務。

55

194

3、動員了一切宣傳力量，加入突擊戰線，首先以前衛報的大部力量配合這一運動，共出『民兵專頁六期』，鼓舞了民兵情緒，反映了各地意見，介紹了突擊民兵的方式方法，交流了各種工作的經驗教訓，糾正了各種偏向，進行了鼓勵與批評，傳達了上級指示。大大發揮了黨紙的宣傳鼓動和指導作用。各方反映都很好。同時更選派大批記者（除原有通訊員外）到各地搜集材料，專作通訊工作。把宣大全部人員都配備到民兵突擊工作中，他們除了起着宣傳鼓動推動組織的作用外，還搜集許多材料，創作一些歌曲、小調、劇本，使文娛工作和群衆運動密切聯系起來。

4、軍區直屬隊機關人員，切實從事突擊工作，如××區，將近三百民兵的完成，全是機關支部保證的。這一邊沿區的首先成功，很快的影響其他地區和其他單位，接連在各該駐地附近突擊起來，同時他們在工作中創造的一些方式方法，也通過報紙很快的介紹到各地，對其他地區其他單位起了推動的作用。

195

四、由于地方與軍區工作同志的努力，經兩月來艱苦的政治動員；如沂蒙山區最高軍區負責同志及地方黨負責同志的繼續不斷深入下層，進行縣區突擊工作的指導與動員，各縣區的黨政軍幹部的一致行動，一律參加下層各村莊的民兵動員與組織工作，一直到民兵突擊工作的勝利完成：太山軍分區與地方黨負責同志也因爲能分頭深入各縣掌握與動員，所以也能把這一任務比較勝利完成。

第二部份　爲什麼沒有百分之百的完成任務？

（一）在此時期因爲魯中區整個形勢有了很大變化，使工作受了不少影響。在八、九、十月份根據地所起的大變化，表現在：在太山區太北完全喪失，萊北萊東、太南、新蒙、太寧部份喪失；據點增加，根據地變成敵佔區或僞化，我佔區縮小了，因此人口數目也減少了，甚至某些地區的組織在敵寇嚴重摧殘下部份垮台，故工作不能完成預定數目；同時我們自己，亦應檢討，在民兵突擊總的要求上，當時對某些地區要

196

求過高，有些主觀，原因是根據各軍分區報告已有民兵幾千幾千，而實際上是空的。致使工作不能順利完成。

（二）但客觀形勢變化，還不是影響任務不能全部份完成的主要原因，因爲在根據地還有好多空隙來發展，還有許多邊緣區未進行深入的工作，已喪失的地區，亦並未罩上天羅地網，或修成銅牆鐵壁；我們承認客觀上的困難，造成工作中的很大阻礙，但基本上還是組織領導問題，檢討起來，我們在組織領導上存在下面幾點嚴重的缺點和錯誤：

一、泰山區泰南區，當時對突擊民兵總的任務認識不足，總的領導機關未把此任務討論研究，如何保證執行完成，只在個別會議上討論，未成爲黨政軍民的共同總任務；因此產生此基本缺點，對民兵突擊任務模糊，不明確；始終沒有確定民兵誰領導，誰爲主；因方針不明確，致造成整個領導上許多毛病，無中心、無計劃、無組織、多少成爲自流狀態，把這一任務變成次要的了。

二、主要領導幹部，同樣認眞重視與貫澈性不够，未認識民兵突擊

197

任務是根據地建設中心工作之一。所以表現前緊後鬆：如泰山區經過活動份子會議動員內，主要幹部分頭到各縣幫助工作，但後一時期，工作即陷入零亂、無頭緒、無領導的狀態，單依靠工作團工作，一三軍分區主要負責幹部，未能親身督促檢查致形成鬆懈，眞做時也未從上而下幫助，把幾個區做實驗，作爲指導全局民兵突擊工作的資本：如泰山泰南負責幹部，除個別的參加縣的佈置與會報會議外，很少深入到區實際幫助指導或檢查，一軍分區雖決定分散各縣領導，但只是一般的佈置後，未能把民兵工作爲中心，因此有的縣份在工作上遲緩、無生氣，且不能馬上糾正。如淄川作了半月的工作，到總結時才發覺各區並未認眞開展民兵工作，泰南在佈置動員下達指示以後，無形中就成爲百事大吉，沒認眞去負責貫徹這個突擊任務，甚至工作結束後，從上到下，未有正當的抓緊工作經驗去總結。

三、太山區、太南區黨內部份同志幾乎完全認爲民兵工作是次要的，完全與區黨委指示違背。看成爲一般工作，致產生民兵動員中，沒有

59

198

很好配合，強調系統。因此，可斷定黨沒起應有保證作用，未把武裝動員突擊民兵眞正做爲中心工作，致民兵突擊任務不能很好完成。如太山區地委在這次突擊中，對下級黨實際督促檢查非常不够，縣委對活動份子會議關于民兵工作的決定，大部份未做到深入傳達，所有縣區黨政民各部對民兵工作不很了解，各方面配合不能一致，形成『工作團』的孤軍奮鬥，太南區地委縣委也同樣沒有主動的在民兵突擊中起積極的領導保證作用。

四、由于沒有明確方針，也就產生了各種組織、政權與群衆團體强調系統，各自爲政，沒有很好配合。認爲民兵突擊僅係軍分區或地委某些少數工作團的任務。例如魯中區三個專區的負責幹部連縣的民兵工作會議都未參加，魯中區十五個主要縣的縣長，對本縣的民兵突擊工作未過問者有八個，這不只是工作疏忽，實際上是官僚主義；區黨委指示了八九月份工作中心是突擊民兵，但我們同志却沒轉變過來，仍舊單純孤立的進行減租減息增資工作。進行減租減息，改善人民生活是需要的，

199

但沒有聯系起當前中心工作，把減租減息與突擊民兵機械的分開，就是不對的。

五、在整個民兵突擊工作的領導上，也不明確。對邊緣區、游擊區、敵佔區，沒有提出明確方針；甚至某些個別負責同志到邊緣區、游擊區，被客觀形勢嚇退了，如××因全部變成爲敵佔區或游擊區，就沒有很好的佈置群衆武裝工作，××的五六區及七區的部份的放鬆，××的退却觀點，認爲根本不能發展民兵。濃厚存在右的觀點。在太山太南各縣，都沒有認眞的加強開展邊緣游擊區的工作，大部份工作還是在原有的幾個老地區，如果今天對游擊區邊緣區不發展，中心區將無法堅持，他們不了解，鞏固根據地，只有加強邊沿區，發展游擊區；因此使整個工作受了很大損失。

六、對環境估計不够；對敵我邊緣區游擊區的形勢及其可能的變化，缺乏足够的認識。因此在方式上老一套，沒有公開和祕密鬥爭形式與組織形式的配合，在環境未變化前痲痺、保守，環境變化後退縮躲避，

61

以致垮台。如太山區的幾個區，開始老一套的公開的做民兵工作，敵人按據點後，工作人員隨之退出，工作垮台；太寧之××區，亦因事前對環境的掌握不够，沒有很好的轉變組織形式與工作方式，環境惡化後，工作全部垮台，新蒙的××區××區亦因此部份垮台。

七、對武裝鬥爭的全面性把握不够，不了解武裝鬥爭是苦難深重的中國人民爭取自由解放的最高鬥爭形式，是全民族的。凡屬願意抗日保家的人民，均應組織到裏面去。有某些同志對此點認識不足，認為民兵是單純基本群衆的武裝組織，因此在某些邊緣游擊區，還強調只發動減租減息，而後發動民兵，××區的工作人員提出『民兵是保衛農救會的』，不能得到廣大人民的擁護。減低了各階層的抗日熱情，把民兵限制于一部份群衆這是原則的錯誤。

總之，由于在領導上，對突擊民兵方針不明確，領導幹部認識不够，黨內幹部忽視此工作，未很好保證，各種組織未很好配合，致造成此次民兵突擊工作未百分之百的完成任務，未造成群衆參加武裝鬥爭的熱

201

潮。

第三部份　在執行民兵突擊具體工作中存在的嚴重缺點

（一）變相的強迫、利誘與欺騙。不論沂蒙區、太山區、太南區普遍流行着『不參加民兵是孬種』，『參加民兵不出夫』，『參加民兵吃公糧』……等口號，當然有程度上的差別；同時各地仍有上名冊現象。致產生成份不純，個別抽槍或增加消耗的結果。

（二）以欺騙辦法代替艱苦的政治動員與說服工作，更發展了群衆的落後意識。群衆爲了甚麼參加民兵？有的竟是爲了『不出夫吃公糧！』這在短時期內或者用一下還可以，到眞正艱苦時就不成了；如果群衆不是了解民兵之眞實意義，在于保衛群衆切身利益，是不會自覺自願堅決起來鬥爭的。相反如果經過艱苦的政治動員參加民兵的，其所起作用與完成任務都比較徹底堅決。

（三）對自衛團沒有很好整理，顧了突擊民兵，忘了整理自衛團，

63

202

沒了解自衛團與民兵血肉相聯的關係。正如骨肉相關，沒有自衛團爲皮肉，則民兵的骨幹作用也將發揮不了，甚至有個別地區根本沒有整理自衛團的工作，特別在沂蒙山區是普遍的現象，這是很危險的。

（四）對邊區武裝動員的忽視、放任，認爲不可能發展民兵，不了解在各種情況下武裝鬥爭，可以運用各種組織形式。認爲邊區武裝鬥爭工作比較困難就不做，不了解除極少數死心塌地的漢奸外，大多數的中國人民都要求解放，而沒很好組織他們，團結他們到抗戰方面來。我們不但要開展敵僞軍工作，尤其還要團結敵佔區廣大人民，假如這點認識不够，必然會產生出退縮的現象，當然就不會研究方式方法去具體發動。事實上敵佔區不能公開便可以建立灰色組織，進行抗戰教育，以團結這批人。游擊區的游擊小組，可以不必要什麼名義或形式，只要能打仗就可以的，泰山區××逼着游擊小組對着敵據點放崗，以致漢奸都嫌暴露，給他添麻煩。這也够教訓我們的工作同志了。組織形式應該按着具體情況改變才行！

203

」

（五）整個突擊民兵工作中，工作方式方法相當機械，所以進展太慢，領導同志完全採取手工業方式。這主要表現在太南太山某些邊緣地區，我們的工作同志，機械的按照群衆運動的規律，如上樓梯似的，先發動經濟鬥爭，（調查找鬥爭目標要費很大時間）。然後成立農救會，再發動民兵，最典型的如××莊群衆，主動提出『先站起崗來再鬥爭』，而工作同志不允許，以致七八個人，做了半月的時間沒發動一個民兵。太南單純工作隊的工作形式，搞一區佈置一區，結果不能把整個運動推動起來；這樣下去，工作一年也完不成。減租減息的工作方式能用，但應靈活的按具體情況來決定。

（六）領導不堅強，發生錯誤缺點不能及時糾正。會議上動員佈置後就算完，沒很好眞正深入下層，給下面同志以指示，糾正偏向，改正其方式方法。如××縣委把工作團分下去後，始終未很好的到下面去檢查一下，以致在初期半個月民兵工作沒有開展。××縣四個分區成立武委會，委員都是由區指定候選人，沒有認眞發揮民主，形成區級幹部的

204

包辦。又如××定民兵突擊工作計劃是用工作團的名義，無形中減低計劃在黨政民間的號召力，同時軍分區亦未給以指正，以致執行計劃的就是工作團，形成工作團的孤軍奮鬥，這都是上級領導不堅强不深入的表現，特別是太南從上到下就沒有認眞切實負責去做到這點。

（七）軍隊幹部與地方幹部一般在初期表現不團結。甚至個別的互相不信任，雙方高傲，充分表現了宗派觀點。軍隊幹部初下去對情況不了解，工作不熟練，對人幫助不耐煩，處處表現軍隊作風，某些則是主觀主義的，致地方幹部對他們了解不够；地方同志亦存有狹隘觀點，在生活習慣上緩慢鬆懈，同時亦表現對軍隊幹部虛心接受幫助不够。爲什麼會如此呢？爲什麼發生意見不一致有爭執呢？基本原因只有一個，就是宗派主義的殘餘作祟，沒有眞正認識並貫澈統一領導，一切爲了戰爭的原則。

第四部份　幾個基本經驗教訓

（一）凡是一個群衆運動，一件動員工作，依靠黨，通過支部，是完成一切動員工作的基本條件。沒有這個，不管動員歸隊，動員擴軍，都不會成功的。如果一個人脫離開黨，剩了孤家寡人一個，就一定會失敗。因爲沂蒙區是一切通過黨通過支部，所以就能動員全部力量來幹；太山太南爲什麼沒有完成？就是因爲沒有這樣辦，這是很大的教訓。

（二）必須大家在一個中心工作下，不管什麼工作，都要圍繞這個中心，必須要求各種組織都圍繞這一中心任務，爲完成此任務而完成其他工作。如農救會動員歸隊，政府優抗，……全是爲着愛護主力。所以必須强調一元化，反對各自爲政，强調系統，互不配合。

（三）一切工作必須貫澈。從動員佈置到工作過程中各樣檢查討論，及時檢查糾正偏向，最後再總結。我們的一切工作均應有此種精神。

（四）黨政軍民的幹部，在統一領導下執行共同工作任務，要求親密團結，求得步調一致，共同向中心任務努力。如能把握這一原則，就什麼都好辦，誰的工作好壞，也就從他對于統一配合一致爲中心任務而努力的程度來看。

67

206

第五部份　今後民兵鞏固發展問題

今後對民兵鞏固發展的基本任務，必須明確認識：在根據地中基本着重鞏固，對邊區、游擊區、敵佔區，求發展，開闢這些區域的群衆運動，進行合法鬥爭。爲此必須：——

（一）加强黨對各級人民武裝之領導與掌握，對此應：

一、黨負責輸送大批可靠青年，在群衆中有威信的幹部，充實人民武裝，充實基幹。

二、應將現有人民武裝，經常審查，確實了解其內部情況，某些個别被迫不自願，且無大作用的，亦應進行必要清理，求其眞有作用。

三、培養幹部。尤其是土生土長的群衆領袖，加强軍政訓練，從而鞏固。黨眞能領導與掌握民兵，必須接受太齊民兵失敗教訓，警惕我們對民兵的領導必須嚴重注意。

（二）黨對某些地區，應明確規定方針。某些地區着重鞏固，某些

207

地區着重開展。並應分配各級黨政軍民幹部負責開展此工作，對邊緣區游擊區敵佔區要有各種不同的組織形式，善于兩面合法鬥爭。保存力量，如現在不抓緊會失掉時機，現在抓緊尚不爲晚，中央提出明年打敗日本，我們就要準備力量，而組織團結與掌握群衆，就是最有效的辦法。這樣，反攻時我們才有力量參加鬥爭。

（三）建立統一的領導機關。現在雖有些領導機構，但不够系統、全面，有的甚至違背人民意志。應利用冬季農閒，配合歸隊動員中心工作，建立區武委會、村團部，發揚民主選舉，進行民主教育，在一、二、三月份以前，經普遍民選，將統一的領導機關建立起來，好好分工，使成爲眞正的民兵領導機構。

（四）確立各種組織制度與教育。在突擊民兵期中，我們與群衆一起生活了兩三個月，了解了民兵生活及一切毛病，這就便于規定其教育生活制度，可以研究幾天上一次課，教些什麽？如何使用手榴彈，使槍，利用地形地物，打游擊戰，以至如何輪訓站崗會操等。我們應集體的

208

進行專門研究做成決定。

（五）武器問題：有些同志對發揚原始武器的意義，還了解不够，這是不對的，我認爲中央提出發揚原始武器作用是正確的，這是根據實際情況而提出的，因爲根據地內沒有新式武器，只有土槍土炮之類，但好多同志對此情況認識不够，把羣衆的某些落後意識，反映到我們某些同志身上，因而便不從實際情況中去看問題，研究怎樣發揮原始武器的作用。同時發揮原始武器的作用，也並不是只用土槍土炮之類，而是將原始武器與近代武器配合使用，不應機械的分開，今天應研究如何改進原始武器，怎樣供給火藥？炸彈如何製造？如何展開爆炸運動？開展地雷戰等等。

（六）政府應明確規定出民兵勞役出差待遇，今天就有不少民兵的成份，是爲了免除拿給養，不出夫等而參加的，我們應愼重考慮民兵一般的應出夫，不過因戰鬥關係可減免。在待遇上吃飯應有限度，農民是有亂吃現象的，應具體規定何種情況準吃公糧。政府應統一頒佈待遇規

70

209